FIELD MARSHAL ERICH VON MANSTEIN

잃어버린 승리

잃어버린
승리

초판 1쇄 발행 2018년 7월 10일
2쇄 발행 2024년 5월 21일

지은이	von Manstein, Field Marshal
옮긴이	정주용
펴낸이	이기봉
편집	좋은땅 편집팀
펴낸곳	도서출판 좋은땅
주소	서울특별시 마포구 양화로12길 26 지월드빌딩 (서교동 395-7)
전화	02)374-8616~7
팩스	02)374-8614
이메일	gworldbook@naver.com
홈페이지	www.g-world.co.kr

VERLORENE SIEGE by Erich von Manstein
Copyright © Bernard & Graefe in der Mönch Verlagsgesellschaft, Bad Neuenahr-Ahrweiler
Korean translation copyright © [2018] GWORLD
Korean translation rights are arranged with Mönch Verlagsgesellschaft mbH through AMO Agency.
All rights reserved.

ISBN 979-11-6222-558-5 (03900)

- 가격은 뒤표지에 있습니다.
- 이 책은 저작권법에 의하여 보호를 받는 저작물이므로 무단 전재와 복제를 금합니다.
- 파본은 구입하신 서점에서 교환해 드립니다.

FIELD MARSHAL ERICH VON MANSTEIN

잃어버린 승리

만슈타인 회고록

저자| von Manstein, Field Marshal
영역| Powell, Anthony G.
한역| 정주용

좋은땅

잃어버린 승리

(Lost Victories)

내 아들 게로,
조국을 위해 쓰러진 독일 병사들을 위해

v. Manstein

목차

서문

- 8 | INTRODUCTION by Martin Blumenson
- 12 | FOREWORD by Captain B. H. Liddel Hart
- 16 | AUTHOR'S PREFACE
- 19 | TRANSLATOR'S NOTE 1(영역자)
- 20 | TRANSLATOR'S NOTE 2(한역자)

본문

- 25 | 1. 폭풍 전야(BEFORE THE STORM)
- 46 | 2. 전략적 배치(THE STRATEGIC POSITION)
- 60 | 3. 남부집단군의 작전(THE OPERATIONS OF SOUTHERN ARMY GROUP)
- 79 | 4-1. 프랑스 전역 이전(INTRODUCTORY NOTE)
- 84 | 4-2. 육군총사령부의 몰락(THE ECLIPSE OF O.K.H.)
- 108 | 5. 작전을 둘러싼 논쟁(THE OPERATION PLAN CONTROVERSY)
- 142 | 6. 38군단 사령관(COMMANDING GENERAL, 38 ARMY CORPS)
- 162 | 7. 러시아 전역 이전(BETWEEN TWO CAMPAIGNS)
- 189 | 8. 기갑전(PAZNER DRIVE)
- 219 | 9. 크리미아 전역(THE CRIMEAN CAMPAIGN)
- 283 | 10. 레닌그라드-비텝스크(LENINGRAD-VITEBSK)
- 301 | 11. 국방군 최고사령관 히틀러(HITLER AS SUPREME COMMANDER)
- 318 | 12. 스탈린그라드의 비극(THE TRAGEDY OF STALINGRAD)
- 392 | 13. 남부 러시아 동계 전역(THE WINTER CAMPAIGN IN SOUTH RUSSIA)
- 457 | 14. 성채작전(OPERATION 'CITADEL')
- 464 | 15. 1943-1944년의 방어전(THE DEFENSIVE BATTLES OF 1943-1944)

- 561 | APPENDIX 1
- 566 | APPENDIX 2
- 569 | 한국어판·영어판 참고문헌

INTRODUCTION by Martin Blumenson

클라우제비츠(Clausewitz)는 '전쟁에서 모든 것은 단순하다. 그러나 그 단순함이 놀라울만큼 (Incredible) 복잡하다.'라고 말했다. 정치와 전쟁과의 근본적인 관계를 고려해 보자. 클라우제비츠는 '전쟁은 정치적 목표를 달성하기 위한 또 다른 수단'이라는 그의 고전적인 격언을 통해 정치와 전쟁과의 관계를 단순하지만 아주 명확하게 설명했다. 다시 말해 정치적 목표는 전쟁의 발발을 좌지우지하기도 하고 또는 전쟁 그 자체가 정치적 목표를 달성하기 위한 수단이 되기도 한다. 정치가들은 목표를 수립하고, 군부는 목표를 달성하기 위해 노력한다. 이보다 더 명백하고 간단한 것은 없다. 이것이 정치적 목표를 추구하는 조직화된 폭력인, 전쟁의 핵심적 정의이다. 전쟁이 정치적 목적을 달성하고자 하는 수단이 아니라면, 분쟁과 살육은 무의미하며 비도덕적인 것이 되고 만다. 클라우제비츠는 자신의 기념비적인 연구를 통해 매우 간결하게 전쟁의 본질을 표현한 것이다.

그러나 몇 개의 일반적인 사례와 특수한 사례를 제외하고는 국제 정치의 본질을 설명할 수 있는 보충적인 설명이 부족하여 그는 전쟁이 수반된 정치에 대해서는 동전의 반대면을 보지 못하는 것처럼 체계적으로 설명하지는 못했다. 만약 정치가 전쟁보다 먼저인 것으로 일반화 시킨다면 ―즉 전쟁이 정치의 수단이라는 관계를 일반화하는 것은― 실제 현실에서는 끔찍하리만큼 복잡한 문제를 야기할 것이다. 왜냐하면 정치적 목표를 실현하기 위한 수단으로써의 전쟁과, 정치적 목표를 뒷받침하기 위한 무력의 확보 과정은 명백히 구분하기도 어렵고 어떠한 시점에서도 균형점이 없었다. 정치와 전쟁을 동일한 것으로 보는 것도 적합하지 않다. 정치와 군사 영역 사이에 정확하지만, 보이지 않는 경계선을 찾을 수 있을까?

이에 대해서는 아돌프 히틀러(Adolf Hitler)의 사례가 좋은 예이다. 훗날 그를 무너뜨린 치명적인 결함을 차치하더라도, 그는 한때 천부적인 정치적 재능을 가졌었다. 그가 계획된 청사진을 따랐거나, 임시변통으로 혹은 즉흥적으로 행동하였든 간에 그는 정치적으로 놀랄만한 승리를 이루었다. 무력에 호소하지 않고도 라인란트(Rhineland)를 되찾았으며, 오스트리아(Austria)를 합병했고, 체코슬로바키아(Czechoslovakia)를 복속시켰다. 이를 통해 히틀러는 독일(Germany)의 영토와 세력을 확장시켰다. 그가 폴란드(Poland)에 대해 정치적 염원을 달성하고자 무력을 사용했을 때, 그는 정치와 전쟁이 가까운 연결고리를 가지고 있음을 증명한 것이다. 독일의 폴란드 침공은 히틀러의 입장에서는 불행하게도 결국 2차세계대전을 촉발시켰으며, 그 이후 그의 노선은 점점 군사적이었으며 탈정치적인 경향을 보여주었다. 전쟁 말기(Toward the close)에 그가 강력하게 지시한 전투들은 단지 투쟁을 지속하기 위한 무분별한 파괴로 변질되었으며, 그러한 전투들은 뚜렷한 정치적인 목적 없이 수행되었던 것이다.

에리히 폰 만슈타인(Erich von Manstein)은 의도적이든 무의식적으로든 점점 쇠락해져 가는 히틀러의 정세 판단과 지속적으로 악화되어가는 독일의 전쟁 수행 능력에 대해 조명하였다. 히틀러가 점점 군사적인 요소를 떠맡고, 군사적 결정에 관여하였을 때 누구도 정치적인 역할을 수행하지 않았다. 그리고 정치적 목적이 없음에 따라 의미 없는 유혈과 희생이 발생했다. 이것이 만슈타인이 그의 회고록인 『잃어버린 승리(Lost victories)』에서 주장하는 것이다.

프랑스(France)를 굴복시킨 1940년 여름까지만 하더라도 히틀러의 독일은 서부 유럽의 지배자(Master)였다. 그리고 그 다음은 무엇이었나에 대해 만슈타인은 암울함을 안고 질문하였다. 히틀러는 원대한(Long range) 계획이 없었으며, 그 결과 영국(Britain)과의 사이에서 평화를 얻지도, 영국을 침공하지도 못했다. 그럼에도 불구하고 1941년 여름까지 덴마크(Denmark)와 노르웨이(Norway)를 굴복시키고 히틀러는 승리 위에 섰다. 오로지 영국만이 잠시나마 얼마 남지 않은 저항의 숨결을 몰아쉬고 있었으나 그것은 이때 별로 중요치 않았다.

그리고 그 다음은 무엇이었나? 1941년 6월 독일의 힘이 이때보다 강한 적은 없었다. 그 간의 성공에 자만하여, 히틀러는 **러시아**(Soviet Union)와의 전투에 필요한 자원과 러시아 침공 시 고려해야 할 방대한 사항들에 대해 오판한 뒤 러시아를 침공하였다. 정치적 목적과 경제적 목적이 명백히 결정되지 않았기에 그의 노력들이 점점 분열되어 결국 히틀러도, 독일도 모든 것을 잃게 되었다.

만슈타인과 같이 명석하며 지적이며 섬세한 성격의 독일 군인들에게 닥친 비극은, 그들의 영도자인 히틀러의 목표와 수단에 대해 못마땅해 하면서도 조국을 위해 성실히 복종하여야 한다는 딜레마였다. '맹목적 복종(Blind obedience)'의 전통… 만슈타인을 비롯한 모든 군인이 이에 충실하게 따르기 위해 ―그들은 심지어 수뇌부의 전략 부재를 개탄하면서도― 그들에게 부여된 군인의 역할을 흔들림 없이 지켰다.

독일 시각에서 본 전쟁을 묘사한, 권위 있는 이 회고록에서 만슈타인은 그의 개인적 의견을 뛰어나게 서술하였다. 그는 서술 과정에서 전쟁사에 대해 잘 알지 못하는 사람(Laymen)도 쉽게 이해할 수 있도록 폴란드와 프랑스 그리고 러시아에서의 전쟁을 이야기했다. 직업 장교들에게는 정치적 목적 차원에서의 이해가 필요하기 때문에 ―비록 당시의 독일군에게 정치적 문제를 논하는 것이 허용되지는 않았지만― 만슈타인의 회고록은 손에 잡힐 듯 했으나 결국은 놓쳐버렸던 전략적 기회들에 대해 전체적으로 조망할 수 있는 기회를 제공한다.

만슈타인은 히틀러의 정책과 명령에 대해서 빼어나게 분석하였으며 ―히틀러와 대면하여 **'나는 그런 치졸한 사람이 아닙니다(I am a gentleman).'** 라고 신랄하게 말했던 개인적인 논쟁을 포함하여― 히틀러 주변의 장교단 사이에서 자라나기 시작한 히틀러에 대한 환멸과 각성에 대해 자세히 설명한다. 그리고 결국 그는 장밋빛 전망들이 실패로 변하는 가슴 아픈 경험들까지 얘기하게 된다.

히틀러에 의해 1944년 3월 해임된 후, 만슈타인은 의심할 여지없이 이미 승패가 결정된 전쟁이 불필요하게 지연되어 수행되는 것을 자택에서 지켜보면서 전쟁 말기의 시간을 보냈다. 그 후 그는 러시아에서의 전쟁범죄 혐의로 영국 법정에 기소되어(Charged and tried in Britain for war crimes in Russia) 18년의 금고형을 선고받았으며, 4년 뒤 금고형에서 벗어났다.

비록 악마와도 같은 잔인한 정권을 위해 일했지만 그는 그의 조국을 위해 싸운 애국적인 군인이었다. 그는 군인의 교범(Soldier's code, 교리)에 따라 높은 수준의 개인적 기준과 기질을 갖추었고 모든 동료들로부터 존경받는 장교였다. 그는 회고록을 통해 개인적인 생각들과 그 생각들이 사건에 어떻게 투영되었는지에 대해 우리에게 통찰력을 주고자 하였으며, 그 의도는 성공했고 더욱더 많은 목적을 이루었다. 그의 회고록은 독일군의 관점에서 발간된 회고록 중 최고의 책이며 히틀러가 일으킨 전쟁의 원인과 배경을 이해하는 데 없어서는 안 될 중요한 자료이다.

1981년 12월

[옮긴이의 주]
- 이 서문을 쓴 마틴 블루멘슨(Martin Blumenson)은 미육군전사국(The Office of The Chief of Military History)에서 근무하였으며, 패튼(Patton) 장군의 전기 『Patton: The Man Behind the Legend, 1885-1945』를 저술하였다.
- 원문의 'Soviet Union'은 가급적 러시아로 옮겼다.
- 히틀러가 만슈타인을 기회주의자라고 비난하자 만슈타인은 본인이 그렇게 비열한 사람이 아니라며(I am a gentleman) 히틀러에게 항변했다. 이에 대한 자세한 내용은 「15. 1943-1944년의 방어전」 챕터를 참조하기 바란다.

FOREWORD by Captain B. H. Liddel Hart

 1945년에 내가 면담했었던 독일 장군들의 공통된 의견은 만슈타인 원수(Field-Marshal)가 독일 장군 중 가장 뛰어난 지휘관이었으며, 만슈타인이 그들의 사령관이 되기를 희망하였다는 것이었다. 그가 기갑, 차량화부대의 잠재력에 대해 장기적인 안목을 가지고 있었으며 기갑부대의 지휘관으로 훈련되지 않은 다른 사령관들보다 전략적 성공에 대한 뛰어난 감각을 지녔고 작전 수행에 대해 정통한 것은 명확한 사실이다. 요컨대 그는 군사적으로 천재적인 전략가이다.

 전쟁의 초기 단계에서부터 그는 참모장(Chief of Staff)으로서 드러내지 않고 작전에 영향을 끼치는 두각을 나타냈다. 그는 가장 훌륭한 지휘관으로 성장하게 되며, 1941년부터 1944년까지 러시아 전역에서 거대한 전투들을 수행함에 있어 가장 중요한 역할을 하게 된다. 전역에 대한 그의 상세한 설명과 신랄한 비판, 그리고 중요한 지적들은 그의 회고록을 2차세계대전을 이해하고자 할 때 가장 필요한 책들 중 하나로 만들었다. 만슈타인의 경력 중 이례적으로 독일 외부에도 잘 알려진 것은 만슈타인이 실제 작전 초기에 참가하지는 않았지만 초급 장성일 때 입안한 전략과 연계된 것 때문이었다. 즉, 그의 명성은 ―서부전선을 관통하여 궁극적으로 프랑스의 몰락을 가져올― 1940년의 독일군의 전략을 그가 변경하여 입안한 때부터 시작되었다.

 만슈타인의 제안으로 변경된 계획은 결정적인 침공을 위해 예상되던 원래의 주 공격로가 아닌, 구릉지대와 삼림지대인 아르덴(Ardennes)을 관통하는 것으로써 '만슈타인 작전'이라 불리게 되었다. '만슈타인 작전'이라는 명칭은 벨기에(Belgium)를 직접 관통하여 공격한다고 입안된 기존 계획이 새로운 작전으로 대체되도록 기여한 점, 그리고 아마도 거절되었을 새로운 계획을 보다 발전시킨 것에 대한 찬사의 의미였다. 그 당시 만슈타인은 룬트슈테트 집단군(Rundstedt Army Group)의 참모장이었다. 그러나 기존 계획을 변경하고자 했던 그의 문제 제기는 상급자들을 언짢게 만들었고, 명목상으로는 명예롭게 후선 예비군단의 지휘관으로 임명되고야 말았다. 이후 히틀러가 '만슈타인 작전'에 대해 설명을 들은 후 압력을 넣어 '만슈타인 작전'이 받아들여지게 되었다.

만슈타인의 회고록에는 작전에 대한 논쟁이 서술되고 있으며, 승리로 귀결될 공세의 새로운 변경을 포함하고 있다. 연합군의 왼쪽 날개를 도려내고, 해협에 고착화시키는 전역 초기의 중요한 공세 시점에 만슈타인의 군단은 부수적인 역할을 수행하였으나 두 번째 공세와 최종 단계에 이르러서는 중요한 역할을 하게 된다. 그의 역동적인 지휘 아래, 그의 부대들은 기갑, 차량화부대들과 발맞추어 솜(Somme), 세느(Seine), 루아르(Loire)강을 가로질러 남부 전역까지 진출하였다. 프랑스의 몰락 이후, 히틀러는 영국과 평화를 위한 협상을 원했으나 그러지 못했고 히틀러는 이에 낙담한 이후 마지못해 뒤늦게나마 해협을 건너 영국 침공을 준비하였다. 만슈타인에게는 그의 군단을 이끌고 초기 상륙작전을 이끄는 임무가 주어졌으며 블로뉴(Boulogne), 칼레(Calais)로 이동하였다. 만슈타인의 회고록에는 전략적 문제와 대안, 그리고 러시아로 목표를 변경한 히틀러의 전략에 대해 놀랄만한 서술이 기록되어 있다.

1941년의 러시아 공세 때, 만슈타인은 그가 꿈꿔온 기갑부대(56기갑군단)의 지휘관이 되었다. 개전 초기 56기갑군단은 가장 신속하고도 적진 깊숙이 공격한 부대 중에 하나였으며 4일간 동프로이센(East Prussia)으로부터 드비나(Dvina)강까지 거의 200마일을 진격하였다. 러시아 남부전선의 11군 사령관으로 진급한 후에는 요새화된 페레코프(Perekop) 지협을 돌파하여 크리미아(Crimean) 반도의 입구까지 공략하였다. 1942년 여름 흑해(Black Sea) 러시아 해군의 주요 요새인, 유명한 세바스토폴(Sevastopol) 요새를 함락시킴으로써 포위전에 탁월한 그의 명성이 또 한번 입증되었다.

그는 이후 러시아 북부전선의 레닌그라드(Leningrad)를 공격하는 임무를 받았으나, 1942년 겨울 독일군의 공격이 실패한 이후 스탈린그라드(Stalingrad)에서 발목이 잡힌 파울루스(Paulus)의 6군을 구출하라는 명령을 받고 긴급하게 소환된다. 어떠한 후퇴라도 용납하지 않았던 히틀러는 ―파울루스에게 서쪽으로 탈출하여 구원군과 합류하라는 명령을 내려달라는― 만슈타인의 요청 또한 거부하였고, 만슈타인의 구출작전은 실패하였다. 이러한 내용은 「11. 국방군 최고사령관 히틀러」, 「12. 스탈린그라드의 비극」 챕터에서 자세히 기술되었다.

파울루스의 항복 이후, 러시아군의 진격 앞에 독일군 남부전선의 붕괴가 확대되었으나 만슈타인은 러시아군의 공격을 측면에서 받아치는 뛰어난 기동 방어를 통해 하르코프(Kharkov)를 재탈환하였으며, 혼란스러운 러시아 전선을 원 위치로 되돌려 놓았다. 하르코프의 재탈환은 만슈타인의 군사적 업적에서 가장 뛰어났던 것이었으며, 전쟁사를 통틀어서도 가장 숙달된 경지의 승부(Course)였다. 그의 작전에 대한 세세한 기술들(Accounts)은 그 가치로 인해 군사학 연구에 계속 언급되고 있다.

이후 1943년 7월, 쿠르스크(Kursk) 돌출부를 제거하기 위한 독일군의 마지막 대공세인 '성채작전(Operation Citadel)'에서 만슈타인의 남부집단군은 오른쪽 집게발의 역할을 맡았다. 만슈타인의 오른쪽 측면 공격은 상당한 성과를 거두었으나, 중부집단군에 의해 수행된 왼쪽 측면 공격이 실패함에 따라 헛된 결과가 되고 말았다. 더욱이 서부 연합군이 시칠리아(Sicily)에 상륙하여 히틀러로 하여금 상당수의 사단들이 이탈리아 전선(Italian theatre)으로 전출되게끔 만든다.

독일군의 공세를 저지한 이후, 러시아군은 그들의 광범위한 전역에서 이제 자라나기 시작한 강력한 힘을 전개하기 시작한다. 독일군이 방어전에 전념하게 된 이 시점 이후 만슈타인은 —전략적으로 상황을 반전시킴과 동시에 훨씬 강한 적을 앞에 두고— 싸우면서 후퇴하라는 어려운 명령들에 대해 지휘관으로서 부응하기를 요구받았다. 그는 확연한 우열의 차이에도 불구하고 성공리에 진행되던 러시아군의 공세를 저지하는 데, 그리고 러시아군이 서부전선으로 확장되는 것을 제한하는 데에 그의 역량을 보여 주었다. 전략적 방어를 위한 그의 착안점은 방어전을 수행하면서도 강력한 공세에 주안점을 두는 것으로써, 그는 끊임없이 기회가 생길 때마다 재반격을 수행할 기회를 찾았다. 그러나 만슈타인이 전략적 관점에서 서부전선으로 더 멀리 후퇴하여 길게 늘어진 적들을 봄에 재반격 해 섬멸하자는 주장을 간청했지만 히틀러는 그 주장에 귀를 기울이지 않았다. 히틀러는 어떠한 후퇴라도 허락한다면 전선을 안정시킬 기회를 잃을 것이라고 생각했기에 만슈타인의 전략적 후퇴 의견에 대해 자주 충돌할 수밖에 없었다.

히틀러 주변의 추종자(Fellows)들과 달리 만슈타인은 솔직하게 말하는 옛 프로이센(Prussian) 군인의 전통을 고수했으며, 사석에서나 공식 회견 장소에서 히틀러의 생각을 비판하는 주장을 강하게 토로하여 그 자리에 있던 사람들을 깜짝 놀라게 만들었다. 히틀러가 그토록 오래 참았던 사실은 그가 만슈타인의 군사적 재능에 대해 지대한 경의를 가지고 있었음을 증빙하며, 히틀러가 그의 추종자였던 또는 다른 장성들과 참모진들에게 대했던 태도와 대조를 이룬다.

그러나 되풀이되는 만슈타인의 반론은, 히틀러가 참을 수 있는 선을 넘게 되었으며 이는 전쟁의 진행 상황이 만슈타인의 경고대로 귀결되고 있기 때문이기도 했다. 1944년 3월 결국 히틀러는 인내의 한계점에 도달하여 통상적으로 사령관을 교체하는 것보다 더 굴욕적인 조치로 만슈타인을 해임한다. 이로써 연합군에게 만만치 않았던 적이었으며 전통적인 전략 감각, 대규모 전략과 상세한 전술을 현대적인 아이디어에 조화시켰던 군인으로서의 그의 삶도 끝이 나고야 만다.

1958년 1월

[옮긴이의 주]
- 이 서문을 쓴 리델 하트(Liddel Hart)는 영국의 유명한 군사 이론가로서, 독일군의 기갑 전술에 영향을 끼쳤다고 평가받고 있다. 하지만 전후 개인의 명성을 위해, 독일군 장성들에게 리델하트 본인의 저서에 영향을 받았다고 말해줄 것을 요구했다는 증언이 있다. 리델 하트는 그에 대한 대가로 변호를 해 주었다.

AUTHOR'S PREFACE

이 회고록은 한 군인의 개인적인 회상이며, 군사 영역에서 일어나는 사항과 직접적인 관계가 없는 정치적 문제와 사건들에 대한 논의는 의도적으로 언급을 배제하였다. 이와 같은 맥락에서 리델 하트의 언급을 상기해 볼 필요가 있다.

'2차세계대전의 독일 장군들은 어느 전선에서도 직업 군인으로서 괄목할만한 성과를 거두었다. 그들이 만일 보다 넓고, 깊이 있는 사고와 안목을 가졌더라면 더 큰 업적을 이루어냈을 것이다. 그러나 그들이 이성적으로 냉철하였거나 사려가 깊은 사람들(Philosophers)이었다면, 스스로 군인이 되지 않았을 것이다.'

나는 과거의 회상에 치중한 관점(Light)이 아닌, 전쟁이 나에게 준 경험과 생각들 그리고 전략의 결정에 대해 제시하고자 노력했다. 다시 말해, 역사적 관찰자가 아닌 전쟁에 참가했던 사람으로서 실제 내가 경험했던 부분에 대한 활동을 기술하고자 하였다. 그러나 나를 비롯하여 나와 관계했던 사람들에게 발생했던 문제들, 우리가 내렸던 결정들과 생각들에 대해 객관적으로 기술하고자 했음에도 불구하고 아마도 그것들은 결국 주관적인 것으로 귀결될 것이다. 그럼에도 완벽하지 않은 사료들이나 전쟁 중의 메모 등을 통해 개인적인 생각들과 사건에 대한 행위들 그리고 그것들에 대한 해답을 얻을 수는 없으므로, 나는 역사가들이 문서와 사료들로부터 얻지 못하는 진실을 내 회고록을 통해 얻기를 기대한다. 개개인의 생각이 사건에 대해 투영되는 과정, 그리고 그 결과의 본질에 대한 답은 공식적인 기록이나 전쟁일지(War diaries)를 통해 깨닫기는 거의 불가능하기 때문이다.

내가 1940년 독일군의 서부전선에 대한 공세작전이 어떻게 입안되었는지에 대해 설명하고자 할 때, 난 **젝트**(v. Seeckt) 상급대장의 '참모장교는 전면에 나서지 말고 익명으로 남아야만 한다(General Staff officers should be nameless).'라는 지론에서 벗어났다. 내가 의도하지는 않았지만(Through no action of my own), 이미 이 내용은 일반적으로 익히 알려진 내용이라 1940년의 작전에 대해 언급하기가 훨씬 수월했다. 그것은 전적으로 －그 작전에 대한 이야기를 리델 하트에게 얘기해 준－ 나의 전임 사령관이었던 룬트슈테트 원수와 작전참모장(Chief of Operations) 블루멘트리트(Blumentritt) 장군 덕택이었다(유감스럽게도 나는 이때에는 리델 하트를 만나지는 못했다).

군사적인 문제와 사건들을 기술할 때 때때로 나는 개인적인 성향을 담은 의견을 포함하기도 했으며, 이는 전쟁터에서조차 인간적인 번뇌가 차지할 공간은 반드시 있다는 믿음 때문이다. 때때로 개인적인 회고가 회고록 본문에 누락되어 있다면, 이는 전쟁 기간 동안에 내가 잘 기억하지 못하는 사항들에 대해 언급하는 것에 대한 부담감과 걱정 때문이다.

나는 2차세계대전 중 높은 지위를 가진 사령관의 시각으로 문제를 거시적으로 바라보았지만, 그럼에도 불구하고 본인들이 맡은 임무에 대해 영웅적이고 헌신적인 자세와 철저한 자기희생의 정신을 보유했던 독일 병사들, 그리고 이런 병사들과 융화되었고 부여된 책임에 대해 임할 준비가 되어 있던 하급장교로부터 상급장교까지 모든 지휘관들의 리더십이 독일군의 결정적인 성공 요소였음을 보여주고 싶었다. 이러한 자질들만이 우리가 승리를 얻을 수 있었던 원천이었으며, 압도적인 우세를 가진 적군에 대해 우리가 맞설 수 있게 만들었다.

이 회고록을 통해 항상 나에게 신임을 베풀어 주셨던 **룬트슈테트**(Rundstedt) 원수와, 직급의 고하를 막론하고 나의 휘하에 있던 모든 지휘관과 장병들, 그리고 계속 변경이 있었던 나의 사령부에서 끊임없이 지원해주고 조언했었던 참모장과 참모진들에게 감사를 표하고 싶다. 끝으로 나의 회고록 준비를 도와주었던 참모장 **부세**(Busse) 장군, 참모진들이었던 블룸뢰더(v. Blumröder), 아이스만(Eismann), 아누스(Annus), 이 책을 출판하기까지 도움을 주신 게르하르트 귄터(Gerhard Günter), 편집을 도와주셨던 프레트 힐덴브란트(Fred Hildenbrandt), 지도 작성을 위해 고생한 이공계 석사 마테르네(Dipl.-lng, Diplom-Ingenieur Materne)에게 감사를 표하고 싶다.

von Manstein

[옮긴이의 주]

- 젝트는 1919년부터 1920년까지 바이마르 공화국(Weimar Republic) 시절 공화국군(The Reichswehr)의 육군참모총장(Chief of staff of The German Army)이었으며 1920년부터 1926년 사임할 때까지 육군총사령관(Commander in chief of the German Army)을 역임했다. 중국(China)에 군사 고문관으로도 파견되었던 그는 독일군이 재무장을 할 수 있게 기틀을 닦았다.
- 룬트슈테트는 폴란드 침공 시에 남부집단군, 프랑스 침공 시에 A집단군, 러시아 침공 시에 남부집단군 사령관을 역임했으며 1945년 해임되었다.
- 부세는 만슈타인 휘하의 11군(Army) 작전참모장, 돈(Don)집단군과 남부집단군의 참모장을 역임했다. 종전 시에 9군 사령관을 역임했으며 9군은 괴멸되었다.

TRANSLATOR'S NOTE 1(영역자)

영국과 미국에서의 출판을 위해 원래의 회고록에서 일정 부분을 축약했다. 축약된 부분은 거의 개인적인 회상에 대한 내용이므로 이 부분을 삭제한 것이 회고록의 역사적인 가치를 떨어뜨리지는 않을 것이다. 특별히 관심을 가질 내용을 제외하고 약간의 부록도 삭제되었다. 아울러 「14. 성채작전」 챕터는 원래의 상세하고 길었던 독일어판을 옮긴 것이 아니라 저자가 미해병대저널(U.S. Marine Corps Gazette)에 제공한 내용으로 대신하였다. 이를 인용하게 허락해 준 미해병대저널 관계자에게 감사를 표한다. 지도상의 부대표기는 동일성과 명확함을 위해 현재 나토(NATO) 국가들이 사용하고 있는 기호로 표기하였다. 마지막으로 번역 시에 기술적인 부분에 대한 검토와 조언을 해준 리델 하트 대위에게 감사를 표한다.

[옮긴이의 주]

· 한국어판에서는 저작권이 없는 공개용 자료를 추가적으로 삽입하지 못했으며, 독일어판의 지도와 사진은 원문을 그대로 반영하였다. 독자분들께 양해를 구하며, 전황도 등은 다른 서적 및 Web 자료를 참조해 주시기 바란다.

TRANSLATOR'S NOTE 2(한역자)

처음 글을 썼던 시점이 2011년 11월이니, 약 4년 반에 걸쳐 만슈타인 장군의 회고록을 번역한 셈이 되어버렸습니다. 제가 번역을 업으로 하는 사람이 아니기에 번역을 위해 따로 시간을 내기도 어려웠지만, 번역이 늦어진 주된 이유는 만슈타인의 서술이 일반 병사나 중하급 지휘관의 회고록이 아닌 관계로 상당히 까다로웠기 때문입니다. 특히 전황 전개가 아닌 폴란드 전역 이전의 독일과 폴란드와의 대립에 대한 기술, 프랑스 전역의 작전 계획에 따른 논쟁, 히틀러-브라우히치-할더와의 관계에 대한 서술, 히틀러의 기질, 히틀러와 만슈타인의 상호 평가, 만슈타인이 히틀러를 바라본 시선들은 물론이고 특히나 만슈타인이 느꼈던 아쉬움과 쓰라림, 분노, 회의감 등을 서술한 부분들은 이해하기 어려워 지금 다시 봐도 그 문맥을 제대로 이해하지 못한 것이 대부분일 것입니다.

이 점에 대해 추가적으로 말씀드리고 싶은 것은 제가 독일어로 출판된 책이 아닌 영어로 출판된 책을 '중역' 했다는 점입니다. 중역이란 것이 저자의 본래 의도를 왜곡하기 쉽다는 점에서 부담감을 느끼고 있으며, 영어로 표현된 내용이 원래 독일어로는 어떻게 표현 되어 있을까는 번역 작업 중에 계속되던 고민이었습니다. 이와 더불어, 영어로 출판된 책은 독일어로 출판된 책에서 일부분이 축약된 것이라는 것도 다시 한번 말씀드립니다. 국내의 출판 상황으로 보아 만슈타인의 회고록이 국내에 번역되어 소개될 가능성이 낮기에 —제가 실력이 미천함에도 그리고 중역임에도 불구하고— 우리말로 중역 출판하게 되었습니다.

이 책의 국내 저작권은 저에게 있기에, 행여 독일어로 된 만슈타인의 회고록을 옮길 수 있는 분이 계시면 제가 모든 도움을 드리고자 합니다. 아울러 지명, 인명 등의 발음과 영어 표현들은 저의 지식의 한계로 인하여 정확하지 않음을 양해 부탁드리며 따라서 일부 영어 표현을 부가적으로 적었습니다. 수없이 많을 오역 및 왜곡에 대한 책임은 저에게 있고, 향후 독일어를 번역한 회고록이 출판될 시에 수정되기를 희망합니다. 오역 및 탈자는 sulbe951@hanmail.net으로 알려주시기 바랍니다.

기존에 러시아 전역을 다룬 서구의 자료가 부족했고, 러시아 내부에 있는 자료들에 대해 접근이 쉽지 않았으므로 제가 알고 있던 2차세계대전 시의 고급 지휘관들은 손에 꼽을 정도였습니다. 하지만 최근 재조명되고 있는 독소전을 다룬 서적들이 출판되어 독일군 측의 고급 지휘관인 만슈타인, 모델(Model), 룬트슈테트(Rundstedt), 케셀링(Kesserling), 클라이스트(Kleist), 클루게(Kluge), 할더(Halder), 호트(Hoth), 회프너(Hoepner) 등에 대해 더 자세히 알게 되었습니다. 더군다나 독일군의 장성들은 국가수반에 대한 정권 전복 음모에 실패하여 죽음을 강요받거나, 패자의 입장에서 포로 신분으로서 사망하거나 자살을 택하는 상황에 몰리는 등 드라마틱하게 생을 마감하는 경우가 많아 더욱 관심을 가지게 되었습니다.

  또한 전쟁 말기 자국 민간인들의 피난 시간을 벌기 위해 싸웠던 독일 병사들의 모습과 이에 반해 기사도 정신이 사라진 독일 병사들의 광적인 포로 및 유대인 학살, 점령지의 민간인 학살 등의 모습도 저에게 많은 생각을 하게 했습니다. 그렇게 뛰어난 장군들임에도 전쟁범죄, 잔악행위에 대해서 묵인 또는 암암리에 협조하거나, 만슈타인을 포함한 대다수의 장성들이 대량학살에 적극적으로 개입한 것도 관심을 가지게 된 이유가 되었습니다.

  독일군 장성들 중 제가 특히나 만슈타인에게 관심이 있었던 첫 번째 이유는 그가 참모장교로서 '독일의 참모제도를 존치' 하고자 노력했던 점입니다. 독일 육군참모본부에 근무하면서 그는 프리츠(Fritsch) 육군총사령관, 베크(Beck) 육군참모총장과 더불어 독일 참모제의 존속을 위해 노력했습니다. 히틀러가 국방군 최고사령관-육군총사령관을 겸임하기 이전부터 그의 권력욕에 의해 독일군의 참모조직은 국방군 최고사령부(지휘참모부)와 육군총사령부(육군참모본부)로 이원화되었고, 이에 만슈타인은 육군참모본부가 ―작전의 수행 기구로 전락하게 되어― 작전의 입안 권한을 빼앗긴 것을 애석하게 생각하게 됩니다.

  만슈타인에게 관심이 있었던 두 번째 이유는 그가 지휘관으로서 독일의 전투 교리, 교범인 '임무 달성을 위한 재량권의 확대'를 옹호했다는 점입니다. 원칙적으로 독일군의 지휘관은 작전에 임하면 언제나 융통성 있는 재량권을 부여받았습니다. 즉 고위 사령부에서 지시를 하면, 하위 사령부에서는 명령을 하며, 일선부대의 지휘관이 임무를 수행하는 것이었으며 임무 수행 시의 세세한 전술은 참모장의 조언 하에 지휘관의 판단에 일임되었던 것입니다. 지휘관은 참모장의 권고에 종속되지는 않았지만 - 참모장은 적절한 절차를 밟아 결정에 대한 책임을 회피할 수 있었으므로- 지휘관은 참모장의 권고를 무시할 수는 없었습니다. 이처럼 참모장의 권고를 받아들여 지휘관이 단독적으로 재량권을 가져 판단하는 것에 대해 혹자는 지휘 체계에 혼선을 주었다고 하지만, 대다수의 의견은 이러한 재량권의 확대가 서부 연합군에 대한 전술적 우위를 가져다주었다는 것이 정설입니다. 독일 최고 지휘부의 불협화음은 참모제와 지휘권자에 대한 재량권 부여에서 기인한 것이 아니라, 히틀러가 권력 독점을 위해 작전 입안 기구로써 존재했던 국방군 지휘참모부와 육군참모본부 모두를 허수아비로 만들었던 것에 기인한다고 봅니다.

또한 히틀러는 국가수반 및 국방군과 육군의 사령관으로서 지휘관의 재량권을 침해했었습니다. 만슈타인은 크리미아 전역을 그가 맡은 11군만으로 국방군 최고사령부, 육군총사령부, 남부집단군 사령부로부터 개입 받지 않고 작전을 펼쳤던 유일한 전역이라 회고했습니다. 만슈타인은 스탈린그라드 전투 이후에도 기동 방어를 통해 1943년 초에 하르코프를 재탈환하였습니다만 -그 이후 그는 '참모제'와 '재량권'에 대해 반감을 가진 히틀러로부터 지속적인 개입을 받아- 그가 원했던 기동작전을 수행하지 못하고 이 승리를 마지막으로 그 뒤로는 '순전히 시간을 벌기 위해' 싸웠습니다. 그는 전선의 축소를 통해 예비대를 확보한 후 제한적인 반격을 통해 전선의 교착화를 이룰 수 있다고 생각했으며 이를 통해 정치적으로도 교착화를 이룰 수 있다고 믿었습니다. 위 두 가지는 일반 직장 생활을 하는 중에도 제가 늘상 마음 속에 갖고 있던 생각들이었습니다.

만슈타인의 회고록을 번역하게 된 세 번째 이유는 조국과 병사들에 대한 책임감으로 인해 딜레마에 빠진 만슈타인의 고뇌 때문입니다. 그는 히틀러로 하여금 동부전선에서 군을 지휘할 총사령관을 임명하고, 작전에 대해서는 총참모장에게 권한을 양도하는 것을 받아들이게끔 하기 위해 노력했습니다. 그것이 주먹구구로 시행되는 작전에서 희생되는 부대원들의 목숨을 구하는 것이라 믿었기 때문입니다. 하지만 역설적으로 이미 독일 최고 지휘부에 있는 장성들이 동부전선의 사령관으로 만슈타인을 생각하고 있었음이 여러 증언을 통해 확인되었기에, 그 당사자인 만슈타인은 이 제안을 강하게 밀어붙이지는 못했습니다. 또한 그는 독일의 군인으로서 정권 전복을 통한 쿠데타가 명예스럽지 못하다 여겼으며, 쿠데타를 통해 독일이 서부 연합군과의 협상에서 이득을 취할 수 없을 것이라 믿어 독일군을 위험에서 구하지는 못했습니다.

하지만 마지막 순간까지 그는 고위 사령관으로서 조국과 부대원들에 대한 책임을 갖고 사령관직의 사임을 계속적으로 유보하였습니다. 만슈타인은 '집단군은 그러한 명령을 받았더라도, 하르코프를 위해 독일군을 희생할 생각은 전혀 없었다.'라고 회고했습니다. '고위 사령관으로서 마지막 순간까지 몇 년간을 병사들에게 승리를 위해 목숨을 내놓으라고도, 그리고 그들의 손으로 패배를 앞당기라고도 할 수 없었다(No senior commander can for years on end his soldier to lay down their lives for victory and then precipitate defeat by his own hand).'는 말 또한 그의 고뇌를 잘 표현하고 있습니다.

이 회고록은 제3자가 쓴 평전이 아니며, 만슈타인이 저술한 회고록입니다. 회고록은 회고록의 한계를 갖고 있으며, 저 또한 만슈타인의 관점에서만 보지 않도록 노력했으나 반대로 회고록을 번역하는 입장에서 그의 입장을 대변하게 되는 것도 사실입니다. 대다수 독일 장성들과 마찬가지로 만슈타인 또한 전쟁범죄에 대해 보고받기를 회피했다는 증언이 있으며, 실제로도 전쟁범죄를 지시한 전쟁범죄자이며 독일군 최고사령관이 되고자 야망을 품었던 군인이었습니다. 회고록은 어쩔 수 없는 한계를 가지고 있겠습니다만 독일군 장성 중, 프랑스 전역에 대한 작전 계획을 수립한 만슈타인은 서부 연합군, 독일과 동맹국 모두에게서 군사적 영역에서만큼은 가장 뛰어난 장군으로 인정받고 있습니다. 수차례 히틀러에게 권고했던 대로 군 지휘 영역에서의 총사령관과 작전 입안 영역에서의 총참모총장이 전쟁을 담당하게 되었더라도 과연 독일이 러시아와 서부 연합군을 상대로 승리를 거두었을지는 미지수였겠습니다만 크리미아 공방전, 라도가호 전투, 스탈린그라드 구출작전, 돈-드네프르-드네스트르 강까지의 퇴각전을 통해 만슈타인은 독일군의 전력을 최소로 소진시키면서 러시아군에게는 더 큰 출혈을 내도록 만들었습니다. 그로 인해 독일의 패망이 더 늦춰졌기에 독일이 더 고통 받았지만, 만슈타인으로서는 조국의 패망을 전혀 생각할 수 없었으며 전선의 고착화를 통해 정치적으로도 유리한, 최소한 불리한 입장에 서지 않기를 기대했습니다.

제 아내 김민정과 사랑하는 딸 정혜영에게 감사의 말씀을 드리며, 특히 저에게 중요한 길목만을 지키라며 재량권과 함께 책임을 주시고 번역에 관심을 보여주셨던 前 BNK캐피탈 이상춘 사장님 및 제팀원들께 감사를 드립니다. 어느 분의 글을 보니, 편집은 또 하나의 창작이라고 하였는데 이 책을 출간하다 보니 그 말의 의미를 깨닫게 되었습니다. 출판사 편집팀에게도 감사를 드립니다. 마지막으로 저를 낳아주신 부모님께 감사드립니다.

'어리석은 사람은 믿는 것을 보며, 현명한 사람은 보는 것을 믿는다.'라고 했습니다. 제 주변의 모든 분들이 외부의 영향 또는 비전문가 집단의 개입으로 인해 '잃어버린 승리'를 경험하지 않기를 간절히 바랍니다. 회고록 본문의 문구를 한번 더 적으며 옮긴이의 말을 끝맺고자 합니다.

'모든 것을 지키고자 하는 자는 아무것도 지키지 못한다.'
Whoever tries to hold on to everything at once, finishes up by holding nothing at all.

2016년 4월 8일
제 딸의 11번째 생일에

1. 폭풍 전야
(BEFORE THE STORM)

나는 **독일과 오스트리아와의 합병** 이후, 군사적 관점이 아닌 새로운 관점에서 정치적인 정세 변화를 바라보게 되었다. 1938년 2월초 육군참모본부(German Army Staff) 1부장(Oberquartiermeister 1)이며, 참모진을 대표하여 육군참모총장(Chief of Staff) 다음으로 서열 2번째였던 참모장교(General Staff officer)로서의 나의 경력은 갑작스럽게 끝이 나고야 말았다. **베르너 폰 프리츠(Werner v. Fritsch)** 상급대장이 사악한 음모에 연루되어 육군총사령관 자리에서 경질되었으며, 나를 포함해 그의 측근이었던 많은 장군들이 프리츠 장군과 함께 **육군총사령부(Army High Command, O.K.H, Oberkommando des Heeres)에서 제거**된 것이다.

[옮긴이의 주]

- 1938년 3월에 오스트리아가 독일군에게 점령되어 제국에 병합되었다. 1938년 5월에 히틀러는 군에게 가을에 체코 국가를 제거하는 단기전을 준비하라는 명령을 내렸다. 1939년 4월에 체코슬로바키아를 집어삼키고 리투아니아에게서 메멜(Memel) 시를 억지로 빼앗은 뒤, 히틀러는 독일군에게 가을 동안에 단기전을 벌여서 폴란드를 격파할 계획을 세우라는 명령을 내렸다. - 『스탈린과 히틀러의 전쟁』(리처드 오버리)

- 『Erich Von Manstein: Hitler's Master Strategist』(Benoît Lemay)에 따르면 오스트리아 합병작전은 만슈타인이 입안한 오토 계획(Otto Plan)에 따른 것이었다. 만슈타인은 회고록에서 그가 육군참모본부에서 쫓겨난 이유가 프리츠 장군과의 친분 때문이었다고 회고하고 있으나, 평전에서는 히틀러는 이때 만슈타인을 거의 알지 못했으며, 육군총사령부와 작전의 입안권을 다투던 국방부장관 베르너 폰 블롬베르크(Werner v. Blomberg)의 음모 또는 —역시 국방부 출신이었으며, 만슈타인의 군사적 재능에 질투심을 느꼈던— 카이텔(Keitel)의 음모라고 서술하고 있다. 평전의 내용 중 특기할만한 것은 만슈타인이 존경했다는 베크(Beck)가 만슈타인을 경질했다는 언급인데, 베크는 히틀러의 의견을 무조건적으로 따르던 친나치(NAZI) 성향을 보이던 만슈타인보다 프로이센

의 전통을 따르던 할더(Halder)를 1부의 책임자로 앉히길 원했다는 것이다. 만슈타인은 그의 두 번째 회고록에서 작전과장, 1부장이었던 그가 육군참모총장이 되지 못한 것에 대해 크게 실망했음을 회고했다.

· 프리츠 장군은 폴란드 전역 당시 예비역으로 참전했다가 다리에 상처를 입어 전사했으며, 당시 더 이상 치료하지 말라며 죽음을 받아들였다는 증언이 있다. 『2차세계대전사』(존 키건)에서는 프리츠를 겁쟁이라고 표현했지만, 만슈타인의 딸은 인터뷰에서 만슈타인이 프리츠와 베크 육군참모총장의 사진을 항상 곁에 두었다고 증언했으며, 프리츠가 해임되자 만슈타인이 베를린(Berlin)의 자택을 팔았을 정도로 충격을 받았다고 증언했다. 『Erich Von Manstein: Hitler's Master Strategist』(Benoît Lemay)에 따르면 2차세계대전 발발 이전에 독일 국민들이 독일에 있던 유대인을 집단학살한 수정의 밤(Kristallnacht)에 대해 '미래에 다가올 위협을 예측한 독일인들이 수행한 특별한 행동'이라고 평했을 정도로 프리츠 또한 반유대주의 정서를 가졌던 군인이었으며, 반유대주의 정서는 독일 장교단 내 만연된 상태였다. 프리츠는 독일이 다시 한번 전쟁을 치르기 위해서는 노동자 계급, 카톨릭 교회, 유대인에 대한 승리가 선결 조건이라고 생각했다.

· 베르너 폰 프리츠 군 총사령관은 겁보 중에서도 유난스러운 명칭이였다. 그는 1937년 11월 히틀러와 개인 면담을 통해 전쟁을 유발할지도 모를 정책을 펴지 말라고 주의를 주었다. 두 달이 지난 후 국방부장관(War Minister)인 베르너 폰 블룸베르크(Werner v. Blomberg) 장군은 그의 젊은 신부가 매춘부 출신이라는 이유로, 그리고 프리츠 육군총사령관은 동성애자라는 날조된 혐의를 받고는 모두 자리에서 물러났다. 히틀러는 국방부 대신에 새로운 최고 병과 사령부, 즉 **독일 국방군 최고사령부**(O.K.W, Oberkommando der Wehrmacht)를 세울 구실을 얻었고, 히틀러 스스로가 국방군 최고사령부의 수장이 되었다. 1938년 3월 12일 독일군이 오스트리아에 진주해 들어갔고 이튿날 합병이 선언되었다. - 『2차세계대전사』(존 키건)

· 국방군 최고사령부는 1939년 1월 기준으로 경제국, 일반국, 정보국, 지휘국이 있었다. 지휘국 휘하에 선전과, 통신과, 국가방위과가 있었다. 자세한 내용은 『히틀러 최고사령부』(제프리 메가기)를 참조하기 바란다.
독일이 오스트리아를 합병한 것을 무력에 의한 합병이라 오해할 수 있다. 실제로 오스트리아 주민들은 독일군의 진주를 환영했으며, 심지어 히틀러가 도착할 때까지 오스트리아군이 자발적으로 질서를 유지했다. 오스트리아 수도에서 독일군과 오스트리아군은 순서대로 히틀러에게 사열을 받았던 것이다.
육군총사령부는 1939년 1월 기준으로 육군총사령관 휘하에 일반국, 병기국, 행정국, 인사국과 육군참모본부가 있었다. 육군참모본부 휘하에 1~5부가 있었으며 1부 휘하에 작전과, 수송과, 병참과, 측량 및 군사지리정보과, 방어시설과가 있었다.

육군참모본부 1부는 작전과 등을 관할하여 일반국, 행정국과 비교할 수 없을 정도로 권한이 막강했으며, 실질적으로 육군참모총장 다음의 지위를 누렸다. 아울러 육군참모본부가 육군총사령부 내 핵심 부서인 것처럼 작전과는 육군참모본부 내에서도 중심적 위치를 차지했다. 육군참모본부의 임무 규정을 보면 정보과는 작전과에 긴밀히 협조해야 한다는 규정이 있을 정도로 육군참모본부 내 작전과의 영향은 막강했다. 자세한 내용은 『히틀러 최고사령부』(제프리 메가기)를 참조하기 바란다.

그 이후, 18사단(Division) 사령관으로 보임된 나는 당연히 육군총사령부에 의해 관할되는 사항들에 대해서 배제될 수밖에 없었다. 1938년 4월 이후, 나는 사단장으로서의 나의 임무에 전념하였다. 아직 재무장이 완벽하게 이루어지지 않아 그 시절에 사단장으로서 일하는 것은 많은 노력을 필요로 하는 것이었음에도 불구하고 이 시기만큼 나에게 특별한 만족감을 준 시기는 없었다. 재무장이 진행되는 동안 신규 부대의 지속적인 창설과 동시에 기존 부대들의 끊임없는 재편성이 계속됐다. 또한 부대들의 창설로 인해 당연히 수반될 장교와 하사관(Non-commissioned officer)의 육성 업무는 직급의 고하를 막론하고 모든 지휘관에게 요구된 임무였다. 우리의 목표는 조국의 안전을 담보할 수 있도록 높은 수준으로 훈련되고 본질적으로 균형이 잡힌 군을 만드는 것이었다. 이 업무를 성공적으로 수행한 것은 나에게 있어 몇 년간의 베를린에서의 생활 이후에 누린, 굉장히 행복한 경험이었으며 다시금 전투부대를 직접 지휘하게 되어 기뻤다. 전쟁 전의 평화롭던 1년 반의 기간 동안, 슐레지엔(Silesia) 출신으로 구성된 18사단이 대규모로 확장되었음은 매우 특별한 기억이었다. 슐레지엔은 역사적으로 우수한 군인들을 배출해 왔으며, 새로운 부대에 대한 교육과 군사 훈련은 매우 보람 있는 일이었다.

[옮긴이의 주]
· 슐레지엔의 18사단은 나중에 기갑척탄병사단으로 승격되었으며 만슈타인의 아들 게로(Gero)는 동 사단에서 복무 중 1942년 소위로 전사했다.

이른바 무혈 전쟁, 꽃의 전쟁(Floral War)이라고 일컬어지는 **주데텐란트(Sudetenland)**의 점령기

동안 나는 **리터 폰 레프**(Ritter v. Leeb) 상급대장의 지휘 하에 있는 군 참모장으로 근무했다. 이때 나는 육군참모총장인 베크 장군과 히틀러와의 사이에 체코(Czech) 문제로 발생한 대립을 알게 되었으며 유감스럽게도 그러한 논쟁은 베크 장군의 사임으로 마무리 되었다. 이 사임으로 인해, 어쨌거나 나는 육군총사령부와 연결되어 있던 마지막 연결고리마저 잃고 말았다. **1938년 여름에서야 히틀러의 명령에 의해 폴란드**(Poland) **공격을 위한 백색작전**(Order White)이 준비되고 있음을 알게 되었다. 1939년 봄까지는 실질적인 공세 준비는 없었으며 오히려 그때까지 동부전선의 모든 군사적 준비 상황은 방어적인 관점에서 이루어졌다. 백색작전에서 나는 이미 전역한 룬트슈테트 상급대장이 지휘할 남부집단군의 참모장으로 부임하게 되어 있었다. 세밀하게 짜여진 배치 전략에 따라 남부집단군은 슐레지엔(Silesia), 동부 모라비아(Moravia), 그리고 부분적으로 슬로바키아(Slovakia) 일부 지역에서 전개되도록 계획되었다.

[옮긴이의 주]

- 주데텐란트에서도 마찬가지로 물론 독일계 주민들이었겠지만, 주민들의 환영을 받았다는 증언이 있다. 평전에 따르면 만슈타인을 포함한 국방군 장성들의 관점은 체코가 베르사유 조약에 기반해 태어난 인위적인 국가였고 독일의 배후에 위협이 되는 국가였으므로 체코에 대해 침략 전쟁을 하겠다는 히틀러의 의도에 동의했다.
레프 장군은 주데텐란트 위기 때 12군 사령관이었으며, 프랑스 침공 시 C집단군 사령관, 러시아(Russia) 침공 시 북부집단군 사령관을 역임했다. 주데텐란트 위기 때 만슈타인이 12군 참모장으로 참여했다.
베크 장군은 1938년 체코 문제로 육군참모총장직을 사임하였으며, 1944년 7월 20일 히틀러 정권 전복에 실패하여 자살을 강요당했다. 몇 차례에 걸쳐 자살을 시도했으나, 결국 쿠데타 진압에 동원되었던 하사관이 베크의 목을 쏘았다는 증언이 있다. 베크는 1938년 3월말 '독일은 체코의 존재를 참을 수 없다. 우리는 반드시 독일에 위협이 될 근원인 체코슬로바키아를 —필요하다면— 전쟁을 통해 멸망시켜야 한다.'라고 말했다. 만슈타인은 1938년 7월 21일 베크에게 편지를 써 체코슬로바키아가 유럽의 지도에서 사라져야할 국가이며, 주데텐란트의 합병이 최대한 빨리 수행되어야 한다고 주장했다. 평전에서는 만슈타인을 '전쟁광(戰爭狂)'이라 표현했다.

- 평전에 따르면 남부집단군의 참모진들은 만슈타인과 블루멘트리트 주도 하에 육군총사령부가 작성한 백색작전의 초안에 대한 검토 의견을 1939년 5월 20일 제출하였으므로, 만슈타인이 여름까지 백색작전을 몰랐다고 회고한 것은 진실일 수도 또는 거짓일 수도 있다. 뉘른베르크 전범재판에서 만슈타인은 폴란드 침공이 2차세계대전의

서막인 것을 알고 있었느냐라는 질문에 알지 못했다고 답했으며, 전범 혐의에서 벗어나기 위해 거짓 증언을 한 것으로 보인다.

1939년 4월 중순 할더는 '우리는 폴란드에서 빠르면 15일 내로, 늦어도 3주 안에 승리를 얻을 것이다. 동부전선에서 유럽의 운명을 걸고 개입하는 것은 러시아인의 손에 달려 있다. 어떠한 경우라도 —영광스러운 승리에 대한 찬사로 자부심을 얻은— 승리의 독일군은 볼셰비즘에 맞설 준비를 해야 하며, 서부전선에 그 자신을 투입할 준비가 되어 있어야 한다.'라고 말했다. 호전적인 국방군의 장성들은 당장의 폴란드전과 이후에 감수해야 할 서부 연합군과의 다툼, 그리고 볼셰비키 러시아에 대한 전쟁을 벌여야 한다는 생각에 반대하지 않았던 것이다.

집단군(Army Group) 사령부는 평화 시에도 존재하는 상비 조직은 아니었으며, 총 동원령이 발효될 때에만 운영되었기 때문에 소규모 준비 그룹이 새로운 작전 계획을 수립하기 위해 구성되었다. 준비 그룹은 1939년 8월 12일 슐레지엔의 노이하머(Neuhammer) 훈련장으로 집결하였다. 남부집단군의 준비 계획은 총 동원령 발효 시에 집단군 **작전참모장**(Chief of operations, Ia)을 맡을 **블루멘트리트** 대령의 주관 하에 진행되었다. 그와 같이 신뢰할 수 있고 능력이 탁월한 사람과 같이 일하는 것은 매우 특별한 행운이었다. 이 같은 유대감은 우리가 레프 장군의 참모진들로서 주데텐란트 위기 당시 함께 근무하던 동안 쌓아져 왔으며, 이 같은 상황에서 블루멘트리트 대령 같이 의존할 수 있는 동료와 함께 일한 것은 매우 소중한 경험이었다. 종종 매우 사소한 일을 처리할지라도 우리는 서로에게 호감을 갖게 되었으며, 블루멘트리트 대령이 전화로 주는 조언들은 나를 매우 유쾌하게 해 주었다. 그는 어떤 경우에도 믿을 수 없을 만큼 신속하게 일했으며, 언제나 전화기를 손에 들고 있으면서도 산적한 요구 사항을 늘 차분한 미소와 함께 처리할 수 있는 사람이었다.

[옮긴이의 주]
- 참모진들은 참모장 아래 Ia(작전참모), Ib(병참참모), Ic(정보참모) 등으로 세분화되었었다. 평전에 따르면 육군 총사령부가 계획한 백색작전은 남부, 북부집단군의 검토를 받았으며, 실제로 남부집단군의 참모장인 만슈타인이 백색작전을 계획한 것이라고 한다. 평전의 저자 Benoît Lemay는 오스트리아 합병작전, 백색작전을 모두 만슈타인의 작품으로 보았다. 블루멘트리트는 만슈타인과 함께 육군총사령부가 작성한 폴란드 전역의 계획인 백색작전(White Order)을 검토했다. 프랑스 전역의 계획인 황색작전(Order Yellow)도 함께 입안하였다. 히틀러 정권 전복 음모에 가담했던 것으로 보이나 히틀러가 그를 유죄로 보지 않아, 종전까지 군에 있을 수 있었다는 증언

1. 폭풍 전야(BEFORE THE STORM)

이 있다. 평전에서는 블루멘트리트가 음모에 가담하지 않은 것으로 서술되었다. 나중에 많은 저술 활동을 하였고 그의 저서 『전략과 전술』은 국내에 소개된 바 있다.

8월 중순, 머지않아 남부집단군 사령관이 될 룬트슈테트 상급대장이 노이하머에 도착했다. 그는 고등 전술의 주창자로서, 어떠한 위기 상황에서도 핵심 요소를 파악할 수 있는 재능이 있는 군인이었으며 이미 우리 모두 그를 알고 있었다. 실제로 그는 다른 일에 관심이 없었으며, 매우 소소한 사항에 대해서는 지극히 무관심했다. 그는 이제는 거의 없어져가는 보수적인 교육을 받은 신사로서 나에게 경외감과 더불어 삶에 즐거운 다양성을 주었다. 그는 히틀러조차도 흠모해 마지않는 매력을 가지고 있었으며, 진정으로 히틀러는 장군에게 경외감을 느꼈던 것 같다. 그에게 가졌던 흠모는 놀랍게도 히틀러가 장군을 두 번이나 해임했을 때에도 어렴풋이 남아있었던 것 같다. 특별히 정의할 수 없지만 히틀러를 매혹시켰던 —설명할 수도 없고 범접할 수도 없던— 장군의 매력은 그가 가진 특유의 분위기 때문이었다. 우연히 준비 그룹이 노이하머에 회합 중에 있을 때, 나의 18사단 또한 연례적인 연대급, 사단급 훈련을 위해 노이하머 부근에 주둔하고 있었다. 1933년 이래 독일이 경험한 여러 가지 위기에 불안해진 우리는 말할 필요 없이, 이러한 위기가 어떻게 진행될 것인지에 대해 우려하고 있었다. 우리의 관심과 개인적인 대화는 국경 지역에 고조되고 있는 전쟁의 징후에 대해 집중되었다. 우리는 히틀러가 베르사유(Versailles) 조약의 마지막 잔재인 영토 문제를 적극적으로 해결하고자 결심한 것을 인지하고 있었다.

우리는 히틀러가 1938년 가을 이전부터 폴란드와의 국경 문제를 해결하기 위해 협상하고 있는 것을 알고는 있었으나, 협상이 어떻게 진전되는지 듣지는 못했다. 동 시점에 우리는 영국(British)이 폴란드에 대해 —폴란드가 침략을 받을 시에 침략자를 공격하겠다고— 보장협약(Guarantee to Poland)을 체결한 사실을 알게 되었으며 나는 독일 군부에 속한 누구라도 자만하거나 또는 근시안적이어서 영국의 폴란드에 대한 보장협약이 내포한 심각성에 대해 알지 못했던 사람은 없었다고 확실하게 얘기할 수 있다. 영국의 폴란드에 대한 보장협약은 —그 자체만으로도 또는 유일한 원인이 아닐지라도— 노이하머에 있는 집단군 사령부 사람들로 하여금 **현재의 상황이 궁극적으로 전쟁까지 이르지는 않을 것**이라는 확신을 갖게 해 주었다. 비록 입안되어 있는 배치 계획이 실현될 지라도, 우리의 생각으로는 여전히 부대 배치의 실행이 곧 전쟁을 의미하지는 않았다. 우리는 최근까지 위험을 감수한 독일의 불안정한 행보를 우려 깊은 눈으로 주시해 왔으며, 공공연하게 또는 암암리에 정치적인 목적을 지금까지 무력에 의하지 않고 획득한 히틀러의 행운에 더욱더 경탄해 마지않았다.

[옮긴이의 주]

- 평전에 따르면 젝트 상급대장은 1920년 '군은 하나만을 보면 된다. 그것은 영구적 평화가 아니라 전쟁이다.'라고 선언했다. 히틀러가 권력을 얻은 후 육군참모총장이 된 베크 중장은 전쟁을 정당화시키기 위해 노력했다. '국제 관계 속에서, 국가의 최후 수단은 미래의 군사력에 있다. 우리는 전쟁을 없앨 수 없다.'고 결론지었다. 요약하자면 독일 장교단에게 전쟁이란 역사적 사실이며 ―국가의 이익을 얻는 것을 주장하기 위한 정책을 표현하는 방법으로서의 전쟁은― 자연적인 현상으로 받아들여졌다. 이는 독일군 장성들이 단지 군사적 방어력만을 유지하고자 했었고, 히틀러가 권력을 얻은 후 독일군 장성들을 공세 능력을 갖춘 전쟁 기구로 만들었다고 주장하는 것이 틀림을 의미한다. 독일 군부가 떠밀려 전쟁을 수행한 것은 아니다.

히틀러는 가히 거의 절대적인 직관과 본능적인 감각을 가지고 있는 것으로 보였다. 절대 멈추지 않고 진행될, 그리고 혹자가 빛나는 사건들의 연속이라고 표현한 연이은 성공은 우리를 패배감(Downfall)으로부터 벗어나게 해 주었다. 놀랍게도 이 모든 것이 전쟁 없이 이루어져 왔던 것이다. 그러나 왜 이번 폴란드 문제에서는 그렇지 않았을까 생각해 볼 필요가 있다. 체코슬로바키아의 경우를 보자면, 히틀러가 1938년 군대의 진주를 통해 위협을 가했음에도 전쟁이 발발하지 않았다. 그러나 현재의 정세는 매우 미묘했으며 히틀러가 의도한 협상, 기만과 위협을 통한 행보는 매우 위험해 보였기에 마치 어린 아이를 우물가에 놓아둔(Taking the pitcher to the well) 듯한 느낌이 들었다.

이 시점에서 위기가 발생한다면 폴란드에 대한 영국의 보장협약이 이행될 것이 확실했으나 우리는 1914년 독일의 지도자들이 그러했던 것과 달리, '본인은 동부와 서부에서 양면전선을 촉발시키는 경솔한 행동은 하지 않을 것'이라는 히틀러의 단언을 떠올렸다. 그러한 언급은 비록 그가 인간적인 측면에서는 부족할지 몰라도, 최소한의 현실 감각은 갖추었다는 것을 의미했다. 그는 군부 내의 측근에게 본인이 **단치히**(Danzig)와 **폴란드 회랑**(Poland Corridor)을 얻기 위해 세계대전을 불러일으킬 정도로 미숙하게 행동할 만큼 어리석지 않음을 소리 높여 명백히 확인해 주었다.

[옮긴이의 주]
· 단치히는 '자유市'로써 독일과 폴란드의 점유지가 아니었다. 베르사유 조약으로 인해 폴란드가 독립했으며 상부(Upper) 슐레지엔 일부를 할양받았다. 또한 폴란드로 인해 독일 본토는 동프로이센과 분리되었다. 독일 본토와 동프로이센 사이를 갈라놓은 길쭉한 폴란드 영토를 '폴란드 회랑'이라 불렀다.

폴란드와의 갈등에 대한 독일 군부의 입장
(THE GENERAL STAFF AND THE POLISH QUESTION)

베르사유 조약에 언급된 조항의 결과로 ─폴란드가 역사적으로도 주장할 권리가 없으며 스스로 쟁취하지 않은 권리를 통해 독일 영토를 병합한 이후─ 폴란드는 독일 국민이 느낀 쓰라림의 원천일 수밖에 없었으며 독일 군부에게도 독일이 취약했던 시기에 끊임없이 느껴야했던 비통함의 원인일 수밖에 없었다. 우리는 늘 지도를 보면서 불합리한 국경선의 설정과 영토의 훼손으로 인한 독일의 위태로운 지정학적 위치를 우려했다. 독일 본토와 동경의 대상이 되는 **동프로이센**(East Prussia)을 분리하는 폴란드 회랑은 동프로이센을 걱정하게끔 만드는 이유가 되었음에도 불구하고, 군부는 이러한 지정학적 위치를 바꾸기 위해 폴란드에 선제공격을 가하여 국경선을 수정하고자 하는 계획은 고려하지 않았다. 군부가 현 상황에 대해 무력 사용, 즉 전쟁을 고려하지 않은 이유는 다른 무엇보다도 폴란드에 대한 어떠한 공격도 궁극적으로는 독일이 유지할 수 없는 양면전선을 갖게 된다는 지극히 간단하면서도 명백한 군사적 고려 때문이었다.

[옮긴이의 주]
· 동프로이센은 호헨촐레른(Hohenzollern) 왕가의 근원지이다. 평전에 따르면 육군사관학교와 육군대학에서 독일 장교단이 받은 교육은 전술학, 전쟁사, 무기학, 축성학, 철도학, 수학, 물리학 등 군사적 필요성에 기반한 것이었다. 예를 들어 언어학, 경제학, 정치학과 같은 사회과학 계열의 학문들은 중요하지 않았다. 독일의 군사 교육은 확실히 산업화 시대에 ─대규모 병력이 기계화된 전쟁을 수행하는데─ 필요한 교육이 불충분했다. 역설적으로 독일에게 큰 영향을 끼쳤던 산업혁명, 사회주의, 자유주의, 민주주의 등은 그 당시 장교들에게 영향을 끼치지 못

했다. 이에 따라 독일 장교단은 1918년 11월 독일의 패배에 영향을 끼쳤던 것들은 '사회주의, 자유주의, 민주주의와 그리고 이 모든 것들의 뒤에 있었던 유대인들'이라고 믿었다.

새로운 기조에 대해 거부하며, 기존의 관습에 그들을 묶어둠으로써 장교단은 국가 안의 국가(A State-within-A State)로, 다시 말하자면 정치적, 사회적으로 어떠한 편에도 서지 않고 국왕과 왕국을 위한 조직으로써 남았다. 그의 동료들과 마찬가지로, 만슈타인은 호헨촐레른 왕가의 몰락에 대해 매우 심각한 괴로움을 느꼈다. 전후 만슈타인은 두 번째 회고록을 통해 장교로서 '호헨촐레른 왕가의 붕괴가 단순히 정권의 변경을 의미하지 않고, 세상을 바라봤던 그들의 세계관이 소멸되는 것'이었다고 회고했다. 그의 선조들과 마찬가지로 만슈타인은 프로이센 왕에게 충성의 맹세를 했었다. 만슈타인의 입장에서 군인의 의무로써 행한 충성의 맹세는 —국가와 민족과 같은 추상적인 개념이 아닌— 국왕을 위한 것이었다.

국왕의 신하로써 무조건적인 충성의 맹세를 한 시점부터 장교단은 군주제가 없어진다는 사실을 더 이상 생각할 수 없게 되었다. 1차세계대전이 끝나자 만슈타인은 그의 초년기 군 경력이 끝장났다고 적었다. 군인들은 이로 인해 황제가 아닌 국가(Reich)에 대한 충성을 맹세하게 되었으나, 만슈타인은 조국(Reich)이라는 개념은 실제로는 보지 못한, 추상적인 개념이었다고 추가 기술했다. 의회민주주의에 대해서도 만슈타인은 부정적인 견해를 가졌다. 그의 두 번째 회고록에서 바이마르 공화국(Weimar Republic)을 바라봤던 시각에 대해 '정치적 목적을 가진 정당들과 이해 관계자들만의 꼭두각시 정권이며, 그 이상도 그 이하도 아니다. 바이마르 공화국은 정당한 권위를 결코 가지지 못했다. 더욱이 대다수의 국민들이 바이마르 공화국을 지지하지 않아, 바이마르 공화국은 당연히도 그들의 권위를 국민들로부터 찾지 않고 패배의 결과로부터 찾았다.'라고 회고했다.

그의 관점에서 의회민주주의는 정치적 불안정성과 동일한 의미이며 대중적 지지를 얻을 수 없는 정권이었을 뿐이다. 특별 초청을 받아 의회에서 모임을 가진 후, 만슈타인은 '정당들이 옥신각신하는 모습에 분개하였으며 혐오감을 느꼈다.'라고 회고했다. 이를 통해 독일 장성들이 히틀러의 국가사회주의 정권 하에서 어쩌면 그렇게 일사분란하게 움직일 수 있었는지에 대해 알 수 있다.

1차세계대전 중, 만슈타인 대위는 두 개의 군사적 영예를 얻게 되었다. 1급철십자훈장(The First Iron Cross)과 호헨촐레른훈장(The House Order of Hohenzollern)이 그것이다.

재무장 이전 시기, 즉 베르사유 체제가 우리에게 부과한 취약 시기에 우리가 드러내놓고 독일 영토를 수복하고자 갈망할수록 폴란드와 연합군 세력이 우리를 방해할 것이라는 악몽을 늘 간직하고 있었다. 그러나 비록 우리가 선제공격을 통한 국경선 문제 해결을 고려하지도 않았지만, 무분별하게 설정된 국경선을 수정하기 위해 가장 합리적이라는 폴란드 정치인들일지라도 평화적으로 협상 테이블에 앉을 것이라고 기대하지도 않았다. 반면에 폴란드가 가까운 미래에 국경선 문제를 무력에 의해 해결하고자 선제적으로 나설 가능성은 많았다. 우리는 독일의 취약 시기인 1918년 이래, **폴란드가 무력을 행사하는 것**에서 여러 교훈을 얻었고 이러한 경험으로 독일의 취약 시기에 폴란드의 공격에 대비하여야만 했다.

[옮긴이의 주]
- 전후 처리에 의해 재창출된 국가인 폴란드와 벌인 짧은 전쟁 동안에 러시아는 1920년에 확고하게 동유럽에서 배제되었다. 붉은 군대가 기진맥진했다고 보고, 이를 이용하려고 안달하던 폴란드 지도자들은 그해 5월에 우크라이나(Ukraine)를 침공해서 키예프(Kiev)를 점령했다. 1921년 3월에 리가(Riga)에서 체결된 조약으로 폴란드가 우크라이나 서부 일부를 받아서 러시아 국경이 100마일 더 동쪽으로 밀려났다. 소련 지도자들은 폴란드와의 전쟁을 결코 잊지 않았다. 20년 뒤의 보복의 난장판 속에서 그 지역을 다시 점령한 것이다. - 『스탈린과 히틀러의 전쟁』(리처드 오버리)

만일 폴란드 **피우수트스키** 원수의 영향력이 감소하거나(Pilsudski's voice was silent), 수많은 민족주의 그룹이 폴란드에 영향력을 행사하는 위치에 있게 된다면 동프로이센 또는 상부 슐레지엔으로 폴란드가 침공할 것이라는 점은 예전에 폴란드가 **빌나**(Vilna)에 진공했던 것처럼 가능한 일이었다. 이와 같은 위기 상황에 대처하기 위해, 군부는 심사숙고 끝에 정치적인 해결책을 찾아냈다. 만일 폴란드가 침략자임이 증명되고 우리가 공격을 맞아칠 수 있다면, 독일은 정치적인 지지와 당위성을 통해 불합리한 국경선의 문제를 수정할 수 있는 기회를 얻을 수 있었다. 어떠한 경우에도 모든 군부의 지휘관들은 국경선의 회복과 폴란드와의 정치적 관계에 대해서 현실적이고도 냉철한 시각을 갖고 있었던 것이다.

[옮긴이의 주]
- 피우수트스키는 폴란드의 국부로 추앙받고 있으며, 1934년 독일과 동맹을 맺어 우호적인 관계를 유지했다. 폴란드는 러시아와의 전쟁뿐만 아니라, 역사적으로 폴란드의 영토였다는 이유로 리투아니아(Lithuania)의 빌나를 점령했고 이로 인해 러시아 및 발틱(Baltic) 3국의 미움을 받게 되었다.

비록 라이헤나우(Reichenau) 장군이 **젝트**(Seeckt) 상급대장의 저서 『나의 삶(Aus Meinem Leben)』의 내용 중 '독일이 근본적으로 얻고자 하는 요구와 폴란드의 존재는 상호 간에 용납될 수도, 그리고 양립될 수 없으며 폴란드는 결국 폴란드 내부의 약화와 러시아의 공격, 그리고 우리 독일의 공격으로 사라질 것이다.'라는 언급을 인용하여 말한 적이 있음에도 불구하고 —정치적, 군사적인 정세 변화에 대한 입장이 정리된— 독일이 선제공격만큼은 하지 않는다는 것이 이미 우리가 받아들인 기정사실이었다.

[옮긴이의 주]
- 젝트 장군은 1차세계대전 이후 독일군의 재무장을 위한 기반을 조성하여 독일군의 기틀을 닦았던 매우 중요한 인물이다. 정치에 관여하지 않고 군사적 영역에만 관심이 있었으며, 영국과 프랑스를 주 적으로 보았다. 젝트는 1차세계대전 종전 후에도 육군참모본부를 폐쇄하지 않고 병무국이라는 이름으로 존속시켰다. 병무국은 T1(작전), T2(편제), T3(외국군사정보), T4(훈련)로 구성되어 있었다. 만슈타인 및 카이텔도 병무국에서 근무했다. 자세한 내용은 『히틀러 최고사령부』(제프리 메가기), 카이텔(Keitel)의 회고록을 참조하기 바란다.

우리는 러시아와 프랑스의 군사적 성장에 대해 정확히 알고 있었으며, 협약 사항들을 쉽게 버릴 수 있는 그들은 여전히 과거와 동일하게 적대감을 갖고 우리와 맞서고 있었다. 그들은 언제나 독일 배후에서 동맹국을 찾았으며, 폴란드가 사라질 운명에 처한다면 현재의 완충국으로서의 폴란드보다 더 위험하고 강력한 러시아와 프랑스가 동맹국이 될 터였다. 독일과 러시아 사이에서, 폴란드와 리투아니아 등의 완충 국가의 소멸은 당연하게도 독일과 러시아라는 두 강대국의 세력이 충돌하게 되는 문제 발생을 의미했다. 폴란드와 접하고 있는 국경선을 변경하는 것은 상호 간에 관심이 있는 일이긴 하겠지만, 폴란드를 완전히 제거하는 것은 —일반적인 관점에서 그리고 전체적인 국제 정세에 비추어 본다면— 독일에게 이득이 없었다.

따라서 우리가 폴란드를 좋아하든지 아니든지 간에 러시아와 독일은 폴란드를 완충국으로 남겨두는 것이 바람직했다. 독일 동쪽의 무분별하고도, 언제 터질지 모르는 문제점을 갖고 있는 국경선의 설정으로 말미암아 우리는 군인이기에 고통을 받았지만 폴란드는 여전히 러시아보다는 덜 위험한 인접 국이었다. 하지만 대다수의 독일 국민처럼 우리도 거주민의 자연적인 권리에 따라 독일인이 주로 거주하고 있는 지역이 국경선 변경으로 인해 독일로 귀속되기를 희망했고, 이러한 바람과 동시에 군사적인 관점에서 볼 때 이 지역에서 폴란드 국민의 구성비가 늘어나는 것이 바람직하지는 않았다. 하지만 동프로이센과 독일 본토와의 합병을 독일이 요구하는 것에 대해서는 폴란드가 항구 도시를 얻고자 하는 요구와 잘 조화될 수 있을 것이었다. 매번 무력 분쟁의 위기가 발생할 때마다 1920년 이래 대다수 독일 제국의 군인(Reichswehr)들은 **폴란드와 이 문제를 우호적으로 풀 수 있을 것**이라 생각했다.

[옮긴이의 주]
- 리벤트로프가 폴란드 회랑-동프로이센을 연결하는 철로망을 독일이 이용하고, 폴란드는 단치히를 점유하는 제안을 했다는 증언이 있다. 물론 폴란드가 이 제안을 신뢰하지 않았을 것은 분명하다.

그러나 운명의 굴레는 다시 한번 구르게 되었다. 히틀러가 전면에 나타나자 폴란드와 독일의 모든 관계가 변해버린 것이다. 독일은 동쪽의 인접국들과 불가침조약과 우호조약을 체결함으로써, 폴란드가 공격할지도 모른다는 악몽에서 벗어났다. 폴란드의 위협이 사라짐과 동시에 독일과 러시아와의 관계는 냉각기에 접어들었으며, 우리의 새로운 영도자는 공식 석상에서 볼셰비키 체제(Bolshevik System)에 대한 적개심을 언급하였다. 폴란드와는 이러한 일련의 새로운 환경 변화로 인하여 정치적 긴장이 완화되었으며, 우리에게 폴란드는 더 이상 위험 국가가 아니었다. 더군다나 히틀러가 행한 **독일의 재무장**과 대외적인 외교 정책들의 연속된 성공들은 폴란드가 얻은 새로운 행동의 자유를 독일의 이익에 반하여 이용하는 것을 불가능하게끔 만들었다. 그리고 폴란드가 체코슬로바키아를 독일과 함께 분할하고자 할 때에도, 우리는 독일에게 이득이 되는 방향으로 국경선 문제에 대해 논의할 수 있었다. 1939년 봄까지 육군총사령부는 폴란드에 대한 어떠한 공격 계획도 갖고 있지 않았다. 동부전선에 배치된 모든 독일군의 조치는 순수하게 방어적인 성격을 보였다.

[옮긴이의 주]
- 러시아는 독일 군사력의 부활을 진정으로 걱정스럽게 바라보았다. 1933년에 히틀러가 권좌에 오른 후 두 나라 사이의 관계가 지속적으로 나빠졌다. 양측은 1939년에 전쟁이 벌어지기 몇 달 전까지 다시는 대화를 하지 않았다.
  - 『스탈린과 히틀러의 전쟁』(리처드 오버리)

전쟁이냐, 기만이냐?
(WAR OR BLUFF?)

1939년 가을, 단치히와 폴란드 회랑을 얻기 위해 히틀러는 진정 전쟁을 원했던 것일까? 아니면 1938년 체코 위기 때처럼 군사적으로나 다른 분야에서 폴란드가 감내할 수 있는 압력을 통한 기만을 가해 단치히와 폴란드 회랑 문제를 해결하고자 하였던 것일까?

전쟁이냐, 기만이냐?

이 문제는 정치적 상황 변화나 특히나 히틀러의 의도에 대해 잘 알지 못했던 사람들의 마음속에 있던 의문이었으며, 그 누구도 히틀러의 의도에 대해 제대로 파악할 수 있는 사람은 딱히 없었다. 어쨌든 1939년에 8월에 실행될 군사적 조치는 ―백색작전이 계획되고 있음에도 불구하고― 기만을 통한 '정치적인 압력'을 폴란드에 가하기 위하여 진행된 것이라고 여겨졌다. 여름까지 히틀러의 명령에 따라서 군사작전 준비가 빠르게 서부의 지크프리트(Siegfried) 방벽에 상응하는 **동부 방벽**(Ostwall)에서 전개되었다. 18사단을 포함한 모든 사단이 폴란드 국경으로 몇 주간 동부 방벽 요새화를 위한 교대 근무를 위해 이동하였다. 히틀러가 폴란드를 공격 하고자 하였다면, 이러한 동부 방벽을 구축하는 노력이 무엇을 의미하는 것일까? 비록 그의 단언과는 반대로 그가 동부와 서부 양면전선에서의 전쟁을 고려한다면, 서부전선이 방어전선을 펼치는 동안 폴란드를 공격하여 괴멸시키는 것이 현재 상황에서는 가장 적합한 방법이었기에 동부 방벽의 구축은 적합하지 않았다.

[옮긴이의 주]
- 독일은 폴란드와의 전쟁에 대비하여 오데르(Oder)강-바르테(Warta)강 주변에 방어선을 구축하였다. 이후 러시아 전선에서 후퇴할 때 급조된 방어선들이 동부 방벽으로도 불렸다.

반대로 동부전선에서는 방어를, 서부전선에서 공격을 펼친다는 전략은 현재 군의 배치 상태로서는 특히 서부전선에 대한 공격 준비가 이루어지지 않은 상태에서는 전혀 고려할 수 없었다. 그러므로 현재 상황에서 동부 방벽을 건설하는 것에 어떤 이유나 까닭을 부여한다면, 폴란드 국경에 군을 배치하여 폴란드를 압박하는 것에 한정되는 것이었다. 8월의 마지막 10일 간 오데르강 동쪽 지역에 위치한 사단의 재배치와 기갑사단과 차량화사단이 오데르강 서쪽에 집결하는 것은 공격을 위한 준비가 아니었으며, 단순히 정치적 압박의 형태였다. 어쨌든 훈련 프로그램은 당분간 평상시처럼 진행되었다. 8월 13, 14일 이틀에 걸쳐 노이하머에서 사단급의 마지막 훈련이 있었으며, 룬트슈테트 상급대장의 사열을 받았다. 8월 15일 독일 공군과의 협동 훈련 중 비극적인 사고가 발생했는데, 구름의 고도를 명백히 잘못 전달받은 급강하 폭격기 편대(Squadron)가 급강하 후, 적시에 강하를 멈추지 못해 삽시간에 숲으로 추락한 것이다. 다음날 추가적인 연대급의 훈련 계획이 종료된 후 각 사단들은 —며칠 후에 다시 슐레지엔의 국경선으로 다시 돌아와야 했음에도— 평상시의 주둔지로 돌아갔다.

8월 19일 룬트슈테트 상급대장과 나는 21일에 오버잘츠베르크(Obersalzberg)로 회의 참석을 지시 받았다. 20일에 리그니츠(Liegnitz)를 출발하여, 린츠(Linz) 인근에 위치한 처남의 저택을 방문하고, 그날 밤을 거기서 묵었다. 베르히테스가덴(Berchtesgaden)에는 21일 도착하였다. 육군의 모든 집단군, 모든 군(Army)의 사령관과 그들의 참모장이 히틀러에게 신고하였고, 해군과 공군도 그러하였다. 잘츠부르크(Salzburg)를 향해 있는 베르크호프(Berghof)의 큰 리셉션실에서 개최된 회의는 —체코 위기 시에 군부 참모진들과의 회의 경험으로 말미암아— 히틀러가 참모들의 자유로운 의견 개진을 허용하지 않으려 하였기 때문에 다소 히틀러만의 연설처럼 진행되었다.

히틀러가 들어오기 바로 전에 괴링(Göring)이 리셉션실에 들어왔다. 그는 꽤나 독특한 모습이었다. 이때까지 나는 우리가 심각한 사항에 대해 논의하고자 이 회의에 참석한 것으로 느끼고 있었는데 괴링은 가장 무도회에 온 것처럼 보였다. 그는 부드러운 칼라가 있는 흰색 셔츠와 노란 가죽 버튼으로 장식된 녹색 조끼를 입고 있었다. 게다가 그는 회색 반바지와, 회색의 긴 양말을 신고 있어 그의 장딴지가 더욱 두드러져 보였다. 이 우아한 양말은 커다란 레이스가 달린 커다란 신발에 의해 더욱 우스꽝스러웠다. 그의 볼록한 배는 금으로 값비싸게 세공된 빨간 가죽으로 만든 벨트로 비웃음을 받았고, 벨트에는 의장용 단검이 동일한 소재로 만든 넉넉한 칼집에 대롱대롱 매달려 있었다. 나는 내 옆에 있던 잘무트(v. Salmuth) 장군에게

'저 뚱보가 여기에 근위병으로 와있는 걸까?(I suppose the Fat Boy's here as a Strong-arm man?)'

라고 속삭였다.

리셉션실에서의 히틀러의 발언은 뉘른베르크 전범재판(Nuremberg trial)에서 기소된 문서에 다양한 형태로 언급되었다. 그 중에 한 형태는 히틀러는 비속한 언어로 진행된 자기의 발언에 탐닉한 것처럼 보였고, 괴링은 전쟁의 발발에 대해 테이블에 올라가 '승리를 위하여(Sieg Heil)!'를 소리쳤다는 것인데, 이는 모두 틀린 말이다. 그리고 히틀러가 '나의 두려움은 최종 막바지 순간에 나에게 제기될 보잘 것 없는 녀석들(Pig-Dog, 개나 돼지 같은)의 중재 협상 요청이다.'라고 말한 것도 사실이 아니다. 마음속으로 확고한 믿음을 얻은 사람처럼 그의 말은 확신에 찬 듯한 반면, 그는 모임에 참석한 이들에게 깊은 인상을 줄 것을 고려하여 신랄한 언변과 저속어를 쓰는 것을 고려할 만큼 유능한 심리학자는 아니었다. 히틀러가 언급한 사항의 요체는 그레이너(Greiner)가 기록한 『국방군 최고사령부(Die Oberste Wehrmachtführung 1939-1943)』에 정확히 묘사되어 있다. 여기에 기록된 내용은 **발리몬트**(Warlimont) 대령의 전쟁일지와 그레이너가 들었던 구두 진술, 그리고 **카나리스**(Canaris) 제독의 짧은 메모들을 기초로 하여 작성되었다. 발리몬트와 카나리스에 의해 언급된 내용이 또한 **할더**(Halder) 상급대장의 일기에도 어느 정도 묘사되어 있으며, 매우 많은 내용들이 실제로 히틀러에게서 들었던 내용들이다.

[옮긴이의 주]
- 베르히테스가덴은 독일 남동부의 도시이며, 인근에 오버잘츠베르크가 있다. 오버잘츠베르크에서 가장 큰 별장이 베르크호프였다.
- 잘무트는 이때 북부집단군 참모장이었으며, 나중에 크리미아(Crimea)에서 11군 소속의 30군단 사령관으로 만슈타인 휘하에 있기도 하였다. 1944년 프랑스에서 15군을 지휘했으나 9월 해임된 이후 사령관직을 더 이상 맡지 못했다.
- 발리몬트 대령은 요들의 오른팔이며, 국방군 최고사령부 지휘국 휘하의 국가방위과의 책임자로 근무했으며 1944년 7월 20일의 쿠데타 현장에 있었다. 요들이 전권을 가져서 발리몬트는 히틀러와의 일일 회의에도 참석하지 못했다는 증언이 있다.

- 카나리스 해군대장은 국방군 최고사령부 정보국(Abwehr)의 책임자였으며 1944년 7월 20일의 쿠데타에 연루되어 1945년 사형에 처해졌다. 그는 유대인의 생명을 구하기도 했지만, 유대인의 대량 학살에도 관여했다는 증언이 있을 정도로 양면성을 가지고 있다. 그는 SS보안방첩대의 수장이었던 보헤미아-모라비아 총독 라인하르트 하이드리히(Reinhard Heydrich)와도 기괴한 친분을 유지하고 있었다.
- 할더는 1938년 베크의 뒤를 이어 육군참모총장이 되었다. 그는 단독으로 히틀러를 제거할 생각을 하기도 하였으나, 히틀러의 엄청난 정치적, 외교적 성공으로 인해 독일 내 히틀러의 위상이 높아지자 결국 실행에 이르지는 못했다.

군부 최고 수뇌부에 들지 않았던 우리들 장군들이 받은 인상을 대략적으로 기술하면 다음과 같았다. 히틀러는 비록 전쟁을 치르더라도 독일과 폴란드와의 국경 문제라는 중대한 국면을 타개하고자 결심한 듯했다. 그러나 만일 은밀하게 진행된 ─독일군의 작전 배치를 통한─ 독일의 압력에 폴란드가 굴복한다면 평화적인 해결 방법은 여전히 제외되지 않을 것이었으며, 서부전선의 프랑스 또는 영국이 여전히 무력을 동원하지 않을 것으로 확신하였다. 그는 서부전선에서 무력 충돌이 벌어지지 않을 것이라는 논리의 완성에 심혈을 기울였으며, 그가 주장한 논거는 다음과 같았다. 그는 영국과 프랑스군의 노후화, 특히 공군력과 대공 방어 능력이 취약하다고 생각했다. 폴란드에게 효과적인 도움은 지크프리트 방벽에 대한 돌격을 의미하는데 그 자체가 상당한 희생을 요구하여 실질적으로 가능하지 않을 것이며, 국제적으로 지중해(The Mediterranean)에서의 세력 갈등으로 인해 영국의 행동에 제약이 따를 것으로 보았다. 또한 프랑스 내부의 문제와 히틀러와의 논쟁 상대인 챔벌레인(Chamberlain)과 달라디에(Daladier)의 정치적 성향으로는 전쟁을 결정하지 않을 것이라는 점이었다.

서부 세력에 대한 히틀러의 이해와 제시하는 논거가 여러 관점에서 논리적이고 확실함에도 불구하고 나는 회의에 참석한 장군들이 전적으로 그의 설명에 동의했다고 믿지는 않았다. 폴란드에 대한 영국의 보장협약은 그의 구상에 방해가 되는 유일한 장애물이었으며 가장 중요한 문제였다. 나의 생각으로는 히틀러가 폴란드와의 전쟁에 대해 언급한 것은 뉘른베르크에서 기소된 것처럼 **궁극적인 절멸정책**으로 이해되지는 않았다. 히틀러가 폴란드에 대한 신속하고, 전폭적인 파괴를 명령했을 때에도 이것은 군사적인 용어의 개념으로써 대규모 공격작전으로 이해되었다. 단, 그는 우리에게 향후에 폴란드에 대한 전략이 어떻게 진행될지에 대해서는 어떠한 암시도 하지 않았다. 가장 크게 놀랐고, 충격을 받은 것은 당연히 곧 비준될 러시아와의 협약에 대한 공표였다.

[옮긴이의 주]
- 평전의 저자 Benoît Lemay에 따르면 만슈타인은 히틀러의 발언을 절멸 정책으로 이해하지 않았다고 회고했으나, 이는 전범 혐의에서 벗어나기 위해 거짓 증언을 한 것으로 보았다. 평전에 따르면 만슈타인을 포함한 독일 장성들은 폴란드에서 나치 정권의 절멸 정책이 진행되고 있음을 알고 있었으며 유대인과 전쟁포로들에 대한 잔학 행위에 적극적으로 가담하였다.

블라스코비츠(Blaskowitz)는 1940년 2월 6일 육군총사령관 브라우히치(Brauchitsch)에게 독일군의 잔학행위에 대해 보고했으며 훗날 그에 대한 불이익을 받았다. 울렉스(Ulex) 장군은 블라스코비츠, 리스트와 함께 잔학 행위에 반대한 유일한 장성이었다.

평전에 따르면 14군(리스트, List), 8군(블라스코비츠), 8군에 속한 10군단(울렉스)이 국방군에 의해 수행된 강간, 유대교회당에 대한 방화 등을 보고하였고 남부집단군 참모장이었던 만슈타인이 3건의 잔학행위를 틀림없이 알고 있었다고 한다. 심지어 3명의 병사가 유대인을 폭행하고, 그의 딸을 강간한 사건에 대한 보고서에 만슈타인이 '끝날 때까지 걸린 시간은?'라고 메모를 달기도 했다고 한다. 최소 3건에 이르는 잔학 행위에 대해 보고받았지만 묵인했던 그는 전후 뉘른베르크 전범재판에서 폴란드 전역에서 벌어진 유대인과 폴란드인에 대한 잔학 행위에 대해 전혀 알지 못했다고 거짓 증언했다. 평전을 쓴 Benoît Lemay는 만슈타인이 과거 ―유대인 장교를 군에서 쫓아내는― 인종 차별에 관한 법률에 대해 항의한 사례로 인해, 이러한 항의가 자신의 군 경력에 도움이 되지 않을 것으로 판단했을 것이라고 서술했다.

베르히테스가덴으로 가던 도중, 우리는 러시아와의 경제 협력에 대한 합의에 관한 기사를 보았고 이 자체만으로도 큰 화제였다. 그리고 리셉션실에 있던 외무부장관인 **리벤트로프**(v. Ribbentrop)가 모스크바(Moscow)로 **불가침조약**을 맺기 위해 비행기 편으로 가게 되었음을 알게 되었다. 리벤트로프가 출발한 다음 히틀러는 영국과 프랑스의 독일 고립 정책이 효과가 없기 때문에, 그는 영국과 프랑스가 주도권(Trump card)을 잡지 못할 것이라 선언했다. 히틀러는 불가침조약을 맺기 위해 이미 러시아에게 발틱(Baltic)과 폴란드 동부 지방의 점유에 대해 러시아 측에 상당히 양보했다고 ―폴란드의 완전한 양도는 아닐지라도― 넌지시 말하였다. 실제로 폴란드와의 전역이 열린 이후 히틀러는 폴란드의 나머지 부분도 양보하는 것을 고려하였다고 한다.

[옮긴이의 주]

- 리벤트로프는 전범재판에서 유죄를 선고받아 1946년 사형에 처해졌다.
- 조약 체결이 확실해진 뒤에 스탈린은 당에서 떠오르는 별이던 농부 출신 우크라이나 젊은이 니키타 흐루시쵸프에게 '나는 히틀러가 뒤로 무슨 짓을 하려 드는지 알고 있어. 그는 자기가 나를 속여 먹었다고 생각하지만, 사실은 내가 그를 속여 먹은 거야.'라고 말했다. - 『스탈린과 히틀러의 전쟁』(리처드 오버리)

히틀러의 언급에 의해, 룬트슈테트 상급대장 및 나는 ─그리고 추측컨대 리셉션실에 있던 모든 장군들 또한─ 전쟁을 피할 수 있을 것으로 결론을 내렸다. 다음의 두 가지 사유로 인해 11시간에 걸친 뮌헨 회담처럼 해결되기를 기대하였다.

첫째, 러시아와의 불가침조약이 비준되면 그로 인하여 폴란드가 독립을 유지할 가망이 없게 만들 것이었으며 ─만일 영국이 폴란드를 도와줌으로써 발생할 서부전선의 희생과 또한 서부전선의 확대를 원하지 않는 프랑스의 압력에 위축된다면─ 영국은 무력을 사용하지 말고 항복을 하라고 바르샤바(Warsaw)에 권유할 것이었다. 이는 폴란드에게는 지금부터 영국의 보장협약이 실제적으로 유효하지 않음이 명백해지는 것과 동일한 의미였다. 게다가 독일과의 전쟁이 발생하면 폴란드는 러시아가 폴란드 배후에서 폴란드가 빼앗았던 러시아 영토를 수복하고자 공격을 할 수 있음을 반드시 알고 있어야 했다. 이 상황에서 패배를 인정하는 것 이외에 바르샤바가 할 수 있는 것이 무엇이겠는가?

둘째, 우리가 참석한 이 회의 자체였다. 이 회의의 목적은 무엇인가? 이제까지 군대를 동원하여 폴란드를 공격하겠다는 의도는 모든 방법을 동원해서 위장되었다. 동부전선에 집결되어 있는 사단들은 방어선을 구축하는 데에 동원된 것으로 설명되었다. 동프로이센으로의 군대 이동을 위장하기 위해 대규모의 타넨베르크(Tannenberg) 전승기념식이 준비되었다. 대규모 차량화부대의 이동작전이 지난달 말까지도 계속되었으나, 공식적인 동원 명령은 없었다. 이러한 조치들이 폴란드의 눈에 띄지 않을 가능성은 없었으나 정치적 압력으로써 매우 비밀리에 위장되었고, 모두 은닉작전을 통해 진행되었다. 그러나 지금, 최고 위기 상황에서 히틀러가 오버잘츠베르크로 군 사령관 모두를 소집한 이상 이러한 작전들은 은폐될 수 없었다. 이러한 계획 및 작전들은 우리가 느끼기로는 신중하게 고려된 기만정책의 최고점이었다. 다른 의미로 히틀러는 호전적인 결의에도 불구하고 아직까지 해결책을 얻지 못했으며, 이 회의의 목적은 결국 최종적으로 폴란드를 압박하기 위한 것이 아니었을까라는 것이 베르히테스가덴을 떠날 때 룬트슈테트 상급대장과 내가 가진 생각이었다.

[옮긴이의 주]
- 독일군은 1914년 러시아 1, 2군이 독일의 동부전선을 공격했을 때, 타넨베르크(Tannenberg)에서 러시아 2군을 먼저 격파한 후 굼비넨(Gumbinnen)에서 1군을 각개 격파하였다. 이때 독일군 8군 사령관이 바이마르 공화국 2대 대통령인 **힌덴부르크**(Hindenburg)이며, 참모장은 **루덴도르프**(Ludendorff)였다.
- 힌덴부르크의 타고난 권위와 루덴도르프의 무자비한 지성은 서로 완벽하게 보완했으며 역사상 가장 효과적인 군사적 협력관계를 낳게 된다. - 『1차세계대전사』(존 키건)

룬트슈테트 상급대장이 집단군 사령부가 위치한 나이세(Neisse)로 가는 도중에, 나는 가족과 더 머물기 위해 리그니츠로 향했다. 나는 전쟁이 임박한 것에 대해 전적으로 확신을 가지지는 못했다. 8월 24일 정오 룬트슈테트 상급대장은 남부집단군 사령관직을 인수하였다.

8월 25일 오후 3시 25분 우리는 육군 총사령부로부터 암호화된 명령을 받았다.

'백색작전. 개시일 8월 26일, 시간 4시 30분'

우리가 일어나지 않으리라 믿었던 전쟁에 대한 결정이 명백히 내려진 것이다. 육군총사령부로부터 전화를 통해 다음과 같은 명령을 받았을 때, 나는 룬트슈테트 상급대장과 나이세 주변에 위치한 수도원에 자리잡은 사령부 건물에서 저녁을 먹고 있었다.

'반복하지 않음. 적대 행위를 하지 말 것. 부대는 정지할 것. 동원령은 유지할 것. 백색작전을 위한 배치와 서부전선에서의 군 배치는 일정대로 진행할 것.'

모든 군인이 작전 개시까지 11시간 남은 이 시점에서, 기존과 상반된 명령이 내포한 의미를 판단할 수 있었다. 몇 시간 내에 하부(Lower) 슐레지엔으로부터 슬로바키아의 동부 지역까지 확장된 구역을 가로질러 국경선까지 이동하는 3개 군(Armies)들이, 적어도 사단급 수준의 모든 사령부의 장교단이 행군 도중 엄격한 통신 보안을 유지한 채 멈추어야 한다는 것이었다. 매우 어려운 일이었음에도 불구하고, 작전병과 및 통신병과 장교들의 훌륭한 업무 수행으로 모든 구성원에게 적시에 알려줄 수 있었다. 그럼에도 동부 슬로바키아에서는 1개 차량화연대가 피젤러 슈토르히(Fieseler Storch) 정찰기를 탄 장교가 어둠 속에서 부대 행렬의 맨 앞에 착륙한 뒤에야 행군을 멈출 수 있었다.

우리는 작전 개시를 11시간 남겨둔 이 시점에 히틀러가 싸우고자 한 결정을 뒤집은 이유를 듣지 못했다. 우리가 들은 내용은 **협상이 진행 중**이라는 것이 전부였다. 군인으로서 기존 명령을 뒤집는 명령에 상당히 동요되었음은 충분히 이해할만 할 것이다. 전쟁 발발에 대한 결정은 히틀러가 국가수반으로서 이제까지 경험한 위험 중에 최대의 위기를 의미했다. 대체 어느 누가 단 몇 시간만에 전쟁에 대한 결정을 내리고, 다시 군사적 관점에서 매우 심각한 불이익을 불러일으킬 정지 명령을 내릴 수 있단 말인가? 이전에 묘사한 오버잘츠베르크의 회의에서 지적한 대로, 군사작전 단계에서의 모든 역량은 기습에 의해 적을 패배시키는 것에 집중하여야 했다. 공식적인 동원은 없었으며, 8월 26일로 예정되어 있던 공격이 바로 그때에 멈추었다. 이 점은 우리 기갑부대와 차량화부대 일부, 전선에 전개한 보병부대와 급히 편성되고 있는 부대의 일부분만이 폴란드로의 진격에 활용할 수 있음을 의미하였다. 이것은 틀림없이 폴란드의 주목을 받기 충분했다. 왜냐하면 전선 배후의 부대가 집결지로 이동하는 것은 야간에 수행된다 하더라도 폴란드군의 이목을 피하기 어려웠으며, 특히 오데르강 서쪽에 위치한 차량화부대의 경우 도하를 위해 주간에 부대 편성이 이루어져야 했다.

[옮긴이의 주]
- 구데리안(Guderian) 또한 그의 회고록에서 26일 새벽 갑자기 공격이 취소되었으며, 외교 협상이 진행되는 것으로 판단하여 평화를 기대했다고 회고했다. 만슈타인과 구데리안은 외교 협상 때문에 작전이 지연된 것으로 생각하고 있으나 평전에 따르면 육군총사령관 브라우히치가 히틀러에게 ―동원을 완료할 수 있게― 7일 동안 작전을 연기해 준다면 100개의 사단을 만들어 낼 수 있다고 말했다고 한다. 작전의 지연은 브라우히치가 요청한 것이라 볼 수 있다.

결과적으로 전쟁이 발발한다면 전쟁에 동원된 부대들에게 또 다른 새로운, 예상치 못한 일들이 발생할 것이었다. 기습의 요소는 완벽하게 사라졌다. 전투 행위를 시작하겠다는 히틀러와 수뇌부의 원래의 결정이 심사숙고하지 않은 채 경솔하게 책정된 것은 아니었기에 우리는 모든 것이 폴란드를 압박하는 외교적 조치의 일환들이라고 단순히 추론할 수밖에 없었다. 8월 31일 오후 5시에 우리는 새로운 명령을 받았다.

'개시일 9월 1일, 시간 4시 45분'

룬트슈테트 상급대장과 나는 특히 폴란드와의 협상에 실패했다는 소식을 듣지 못해 이 작전 개시 명령에 의구심이 들었다. 우리 집단군은 어쨌거나 8월 25일 경험한 사례를 감안하여, 작전 중에 어떠한 중지 명령이 있어도 대응할 수 있게 조치했다. 룬트슈테트 상급대장과 나는 작전이 취소될지 모른다는 기대를 걸고 자정까지 자지 않았다. 자정이 지나고, 작전 중지에 대한 마지막 가능성이 사라지자 더 이상 의구심을 가질 여지가 없었다.

이제 포성이 울려 퍼질 것이다(The weapons would speak).

2. 전략적 배치
(THE STRATEGIC POSITION)

폴란드 전역에서 전략적인 배치를 결정하는 데 가장 중요한 요소는 다음 세 가지였다.

첫째, 폴란드에 강력한 공격을 하기 위해서 독일군 지휘부(German Leadership)는 동부전선에서 독일군이 압도적인 우위를 보이는 것과 달리 서부전선에서 발생하리라 예견되는 위험을 감수해야 했다.

둘째, 지정학적 측면에서 독일군은 동프로이센, 슐레지엔, 슬로바키아 방면에서의 협공작전이 가능했다.

셋째, 폴란드의 배후에서 러시아군의 공격이 착수되리라는 잠재적 위협이 도사리고 있었다.

독일군 전투 서열 및 작전 계획
(GERMAN ORDER OF BATTLE AND PLAN OF OPERATIONS)

독일의 전략 입안자들은 위에 언급된 서부전선에서의 모든 위험을 감수하고자 하였다. 육군총사령부는 폴란드 공격에 신규 편성된 10기갑사단을 포함하여 42개의 정규사단과 오데르-바르타(Warta) 유역의 요새부대로 신규 편성한 50사단을 전개하였다. 공격부대는 24개 사단, 3개 산악사단, **6개 기갑사단, 4개 경사단**, 4개 차량화사단, 그리고 1개 기병여단 등으로 구성되었다. 그리고 2~4번째 파상 공격을 위해 —총 동원령 이후에 아직까지 완편되지 않은— 애초부터 1급 사단은 아닌 16개 사단이 동원되었다. 또한 SS아돌프히틀러(Leibstandarte Adolf Hitler)사단과 1개 또는 2개의 무장이 강화된 SS연대가 배정되었다.

서부전선을 위해서는 11개의 정규사단과 —나중에 **72사단**으로 재편될 모두 합쳐 1개 사단 규모의 요새부대, 그리고 2선에서 4선급 부대로 신규 편성된— 35개 사단만이 남았다. 차량화부대나 기갑부대는 없었으며, 총 46개 사단 중 3/4 수준만이 제한적인 작전에 한하여 운용 가능했다. 공정부대로 훈련되고, 장비된 **22사단**은 육군총사령부에 배치되어 독일 영토 내에 예비대로 배치되었다. 공군 또한 폴란드 공격을 위해 대다수가 2개의 전투비행단(Fleets)으로 폴란드 전역에 투입되었으며, 약한 전력을 가진 1개 전투비행단만이 서부전선에 남았다.

[옮긴이의 주]
- SS아돌프히틀러는 이 당시 연대 규모로 생각되나, 영역본에서는 사단으로 표기되었다. 폴란드 침공 시에 독일군은 총 6개의 기갑사단(1, 2, 3, 4, 5, 10기갑사단)을 보유하고 있었다. 이 시점의 경사단은 실제로는 경기갑사단이었으며, 폴란드 전역 이후 4개 경사단(1, 2, 3, 4경사단)은 기갑사단(6, 7, 8, 9기갑사단)으로 재편되었다. 72사단과 정예사단인 22사단은 나중에 크리미아 전역에서 만슈타인의 휘하에 있었다.
  육군 소속이던 22사단은 항공기를 활용하여 작전을 수행할 수 있는 장비를 갖추고 있었고 그러한 훈련도 받았다. 이 시점에 공수사단과 육군의 공정사단의 관할을 두고 독일 공군과 육군이 신경전을 벌였다는 증언들이 있다. 22사단에서 낙하산 강하 훈련을 받는 병사는 단 한 명도 없었으며, 지상에 착륙한 항공기에서 신속하게 내리는 훈련을 전문적으로 받았다는 증언이 있다.

독일 지도부가 군사력을 이와 같이 분산함으로써 받아들여야 하는 위험은 국가적으로 중요한 문제였다. 일정 부분 폴란드의 정책 오류가 빚은 폴란드 전역의 예상치 못한 단기간 종결로 인하여 —그리고 무엇보다도 폴란드의 서부 연합군이 폴란드의 패배를 모른 척한 결과로— 이러한 위험은 이제까지 제대로 인식되지 못했다. 그 시점에 독일 지도부는 서부전선에서 프랑스의 강력한 90개의 사단을 상대해야 했음을 알아야 한다. **티필스크(Tippelskirch)**의 정보에 따르면 프랑스는 3주 안에 108개 사단을 전개할 수 있었다. 이는 강력한 전차와 야포의 지원을 받는 57개 보병사단, 5개 기병사단, 1개 기갑사단과 45개 지역사단 및 예비역으로 구성된 사단으로 구성되었다.

프랑스는 강력한 전차와 야포부대(저자: 그러나, 전차와 야포부대의 대부분은 전쟁 발발 시점에 북아프리카와 알프스 국경에 위치하고 있었다)의 경우 충분히 훈련된 예비역들에 의해 운용됨으로써 유리한 고지를 차지했던 반면에 독일의 경우 상당 부분 신규 징병자와 1차세계대전에 참가했던 예비역들로 구성되었다. 서부전선 개전 첫날에, 프랑스가 수적으로 독일을 압도할 것은 명확한 사실이었다. 반대로 영국 파견군(The British Contribution Of Land Forces)의 규모는 상당히 적은 수였다. 약 4개 사단으로 구성될 영국 파견군은 10월 중순까지도 프랑스에 도착하지 못할 것이었다.

[옮긴이의 주]
· 티필스크는 육군참모본부 4부를 담당하고 있었으며 2개과(서부전선 외국군사정보과, 동부전선 외국군사정보과)를 관할했다. 전후에 『2차세계대전사(History Of The Second World War)』 등을 저술했다.

폴란드 전역에 대한 독일의 전략은 초기에 폴란드군을 포위하기 위해 국경선에 연이은 모든 도로망을 통해 공격하는 것이었다. 그러기 위해, 독일군은 오데르-바르타강 유역을 개활지로 남겨둔 채 측면포위 공격을 위한 두 개의 그룹으로 나뉘었다.

집단군 사령관 **보크**(v. Bock) 상급대장, 참모장 잘무트 장군의 북부집단군은 5개 군단(Corps)과 1개 기갑군단(Armoured Corps)을 휘하에 둔 2개 군들(Armies)로 구성되었다. 요새 병력으로 구성되어 아직 전력이 완전하지 않은 50사단을 포함하여 9개 정규사단과 동원령 이후에 편제된 8개 사단, 그리고 2개 기갑사단에 추가적으로 새로이 편성된 **켐프전투단**(Tank Task Force 'Kempf'), 그리고 2개 차량화사단과 1개 기병여단을 포함해 모두 21개 사단으로 구성되었다. 동프로이센에서 쾨니히스베르크(Königsberg), 로체(Lotze) 요새부대와 포메라니아(Pomerania)에서 네체(Netze)여단이 추가적으로 보충되었다. **퀴힐러**(v. Küchler) 장군의 3군은 동프로이센으로부터 전개하며, **클루게**(v. Kluge) 상급대장의 4군은 동포메라니아에서 전개될 것이었다. 북부집단군의 임무는 강력한 전력을 바탕으로 폴란드 회랑을 거세게 찔러 들어가는 것이었으며, 비스툴라(Vistula)강의 동쪽에서 남동쪽 또는 남쪽으로 나레프(Narew)강까지 공략하여 비스툴라강 배후에 있는 폴란드의 방어부대를 섬멸하는 것이었다.

집단군 사령관 룬트슈테트 상급대장, 참모장인 내가 지휘하는 남부집단군은 더 강력했는데 3개 군들(Armies)로 구성되었고 **리스트**(List) 상급대장의 14군, **라이헤나우**(Reichenau) 상급대장의 10

군, **블라스코비츠**(Blaskowitz) 상급대장의 8군으로 구성되었다. 남부집단군은 모두 8개 군단과 4개 기갑군단으로 구성되었으며, 3개 산악사단, 15개 정규사단, 그리고 새롭게 편성된 8개 사단, 4개 기갑사단, 4개 경사단과 2개 차량화사단으로 총 36개 사단으로 구성되었다. 8군은 오엘(Oels) 동쪽의 슐레지엔에 위치했고, 10군은 상부 슐레지엔과 크레우츠베르크(Kreuzberg)의 남쪽에 위치했고, 14군은 상부 슐레지엔의 공업지대와 모라비아의 동쪽, 슬로바키아의 서쪽에 위치해 있었다. 남부집단군의 목표는 강력한 기동부대를 이용해 비스툴라강과 갈리시아(Galicia)에 넓게 배치된 폴란드군을 섬멸하여 바르샤바까지 진격하는 것이고, 광범위한 전선에 걸쳐 가능한 신속하게 비스툴라강을 넘어서 북부집단군과 연결하여 남아있는 폴란드군을 섬멸하는 것이었다.

[옮긴이의 주]

- 보크는 러시아 전역에서 중부집단군 사령관을 역임했다. 라이헤나우의 죽음으로 남부집단군 사령관이 되었으나 스탈린그라드와 코카서스에 대한 공격이 불가하다고 항변하다 해임되었다. 1945년 5월 3일 그가 만슈타인을 만나려고 탑승한 차량에 연합군 전투기가 총격을 가해 부인과 딸과 함께 사망했다. 평전에 따르면 병원으로 옮겨진 보크를 만슈타인이 찾아갔을 때 보크가 '만슈타인, 독일을 구하게(Manstein, Save Germany).'라고 말했다고 한다. 이 무렵 제3제국의 수장이었던 되니츠(Dönitz)는 만슈타인이 국방군 최고사령부 참모총장으로서 서부 연합군과의 협상 테이블에 앉기를 원했다.
- 퀴흘러는 러시아 전역에서 레프 장군의 후임으로 북부집단군 사령관을 역임했다. 러시아 전역에서 정치장교를 총살하라고 말했다는 증언이 있다. 그는 히틀러 암살 음모에 참가하기를 거부했으며, 전범재판에서 20년 형을 선고받았으나 감형되었다.
- 클루게는 훗날 히틀러의 암살 음모에 연관되었다는 혐의를 받자 베를린으로 소환 도중 자살했다. 평전에 따르면 클루게와 롬멜(Rommel)은 만슈타인과의 저녁 식사 때 최종 결정을 하라고 요구한 바 있다. 클루게와 롬멜은 확실히 음모에 가담한 것으로 보인다.
- 리스트는 1942년 러시아 전역에서 A집단군 사령관이었으나 해임 당했다. 전범재판에서 종신형을 선고받았으나 감형되었다.
- 라이헤나우는 점령지 내 유대인 학살과 포로에 대한 학대 지시 및 방조를 했다. 룬트슈테트의 뒤를 이어 남부집단군 사령관에 임명되었으나, 오래지 않아 심장발작으로 사망했다. 러시아 전역에서 6군 사령관이었던 그는 1941년 10월 10일 명령을 내려, '인간 이하인 유대인들에 대해 가혹한 조치를 취하라.'고 명령했다. 이 명령은 히틀러의

명령에 의해 전 독일군에게 배포되었으며, 만슈타인도 1941년 11월 20일 동일한 형식의 명령을 내린 바 있다.
- 블라스코비츠는 폴란드 점령 이후 육군총사령부에 SS부대에 의해 벌어진 잔악 행위에 대해 보고했다. 이후 해임되어 한직을 전전하다 1945년 서부전선에서 포로가 되었다. 재판 중에 1948년 석연치 않은 자살로 생을 마감했다. 2차세계대전에 관심이 많은 독자는 블라스코비츠의 자살에 관련된 문헌을 참조하기 바란다.
- 켐프는 주로 사단이나 군단 등으로 편제된 부대가 아닌 자신의 이름이 들어간 전투단을 이끌었다. 훗날 쿠르스크(Kursk) 전투에서도 켐프분견군(Detachment Army)을 이끌었다. 켐프분견군은 나중에 러시아 남부전선에서 8군으로 재편되었다. 켐프는 전후 포로가 되었지만 1947년 석방되었다.

폴란드군 전투 서열 및 작전 계획
(POLISH ORDER OF BATTLE AND PLAN OF OPERATION)

평상시의 폴란드는 30개 보병사단과 11개 기병여단, 1개 산악여단, 그리고 2개 차량화여단을 가지고 있었다. 추가적으로 약간의 국경수비연대(Frontier Corps Regiments), 상당한 수의 지역방어대대(Home Defence Battalion)와 해군부대가 그디니아-헬(Gdynia-Hel) 지역에 있었다. 한편으로 폴란드의 군사력은 꽤 강력했으나 폴란드군의 장비들은 1차세계대전부터 쓰였던 것들이었으며 대략 1천여 대에 달하는 항공기들은 현대전에 적합하지 않았다(Not up to modern standards). 독일군은 전쟁이 발발하면 폴란드의 무장 수준은 의문스러울지라도 현재보다 두 배 수준의 사단을 만들어낼 것이라고 예측했다. 그러나 티필스크의 『2차세계대전사(History Of The Second World War)』에 따르면 폴란드는 전쟁 발발 직전에 단지 10개 예비사단만을 구성할 수 있는 연대들을 준비할 수 있었고, 그 사단들을 계획대로 충분히 무장시킬 시간이 없음이 명백했다. 그럼에도 불구하고 정보과(Intelligence)는 폴란드와의 전투 중 꽤 많은 예비사단이 존재함을 확인했다.

폴란드 최고사령부는 다음과 같이 폴란드군을 배치하였다.

동프로이센 전선을 따라 보브르(Bobr)강-나레프강-비스툴라강 전선에 2개 사단과 2개 기병여단으로 수바우키(Suwalki)와 우옴자(Lomza) 사이에 1개의 전투단이 있었고, 4개 사단과 2개 기병여단으로 므와바(Mlawa)의 양쪽에 모들린군(Modlin Army)이 배치되었다. 폴란드 회랑에는 5개 사단과 1개 기병여단의 포메른군(Pommern Army)이 배치되었다.

바르타강과 슬로바키아의 독일 국경선을 따라 다음 3개 군이 배치되었다. 포즈난군(Poznan Army)은 4개 정예사단과 2개 기병여단으로 포즈난 서부에 배치되었고, 우치군(Lodz Army)은 4개 사단과 2개 기병여단으로 비엘룬(Wielun) 주위에 배치되었으며, 크라크푸군(Cracow Army)은 6개 사단과 1개 기병여단, 1개 차량화여단으로 체스토호바(Czestochowa)와 노비송치(Nowysacz) 사이에 배치되었다. 우치군과 크라크푸군의 배후에는 6개 사단과 1개 기병여단으로 이루어진 프루시군(Prussia Army)이 토마슈프(Tomaszow)와 키엘체(Kielce) 사이에 위치하였다.

마지막으로 카르파티안(Carpathia) 전선은 예비부대와 지역방어대대로 구성된 카르파티안군(Army)에 의해 방어되었다.

3개 사단과 1개 차량화여단으로 구성된, 피시코르(Piskor) 장군이 이끄는 예비전투단(Reserve Group)이 비스툴라강을 끼고 모들린-바르샤바-루블린(Lublin)에 위치했다. 폴란드 전역 중에 부그(Bug)강 동쪽에서 러시아군을 방어하기 위한 폴리시에 전투단(Polesie Group)이 창설되었다. 그러나 전쟁 발발 시점에, 폴란드군의 배치는 진행 중이었기 때문에 위에 언급된 수준의 완벽한 방어 부대의 편성은 결코 완성될 수 없었다.

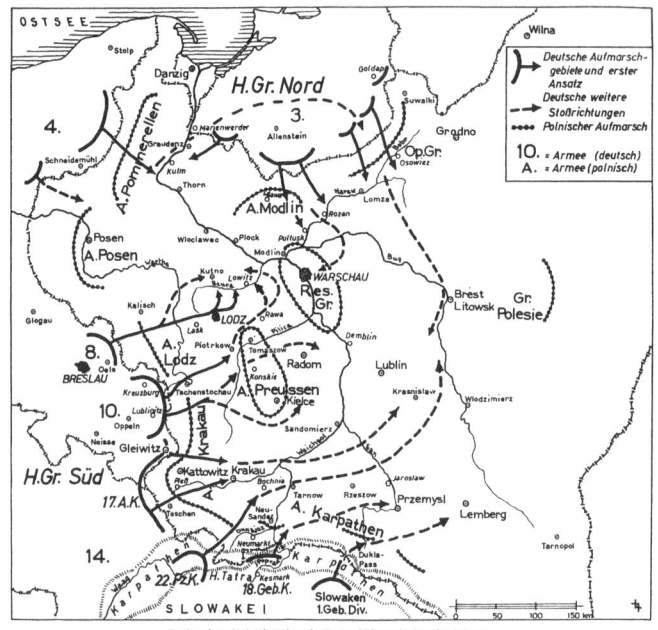

폴란드 전역, 독일군과 폴란드군 배치

폴란드군의 배치 전략
(SOME REFLECTIONS on THE POLISH DEPLOYMENT)

    모든 것을 방어하고 스스로 아무것도 잃지 않으려 했다는 점에서 폴란드군의 전략적 배치는 결국 실패했다. 모든 것을 지키고자 하는 것은 약자들을 패배로 이끄는 전략이다. 히틀러도 몇 년 후에, 폴란드 전역으로부터 아무런 교훈을 얻지 못해 똑같은 패배를 맛보게 된다. 폴란드군의 전략적인 배치가 어려웠던 점은 폴란드군의 후진성과 더불어 독일과 국경선이 맞닿아 있어 독일군으로부터 동시에 2개 방면 또는 나중에는 3개 방면에서 측면 포위 공격을 받을 수 있는 국경선을 가지고 있기 때문이었다. 폴란드 최고사령부가 '모든 것을 지키고자 하는' 전략을 여전히 포기하지 않은 것은, 모든 것을 지켜야하는 '정치적인 요구' 상황과 전략적 포기라는 '합리적인 생각'을 군사적 측면에서 조화시키기가 얼마나 어려운지를 보여준다. 폴란드의 피우스트스키 원수와 소수의 분별력이 있는 정치인들을 제외하고는 —폴란드가 국경선 문제를 정당하게 처리할 권리가 없음에도 이 문제를 러시아와 독일에게 강요함으로써— 폴란드가 얻게 된 위험을 제대로 알고 있는 사람은 아마도 없었을 것이다.

폴란드에는 35백만 명이 거주하나, 폴란드인은 단지 22백만 명에 지나지 않았고 어느 정도 억압을 받고 있던 나머지는 독일인, 우크라이나인(Ukrainian), 벨로루시인(White Russian)과 소수의 유대인(Jewish)들, 그리고 나머지 1% 수준의 여러 민족으로 구성되었다. 게다가 프랑스와의 동맹을 믿고, 폴란드는 독일(그리고 러시아)의 긴 취약 기간 동안에 독일을 침략할 기회를 호시탐탐 노리고 있었다. 누군가는 홀로 고립된 동프로이센을 또는 독일이 점유하고 있는 상부 슐레지엔을 공격하는 것을 꿈꾸었으며, 폴란드 선동가들의 충동질에 의해 어떤 이들은 포즈난과 **프랑크푸르트(Frankfurt)**를 통해, 또는 **상부 슐레지엔을 점령하고 난 뒤에 오데르강의 서쪽으로 진군하여** 베를린에서 승리 퍼레이드를 하는 것을 꿈꾸었다.

[옮긴이의 주]
· 여기에서의 프랑크푸르트는 독일 중부의 프랑크푸르트가 아니라, 오데르강에 접해있는 프랑크푸르트를 말한다. 독일과 러시아가 선량한 이웃이 아니었듯 폴란드도 선량한 이웃이 아니었음은 여러 자료를 통해 알 수 있다.

명백히 이러한 희망들은 독일군의 재무장 이후 동프로이센과 오데르-바르타강 유역을 요새화함에 따라 좌절되었다. 그러나 폴란드 정치인들과 군인들은 —서쪽에서 시작되는 프랑스의 공격과 발맞추어 진행될— 그들의 침공 전략을 버리지 않았고 위에 언급된 폴란드군의 부대 배치는 프랑스군의 공격이 시작되자마자 그들이 향후에 독일을 공격하기 위한 진격로에 배치된 것으로 간주하는 것이 합당하였다. 그 외 폴란드군의 지휘관들은 오랜 경험을 통한 그들만의 전통적인 전략을 보유하고 있지 않았던 반면에 폴란드인의 기질은 수비보다는 공격적인 성향을 보였다. 적어도 잠재적으로는 폴란드 군인들은 과거의 승리에서 비롯된 비현실적인(Romantic) 망상을 갖고 있는 것으로 보였다.

나는 돌격 중인 폴란드 기병부대들을 배경으로 하여 그려진 리츠-스미글리(Rydz-Smigly) 원수의 초상화를 기억한다. 게다가 새로이 편성된 폴란드군은, 1918년 이래 정적인 교전 상황의 경험에 기반한 프랑스군의 군사 교리를 도입했으며 프랑스군의 군사 교리로는 기동력과 속도에 기반을 둔 작전 개념을 폴란드군에 주입할 수 없었다. 폴란드군의 배치 전략은 아무것도 적에게 내어주지 않겠다는 전략을 제외하고는, 명확한 목적을 가진 작전 계획을 갖고 있지 않았으며 단지 우세한 적에 대항하고자 하는 방어 의지와 과거의 영광을 수복하겠다는 열망이 복합되어 나타난 결과였다.

동시에 폴란드는 독일의 공세가 1차세계대전 시의 프랑스 전역과 같이 국한된 지역에서 수행되어, 결국 국지전으로 변질될 것이라고 가정하는 실수를 했다. 흥미롭게도 이러한 추론은 폴란드에 대한 전쟁 발발 전에 우리가 얻은, 폴란드의 공격 의도에 관한 믿을 수 있는 보고서에 근거한다. 확실히 신뢰할 수 있는 이 보고서는 폴란드 대통령 또는 리츠-스미글리 원수의 직계 보고 라인으로부터 나온 것이었고 폴란드군의 배치는 공격적이어야 하며, 강력한 부대들을 포즈난 지방에 집중되어야 한다고 주장했다. 가장 주목할 만한 것은 이러한 주장이 폴란드의 요청이 없었음에도 영국에 의해 제안되었다는 것이다. 현재 정세에서 독일에 대한 공격을 가정한 포즈난의 폴란드군의 배치는 그 목적을 실현할 수 없었다. 그들의 시각에서도 독일의 공격이 포즈난 지방에서 시작되리라는 가능성이 거의 없음에도 불구하고, 그들은 가장 강력한 군대를 포즈난 지방에 배치한 것이다. 결국 포즈난군은 브주라(Bzura)강에서 패하게(Meet its fate) 된다.

사실 폴란드 측에 합리적인 대안이 없었던 것은 아니었다. 헤르만 슈나이더(Herman Schneider) 대령이 『군사과학평론(Militär Wissenschaftliche Rundschau in 1942)』에 기고한 바에 의하면 베강(Weygand) 장군은 수비선을 현재의 서부 폴란드에서 물러나 네만(Niemen), 보브르, 비스툴라, 산(San)강의 후방에서 전개할 것을 제안하였다. 전략적으로 이 방안은 선택할 수 있는 최적의 제안이었다. 왜냐하면 이 전략은 독일군에 의해 포위될 가능성을 방지했으며, 강이라는 천연 장애물을 통해 독일 기갑부대에 맞설 강력한 방어선을 구축할 수 있었기 때문이다. 더군다나 이 방어선의 길이는 375마일로써 상대적으로 수바우키부터 카르파티안 협곡까지 늘어선 아치 모양의 폴란드 국경선 1,125마일보다 짧았다.

그러나 이 전략의 채택은 폴란드에 유용한 공업지역과 농업지역이 위치한 서부 폴란드 전체를 포기함을 의미했고, 물론 폴란드가 이러한 전략을 채택하리라 보이지 않았다. 또한 —폴란드 사람들의 마음속에 있는 믿음은— 전쟁 발발 초기에 폴란드 서부 지역 전체의 그 같은 광범위한 포기는 프랑스의 독일 서부에 대한 공격을 불러일으키지 않을 것이라는 것이었고, 어쨌든 폴란드 서부 전체를 독일군에게 넘겨주는 것은 러시아가 그들의 몫인 전리품, 즉 동부 폴란드를 얻기 위해 발빠르게 움직이게끔 자극하리라는 것이었다.

슈나이더 대령에 따르면, 폴란드 육군사관학교 교장인 쿠트제바(Kurtzeba) 장군은 리츠-스미글리 원수에게 1938년 초에 또 다른 방안을 제시했다. 그는 우치와 상부 슐레지엔을 포함한 공업지역과 포즈난, 쿠트노, 키엘체를 포함한 비옥한 농업지역으로 대변되는 폴란드의 존속을 위해 중요한 지역(Vital Strategic Zone)을 포기하지 말아야 한다고 주장했다. 폴란드 회랑과 포즈난 지역 일부를 포기하는, 그가 주장한 배치 전략은 최종적으로 1939년에 실행된 폴란드군의 배치 전략과 대체로 유사하였다. 그는 폴란드의 방어선을 강화하기 위해 동프로이센의 남부와 그루지온츠(Graudenz)부터 포즈난의 아치구역에, 그리고 슐레지엔 국경선을 따라 오스트로보(Ostrowo)에서 체스토호바를 거쳐 치에신(Cieszyn)까지 광범위한 요새화 구역을 구축하며, 슐레지엔과 동프로이센 그리고 독일 본토에 대한 반격을 하기 위한 출격문, 도약대(Sally Port)를 준비하는데 심혈을 기울여야 한다고 주장했다.

하지만 충분히 강력화된 요새지대를 광범위하게 구축하는 것은 폴란드의 능력 이상임이 명백하였다. 쿠트제바 장군은 독일과 맞선 폴란드군의 열세를 인식하고 있었으며, 프랑스가 그들의 군사력을 총 동원하더라도, 폴란드는 6주 내지 8주 간은 폴란드군만으로 싸워야 하는 점이 일반적일 것이라고 명확하게 인지하였다. 그리하여 그는 폴란드의 존속을 위한 중요 지역 주위에 전략적 방어선을 구축하고, 방어선 안의 예비부대가 나중에 있을 결정적 작전을 위해 집결하는 것을 도모했던 것이다. 1939년 폴란드군에 의해 수행된 배치는 쿠트제바 장군이 제시한 의견과 거의 동일했다. 하지만 그는 토루인(Torun)-비드고슈치(Bydgoszcz)-그니에즈노(Gniezno)를 잇는 방어선에 집중하고자 하였으나, 1939년의 전략은 동프러시아와 슐레지엔에 대하여 방어선이 펼쳐졌다.

1939년에 포즈난을 포함하여 모든 것을 잃지 않으려는 폴란드군의 배치는, 독일군의 우위와 측면 협공의 능력을 고려한다면 당연히 패배로 이어질 것이었다. 이 같은 패배를 면하기 위해 폴란드는 어떻게 움직여야 했을까? 첫 번째로 결정해야 할 문제는 쿠트제바 장군이 지켜야 한다고 언급했던 지역을 전략적으로 포기할 것인지, 아니면 슐레지엔, 동프로이센, 슬로바키아로부터 시작되는 독일군의 포위망에 폴란드군도 모두 함께 잃을 것인지에 대한 결정이었다. 이는 1943년, 1944년에 히틀러가 도네츠(Donetz), 드네프르(Dnieper)강 유역 및 러시아의 다른 지역을 고수하라고 명령할 때마다 내가 요청했던 것과 동일한 질문이었다. 나에게 있어 그 문제에 대한 해답은 명확했다. 폴란드 최고사령부의 관점에서 볼 때에, 모든 것은 -프랑스가 서부전선을 열어 독일군에게 압력을 가해 독일군이 폴란드 전장에서 이탈하도록 만들 때까지- 폴란드군이 출혈을 감수하며 얼마나 버틸 수 있는 것에 달려있었다.

비록 언뜻 보기에는 공업지역의 상실이 폴란드를 어느 기간 동안 전쟁을 수행할 수 없게끔 보이게 할 수도 있겠지만, 폴란드군이 전투력을 가진 군대로서 버텨주기만 한다면 종국에는 승리의 희망을 가질 수 있었다. 어쨌든 폴란드군은 서부전선과 비스툴라강의 양 측면으로부터 독일군의 남부집단군과 북부집단군이 서로 연결되는 포위망을 완성하지 못하게 막아야만 했다. 폴란드가 당면한 문제는 얼마나 시간을 적절히 활용할 수 있느냐였다. 비스툴라강과 산강 사이에 위치한 폴란드의 중앙 공업지역을 방어하기 위한 목적으로 보브르-나레프-비스툴라 방어선이 두나옉(Dunajec)강까지 확장하더라도, 보브르-나레프-비스툴라강의 앞선에서는 어떠한 결정적인 방어선도 없었다.

무엇보다 가장 중요한 것은 동프로이센과 서부 슬로바키아로부터 전개되는 독일군에게 포위될 가능성을 제거하는 것이었다. 그렇게 하기 위해 북쪽은 보브르-나레프-비스툴라 방어선이 모들린과 비슈코프(Wyszkow) 요새에 가깝게 내려와야 했으며, 그리하면 비록 시대에 뒤떨어졌지만 과거 러시아에 의해 구축된 요새화 지역과 더불어 어느 정도 강력한 천연 장애물을 구축할 수 있었다. 특히나, 독일의 기갑부대가 동프로이센으로부터 공격을 개시해도 독일의 공격은 강하게 전개될 가능성이 없었다. 남쪽은 카르파티안 협곡을 방어함으로써 폴란드군의 배후를 노리는 측면 협공을 제거해야 하는 문제가 있었지만, 남쪽과 북쪽의 방어는 의심할 여지없이 제한된 전력으로 수행 가능했다. 보브르-나레프 방어선 앞에 강력한 부대를 배치한 것은 폴란드 회랑과 포즈난 돌출부에 군을 전개하는 것과 같은 큰 실수였다. 북쪽과 남쪽에서 포위를 피하기 위한 필요 조치들이 취해진다면, 독일의 주공이 슐레지엔으로부터 시작될 것이라 믿는 폴란드는 서부 지역에서 지연작전을 성공시킬 가능성이 있었다. 독일의 주공이 슐레지엔으로부터 시작되는 이유는 첫째, 포메라니아나 동프로이센보다 잘 구축된 철도와 도로망이 강력한 군대를 단시간에 이동 및 집결을 가능하게 했다.

둘째, 포즈난을 경유해 바르샤바까지 진격하는 것은 완전한 정면 공격이었으므로 효과가 별로 없을 것이어서 실현되기 어려웠다.

폴란드군은 국경선 부근보다는 독일군의 주공 방향을 식별할 수 있도록 충분히 후선에 위치해야 했었다. 이 전략은 곧, 슐레지엔의 독일군을 저지하고 가용 가능한 예비부대를 확보하기 위해 폴란드 회랑과 포즈난 지역에는 소수의 병력만을 배치해야 함을 의미했다. 폴란드가 독일을 공격하겠다는 꿈에 탐닉하는 대신 ─비스툴라강을 따라 토루인과 그루지온츠에 펼쳐진─ 과거 독일군의 요새화 지역을 보강했다면 적어도 동프로이센과 포메라니아 방면의 독일군이 연결되는 것을 지연시킬 수 있었을 것이고 비슷한 경우로 포즈난의 요새화 지역을 보강했다면 포즈난 방면의 독일군에게 행동의 제약을 줄 수 있었을 것이다.

중요한 점은 상황이 호전될 경우, 반격을 위해 폴란드 내부 방어선을 이용한다는 생각은 실현 가능성이 없다는 것이었다. 이 같은 작전을 펼칠만한 충분한 공간이 없었으며 폴란드의 철도망은 제 역할을 하지 못할 것이었다. 게다가 대규모 부대의 이동은 즉각 독일 공군과 기갑부대에 의해 억제될 것이었다. 결과적으로 보브르-나레프-비스툴라-산(또는 두나옉)강 후방에 결정적인 방어선을 구축해야만 했고, 이 방어선의 앞쪽에서는 짧은 기간만의 전투만 가능했다. 그리고 전쟁 초기에 슐레지엔에 강력한 방어를 구축하고 동시에 북쪽과 남쪽의 취약 지점에 대한 방어를 시도했어야 했다. 물론 이러한 조치들이 시행되었다고 하더라도 ─**연합군의 방관**으로 증명되었다시피─ 폴란드군의 운명을 구할 수는 없었다. 다만 어쨌거나 국경선부터 쉽게 돌파당하는 것을 방지할 수 있었음에도 결과적으로 폴란드 최고사령부는 비스툴라강 앞에서 조직된 전투를 하지도, 또는 강 뒤의 준비된 방어선 뒤로 후퇴하여 싸우지도 못했다. 폴란드 전역 개시 이후, 폴란드는 처음부터 순전히 시간을 벌기 위해 싸웠다(Only fight for time).

[옮긴이의 주]

- 지상과 공중에서의 독일군의 속도와 파괴력을 지켜본 방관자들(Observers)은 경악했다. 참호전의 피비린내 나는 전투를 여전히 생각하던 프랑스의 군 지휘부가 가장 크게 놀랐는데, 그들은 폴란드가 적어도 겨울 또는 이듬해 봄까지는 버틸 것이라 생각했기 때문이었다. - 『Erich Von Manstein: Hitler's Master Strategist』 (Benoît Lemay)

폴란드가 할 수 있는 것은 영국과 프랑스가 독일과의 서부전선을 열어 독일군을 돌아서게 만들 최후까지 강 뒤의 방어선에서 독일의 공격을 지탱해내는 것이었다. 폴란드군 지휘부는 그들의 의무로써 정부 쪽에 −전쟁 발발 시에 영국과 프랑스가 그들의 모든 가용한 전력을 투입하여 독일의 서부 지역을 공격하는− 협약에 대한 실행 없이는 독일에 대항하는 전쟁을 할 수 없다고 단호하게 말해야 했으며, 폴란드 정부는 총사령관인 리츠 스미글리 원수에 의해 제기된 권고를 무시하지 말아야 했다. 폴란드 정부는 시간적 여유가 있다면 단치히와 폴란드 회랑 문제 해결을 독일과의 전쟁을 미루는 방법으로 해결해야 했다.

1940년에 우리 군대가 1939년 9월 10일 가믈랭(Gamelin) 장군이 파리에서 폴란드 군부에 보낸 문서를 프랑스에서 발견했다. 그것은 폴란드군이 언제쯤 결정적인 군사지원을 받을 수 있는지에 대한 답변이었다. 리츠 스미글리 원수에게 전송된 내용은 아래와 같다.

'프랑스 북동쪽에 위치한 정규 사단의 절반 이상이 이동 중이다. 우리가 독일 국경선을 넘은 이래 독일군이 격렬하게 저항하고 있으나, 그럼에도 불구하고 우리는 약간이나마 전진 중이다. 그러나 우리는 수비를 위해 잘 훈련된 적군과 거의 움직임이 없는 전투를 벌이고 있다. 그리고 가용할 수 있는 포병이 부족했고… 이 전쟁은 지상부대와 연계되어 진행되는 항공전의 양상을 보이고 있다. 우리는 우리에게 맞선 꽤 많은 독일 공군부대를 보았다. 나는 동원령이 발효된 날로부터 2주 내에 우리 군의 주력을 전선에 투입하겠다는 약속을 지키기 위해 노력하고 있다. 더 이상을 원하는 것은 불가하다.'

이 문서는 실제 폴란드가 프랑스와 맺은 협약에 따른 것이었다. 폴란드 최고사령부가 2주일 내에 프랑스의 공세가 시작되지 않음에도 이 답변에 만족했는지는 또 다른 문제였다. 어쨌든 프랑스가 협약에 따라 이제껏 보여준 행동들은 병력의 투입을 통한 양면전선의 확대나 폴란드에 도움을 주는 행위도 아니었다. 폴란드의 패배는 동맹국이 취할 도움에 대한 폴란드 정부의 환상, 폴란드군의 장기간 항전 능력에 대한 과대평가에서 나온 피할 수 없는 결과였다.

3. 남부집단군의 작전
(THE OPERATIONS OF SOUTHERN ARMY GROUP)

1939년 9월 1일 동틀 녘 우리 부대들이 폴란드 국경을 넘을 때, 집단군 사령부는 나이세(Neisse) 강변에 위치한 '성 십자가(The Holy Cross)' 수도원에 자리 잡고 있었다. 이곳은 마을 주변에서 벗어난 곳에 위치하였고 카톨릭 선교자들을 교육시키기 위한 장소로서 집단군 참모진에게는 그 크기나 조용함, 그리고 꾸밈없는 소박함으로 인하여 작전을 구상하기에 매우 적합한 곳이었다. 그곳에 살고 있던 수도사들이 너무 검소(Spartan)하였기 때문에 우리는 뮌헨(Munich)의 뢰벤브로이(Löwenbräu)에서 온 우리의 사령관을 위해 건물 일부를 보수했으며 우리의 기준에 맞게 보완하였다. 사령관은 이에 대해 약소하나마 약간의 감사를 표시했다. 실제 참모진들도 일선의 부대와 같이 일상적인 보급 식량을 받았으며, 정오에는 야전 식당에서 스튜를 먹었으며 음식에 큰 불만은 없었다. 반대로 날마다 되풀이되어 저녁에 제공되는 군용 빵과 우리의 사령관이 씹기에 어려움을 겪었던, 딱딱하게 변질된 소세지는 정말로 이해할 수 없었다. 운 좋게도 수도사들이 때때로 그들의 정원에서 야채와 채소들을 공급해 주었다. 이따금 저녁 때 사령관과 참모진들은 수도원장의 초대를 받았다. 먼 이국의 땅에서 자기 헌신을 통해 선교활동을 하는 그의 흥미로운 이야기는, 활활 타오를 전쟁 전야를 앞둔 우리들에게 유쾌함을 느끼게 했다.

9월 1일 이러한 대화들은 모두 끝이 났다. 앞으로 전투가 우리의 일상생활을 차지할 것이다. 이날 아침에는 실무적인 필요성보다는 우리 부대들이 전선에서 적을 대면했을 때 우리 참모진들이 신속하게 응대할 수 있는 상태에 있어야 된다는 중압감으로 아침을 맞았다. 왜냐하면 우리가 집단군 예하 군들(Armies)로부터 주요 보고를 받은 이후, 많은 시간이 흘렀지만 아무런 보고를 받지 못했기 때문이었다. 이러한 기다림의 시간들은 상위부대 참모진에게는 익숙한 것이었으며, 계획들은 이미 진행 중에 있어서 우리는 단지 상황 변화만을 기다릴 뿐이었다.

공격이 시작될 시간을 향해 지속적으로 소리가 나고 있는 소대 지휘관들의 시계 덕에, 전선에 있는 군인들은 공격 전에 증가하는 이러한 거대한 긴장감이 무엇인지 알고 있었다. 그리고 그때부터 전선의 군인들은 그들을 둘러싼 전투에 휩쓸리게 되며 그 외에는 아무것도 신경 쓰지 않게 된다.

그러나 이와 달리 작전참모진들의 경우 —직급이 높으면 더욱다— 공격 이후 기다림의 시작은 높은 수준의 불안과 긴장감을 수반하게 된다. 하위 일선부대들은 전투의 진행 과정에 대해 질의 받는 것을 극도로 싫어했으며, 신경질적인 징후를 드러내 보이기 십상이었다. 결국 그대로 앉아 기다리는 것만이 최선이었다. 특기할 만한 것은 나쁜 소식이 더 빨리 전파된다는 격언은 군사적 측면에서는 거의 맞지 않는다는 것이다. 모든 일이 잘 진행될 때마다 보고는 늘상 충분하게 이뤄지지만, 만일 전선이 고착화되거나 침묵을 지킨다면 보고 라인이 멈추거나 전투부대가 보고할만한 무언가를 찾을 때까지 지연되기 때문이다. 이 팽팽한 긴장감은 좋은 소식이든 아니든, 전장에서 첫 번째로 소식이 도달될 때에야 깨질 것이다. 첫 번째 보고가 매우 늦어지기에 우리는 단순히 앉아 있거나 서서 기다리는 수밖에 없었다.

우리가 많은 노력과 공력을 들여 훈련시킨 —그러나 훈련이 지극히 급속으로 수행되었던— 휘하의 부대들이 과연 요구된 수준을 충족시킬 수 있을까? 특히나 조직과 운용 면에서 색달랐던 대규모 기갑부대가 그들의 창시자인 **구데리안** 장군과 우리의 희망 사항을 증명해 보일 수 있을까? 독일의 군부 지휘관들이, 특히 우리 집단군의 경우, 전선 초기에 주도권을 잡아 비스툴라강 서쪽에 있는 폴란드군을 격파하고 양면전선의 위험을 제거하는 완벽한 승리를 얻을 수 있을까? 이 같은 의문들이 불확실성과 팽팽한 긴장 속에 우리 머리에 맴돌던 의문이었다.

[옮긴이의 주]
- 구데리안은 독일군 기갑부대의 탄생과 발전에 혁혁한 공로가 있으며, 기갑부대 지휘관으로서도 뛰어난 능력을 보였다. 베크-할더-자이츨러(Zeitzler)의 뒤를 이어 육군참모총장을 역임했다. 그는 그의 회고록에서 프리츠 육군총사령관에 대해서는 긍정적으로 평가했으나 베크 육군참모총장에 대해서는 현대의 기술에 대해 무관심했으며 1935년 3개 기갑사단이 편성되었을 때에도 베크의 방해로 기갑군단이 구성되지 못했다고 회고했다.
  구데리안은 회고록에서 본인이 히틀러의 반대자였으며 나치 성향을 가지지 않은 장교임을 주장했으나 육군참모총장 재임 시절에 친나치 성향을 보여 주었으며, 1944년 7월 히틀러 정권 전복 음모가 발생한 이후 육군참모본부 내에 '국가사회주의 없이 독일의 미래도 없다.'는 문서를 내렸다는 증언이 있다. 관심이 있는 독자들은 국내에서도 출간된 구데리안의 회고록을 살펴보기 바란다.

작전 개요
(THE OPENING SITUATION)

독일 육군총사령부는 동프로이센에서부터 슐레지엔까지 거대한 규모의 측면 공격작전을 계획했다. 북부집단군은 폴란드 회랑을 관통하여 폴란드군을 밀어붙인 후 동프로이센과 포메라니아를 연결하고, 적의 주력부대를 비스툴라강 굴곡부 배후에서 섬멸하기 위해 강 뒤쪽까지 곧장 전진하고자 했다. 한편 남부집단군은 비스툴라강까지 최대한 진격하여 폴란드군을 포위하고 폴란드군이 비스툴라와 산강의 배후로 후퇴하고자 하는 어떠한 시도도 막아내고자 했다. 이는 10군의 기갑부대가 바짝 붙어서 따라오는 보병부대와 함께 협력하여 국경선 인근에 배치된 폴란드군을 쳐부수고, 이후 가능하다면 적군보다 앞서서 뎀블린(Demblin)부터 바르샤바까지의 비스툴라강 도하지점까지 진격하는 것을 의미했다. 갈리시아를 통해 전개될 14군은 가능한 최고 속도로 산강에 도달해 도강하는 임무가 주어졌다.

만일 폴란드군이 비스툴라와 산강으로부터 멀리 떨어진 위치에서 결정적인 저항을 시도한다면, 14군은 남쪽의 산강과 비스툴라강의 방어부대를 즉시 남쪽에서 분리시킬 수 있을 것이었고, 폴란드군의 배후에서 북쪽으로부터 내려오고 있는 북부집단군의 동쪽 날개와 맞닿을 수 있었다. 14군의 오른쪽으로 슬로바키아까지 뻗은 오른쪽 날개가 크라쿠프에 집중되어 있는 폴란드군의 측면에 강력한 압박을 가하고, 그 압박으로 인하여 폴란드군으로 하여금 갈리시아 지역의 지속적인 방어가 불가능하게 하고자 했다. 이 같은 작전 경로가 남부집단군이 폴란드에서 펼칠 작전이었다. 남부집단군은 비스툴라강 앞에서 적군의 주력부대와 교전하여 섬멸하고, 동시에 결정적인 전투를 회피하며 비스툴라-산강 라인의 배후로 후퇴하고자 하는 폴란드군을 앞질러야 했다. 일 단위의 세세한 설명과 전역에서 벌어진 걸출한 사례를 자세히 묘사하는 것이 좋을 수도 있겠지만, 그 대신에 중요한 작전 및 커다란 개요에 한정하여 설명하고자 한다. 일부는 시간의 순서에 따라 기술된 것도 있고 부분적으로 동시에 진행된 것도 있다.

14군의 갈리시아에 위치한 폴란드 국경선에서의 격렬한 전투, 뒤이어 후퇴하는 폴란드군을 산강을 넘어 르보프(Lowow)까지 추격한 전투와 10군의 비스툴라강을 향한 전투, 라돔 협곡(Radom Pocket)의 전투, 그리고 집단군 사령부가 직접 8군과 10군을 지휘하여 강력한 적을 섬멸한 브주라(Bzura)강 전투, 바르샤바 전투와 독일 정부와 러시아와의 협상에 의해 지속적인 변경이 발생했던 마지막 전투들이다.

이제 곧 동부 폴란드로 진격할 러시아군은 1939년 9월 17일 폴란드 국경을 넘었다.

14군의 전투
(FOURTEENTH ARMY'S ASSULT MARCH THROUGH GALICIA)

14군의 첫 번째 목표는 크라쿠프에 집결했을 것으로 추정되는 강력한 폴란드군을 포위하는 것이었다. 이 포위는 이미 슐레지엔부터 모라프스카 오스트라바(Moravska Ostrava)를 거쳐 카르파티안까지 확장된 14군의 배치로부터 예정되어 있었다.

부쉬(Busch) 장군의 8군단(8, 28사단과 5기갑사단)이 상부 슐레지엔의 동쪽에 위치한 폴란드 국경선의 요새화 지역을 분쇄하고 비스툴라강의 북쪽에서 크라쿠프까지 도달하는 동안, 키니츠(Kienitz) 장군의 17군단(7, 44사단)이 모라비아로부터 비스툴라강의 남쪽을 통해 크라쿠프로 진격하였다. 크라쿠프 주변에 배치된 것으로 여겨지는 폴란드군에 대한 직접적인 측면 포위작전은 22기갑군단과 18산악군단에게 맡겨졌다. **클라이스트(Kleist)** 장군의 22기갑군단(2기갑사단, 4경사단)이 카르파티안의 서쪽의 오라바(Orava) 협곡 남쪽에서 크라쿠프로 진격하고, 바이에르(Beyer) 장군의 18산악군단(2, 3산악사단)이 타트라(Tatra)산 동쪽의 포프라트(Poprad) 협곡으로부터 노비송치를 거쳐 타르누프(Tarnow) 서쪽에 위치한 보흐니아(Bochnia)로 진격하여 크라쿠프를 배후에서 포위하고자 했다. 더 동쪽에서는 1차세계대전 때의 전투로 널리 알려진 듀클라 협로(Dukla Pass)를 통해 —육군총사령부에 의해 다소 늦게 지연된 공격이었는데— 슬로바키아군이 공격할 예정이었다. 잘 훈련된 바이에른(Bavarian)의 1산악사단과 2개의 예비사단이 나중에 포위망을 완성하는데 추가되었다.

[옮긴이의 주]
- 러시아 남부 전역에서 싸웠던 클라이스트는 만슈타인의 회고록에서 자주 등장하는 이름이다. 러시아 전역에서 1기갑군을 지휘했으며, A집단군 사령관까지 역임했다. 나중에 만슈타인과 동일한 날 해임되었으며 전후 러시아군의 포로수용소에서 독일로 돌아오지 못했다. 증언에 따르면 슬로바키아군이 3개 사단 규모로 참전했듯이 폴란드전은 독일군만으로 수행된 것이 아니었다.

폴란드 국경선에 늘어선 요새화 지역에 대한 14군의 초기 전투(특히 슐레지엔의 8군단이 벌인)는 매우 어려움에도, 이 전투의 승부처는 실제로는 카르파티안에서 시작되는 측면 포위라는 작전의 관점에서 이미 결정되었다. 유감스럽게도, 폴란드군은 그들에게 닥쳐온 위험에 대해 인지해서 적절한 시기에 서부 갈리시아의 전장에서 이탈하였기 때문에 —독일군이 크라쿠프 주위의 폴란드 부대를 완벽하게 포위하고자 계획된— 공격은 성공하지 못했다. 그러나 폴란드군의 주력은 첫 번째 공격으로 분쇄되었으며, 추격전이 이어졌으며 이러한 추격전에서 22기갑군단이 사냥감(Quarry)인 폴란드군을 앞질렀다. 14군의 우익인 18산악군단과 17군단은 르보프와 프셰미실(Przemysl) 요새에 근접하여 두 곳을 공격했다. 14군의 좌익인 8군단, 집단군이 14군에 배속시킨 7군단은 비스툴라강과 산강의 합류점에서 도강했다.

폴란드군의 소규모 부대들이 후방에서 연이어 벌어지는 전투에서 산발적으로 용감하게 싸웠지만 이는 부수적인 요소였다. 추가적으로 바르샤바와 독일 북부집단군 전선에서는 증원된 폴란드군 부대들이 섬멸되었다. 계획대로 적절한 시점에 남부집단군은 북부집단군의 왼쪽 날개와 연결되었다. 9월 15일에 르보프와 프셰미실이 함락되었다. 주변의 폴란드군을 섬멸해야 하고, 산강의 동쪽에서 전투가 남아 있었지만 사실상 추격전은 종료되었다.

10군의 전투와 라돔협곡 전투
(THE BREAKTHROUGH OF TENTH ARMY AND
THE BATTLE OF THE RADOM POCKET)

14군의 전략적 목표는 서부 갈리시아의 폴란드군을 섬멸하는 것보다는 후퇴하는 적을 추격, 섬멸하여 무슨 수를 쓰더라도 비스툴라강 뒤편에서 폴란드군이 재편성되는 것을 막는 것이었다. 반면에 슐레지엔으로부터 시작되는 8, 10군의 전략적 목표는 폴란드군과 비스툴라강 앞에서 결정적인 결전을 벌이는 것이었다.

상대적으로 강력한 기갑 전력을 보유한 10군에게 비스툴라강까지 진격하는 중요한 임무가 맡겨졌으며 상대적으로 약한 8군에게는 —포즈난 지역과 칼리슈(Kalisz), 우치 지역에 집결해 있다고 믿어진 폴란드군에 대항하여 집단군의— 북쪽 취약 구간에 대한 방어가 맡겨졌다. 상부 슐레지엔의 크로이조부르크(Kreuzburg) 왼쪽에서 시작될 10군의 공격은 4개 군단 이상의 규모였다. 아래에서 위쪽 순으로 **호트**(Hoth) 장군의 15차량화군단(2, 3경사단), 쉬베들러(Schwedler) 장군의 4군단(4, 46사단), **회프너**(Hoepner) 장군의 16기갑군단(1, 4기갑사단, 14, 31사단), **레프**(Leeb) 장군의 11군단(18, 19사단), 비터스하임(Wietersheim) 장군의 14차량화군단(13, 29차량화사단, 1경사단)이었다. 10군의 뒤편에는 남부집단군의 예비대인 **쇼베르트**(Schobert) 장군의 7군단(27, 68사단)과 62사단이 따랐다. 8군은 **바익스**(Weichs) 장군의 13군단(10, 17사단, SS아돌프히틀러사단), 울렉스(Ulex) 장군의 10군단(24, 30사단)이 우치를 향해 **종심 대형**(Echeloned formations)을 이루어 배치되었다. 8군의 배후에는 역시 남부집단군의 예비대인 2개(213, 221사단)의 사단이 따랐다.

[옮긴이의 주]
- 호트는 나중에 만슈타인의 돈집단군 휘하에서 4기갑군을 이끌게 된다. 호트는 러시아 전역에서 라이헤나우, 만슈타인과 더불어 이데올로기적 전쟁을 수행하라는 명령을 내린 장군이며 전쟁범죄자이다.
- 회프너는 러시아 전역에서 4기갑집단 사령관을 역임했으며, 이때 만슈타인의 56기갑군단을 휘하에 두었다. 나중에 휘하 부대들에게 퇴각 명령을 내려 해임되었는데 1944년 히틀러 정권 전복 음모에 연루되어 교수형에 처해졌다.

- 여기에서의 레프 장군은 러시아 전역에서 북부집단군 사령관이었던 레프 장군의 동생이다.
- 쇼베르트는 나중에 11군 사령관이 되었는데 비행기가 지뢰지대에 불시착하여 전사했다. 11군 후임 사령관으로 만슈타인이 임명되었다. 후임인 만슈타인처럼 11군 점령지에서 유대인의 학살을 지시한 전쟁범죄자이다.
- 바익스는 1942년 B집단군 사령관을 역임하였고, 1943년 발칸 지역의 F집단군 사령관을 역임했다.
- 'Echeloned formations'는 제차 대형이라는 사전적 의미가 있으나 여기에서는 주로 종심 대형 또는 종심 방어라 표기하였다.

- 호트는 1941년 11월 17일 '동부전선 병사들의 행동 강령'을 통해 라이헤나우보다 더 전쟁의 역사적, 이데올로기적 맥락에 대해 상세히 분석했다. 그는 다음과 같은 결론을 냈다. '도덕적으로 부패한 열등 민족인 적을 제거하는 것만이 **국방군이 유럽과 특히 독일을 유대-볼셰비즘으로 무장한 아시아의 야만 행위로부터 구하는 것이다.**'라고 명령했다. - 『Erich Von Manstein: Hitler's Master Strategist』 (Benoît Lemay)

- 전투 초기, 독일군들의 약탈, 재판없이 자행된 처형, 비무장 민간인에 대한 잔학행위, 강간, 유대교회당의 방화와 유대인의 대량학살에 대한 보고가 있었다. 육군총사령부는 전선의 뒤에서 SS특무부대(아인자츠그루펜, Einsatzgruppen)와 경찰부대의 행위에 대해 알고 있었으며 유대인 학살과 조국의 적에 대한 ㅡ대다수가 유대인이었던ㅡ 일상적인 처형에 국방군이 참여하고 있는 점도 알고 있었다. 독일 군인들은 ㅡ전후에 만슈타인이 주장한 바와 달리ㅡ 기사도 정신에 입각한, 순수한 군사적인 전투를 치르지는 않았다. 국방군은 홀로, 또는 SS특무부대와 경찰부대와 함께 꺼림칙하고, 야만적인 전쟁범죄를 수행했다. 사보타지, 반독일 행위, 무장봉기 또는 폴란드 지식인 계층이라는 것을 핑계로 국방군, SS특무부대와 경찰부대는 폴란드 국민들에게 흉악한 학살을 감행했다. 10월말까지 그들은 20,000명의 희생자가 발생한 764건의 학살을 벌였다. 국방군은 이 중 311건의 학살에 독자적으로 가담했다. 비록 경찰부대와 SS특무부대가 유대인의 절멸에 주요 책임이 있지만 국방군이 그들의 힘을 빌려준 것이다.

1939년 9월 한 달에 국방군은 1,200명에 달하는 유대인을 죽였고 1939년이 끝날 때 국방군의 도움을 받아 폴란드 총독부(German Occupying authorities)는 거의 7,000명에 이르는 유대인을 처형했다. 국방군 지휘부는 부대 규범을 망가뜨린 군인들을 군사재판에 회부함으로써 응징하는 것을 시도했다. 그러나 히틀러는 10월 4일 폴란드에 의해 자행된 잔학행위로부터 유발된 보복 조치로 이루어진 독일군의 행동을 정당화하는 법령을 포고함으로써 범죄자 대다수에게 사면령을 내렸다. 10월 17일 SS와 경찰부대의 자율권을 높은 수준으로 확대하고자 히틀러는 군 사법권의 적용을 받지 않도록 했다. 브라우히치는 병사와 장교들이 나치의 지령들이 군부의 전통적인 가치와 맞지 않다는 생각을 갖지 않도록 하기 위해, 1939년 10월 25일 노골적으로 국가수반 또는 점령 지역에서 시행된 정책들로 인해 발생한 사건들에 대해 비판하는 것을 금지하는 명령을 내렸다. - 『Erich Von Manstein: Hitler's Master Strategist』(Benoît Lemay)

· 평전에서 Benoît Lemay는 열정적이고 천재적인 만슈타인이 '육군총사령관 또는 육군참모총장이 되겠다.'는 그의 야망을 위해 국가사회주의 정권의 정치적-이데올로기적 목표에 대해 반대하지 않았다고 혹평했다.

1939년 9월 1일 독일군이 국경을 넘자마자 폴란드군을 뒤로 밀어내는 도중에 격렬한 전투가 발생했다. 이후 며칠간, 집단군의 가장 큰 고민은 폴란드군의 전략 목표가 비스툴라강 앞에서 결정적인 전투를 벌이고자 하는 것인지, 아니면 현재 진행되고 있는 전투의 목적이 비스툴라강 뒤의 방어선으로 폴란드군을 후퇴시키기 위해 지연작전을 펼치는 것인지에 대한 것이었다. 어쨌든 산악 지역인 키엘체 주변의 리자 고라(Lysa Gora)와 라돔, 우치 주변에 대규모 강력한 부대가 집결되어 있다는 정보가 있었다. 폴란드 전역 초기 몇 주간 전투를 통해 나타난 결과는 다음과 같았다.

첫째, 기갑부대가 폴란드군의 수비선을 공격하여 열어 제친 후, 배후로 깊숙하게 관통하여 들어가고 부수적으로 보병부대의 연이은 압박이 이어졌으며
둘째, 독일군의 효과적인 공격에 의해 폴란드 공군이 전멸되고, 폴란드군의 보급로와 통신망을 훼손시켰다.

이러한 결과로 폴란드군은 예하 부대들을 집결하여 전략을 펼칠 수 있는 작전 지휘력을 상실했다. 폴란드군의 이러한 상황 때문에 남부집단군 사령부는 10군이 두 개의 목표를 갖는 것이 필요하다고 판단했다. 15차량화군단과 4군단으로 이루어진 아래 그룹은 7군단(나중에 14군에 배속되지만, 아직까지는 10군의 휘하에 있는)과 함께 라돔에 주둔한 폴란드군을 공격하여 패퇴시키는 것이었다. 16기갑군단과 14차량화군단, 그리고 11군단으로 구성된 위쪽 그룹은 8군이 서쪽에서 공격을 하는 동안에 우치에서 바르샤바로 후퇴하는 폴란드군을 차단하는 것이었다. 이 명령에 따라 15차량화군단이 오파토브(Opatow)와 뎀블린의 비스툴라강 도하점을 확보하고, 집단군의 북쪽에서 작전을 펼치고

있던 14차량화군단이 바르샤바로 이어지는 퇴각로에 빗장을 걸어놓은 동안 10군은 리자 고라의 삼림 지역에 주둔한 폴란드군을 포위하는데 성공했다. 9월 9일까지 첫 번째로 적 1개 군(Army)에 대한 포위망이 완성되었다.

비록 키엘체-라돔 지역에서 포위망을 탈출하려는 폴란드군의 노력으로 전투가 12일까지 계속되었지만, 그들의 운명은 이미 결정되었다. 전투가 끝나고 6만 명의 포로와 130문의 야포를 노획했으며, 폴란드군은 7개 사단을 잃었다. 비록 폴란드군이 비스툴라강을 건너 후퇴하였다 할지라도 라돔 지역에서의 전투가 끝난 날 14군이 이미 1산악사단을 르보프로 가는 진입로에 배치했으며, 14군의 왼쪽 날개는 산강의 하류 지점에서 강을 도강하여 비스툴라강의 적 방어선을 닫아 놓았기 때문에 폴란드군은 희망이 없었다. 반면 10군의 위쪽 날개인 16기갑군단이 바르샤바 남쪽의, 고라 칼바리아(Kalwaria)의 비스툴라 도하점에서 싸우고 있을 때 1개 기갑사단이 도시 남서부로 진격해 들어갔으나 공격이 도시의 수비를 압도할 만큼 강하지 못해 바르샤바에서 그랬던 것처럼 다시 밀려나와야 했다. 그러나 어쨌든 서부에서 바르샤바로 후퇴할 수 있는 경로가 막혔다는 사실은 명확했다.

브주라 전투
(THE BATTLE OF THE BZURA)

이미 승리가 명백해진 라돔 지역에서 전투가 벌어지는 동안, 우리의 시선은 폴란드군의 선제공격(Initiative)을 받은 집단군의 가장 북쪽 날개에 쏠렸다. 처음 9일간은 모든 일이 전 지역에서 계획에 따라 순조롭게 진행되고 완료되었기에 작전에 영향을 끼칠 이유가 생기거나, 특별한 사건이 일어나지 않으리라 믿게 되었다. 그럼에도 불구하고 나는 여전히 북쪽 취약 구간에 무슨 일이 벌어질 것이라는 생각을 어렴풋이 갖고 있었다. 우리는 포즈난 지역에 —아직은 규모를 확인할 수는 없었지만— 강력한 폴란드군이 집결해 있음을 알고 있었고, 그렇기 때문에 8일과 9일에 나는 8군의 참모장에게 북쪽 취약 구간에 대한 정찰에 주의를 기울이라고 지적했다. 포즈난에 주둔한 폴란드군의 배치에 대해 육군총사령부와 집단군이 토론한 이후, 9일 육군총사령부로부터 폴란드군은 징발할 수 있는 모든 운송 수단을 동원하여 동쪽으로 이동 중이며, 8군의 취약 구간에 대한 위협은 더 이상 없을 것이라는 전문을 받았다. 그럼에도 불구하고 우리는 우치와 바르샤바 사이에 틀림없이 10개 사단의 폴란드군이 존재한다고 믿었다. 이에 따라 남부집단군은 우치 주변에 있다고 믿었던 폴란드의 5~6개 사단이 바르샤바로 가는 퇴로를 막는 데에 10군을 활용했으며, 8군은 폴란드군을 서쪽에서 공격하도록 했다.

남부집단군의 북익을 종심 방어하며 작전을 지원하는 8군의 본래 목표는 잘 이루어지고 있었다. 그럼에도 불구하고 8군의 사령부는 북쪽에서 발생할 수 있는 변화보다는 폴란드군을 공격하는 것에 더 비중을 두는 것으로 보였다. 그러던 10일 8군의 30사단이 맡고 있는 구역에서 상당한 규모의 적에게 기습 공격을 받고 있다는 보고를 받았다. 반격을 통해 상황을 반전시키려는 8군의 시도가 연이어 실패하자 사태는 더욱 심각해져 패배가 계속되었다. 하지만 8군은 —포즈난에서 퇴각하고 있는 강력한 부대로 구성된— 폴란드군의 이 공격을 저지할 수 있을 것이라 예측했고, 그들의 2개 군단을 북쪽을 방어하기 위해 둥그렇게 방어 진형으로 배치했다. 동시에 9일 독일군이 전투 없이 점령한 우치를 통해 북상할 남쪽의 폴란드군을 방어하기 위해 8군은 1개 기갑군단을 집단군에 요청했다.

그러나 남부집단군 사령부는 8군의 전선에 증원을 통해 전선을 안정화시키고자 하지 않았다. 국지적으로 위험이 발생하고 그 위험이 심각한 것이라 할지라도, 전체적인 작전을 염두에 둔다면 감수할 수 있었다. 반대로 폴란드군의 공격은 우리에게 큰 승리를 얻을 기회를 준 것이었다. 왜냐하면 강력한 적이 비스툴라강의 서쪽에서 대규모 전투를 벌인다는 것은 우리 쪽에서 적절한 작전이 수행된다면 폴란드군의 섬멸로 끝날 것이기 때문이었다. 8군의 추가적인 기갑군단의 증원 요청을 받아들이지 않는 대신 남부집단군 사령부는 적군을 포위할 작전을 구상했다. 집단군 예비대로 8군을 뒤따라가던 2개 사단(213, 221사단)이 어쨌든 서쪽으로부터 이동하고 있었다. 그리고 이 사단들은 북쪽에서 8군을 공격하고 있는 폴란드군의 서쪽 취약 구간에 공격을 가할 수 있었다. 동일한 목적을 가지고 —전투가 종료되어 가던 라돔 지역에서— 1개 경사단을 차출하여 이동하도록 하였다.

남부집단군이 무엇보다 원했던 것은 공격과 수비 방향이 반대로 된 전선에서 적군을 싸움에 뛰어들도록 압박하는 것이었다. 따라서 바르샤바 남부 지역에 위치한 10군의 16기갑군단과 16기갑군단의 후위에 있던 11군단이 8군의 전투에 참가하기 위해 동쪽으로부터 진격 방향을 돌렸다. 2개 군단의 목적은 적군이 돌격을 하는 동안 방어를 하다가, 적의 기세가 알아차릴 정도로 약화되면 반대로 공격을 가하는 것이었다. 이 시기에 룬트슈테트 장군과 나는 8군 사령부에 방문하여(저자: 이 기간에 히틀러도 한 차례 회의에 배석했었다), 집단군 사령부가 직접 이 작전의 지휘를 맡기로 의견을 모았다. 8군의 2개 군단이 북쪽과 서쪽의 적의 포위망에 맞선 전투를 할 동안에 룬트슈테트 장군이 지휘하는 10군의 2개 군단은 남쪽과 남동쪽에서 전투에 참가할 것이었다. 마지막으로 남부집단군의 요청으로 —이미 비스툴라강을 건너 적의 배후에 있는 북부집단군의— 3군단이 포위망을 완성하기 위해 증원되었다. 작전 과정 중에 적들이 비스툴라강을 따라 모들린 요새까지 후퇴하고자 한다면, 남부집단군은 15차량화군단을 라돔에서 데려와 마지막 퇴각로를 막을 것이었다.

큰 전투를 벌인 후 폴란드군은 처음에는 남쪽, 그 후에는 남동쪽, 최후에는 동쪽으로 벗어나고자 하였다. 이 저항은 18일까지 계속되었다. 20일까지 10군은 8만 명의 포로와 전리품으로 320문의 야포, 130기의 비행기, 40대의 전차를 얻었다. 8군은 9만 명의 포로와 수량을 확인할 수 없을 정도로 많은 전리품을 노획했다고 보고하였다. 폴란드군은 9개 사단과 3개 기병여단, 그리고 10개 사단의 일부 병력들이 이 전투로 섬멸되었으며 이 수치는 우리가 예상한 것보다 많았다.

브주라 전투는 결정적인 교전은 아니었지만 폴란드 전역에서 가장 중요한 전투였고, 가장 큰 독립 작전이었다. 전략적인 측면에서 언급하자면 폴란드군에 대한 전체적인 포위망은 북쪽에서는 북부집단군에 의해, 남쪽에서는 14군에 의해 폭 넓게 완료되었다. 폴란드 최고사령부가 비스툴라강 굴곡부에서 폴란드군의 운명을 바꾸고자 하는 희망을 갖고, 또는 비스툴라강 남쪽의 폴란드군을 바르샤바로 보내기 위해 퇴각로를 열고자 한 차례의 큰 반격을 했을지라도 폴란드군의 운명을 구하지는 못했을 것이다. 비록 브주라 전투가 나중의 러시아 전역에서의 대규모 포위전에 필적하지는 못할지언정, 이것은 이제까지는 가장 큰 대규모 포위전이었다. 이는 강력한 기갑부대에 의한 적진의 돌파를 통해 이루어진 계획이 아니라, 적군의 공격이 독일군에게 예기치 않은 기회를 주었을 때 독일군에 의해 계획된 반격에 기인한 것이었다.

바르샤바 점령
(THE CAPTURE OF WARSAW)

브주라 전투와 모들린 남부의 삼림지역에서 요새를 탈출해 바르샤바로 퇴각하려던 소규모 부대들과의 일련의 전투가 끝난 후, 남부집단군에게는 폴란드 수도인 바르샤바를 점령하라는 임무가 주어졌다. 하지만 이미 우리가 육군총사령부에게 바르샤바 진격을 위한 준비는 14군을 포함한 모든 군의 전 포병 전력을 사용하기 위해 9월 25일까지 완료될 수 없다고 보고했는데도 <u>남부집단군의 일부가 –</u> 놀랍게도 폴란드군이 섬멸되고 있음을 보고도 하릴없이 움직이지 않는 영국과 프랑스 쪽으로– <u>서부전선으로 이동</u>해야만 했다.

[옮긴이의 주]
- 이때 독일군 지휘부는 프랑스 공격을 위해 동부전선에서 서부전선으로 병력을 이동시켰다. 히틀러는 1939년 가을에 프랑스에 대한 공세가 시작되기를 원했던 것이다.

그러나 9월 17일 러시아의 참전으로 비스툴라강이 경계선으로 확정되어 히틀러는 서둘러 바르샤바를 공략하고자 했으며, 바르샤바는 9월말까지 독일군에 의해 점령되어야 한다고 명령했다. 내가 생각하기에 정부 관료들이 장군들에게 승리를 바라는 것은 이상한 것은 아니나, 장군들에게 정확한 일자에 맞추어 진격하라는 것은 이전에는 없던 일이었다. 이 같은 논제와 별도로 집단군은 바르샤바에 대한 공격 시에 독일군의 희생을 낮추고자, 있더라도 아주 미미하게끔 하는 방법으로 진행할 것을 결정했다. 그 이유는 어쨌든 폴란드 최고사령관이 바르샤바는 최후까지 항전하겠다고 선포하였으며 바르샤바는 결국에 공격을 받게 될 처지였으므로 모든 폴란드군이 바르샤바 방어에 동원되었기 때문이다.

집단군은 바르샤바에 대한 기습 공격은 현재 시점에서는 기대할 수 없다고 인지했으며, 어떠한 사유가 있다 하더라도 시가전에 휩쓸리지 않고자 노력했다. 시가전은 필연적으로 공자나 방자에게 현저한 손실을 불러일으킬 것이었다. 따라서 바르샤바 함락을 맡은 8군은 –강화되고 있는 요새 지역과 순환 철도선을 방어하고 있는, 아직 섬멸되지 않은 부대들에 대한– 한정된 공격만을 명령 받았다. 바르샤바는 포격과 공군의 공습으로, 행여 이런 공격이 효과가 없더라도 식량과 식수의 부족으로 항복을 강요받았다. 남부집단군 사령부는 공군의 공습을 통해 조기에 바르샤바를 함락시키겠다는 히틀러의 다급한 희망에 대해 공습이 군사적인 작전과 관련이 없을 뿐더러 공습 없이도 군사적 작전의 이익을 취할 수도 있다는 주장을 통해 공중 폭격을 반대하였으나, 오히려 이때에는 **공습이 무의미하다는 주장이 공습을 정당화시키는 이유**가 되었다.

[옮긴이의 주]
- 할더의 보고에 따르면 히틀러는 폴란드 전선에서 이미 항복 의사를 가진 바르샤바에 포격을 고집하였고, 나중에는 파리를 파괴할 생각을 하고 있었다. 모스크바와 레닌그라드에서도 마찬가지였다. 그리고 일종의 열광에 사로잡혀서 폭탄과 로켓포로 맨해튼의 고층빌딩들을 공격하면 나타날 파괴적인 장면들을 그려 보았다. - 『히틀러 최후의 14일』(요하임 페스트)

9월 25일 외곽의 보루와 강력한 거점에, 또한 중요한 물자 집적소에 공격이 시작되었고 동시에 이미 계획된 포위망에 도달하기 위한 국지적인 공격도 시작되었다. 26일 우리는 바르샤바는 포격을 받을 것이므로, 방자들에게 항복을 권하는 전단을 살포했다. 하지만 폴란드군이 완고하게 저항했기에 실제 포격이 같은 날 저녁에 시작되었다. 27일 정오에 룬트슈테트 장군과 나는 내가 잠시 사령관을 맡았던 18사단을 방문 중에 18사단이 방금 2개의 보루를 점령한 것을 알게 되었고, 적이 항복을 제의했음을 알게 되었다. 즉각 포격은 중단되었다. 항복 조약식은 28일 8군 사령관인 블라스코비츠 장군과 폴란드군 사령관이 서명했다. 조약에는 시민과 부상병에 대한 즉각적인 원조를, 용감하게 항전한 폴란드군에 대한 명예를 지켜주도록 규정되었다. 장교들은 그들의 검을 착용할 수 있었고 하사관과 병사들은 필요한, 형식적인 조사 기간 동안만 구류될 것이었다. 폴란드 전권사절(Plenipotentiary)에 의하면 바르샤바에서 12만 명의 장교와 병사가 항복했다고 하였다.

조약에 서명을 할 때에 폴란드 장군은 '운명은 다시 돌게 될 것이다(A Wheel Always Turns).'라고 말했다. 엄밀히 말하면, 그들의 조국인 폴란드의 다음 운명에 대해서만 그의 말이 맞음이 결국 증명되었다.

산강, 비스툴라강의 마지막 전투
(THE FINAL BATTLES EAST OF THE SAN AND VISTULA)

비스툴라강을 향해 이동 중이던 폴란드군이 브주라 전투를 통해 대규모로 궤멸되었고, 바르샤바가 함락되었지만 14군이 위치한 갈리시아의 동쪽과 산강의 하류에서 ―궤멸에서 벗어난 적군의 소규모 부대와― 매우 강력한 교전이 일부 계속되었다. 10군의 군단들은 뎀블린에서 이미 비스툴라강을 넘어 루블린(Lublin)을 향하고 있었다. 이 전투 중에 우리는 국방군 최고사령부(Supreme Command of the Armed Forces, O.K.W, Oberkommando der Wehrmacht)로부터 이미 14군이 점령하고 있는 르보프를 러시아군에게 이양하고, 리벤트로프가 모스크바에서 체결한 경계선으로 <u>집단군 전체가 물러나라는 갑작스러운 명령</u>을 받았다.

[옮긴이의 주]
- 이는 히틀러가 소비에트연방과 맺은 비밀군사조약에 대해 독일 군부에 아무런 통보도 하지 않았기 때문에 초래된 사태였다. 예를 들어 소련군이 자신들을 렘베르크(르보프)의 해방자라고 선언했을 때, 독일군이 이미 이 도시를 점령한 상태였다. 할더는 이 일을 두고 '독일 정치 지도부가 수치를 당한 날!'이라고 일기에 적었다. - 『히틀러 최고사령부』(제프리 메가기)

경계선은 우조크(Uzok) 협로에서 시작되어 프셰미실을 거쳐 산강과 비스툴라강을 따라 바르샤바 북쪽까지였다. 산강과 비스툴라강에서 멀리 떨어진 곳에서 벌어진 전투는 독일군의 힘을 낭비하였고, 러시아군의 입장에서 보자면 그들만 혜택을 받았다. 산강으로 되돌아오기 위해 2~3개 사단과 1~2개의 기병 여단으로 추정되는 적들과의 싸움을 멈추어야 했다. 그들은 ―현재의 정세를 오판하여, 용감함을 보여주었고― 우리의 7, 8군단이 산강으로 돌아가려는 시도를 막고자 공격했다. 전적으로 독일과 러시아의 정치인들과의 흥정에서 기인된 전투가 계속되었다. 이 전투는 10월 1일에 국경선의 변경이 결정될 때까지 계속 되었다. 이 시기에 우리에게 내려진 명령은 루블린을 다시 점령하라는 것이었고, 14차량화군단은 비스툴라강을 다시 건너가 아직 전투가 가능한 적들의 항복을 러시아군의 진격 전에 받아냈다.

바르샤바 점령 후 18사단의 행진

폴란드 전역은 끝이 났다. 전역 중에 남부집단군은 523,236명의 포로와 1,401문의 야포, 7,600정의 기관총, 274기의 항공기, 96대의 전투 차량 및 셀 수 없는 장비를 획득했다. 폴란드군의 사상 비율은 믿을 수 없을 정도로 높았는데 절망적인 상황에서도 저항하고자 하는 굳건한 의지와 용감함 때문이었다. **남부집단군의 손실**은 아래와 같다.

장교: 505명 전사, 759명 부상, 42명 실종
하사관과 병사: 6,049명 전사, 19,719명 부상, 4,022명 실종

10월 5일 시내와 시 외곽에 주둔해 있던 사단들의 **승리 퍼레이드**가 성까지 연결되어 있는 바르샤바 대로에 세워진 연단을 지나갔으며 히틀러는 행렬에 경의를 표했다. 유감스럽게도 이 행사는 히틀러가 군 지휘부에게 표명한, 어울리지 않는 지적으로 끝이 났다. 독일로 돌아가기 전에 히틀러는 퍼레이드에 참석했던 장군들 및 장교들과 만나게 되어 있었고, 창고에는 야전 식당에서 만든 음식을 차리기 위해 테이블이 놓여 있었다. 히틀러가 창고로 들어서자 그는 **흰색 식탁보 위로 가을꽃들이** 올려져 있는 것을 보았고, 곧 발길을 돌려 바깥 야전 식당에 있는 부대원들 쪽으로 합류했다. 몇 술의 스

프를 먹은 후 주변의 사람들과 대화를 나누고 그는 이륙 준비 중인 비행기에 올랐다. 이것은 소박함을 강조함으로써 대중의 인기를 염두에 둔 행동이었다. 그러나 나는 히틀러가 그렇게 행동하는 것으로 우리 용맹한 군인들의 환심을 얻을 수 있는지 의심스럽다. 생각건대, 국가수반이 사령관들을 방문함으로써 그들 전체의 명예를 북돋고자 했다면 그들은 충분히 더 감사했을 것이나, 그의 이러한 행동은 우리를 무시했다고 믿기에 충분했다.

[옮긴이의 주]
- 평전에 따르면 폴란드 전역에서 독일군의 총 손실은 11,000명 전사, 30,000명 부상, 3,400명 실종이었다. 폴란드군의 손실은 70,000명 전사, 133,000명 부상이었고 700,000명이 포로로 잡혔다.
- 만슈타인을 다룬 다큐멘터리를 보면 승전 행사를 위한 연단 아래에 남부집단군 참모장인 만슈타인이 있음을 알 수 있다.
- 히틀러는 아주 검소한 식사를 준비하라고 했으나, 블라스코비츠 장군이 이를 오해하여 꽃과 식탁보를 마련했으며 이에 히틀러는 아예 음식을 먹지 않았다는 증언이 있다.

오래지 않아, 폴란드 전역은 전격전(Blitzkrieg, Lightening War)으로 묘사되었다. 사실 공격의 속도와 성과의 관점에서 보자면 폴란드 전역에서 보여준 작전 수행의 속도와 성과는 독일군이 프랑스 전선에서 더 큰 규모로 비슷한 진전과 전과를 얻기 전까지는 유일무이한 것이었다. 그러나 공정하게 평가하기 위해, 이전 챕터에서 폴란드와의 전쟁 전망에 대해 기술한 것을 기억한다면 사실 독일은 – 폴란드 전역에서 압도적 우위와 대단히 유리한 조건에서, 즉 아래 두 가지가 충족된 상황 하에서 공격을 실현함으로써– 이길 수밖에 없었다.

첫째, 독일군 사령부는 압도적인 우위를 갖기 위해 서부전선의 커다란 위협을 받아들였다.
둘째, 영국과 프랑스가 폴란드에게 시의적절 하게 도움을 제공할 수 있는 이 기회를 이용하지 않았다.

만일 영국과 프랑스가 가능한 한 초기에 서부전선을 열었다면 상황은 매우 다르게 변했을 것이다. 이것은 물론 폴란드 정부가 다소 과장된 현실 인식을 갖게끔 했다. 전쟁 초기에 폴란드군 총사령관은 결코 지킬 수 없는 것을 지키고자 폴란드군의 자원을 분산하지 말았어야 했다. 그들은 그들의 군대를 결정적인 지역에 집중 운용하여 독일이 양면전선이라는 곤경에 빠지게 만들 시간을 벌기 위해 조직적으로 싸워야만 했다. 처음부터 끝까지 용감하게 싸운 폴란드 군인들의 용맹함은 프랑스군과 영국군이 라인(Rhine)강에 도달할 때까지 버틸 수 있게 할, 그리고 독일이 폴란드 전역을 중지하는 것을 심각하게 고려하게 할 원동력이었을 것이다. 슐리펜(Schlieffen) 백작이 언급한 대로 이 사례는 열세인 적이 그들의 적에게 승리를 바치는 공헌을 한 것이었다. 다른 한편으로 폴란드에서의 전광석화와 같은 완벽한 승리는 —우리의 철저한 작전으로 인한 우세와 서부전선의 위협을 감수함으로써 확보한 수적 우위가 아니라— 더 나은 지휘력과 잘 훈련된 독일군 때문이라는 점을 알아야 한다. 더 강력한 공군의 지원을 받는, 독창적인 거대한 기갑부대의 개별적 운용은 우리의 신속한 승리에 필수적인 요소였다.

그러나 정말 결정적인 것은, 독일 군인의 확고한 용기와 헌신에 버금가는, 독일군 장교와 군대가 가지고 있는 정신적 우위였다. 재무장을 통한 물질적 성취가 확실히 히틀러 혼자의 노력에 의한 것인 반면에, 물질적 우세만으로는 신속하고 결정적인 승리를 담보할 수 없을 것이다. 가장 중요한 것은 한때 많은 사람들로부터 다소 멸시를 받았던 1차세계대전 이후 작은 규모의 **독일 제국군(Reichswehr)**이 —1918년의 패배로 인한 멸시를 극복한 후— 독일의 훌륭한 군사적 전통을 물려받은 것이었다. '작은' 독일 제국군의 후계자인 새로운 독일 국방군(Wehrmacht)은 아마도 스스로 깨우쳤고, 풀러(Fuller) 장군이 1차세계대전의 최종 단계를 '**철기 시대(Ironmongery)**'로 묘사했듯이 어떻게 하면 전투를 정적인 전쟁으로 퇴보시키지 않게 할 수 있는지를 찾아냈다. 독일 국방군 내에서는 새로운 전투 기술의 도움을 얻어 기동작전에서의 진정한 지휘력을 얻을 수 있었다. 개개의 수행 능력은 타의 추종을 불허하게끔 모든 군에서 촉진되었고 —하사관과 일반 사병에까지 영향을 미쳐— 하사관과 사병까지 리더십(지휘력)을 가진 것이 우리 승리의 비밀이었다. 새로운 독일 국방군은 성공과 승리로 첫 관문을 통과했다.

[옮긴이의 주]
- 1차세계대전 이후 독일에게 부과된 무장해제에 대해 Benoît Lemay는 다음과 같이 적었다. 프랑스인인 Benoît Lemay가 베르사유 조약의 조치에 대해 약간 부정적인 성향을 보이는 것은 선뜻 이해하기 어렵다.
  '바이마르 공화국군(Reichswehr)은 100,000명으로 축소되었으며 장교는 4,000명만을 보유할 수 있었다. 7개 사단과 3개 기병사단으로 구성된 군대는 7개의 군관구(Military districts, Wehrkreise)에 배치되었으며, 질서 유지를 위한 경찰 조직과 소규모의 국경수비대(Border guards)만을 가질 수 있었고, 항구적으로 중포(Heavy artillery), 전투기, 전차를 보유할 수 없게 되었다. 추가적으로 라인(Rhine)강의 서안은 —라인강 동안의 50킬로미터를 따라— 1935년까지 비무장지대로 남게 되었다. 이러한 무장해제에 대해 독일 국민과 정치 지도부, 공화국군의 장교단들이 받아들이지 않았다는 점에 주목해야 한다. 베르사유 조약의 결과인 무장해제는 거대한 국가의 자주권을 훼손한 모욕이였으며, 결과적으로 일시적인 조치에 머물게 되었다.'

- 『Erich Von Manstein: Hitler's Master Strategist』 (Benoît Lemay)

이제까지 참모진들은 외부의 영향에 관계없이 일했으며, 장군들은 지휘 권한에 대한 권위를 온전히 얻고 있었다. 군대는 <u>순전히 군사적 개념으로써의 전투를 치르고 있었으므로 여전히 기사도적인 싸움이 가능</u>했다. 10월 15일 육군총사령부 작전과 소속 호이징어(Heusinger)가 우리 집단군 사령부가 10월말 서부전선으로 이동할 것이라는 기쁜 소식과 함께 방문했다. 집단군 사령부의 주둔군으로서의 임무는 블라스코비츠 장군의 8군이 대체할 것이다. 나는 오래지 않아 10월 21일 남부집단군의 서부전선에서의 명령을 받기 위해 초센(Zossen)에 위치한 육군총사령부로 출두하라는 명령을 받았다. 나는 나의 가족과 함께 심각하게 부상을 당해 브레슬라우(Breslau) 병원에 입원 중인 처남을 보기 위해 18일에 우치를 떠났다. 이제 새로운 임무가 기다리고 있다.

[옮긴이의 주]
- 풀러는 리델 하트와 마찬가지로 영국의 군사평론가였으며, 풀러가 1차세계대전을 '철기 시대'라고 말한 것은 전선의 변화가 없던 참호전의 양상을 묘사한 것이다.

만슈타인이 폴란드 전역에서 기사도적인 싸움이 가능했다는 증언은 거짓이다. 폴란드 군인마저 학살당했다는 증언이 있다.

러시아군에 의해 점령된 폴란드 군의 운명도 좋지 않았다. 폴란드군 장교들은 학살당했으며, 이를 다룬 폴란드 영화가 2007년 제작된 바 있다. **러시아 점령 지역의 폴란드인들의 운명**은 독일 점령 지역의 폴란드인들보다 가혹했다. 만슈타인의 회고록을 번역하기 전에 가장 많은 도움을 얻은 책은 『스탈린과 히틀러의 전쟁』(리처드 오버리)이다. 독소전 자체 외에도 그 이전과 이후에 특히 관심이 있는 독자들은 류한수 씨가 옮긴 이 책을 참조하기 바란다. 우연인지는 몰라도 『2차세계대전사』 (존 키건)도 류한수 씨가 번역하였다.

· 소련으로 새로이 편입된 지역의 폴란드 사람들은 지옥으로 한 계단 더 떨어졌다. 네 차례의 주요 이송 조치로 폴란드인 가정 2,000,000세대가 이주를 했고, 강제 이송은 1941년 6월에야 끝났다. 정확한 사망자 수는 끝까지 알지 못할 수도 있다. 수많은 사람들이 영양실조와 질병으로 죽었다. 더 많은 사람들이 목적지에서 죽었다. 죽지 않고 살아남은 사람들은 강제 노동자로 이용되었다. 폴란드 전쟁 포로들이 그 강제 이송자들의 뒤를 따랐다. - 『스탈린과 히틀러의 전쟁』(리처드 오버리)

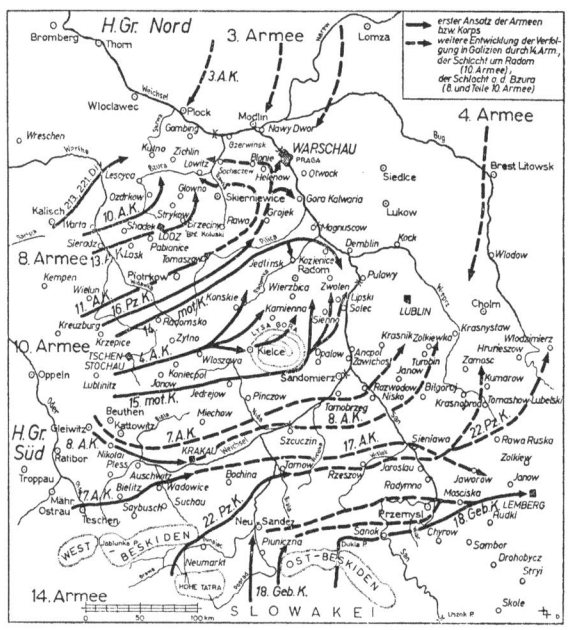

폴란드 전역, 남부, 북부집단군의 공세

4-1. 프랑스 전역 이전
(INTRODUCTORY NOTE)

폴란드 주둔군이라는 달갑지 않은 임무에서 벗어나게 되어 만족스러웠던 집단군 사령부는 새로이 구성될 A집단군의 인수를 위해 1939년 10월 24일 서부전선에 도착했다. 휘하에 있는 12군, 16군의 최전방 부대는 남부 벨기에와 룩셈부르크(Luxembourg)의 국경선을 따라, 그리고 최후방 부대는 라인강의 오른쪽 유역에 주둔하고 있었다. A집단군 사령부는 코블렌츠(Coblenz)에 위치하게 되었다. 우리는 시간에 맞추어 라인강 주변에 위치한 리젠-퓌르스텐호프(Riesen Fürstenhof) 호텔에 도착했다. 이 호텔은 내가 유년 시절 엥거(Engers)의 시장 거리와 가까웠던 학생사관훈련단(Cardet school, Cardet corps)을 다녔던 때 고귀함의 극치를 보이는 세련된 요리가 있을 곳으로 생각했던 곳이었다. 하지만 전시라는 상황이 이렇게 유명한 호텔조차도 그 특별함을 없애 버렸다. 집단군 사령부가 자리 잡은 도이체스-에크(Deutsches eck) 인근에 있던, 한때 유명했던 오래된 건물은 전쟁 발발 시점에 코블렌츠사단의 숙소로 이용되었다. 근년에 지어진 매력적인 로코코 양식의 숙소들은 검소하고 적적한 느낌이었다.

이 건물과 멀리 떨어져 있지 않은, 오래된 가로수로 이어진 조그마한 광장에 흥미를 끄는 기념비가 서 있었다. 허황된 비문이 적혀있는 그 기념비는 나폴레옹(Napoleon)의 부대가 라인강을 넘어 러시아를 향해 진군한 것을 기려 1812년에 코블렌츠의 프랑스 사령관이 세운 것이었다. 원래의 문구 아래에는 추가적인 비문이 새겨져 있었다. 1814년 코블렌츠의 러시아 사령관의 냉소적인 서명이 덧붙여진 비문의 대략적 요지는 다음과 같다.

'보고 받았으며, 승인하노라(Noted, Approved)'

히틀러가 이 비문을 보지 못했으니, 얼마나 안타까운 일인가!

나의 제안으로 집단군 사령부는 작전참모진으로 나이가 두 번째로 많은 참모장교를 받아들였다. 그는 트레슈코프(v. Tresckow) 중령이었고, 1944년 7월 히틀러에 대항한 음모의 배후 주동자여서 자살로 생을 마감했다. 전쟁 전에 트레슈코프는 이미 육군참모본부에서 내 휘하 1부의 작전과에서 근무했던 적이 있었다. 그는 재능 있는 장교였으며 열렬한 애국자였다. 명석한 그의 두뇌와 수많은 업적, 국제적 감각과 신사다운 처사로 인해 그는 특별한 매력을 가지고 있었으며 우아하고 고상한 외모는 마찬가지로 지적이며 아름다운 —1차세계대전 시의 국방부장관과 육군참모총장이었던 **팔켄하인(Falkenhayn)**의 딸인— 그의 부인과 매우 잘 어울렸다. 그 당시 베를린의 군 사교 모임에서 트레슈코프 부부보다 더 매력적인 커플은 없었다. 트레슈코프와 나는 육군참모본부 작전과에서 함께 일할 때부터 우정과 유사한, 친밀한 유대를 통해 공감대를 가지고 있었다. 코블렌츠에서도 우리 집단군이 서부전선에서 취해야 할 전략을 채택하고자 노력할 때 그는 나에게 훌륭한 조언을 제시했다. 훗날 내가 기갑군단과 군(Army) 사령관이 되었을 때마다 나는 트레슈코프를 내 참모장으로 부임되게끔 수시로 요청했었다. 그러나 나의 요청은 순전히 나에게 '그렇게 현명한 사람이 필요없다.'는 평계로 거절되었다.

1943년 봄, 나에게 그를 집단군의 참모장교로 받아들이라는 제안을 받았을 때에 나는 그를 나의 작전참모장인 부세(Busse) 장군의 선임으로 앉힐 수가 없었다. 부세는 트레슈코프와 나이가 같았으며 그의 결단력을 우리가 함께 싸웠던 전투에서 입증해 보였다. 내가 이 사실을 언급하는 이유는 트레슈코프와 친한 어떤 사람이 '만슈타인이 트레슈코프가 믿음직한 국가사회당원(National Socialist)이 아니어서 거절했다.'는 <u>시중의 얘기</u>를 트레슈코프에게 전했기 때문이다. 나를 아는 사람이라면 내가 나의 참모진을 선임할 때에 그 같은 배경으로 뽑지 않는다는 것을 알 것이다.

[옮긴이의 주]
- 팔켄하인은 1차세계대전에서 서부전선이 참호전으로 고착화된 책임을 지고 힌덴부르크로 교체되었다. 자세한 내용은 『1차세계대전사』(존 키건)을 참조하기 바란다. 만슈타인은 트레슈코프에 대해 긍정적으로 회고했지만 평전에 따르면 이와 다르다. 만슈타인이 그의 부인에게 보낸 편지에는 만슈타인 본인이 트레슈코프를 수차례 참모장으로 영입할 것을 생각하고 있었지만, 그의 생각이 위험하다고 적었으며, 과거로 그를 돌리기 어려울 것이라 말했다. 그리고 트레슈코프의 부관이었던 슐라브렌도르프(Schlabrendorff)는 그의 회고록에서 만슈타인이 히틀러의 전속부관인 루돌프 슈문트(Rudolf Schmundt)에게 '트레슈코프가 국가사회주의에 반감을 가지고 있어 참모장으로 앉히지 않았다.'라고

말했음을 회고했다. 이에 따르면 만슈타인이 '시중의 얘기'라고 했던 내용은 사실이며, 만슈타인의 회고는 거짓이다.

만일 코블렌츠에서의 몇 달이 '우리의 불만족스러운 겨울'이 된다면, 이는 가짜 전쟁(Shadow War) 또는 프랑스에서는 '기묘한 전쟁(Drôle de Guerre)'이라 부르는 1939년과 1940년의 미묘한 긴장감에서 기인할 터였다. 만일 전쟁 발발 시점이 아닌, 오히려 다가올 봄의 공세를 위해 체계적으로 부대들을 훈련하는 것에 우리의 시선을 집중했더라면 차라리 감내하기가 수월했을 것이다. 유감스럽게도 **히틀러는 1939년의 가을에 전쟁을 원했으나** 적어도 겨울까지는 불가능하였다. 매 시점에 히틀러의 '날씨 예보자(Weather boffins)'인 공군의 기상 관측 부서는 작전에 적합한 시기를 예측해야 했으며 히틀러는 부대들이 최종 집결지까지 신속하게 이동해야 한다고 지령을 내렸다. 기상 관측 부서는 폭우가 쏟아져 땅을 절망적으로 엉망으로 만들 때나, 결빙과 폭설로 인해 기갑부대와 항공기의 운용을 권장하기 고심스러울 때마다 관측소를 오르내려야 했다. 그 결과는 준비 명령과 취소 명령의 반복에서 나오는 동요의 연속이었으며, 지휘관과 부대들에게는 당혹스러운 현상이었다.

[옮긴이의 주]

- 1939년 9월 8일 히틀러는 그의 수석전속부관인 루돌프 슈문트에게 폴란드 전역이 끝난 후에 바로 서부 연합군을 공격하겠다는 그의 의도를 처음으로 밝혔다. 9월 25일 그는 육군총사령부에 아직 프랑스-영국 연합군이 전쟁에 대해 준비하지 못한 1939년 가을에 서부전선에 대해 전면전을 시작할 것이라 말했다. 국방군의 육·해·공군총사령관에게는 ―바르샤바가 국방군에게 함락된― 9월 27일 그의 의견을 말했다. - 『Erich Von Manstein: Hitler's Master Strategist』(Benoît Lemay)

이 기간 동안 히틀러는 자기가 원하는 것에 맞추지 못하는 군 보고서에 대해 신뢰하지 못하는 경향이 두드러졌다. 집단군 사령부가 폭우로 인해 공격을 위한 대열 정비가 단기간에는 불가능하다고 언급하자, 히틀러는 그의 군사부관(Military Assistant)인 <u>슈문트</u>를 우리에게 보내 지면의 상태를 그에게 검증시키고자 했다. 트레슈코프는 이 일을 잘 처리할 이상적인 인물이었다. 그는 예전의 연대 동료인 슈문트를 거의 건널 수 없는 도로와 흠뻑 젖은 경작지, 습한 목초지역, 그리고 미끄러운 산허리를 오르락내리락 하는데 하루 종일 끌고 다녀 그들이 우리 사령부에 도착할 때 슈문트는 거의 탈진 상태였다. 그 이후로 히틀러는 우리의 기상 관측에 관한 보고서를 검증하고자 하는 적절하지 않은 방법을 쓰지 않게 되었다. 이러한 불합리한 변덕과 변경, 노력 낭비의 결과로 인해 가장 고통 받는 사람은 당연히 인내력이 한계에 달한 룬트슈테트 장군이었다.

[옮긴이의 주]

- 슈문트는 히틀러의 전속부관이었으며 나중에 보데뷘 카이텔(Bodewin Keitel, 우리가 익히 알고 있는 카이텔의 동생이다) 보병대장에게서 육군총사령부 인사국장을 인수해 겸직했다. 국방군 최고사령부 내에서도 히틀러의 최측근이었던 슈문트가 육군총사령부 인사국장을 겸직한 것으로 보아 히틀러의 의도를 알 수 있다. 다만 슈문트는 히틀러의 측근이었지만, 육군으로부터도 호감을 얻고 있었다는 증언이 있다. 전쟁 말기 육군 원수들의 충성서약을 슈문트가 생각한 것도 육군에 대한 히틀러의 신뢰를 높이려던 그의 우호적인 배려로 보인다. 슈문트는 1944년 7월 히틀러 정권 전복을 위한 음모 때 부상을 입어 사망했다.

  그의 후임으로는 **부르크도르프**(Burgdorf)가 임명되었다. 롬멜(Rommel)에게 독약을 권했던 부르크도르프는 결국 히틀러의 영도자 벙커에서 자살했다. 부르크도르프는 1945년 히틀러의 벙커에서 다음과 같이 소리 질렀다고 한다.

  '젊은 장교들 수십만 명이 죽었다. 하지만 무엇을 위해서였던가. 대답은 이렇다. 조국을 위해서도 아니고 미래를 위해서도 아니다. 이제야 비로소 이런 생각이 떠올랐는데 그들은 너희를 위해 죽었다. 죄 없는 사람 수백만 명이 희생당했는데 그 동안 정당 지도자들인 너희 자신들만 부자로 만들었다… 우리의 이상들, 도덕, 믿음, 영혼을 너희가 짓밟아 더럽혔다. 너희에게 인간이란 끝도 없는 권력욕을 위한 도구에 지나지 않았다. 수백 년이나 된 우리의 문화와 도이치 민족을 너희가 파괴하였다. 이것이 너희들의 끔찍한 죄다.'

  - 『히틀러 최후의 14일』(요하임 페스트)

오래지 않아, 전쟁 전의 준비 단계에 전투부대와 각 예하 사령부에 정기적으로 내려 보낼 문서 작업이 우리 사령부에 쇄도했다. 집단군 사령관은 사소한 사항에서 자유로웠으므로 ―물론 그런 불문율이 독일군에게 문서로 규정되어 있지는 않았지만― 룬트슈테트 장군은 그런 것에 개의치 않고 라인강의 산책로를 매일 아침 장시간 걸었다. 나 또한 어느 정도 산책을 즐겼기에 가끔 그와 마주치곤 했다. 라인강이 결빙될 때라 매우 추웠음에도 그는 단지 얇은 레인코트를 입고 있었다. 내가 감기에 걸려 죽을지도 모르겠다고 걱정하면, 그는 평생 두꺼운 코트를 소유한 적이 없으며 절대로 이 나이에 두꺼운 코트를 사지 않을 것이라 응수했다. 몇 년이 흐른 후에도 그는 학생사관훈련단의 스파르타식 훈련 이미지를 여전히 갖고 있었다. 룬트슈테트 장군의 다른 기질들도 나에게 내 학생사관훈련단 시절을 떠올리게 만들었다. 집무실에서 나와 다른 참모들의 일일 구두 보고를 기다리며 그는 틈틈이 추리 소설을 읽곤 했다. 그는 —추리 소설 읽기를 통해 다른 특출난 사람들처럼 머리를 식히곤 했으나, 이 취미에 대해 다소 부끄러워했기에— 서랍을 열은 채 책을 읽다가 우리가 그를 대면하고자 할 때면 즉시 서랍을 닫았다. 학생사관훈련단 시절, 교관이 개인 공부 시간에 교실에 들어올 때마다 우리가 했던 행동과 똑같았다.

히틀러의 동요, 주저, 편견에 따라 명령이 계속 되풀이되고 취소되어 집단군 사령부가 명령에 대해 의구심을 갖게 된 것은 만족스럽지는 않았지만 참을 수 있었다. 아울러 신규 편성된 사단들에게 특별하게 필요했던 상호 협력 훈련이 매우 고된 것도 참을 수 있었다. 우리가 느꼈던 불만족의 진정한 원인은 다음 두 가지였다.

첫째, 내가 육군총사령부의 몰락(The eclipse of O.K.H)이라 묘사하는 육군총사령부의 위상 변화에서 기인했다. 1937~1938년의 겨울 동안 내가 프리츠 장군과 베크 장군의 조력자로서 육군참모본부 1부의 책임자로 근무하던 때, 전쟁 발발 시에 육군총사령부가 전쟁 수행에 대한 전방위적인 골격을 갖추는 역할과 위치를 갖도록 노력했었던 나는 이런 변화로 개인적으로 특히나 괴로움을 받았다.

둘째, 집단군 사령부가 서부전선에서 결정적인 승리를 보장하게 만들 작전 계획을 육군총사령부가 받아들이도록 겨울 동안 헛되이 노력한 것이었다. 이 계획은 히틀러가 끼어든 후에야 서부전선의 주 계획이 되었으며, 그리고 나서 육군총사령부는 의심할 여지없이 그 동안의 우리의 집요함과 괴롭힘을 원인으로 나를 남부집단군 참모장의 위치에서 제거하였다.

육군총사령부의 쇠퇴와 다음 챕터에서 할애할 —연합군의 배후에서 대규모 전투를 벌이는— 작전 계획에 대한 논쟁, 이 두 가지가 겨울 동안 우리가 받아들여야 했던 불만족스러운 사항이었다. 그 후의 내용에 대해서는 잘 알려져 있기에 다시 설명할 필요가 없을 것이나 내가 군단 사령관으로서 본 것을 일부 말하고자 한다.

하지만 그럼에도 불구하고 우리의 불만족스러운 겨울은 영광스러운 여름으로 바뀌고 있었다.

4-2. 육군총사령부의 몰락
(THE ECLIPSE OF O.K.H.)

　지상전의 전략(War Policy on The Land)에 대한 권한이 있는 육군총사령부 또는 참모본부, 참모제도(General Staff)의 쇠퇴(Elimination)는 일반적으로 히틀러가 독일 국방군 전체의 지휘권을 행사한 것에 추가하여 ―육군총사령관인 브라우히치 장군을 해임하여― 육군의 지휘권까지 확보한 시기부터 진행되었다고 여겨져 왔다. 그러나 실제로 참모제도의 쇠락은 비록 공식적인 것은 아니었지만 폴란드 전역에 뒤이어 몇 주 만에 현실적인 목적을 가지고 즉시 시작되었다.

　1939년 10월 21일 나중에 A집단군으로 이름이 바뀔 남부집단군을 대리하여 '황색작전 명령(Operation Order Yellow)' 수령을 위해 초센에 방문한 후, 나는 일기에 '할더, **슈튈프나겔**(Stülpnagel), 그라이펜베르크(Greifenberg)에 의한 지극히 우울한 뮤지컬 협주'라고 그날의 감흥을 적었다. 슈튈프나겔 장군은 육군참모총장인 할더의 오른팔로서 육군참모본부 1부를 맡고 있는 한편, 그라이펜베르크 대령은 육군참모본부 1부 휘하의 작전과를 맡고 있었다. 세 사람의 언급을 통해서, 히틀러의 명령에 의해 육군총사령부가 작전 계획을 제출한 것은 명백한 사실이었다. 그들과 육군총사령관 또한 확실히 서부 공세에 대해 완전히 부정적인 시각을 가지고 있었으며 서부 공세가 전쟁을 종식시킬 수 있는 적절한 방법이라고 생각하지 않았다. 그들의 언급대로라면, 육군총사령부는 독일군이 서부전선에서 결정적인 공세를 실행할 수 있는 전략적 위치를 점유할 수 없을 것이라고 결론을 내렸다. 이러한 인상은 머지않아 분석될 작전 계획과, 육군총사령관과 참모진들이 다양한 경로로 집단군 사령부를 방문하였을 때 더욱더 확실해졌다. 이제 1939년의 늦가을과 겨울 동안에 서부전선에서의 독일군 공세에 대한 유리함과 전망, 가능성에 관해서 상이한 논쟁들이 있을 것은 명백했다.

[옮긴이의 주]
・슈튈프나겔은 러시아 전역 초기에 17군 사령관을 역임했다. 훗날 히틀러 정권 전복 음모에 가담하여 교수형에 처해졌다.

· 브라우히치는 이미 10월 7일 그의 참모진들과 함께 프랑스 전역에 대해 반대하는 보고를 제출한 바 있었으며, 추가적으로 서부전선 장성들의 반대 의견도 함께 제출했었다. 그러나 확고한 입장이었던 히틀러에 의해 브라우히치는 완전히 흔들렸다. 특히 육군총사령부의 참모진들이 표현한 패배주의에 대해 '육군참모본부의 정신(Spirit of Zossen)'을 날카롭게 비판한 뒤, 히틀러는 11월 12일에 공세를 시작하겠다고 확언했다. 어느 때라도 게슈타포(Gestapo)가 초센에 나타날지 몰라 두려웠기 때문에 할더와 슈튈프나겔은 그들이 육군총사령부에 돌아오자마자 음모와 연관된 문서들을 모두 파기했다. 실제로 히틀러가 육군총사령부의 두 리더인 할더와 슈튈프나겔에게 했던 비판은 히틀러를 제거하겠다는 —비록 잠정적이긴 했지만— 모든 계획들이 소멸되도록 만들었다. 이제 할더와 슈튈프나겔은 그들이 이제까지 반대하던 서부전선에서의 공세작전에 대한 책임을 받아들이기 위해 물러났다. - 『Erich Von Manstein: Hitler's Master Strategist』 (Benoît Lemay)

나를 놀라게 만든 것은 육군총사령부(O.K.H)가 **국방군 최고사령부**(O.K.W)의 영역 하에 귀속된 것이었다. 그것도 육군총사령부가 수행한, 독일 역사상 가장 위대하고 뛰어난 전쟁 중의 하나였던 폴란드 전역의 종료 후에 말이다. 이전에도 히틀러는 주데텐란트 위기 동안에 육군총사령부가 가졌던 견해를 무시했었다. 그러나 그때의 위기를 해결할 수 있는 방안은 군사적 판단이 아니라 정치적인 판단이었던 점이 확연히 다른 점이었다. 히틀러와 육군총사령부와의 논쟁은 군의 작전 계획을 조율하는 것에서 기인된 것이 아니라, 체코슬로바키아에 대한 위협이 불러올 영국과 프랑스의 참전 여부, 그리고 결국에 독일이 감당할 수 없는 양면전선이 열릴 것인지에 대한 것이었다. 이 문제에 대한 판단은 결국 정부수반이 결정할 문제였으며, 정부수반의 권위로써 양면전선에 대한 정치적 해결 방법을 제시하여 논란을 종식시켰다. 비록 육군총사령관이 정부수반의 통치 행위에 수긍하면서 막중한 군사적 책임을 맡았지만 그는 여전히 육군의 수장으로서 정치 행위 이외의 배타적인 영역에서의 군사 지휘권에 대한 권능과 권한을 포기하지는 않았다.

폴란드와의 위기가 닥쳤을 때 히틀러와 육군총사령부와의 이 같은 논쟁은 우리에게 잘 알려지지는 않았다. 사실 체코슬로바키아 위기 때 영국과 프랑스에 대한 히틀러의 정치적인 확신이 맞았음이 드러난 이후, 나는 육군총사령부가 1939년의 가을에도 똑같은 결과가 나타나기를 고대한다고 생각했다. 어쨌든 나는 1939년 8월의 중요했던 시기에 육군총사령부 및 남부집단군 사령부가 그러했듯이, 일련의 문제들이 뮌헨회담에서 해결되었던 것과 유사하게 정치적인 협상만으로 종결될 것으로 믿었다. 여하튼 폴란드 전역에서 누군가가 육군총사령부가 제안한 동프로이센으로부터의 부대 전개에 대해 왈가왈부한다 할지라도 히틀러는 폴란드 전역에서의 작전 수행에 대해 간섭할 수 없었다.

[옮긴이의 주]
- 히틀러는 블롬베르크-프리츠 사건이 있은 후 1938년 2월 4일 모든 국방군의 지휘권이 본인에게 있음을, 그리고 국방부의 국방군국이 국방군 최고사령부가 될 것임을 선포했다. 자료들마다 O.K.W의 참모총장인 카이텔이 국방군 최고사령관이라고도 표기되는데 아마도 독일어를 영어, 한국어로 중역하면서 발생하는 오류로 보인다. 여기에서는 카이텔을 O.K.W의 참모총장, O.K.W의 지휘국장인 요들(Jodl)을 작전부장 또는 지휘참모부장, 지휘국 휘하의 국가방위과장인 발리몬트를 작전참모장 등으로 표현했다. 1940년 8월 8일 국방군 최고사령부 지휘국이 지휘참모부로 명칭이 바뀌었다는 기록이 있다.

그러나 이제 히틀러의 위상이 바뀌었다. 폴란드의 패배 이후 전쟁이 어떤 방향으로 진행될 것인지에 대한 문제는 결국 국방군 최고사령관(Commander-in-Chief of the Wehrmacht)이자 국가수반(Head Of State)인 히틀러에 의해 결정되어야 했다. 만일 그 문제의 해답이 서부전선의 지상 공세라면 그 답은 언제, 어떻게, 그리고 과연 독일군이 그 과업을 수행할 수 있는지의 여부에 전적으로 의존할 터였다. 이 세 가지 분야는 독일 육군 지휘부가 양보할 수 없는 권한이었다. 그러나 이 세 가지 분야에서 히틀러와 육군총사령부가 대립하였던 것은 기정사실이었으며, 히틀러는 육군총사령관과 사전 협의를 거치지 않고 1939년 9월 27일 3군(육·해·공군) 총사령관들에게 그해 가을 서부전선에 대한 공세를 시작함과 동시에 중립 상태인 네덜란드(Holland), 벨기에, 룩셈부르크를 침공하겠다는 그의 결정을 통보하였다. 이 결정은 1939년 10월 9일의 '**영도자 지령**(O.K.W Directive)'에 언급되었다.

[옮긴이의 주]
- 영도자 지령 6호에서 히틀러는 프랑스와 연합군을 프랑스 국경선의 방어가 아직 완전하지 않을 때, 그리고 영국군이 유럽에 상륙하기 전에 물리치고자 했으며 이에 대한 공격 준비 계획을 육군총사령관, 육군참모총장에게 1939년이 끝나기 전에 작성토록 지시했다.

나는 위에 언급한 세 명의 참모진이 작성한 —육군총사령부 자체적으로도 가치가 없는(Capitis

diminutio) 것으로 간주한― 황색작전 계획을 받았을 때 그 요지를 파악하고자 하였다. **그 계획은 공세에 대해 주저**하는 것이었으며, 우리의 승리에 대해 적어도 결정적인 의미에서 최소한의 신뢰도 주지 못하는 계획이었다. 서부전선에서 힘의 균형이라는 관점에서 보자면, 육군총사령부가 갖는 그 같은 의구심이 근거가 없지는 않았다. 하지만 나는 **육군총사령부가 지상전의 계획에 대해 주도권을 행사하고자 하는 시도를 체념**하고, 단순히 순수하게 기술적이고, 실무적인 역할만을 하는 조직이 되기로 결정한 것으로 단정하였다.

[옮긴이의 주]

· 레프 장군과 마찬가지로 대다수의 장성들 또한 분쟁의 확대를 두려워했다. 벨기에와 네덜란드(Dutch)의 중립에 대한 침해는 결과적으로 평화적 해결 방안을 훼손시키는 것이었다. 그래서 그들은 기다리라고 조언했으며, 국방군은 방어적인 태세로 남아 그들의 군사적 잠재 능력을 강화하고, 선제공격을 포기한 채 1940년 내지 1941년에 서부 연합군의 공세에 반격할 준비를 한 채 기다려야만 했다. 서부전선에서 방어전을 펼친다는 전략은 특히 할더와 육군총사령부에 있던 조력자들에 의해 옹호되었다. - 『Erich Von Manstein: Hitler's Master Strategist』 (Benoît Lemay)

· 만슈타인은 만일 본인과 프리츠, 베크가 육군참모본부가 아닌 국방군 최고사령부(O.K.W)에 근무했다면 분명 모든 지휘권을 장악하여 육군참모본부와 국방군 최고사령부가 완벽하게 병렬 관계를 이루는 조직 구도를 허용하지 않았을 것이라 요들에게 말했다는 증언이 있다. 그 이전에도 블롬베르크와 라이헤나우는 국방부에서, 그리고 프리츠, 베크는 육군총사령부에서 작전을 전담하기를 희망하는 등 논란의 불씨가 있었다.

베크 장군과 나는 전쟁이 최고조에 달할 때 지휘 체계 분산을 피하기 위해, 군사 정책의 문제에 대해 국가수반에게 권고하고 전쟁 수행 및 작전 전반에 대해 통솔권을 가지는 유일한 지휘 체계를 구현하는 것을 제안하였다. 최소한 지상전에 관해서는 육군총사령관이 국방군 전체에 대한 지휘권을 갖거나, 아니면 육군참모총장이 국방군 전체의 운용에 대해 권한을 갖고 동시에 육군의 정책에 대한 결정을 해야 했다. 적어도 육군총사령부와 국방군 최고사령부의 참모진들이 장차 발생할 사항들에 대해 육군에게 상반된 명령을 내리는 것은 피해야 했다. **그러나 우려하던 사항들이 실제 현실화되고 있었다.** 히틀러와 국방군 최고사령부는 육군이 수행하여야 하는 작전들이 무엇인지와 어떻게 수행되어야 하는지에 대해 결정을 하기 시작했다. 육군총사령부가 그 결정에 동의하는 것과는 관계없이, 육군총사령부는 작전 명령에 가장 적합한 계획을 쥐어 짜내야 하는 처지로 전락했다. 육군총사령관은 국가수반에게 군사적 문제에 대해 조언하는 위치에서 맹목적인 복종을 확약한, 하찮은 군사 지휘관으로서의 위치로 전락하였다. 육군총사령부가 이렇게 쇠퇴한 이유는 히틀러의 개인적인 특성과 더불어 폴란드전에서의 승리 이후 전쟁 수행에 대한 의사결정이 어떻게 진행되었는지에서 그 원인을 찾을 수 있다.

[옮긴이의 주]
· 재무장이 진행되는 동안 독일 육군과 국방부의 고위 장교들은 앞으로 취해야 할 최고 지휘부의 구조에 대해서도 생각하고 있었다. 블롬베르크와 라이헤나우, 프리츠, 베크는 중앙집권화된 지휘부가 필요하다는 점에 대략적으로 의견 일치를 이루고 있었다. 하지만 지휘 구조의 성격에 대해서는 의견이 엇갈려 이미 익숙한 노선들을 따라 분열된 양상을 보였다. 국방부와 육군참모본부의 해묵은 경쟁심이 다시 발동된 것이다. - 『히틀러 최고사령부』 (제프리 메가기)

히틀러 - 브라우히치 - 할더
(HITLER - V. BRAUCHITSCH - HALDER)

위에 언급한 육군총사령부가 쇠퇴한 주요 이유는 권력에 대한 끊임없는 갈망과 부인할 수 없는 성공들, 그리고 아첨꾼들인 기관 수장과 수행원들에 의해 고무된 ─자기에 대한 과도한 자부심을 가진─ 히틀러의 개인적 성향에 있었다. 히틀러는 군부 내 대립자들인 장성들에 대해 그가 국가수반뿐만 아니라 군사적으로는 국방군 최고사령관이라는 우월한 지위로 인해 많은 이점을 누리고 있었다. 더군다나 그는 군사적인 분야에 대한 조력자, 대립자인 장군들에게 그들이 논쟁할 수 없는 ─어떠한 경우라도 정치인들이 필연적으로 더 잘 판단하리라 여겨진─ **정치적인 문제와 경제적인 문제를 갑작스레 던지는 것**에 매우 능숙했다.

[옮긴이의 주]

· 기록들에 따르면 히틀러는 면담하는 장성들에게 독일의 경제력에 관한 수치 등을 열거한 뒤에 장성들에게 지원을 약속하곤 했으며, 불합리함을 토로하러 왔던 장성들은 희망에 찬 얼굴로 회견실을 나갔다는 증언이 종종 등장한다.

권력에 대한 그의 갈망은 그를 국가수반과 정부수반(Political Chief)에 추가하여, 군부의 최고사령관까지 강탈하도록 만들었다. 그와 1943년에 나누었던 대화가 이러한 경향을 가장 잘 나타내 주었다. 나는 군사적인 문제에 대한 완전한 책임을 지는 참모제도를 유지하기 위해 그로 하여금 군사 문제에 대해서는 일선에서 물러날 것을 권유했다. 그는 의심할 여지없이 3군(육·해·공군) 최고사령관의 역할에 매혹되어 있음에도 불구하고, 국방군 최고사령관으로서의 역할을 수행하고자 하는 바람은 전혀 없다고 말했다. 그렇지만 결정적으로 그가 진정 원하는 것은 권력과 그의 의지를 실현해줄 배타적인 권리를 가지는 것이라 주장했다. 그가 믿는 것은 오로지 권력이었으며 그의 의지를 권력의 강화로 실현하였다.

이를 제외하고도 폴란드 전역 이후에 장성들의 공적으로 말미암아 국민들의 시선이 장성들에게 쏠려 그가 그의 권위가 낮아질까봐 두려워했던 것은 명백한 사실이었으며, 이에 그는 서부전선에서의 교전을 전제한 폴란드 전쟁 발발 시점부터 육군총사령부에 군림하는(Dictatorially) 태도로 일관하였다. 브라우히치(v. Brauchitsch)와 할더는 이처럼 철저하게 거리낌 없이 행동하는 —높은 수준으로 지적일 뿐더러 불굴의 의지를 가진— 인물과 논쟁을 하여야 했다. 히틀러는 국민이 인정한 국가수반이었을 뿐만 아니라, 장성들의 계급 체계(Hierarchy)에서 볼 때 가장 높은 위치에 있었다. 사실 상대방이 다른 사람이었을지라도 이는 불공평한 싸움이었다.

미래의 육군 원수인 <u>브라우히치</u>는 매우 유능한 장군이었다. 프리츠, 베크, 룬트슈테트, 보크, 레프 장군들과 동급이라 보기에는 확실히 어려웠지만, 브라우히치는 단연코 그들 바로 다음 세대였으며 일련의 사례가 보여주듯이 육군총사령관으로서 필수적인 자질을 갖추었다. 브라우히치의 기질에 논하자면 그의 개인적 가치관은 흠잡을 만한 것이 없었다(Unassailable). 내가 그의 의지력에 대해 비판하는 것은 아니지만 나의 개인적 견해로는 그는 어떤 면에서는 창조적으로 문제 해결을 하기에는 유연하지 않고 소극적이었다. 그는 책임을 가지고 조언자들과 논의를 하여 문제를 해결하기보다는 그에게 사전에 제시된 사항에 대해 결정하기를 좋아했다. 사실 그는 때때로 그가 동의하지 않는(Not feel equal) 논쟁거리는 피하고자 하는 의도에서 의사결정을 회피하기도 했다. 그러나 대다수의 경우에, 그는 육군의 이익을 위해 불굴의 의지로 대항했으며 그 중 하나는 히틀러에 의해 프리츠 상급대장이 공식적으로 복권된 것이다. 프리츠 장군이 <u>전사한 날에 내렸던 명령</u>은 그의 용기를 말해준다. 이 일로 인해 히틀러로부터 신임을 잃을 것을 알면서도 브라우히치는 그렇게 행동했다.

그러나 사실 그는 투쟁가는 아니었다. 그는 그가 개인적으로 표현하고자 하는 의지를 결코 완전하게 드러내지 않았으며, 베크 상급대장은 체코 위기 때 브라우히치가 육군총사령부의 입장을 표명하는 것에 냉담하여(Half-hearted) <u>베크 장군 자신이 곤경(Lurch)에 빠진 것</u>에 대해 나에게 씁쓸하게 불평하였다. 그러나 전임 로마(Rome) 대사였던 하셀(v. Hassel)처럼 히틀러에 대한 쿠데타가 요청됐을 때 브라우히치가 주저했던 것을 비난하는 사람들은, 하셀처럼 '책임을 지지 않은 채 책상 뒤에서 계획을 하는 것'과 육군총사령관으로서 '평화 시의 내란을 또는 전시에 궁극적으로 적의 승리를 불러 일으킬 쿠데타를 일으키는 것'과는 본질적인 차이가 있음을 잊은 것이다.

[옮긴이의 주]
- 브라우히치가 젊은 여성과 재혼하고자 했을 때 히틀러가 브라우히치의 전처에게 줄 위자료를 일부 제공하여 브라우히치는 히틀러에게 빚을 지고 있었으며 브라우히치는 줄곧 기회주의자적인 태도를 취했다. 이런 사실들로 인해 장교단 사이에서 브라우히치가 돈을 받고 히틀러에게 매수되었다는 소문이 돌았다는 증언이 있다. 아울러 히틀러는 군 고위 지휘관에게는 공식적인 급여 외에 비공식적으로 (비과세되는) 현금을 제공하였으며, 이에 따라 군 고위 지휘관들이 히틀러 앞에서 침묵을 지켰을 수도 있다. 만슈타인도 상급대장과 원수일 때 히틀러로부터, 남부집단군 사령관직에서 해임된 이후에도 1945년 4월까지 특별 급여를 받았다.
- 구데리안은 그의 회고록에서 브라우히치가 육군총사령관 자리에서 물러난 프리츠 상급대장을 연대장으로 임명하여 다시 현역 장교로 복귀시켰다고 회고했다. 다만, 프리츠 장군이 전사한 날에 브라우히치가 '어떤 명령'을 내렸는지는 확인할 수 없었다. 기록에 따르면 히틀러는 프리츠의 장례식에 참석하지 않았는데, 브라우히치가 ─ 전 육군총사령관직에 걸맞은 ─ 장례식의 처우에 대한 명령을 내리지는 않았을까 생각해 본다.
- 베크가 육군총사령부의 일괄 사임을 추진했을 때 브라우히치는 거절하였다. 브라우히치는 1941년 말 육군총사령관직에서 해임되었으며, 이후 히틀러가 국방군 최고사령관과 육군총사령관을 겸직했다. 아울러 만슈타인조차

히틀러의 육군총사령관직 취임을 반대하지 않았던 것으로 보인다. 히틀러가 육군총사령관이 된다면 육군참모총장과의 관계가 밀접해져 오히려 육군참모총장의 권위가 강화될 것이라 베크에게 편지를 썼다는 증언이 있다.

브라우히치 원수는 귀족적인 풍모의 우아한 외모를 지녔으며, 그의 태도는 언제나 기품이 있었다. 마음속으로부터 우러나오는 감동을 주지는 못했지만 그는 늘상 곧고 예의가 있었다. 그러나 그의 소극적인 자세는 그로 하여금 반대편의 경의를 얻지 못하게 했으며, 그를 심사숙고하게끔 몰고 갔으며, 이에 그는 사람들에게 활력 있고 역동적인 인상을 주는 것에 성공하지는 못했다. 브라우히치의 인상은 냉담과 주저함이었으며, 그는 때로 내성적이고 확실히 민감한 성격이었다. 그의 이런 기질들은 그의 정중함을 존경하는 측근들에게는 지지를 얻어낼 수 있었으나 프리츠 장군이 누렸던 것처럼 군부의 완전한 신뢰를 그가 얻고 있는지, 또는 히틀러와 같은 사람들을 움직이게 할 수 있는지에 대해서는 확신할 수 없었다. 확실히 젝트 장군의 경우 범접할 수 없을 만큼 더 냉정하였다. 그러나 젝트 장군의 마음속 열정과 강렬한 의지는 젝트 장군을 모든 사람들의 리더로 만들었다. 육군총사령관으로서의 젝트 장군의 열정이나 프리츠 장군이 가졌던 군사적 대범함이 없어 브라우히치는 그의 휘하로부터 프리츠 장군이 얻었던 신뢰감을 얻지는 못했다.

그와 히틀러의 관계에 대해 나는 그가 냉철한 의지를 가진 히틀러와 싸움에 정신적으로 힘들어했을 것이라 확신한다. 그의 기질과 천성, 그리고 훈육된 교육은 힘에 의존하여 그가 마주보고 있는 국가수반과 국방군 최고사령관인 히틀러에게 무력을 쓰는 데 그를 주저하게 만들었다. 그는 변증법적인 논리에서 히틀러를 상대할 수 없었으며, 이 같은 상황은 히틀러에게 아주 유리한 시점에 그가 해임될 때에야 끝이 났다. 브라우히치가 히틀러를 상대하기에는 그의 전임자보다 더 불리한 위치에 있었다고 말하는 것이 더 타당할 것이다. 블롬베르크가 국방부장관직에서 해임된 이후, 히틀러는 정부수반만이 아니라 군 지휘권마저 가져갔다. 국방부장관인 블롬베르크의 거래에 의해 히틀러는 국방군 최고사령관직 인수를 제의받았으나, 블롬베르크의 권유가 아니었을지라도 히틀러는 최고사령관직 자리를 차지했을 것이다. 무엇보다 브라우히치가 육군총사령관일 때 히틀러는 육군, 특히 육군총사령부에 대해 그가 예전에 보여주었던 태도와 매우 상반된 태도를 보였다.

그가 최초에 권력을 얻었을 때 그는 군 지휘관들의 전문적인 능력에 대해 확실한 존경과 경의를 표했었다. 전쟁 기간 중에 룬트슈테트 원수를 사령관의 자리에서 두 번이나 해임했을 때까지가 그가 군부에게 보여준 마지막 경의였다. 평화 기간의 마지막 해 히틀러가 육군에 대해 변경된 시각을 가지게 된 것은 다음의 이유 때문이다.

첫째, 프리츠 상급대장과 브라우히치 휘하의 육군은 확고하게 성실함, 기사도 정신과 군인으로서의 명예 존중이라는 그들의 노선을 고수했다. 히틀러는 국가사회주의에 대해 군부가 충성스럽지 못한 점을 비난할 수 없었던 반면에, 아직까지는 국가사회주의 이데올로기를 위해 군부의 군사적 신념을 밖으로 던져버리려 하지 않았음도 명백했다. 이것은 육군에 대한 이야기가 군중에 의해 회자되었을 때 명백해졌다. 괴링, 히믈러(Himmler), 괴벨스(Goebbels)와 같은 사람들이 다양한 경로로 불만 세력의 활동을 부추겨 육군 고위 지휘관들에 대한 비난들을 만들어 냈고 —히틀러가 초기에는 그러한 힐난들을 듣지 않으려 했음에도 불구하고— 그러한 비난들은 성과를 얻었다. 국방부장관인 블롬베르크가 히틀러의 '국가사회주의와 육군이 혼인을 맺는' 과업을 방해하고자 노력함으로써 의도적이지는 않았지만 히틀러의 불신임을 불러 일으켰다. 군부가 국가사회주의 이데올로기에 충성하지 않는다는 선동의 결과는 1939년 봄, 괴링이 국방군 장교로서 군부 고위급 지휘자들을 앞에 두고 연설한 내용에서 명확해졌다. 즉 괴링은 본질적이 아닌 다른 이유로 육군을 비난했는데 육군이 전통적으로 군부에 녹아들어가 있는 사상을 유지하고자 하는 것은 국가사회주의에 적합하지 않다는 것이었다. 이 연설은 청중 중의 한 명이었던 브라우히치 상급대장에게는 당연히 참을 수 없는 것이었다.

[옮긴이의 주]

- 로이터 통신은 친위대 사령관 하인리히 히믈러가 스웨덴 외교관 폴케 베르나도테(Folke Bernadotte, 1895~1948)를 통해 서방 세력과 별도 협상을 벌이려 하고 있으며 이미 '조건 없는 항복'을 할 준비가 되어 있음을 인정했다고 보도하였다. 이 소식은 히틀러에게 결정적인 타격을 입혔다… 히믈러는 언제나 충성을 입에 달고 살았고 충성이야말로 '아리안 게르만 친위대'의 최고 강령이라고 말하곤 하던 사람이라 그의 배신은 세상이 무너지는 것이었다… 그는 미친 사람처럼 날뛰었다. 새파랗게 질려서 거의 얼굴을 알아볼 수 없었다. - 『히틀러 최후의 14일』(요하임 페스트)

- 괴벨스가 불을 붙이기 전에 자기와 아내가 정말로 죽었는지 확인하라고 요구했기 때문에 슈베거만은 보초 한

명을 불러서 입구 가까이에 쓰러져 있는 시체들에 한두 발 확인 사살을 하도록 했다. 그런 다음 심부름 하는 병사 몇 사람이 힘을 합쳐서 죽은 사람들 위에 휘발유를 끼얹고 불을 붙였다… 하지만 그 사이 누구나 저 도망치기에 바빠서 총리 관저 정원에 버려진 절반쯤 그을린 시신에는 아무도 관심을 두지 않았다. - 『히틀러 최후의 14일』 (요하임 페스트)

둘째, 히틀러가 나중에 묘사한 것 중 가장 덜 모욕적인 수준으로 언급하자면, 히틀러는 장군들이 끊임없이 우유부단하다(Hesitation)고 생각하며 육군총사령부와 상대를 했던 것이다. 이것은 두 가지 의미를 갖는데, 하나는 재무장의 지나친 행보에 대해 적절한 시기에 끊임없는 재무장의 가속은 부대의 질(Quality)에 큰 영향을 끼칠 것이라고 군부가 간섭한 것이었으며, 나머지 하나는 히틀러가 그 동안 이룬 외교적 성과는 '행동하기에는 너무 신중한' 군부의 반대를 무릅쓰고 얻은 것이라는 점이었다. 군부가 우유부단하지 않았었다는 증거와 항변으로 프리츠 상급대장이 징병제의 도입과 라인란트의 점령에 대해 반대를 하지 않았다는 것과 히틀러가 오스트리아를 침공하고자 했을 때에도 베크 장군(브라우히치는 그때에 베를린에 없었다)이 반대하지 않았다는 것을 들 수 있다.

총 동원령에 대해 처음으로 반대했던 사람은 국방부장관인 블롬베르크였으며, 블롬베르크는 그때까지는 유효했던 외교 정책상의 이유로써 반대하였다. 그러나 라인란트로 진주할 때 육군총사령부에 알리지 않고, 프랑스가 부분적인 동원을 시작할 때 라인강의 왼쪽 유역으로 독일군 부대를 전개하라고 히틀러에게 충고한 사람 또한 블롬베르크였다. 외무부장관인 **노이라트**(Neurath)에 의해 적국의 신경을 거스를 때가 아니다라고 하여 만류되었지만, 히틀러가 거의 블롬베르크의 의견을 따르고자 했던 사실은 히틀러가 그의 약점에 대해 끊임없이 상기하였으며 그로 하여금 군 장성들에 대한 편집증적인 적대를 갖게 되었음을 입증한다. 그리고 재무장 시기에 육군총사령부가 육군은 여전히 전쟁을 치를 준비가 되지 않았음을 끊임없이 지적한 것은 그들의 권한 이상으로 이슈를 제기한 것도 아니었다. 공식적으로 히틀러는 육군총사령부의 의견에 동의했지만, 그것은 육군총사령부에 대한 히틀러의 증오심을 더 증가시켰다.

[옮긴이의 주]
· 노이라트는 리벤트로프를 외무부장관으로 앉히기 위해 보호령인 보헤미아, 모라비아의 총독으로 임명되었으나

4-2. 육군총사령부의 몰락(THE ECLIPSE OF O.K.H.)

관대한 정책으로 인해 히틀러가 해임하였다. 전후 전범으로 기소되어 복역했다.

히틀러의 외교 정책이 처음 반대에 부딪힌 때는 외무부장관과 육·해·공군의 총사령관이 모인 1937년 11월 5일의 회의에서 체코슬로바키아에 대한 그의 의도를 밝혔을 때였다. 히틀러가 외무부장관 노이라트, 육군총사령관 프리츠, 국방부장관인 블룸베르크와 충돌한 것은 가장 이른 시점에 이같은 방해꾼들로부터 벗어나려는 히틀러의 의도 중 하나임이 분명했다. 프리츠 상급대장의 해임을 군 장성들이 받아들인 이후 히틀러가 육군총사령부를 좌지우지할 수 있었다는 것이 오늘날 널리 믿어지고 있다. 히틀러가 그런 결론을 얻었는지에 대해 내가 확신할 수는 없지만, 그가 만일 그러한 결론을 얻었다 할지라도 그는 장성들의 의도를 잘못 파악한 것이다. 이는 순응함의 결과가 아니라 프리츠 장군에게 내려진 재판 판정에 대한 무시였으며, 품위 있는 군인으로서 국가수반이 그러한 음모를 짰으리라 믿지 않았다는 점, 그리고 그 시점의 분위기상 쿠데타를 일으킬 수 없다는 현실적인 이유에서였다.

결국 내가 언급한 바와 같이 장성들이 히틀러와의 회견에서 끊임없이 반대하였다는 화제가 선동가들에 의해 울려 퍼졌다. 브라우히치가 히틀러와의 관계에서 어려운 위치에 있었다는 점은 명백하다. 히틀러는 게다가 국방군 최고사령관이 되자 무분별하게 기록적인 수치로 장성들을 정당하지 않은 방법으로 해임하였으며, 전 구성원에 영향을 미치는 특권을 만들어냈으며 카이텔(Keitel)의 형제를 육군총사령부 인사국(Heeres Personalamt)의 책임자로 임명하였다. 이것이 브라우히치의 첫 번째 시련이었다. 주데텐란트의 위기 때 히틀러에게 대립한 육군총사령부에 파괴적인 바람이 불었다. 서부 연합군의 묵인 덕에 히틀러는 모든 군부의 불안과 반대에 맞서 그가 옳음을 입증하였으며, 브라우히치가 베크 육군참모총장을 희생시켰음에도 불구하고 —이는 더욱더 그의 위치가 약해지는 결과를 낳았고— 히틀러의 눈에서 더 멀어지게 되었다.

베크 육군참모총장의 해임 이후 히틀러와 직접 상대하여야 할 사람은 브라우히치와 동등한 자질을 갖고 있는 할더 상급대장이었다. 나는 어떠한 경우에도 그 두 명은 신뢰를 가지고 일했으며, 브라우히치는 할더가 제시한 조언들에 대해 확신을 갖고 동의했다고 믿는다. 참모장교로서 군인의 길을 걷기 시작한 장교들과 마찬가지로 할더는 **참모장교의 모든 의무에 대해 몰두하였으며** 게다가 쉼 없이 일했다. '천재는 근면함에서 나온다(Genius is diligence).'라는 몰트케(Moltke)의 말이 그의 모토였을 것이다. 그는 거룩한 불길(위대한 군인에게 영감을 불러일으킬만한)을 가지고 있을 만큼 열정적이지는 않았다. 하지만 그는 높은 수준의 책임감을 갖고 —집단군 참모진들에 의해 연구되고 육군참모본부 1부의 파울루스(Paulus) 장군이 입안한— 러시아 전역에 대한 작전을 준비하였으며 전쟁 계획의 기본적인 컨셉이 전역을 지휘하는 사람의 마음에 확실하게 자리 잡도록 했다. 그의 거동은 브라우히치만큼 우아하지는 않았고 발언은 지극히 직설적이었으며, 나 또한 그가 히틀러에게 매우 솔직하게 비판하는 것을 알고 있었다. 동시에 그가 얼마나 열렬하게 전투부대의 이익을 두둔했으며, 잘못된 결정이 그에게 내려졌을 때 전투부대를 위해 얼마나 많은 고민을 했는지 알고 있었다. 유감스럽게도 그의 현실적인 경향과 중용의 미덕은 히틀러를 움직일 수 있는 자질이 아니었으며, 전투부대에 대한 연민들은 <u>그를 완전히 침울하게</u> 만들었다.

[옮긴이의 주]

- 『Erich Von Manstein: Hitler's Master Strategist』(Benoît Lemay)에 따르면 호이징어는 '1930년 직후부터 나는 만슈타인, 요들 휘하에 있었고 4년은 할더의 휘하에 있었다. 프로이센 군인이었던 만슈타인과 바이에른(Bavarian)의 군인이었던 요들과 할더는 근본적으로 달랐다. 만슈타인의 전술적 결정은 대부분 직관에서 나왔다. 만슈타인 부관들의 임무는 이 직관이 어느 수준까지 실현할 것인가를 결정하는 것이었다. 그 반대로 할더와 요들의 경우는 군사적인 기본 토대 위에서 결론에 이르기까지 밤까지 많은 시간을 고민했다.'고 언급했다. 만슈타인은 확실히 타고난 전략적 감각을 지니고 있었다.

- 할더와 히틀러의 관계는 할더의 성격만큼이나 복잡했다. 겉으로 드러난 그의 행동은 그 독재자의 불안감을 자극하여 그의 의심과 분노를 격화시켰다. 그의 동료들 중 다수는 그가 쉽게 울음을 터뜨리는 경향이 있다고 진술했으며, 그는 친구와 적에게 똑같은 헌신을 보였다. 그는 공개적인 논쟁을 회피하는 쪽을 선호했는데 이는 감정적으로 격해지기 쉬운 자신의 성격을 의식했기 때문일 수도 있고, 아니면 직접적인 반대가 별로 효과가 없다고 생각했기 때문일 수도 있다. 대신 그는 일종의 의사진행 방해자로서 다양한 유형의 행동을 취했다. 따라서 짧고 퉁명스러운 논평이나 가혹한 표현을 통해 반대 의사를 표현하는 방법을 주로 사용하곤 했는데 이는 오히려 총통(영도자)을 짜증나게 만드는 효과만을 거두었을 뿐이었다. - 『히틀러 최고사령부』(제프리 메가기)

나의 생각으로는 할더의 몰락은 그가 충성의 대상을 잃어버렸기 때문이라고 생각한다. 그는 베크 장군으로부터 육군참모총장의 자리를 넘겨받을 때부터 공공연하게 히틀러의 적이었다. 발터 괴를리츠(Walter Görlitz)의 『육군참모본부(The German General Staffs)』에 따르면 할더는 육군참모총장직을 인수하면서 브라우히치에게 그가 자리를 인수하게 된 이유는 히틀러에게 대항하기 위해서라고 말했다. 진정한 의미로 실현 가능성이 있는지는 말하기 어렵지만, 그는 히틀러에 대한 많은 쿠데타를 계획했던 점에서 명예를 얻게 되었다. 그러나 할더는 히틀러가 육군총사령관을 인수한 후에는 독일과 히틀러의 육군참모총장이었으며 ―정치가에게는 책임감 있는 조언자와 음모자라는 두 개의 역할을 동시에 수행하도록 요구될 수도 있겠지만― 군인에게 이러한 역할은 적합하지 않았다. 무엇보다 독일에서는 전통적으로 육군총사령관에 대해 육군참모총장은 신뢰를 가지고 있었다. 육군참모총장에게 있어 평화 시에 국가수반과 육군총사령관을 전복시키거나 또는 전시에 '육군참모총장과 음모자로서의 상반된 역할'을 기대하는 것은 필연적으로 풀 수 없는 딜레마였음을 받아들여야 한다.

육군참모총장으로서의 그의 역할은 그가 책임을 지고 이끌고 있는 육군의 승리를 위해 절대적으로 노력하는 것이었으며, 다른 의미로는 히틀러의 군사 작전이 성공하는 것을 보는 것이었다. 그의 두 번째 역할, 음모자로서의 역할을 해서는 그 같은 성공을 바랄 수 없었다. 할더가 쿠데타라는 어려운 결정을 해야 했을 때 그가 어려운 사투 속에서 그의 군사적 의무와 독일군을 위해 헌신할 수 있는 모든 것을 선택했다는 것은 의심의 여지가 없다. 동시에 그의 음모자로서의 역할은 ―어떠한 희생을 감수하더라도― 언젠가 히틀러의 제거를 가능하게 할 날이 올 때까지 그를 육군참모총장의 자리에 있게 했다. 그리하여 결국 그가 히틀러의 결정에 동의하지 않음에도 불구하고 그는 히틀러의 군사적 결정들에 대해 복종할 수밖에 없었다. 확실히 할더는 히틀러의 군사적인 분야의 실수들로부터 육군을 보호하기 위해서는, 그가 육군참모총장 자리를 고수하는 것이 가장 최선의 방법이라고 생각했다. 그러나 육군참모총장 자리를 지킴으로써 그는 그의 군사적 확신으로는 동의하지 않을 명령을 내려야 하는 대가를 지불하여야 했다. 그러한 갈등은 그를 내적으로 수척하게 만들었고 궁극적으로 그를 파멸로 몰고 갔다. 한 가지 확실한 것은 할더는 위기 때 자기 자신의 이익을 도모한 것이 아니라 육군참모총장으로서의 이익을 위했다는 것이다. 내 서술을 통해 육군총사령부의 몰락 과정이 최고조에 달한 1939년 가을, 자타가 인정하는 최상급의 군인인 브라우히치와 할더, 그들이 히틀러와 대적하지 못한 이유를 잘 알 수 있을 것이다.

폴란드에서의 혁혁한 승리 이후에 육군총사령부가 곧 순수한 실행 조직으로 전락한 이유는 앞으로의 전쟁이 어떻게 수행될 것인가에 접근하는 방식에서도 찾을 수 있다. 이제까지 그리고 폴란드전의 발발 이후에도 독일은 당연하게도 서부전선 방어를 준비했다. 그 누가 서부 연합군이 —폴란드와의 조약 체결 이후 명예스럽지 못하게— 폴란드의 패전을 방관하리라는 것을 예측할 수 있었겠는가? 자르(Saar) 지방을 따라 구축된 지크프리트 방어선에 대한 그들의 미약한 공격 세력은 즉시 프랑스 국경선으로 되돌아갔으며, 이를 향후 발발할 대규모 공세에 대한 예비 및 준비 단계라고도 볼 수 없었다. 서부 연합군의 공격은 예상되었지만, 서부 연합군은 단지 기다리면서 지크프리트 라인에서 우리가 멈출지, 폴란드 전역에서 돌아온 정예병들이 혹시 룩셈부르크와 벨기에를 통해 그들을 공격할지를 지켜볼 뿐이었다. 서부 연합군의 방관으로 말미암아 전체적인 정세가 바뀌었다. 폴란드의 패망으로 인해 독일군 전부를 서부전선에서 가용할 수 있기 때문에 프랑스의 정책 방향과 영국이 움직일 수 있는 시간을 고려한다면 서부 연합군이 가까운 시기에 공세를 가할 수 있으리라 생각되지 않았다. 폴란드의 운명은 늦어도 9월 18일 브주라 전투와 하루 전날 러시아군이 폴란드의 동부 국경선을 넘었을 때에 결정이 났다.

적어도 이때에 히틀러와 육군총사령관이 서부전선에서 어떤 전략을 펼칠 것인가에 대해 마지막으로 관점을 공유하였어야 했다. 그러나 이제까지 발간된 국방군 최고사령부의 수석작전참모진(Senior operations officer)이었던 로스베르크(Lossberg, Loβberg)와 국방군 최고사령부의 전쟁일지 담당이었던 참사관(Ministerialrat) 그레이너(Greiner)의 기록들로부터 판단하자면, 그러한 공유는 없었다. 폴란드에서의 성공과 서부 연합군의 예상치 못했던 방관에 대해 히틀러와 육군총사령부의 반응은 달랐다고 추정할 수 있다. 히틀러는 의심할 여지없이 서부 연합군의 방관을 연합군의 무력함(그로 하여금 서부전선의 공세를 가능하게 할)이라고 보았다. 게다가 히틀러는 폴란드전에서의 경험을 통해 앞으로 독일군이 극복할 수 없는 큰 장애물은 없다는 확신을 갖게 되었다. 육군총사령부는 앞으로 알게 되겠지만 절대 이러한 견해를 공유하지 않았다. 반면에 육군총사령부는 서부 연합군의 태도를 고려하여 서부 연합군은 단지 그들의 명분과 체면을 지키고자 전쟁을 할 것이라 추론했고, 이에 따라 틀림없이 그들과 협상이 가능하리라 생각하였다. 또한 할더는 히틀러를 제거함으로써 이와 같은 협상이 더 용이하게 될 것이고, 어느 시점에라도 독일군의 서부전선에 대한 공세는 발생치 않을 것이라 어렴풋이 생각했다.

그리하여 육군총사령부는 폴란드의 패망 이후에도 히틀러가 서부 공세를 고려하지 않고 있다고 확신해 버렸다. 나 역시 1939~1940년 겨울에 이러한 믿음에 대해 틀림없는 확신을 가지고 있었다. 내가 확신을 얻은 수많은 사유 중의 하나는 히틀러가 마지막 부대의 이동을 기차로 수행하라는 비밀 지령을 내렸을 때, A집단군을 지원하는 전투비행단의 사령관인 슈페를레(Sperrle) 장군이 나를 찾아와 자기의 부대가 물로 흥건한 활주로에서는 이륙할 수 없다고 말했던 일이다. 내가 공군이 튼튼한 활주로를 만들기 위한 시간을 갖고 있었다고 반박하자, 슈페를레는 히틀러가 일전에 미래의 공세에 대비한 어떠한 작업도 진행치 말라고 단호하게 말했다는 것을 나에게 상기시켜 주었다.

같은 맥락에서 현재의 탄약 생산으로는 서부전선에서 언젠가 벌어질 공세를 위한 수준까지 다다를 수 없다는 보고도 있었다. 명백히 육군총사령부는 히틀러의 관점이 변하지 않을 것이라 가정하여, 히틀러의 성향에 대해 오판하였다. 그레이너에 따르면 폴란드 전역이 끝나가던 9월 하순 동안에 육군총사령부는 슈튈프나겔 장군에 의해 기획된 ─추가적인 서부 공세에 대한─ 수행 계획을 보고받았다고 한다. 슈튈프나겔이 내린 결론은 1942년 이전에 독일군은 마지노선(Maginot Line)을 꿰뚫기에 적합한 수준까지 준비되지 못할 것이라는 것이었다. 독일 정부가 벨기에와 네덜란드의 중립에 대해 존중하기로 최근에 선언하였으므로 그는 벨기에, 네덜란드로 우회 공격하는 가능성은 고려하지 않았다. 이 보고의 관점에서 보자면 히틀러의 태도로 인해 육군총사령부는 서부에서의 정책은 수비 위주의 정책을 지속하는 것으로 결론을 내렸다. 폴란드 전역이 끝났을 때 육군총사령부는 히틀러의 승인을 먼저 얻지 않은 채 육군에게 수비적인 배치를 강화토록 명령했다.

폴란드의 완벽한 붕괴로 인한 새로운 정세 변화 속에, 육군총사령부의 이러한 정책은 히틀러가 고려하는 향후 정책에 대항할 주도권을 포기하겠다는 것과 동일한 의미였다. 어떠한 형태로든 간에, 이는 군부 지휘관들이 향후 전쟁 진행에 대한 그들의 영향력 있는 권한을 보호하기 위한 적당한 방법은 아니었다. 슈튈프나겔이 제기한 전략은 독일의 향후 전쟁 정책에 대한 해답으로 간주될 수 없었다. 우리가 마지노선을 뚫고자 1942년까지 기다려야 한다면 서부 연합군은 군수품 생산 측면에서 우리의 우위를 따라잡을 것이었다. 게다가 1939년에 적의 가용 가능한 사단은 적어도 100개였으며 이를 상대로 결정적인 결과를 얻어낼 방법이 없었으므로 마지노선을 관통하여 성공적인 공세 결과를 얻겠다는 생각은 결코 가능해 보이지 않았다. 서부 연합군이 강력한 부대를 마지노선에 전개하고도, 여전히 적들은 40 내지 50개의 전략적 예비사단을 여전히 보유하여 격파된 방어선을 빼앗을 수 있었으며, 결국 의심할 여지없이 참호전으로 전락하여 결론이 나지 않을 것이었으므로 이는 독일군의 전략이 될 수 없었다.

장기적 관점에서 브라우히치와 할더는 그들이 순수한 방어 전략으로는 아무것도 얻을 수 없음을 잘 알고 있었다. 그럼에도 불구하고 그들은 서부 연합군과의 협상을 또는 서부 연합군이 스스로 공격하지 않을까 중에서 전자를 예측, 희망하는 입장이었다. 유감스럽게도 그들은 연합군과의 협상에 대해서는 의사결정을 할 수 없었으며, 서부 연합군의 공세는 나중에 보다시피 실현되지 않았다. 군사적 관점에서 가장 중요했던 것은 1940년 봄이 독일이 서부전선에서 성공적인 공세를 꿈꿀 수 있었던 가장 빠르면서도 가장 마지막 때였다는 것이다. 그레이너에 따르면 히틀러는 슈튈프나겔의 작전에 대해 보고받지 않고도 육군총사령부가 여전히 방어 전략을 고수하고 있음을 알았던 것이 틀림없다. 늦어도 9월 중순까지는 반드시 했어야 할 적절한 회의도 없이 -히틀러는 9월 27일 공세 개시를 결정했음을 육군총사령관에게 들이밀었으며- 영도자 지령에 의해 10월 9일 통보되었다.

그는 육군총사령관과 어떠한 협의도 없이 서부전선에서의 공세 정책을 명령했으며, 또한 공세가 시작될 시기와 수단까지도 결정했다. 그 같은 문제들은 육군총사령관의 동의 없이는 시행될 수 없는 것들이었다. 히틀러는 1939년 가을 이전에라도 가능한 서둘러 공세가 시작되기를 원했고, 로스베르크 장군에 의하면 히틀러는 10월 15일을 데드라인으로 잡았다고 한다. 이는 늦어도 브주라 전투 이후에, 폴란드에서 육군과 공군의 전투 장비가 전선에서 이탈하여야 했음을 의미한다. 더욱이 히틀러는 공세가 벨기에와 네덜란드를 경유하여 마지노선을 우회하여야 한다고 독단적으로 결정하였다.

육군총사령관은 1939년 가을의 공세(협의가 없이 전달만 받은)에 대해서 단지 작전의 기술적인 문제를 수행하는 기관으로 전락해버렸으며, 어떠한 경우라도 결정적인 공세의 성공에 대한 의견을 내놓지 못했다. 육군총사령관이 히틀러의 의견에 동의함으로써 작전 기획 분야의 축소(Captis diminutio)라는 상황을 받아들였는지에 대해 궁금해 하는 사람들에게 그레이너는 그의 저서 『국방군 최고사령부(Die Oberste Wehrmachtführung 1939-1943)』를 통해 명쾌한 답을 주고 있다. 그레이너에 따르면 브라우히치는 즉각적인 반대를 통해서는 아무것도 얻을 수 없을 것이라 느꼈을 것이고, 브라우히치가 궁극적으로 그의 계획을 설명할 수 있는 시기에 히틀러의 승락을 얻고자 했다고 한다. 로스베르크 장군도 이에 더하여 히틀러에 대한 그의 판단과 그 시기의 브라우히치의 행동을 감안하여 동일한 견해를 표명했다.

브라우히치는 공세가 시작되더라도 늦가을 또는 겨울에는 수행할 수 없다고 주장하고자 했을 것이다. 만일 공세에 대한 결정이 봄까지 지연된다면 전쟁을 피할 수 있는 방향과 수단들을 정치적 협상에 의해 찾을 수 있을 것이라 믿었다. 만일 이러한 생각이 진실로 육군총사령관과 육군참모본부의 견해였다면, 기상의 변화에 따른 관점에서만 옳았다. 육군총사령부가 히틀러에게 잘 전달하리라 믿었던 라이헤나우 장군이 이 같은 기반 사상에 근거해 히틀러에게 반대 의견을 제시하는 것은 내 생각으로는 헛된 일이었다. 육군총사령부가 히틀러에게 우수한 작전 방안을 제시하는 것만이 유일한 해결책이었다. 그때에 평화적인 협상으로 전쟁을 회피할 수 있는 방법은 없었으며 평화 협상의 징후조차 없었다. 폴란드 패망 이후에 히틀러에 의해 서부 연합군에 제시된 평화 협상 제안은 결국 완벽하게 거절되었다. 게다가 히틀러는 서부 연합군의 이해를 구할 수 있는 폴란드 처리 문제에 대한 어떠한 제안도 받아들이고자 하지 않았다. 폴란드의 절반을 러시아가 삼킨 후로는 폴란드 문제 해결에 대한 어떤 제안도 생각하기 어려웠다.

또 다른 고민거리는 히틀러를 제거한다면 독일이 명예스러운 평화를 얻을 수 있느냐였다. 어떻게든 히틀러를 제거하기는 어려웠다. 만일 할더가 1939년 베를린에 대한 군사 쿠데타를 일으켰다면, 나는 할더가 1938년의 가을보다 더 적은 군부의 지지를 받았을 것이라 말할 수 있다. 브라우히치는 표면적으로는 히틀러의 의도에 동의했으며, 육군총사령부는 히틀러가 주장한 제안에 대해 황색작전(Operation Order Yellow)의 초안을 작성하였다. 그러나 10월 27일 브라우히치는 육군참모본부의 의견을 바탕으로 전투에 적합한 환경이 조성되는 1940년 봄까지 공세를 기다려야 한다고 히틀러에게 주장하고자 하였다.

그레이너에 따르면 동일한 조언이 브라우히치의 요청에 따라 라이헤나우 장군에 의해 히틀러에게 며칠 전에 제시되었다. 히틀러가 그 의견에 전적으로 동의를 한 것은 아니지만, 기존에 10월 22일로 예정되어 있던 공세 시작일이 11월 12일로 연기되었다. 11월 5일 브라우히치는 히틀러를 새로이 설득하고자 하였다. 11월 5일은 11월 12일의 공세 시작을 고려하여 부대들을 집결지로 이동시키라는 명령(Cord Word)이 공포될 날이었다.

카이텔도 나중에 참석한 비밀 회동에서의 자세한 논의와 그 결과로 브라우히치와 히틀러와의 관계는 치유할 수 없는 불화로 끝났다고 나는 믿는다. 그레이너가 카이텔로부터 얻은 정보에 따르면, 브라우히치는 가을의 공세를 반대하는 그의 논거를 입증하는 사례들을 히틀러에게 보고했으며 —기상 상태와 가용 수준에 있지 않은 새로이 편성된 부대와 같은 논쟁의 여지가 없는 사항들을 제시하다가— 추가적으로 히틀러의 얼굴이 하얗게 변해서 노발대발할 논쟁거리를 제시했다. 그것은 폴란드 전역에서의 전투부대들이 보여준 성과에 대한 비판이었다. 브라우히치는 보병사단들이 1914년 시점보다 공격에 대한 동기 부여가 덜 되어있고, 이는 규율과 전투의 지속 수행 능력이 재무장의 속도에 필적한 만큼의 기준에 도달하지 못한 것이라 주장했다. 브라우히치가 고위급 지휘관들을 대상으로 말했더라면, 그들은 브라우히치의 논점에 대해 정확히 이해했을 것이다.

그러나 브라우히치가 보병들의 공격 정신이 1914년보다 약하다고 일반적으로 책망한 부분은 공정하지 못함을 인정해야 한다. 브라우히치의 책망은 1914년과 현재의 보병 전투에 대한 변화를 이해하지 못한 점에서 기인한다. 1914년의 공격 방식은 이제 더 이상 고려의 대상이 되지 못했다. 모든 전투의 초기에는 최초 전장에 투입된 부대들의 개별 조직들이 때때로 안절부절못하는 경향을, 특히나 혼란스러운 전장에서는 더욱 드러냈음을 부인할 수는 없으며 상위부대의 지휘부는 무질서한 상황을 타파해야 할 필요성을 더욱더 느꼈었다.

이러한 사례는 독일군이 총 병력 10만 명에서 —총 동원령 이래 다양한 구성원으로 이루어진— 강력한 수백만 명의 군대로 확장되었던 몇 년간의 시간 간격을 고려한다면 놀랄만한 일은 아니다. 그러나 이러한 사유가 있었음에도 폴란드에서 승리한 관점에서 보자면 육군이 서부전선에서 공세를 펼칠 수 없다는 결론에 도달할 적절한 근거는 되지 못했다. 만일 브라우히치가 신규 편성된 사단들의 훈련과 내부 안정성의 부족으로 인해 여전히 공세에서 배제되어야 하며, 신규 공세는 기존 사단들만으로는 수행될 수 없다는 점을 이유로만 반대했다면 그 해의 어느 계절까지는 그의 자리를 안전하게 유지할 수 있었을 것이다.

독일군의 정신력 부족에 대한 브라우히치의 단언은 그 자신을 새로운 국방군의 창조자로 간주하는 히틀러에게 국방군의 전투 수행 능력에 대한 의구심을 제기하는 것이었으며 이는 히틀러와의 회담 시에 가장 마지막에 제기되어야 할 논쟁거리였다. 실제 바이마르 공화국 시절에 배척되었던 —사회적 지지 계층 사이에 만연된 군사 정신의 부활을 위한— 국가사회주의의 역할과 히틀러의 정치적 대담함이 없었더라면, 독일군은 1939년에 가졌던 강력함을 가지지 못했을 것이다. 그리고 히틀러가 바라보고자 했던 것은 1차세계대전 이후의 독일 제국군(Reichswehr)이 이루어낸 성취는 오로지 히틀러 자신에 의한 것이라는 사실이었다.

그러나 1차세계대전 이후 독일군의 근간이었던 장교들과 하사관들이 전심전력으로 우선 처리될 계획들과 준비 사항에 헌신하지 않았다면 히틀러가 창조자라고 간주될 국방군을 얻을 수도, 폴란드에서의 승리도 얻을 수 없었을 것이다. 자기 우월성에 한껏 취해있던 히틀러의 면전에서 언급한 바와 같이 반론을 제기한 브라우히치는 —냉철하게 말해 그가 의도한 바와는 달리— 반대의 결과를 얻었다. 브라우히치와의 논의를 제쳐놓고 히틀러는 그의 업적에 대해 직접적으로 문제를 제기한 장군의 비판에 불쾌해져서 무뚝뚝하게 회담을 종료했으며, 11월 12일의 공세 시작 일자를 고수할 것이라 확언했다. 운 좋게도 중요한 시점마다의 기상 상태가 공세 시작일을 지연시켜 주었으며, 이러한 반복이 1월말까지 15회나 되풀이 되었다. 육군총사령부가 공세 시작일을 가능한 시점을 고려하여 주장했음에도 그 결과는 향후 전쟁 수행 과정에서의 지독한 지휘 체계의 위기를 발생시켰다.

즉각적인 결과로 히틀러와 브라우히치는 더 이상 만나지 않게 되었으며, 머지않아 장군이 되는 육군총사령부의 작전과 소속인 호이징어는 1939년 11월 5일 이후부터 브라우히치는 히틀러를 보지 못했다고 1940년 1월 18일에 말해 주었다. 이는 있을 수 없는 일이었다. 11월 5일의 불화의 결과는 육군총사령관과 육군참모총장, 모든 집단군, 군, 군단에 전달된 히틀러의 연설에 나타났다. 이는 내가 자세히 언급할 필요가 없을 만큼 이미 다른 매체를 통해 잘 알려져 있다. 연설의 중요 사항은 히틀러는 서부전선의 공세 일정을 더 이상 미루지 않을 것이며, 얼마나 오랫동안 배후인 동부전선이 고요하게 남아 있을지에 대해 걱정하고 있다는 것이었다. 그의 사실에 근거한 설명으로 말미암아 서부전선에 대한 공세가 필요해졌고 그의 언급은 일정만을 빼고는 내가 생각하기에 매우 신중하고 확신에 차 있었다. 그 외 그의 연설은 육군총사령부와 —기질과 완고함으로 인해 히틀러가 비난하는— 장군들을 공격하는 논조로 가득 차 있었다. 이런 점에서는 내가 이제까지 들었던 히틀러의 연설 중, 가장 편향적인 연설이었다.

육군총사령관은 그가 할 수 있는 유일한 일을 했으며(사임 요청), 사임 요청의 거부가 지휘부의 위기를 해결할 수 있는 적절한 방법이 아니었지만 히틀러는 사임 요청을 거부했다. 육군총사령부는 여전히 동의하지 않는 공세를 준비해야 하는 불만족스러운 위치에 있었으며 —육군총사령관 또한 전체적인 전쟁 정책을 입안하는 조언자의 위치가 아니었고— 순수하게 일반적인 수행 기관의 위치로 전락했다. 이 같은 국가수반과 군 지휘관들의 관계 변화가 발생한 이유는 결정적으로 히틀러의 권력에 대한 욕망과 그의 점점 커져가는 자기 과대망상에 있었다. 권력에 대한 욕망과 자기 과대망상은 히믈러와 괴링에 의해 더욱 이간질되었다. 그러나 육군총사령부가 폴란드 전역 이후에 어떻게 전쟁이 수행될 것인가에 대해 수세적인 입장을 표명함으로써 히틀러의 손에 육군총사령부가 몰락하게 만든 것은 명백하다. 육군총사령부는 육군이 공군의 지원을 받아 폴란드를 재빨리 패퇴시킨 이후에 즉시 국가수반에게 다음 행보를 어떻게 취해야 할 것인지에 대해 조언을 하는 것이 그들의 임무였음에도 불구하고, 서부전선에서 수세적인 입장을 지속함으로써 히틀러에게 주도권을 빼앗겼다.

육군총사령부가 1939년의 가을 신규 부대의 미성숙으로 인해 공세 시기가 부적당하다고 판단한 것은 의심할 여지없이 옳았다. 그러나 신규 부대의 문제와 수비 태세의 강화에 대한 약속만이 군사적인 관점에서 어떻게 전쟁을 수행하여 만족스러운 결과를 얻을 수 있을까에 대한 올바른 답은 아니었다. 전체적인 전략에 대한 영향력을 확보하자고 했다면, 이에 대한 해답은 육군총사령부가 제시했어야만 했다. 육군총사령관은 확실히 서부 연합군과의 정치적 해결 방향에 대해 조언할 권리가 있었지만, 정치적 해결의 가능성이 없다면 어떻게 했어야 하겠는가? 만일 서부 공세를 개시할 시기가 적절하지 않더라도 육군총사령부는 무력적 해결만이 전쟁을 끝낼 수 있었다고 주장했어야 하며, 이는 히틀러와 같은 유형의 사람에게는 특히 필요했다. 폴란드 전역이 끝난 이후, 여전히 세 가지 고려사항이 있었다.

첫째, 서부전선에서 수비를 고착화하는 것과 서부전선에 대한 독일군의 공세를 펼쳐 승리하는 것 중 어느 것이 만족스러운 결과를 가져올 수 있는가?
둘째, 공세가 필요하다면 결정적인 성공을 기대할 수 있는 시기는 언제인가?
셋째, 어떻게 전쟁이 수행되어야 서부전선에서 결정적인 승리를 얻을 수 있는가?

첫 번째 질문에 대해 두 가지 가능성이 있었다. 하나는 폴란드의 패망 후에 서부 연합군과 독일이 협상하는 것이었다. 육군총사령부는 처음부터 이 협상을 미심쩍어 했으며 영국의 국가적 특징으로 인해, 영국이 협상 테이블에 나올 가능성이 없다고 보았다. 그리고 히틀러 또한 독일과 폴란드의 국경선 문제를 협상에 의해 해결하고자 하지 않으려는 것으로 보였다. 결국 히틀러가 서부 연합군과 협상을 하려면 그가 폴란드를 복구하여야만 했는데 폴란드의 동쪽을 러시아에 넘긴 것 때문에 이는 불가능했다. 히틀러 정권이 전복된다 할지라도 어느 정권도 이 일을 해결할 수는 없다는 것은 기정사실이었다. 다른 가능성은 만일 최종적으로 서부 연합군이 먼저 공세를 하기로 결정한다면 수비 태세에 있는 것이 전쟁을 성공리에 끝낼 수 있다는 것이다. 즉, 수비에 치중하던 독일군이 반격의 과정을 거쳐 서부전선에서 성공스러운 결과를 얻을 수 있다는 것이다.

『할더와의 담화(Gesprache mit Halder)』라는 책에서 이 논리가 나왔고, 할더의 반격작전(Operation Rebound)이 언급되었다. 그러나 호이징어 장군에 따르면 육군총사령부는 9월과 10월에는 이 전략을 고려하지 않았고 육군총사령부의 위치가 위태로웠던 12월쯤에서야 구상했다고 한다. 명백히 지크프리트 방어선에 대한 공세의 부담을 서부 연합군에 지우고, 룩셈부르크와 벨기에의 중립을 해치게 만들어 네덜란드마저 끼어들게끔 만드는 반격작전의 가치는 분명히 있었다. 그러나 이는 가까운 미래에 실현 가능성이 없었다. 폴란드에 독일군이 묶여있는 동안에도 감히 독일을 공격하지 못한 서부 연합군이 최대 전력을 보유한 독일에 대해 공세를 펼친다는 것을 상상할 수 있겠는가? 지금이나 그때나 나는 반격작전의 입안 근거는 없다고 믿으며, 이는 연합군 총사령관인 가믈랭 장군의 전쟁 계획 초안에 의해서도 입증된다. 나중에 우리 군대의 손에 들어온 가믈랭의 전쟁 계획의 주된 골자는 다음과 같다.

'1941년 봄 이전에는 독일에 대한 공세를 시작할 수 있는 장비와 힘을 축적할 수 없다. 연합군은 육군 전력에서 수적인 우위를 확보하여야 하며, 새로운 동맹국을 늘려야 한다. 영국은 1941년 이전에 독일의 부분적 붕괴 상황이 아니라면(명백하게 혁명 상황을 내포하는 이 언급은 우리가 쿠데타로부터 예상했던 것을 보여준다) 대규모 공세에 참가할 수 있는 준비가 되어 있지 않다. 1940년 서부 연합군의 주된 임무는 프랑스 국경을 강화하여 지키며, 벨기에와 네덜란드가 침공을 받는다면 지원하는 것이다. 추가적으로 독일군의 전력 소모를 위해 모든 노력이 경주되어야 한다. 이탈리아가 중립을 지키도록 하는 것과 노르딕 국가와 발칸 국가가 서부 연합군에 협조하도록 만드는 것이 이러한 노력의 일환이다. 당연히 벨기에와 네덜란드를 연합군 측에 끌어들이고자 하는 노력이 계속되어야 한다. 마지막으로 위에 언급된 지정학적인 전략과 중립국에 대한 압박을 통해 독일을 봉쇄함으로써 필수적인 생필품을 부족하게 하여야 한다.'

이 전쟁 계획으로부터 1941년 이전에는 서부전선에 대한 공세가 시작될 수 없으므로 ―가능한 많은 지정학적 위치에서 그들의 공세가 가능한 시기까지― 독일에 대한 소모전을 추구하였음을 알 수 있다. 육군총사령부는 그 당시에 서부 연합군이 장기간의 전쟁을 고려하고 있다는, 이런 전쟁 계획을 몰랐었다. 지크프리트 방어선에 대한 공격이 수반할 손실을 고려한다면 프랑스와 영국이 가짜 전쟁(Phoney war)에 싫증을 내리라는 희망은 육군총사령부의 결정에 진정한 근거가 될 수 없었다. 루즈벨트(Roosevelt)의 태도, 미국의 원조에 대한 승인과 적이 무장을 강화하여 육·해·공군에 대한 우위를 가지게 될 것을 고려한다면 독일은 기다릴 수 없었다. 또 연합군의 등 뒤에 있는 러시아가 배신할 가능성도 있었다. 러시아는 히틀러에게서 원하는 것을 모두 얻었던 이때에 독일과 함께 해서 얻는 이익이 없었다. 그리고 서부 연합군의 세력이 증가할수록 독일이 맞서야 하는 위치는 더욱 불안정해졌다. 정치가들이 서부 연합군과 합의에 도달하지 못한다면 군 지휘부가 폴란드 전역 이후에 가지고 있는 ―방어 태세가 성공적인 결과를 가져온다는― 생각은 위의 세 가지 고려사항에 대한 답이 아니었다.

전쟁의 장기화가 가지고 올 군사적 위험의 문제 때문에 육군총사령관이 히틀러에게 협상하라고 권고하는 것은 맞았다. 그러나 그 행동은 서부전선의 공세에 대한 단기간의 지연책을 받아들이는 것이었으며, 히틀러에게 군사적인 조언을 하는 것은 군 지휘부의 의무이자 권리였다. 그들은 히틀러에게 정치적인 해결 방법이 없다면 군사적인 행동이 실행되어야 한다고 말했어야 했다. 다시 말해 처음에 히틀러가 원했던 서부 연합군과의 정치적인 협상이 불가능해졌다면, 육군총사령부는 군사적인 대안책을 히틀러에게 제시했어야 했다. 군 지휘부는 폴란드가 패망한 이후 히틀러가 서부전선에 대한 공세를 처음부터 거부할 것이라 간주하지 말아야 했으며, 또한 히틀러가 그의 관점에 의해 자기 혼자 전쟁 계획을 세울 때까지 기다리지 않았어야 했다. 영국이 항공전과 잠수함전 때문에 독일에게 굴복하리라는 근거 없는 가정을 하지 말고, 서부전선에서의 전쟁 수행에 대한 조언은 방어를 강화하는 것이 아니었어야 했다. 군사적 관점에서 정치적 협상이 불가능함을 가정한다면 유일한 대안은 서부전선에 대한 공세를 우리가 시작하는 것이었다. 이러한 대안이 제시될 때에 육군총사령부는 전쟁을 시작할 시기와 방법에 대해 주도권을 가져야만 했다.

공세 시기에 대해 육군총사령부는 —서부전선 지휘관들의 의견과 같이— 가을과 겨울의 공세는 성공적이지 못할 것이라 생각했다. 가장 주된 요인은 결국 날씨였다. 가을과 겨울에는 날씨로 인해 국방군의 두 가지 승부수인 공군과 기갑부대가 그들의 능력을 최대치까지 발휘할 수 없었다. 추가적으로 해가 일찍 져서 하루 동안에 전술적 승리를 얻는 것이 불가능하기 때문에 결국 작전의 속도를 저하시킬 것이었다. 다른 이유로는 전쟁 발발 시점에 새로이 편성된 신규 사단의 훈련 상태가 전쟁에 적합할 정도의 기준에 도달하지 못한 점이었다. 실제 1939년 가을에 작전에 투입할 수 있는 사단은 기존 사단만이 가능했다. 나머지 사단들은 대규모 부대의 완벽한 부분체로서 작전하기에는 또는 무기를 다루기에는 경험이 거의 없었으며 폴란드전을 수행했던 기갑사단의 재편성 또한 여전히 끝나지 않았다. 히틀러도 떠올리지 못한 생각이지만, 만일 1939년의 가을 막바지에 서부전선에서 공세를 개시하려면 폴란드에 있던 차량화사단들이 초기에 폴란드 전역에서 빠져나와야 했다. 추가적으로 공군도 심각하게 불안정한 상태였다. 그리하여 1940년 봄 이전에 서부전선이 열리라는 생각은 할 수 없었다. 논쟁에 대한 정치적 해법을 찾을 수 있는 시간을 벌었다는 점은 군부 입장에서는 매우 환영할만 했으나 10월초 히틀러의 평화 제안이 거절된 후부터는 히틀러에게는 거의 의미가 없었다. 이른바 서부전선의 공세를 위한 전쟁 준비인 작전의 문제는 다음 챕터의 주제이므로 여기서는 더 이상 자세히 설명하지는 않겠다.

그러나 10월 9일 내려진 영도자 지령에 언급된 작전 계획은 불완전한 것이었음은 언급할 필요가 있다. 그 계획은 서부 유럽 전체에 대한 완벽한 승리가 아닌 —어느 정도는 처음부터— 부분적인 목적을 달성하기 위한 것이었다. 육군총사령부가 히틀러에게 그들의 조언들이 가치가 없고, 부분적인 해법에 얽혀있는 것보다는 나은 제안이라는 것을 납득시켰어야 했다. 육군총사령부가 서부 유럽에서의 공세가 완벽한 승리로 끝날 것이라 믿고 있음을 끊임없이 히틀러에게 말했어야 했다. 여전히 폴란드전이 끝난 후, 중요한 몇 주간 육군총사령부가 어정쩡한 자세를 보인 이유가 무엇인지는 아직도 알려지지 않고 있다. 전쟁 결정은 히틀러의 손에 좌우되었으며 육군총사령부는 히틀러가 정치적 협의를 타결할 수 있게 만들 수 있다는 희망을 가지고 행동하는 듯 했다. 그들은 또한 벨기에의 중립을 또 다시 침해하기를 회피하고자 하였으며 외부에서 보기에 그들은 서부전선에서의 독일의 공세가 결정적인 성공을 거두는 것에 의구심을 품는 듯 했다.

어쨌든 육군총사령부는 주도권을 히틀러에게 넘겨주어 —그의 의지에 복종함과 동시에 그들이 동의하지 않는 작전 계획을 수립함으로써— 지상전에 대한 책임을 지는 권리와 같은 심리적인 목적을 포기했다. 오래지 않아 A집단군 사령부에 의해 제안된 작전이 육군총사령부에게 잃어버렸던 위치를 찾을 수 있는 기회를 주었으나, 그들은 그 기회조차 잡지 않았다. 서부전선에서 히틀러가 예상했던 수준 이상으로 성공을 얻었을 때 히틀러는 대규모 작전 계획에 대한 문제에 대해서도 **육군총사령부를 배제할 수 있다고 간주**하게 되었다. 히틀러는 슐리펜(Schlieffen)이 가장 효율적이라 믿었던 제왕, 정치가, 전쟁 전략가에 의한 삼두 정치의 권한을 모두 손에 넣었으며, 이제 그는 전쟁 전략가의 역할마저 침해하고자 하였다. 삼두 정치 중 제왕에게는 반드시 필요한 통치자의 권위인 '**사무엘(Samuel)의 성수(聖水)**'가 히틀러에게도 내려질 수 있을까?

[옮긴이의 주]

- 이들 모든 문제는 O.K.H와 O.K.W 사이의 끊임없는 조직적 경쟁심과 개인적 반감이라는 배경이 깔려 있었다. 요들은 아직도 O.K.W가 독립적으로 권위를 발휘할 수 있는 영역을 구축하겠다는 야망을 버리지 않았고, 할더는 여전히 O.K.W가 이미 결정된 사항에 대해 형식적으로 도장이나 찍어주는 기관이라고 무시하고 있었다. - 『히틀러 최고사령부』(제프리 메가기)

- 사무엘은 성서에 기록된 이스라엘 민족의 지도자이다. 사무엘은 두 아들을 높은 자리(판관)에 임명하여 나라를 다스리게 하였는데, 사무엘과 달리 뇌물을 받고는 법대로 처리하지 않았다고 한다. 이에 이스라엘 장로들이 왕을 세워달라는 요청을 하였다(이는 왕정체제로의 전환을 의미하는 중요한 사건이다). 『성서』(국제가톨릭성서공회 편찬)에 '사무엘은 기름 한 병을 꺼내어 이스라엘의 왕이 되는 사울의 머리에 부었다.'는 표현이 나오며, 만슈타인이 이를 인용한 것이다.

옮긴이는 예수가 온 유럽과 그 외의 지역에까지 널리 알려지게 된 이유는 타민족인 로마(Rome)의 지배 하에서 '부활'이라는 컨셉이 피지배 민족에게 큰 영향을 끼쳤기 때문이라고 이해하고 있다. 누군가는 전쟁과 정치만을 연관 지었지만 종교도 전쟁의 원인이 되고 있다. 동일한 유일신을 믿었던 중세 유럽과 이슬람의 전쟁에 대해서는 『십자군이야기』(시오노 나나미)를 참조하기 바란다. 여전히 많은 사람들이 유대교, 기독교와 —기독교의 영향을 받아 무함마드가 집대성한, 그리고 똑같은 아브라함의 자손들이라 주장하는— 이슬람교를 서로 다른 종교로 알고 있다. 이슬람교 내에서도 수니파와 시아파의 싸움은 지금도 계속되고 있다.

5. 작전을 둘러싼 논쟁
(THE OPERATION PLAN CONTROVERSY)

1939년 10월 19일과 29일에 육군총사령부가 원안을 작성했던 황색작전을 대체한 —서부전선에 대한 공세의 기본이 되었던— 새로운 작전에 관한 뒷얘기에 대해서는 전쟁이 끝난 후에도 일반적으로 널리 알려지지 않았다. 새로운 작전에 의해 신속하고 결정적인 승리를 영국과 프랑스, 벨기에와 네덜란드 군에 대하여 얻을 수 있었다. 이를 처음 발표한 이는 리델 하트로서 —그는 룬트슈테트 원수 및 논쟁의 시기에 작전참모장이었던 블루멘트리트 장군이 그에게 구술한 내용을 근간으로 하여— 나의 이름을 그의 저서(See The Other Side Of The Hill, Cassell, 1948)에 게재했다. 내가 이 계획의 주요 입안자로 여겨지고 있으므로 내 관점에 따라 기록에 근거하여 어떻게 작전 계획이 완성되었으며 특별히 명백하게 중요하다고 여겨지는 작전 내용을 설명하고자 한다. 무엇보다 그 작전의 입안은 내 의견이었으며 그 작전 계획을 육군총사령부에 전달한 이도 바로 나였다. 우리는 우리의 관점에서 서부전선에서의 결정적인 승리로 귀결될 작전을 강구하고자 했었으며 내가 집단군 참모장에서 물러났을 때 히틀러와의 개인적인 면담을 가져 육군총사령부가 받아들이지 않았던 집단군 사령부의 계획을 소상히 설명할 수 있는 기회를 얻었다.

며칠이 지난 후 육군총사령부는 우리의 제안에 근거한 작전 계획을 재수립하였다. 동시에 룬트슈테트 상급대장과 조력자였던 블루멘트리트, 트레슈코프는 포괄적으로 나의 관점에 동의를 해 주었고, 룬트슈테트는 제안들에 대해 서명을 하여 무한한 신뢰를 보여 주었다. 그의 지지가 없었더라면 계획에 대한 설명을 되풀이함으로써 육군총사령부의 마음을 바꾸고자 했던 우리의 의도를 달성하지 못했을 것이다. 전쟁을 연구하는 역사가들과 전쟁사를 읽는 장교들은 완전한 형태로써의 작전 계획에 대한 두뇌 싸움에 대해 공부하는 것이 가치가 있음을 알게 될 것이다. 나는 우선 육군총사령부의 작전(정확히는 히틀러의 작전)에 대한 개괄적인 설명을 통해 전략적 개념상 결점이라 생각하는 사항에 대해 집중하여 설명하고자 한다. 그 뒤, 육군총사령부의 작전과 비교하여 집단군 사령부가 입안한 작전에서의 전략적 고려사항들에 대해 다루고자 한다. 마지막으로 나는 기나긴 불만의 연속 이후, 히틀러의 지시에 의해 작성된 원래의 작전 계획이 우리 집단군 사령부의 의견과 일치하게끔 변경된 것에 대해 짧게 말하고자 한다.

[옮긴이의 주]

- 리델 하트는 롬멜(Rommel)의 일기를 모아 1952년 8월 『The Rommel Papers』를 저술했다. 이 책은 『롬멜전사록』이라는 제목으로 국내에 출간된 바 있다. 리델 하트는 이 책에서도 만슈타인이 프랑스 전역에서의 작전을 구상했다고 밝히고 있다.

- 독일군 서부 침공작전의 기본 계획은 우익에 주력을 두는 1914년 이전의 슐리펜 계획을 본뜬 것으로써 보크 장군이 지휘하는 B집단군이 벨기에의 평원을 가로질러 진출하기로 되어 있었다. 그러나 1940년 초 만슈타인은 적이 전혀 예상치 못했던 방면, 즉 벨기에와 룩셈부르크의 기복이 심하고 삼림이 많은 아르덴느 지방에서 돌파를 실시하는 안을 제의했기 때문에 기본 계획은 만슈타인 안으로 변경되었다. 따라서 공세의 중심은 이 지역을 담당하는 룬트슈테트의 A집단군으로 변경되었으며 10개 기갑사단 가운데 7개 기갑사단과 대다수 보병사단이 편입되었다. - 『롬멜전사록』(리델 하트)

육군총사령부(히틀러)의 작전 계획
(THE O.K.H(OR HITLER'S) PLAN)

육군총사령부와 히틀러에 의해 계획된, 서부전선에서 전개될 작전의 주요 요지를 기술하고자 한다. 히틀러의 10월 9일 영도자 지령에 따라, 육군총사령부는 독일군의 우익에 강력한 부대들을 전개하여 —영국군과 프랑스군이 벨기에, 네덜란드군과 힘을 합쳐 반격에 나서리라고 예상된— 네덜란드와 북부 벨기에를 관통하는 전략을 제안했다. 다시 말해, 작전의 성공은 독일군의 오른쪽 날개가 얼마나 강력한 공세를 가할 수 있느냐에 달렸다. 2개 내지 3개의 군단으로 이루어진 소규모 분견군(Army Detachment, Armee Abteilung)인 N분견군과 보크 상급대장의 B집단군이 주공인 오른쪽 날개를 구성했으며, 라인강 하류와 북부 아이펠(Eifel) 고원지대에서 공세를 개시하고자 하였다. 오른쪽 날개인 B집단군은 3개 군의 규모로써 30개 사단과 기동부대들(9개 기갑사단, 4개 차량화사단)로 구성되었으며 서부전선에서 독일이 가용할 수 있는 사단의 수가 102개였으므로 B집단군은 거의 우리 전력의 절반 수준이었다. N분견군의 전략 목표는 네덜란드의 점령이었으며, B집단군에 소속된 3개 군은 리에주(Liege)를 북쪽과 남쪽으로 경유하여 북부 벨기에를 공격하고자 하였다. 적들을 섬멸하려는 우리의 의도는 강력한 기갑부대가 결정적인 역할을 어떻게 수행하느냐에 달렸다.

[옮긴이의 주]
- 통상 프랑스 전역을 다룬 책들이 초기의 작전 계획에서 N분견군이 등장하는 것을 기술하지 않고 있으나, 만슈타인은 여기에서 이를 상세히 기술하였다. Benoît Lemay의 평전에서도 초기 서부 전역의 작전에 N분견군이 등장한다.

10월 29일 초기의 계획이 변경되었으며 네덜란드는 전략적 목표에서 제외되었다. 이는 아마도 육군총사령부의 주장에 의한 것으로 보인다. 리에주의 위, 아래 측면을 공격하게 될 B집단군은 전위에 4군, 6군을 두었고 후위에 2군과 18군을 두었다. 이후에 네덜란드가 다시 작전 목표에 포함되었으며 이번 네덜란드 섬멸의 임무는 18군에게 부여되었다. B집단군이 결정적인 공세를 벌이는 동안 남쪽의 취약 구간은 A집단군에 의해 보완되었다. 12군과 16군으로 구성된 A집단군은 기계화된 사단은 전혀 없이 22개 사단으로, 남부 아이펠과 훈스뤼크(Hunsrück) 구릉지대로부터 남부 벨기에와 룩셈부르크로 공격하고자 하였다. 12군은 B집단군의 왼쪽에서, B집단군이 더 멀리 진격할 수 있도록 적의 공격을 방어하기 위한 종심 방어를 유지하며 뒤따르는 것이 목표였다. 16군의 목표는 룩셈부르크를 경유한 후에 자르강과 스당(Sedan) 동쪽의 뫼즈(Meuse)강 사이에 위치한 −서쪽을 향해 돌출해 있는 − 마지노선의 북쪽을 따라 부대를 방어 태세로 전개하여 전체적인 공세의 취약점을 보완하는 것이었다. 룩셈부르크 국경선부터 스위스까지의 지크프리트 방어선을 지키기 위해 C집단군에게는 2개 군과 18개의 사단이 배속되었다. 아울러 17개 사단과 2개의 기동력을 가진 사단이 예비대로 남았다. 10월 9일 '영도자 지령'에 따라 육군총사령부가 10월 19일 작성한 작전 계획 1장에서 이 작전의 목적이 나타난다.

'영국에 대한 공군, 해군의 성공적인 작전과 루르(Ruhr) 지방의 광범위한 방어를 위해 프랑스군과 연합군의 부대들을 최대한 많이 격파하며, 그리고 동시에 네덜란드, 벨기에, 북부 프랑스의 영토를 최대한 많이 획득한다.'

작전 계획 2장에서는 육군총사령관 브라우히치의 지휘 하에 있는 2개 집단군의 유기적인 진격이 다음과 같은 목표를 수행해야함을 명시하였다.

'네덜란드군을 격멸하면서 벨기에의 요새화 지역에 위치한 단위부대들을 최대한 격퇴하고 기계화된 부대를 최대한 신속하게 밀집시켜 강력한 오른쪽 날개의 공격이 연이어 수행될 수 있게, 벨기에 해안지대를 점령할 수 있는 기반을 만들어내야 한다.'

육군총사령부에 의해 -앞서 언급했었던- 10월 29일에 변경된 작전 계획은 B집단군의 전략적 목표를 어느 수준까지는 확대하였다. B집단군의 목표는 다음과 같이 구성되었다.

'프랑스 북부와 벨기에에 있는 프랑스군을 교전을 통해 격파함으로써, 향후 영국과 프랑스에 대해 공중과 지상에서 수행될 전쟁에서의 우호적인 상황을 만들어내야 한다.'

육군총사령부는 전투 명령과 임무를 언급한 챕터에서 B집단군의 임무를 규정하였다.

'솜(Somme) 북쪽의 연합군을 격파하며, 해협 쪽으로 돌진한다.'

주로 수비적인 임무를 맡았던 A집단군의 역할은 오른쪽 날개(12군)가 확장되어 뫼즈 반대쪽과 푸메이(Fumay) 남쪽으로 진격한 후에, 라온(Laon)으로 향하는 길목에 위치한 프랑스 요새화 지역으로 진격해야 했다. 두 가지 작전 명령의 수행 의도는 벨기에에 위치했을 것이라 여겨지는 영국과 프랑스군을 -독일군의 왼쪽 날개가 수비 임무를 담당하는 동안- 강력한 오른쪽 날개로 쓰러뜨려야 함을 의미했다. 지정학적인 목표는 단지 영국과 마주보고 있는 해협지대였으며, 현재 공세 이후의 추가적인 작전에 대해서는 언급되지 않았다.

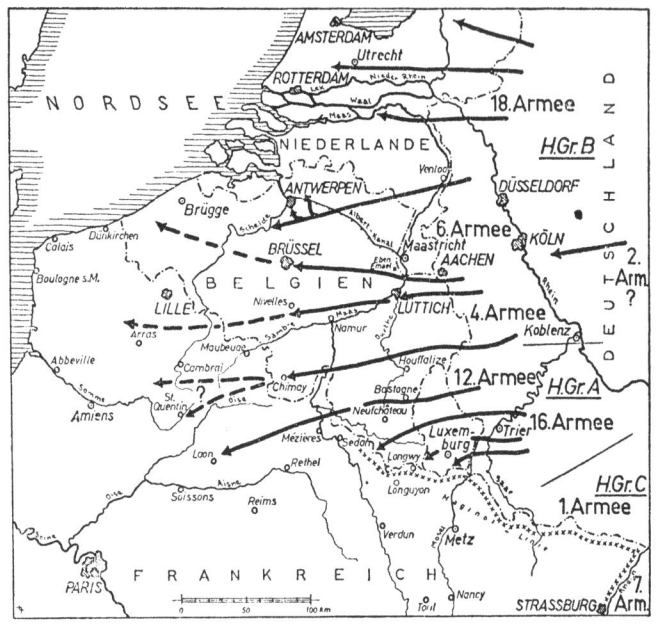

프랑스 전역, 육군총사령부의 계획

작전에 대한 반론
(Objections)

나는 주어진 두 가지 계획이 합리적인 분석을 통해 수립되었다기보다는 특정 개인의 판단 요소에 기인하였다는 느낌을 매우 많이 받았다. 육군총사령부의 전략적 의도는 확연히 1914년의 주된 계획이었던 <u>슐리펜의 전략</u>을 똑같이 답습하였다. 슐리펜 같은 사람의 산물이라 할지라도 우리 세대가 그 같은 방법을 되풀이하는 것 이외에 아무것도 하지 않는 것은 나로 하여금 굴욕감을 느끼게 하였다. 예전에 우리와 되풀이하여 싸워왔던 적에 대해, 그리고 또 되풀이 될 전략에 대해 충분한 사전 준비를 한 적에 대해 우리가 무엇을 얻을 수 있겠는가? 1914년 독일군은 베르됭(Verdun)-툴(Toul)-낭시(Nancy)-에피날(Epinal) 요새를 공격했었으나, 1939년의 독일군은 어떠한 전략적 관점에서라도 이 같은 공격을 더 기피해야만 했고, 할 수도 없었다. 이러한 개인적인 이유로 나는 육군총사령부의 의도를 미심쩍어 했다.

  첫째, 그 작전 계획이 히틀러의 의도에 의해 만들어졌다는 것이었고
  둘째, 이 계획이 슐리펜 계획의 되풀이라기에는 거리가 멀어 보였기 때문이다.

  이 계획은 주된 공세를 북쪽 날개에 두고자 했던 점과 벨기에를 통해 진격한다는 넓은 관점에서는 1914년의 계획과 동일하였지만 다른 부분에서는 1914년과 달랐다. 우선 모든 정세가 전반적으로 달랐다. 1914년에는 슐리펜이 의도한 바와 같이 전략적 기습이 가능했다. 1939년에는 비록 벨기에로 진격하지 않는다고 해도, 독일군의 주공이 북쪽 끝에 집중되는 과정을 적으로부터 숨길 수 없었다. 또한 1914년에는 슐리펜의 계획대로 프랑스가 로렌(Lorraine)에서 성급한 공격을 전개하리라는 희망을 가질 수 있었다. 그러나 1939년에는 이러한 작전의 전개를 기대할 수 없었다. 1914년과 달리 적들은 즉시 벨기에와 네덜란드를 경유하는 우리의 주공을 저지하기 위해 그들의 강력한 부대를 투입할 것이고, 이 부대들은 우리의 선두와 정면으로 부딪힐 것이었다. 전역 초기에 북쪽의 전선 중심부에 대한 불확실한 주도권을 확보하는 대신에, 프랑스는 독일군이 벨기에를 향해 진격하는 동안 우리 주공의 남부 취약 구간에 대해 강력한 반격을 시도하고자 할 수도 있었다. 다시 말해 슐리펜 계획은 결코 되풀이 되어서는 안 될 터였다.

  이외에도 나는 육군총사령부나 히틀러가 슐리펜의 전략 개념을 완전하게 재현하고자하는 의도가 없음을 알게 되었다. 슐리펜은 프랑스군 전체의 '완벽한 패배(Utter and final defeat)'를 염두에 두고 계획을 구상했었다. 그의 목적은 독일군의 강력한 우익으로써 북부에서 프랑스군을 포위하고, 적군에게 항복을 강요하기 위해 파리(Paris) 서쪽으로 진격하고 메스(Metz, 메츠)부터 보주(Vosges)를 거쳐 스위스 국경까지 확장된 전선까지 적군을 밀어붙이기 위해 북부 프랑스군의 전부를 섬멸하는 것이었다. 이를 얻기 위해 슐리펜은 알자스(Alsace) 지방의 초기 반격을 감수하였고, 동시에 적군이 로렌 지방에서 공격을 시도하여 독일군이 성공적인 포위망을 구축하기를 희망하였다.

[옮긴이의 주]
- 수립자의 이름을 따서 '슐리펜' 계획이라 불렸던 그 계획은 20세기 첫 10년 동안 여러 나라에서 작성된 정부 문서 중 가장 중요한 것이었다. 슐리펜 계획이 지난 100년간 가장 중요한 공식 문서로 입증될 수 있다는 주장도 가능하다. 그 계획으로 전장에서 벌어진 일과 그 계획 때문에 생겨나고 꺾인 희망의 귀결이 오늘날까지 지속되었기 때문이다. - 『1차세계대전사』 (존 키건)

그러나 1939년의 계획은 성공적인 결과를 향한 전투를 벌이고자 하는 뚜렷한 의도가 보이지 않았다. 계획의 목적은 명백히 연합군을 북부 벨기에에서 격퇴하는 '부분적인 승리'였으며 지엽적인 지정학상의 이점(향후의 공세를 위한 기반이 될 영국 해협지대의 획득)만을 갖는 것이었다. 브라우히치 상급대장과 육군참모총장은 1939년의 계획을 작성할 때 **몰트케**(Moltke)가 『1870~1871년 보불전쟁 평화조약(General Staff's Treaties on The War 1870-71)』의 서문에 언급한 내용을 상기했었을 것이다.

'적의 주력과 처음부터 조우함을 가정하지 않는 작전은 있을 수 없다. 작전 계획을 구상한 자로서 그 계획의 구조적, 세부적인 사항이 애초에 계획했던 각본에 따라 움직일 것이라 믿는 자는 능력이 없는 전략가뿐이다.'

이 같은 논제가 육군총사령부에 영향을 끼쳤다면, 그것은 육군총사령부가 첫 번째 목표가 이루어진 경우에만 공세를 지속할지 여부에 대해 결정하고자 했음을 의미한다. 초센에서 내가 명령서를 전달받았을 때 들은 바에 의하면, 나는 육군총사령부가 우리가 승리할 가능성이 있음에도 프랑스 전역에서 결정적인 결과를 얻을 수 있는 기회를 못 미더워했다고 생각한다. 육군총사령관과 육군참모총장이 자주 우리 집단군 사령부를 찾아왔을 때 우리는 전쟁에서 완벽한 승리를 얻는 것을 되풀이하여 주장했다. 하지만 그들은 우리의 의견에 귀를 기울이지 않았고 이로 인해 그들이 프랑스 전역에서의 승리를 확신하지 못하고 있다고 느꼈다.

[옮긴이의 주]
- 몰트케는 1857~1888년까지 프로이센의 참모총장이었으며 보불전쟁을 승리로 이끌었다. 1차세계대전 시의 小 몰

트케는 몰트케의 조카이다.

비슷한 관점에서 나는 히틀러 또한 그 자신이 제안한 작전의 수행 와중에 프랑스군의 완전한 섬멸에 대한 확신을 가졌는지에 대해 의구심을 가졌다. 사실 히틀러는 영국에 대한 잠수함전을 수행할 기본 요소를 우리가 획득하였더라면 1914년의 우리의 공세가 실패하지 않았으리라는 점을 상기했었을 것이다. 이는 그로 하여금 해협지대에 대한 획득에 주로 관심을 보이게 한 이유가 되었을 것이다. 프랑스군의 완벽한 패배를 추구하는 작전상의 목표는 슐리펜이 계획한 것처럼 일격에 이루어지지 않을 것임이 명확해졌다.

이미 기술한 것처럼 반드시 우리가 승리하기 위해 필요한 조건들은 더 이상 얻지 못할 것이었다. 만일 적대 세력인 프랑스군을 철저히 패배시키려 하고자 했다면, 지금의 작전 계획은 —육군총사령부가 의도한 부분적인 승리를 얻은 후에— 추가적으로 궁극적인 목표가 무엇인지 제시했어야 한다. 프랑스 본토에 남아있는 적군을 섬멸하려는 두 번째 공세에서 결정적 우위를 얻기 위해 공세 초기에는 적군의 북쪽 날개를 철저히 파괴하여야 했다. 또한 두 번째 공세에서는 연이은 진격을 전개하기 위해 유리한 전략적 상황을 만들어내야 했다. 내 생각으로는 현재의 계획으로는 위와 같은 두 가지 요구 사항을 얻지 못할 것이었다.

43개 사단으로 구성된 B집단군은 벨기에에서 적군 20개 사단에, 네덜란드가 참전하게 되면 약 10개 사단이 더 추가될 적군과 교전하게 될 것이다. 리에주 주위와 알버트(Albert) 운하를 따라 준비된 강력한 요새 지역과 지형적인 천연 장애물이 있었고, 벨기에의 앤트워프(Antwerp, 앙베르-anvers, 안트베르펀-Antwerpen) 요새까지 연결된 알버트 운하와 나뮈르(Namur)를 중심으로 한 뫼즈의 방어선이 있었다. 그리고 네덜란드의 수많은 하천들을 이용해 —비록 독일군에 비해 우월하지 않은 부대들이었지만— 적군은 독일군의 공격에 저항할 수 있을 것이다. 그들이 며칠간을 버티면 영국과 프랑스군(기갑부대와 차량화부대를 포함한)은 프랑스와 벨기에 국경선에서 독일군의 공세에 대비해 집결할 수 있을 것이다.

이번에는 1914년과 달리, 독일군의 북쪽 날개는 대규모 포위작전을 위한 전략적 기습의 요소를 얻지 못할 것이다. 영국과 프랑스군이 도착함과 동시에 독일군의 북익은 강력한 적과 싸우게 되며 국경선의 전투에서 밀고 밀리는 소모적인 국지적 전투를 할 것이다. 첫 번째 공격의 성과는 공세를 위한 전략적 준비 단계에 대해 대안을 제시하지 못한 전술적 승리일 것이다. 만일 적들이 뛰어난 지휘 체계 하에서 일사분란하게 움직인다면 아마도 벨기에서 직접적인 궤멸을 피하는 데에 성공할 수 있을 것이다. 비록 적군이 앤트워프-리에주-뫼즈 또는 스무아(Semois) 방어선을 유지하지 못할지라도 체계적인 명령 하에 솜강 하류로 후퇴하여, 새로운 예비대를 투입하여 새로운 전선을 만들 수 있었다. 이때 독일군의 공세는 기세를 잃게 되고, A집단군은 집단군 자체의 전력과 전술로는 적군이 스당 동쪽의 마지노선 끝자락부터 솜강 하류로 이어지는 방어선을 구축하는 것을 막지 못할 것이다.

이로 인해 독일군은 가을의 끝에는 1914년과 동일한 상황에 봉착하게 될 것이다. 유일하게 얻을 수 있는 것은 해협 지역에 위치한 넓은 해안선뿐일 것이다. 결과적으로 독일군은 —결정적 단계에서의 우위를 확보하기 위해 필수적인 조건인— 벨기에에서의 적군의 궤멸도 얻지 못하고, 마지막 전투를 벌이기 위해 필요한 전략적 상황 또한 얻지 못할 것이다. 육군총사령부에 의해 계획된 작전은 부분적인 승리 외에는 어느 것도 얻지 못할 것이다.

나중에 드러나듯이 적군이 1940년에 B집단군의 기갑부대와 뛰어난 전략에 의해 벨기에에서 항복을 강요받았지만, 무한한 신뢰를 받았던 독일 지휘 체계와 기갑부대의 강력한 전력은 기대하던 만큼 진격에 성공적이지 않았다. 만일 적군이 뛰어난 지휘를 받았더라면 독일군의 전과는 다른 결과가 나올 수도 있었다. 북부 벨기에에서 적군이 경험한 완벽한 붕괴는 훗날 변경된 작전에 의해 A집단군의 기갑부대가 적군의 통신망을 무력화시키고 적군을 솜강 유역에서 몰아붙였기 때문이다.

마지막으로 육군총사령부는 적의 사령관이 —대담하고 의지가 군건하다면— 우리의 작전을 예상하리라는 것에 대한 고려를 하지 않았다. 독일 군부와 우호적인 관계였던 가믈랭 장군에 대한 평가를 감안하면, 누구도 적 사령관의 지휘 능력을 의심할 수 없었을 것이다. 가믈랭 장군은 베크 장군이 전쟁 전에 그를 방문했을 때 뛰어난 인상을 주었다. 대담한 적 사령관은 벨기에를 관통하고자 하는 독일군의 예상된 공세를 피하고자 전략적 위치를 선점할 수도, 그리고 동시에 거대한 규모의 반격을 독일 북쪽 날개의 남쪽 취약 구간에 가할 수도 있었다. 벨기에와 네덜란드군을 지원하기 위해 배당된 병력이 벨기에로 투입된다 하더라도 반격을 위한 50개 내지 60개에 달하는 사단들을 마지노선에서 데려올 수 있었고, 그 병력의 공백은 곧 메꿀 수 있었다. B집단군이 해협과 솜강 어귀로 진격할수록 적은 독일군 북익의 남쪽 취약 구간을 더욱더 강타할 수 있었다. A집단군의 22개 사단이 이를 방어할 수 있을 만큼 충분히 강한지는 확실치 않았다. 결론적으로 이 전선에 대한 어떠한 전략도 서부 전역에 대한 최종적인 결론을 내놓을 수 없었다.

A집단군의 작전 계획
(ARMY GROUP A'S PLAN)

육군총사령부의 작전 명령에 대해 미심쩍어 하던 중에 나는 새로운 계획을 생각했다. 우리의 관점에 동조시키기 위해 작전 입안자들에게 여러 차례 설명했던 제안들의 근간은 위에서 언급했던 반론들이었다. 이 제안들은 어쩔 수 없이 되풀이되기 때문에 나는 이를 간단히 요약하고자 하며, 동시에 어느 부분에서 육군총사령부의 의도들과 대조가 되는지 밝히고자 한다.

첫 번째, 우리가 제출한 작전은 지상전에서 결말을 내는 것을 서부전선에 대한 공세의 목적으로 삼았다. 육군총사령부에 의해 기획된 한정적 목표에 대한 싸움은 정치적 위험(벨기에, 네덜란드, 룩셈부르크의 중립에 대한 침해)과 군사적인 목표 중 어느 것도 정당화하지 못할 것이다. 독일군의 전력은 지상전에 있어서 가장 중요한 수단이었으므로 미봉책으로 그 힘을 낭비하는 것은 용인될 수 없었으며, 러시아를 고려하면 더욱더 그러했다.

두 번째, 우리 공격의 주공은 B집단군이 아니라 A집단군이어야 했다. B집단군에 의해 수행될 공세는 앉아서 기다리고 있는 적과의 전투로 인해 소모적인 교착 상태에 빠질 수 있었고, 혹여나 초기의 소규모 성공을 얻는다 해도 독일군의 전력은 솜강에서 소멸할 것이다. 진정한 기회는 A집단군에게 있었다. 적군이 지형적인 이유로 기갑부대의 돌파가 어렵다고 기대한 아르덴(Ardennes)을 통해 실시될 솜강 하류에 대한 기습 공격은 벨기에에 투입된 적군을 솜강 앞에서 고립시킬 수 있었다. 이것은 벨기에 북부의 날개를 철저하게 섬멸하여, 결국 프랑스에서의 최종적인 승리를 위한 유일한 방법이었다.

세 번째, A집단군은 주된 기회를 가졌지만 반대로 A집단군은 독일의 공세에 가장 위협이 되는 위험도 내포하고 있었다. 적군이 적절하게 행동한다면, 벨기에에서의 불리한 전투를 피해 가능한 한 솜강 뒤편으로 후퇴할 것이다. 동시에 적군은 독일군을 라인강 하류 앞에서나 벨기에에서 포위하고자 하는 목적을 위해 가용 가능한 모든 부대를 동원하여 강력한 반격을 할 수 있었다. 프랑스의 사령관이 독일군 주공의 남부 취약 구간을 공격하는 전략을 대담하게 채택할 것인지, 아니면 프랑스의 동맹국들이 이 용맹한 전략에 반대할 것인지 누구도 확신할 수 없었지만 적어도 그러한 가능성에 대해 간과해서는 안 되었다. 만일 벨기에 북부에 대한 우리의 공세가 솜강 하류에서 고착화된다면 적군은 적어도 아직 피해를 입지 않은 예비대를 바탕으로 방어선을 구성할 수 있을 것이다. 스당 동쪽의 마지노선 북서부에서 엔(Aisne)강과 솜강의 지형을 이용하여 해협까지 이 방어선이 펼쳐질 것이다. 이러한 전선의 고착화를 피하기 위해서는 뫼즈 양쪽과 또는 뫼즈와 우아즈(Oise)강 사이에서 독일군의 남익을 노리고자 집결된 적군의 시도를 분쇄하여야 했다. 후일 마지노선에 대한 공격을 위해서라도 이 지역에 밀집된 적의 세력은 공세 초기에 격파해야 한다.

네 번째, 우선적으로 지형상의 이유로 인해 더 많은 사단들이 B집단군에 배속된다 하더라도, A집단군이 공세의 주공이 되어야 하며 2개 군이 아닌 3개 군이 배속되어야 했다. 첫 번째 군(Army)은 이미 계획된 바와 같이 남부 벨기에로 밀고 들어가 뫼즈강을 도하하여 B집단군의 배후에 집결된 적의 공세를 솜강 하류에서 섬멸해야 한다. 두 번째 군(Army)은 뫼즈 서쪽에서 독일군의 남익에 대한 반격을 목적으로 집결한 적군을 남서부 방향으로 밀고 들어가 섬멸해야 한다. 세 번째 군(Army)의 목표는 계획된 바와 같이 시에르크(Sierk)와 무송(Mouzon, Mousson, 스당의 동쪽)의 마지노선 북쪽부터 전체적인 공세의 방어를 하는 것이다. A집단군으로부터 B집단군으로 주공이 바뀌는 것에 덧붙여서 우리는 다음과 같은 요구를 하였다. 공세가 시작되기 전까지 가능할지는 몰라도 공세 시작 시점에는 가용 가능한 1개 군(Army)을 확충해야 하며 확충하는 것과 또한 강력한 기갑부대의 확충을 요구하였다.

집약적으로 요약한 이 사항들이 A집단군 사령부가 육군총사령부에 전달했던 여러 초안들의 기본 개념이었다.

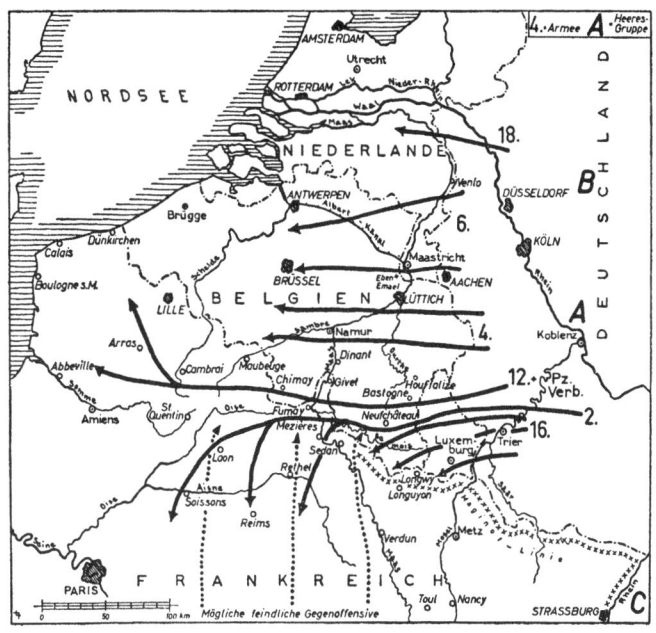

프랑스 전역, 만슈타인의 계획

작전 변경을 위한 A집단군의 분투
(THE STRUGGLE FOR ARMY GROUP A'S PLAN)

사실 나는 1939년 10월에 즉시 제출할 수 있는 수준의 확정된(Cut-and-Dried) 작전 계획을 갖고 있지는 않았다. 누구나 목적을 달성하려면 평범한 생각들에 대해 고된 노력과 열정으로 맞서야만 한다. 팔레스 아테네(Pallas Athene)가 제우스(Zeus)의 머리에서 나온 것처럼 이미 완성될 준비가 되어 있는 창조물은 인간의 머리에서 나올 수는 없는 것이다. 그럼에도 —1939년 10월 31일 육군총사령부에 제시된— 독일군 공세의 전략 방향에 대한 우리의 첫 번째 제안은 새로운 계획의 기본적인 원칙을 포함하고 있었다. 자세히 말하자면 이 제안은 두 가지의 내용으로 구성되었다.

첫째, 특정 시점에 독일군의 공세가 실현되기 위한 근본적인 해결책을 다루고자 집단군 사령관은 육군총사령관과 육군참모총장에게 10월 31일 우리의 작전 계획을 보냈다. 룬트슈테트는 10월 19일, 29일에 하달된 명령에 따른 공세 계획으로는 전쟁의 승패에 결정적인 영향을 끼칠 수 없을 것이라 지적했다. 적군에 비해 강력한 독일의 군사력만으로 완벽한 승리를 담보할 수는 없으며 —또한 국경선에서 국지전의 특징을 가지게 될 작전 때문에 적 취약 구간에 대한 공격과 배후에 대한 진격 또한 불가능해 보였으며— 종국에는 솜강에서의 국지전으로 끝날 것처럼 보였다. 이때 룬트슈테트는 우리의 비장의 카드인 공군과 기갑부대의 효율적 운용을 방해하는 계절상의 이유도 언급하였다. 그럼에도 우리의 공세가 영국에 대한 공군과 해군의 작전을 펼치기 위해 사전에 필요한 조건을 얻는데 성공할 수 있다면 그 공세는 반드시 실행되어야 했다. 1차세계대전의 경험으로 해협의 일부를 획득하는 것만으로는 충분하지 않으므로 우리는 반드시 대서양까지 북부 프랑스의 해안지대를 손에 넣어야 했다.

배후의 러시아를 고려하면 한정된 승리에 독일군의 전력 전부를 전개하는 것은 절대 받아들일 수 없었다. 공세 전력은 서부전선에서의 결정적인 요소였으며, 러시아와의 평화 관계는 우리가 강력한 공격력을 가진 군대를 보유하는 동안만 유지될 것이다. 당분간은 독일군의 공세 전력은 기존 사단에게 부여될 것이나 결정적인 공세는 기존 사단만으로는 수행하지 못할 것이므로, 신규 편성된 사단들이 훈련과 안정성 면에서 어느 수준에 도달할 때까지는 현재의 기조를 유지해야 했다. 영국에 대한 공군의 압박으로 인해, 연합군이 공세를 시작할 가능성이 있으며 이로 인해 프랑스의 참전 의지가 더 강해질지는 불확실했다. 우리의 관점으로는 적군이 요새화 지역에 대한 공격의 부담과 벨기에(그리고 네덜란드)의 중립성을 침해하여 얻게 되는 정치적 위험에 대한 부담을 짊어지는 것은 바람직하였다.

동시에 우리는 막연하게 기다리거나 영국으로 하여금 아직 독일에 비해 열세인 공군력을 비롯한 군사력을 확충할 시간을 주면 안 되었다. 군사적으로 고려하면 영국에 대한 승리는 바다와 공중에서만 얻을 수 있는데 만일 독일군의 공세 전력이 부수적인 전투에서 소진된다면 주 전장에서는 승리를 얻을 수 없었다. 룬트슈테트의 문서는 가을과 겨울의 미성숙한 공격에 대한 반대나 다름없었다. 이 점에 대해서는 집단군 사령부나 육군총사령부나 견해가 일치했다. 그러나 그들은 도입될 세부 전략에 대해서는 합의하지 않았으며, 룬트슈테트는 육군총사령부가 제시한 작전 계획으로는 결정적인 성공을 확신할 수 없다고 그의 태도를 분명히 하였다.

둘째, 10월 31일 A집단군 참모진들이 육군총사령부에 보내는 문서의 형식으로 독일군의 공세가 어떻게 진행되어야 하는지에 대한 명백한 조언을 함으로써 룬트슈테트의 견해를 보충하였다. 이미 새로운 계획의 핵심적 요소를 내포한 우리의 문서는 아래의 사항에 주안점을 두었다.

(a) 전체적인 공세의 주공을 남익으로 변경해 줄 것
(b) 벨기에 북부에 위치한 적군의 배후에 대해 남쪽으로부터 강력한 공격을 가할 수 있도록 차량화부대를 인도하여 줄 것
(c) 적의 대규모 반격이 남쪽에 있을 것으로 예상되므로, 적의 공격을 막아낼 1개 군을 추가 확보해 줄 것

육군총사령관과 육군참모총장이 집단군 사령부를 방문한 11월 3일 룬트슈테트 장군의 지시로 내가 우리의 의견을 곧바로 얘기하였지만 누구도 이 문서에 대한 반응을 얻을 수 있으리라 기대하지 않았다. 브라우히치 상급대장은 추가적으로 1개 군과 강력한 기갑부대가 필요하다는 나의 요구에 대해 그가 부대들을 할애할 수 있을지 검토하겠다면서 완곡히 거절하였다. 이 사실은 그가 아직도 전적으로 우리의 의견에 동조하지 않음을 의미했다. 그러나 결국 그는 예비대로 있던 기갑사단과 2개 차량화연대를 지원하겠다고 약속했다. 유감스럽게도 육군총사령관과 육군참모총장은 서부전선에서의 결정적인 승리를 위한 작전 계획에 대해 유보하고자 함이 분명했다. 군, 군단 사령관에게 부대들의 현재 상태를 보고받기를 요구하였던 그들은 상황에 대해 충분히 알고 있었으나 신규 편성된 사단들의 상태에 대해 수많은 비난들을 하였으며, 이로 인해 육군총사령관과 육군참모총장 자체도 공세에 대한 준비를 하지 않고 있다는 느낌을 받았다.

이러한 분위기를 쇄신하고자 룬트슈테트 상급대장은 며칠 뒤에 집단군의 지휘관들에게 ―집단군 참모진의 작전에 대한 입장을 언급하며― 봄 전에 공세를 개시하는 것이 적절한 시기가 아님에도 서부전선에서 성공스러운 결과를 진실로 얻을 수 있을 것이라 얘기하였다. 11월 6일 작전 수행에 대한 우리의 의사를 밝히기를 육군총사령부로부터 요구받았을 때, 우리는 다시 한번 제안을 제출하였으나 답변을 받지 못했다. 매번 히틀러의 기상 관측 전문가들이 사다리를 오르락내리락 하였으며, 그들이 기상이 좋아질 시점에 대해 예측할 때마다 히틀러는 부대 집결 명령을 내렸다. 그러나 기상 요원들

은 그들의 예측을 철회하였으며 공격 또한 연기되었다.

11월 12일 우리는 놀라운 소식을 전문으로 받았다.

'영도자는 신속한 기동력을 가진 제3의 그룹을 12군의 남측 또는 16군에게 할당된 지역에 배치하라고 명령하였다. 이 부대는 아를롱(Arlon), 플로랑빌(Florenville)의 비삼림화 지형을 이용하여 스당 또는 스당 동쪽으로 직접 공격할 것이며 이 새로운 그룹은 19기갑군단이며 2, 10기갑사단, 1개 차량화사단, SS아돌프히틀러와 그로스도이칠란트(Gross-Deutschland) 연대로 구성될 것이다.'

새로이 배속될 그룹의 목표는 벨기에 남부에 위치한 적의 기동 부대를 섬멸하여 12군, 16군의 임무를 가볍게 해주고, 뫼즈강 서쪽 유역 또는 스당의 남동쪽을 경유한 기습 공격을 가하여 ―특히 4군과 6군의 기갑부대가 그들의 작전 지역에서 임무를 성공적으로 수행하지 못하는 경우― 작전의 후속 단계에 유리한 상황을 얻는 것이었다. 위 사항들은 육군총사령부에 의해 적절하게 지원되었다. 전문으로부터 알 수 있듯이 **A집단군에 대한 19기갑군단의 할당은 히틀러의 명령에 의한 것이 확실**했다. 무엇이 그로 하여금 이런 조치를 취하게 했는지는 확실하지는 않았지만 히틀러는 16군 사령관이었던 부쉬 장군과의 면담을 기억했을 것이다. 부쉬 장군은 나의 견해에 대해 잘 알고 있었으며, 아르덴을 관통하는 신속한 기동을 위한 기갑부대의 필요성을 전달했을지 몰랐다. 이때 전술적 공세 개시에 대한 날카로운 식견을 가지고 지도를 앞에 두고 사려 깊게 생각을 하던 히틀러가 그의 결정을 굳혔을 수도 있었다. 그는 4군의 기갑부대가 진격하는 것이 어려울 것이므로 스당에서 뫼즈강을 도하하는 것이 더 용이하다고 판단했었을 것이다. 그는 스당에서의 뫼즈강 도하를 ―A집단군의 남쪽 날개에 강을 건널 기회를 주는― 모든 매혹적인 목표를 일거에 가져다 줄 수 있는 약속의 장소로 보았을 것이다.

[옮긴이의 주]
· 11월 11일 A집단군의 참모진들은 B집단군에게서 기갑군단을 차출하여 A집단군에게 할당하겠다는 육군총사령부의 소식을 받았다. 영도자의 명령에 따라 육군총사령부는 A집단군에게 2, 10기갑사단, 1개 차량화사단과 2개의 정예연대(Grossdeutschland, SS Leibstandarte Adolf Hitler)로 구성된 구데리안 장군의 19기갑군단을 배치

한 것이다. 이 기갑군단의 목표는 남부 벨기에에 투입된 적 기동부대를 격파하고 12군, 16군의 임무 수행을 돕는 것이었다. 또한 기습을 통해 스당에서 뫼즈강 서안에 배치된 적군을 묶어두는 것이었다. 이미 두 번째 배치 계획에서 언급된 두 개의 목표에 스당이 추가되었다는 것은 독일군의 공세 능력이 더 축소되는 것을 의미했다. 히틀러는 명백히 하나의 카드에 그의 모든 것을 과감히 걸지 않으려 했기 때문에 하나의 목표에 병력을 집중한다는 전격전의 기본 교리를 잃어버렸다. 그의 결정을 정당화하기 위해, 영도자는 목표는 작전이 진행되는 도중에 —어떠한 가능성도 지원함으로써— 확정될 것이라 설명했다. 그럼에도 불구하고 히틀러가 육군총사령부에 내린 —다소 주저하는 듯한— 명령은 만슈타인이 제안한 생각들과 처음으로 같은 방향을 보인 것이었다. - 『Erich Von Manstein: Hitler's Master Strategist』 (Benoît Lemay)

[옮긴이의 주]
- 전후에 할더는 이 제안을 히틀러에게 그 자신이 1939년 9월말 제안했다고 말했다. 그러나 그의 주장은 어떠한 공식 문서로도 입증되지 않았다. 진실로 그러했다면 할더가 기회를 얻었을 때 왜 히틀러의 제안에 대해 어떠한 언급도 하지 않았는가? 할더는 이러한 작전 개념에 대해 놀랍게도 11월 1일의 만슈타인의 첫 번째 문서에 대해 생색내듯이 말했을 뿐만 아니라 1939년 12월 19일에 만슈타인의 —하루 전에 슈튈프나겔의 전속부관인 발터 불레(Walther Buhle) 대령을 통해 전달된— 여섯 번째 문서에 대해 '불레가 A집단군의 바보같은 제안을 나에게 전달했다.'라고 적었다. 전후에 주장한 바와 달리 할더는 낫질작전의 옹호자와는 거리가 멀었고, 히틀러가 1940년 2월에 이 같은 작전 계획의 작성을 그에게 명령한 이후에 작전을 계획하기 이전에는 낫질작전에 대해 확고히 반대하는 적(Enemy)이었다. - 『Erich Von Manstein: Hitler's Master Strategist』 (Benoît Lemay)

우리가 기갑군단의 배속에 기뻐했음에도 사실은 기갑부대의 분산이 지속된 것이었으며, 그 이유로 항상 기갑부대는 일시에 한 장소에(At one place at a time) 집중되어 운용되어야 한다고 주장했던 19기갑군단의 사령관 구데리안 장군은 처음에 그의 부대가 맡은 임무에 기뻐하지 않았다. **내가 그에게 전체적인 주공을 남쪽 날개에 이동시키고자 하는 집단군의 작전 동기를 설명하고 그의 주의를 적의 배후인 솜강 유역에서의 매력적인 목표물에 돌리자 그제서야 그는 억누를 수 없는 흥미를 보였다.** 결국 해협까지 진출한 그의 돌진은 적의 배후를 둥그렇게 포위하여 우리 기갑부대를 고무시켰다. 물론 나도 대규모 기갑부대를 아르덴과 같은 어려운 지형으로 밀어넣겠다는 나의 생각을 구데리안이 실현 가능하다고 신뢰해 준 것에 대해 크나큰 안도감을 느꼈다.

[옮긴이의 주]

- 11월 어느 날, 만슈타인 참모장이 나를 불러서 자신의 생각을 말했다… 그러면서 자신의 제안을 기갑병의 관점에서 시험해달라고 부탁했다. 나는 상세한 지도 연구와 1차세계대전에서 경험한 그곳 지형에 대한 인식을 토대로 만슈타인이 계획한 작전이 실행 가능하다고 확언했다. 내가 제시한 유일한 조건은 이 작전에 기갑사단과 차량화사단을 충분히 투입해야 한다는 것이었다. 나는 모두를 투입하는 것이 최선이라고 했다. - 『구데리안(한 군인의 회상)』(하인츠 구데리안)

다시 19기갑군단의 배속으로 돌아가서, 히틀러가 19기갑군단을 B집단군의 뫼즈 도하를 동시에 촉진하기 위한 전술적 수단으로 계획했음은 의심의 여지가 없었다. 육군총사령부의 지원에도 불구하고, 작전 명령에는 새로운 목표에 대한 언급이 전혀 없었다. 작전 명령은 솜강 유역에서 A집단군이 관할 지역에서 적을 포위 기동하겠다는 의지도, 그리고 진격로를 개척하겠다는 생각도 담고 있지 않았다.

11월 21일 육군총사령관과 육군참모총장은 코블렌츠로 우리를 찾아왔다. A, B집단군 사령관들 외에도 각 군(Army)의 지휘관들도 참석하였다. 특별히 한 가지 이유만으로도 언급할만한 필요가 있는 순간이었다. 브라우히치는 집단군과 군(Army) 사령관들에게 육군총사령부의 작전에 대하여 그들의 생각과 주장을 들어보고자 하였다. 그러나 우리의 순서가 돌아오자 브라우히치는 군(Army) 지휘관들에 한하여 얘기하고 싶다고 하였다. 이는 작전 명령에 동조하지 않는, A집단군의 반대 의사에 대한 논쟁을 회피하고자 한 것임에 틀림없었다. 그 결과 전쟁이 어떻게 수행되어야 하는지를 추가해서 준비한 제안만을 전달할 수밖에 없었다.

이전의 작전 초안들(10월 31일, 11월 6일)과 나중의 초안들(11월 30일, 12월 6일, 12월 18일, 1월 12일)인 <u>6개의 작전 초안</u>들과 마찬가지로 우리가 이날 전달한 작전 초안은 전체적인 작전을 위한 A집단군의 작전에 근거하였고, 주요 고려사항에 대해 언급하였다. 각각의 작전 초안은 그 배후의 컨셉은 동일하였으므로 자세한 설명은 피하고자 한다. 이러한 와중에 히틀러는 A집단군 관할 지역에서 19기갑군단의 활용에 대해 고심하여 만일 집중되어 운용하는 B집단군이 기대되는 만큼의 성과를 얻지 못하는 경우 병력을 추가적으로 지원할 수 있는 방법에 대해 고민했던 것 같다.

[옮긴이의 주]

- 『Erich Von Manstein: Hitler's Master Strategist』(Benoît Lemay)에 따르면 만슈타인은 10월 31일에 두 개의 초안을 제출했고, 총 7개의 작전 초안을 보냈다고 한다.

국방군 최고사령부에서 전쟁일지를 담당하는 그레이너에게 들은 바로는 11월 중순 히틀러는 육군총사령부에 구데리안의 기갑부대가 필요에 의해서 더 강화될 수 있는지 물었다고 한다. 그레이너는 이어서 11월 20일 히틀러가 육군총사령부에 만일 A집단군이 신속하고 확대된 전과를 얻을 경우에 주공을 신속하게 B집단군으로부터 A집단군으로 바꿀 수 있도록 지원하라는 명령을 내렸다고 했다. 이 명령에 따라 육군총사령부는 11월말에 라인강 동쪽에서부터 14차량화군단을 A집단군 집결지 후방으로 이동시켰다. 그러나 14차량화군단은 육군총사령부가 직접적으로 지휘권을 행사하는 육군의 예비대로 여전히 남아있었으며, 상황에 따라 A 또는 B집단군에게 배속될 예정이었다. 히틀러가 공세의 주공을 A집단군에게 넘길 것인지, 또는 그가 A집단군의 시각을 알고 있었는지는 확실치 않았다.

히틀러는 육·해·공군의 총사령관들과 베를린에서 회동한 다음날인 11월 24일, 룬트슈테트와 부쉬, 구데리안 장군을 초대하였다. 나는 코블렌츠로 돌아가는 도중에 부쉬 장군으로부터 들은 얘기를 바탕으로 히틀러가 이 회견에서 집단군의 전략적 관점에 깊은 흥미를 보였다고 결론을 내렸다. 만일 그렇다면 그는 집단군의 이점을 고려하여 —뫼즈강 전선을 여는 수단으로써— 우리 집단군의 기갑 전력 강화에 관심이 있을 것이었다. 나는 룬트슈테트가 이 기회를 이용해 집단군의 작전 계획을 히틀러에게 설명하지는 않았을 것이라고 생각했다(특히나 육군총사령관인 브라우히치의 상황 때문이라도). 그레이너가 언급한대로 히틀러가 일찍이 10월말 그의 군사부관인 슈문트로부터 우리의 작전 계획을 들었다는 것은 적어도 시간상의 문제를 고려한다면 약간은 신뢰가 가지 않는다.

집단군 작전참모장인 블루멘트리트 대령과 트레슈코프 중령은 슈문트가 —집단군 사령부가 보고한 대로 지상 상태와 기후가 공세를 벌이는 데에 부적합한지 확인하라는 히틀러의 지시를 받고— 방문했을 때 신념에 찬 목소리로 집단군 사령부가 육군총사령부의 기존 계획보다 뛰어난 계획을 제출했다고 얘기했다. 며칠 후에 블루멘트리트는 나의 동의하에 —룬트슈테트는 약간은 주저했지만 이를 승인하고— **슈문트 대령에게 나의 마지막 작전 초안 사본을 보냈다.** 이것이 히틀러에게 또는 요들

(Jodl)에게 전달되었는지는 모르겠다. 어쨌든 1940년 2월 17일 히틀러에게 서부전선 공격에 대한 나의 의견을 말할 때 그는 우리의 작전 초안에 대해 아무런 언급도 하지 않았다. 11월말 히틀러가 다른 생각을 갖고 있음은 일단 공세가 시작되면 공세의 주공이 B집단군으로부터 A집단군으로 바뀌는 것으로 확실히 보여준 것일 수도 있다. 그러나 여전히 작전 계획의 변경은 암시되지 않았고, 그가 우리의 작전 계획으로부터 받은 영향을 적용한 것이라고도 생각할 수 없었다. 14차량화군단이 우리 집단군의 집결지 후방으로 이동해 왔지만 이전의 작전 명령은 아직도 유효했다.

[옮긴이의 주]
- 만슈타인은 회고록에서 슈문트와의 회견에 대해 서술하지 않았는데, 『Erich Von Manstein: Hitler's Master Strategist』(Benoît Lemay)에는 다음과 같이 기록되어 있다. 블루멘트리트와 트레슈코프를 만난 슈문트는 즉시 만슈타인과 면담하기를 요청했고, 작전 계획의 개요에 대해 들을 수 있었다. 만슈타인의 설명을 들은 슈문트는 그 계획이 영도자가 슈문트에게 말한 것과 매우 유사하였기에, 심지어 더 정교하고 확정된 형식의 작전임을 알게 되어 매우 놀랐다. 1940년 2월 4일 영도자의 전속공군부관인 게르하르트 엥겔(Gerhard Engel) 소령은 일기에 다음과 같이 적었다.

  '슈문트는 코블렌츠로 갔고… 만슈타인과 긴 대화를 나눈 후, 매우 감명을 받고 돌아왔다. 만슈타인은 육군총사령부가 제안한 작전에 대해 보류하기를 원했다. 매우 상기된 슈문트는 나에게 만슈타인이 영도자가 지속적으로 말해 왔던 국방군의 주요 공세에 대해 똑같은 생각을 갖고 있었으며, 그것도 더 명확한 형태로 가지고 있다고 말했다.'

전과 같이 A집단군이 수비 역할에 치중하는 동안, 벨기에 북부에 대한 B집단군의 집중된 공격을 통한 성공만이 기대되었다. 기존 계획과 유일한 차이점은 만일 B집단군의 성과가 기대에 미치지 못하거나, A집단군이 신속한 성과를 얻는다면 공세의 나중 단계에서 주공이 바뀌길 히틀러가 원했다는 점이다. 이는 내가 11월 30일 제출했던 작전 초안에 대한 할더의 답변으로 인해 더욱 명백해졌다. 덧붙이자면 이를 통해 이제까지의 우리 제안에 대해 '첫 번째로 인정한 것'이라는 느낌'을 받았다. 할더의 답변에는 A집단군을 통한 공격, 즉 우리의 고유한 생각이 결국 반영되었고 아르덴을 통한 침투가 성공적이라면 우리가 제시한 대로 공세의 범위가 확장되는 것을 포함하고 있었다.

우리의 관점이 대부분 육군총사령부의 견해와 일치함을 인정하면서도 할더는 14차량화군단, 19기갑군단이 어느 지역에 배치될지는 미정이며 단지 추가적인 군단이 필요한 경우에 새로운 지원 가능성을 만들어낸 것이라고 하였다. 그는 덧붙여 어디가 주공이 될 것인지는 작전 수행 도중에 지휘상의 계획에 의해 결정될 것이며, 이는 조절할 수 있는 문제가 아니라고 말했다. 위 사항으로 볼 때에 두 가지를 추론할 수 있다. 히틀러는 중대한 결정을 내릴 수 있는 그의 권한으로 공세 수행에 대한 실질적 관여를 하고자 했으며, 공세가 흘러가는 변화에 따라 주공을 결정하고자 하는 것이다. 어쨌든 당분간 그는 우리 집단군의 계획에 대해 알지 못했고 그 계획을 받아들이고자 하지 않았다.

'두 번째로 받은 느낌'은 12월 15일 할더와의 통화에서 확실해졌다. 12월 6일 나는 우리의 작전 계획이 전반적으로 유리하다는 것을 요약한 문서를 그에게 개인적으로 보냈다. 그 문서에는 새로운 계획의 요체가 전부 포함되어 있었고, 12월 15일까지 할더가 이에 대한 회신을 주지 않아 나는 육군참모본부 1부를 담당하고 있는 슈튈프나겔 장군에게 전화를 걸어 얼마나 오랫동안 육군총사령부가 집단군의 의견에 대해 침묵할 것인지 물었다. 이후에 할더의 전화가 왔으며 그는 군 지휘부가 우리의 의견에 동의하고 있다고 말했다. 그러나 주공을 B집단군에 두고 선택적으로 공세 도중의 변화에 따라 주공을 바꾸라는 완고한 명령을 받았다고 말했다. 육군총사령부가 우리의 관점에 동의하고, 그들이 어떠한 형태로든 히틀러에게 이를 보고했으리라 추측할 수 있을 것이다. 그러나 발리몬트 장군(요들의 대리인이며 국방군 최고사령부 작전참모장)과 로스베르크(훗날 장군이 되며 국방군 최고사령부 작전참모진)로부터 우리가 제시한 제안들을 <u>육군총사령부가 문서로써 히틀러에게 제시하지 않았음</u>을 알게 되었다. 우리 입장에서는 당혹스러웠다.

[옮긴이의 주]
- 『Erich Von Manstein: Hitler's Master Strategist』(Benoît Lemay)에 따르면 브라우히치와 할더는 A집단군의 작전 계획을 ―A집단군이 황색작전에서 주요한 역할을 수행하고자 준비한― 책략이라 보았다.

육군총사령부가 진심으로 우리의 의견에 동의했는지 여부와 상관없이 공세가 시작된 이후까지도 주공이 A집단군에게 부여되지 않는다는 것은 어떠한 경우라도 우리가 생각했던 집단군의 작전 계획과 양립할 수 없었다. '주저하는 사람은 도처에서 판단하고자 한다(ON S' ENGAGE PARTOUT ET on VOIT).'라는 격언은 나폴레옹이 만든 것이다. 이 격언은 프랑스 사람들에게 있어서 1914년 로렌에서 주도권을 잡으려던 시도가 실패로 돌아간 후에는 거의 자명한 사실이 되었다. 이 이치는 의심할 여지없이 1940년의 연합군 사령부에도 적용되었다. 왜냐하면 그들은 우리가 공세를 시작하는 부담을 갖기를 원했고 단지 완전히 뒤로 물러나 앉아서 기다리기만 했기 때문이다. 그들의 임무는 —그들이 가용할 수 있는 가장 강력한 부대로써 우리 공세의 남쪽 취약 구간에 대해 반격을 하기 위해— 벨기에에서 강력한 결전을 피하는 것이었다.

우리의 입장에서는 A집단군의 작전 계획이 기습에 근거하고 있었기 때문에 언제, 어디서 우리의 비장의 카드가 나올지 기다리지 않아도 되었다. 적군은 집단군 전체와 강력한 기갑부대가 아르덴을 연이어 돌파한다는 것을 전혀 예상치 못했으며, 남부 벨기에에 투입된 적군이 완전하게 격파되면 이 진격의 목표인 솜강 하류를 얻을 수 있었다. 만일 우리가 북부 벨기에에서 배후에 있는 적군과 차례대로 교전을 치른다면, 패배한 적군의 잔존부대와 동시에 뫼즈강을 도하해야만 했다. 비슷한 시기에 우리가 적의 잔존부대 섬멸을 통해 두 번째 작전에 유리한 전황을 만들어 내고, 단지 우리가 주도권을 가질 병력만 확보한다면 우리의 남측인 뫼즈와 우아즈강 주변에 남아있는 적의 예비대가 —완벽한 방어선을 구축하기 전에— 충분히 섬멸될 수 있었다.

주공을 어디에 둘 것인가를 결정하지 않은 채 형세를 관망하기(Which way the cat jump) 위해 기다리는 것은 남측에서 포위 기동을 벌여 벨기에 북부의 적군을 섬멸할 수 있는 기회를 포기하는 것과 다름없었다. 동시에 적군으로 하여금 독일군의 남측에 대한 반격을 허용하여 그들에게 승리의 기회를 주는 것이기도 했다. 이것은 기회였지만 적 사령부는 이 기회를 활용하지 않았다. 공세를 위해 필요한 부대가 A집단군에 배정될 것을 기다리고, 주공의 방향을 우리가 부족한 병력으로 놀라운 기습을 성취해야만 바꾸어 주겠다는 생각으로 인해 우리 모두는 '작전 초기의 부대 전개에 대한 실수는 치명적이다(An error in the first stage of deployment can never be made good).'라는 몰트케의 말을 떠올릴 수밖에 없었다.

요약하자면 우리는 B집단군의 집중 공격으로 벨기에의 적군을 분쇄한 뒤, 이후 배정된 19기갑군단이 스당으로 진출함에 따라 독일군의 공세 주공 변화를 기다릴 수는 없었다. 만일 A집단군의 작전 계획이 채택된다면 ―비록 세 번째 군(Army)이 공세 도중에 전개될 자리가 확보되기 전까지 단계적으로 투입될 수 없다 할지라도― 우리에게 적절한 기갑부대와 3개 군이 공세 초기부터 배정되어야만 했다. 이를 위해 12월 6일의 작전 초안에서 나는 '22개 사단으로 이루어진 2개 군과 1개 기갑군단'이 아닌 '3개 군과 2개의 차량화군단'을 요구했던 것이다(덧붙이자면 이 규모는 히틀러가 우리의 작전 계획에 개입하여 수락한 이후 우리 집단군이 확보한 숫자와 일치했다). 우리는 계속 논쟁을 거듭해야만 했다.

처음부터 우리의 주된 주장은 19기갑군단과 더불어 14차량화군단도 공세 초기부터 우리에게 배속되어 아르덴을 돌파하여 스당에서 뫼즈강을 건너 솜강 하류까지 진격하는 것에 대해 확실하게 해달라는 것이었다. 나아가 뫼즈강 서쪽에서 우리 남측에 대한 적의 공격에 대비하여, 우리가 요구했던 제3의 군(Army)이 공세 초기부터 가용 가능해야 함도 주장했다. 육군총사령부가 우리의 주장에 전적으로 동의하지 않았음에도, 만일 이 두 가지 주장이 받아들여진다면 공세는 우리가 얻고자 했던 결정적인 승리에 영향을 끼치는 길로 인도될 것이었다. 적어도 몰트케가 말한 대로, 공세 시 수적인 부족으로 인해 공격이 시작 단계에서 정체된다면 적의 주력과 조우하지 않더라도 우리의 작전 범위는 확대되지 못할 것이다.

몰트케는 또한 '지휘관은 반드시 적의 반격에 주의하고, 최종 목표를 주시하라(Keep his eye fixed on the ultimate goal).'고 했다. 우리 관점에서 최종 목표란 유럽 전부에서의 완벽한 승리였다. 비록 2개의 상이한 단계로 성취될 필요가 있었지만 그 목적은 독일군 전체의 목표였음에 틀림없다. 나폴레옹의 '사람들은 주저하며 모든 것을 판단하고자 한다'라는 격언은 ―나중에 드러나지만, 다른 상황이었으면 훌륭한 해결 방법이었을 것이지만― 주공을 어디로 결정하는지에 대해 끝까지 유보했던 히틀러에게 딱 들어맞는 상황이었고 우리는 완벽하고 신속한 승리를 추구해야만 했다.

12월 6일에 육군참모총장에게 보낸 서한이 만족할만한 결과를 얻지 못하자, 12월 18일 나는 룬트슈테트에게 우리가 가진 개념을 작전에 반영한 '작전 명령 초안(Draft Operation Order)'을 제출했다. 이는 룬트슈테트가 나중에 브라우히치와 히틀러를 면담할 때를 대비하기 위해서였다. 12월 22일 브라우히치와 룬트슈테트는 면담을 하였으며, 히틀러는 그 자리에 없었다. 나는 완성된 형태로 표현된 우리의 계획이 지금까지 이론적으로 설명된 것보다 더 국방군 최고사령부 지휘국(O.K.W.

Operation Branch)에 확신을 갖게 하리라는 기대를 품고, 이 작전 명령 초안을 육군총사령부(O.K.H)로 보냈다. 전쟁 후에 나는 국방군 최고사령부 지휘참모부(지휘국)는 할더로부터 아무런 계획도 받지 못했음을 알게 되었다.

12월 중순에는 기상 문제로 공세에 대한 생각을 할 수 없었다. 어쨌든 당분간은 우리가 작전 계획에 많은 기력을 소진하였으므로(We had supplied quite enough food for thought), 다시금 작전 계획에 대한 변경을 추진하기 전까지는 시간이 흘러가게 기다리는 것이 바람직했다. 그로 인해 나는 크리스마스를 집에서 보낼 수 있었으며, 리그니츠를 떠나 코블렌츠로 오는 중에 우리가 전달한 명령 초안에 대한 반응을 알아보고자 초센에 위치한 육군총사령부를 방문하였다. 슈튈프나겔 장군은 다시금 그들이 우리의 의견에 상당히 공감하고 있으나 주공이 어디에서 실행될지에 대한 결정에 대해서는 그대로 유지하라는 히틀러의 명령을 받았음을 확인해 주었다. 전과 같이 육군총사령관이 우리의 제안에 대해 히틀러에게 언급을 했는지는 명확하지 않았다. 내가 육군참모본부 1부의 작전과 호이징어 중령에게 들은 바에 의하면 브라우히치는 11월 5일부터 히틀러와 만나지 않았으므로 아마 그럴 수 없었을 것이다.

새해가 되자 히틀러의 기상 요원들이 활발하게 움직였다. 아이펠과 아르덴에 내린 눈의 두께로 인해 차가운 겨울 날씨는 기갑부대에게는 유리하지 않았지만, 맑고 서리가 내릴 정도로 추운 날씨는 공군이 작전할 수 있는 좋은 환경을 제공했다. 히틀러는 공세를 위한 집결지로 부대들이 이동하도록 명령을 다시 내렸다. 이것에 구애받지 않고 우리는 육군총사령부에 다시 한번 '서부 공세(Western Offensive)'라는 제목의 작전 초안을 보냈으며, 결정적인 승리를 얻기 위해 몇 번이나 요구했던 사항에 대해 설명하였다. 가까운 시점에 계획 변경이 있지 않겠지만, 우리는 일단 실제 공세가 시작된다면 우리의 의견이 당연히 고려의 대상이 될 것이라 생각했다.

어쨌든 공세 개시 명령이 이미 자주 취소되었기 때문에 취소의 반복이 우리로 하여금 작전 계획을 근본적으로 변경할 수 있는 시간을 줄 것이라 기대한 것은 타당했다. 작전 변경을 위해 우리는 이제까지 우리의 계획이 받아들여지지 않게 한 방해물을 제거해야 했으며 육군총사령부에 따르면 그 방해물은 히틀러 그 자신이었다. 육군총사령부는 우리의 의견에 동조함을 강조했지만, 공세가 진행되기 전까지는 주된 공세가 시작될 지역을 확정짓지 말라는 히틀러의 명령을 받았다고 했다. 실제로 육군총사령부가 근본적으로 기존과 다른 우리의 계획을 히틀러에게 제안했었을까? 아니면 만일 히틀러에게 제한된 승리가 아닌 ―말 그대로 히틀러와 육군총사령부도 이제까지 고려하지 못했던― '서부에서의 최종적인 승리'에 대해 제시한 경우에도 그를 설득하는 것은 불가능했을까? 모든 것을 명확하게 하기 위한 작전 초안은 룬트슈테트 상급대장의 마지막 문장으로 끝나게 되었다.

'이제 집단군 사령부는 영도자가 주공을 어디에서 펼칠지에 대한 결정을 보류함으로써 공세계획 전반에 대한 조정이 계속 유보되고 있음을 알았다. 육군총사령부는 육군의 작전에 대한 결정을 자유롭게 하지 못한다. 이에 나는 이 초안이 영도자에게 친전(In person) 되기를 희망한다. ― v. Rundstedt'

나의 제안에 의해 장군이 즉시 서명하고자 했던 이 요청문은 어떤 기준으로는 육군총사령관 또는 육군참모총장만이 국방군 최고사령관에게 제안하는 권한(Competent to make recommendations)이 있음을 간주하는 독일군의 군사적 전통을 위반한 것이다. 그러나 육군총사령부가 진실로 우리의 의견에 동조했다면 ―그들은 우리의 의견을 받아들이고 히틀러에게 제시하여 주도권을 잡는 데― 주저할 필요가 없었다. 그렇게 하면 육군총사령부는 히틀러에게 깊은 인상을 심어줄 수 있는 기회를 얻을 수도, 그리고 지상전의 모든 작전에서 궁극적인 주도권을 갖는 위치로 다시 부활할 수도 있었다. 육군참모본부 1부에 재임했을 때부터 육군총사령부에 이러한 위상(Standing)을 부여하고자 프리츠 상급대장, 베크 장군과 같이 분투한 나보다 이러한 육군총사령부의 부활에 더 기뻐할 사람은 없었다 (<u>A집단군이 새로운 전략의 개창자로서 널리 알려지는 것을 의도하지 않았음</u>은 전후에 리델 하트와 룬트슈테트, 블루멘트리트와의 대화에서도 입증된다).

[옮긴이의 주]
- 개전 초기에 전선에 있던 일반 병사들조차 프랑스 공세에 대한 작전을 만슈타인이라는 장성이 입안했음을 알고 있었다는 증언이 있다. 만슈타인은 A집단군이 영예를 얻기 위해 작전을 구상하지는 않았다고 말했지만, 만슈타인의 딸은 만슈타인이 작전 입안에 대한 공적을 인정받지 못하는 것에 대해 분함을 표했다고 증언했다.

만일 육군총사령부가 −히틀러가 흠모하는 룬트슈테트 상급대장으로부터 주창된 계획에 순종하여 −우리 의사와 동일한 제안을 히틀러로 하여금 받아들이게 하는 데 실패할지라도 육군총사령부는 위상을 더 강화할 수 있었을 것이다. 그리고 −아마도 히틀러로 하여금− 공세의 주공을 작전 도중에 변경하겠다는 히틀러의 생각을 단념하게 할 가능성도 가지고 있었다. 육군총사령부의 소극적인 자세가, 또는 우리가 육군총사령부를 믿었던 것은 우리의 전략을 실현하고자 하는 데에 있어서 가장 큰 장벽이었다. 작전 초안에 대해 우리가 받은 답변은 매우 실망스러운 것이었다. 우리가 들은 답변의 내용은,

> '육군총사령부가 제한된 승리에 집착하고 있다는 A집단군의 가정은 틀린 것이고, 나머지 사항들은 공세의 진행에 따라 결정될 것이다. A집단군을 위한 별도의 추가적인 부대들과 1개 군을 배치하는 지원안이 수립되었지만 실제 배치될 시점은 육군총사령관의 결정에 따를 것이다. 그리고 육군총사령관이 동의한 작전 초안에 대해서는 히틀러에게 제안할 시간이 없었다.'

라는 것이었다. 우리가 제안한 작전의 기본적인 변경을 히틀러에게 주장하고자 하는 의지가 없는, 육군총사령관의 동의에 대한 확인만으로는 우리를 만족시키지 못했다. 반대로 작전 명령은 예전의 구성대로 준비되고 있었으며 벨기에에서의 전투 결과는 여전히, 적어도 공세 초기에는 집중된 병력이 배치되어 주공이 되어버린 B집단군에 의한 국지전 양상을 보일 것이었다. A집단군은 이 작전에서 방어적 임무가 주어졌으며 솜강 하류까지의 진격이나 −북부 벨기에에서 B집단군과 경계를 맞닿아있는− 적군을 둥그렇게 포위 기동하는 임무를 포함하는 목표의 확장은 없었다. 결정적인 주공의 변경은 작전 과정에서 변경될 것으로 유지되었으며, 우리의 작전 계획 구상에 따라 솜강 유역으로의 진격과 벨기에 남부에서의 기습 공격의 효과를 위해서는 반드시 공세 초기부터 집단군의 휘하에 들어와야 할 기갑부대를 배치 받지도 못했다.

또한 우리의 공세에 대한 적군의 반격을 분쇄하는데 필요한 추가적인 1개 군을 확보하는데도 실패했다. 다시 말해, 우리는 전략적인 주공의 배치에서도 돌이킬 수 없는 실수(Irreparable error)를 하는 것을 고수하고 있었다. 이 같은 결과를 초래한 책임 있는 자들은 요들 장군이 '멀리 돌아가려한다면 전쟁의 신이 우리를 방해할 것(A roundabout road on which the God of War might catch us).'이라고 1940년 2월에 묘사한 것처럼 작전 계획의 작성에 전력투구하지 않았다. 무의식적으로 독

일과 연합군의 사령관들은 벨기에 북부에서 서로가 정면 승부를 펼치는 것이 틀림없이 훨씬 안정적일 것이라 생각했을 것이다. 독일군은 A집단군의 의견을 받아들이는 것은 모험이라 믿었고, 연합군은 벨기에에서 결정적인 전투를 회피하고 독일의 공세를 남부에서 포위하여 응징하는 작전은 위험을 내포한 작전이라고 믿었다.

그런 와중에 어떠한 사건이 빌미가 되어 근본적인 작전 변경에 대한 책임을 갖고 있는 사람들이 A집단군이 제안했던 내용과 동일하게 작전을 수정하게 될 만한 일이 생겼다. 7공수사단의 장교가 벨기에 영토에 불시착하였으며, 그 결과 적어도 1전투비행단의 공세에 대한 부분적인 자료가 벨기에군의 손에 떨어졌다. 이제까지 진행된 작전 계획은 벨기에를 통해 서부 연합군에게 전달되었다. 히틀러와 육군총사령부가 우리의 제안을 나중에 받아들일 가능성이 높아졌지만 이 같은 불운에도 작전 계획에는 어떠한 변화가 일어나지는 않았다.

바트 고데스베르크(Bad Godesberg)에서 1월 25일에 개최된 육군총사령관 주관의 집단군 사령관과 휘하의 군(Army) 사령관이 참석한 회의에서 육군총사령부는 기본적인 태도의 변화가 없었다. 이 회의는 작전 계획이 유출된 사건이 발생한 후 상당한 시간이 흐른 뒤에 개최되었지만 각 집단군과 군의 임무는 예전과 같았다. B집단군의 역할은 18군으로 하여금 기존에 의도되었던 네덜란드 요새 지역 외의 지역을 점령하는 것이 아니라 네덜란드 전체 영토를 점령하는 것으로 다소 확장되었다. A집단군에 관해서는 모든 것이 전과 동일했다. 2군은 여전히 A집단군에 배속되지 않았으므로, 나는 집단군 사령관의 지시를 받아 19기갑군단만으로는 아르덴을 관통하여 −뫼즈강에 집결된− 상당 규모의 적군(프랑스 2군)이 주둔하고 있는 스당에서 승리할 수 없을 것이라고 지적했다. 그럼에도 불구하고 브라우히치는 2군을 우리 휘하에 두기를 거부하여 2군을 14차량화군단과 마찬가지로 육군총사령부의 지시를 받게끔 했다.

이는 국방군 최고사령부가 전황의 판도가 명확해질 때까지 주공의 위치를 변경하지 않겠다는 것을 의미했으며 또한 벨기에에서 작전 명령이 유출되었음에도 고위 지휘부의 생각에 아무런 영향도 끼치지 못했음을 의미했다. 그럼에도 5일 후에 집단군 사령부는 적 정보에 대해 입수한 내용을 기반으로 하여 추가적인 초안들을 육군총사령부에 제시했다. 우리는 프랑스의 강력하고 특히나 기계화된 부대가 남부 벨기에에 집결되고 있음을 지적하여 이 같은 상황에서는 19기갑군단 단독으로는 적군을 압도하거나 강을 도하할 가능성은 없다고 지적했다. 우리의 관점은 2월 7일 코블렌츠에서 우리의 2개 군과 19기갑군단의 모의 전투(Sand table exercise)에서도 증빙되었다. 19기갑군단을 단독으로 운용함이 어려운 점은 명확했다. 나는 참관인 자격으로 관전한 할더가 결국 우리 관점의 타당성을 이해하기 시작했다는 인상을 받았다.

이러는 도중에 1월 27일 내가 내 고향에서 사령부가 구성될 38군단의 사령관으로 임명되었다는 소식을 받고, 나의 운명이 갑자기 변하게 되었다. 룬트슈테트 상급대장으로부터 1월 25일 회의 시에 브라우히치로부터 그가 비밀리에 이 사실을 전달받았음을 알게 되었다. 이 임명이 내려진 사유는 내 아래 급이었던 라인하르트(Reinhardt, who was my junior) 장군 또한 군단 사령관으로 보임되었기 때문에 나 또한 군단 사령관 임명으로부터 벗어날 수 없다는 것이었다. 이 임명이 정상적인 승진 과정과 구분할 수 있는 차이점이 없긴 했지만, 공세가 임박한 시점에 집단군의 참모장을 교체하는 것은 상당히 이례적인 일이었다. 집단군 참모장의 교체를 위한 평계인 계급의 문제는 해결할 수 있는 방법이 분명 있었다. 의심할 여지없이 이는 ㅡ육군총사령부의 계획을 변경하고자ㅡ <u>성가시게 소란을 피우는 자를 제거</u>하고자 하는 육군총사령부의 소망에서 연유한 것이었다. 내가 준비하였던, 위에 언급한 모의 전투의 마지막 시점에 룬트슈테트는 우리 구성원 모두의 앞에서 내가 이제껏 참모장으로서 이룬 일들에 대해 감사를 표했다. 위대한 사령관인 그는 친밀감과 기사도 정신을 담아 나에게 감사의 말을 전했다. 내가 위안을 얻은 것은 군(Army) 사령관인 부쉬와 리스트 장군, 그리고 군단 사령관인 구데리안 장군이 나의 제거에 대해 개탄하였을 뿐만 아니라 경악했던 점이었다.

[옮긴이의 주]
- 만슈타인은 ㅡ육군참모총장 자리를 놓고 경쟁하던ㅡ 할더가 이제까지 그를 향해 보여주었던 반감에 대해 강하게 토로했다. 뻔뻔함과 거만함, 그리고 육군총사령부에서의 위치로 인해 할더는 ㅡ브라우히치도 마찬가지로ㅡ 그에게 반발하는 하급자를 절대로 두지 않았다. 설령 이 하급자가 이미 국방군 내에서 작전의 귀재 중의 한 명이라고 알려졌어도 그러했다. 할더가 만슈타인에게 보낸 증오는 만슈타인이 작전 계획 단계에 보인 재능에 대한 질투와 결합했다.
더욱이 프랑스 전역의 위대한 영광이 결국 만슈타인에게 부여되리라는 점은 어느 정도까지는 브라우히치와 할더에게 국방군 내에서 그들에게 반대한 만슈타인을 제거하게끔 격앙시켰다. 이 때문에 그들은 만슈타인을 — 처음에는 노르웨이(Norway)였고 그 뒤로는 아프리카(Africa) — 부수적인 전역으로 전보시키려 시도했다. 그리고 1941년 2월 그들은 만슈타인에게 영국에 패한 이탈리아의 군(Italian Army)의 뒤를 따라, 북부 아프리카의 전황을 안정화시키기 위해 창설되었던 아프리카군단(Afrika Korps)의 사령관으로 임명하고자 했다. 아프리카군단의 지휘를 에르빈 롬멜(Erwin Rommel)에게 맡기고자 했던 히틀러의 개입으로 인해 만슈타인은 지중해 전선(Mediterranean Front)의 사령관에서 배제되었다. - 『Erich Von Manstein: Hitler's Master Strategist』 (Benoît Lemay)

2월 9일 나는 코블렌츠를 떠나 리그니츠로 떠났다. 나의 신뢰할만한 동료인 블루멘트리트 대령과 트레슈코프 중령은 나와 헤어지는 것이 작전 계획에 대한 논쟁의 끝이라고 인정하거나 포기하는(Throwing up the sponge) 것이라 생각지 않았다. 내가 생각건대 트레슈코프는 친구였던 히틀러의 군사부관 슈문트로 하여금 내가 히틀러를 만나 단독으로 말할 수 있는 기회를 얻도록 유도했던 것 같다. 그 자리에서 서부전선에서의 공세가 어떻게 수행되어야 하는지 집단군의 의견을 개인적으로 말할 수 있게 말이다. 나는 2월 17일 새로이 임명된 군단 사령관들과 함께 베를린으로 호출되었고, 오찬을 마친 후의 면담에서 히틀러는 기술적인 진보를 보이고 있는 적들의 상황에 대해 매우 높은 수준의 이해를 보였으며, 영국 구축함이 노르웨이 해역에서 **알트마르크(Altmark)호**를 공격한 것에 대해 보고를 받고는 소국이 그들의 중립을 지킬 수 있는 한계에 대해 고민했다.

[옮긴이의 주]
- 알트마르크호는 포켓 전함 그라프 슈페(Graf Spee)의 보급선이었으며, 포로로 잡힌 영국 상선단의 선원을 호송하고 있었다. 영국 전함은 노르웨이의 중립을 무시하고 노르웨이 영해에서 영국군 선원을 실은 알트마르크호를 나포하였다. 그라프 슈페는 영국 순양함에 쫓기어 결국 자침되었다. 함장이 자살하여, 더 유명한 전함이 되었다.

식사 후 우리가 떠나고자 할 때에 히틀러는 나에게 그의 서재(Study)로 오라고 말했으며, 그는 서부 공세를 어떻게 다루어야 할지를 나의 관점에서 설명해 주기를 요청했다. 나는 그가 이미 슈문트로부터 우리의 계획을 보고받았는지 확신할 수 없었고, 혹시 그렇다 하더라도 자세한 내용까지 알고 있는지는 확신할 수 없었다. 어쨌든 나는 놀랍게도 우리가 몇 개월 동안 지지했던 요점들에 대해 그가 신속히 요체를 파악하는 것을 보았으며, 그는 내가 말한 것에 완전히 동의했다. 이 면담 이후 곧바로 나는 집단군 사령부에 알려 주려고 아래와 같은 메모(Minute)를 정리하였다.

'1940년 2월 17일 38군단 사령관 및 전임 A집단군의 참모장으로서 집단군의 서부전선에 대한 작전 수행에 대해 집단군의 관점을 영도자에게 설명할 기회를 얻었으며, 영도자가 진술한 내용의 요지는

첫째, 공세의 목적은 반드시 지상전에서의 결정적인 승리를 얻는 것이다. 벨기에에서 가능한 많은 적군을 패퇴시키는 것과 해협의 점령과 같은 현재의 제한된 목표에 한정된 작전 계획은 정치적, 군사적 위험이 너무 높다. 지상전에서의 최종적인 승리를 목표로 한다. 작전은 프랑스에 대한 최종적인 승리를 얻고 프랑스의 저항을 처부수는 방향으로 정립되어야 한다.

둘째, 수립되어 있는 작전 명령과 반대로 주공이 무조건 남측에 ―즉 B집단군이 아닌 A집단군― 위치해야 하며 주공이 노출되지 않아야 함을 필요로 한다. 현재의 계획으로라면 최고의 결과로써 얻을 수 있는 것은 서부 연합군이 벨기에로 진입할 시에 그들을 공격하는 것이고, 솜강으로 몰아붙여 아마도 전선이 고착화되는 것일 것이다. 만일 주공이 벨기에 남부를 관통하여 진격하고 뫼즈강을 건너 솜강 하류로 진격하는 남측의 A집단군으로 이전된다면, 벨기에 남부에 집결되어 있으리라 예상되는 적군의 강력한 부대들은 ―만일 B집단군의 국지전으로 인해 적군의 기세가 더디어질 시― 차단되어 반드시 패배하고 말 것이다. 이것은 A집단군이 신속하게 솜강 하류로 진격하여야만 가능한 상황이며, 이것이 전역 처음 단계의 목표가 되어야 한다. 이를 이어 프랑스군에 대해 강력한 오른쪽 집게발로 포위가 이루어질 것이다.

셋째, 이 같은 목표를 수행하기 위해 A집단군은 반드시 3개의 군으로 구성되어야 하며 추가적인 1개의 군은 반드시 A집단군의 북익 취약 구간에 투입되어야 한다. 집단군의 가장 위쪽의 군(2군)은 뫼즈강을 도하하여 솜강 하류로 진격하여 B집단군의 앞에서 후퇴하는 적군을 차단하는 임무를 맡는다. 2군 아래의 12군은 스당 양쪽을 통해 뫼즈강으로 진격하여 프랑스군이 뫼즈강 서쪽에서 반격하고자 하는 시도를 막기 위해 남서부에서 공격하는 임무를 맡는다.

마지막 16군은 뫼즈강과 모젤(Moselle)강 사이에서 남쪽 취약 구간에 대한 방어를 수행하는 임무를 맡는다. 프랑스군은 뫼즈강 양쪽과 서부로부터 가능한 한 모젤강까지 확장하여 대규모의 반격을 위해 무엇이라도 할 것이므로, 조기에 집중 배치된 프랑스군에 대한 공군의 공격이 필수적이다.

넷째, 19기갑군단 단독으로 스당의 뫼즈강까지 진격하는 것은 불완전하다(By halves). 만일 적이 벨기에 남부에 있는 강력한 차량화부대로 19기갑군단과 맞선다면 기갑군단의 전력이 너무나 약해 적을 신속하게 분쇄할 수도, 뫼즈강을 곧장 도하할 수도 없다. 반대로 적이 뫼즈강을 강력한 부대로 수비하고자 하는 경우도 19기갑군단 단독으로 강을 도하할 수 없다. 만일 차량화부대가 진격을 이끌어야 한다면 4군이 기벳(Givet)의 뫼즈강에서 기갑부대로 진격하는 것과 별도로 적어도 두 개의 군단이 샤를빌(Charleville)과 스당에서 동시에 강을 도하해야 한다. 이로 인해 14차량화군단은 구데리안의 군단과 공세 초기부터 나란히 투입되어야 한다. 향후의 상황 변화에 따라 A집단군이 또는 B집단군이 14차량화군단, 19기갑군단을 이용하는지는 중요치 않다. 영도자는 추가적인 생각을 더 개진하였으며 곧 새롭고도 최종적인 작전 명령을 지시할 것이다.'

유감스럽게도 나는 더 이상 최종 작전 명령에 대해 알 수 없었다. 단지 2월 20일 히틀러가 내린 명령에 대해서만 알 수 있었고 이 명령의 요지는 내가 그렇게 오랫동안 갈망했던 요구 사항을 만족시켜 주었다. 명령의 요지는 다음과 같았다.

첫째, 두 개의 기갑군단(구데리안의 19기갑군단, 비터스하임의 14차량화군단)은 스당과 샤를빌에서 뫼즈강을 도하하는 진격을 이끈다. 군단들은 새로이 편성된 <u>클라이스트 장군의 기갑집단(Panzer Group)</u>의 휘하에 들어간다.

[옮긴이의 주]
· 새로운 군단 사령관들의 소개가 끝나고 점심을 먹은 후 히틀러는 곧 떠날 참이었던 만슈타인에게 그의 사무실로 따라오라고 말했다. 그리고 서부 전선에서의 공세에 대한 만슈타인의 생각을 말해 줄 것을 요청했다. 요들 중

장과 슈문트 대령을 제외하고는 아무도 없었다. 히틀러는 장성들의 말을 잠시 동안 들은 뒤에 그들의 말을 끊고 끊이지 않는 자기만의 독백을 하는 좋지 않은 버릇이 있었지만, 이때에는 만슈타인의 분석을 침묵하며 들었다. 만슈타인 중장이 이슈들에 대한 생각을 말하자, 히틀러는 그 속에서 그가 간과했던 것들을 찾아냈고 더욱이 그 것들이 뛰어난 방법으로 정형화되었음을 알게 되었다. 만슈타인의 언급에 감동한 히틀러는 그가 행동하지 않는 다고 거부했었던 ―과거 프로이센의 전통을 갖고 있던, 전형적인 기질을 보이던― 장성들에 대해 히틀러가 마음 속으로 늘 갖고 있던 혐오감을 숨기는 데 성공했다. 더욱이 그들의 대화가 끝난 후 히틀러는 만슈타인에 대해 다음과 같이 말했다. '그는 확실히 명석한 두뇌를 가졌으며 작전적 재능을 보유했다. 그러나 나는 그를 신뢰하지 않는다.' - 『Erich Von Manstein: Hitler's Master Strategist』 (Benoît Lemay)

- 『Erich Von Manstein: Hitler's Master Strategist』 (Benoît Lemay)에 따르면 A집단군 소속인 클라이스트 기갑집단 휘하에 구데리안의 19기갑군단, 라인하르트의 14차량화군단, 라인하르트의 41기갑군단이 배속되었으며, 2개 기갑군단은 총 1,222대의 전차를 보유하고 있었다. 이는 독일 국방군 기갑전력의 거의 절반 수준이었다고 한다.

둘째, B집단군에 소속되어 있는 2군은 A집단군으로 변경하여 배치한다. 2군은 16군이 남쪽에서 포위 기동을 한 후에 집단군의 관할 구역 안으로 즉시 투입될 수 있다.

셋째, 솜강으로의 진격 시에 ―전술적 필요에 의해 B집단군에 소속되어 있는― 4군은 A집단군으로 변경하여 배치한다. 이로 인해 집단군에게 솜강 하류로 진결할 수 있는 작전상의 능력을 제공한다(저자: 집단군은 지속적으로 적어도 B집단군의 최남단인 4군으로부터 1개 군단만이라도 ―A집단군의 진격의 범위 확대를 위해― 배치되기를 지속적으로 요청해 왔었다. 그레이너는 계획상의 변화가 있던 때를 11월이라 기재한 오류를 범했는데 이 같은 변화는 새로운 작전 명령에 처음 언급되었던 것이다).

새로운 명령으로서, 육군총사령부가 A집단군의 관점을 완전히 받아들였음을 알 수 있었다. 공세의 주공은 마지노선 북쪽과 ―그곳에 있는 도로망과 지면의 상태로 인해 작전 범위가 확대될― 남쪽 날개로 이전되었으며 동시에 3개 군을 가지고 있는 B집단군은 북부 벨기에와 네덜란드에서 적들을 제압하는 목적이 주어졌다. 한편 A집단군은 아르덴과 뫼즈강을 도하하여 솜강 하류까지 적에 대한 기습 공격을 통해 압박하여야 했다. 이는 솜강 배후로 후퇴하는 벨기에 지역의 적을 차단하고 독일군의 남익 배후에 반격을 가하려는 적군의 기도를 방어하는 것이었다.

1940년 독일의 공격 작전에 대해 다음과 같이 언급하고자 한다. B집단군의 공격은 벨기에 요새 지역을 공격하고, 그것이 국지전으로 고착화될 것이라는 예상을 깨고 독일군의 우월함과 특별히 기갑부대 덕에 더 큰 결정적인 승리를 얻었다. 그러나 실제로 연합군이 완전히 패배하게 된 가장 결정적인 이유는 아르덴과 뫼즈강을 도하하여 솜강까지의, 그리고 궁극적으로 해협의 항구까지 획득한 기습 공격 덕택이었다. 룬트슈테트 상급대장의 정력적인 지휘 외에도 —내 생각으로는— 집단군의 작전교리를 실제적으로 수행한 구데리안 장군의 열정 덕이었다. 북부 벨기에에서의 승리는 완벽하지 않을 수 있었다. 그들의 중화기와 장비를 철수 도중에 모두 잃기는 했지만 처칠(Churchill)은 프랑스군 26,176명을 포함한 338,226명을 덩케르크(Dunkirk)에서 대피시키는 데에 성공했다.

[옮긴이의 주]
- 『Erich Von Manstein: Hitler's Master Strategist』(Benoît Lemay)에 따르면 5월 24일부터 6월 4일까지 실행된 다이나모(Dynamo) 작전을 통해 338,682명을 영국으로 소개할 수 있었고 그 이전에 소개되었던 병력들을 포함하면 소개된 총 병력은 370,000명이었으며 이들 중 약 247,000명이 영국군이었으며, 123,000명은 프랑스군이었다고 한다.

히틀러의 간섭이 이 성공적인 철수의 원인이 되었는데 그는 기갑부대가 해협으로 진격하여 덩케르크의 외곽까지 진출했던 도중에 두 번이나 기갑부대의 진격을 정지시켰다. 영국군에게 영국으로 돌아갈 수 있는 절호의 기회(Golden bridge)를 주었던 히틀러의 정지 명령에는 세 가지 이유가 있었다.

첫째, 히틀러는 뒤이어 벌어질 프랑스 전역을 위해 기갑부대의 전력을 보존하고자 하였으며 이와 연계해서 카이텔이 덩케르크의 지형이 기갑부대의 운용에 적절하지 않다고 조언했다.

둘째, 괴링이 히틀러에게 공군이 덩케르크를 파괴하지 않고도 영국군의 탈출을 막을 수 있다고 확언하였기 때문이다. 괴링의 권력에 대한 갈망, 그리고 뽐내고 싶어 하는 기질이 그로 하여금 그런 말을 하여 영향을 끼치게 했을 것이다. 이 두 가지 이유는 군사적 관점에서 모두 틀렸다.

셋째, 히틀러와 룬트슈테트와의 대화에 대한 보고문에서 찾을 수 있는데 히틀러가 영국군의 퇴각을 용인한 것은 그가 그렇게 함으로써 **영국과의 협정**(Understanding)에 용이하다고 믿었기 때문이다.

결과가 어쨌든 **덩케르크에서 영국군의 철수를 용인한 것은 히틀러의 중대한 실수였다**. 이는 히틀러가 영국 침공을 고려할 때도 훼방을 놓았고, 아프리카와 이탈리아에서 영국군이 지속적으로 싸울 수 있게 하였다. 아르덴에서 해협까지의 진격을 통해 벨기에에서 적의 배후를 차단하고, 덩케르크 직전까지 공세가 수행되어야 한다는 집단군 사령부의 개념을 히틀러가 받아들인 반면 히틀러는 동시에 다음 작전의 출발점을 창출한다는 또 다른 생각을 받아들이지 못했다. 독일군 지휘부는 성공적으로 진격 중인 사단들을 진주 목걸이처럼 촘촘히 배치함으로써 남부 취약 구간의 위협만을 —즉 뫼즈강 양안에서 닥칠— 적의 공격만을 방어하고자 했다. 그리고 더 이상을 원하지 않은 채 A집단군이 바다까지 진격하는 것에만 만족했다. 명백히 일격에 뫼즈강과 우아즈강에 위치한 적들을 분리시키고 남쪽으로부터 뫼즈 서쪽으로 즉각적인 공격을 통해 적의 반격 시도를 차단하겠다는 개념은 위험을 수반한 것이었다. 훗날 러시아 전역에서 드러나듯이 히틀러는 확실히 작전 문제에 대한 재능을 가지고 있었지만 작전 도중에 상당한 위험을 히틀러에게 받아들이게끔 조언할 수 있는 군사 지휘관을 육성하지는 못했고, 이는 히틀러가 군 지휘관을 지배하려고 하였기 때문이다.

[옮긴이의 주]

- 『Erich Von Manstein: Hitler's Master Strategist』(Benoît Lemay)에 따르면 히틀러가 덩케르크에서 정지 명령을 내린 이유는 기갑부대의 전력 보존, 플랑드르의 습지대, 공군의 자만심이었다고 하며, 만슈타인이 언급한 세 번째 이유인 영국과의 협정 이슈는 크지 않았다. 아울러 히틀러의 정지 명령은 상당 부분 룬트슈테트, 클라이스트, 카이텔, 요들의 영향이 컸지만 만슈타인, 구데리안, 할더가 독일 지휘부의 혁혁한 전략적 이미지를 보호하기 위해 룬트슈테트, 클라이스트, 카이텔, 요들을 비난하지 않고 히틀러에게만 비난을 전가했다고 적었다. 또한 히틀러의 정지 명령으로 인해 아프리카와 이탈리아에서 영국이 전쟁을 수행할 수 있게 만들었다고 주장한 만슈타인의 회고록은 과장된 것이라고 적었다.

이번 상황의 경우 히틀러는 A집단군이 제안한 대담한 작전보다는 수비적인 공세를 펼치는 안전한 방법을 선호했다. 적군이 뫼즈 양안에 반격을 목표로 50개 사단을 집결해 모젤까지 전선을 최대한 확대할 수 있음에도 불구하고 —그리고 이것이 비록 네덜란드와 벨기에의 요새화 지역을 단기간 포기하는 것이지만— 적군의 사령관이 강력한 반격을 하지 않은 것은 히틀러에게는 행운이었다.

독일의 첫 번째 공세가 완성된 후 양측은 마지노선에서 카리냥(Carignan)까지, 엔강부터 솜강 하류까지 서로 대치하게 되었다. 독일군은 첫째로 이 방어선에 대해 대대적으로 돌파하여야 했다.

독일의 두 번째 공세는 —주로 적군의 무능력함으로 인해 그들이 북부 벨기에 배치되어 있던 부대들을 잃고 난 후에— 스위스에서 바다까지 배치된 적군의 섬멸로 곧 이어졌다. 적군의 무능력함 외의 이유로는 독일의 기갑부대와 동일한 수준의 기갑부대를 프랑스군이 갖지 못하여 프랑스군의 사기가 땅에 떨어진 것을 들 수 있다. 연합군 사령관이 A집단군 사령부가 생각한 바와 같이 행동했더라면 그는 대규모의 반격을 뫼즈강 양안에서 개시했을 것이다. 그러나 A집단군 계획에 따르면 이 반격은 집결 중에 분쇄되었을 것이다. 동시에 벨기에 북부의 적군을 포위한 이후, B집단군이 슐리펜 계획의 전례를 따라 솜강 하류를 아우르는 포위망을 완성하여 우리는 마지노선의 뒤에서 —전선이 뒤바뀐 채— 전투를 종결할 수 있었다. 사실 영국군의 덩케르크 철수를 제외하고는 프랑스에서 우리가 궁극적으로 빛나는 승리를 얻었으므로 위와 같은 위험에 대한 고려는 불필요한 것일 수 있다. 적이 더 큰 힘과 정확한 판단을 가지고 있었다 하더라도 우리의 새로운 작전 계획은 —첫 번째 공세 단계에서 뫼즈강과 모젤강에서의 심각한 상황을 감수하여야 할지라도— 전역에서의 승리를 여전히 얻을 수 있다는 점에서 아마도 그 중요성을 가질 것이다.

[옮긴이의 주]
- 『Erich Von Manstein: Hitler's Master Strategist』(Benoît Lemay)에 따르면 독일군이 서부 연합군에 비해 수적으로 우월했다는 믿음은 허구라고 말했다. 서부 공세 시점에 가용한 장비의 수치는 야포(독일군: 7,378문, 서부 연합군: 14,000문), 전차(독일군: 2,439대, 서부 연합군: 4,204대), 항공기(독일군: 2,589기, 서부 연합군: 1,453기)와 같았다. 독일군은 항공기(전투기, 폭격기)만큼은 수적 우위를 보였다.

6. 38군단 사령관
(COMMANDING GENERAL, 38 ARMY CORPS)

이후 서부 공세의 수행에 대해 내가 담당한 역할은 미미하여 이 회고록에서 제외할 수 있겠으나, 나의 지휘 하에 있던 부대들의 용맹함에 특별히 무한한 찬사를 보내고자 기술하고자 한다. 추가하고자 하는 또 다른 이유는 솜강에 대한 독일군의 성공적인 돌파에 이은 38군단의 작전은 세느(Seine) 강의 돌파와 루아르(Loire)강까지 내달려 적군의 최종 붕괴 시까지 숨 돌릴 틈을 주지 않았던 추격전을 잘 묘사하기 때문이다. 내가 열심히 싸워 쟁취하고자 했던 계획들이 다른 사람들에 의해 수행되는 동안, 나는 우선은 38군단 사령부와 부수적인 정보부서가 슈테틴(Stettin)에서 창설되는 것을 감독하는 소소한 임무를 부여 받았다. 때때로 포메른과 포즈난에서 새로이 창설되는 신규 사단에 대한 감독을 지시받았으며, 1940년 5월 10일 내가 잠시 휴가를 보내고 있던 리그니츠에서 독일군의 서부 공세가 시작되었음을 라디오를 통해 알게 되었다. 더 이상 말할 필요 없이 초반 며칠간에 품었던 나의 강력한 희망과 소망은, 아르덴을 돌파한 우리 부대들이 강력한 프랑스군이 도달하기 전에 룩셈부르크를 경유하고, 바스토뉴(Bastogne) 양 측면으로 벨기에의 수비선을 관통하는 것과 그리고 우리의 기갑부대가 기세를 잃지 않고 스당에서 뫼즈강을 도하한 후에 적군 북익에 대한 포위망을 구축하는 것이었다. 독자들은 내가 그토록 집요하게 싸워서 얻어냈던 계획들이 서부전선에서 결실을 얻을 때 – 내가 독일 내부로 좌천되어– 그 같은 기쁨을 진실로 얻지 못했음을 이해할 것이다.

5월 10일 오후에 38군단은 브라운슈바이크(Brunswick)로 이동하라는 명령을 받았다. 다음 목적지인 뒤셀도르프(Dusseldorf)에서 우리는 B집단군의 휘하에 들어갔다. 나는 마스트리히트(Maastricht)에서 뫼즈강에 대한 첫 번째 돌격으로 얻은 알버트 운하(벨기에의 강력한 방어선)에 주둔하는 한편, 기습 공격으로 얻은 에반에멜(Eben-Emael) 요새를 살펴보는 일 외에는 특별한 임무가 없었다. 아직 이 지역은 멀리 포진되어 있던 적 포병 부대의 화력권 안에 있었다.

나는 또한 B집단군과 6군을 방문하여 작전의 진행에 대해 브리핑했으며, 나는 B집단군과 6군은 아직 적이 궁극적으로 어떤 움직임을 보일 것인지에 대한 확신을 가지지 못했다고 판단했다. 육군총사령부 또한 암묵적으로 그들의 향후 계획에 대해 은폐하고자 했으며 2개 군의 작전 영역을 북서쪽으로 더 확대하는 것에 한정하고자 하였다. 5월 16일 우리 군단은 A집단군의 휘하에 배속되었고, 다음날 바스토뉴에서 나는 예전의 사령관인 룬트슈테트 상급대장에게 배속신고를 했으며, 그와 나의 후임자인 조덴슈테른(Sodenstern) 장군 및 예전의 동료들로부터 극진한 환대를 받았다. 그리고 거기에서 나는 아르덴을 돌파하여 뫼즈강을 도하한 작전이 잘 수행되었음을 알게 되었다. 우리의 군단은 솜강 하류로 진격을 수행할 12군으로 배속되었으며 새로운 2군은 12군과 16군 사이의 남서부전선에 투입되었다.

12군 사령부에 도착한 즉시 나는 군사 작전의 수행에 대해 히틀러가 약간 개입한 것을 알게 되었다. 히틀러의 명령에 따라 육군총사령부는 **클라이스트의 기갑집단**에게 당분간 우아즈강 너머로 진격하는 것을 금지시켰으며, 12군은 남서부에서 방어적인 공세를 취하라고 지시했다. 2군은 향후 서부로의 진격을 위해 4군과 12군 사이에서 대기해야 했다. 이런 명령이 나온 이유는 히틀러가 독일군의 공격이 최악의 수준으로 떨어진 프랑스 국민의 사기를 오히려 북돋을 것에 대해 우려했기 때문이다. 또한 만일 12군이 솜강 하류를 향해 서부 방향으로 계획된 진격을 할 경우에 12군의 남부 취약 구간인 뫼즈강의 서쪽에서 프랑스군의 반격을 받는 것을 히틀러가 두려워했기 때문이다. 다시 말해 정치가이자 선동가로서 전쟁을 고려한 히틀러의 간섭은 국방군 최고사령관으로서의 히틀러의 직무 수행에는 악영향을 끼치게 되었다. 한편, 클라이스트의 기갑집단을 멈추게 한 것은 -기갑집단이 배후에서 공격하기로 되어 있던- 벨기에 북부의 적군을 격파할 기회를 잃는 위험을 감수해야 했음이 명백했다. 동시에 12군이 남서부 방면에 대한 방어전을 수행하라고 한 것은 뫼즈강과 우아즈강 전선의 주도권을 -그곳에 적의 대규모 반격은 예상되지 않았으며- 포기하는 것을 의미했다.

[옮긴이의 주]
- 5월 16일에야 A집단군에 배속됨으로써 만슈타인은 개전 초기에 특별한 활약이 없었다. 클라이스트 기갑집단 소속의 19기갑군단(군단 사령관 구데리안, 1, 2, 10기갑사단), 41기갑군단(군단 사령관 라인하르트, 6, 8기갑사단), 4군 소속의 15차량화군단(군단 사령관 호트, 5, 7기갑사단) 소속의 7개 기갑사단이 이미 13일 뫼즈강을 도강했다. 7기갑사단 사단장이 롬멜이며, 이 사단은 원래 폴란드 전역 이후에 기갑사단으로 재편된 경사단이었으며 전차

수는 모두 218대였고 이 중 체코제가 절반 이상이었다는 증언이 있다. 롬멜은 1944년 7월 20일 히틀러 정권 전복 음모에 연루되어 자살을 강요당했다. 호트의 15차량화군단은 실제 기갑군단이나, 여기에서는 영역본의 표기에 따랐다. 각종 기록에서도 14, 15차량화군단은 차량화 또는 기갑군단으로 표기되기도 한다.

A집단군이 보기에 적군이 반격을 계획했더라도 충분한 병력을 집결시키려면 1주일의 시간이 필요했다. 이러한 상황에 대비하여 겨울 동안에 육군총사령부에 되풀이하여 제시했던 기본적인 제안은 다음과 같았다. 즉, 솜강 하류를 향한 공세 시에 남부 취약 구간의 방어는 공격을 통해 찾자는 것이었다. 히틀러가 독일군의 공세 시에 발생할 남부 취약 구간에 대한 일시적인 위협을 감당할 정도로 대담하지 않다는 것과, 히틀러가 육군 작전의 세세한 사항에도 개인적으로 그리고 사사건건 개입하고자 주장한다는 것이 확실해졌다. 히틀러가 이 중요한 시점에 독일군의 일시적 지체라는 불안감을 조장한 것은 —애초에 집단군 사령부가 제안했던 조언에도 불구하고— 육군총사령부가 독일군이 뫼즈강을 도하하자마자 2군을 전선에 밀어 넣는 것에 실패한 것에 기인한 바가 크다. 2군은 4군과 12군 사이에서 솜강 하류를 향한 돌격을 수행하거나, 12군과 16군 사이에서 뫼즈강와 우아즈강 사이의 남서부로 진격하는 임무를 갖고 있었다. 전장에서 공격의 방향에 따라 반드시 수반되는 변경 사항에 대비해 적시 적소에 군(Army) 사령부가 배치되는 것은 매우 중요한 일이므로, 추가적인 사단들이 비집고 들어갈 '공간의 부족(Lack of space)' 때문에 이러한 실수가 발생해서는 안 된다. 추가적인 사단급 부대들이 운용될 공간은 작전 범위가 확대되는 상황 변화 시에 찾을 수 있을 것이다.

이 사례는 입안된 계획에 따라 수행되는 작전은 없다는 명제를 증명해준다. 이 경우에 히틀러의 간섭이(이후에도 덩케르크에서 클라이스트의 기갑집단에게 정지를 명령한 것과 같은) 작전에 아무런 악영향을 끼치지 않았다 하더라도 12군에게 할당된 방어 임무는 적들로 하여금 엔강에서 새로운 방어선을 구축할 지대한 시간을 주었고, 이 방어선은 프랑스에 대한 두 번째 공세에서 격렬한 싸움이라는 대가를 치르고서 격파할 수 있었다. 공세를 통해 연이어 있는 프랑스군의 방어선을 끝장 낼 수 있는 기회가 불필요하게 소멸된 것이다. 적군의 북익에 대한 포위망은 독일군의 두 번째 공세를 고려하여 우리가 육군총사령부에 대해 제안했던 기본적인 요소들 중의 하나였다.

그 와중에 38군단은 룩셈부르크의 축소판 같은 그림처럼 아름다운 작은 마을인 클레르프(Clerf)

로 이동하였으며, 관망하는 입장인 2군의 뒤를 따르던 추가적인 몇 개의 사단을 배속 받았다. 북부에 있는 적군의 패배가 손에 잡힐 시점에서의 이러한 임무는 고무적이지 않은 것이었다. 이 시기에 나는 처남인 급강하(Dive-bomer) 폭격기 편대장 에그베르트 폰 뢰슈(Egbert v. Loesch)가 브뤼셀(Brussels)에서 실종되었다는 소식을 우편으로 접하였다. 에그베르트는 처의 막내 동생으로 그가 학교에 다닐 때 드레스덴(Dresden)과 마그데부르크(Magdeburg)에서 우리와 몇 년을 같이 살았다. 그는 누이로부터 아들처럼 친밀하게 성장했고, 그의 젊은 부인은 리그니츠에서 우리와 함께 살고 있었다. 몇 주간 나의 장모와 처는 에그베르트의 비행기와 승무원들의 생사에 대한 소식을 알지 못하여 근심과 불안으로 고통을 받았으며, 단지 확실한 것은 에그베르트의 편대가 공격 중에 추락했다는 것이었다. 프랑스 전역이 끝나고서야 나는 적절한 조사를 할 수 있었으며 한참 후에야 브뤼셀 인근에서 비행기의 잔해를 찾을 수 있었다. 인근에 사는 주민들을 조사한 결과 비행기는 급강하 시점에 대공포(A.A shell, Anti-aircraft)의 직격을 받았고, 2명의 승무원은 비행기 밖으로 뛰어 내렸으나 1명은 공중에서, 그리고 1명은 땅에 착지한 후 벨기에군으로부터 사살 당했다고 한다. 처남과 또 다른 승무원은 추락한 비행기 안에서 전사했다.

  5월 25일 우리 사령부는 솜강 하류, 아브빌(Abbeville)-아미엥(Amiens) 지역에 배치한 14기갑군단의 9기갑사단과 2차량화사단의 후방을 확보하라는 명령을 받았다. 임무 교대는 5월 27일이었다. 이 시점에 솜강 하류의 전선은 여전히 안정화되지 않았으며, 57사단과 임무를 교대한 14기갑군단의 2차량화사단은 아브빌 주변의 강 남쪽의 교두보를 확보하는, 그리고 9기갑사단도 아미엥에서 동일한 임무를 가지고 있었다. 우리가 맡을 아미엥 교두보에는 프랑스 식민지 사단과 접해 있었으며, 아브빌의 교두보에는 영국 사단과 접해 있었다. 하지만 이때까지도 적들은 솜강 하류를 따라 새로운 방어선을 만들 충분한 병력을 가지지 못했으므로 우리의 임무는 두 지점과 사이 공간에 대한 감시 업무, 즉 강 북쪽의 두 교두보를 계속 확보하는 것뿐이었다. 임무가 교대된 9기갑사단과 2차량화사단은 최초에는 솜강 북부에서 예비대로 있을 예정이었으나 곧 해협 지역에 대한 전투에 참여했다. 14기갑군단의 사령관 비터스하임 장군은 나에게 인계할 시점에 대규모 적의 공세를 예상하지는 않는다고 하였으나 그가 떠난 후 1시간 만에 양쪽 교두보가 도처에서 나온 적 전차에 의해 공격받고 있다는 보고가 들어왔다. 오후까지 아미엥에서는 여러 대의 프랑스 重戰車(Heavy tanks)가 격파되었고, 아브빌에서도 영국의 경전차 및 中戰車(Medium tanks) 30여 대가 격파되었다. 아브빌의 전투에서 혼자 9대의 격파 기록을 달성한 브링포르트(Bringforth)는 내가 추천하여 기사철십자훈장(Knight's Cross)을 서훈받은 첫 번째 병사(Private soldier)가 되었다.

　나는 이 공격의 의미가 적이 솜강 주변에서 압박을 받고 있는 그들의 아군을 지원하기를 희망하였거나 솜강 하류에 새로운 방어선의 구축을 의도한 명백한 증거라 생각했다. 내게 당면한 이 문제들은 내가 12군에 대한 히틀러의 명령과 연계하여 위에서 언급한 문제와 동일한 케이스였다. 우리는 이처럼 솜강 하류에서 방어 태세를 갖추어야 하는 것일까 아니면 주도권을 잡기 위해 공격해야 하는 것일까? 14기갑군단을 방어 부대로 활용하는 것은 확실히, 의심할 여지없이 적에게 솜강 하류를 따라 강력한 방어선을 구축하게 할 여지가 있었다. 사실 적군이 새로운 공격을 가한다면 아브빌과 아미엥의 교두보를 지켜낼지는 의심스러웠고, 솜강의 북쪽에서 예비대로 대기 중인 9기갑사단과 2차량화사단은 교두보 방어를 위한 어떠한 전투에도 적합하지 않았으며, 적군이 교두보의 아군을 쓰러뜨려 그 안의 부대들을 모두 소탕한 뒤에 솜강을 도하할 때가 아니면 반격을 가하는 작전에 참가할 수도 없었다.

　위와 같은 상황에서 얻은 결론으로 나는 우리가 소속되어 있는 4군 사령관 클루게(Kluge) 장군에게 9기갑사단과 2차량화사단으로(또는 임무 교대한 2개의 보병사단으로) 양 교두보에서 기습적으로 강을 도하한 후, 교두보를 공격하는 적군의 취약 지점에 대해 기습 공격을 감행해야 한다고 제안했다. 내 결론의 요지는 북부 벨기에에서의 전투가 끝나고 독일의 북익이 솜강을 넘어 포위망을 좁혀올 때까지 강의 남부에서 기동전을 펼치는 것이었다. 우리의 목적은 독일군의 포위망을 위해 이러한 작전을 벌여 적이 연결된 전선을 구성하지 못하게 하는 것이었다. 물론 군단 혼자서 강의 남쪽에서 이러한 작전을 펼치는 것이 어려운 상황에 처할 수도 있음을 부인하지는 않겠으나 이것은 우리가 지속적인 전략의 수행이라는 이점을 감안한다면— 그리고 적군이 전력을 정비하고 강화할 시간을 얻어 강력한 방어선을 구축한— 솜강을 공격하는 어려움을 피할 수만 있다면 누구나 감수해야할 위협이었다.

　유감스럽게도 4군 사령관은 우리의 거듭되는 제안에 대해 주의를 기울이지 않았으며 그의 개인적인 의사 판단인지, 아니면 육군총사령부의 명령 때문인지 모르겠지만 솜강 도하에 가용할 수 있는 후선의 사단들을 투입하지 않았다. 그 결과로 적이 연결된 방어선을 구축하고자 집결하는 동안에 우리는 강 북쪽의 교두보를 수비하는 일 외에 아무런 행동도 할 수 없었다. 통상 이러한 상황에서는 강 뒤에서 방어전을 펼치거나, 교두보를 공고히 함으로써 이 교두보를 유지하게 되는데, 강을 따라 펼쳐진 전선만을 따라 기동전을 펼치며 전투를 하는 경우는 통상적으로 전투 규범에는 언급되지 않는 것이었다. 며칠 후에 적이 두 교두보에 대한 공격을 감행하여 일시적으로 아미엥의 상황이 긴박해졌으나 일선부대를 순회하였을 때에 모든 것이 순조롭게 진행되고 있음을 알게 되었다. 이 방어 전투에서 매우 탁월했던 전투는 3근위연대에서부터 나와 전우였던 헤를라인(Herrlein)이 이끄는 116연대가 수행했으며 그는 나중에 장군까지 역임하였다.

이와 반대로 아브빌에서는 5월 29일 상황 반전이 일어났다. 힘든 행군 후에 이제까지 실전 경험이 없었던 57사단은 2차량화사단과 교대하였으며, 2차량화사단이 떠나자마자 진형 곳곳에 대해 강력한 영국군 기갑부대의 지원을 받는 적의 공격이 시작되었다. 이 결과 전사자와 부상자뿐만 아니라, 나중에 알게 되었지만 많은 병사들이 포로가 되었다. 나는 적시에 아브빌에 도착하여, 아마도 명령을 잘못 이해하였기에 전선을 이탈하여 마을로 후퇴하려는 대대로 하여금 다시 방향을 바꾸어 병력을 배치하도록 하였다. 전투 도중에 사단은 전장을 안정화하는데 성공했다. 클루케 장군은 필요에 따라서 두 교두보에서 철수할 수 있는 권한을 우리에게 준 반면에 그는 아브빌의 양안에서 솜강을 도하하여 적을 협공하고자하는 우리의 새로운 전략에 대한 승인 요구를 완고히 거절하였다. 이로써 지휘권을 갖고 있는 그가 북부 벨기에에서의 전투가 종결될 때까지, 그리고 새로이 구축되고 있는 적 방어선에 대한 아군의 배치가 질서 정연하게 이루어질 때까지는 최소한의 위협도 감수하지 않겠다고 생각하는 것이 명백해졌다. 말할 필요도 없이, 적군은 우리의 이러한 주저함을 이용하여 카리낭의 마지노 방어선 끝에서부터 솜강의 입구까지 새로운 방어선을 구축했으며 새로운 예비대를 확보할 시간을 벌었다. 전에도 이미 뫼즈강 우아즈강에서 히틀러가 자발적으로 주도권을 포기하였음으로 인해 적은 엔강에서 방어선을 구축할 수 있었는데 솜강 하류에서 주도권을 갖기 위한 모든 시도가 예전처럼 다시 포기되었다.

루아르강을 향한 강습
(ASSULT MARCH TO THE LOIRE)

서부전선 공세 초기에 내가 그저 관망자로서의 역할을 수행한 반면, 적어도 두 번째 공세 시점의 경우에는 상위부대의 지휘관 역할을 충분히 경험할 수 있었다. 적이 배후에 견고한 방어선을 조직하기 전, 솜강을 도하하기 위해 상부 지휘관들에게 승인을 요청했던 우리의 시도는 결국 결실을 맺지 못했다. 6월초의 며칠간의 시간은 5일 예정되어 있는 4군의 공격을 준비하는 데 할애되었다. 아브빌의 양안은 브로크도르프(Brockdorf) 장군의 2군단이 인계를 받았고 2군단과 38군단 사이에는 호트(Hoth) 장군의 15기갑군단이 에일리(Ailly)에 자리 잡았다. 아미엥 교두보는 9기갑사단을 포함한 비터스하임 장군의 14기갑군단에게 인계되었으며 이 군단은 내 군단과 인접하게 되었다. 38군단은 피퀴니(Picquigny)로부터 약 30마일에 이르는 전선에 걸쳐 배치되었다. 첫 번째 돌격을 위해 2개의 사단이 배속되었으며 하세(Hase) 소장의 46주데텐사단이 오른쪽에, 그리고 베르그만(Bergmann) 중장의 27슈바벤(Swabian)사단이 왼쪽에 투입되었다. 비게레벤(Biegeleben) 장군의 6베스트팔렌(Westphalian)사단은 즉시 작전을 개시할 수 있는 상태를 유지한 채 예비대로 남아 선두 사단들이 강을 도하하면 돌파작전을 마무리하는 임무가 주어졌다(하세 장군은 1944년 7월 20일 히틀러의 목숨을 노린 시도 이후에 처형되었으며, 베르그만 장군은 동부전선에서 전사했으며, 비게레벤 장군은 전쟁 중 사망했다).

우리가 위치한 곳은 솜강을 향해 천천히, 완만하게 기복을 이루는 지형이었고 은폐할 수 있는 삼림이 없었던 반면에, 남쪽 강변은 가파를 뿐만 아니라 우리의 도하에 대해 관찰할 수 있는 충분한 관측점을 적에게 제공해 주었다. 더군다나 솜강의 계곡은 넓이가 수백 야드 밖에 되지 않았지만 강의 수많은 지류(Ends)는 전선의 양쪽에 있는 상대방을 은폐시켰다. 남쪽 전선에는, 여전히 계곡 안에 주둔한 적이 강력하게 사수하고 있는 브레일리(Breilly)와 에일리, 피퀴니 같은 몇 개의 마을이 있었으며 대다수의 프랑스 마을과 동일하게 밀집된 가옥과 담벼락 등은 방어자에게 훌륭한 방어 진지를 제공해 주었다. 가파른 남쪽 제방 후면의 고지대는 더 많은 마을과 상당수의 삼림이 있었으며 이는 적군에게 유용한 저항 중심지로써, 또는 포대를 은닉하기 좋은 장소가 되었다. 38군단은 곧 2개의 프랑스 사단과 ―흑인식민지(Negro colonial)사단, 13알자스(Alsatian)사단― 마주치게 되었는데 정보과의 보고에 따르면 적군의 포병은 확실히 우리의 포대보다 수적으로 약하지 않았으며 아마도 더 강했다.

지면의 상태(Type of ground)와 투입된 부대의 비율을 감안하면 나는 우리의 공격은 기습을 통해서만 성공할 수 있을 것이라 생각했다. 우리의 포병부대는 공격이 개시되기 전까지 완벽하게 은닉된 상태를 유지하라는 명령을 받았으며, 오로지 도하를 시도할 때의 반격을 제거하기 위해 강 남부의 계곡과 마을에 강력한 화력을 전개해야 했다. 우리의 두 사단은 공격 전 야간에 고무보트들과 판자를 잇는 부교용 거룻배들을 이용하여 강변의 덤불 사이로 침투했으며, 그들의 임무는 동이 틀 때 강을 도하한 후 마을들을 우회하는 것이었다.

5일 동틀 녘의 기습적인 도하는 적의 이목을 끌지 않은 채 전 전선에서 성공하였으나 급경사면과 강에 인접한 마을들에서는 적의 저항이 활기를 띠었다. 흑인식민지사단의 병사들은 그들의 잔인함과 생명을 중요치 않게 생각하는 기질 때문에, 그리고 알자스 병사들은 알레만(Alemanic) 지역의 병사들에게 기대되었던 불굴의 의지 때문에 용감하게 싸웠다. 알레만 지역은 1차세계대전 때 훌륭한 병사로서 독일군 진영에서 싸웠었다. 이 전장에서 독일의 젊은이들이 적으로서 만난 것은 비극이었다. 포로들을 심문할 때 그들의 대부분은 자부심에 찬 목소리로, 그들의 아버지들이 독일 육군, 근위대, 황제의 해군으로 복무했었다고 말했다. 이들은 3근위연대에서 내가 직접 훈련시켰던 알자스 신병들을 떠올리게 만들었으며, 그들 대다수는 그 시절의 나의 평가대로 매우 훌륭한 병사(Lancer corporal)가 되었다.

공세가 시작될 때 나는 전선에 꽤 근접한 작은 숲 속에 위치해 있는 군단 지휘소에 있었으며 도하가 성공적으로 이루어진 것에 기뻐함과 동시에 나는 내 차를 타고 전선으로 향했다. 높은 관측지와 강변의 마을을 차지하기 위한 전투가 시작되었으며, 우리가 확인한 바로는 상당한 규모였던 적의 포병은 의외로 비교적 잠잠하였다. 확실히 프랑스 포병들은 마지노선의 의욕적인 포병과는 거리가 멀었다. 그들의 포격은 융통성이 없었으며, 강력한 포화를 집중시키는 데에 필요한 포격 속도도 기동전이 요구하는 수준과는 거리가 있었다. 그들은 우리가 보유한 포병대의 숙련된 병사들을 보유하지도 못했으며, 또한 우리가 보유한 관측대대만큼의 전문가도 확보하지 못했다. 이 현상대로 유리한 상황이었다면, 1918년의 승리는 독일군의 월계관 위에 오랫동안 놓여져 있었을 것이다. 현재의 적 포병의 화력이 1차세계대전의 정적인 상황에서 경험한 바 있는 적 포병과 간접적으로도 비교될 수 없음을 알게 될수록 우리는 예상치 못한 즐거움을 느꼈다. 그렇지만 최근에 세워진 임시 교량이 브레일리에 주둔한 영국군의 화력 범위에 있었으므로, 솜강의 평평한 곳을 골라 도하하는 것은 약간은 까다로운 일이었다.

나는 우수한 지휘관인 그레이너(Greiner) 대령이 지휘하는 27사단의 63연대에 도착하였으며, 63연대는 큰 손실없이 맞은편의 고지대를 확보했다. 나에게 특별히 경외감을 주었던 것은 적 포대의 사각지대에서(Dead ground) 군용차로 후송되기를 기다리던 부상병들이 보여준 침착함이었다. 전투 초기인 이 시점에 군용차들은 그들을 소개시키지 못했다. 이후에 나는 동일 사단의, 군단의 좌측에 위치한 40연대의 도하 지점을 경유하여 강을 넘어 다시 돌아왔다. 연대는 우리 군에 연이어 있던 14기갑군단의 광범위한 관할 지역인 뇌이(Neuilly) 숲의 정면에서 고착화되어 있었으며 적군에 의해 저지되었다. 배후가 에일리 마을의 적 사정권 안에 있었으므로, 나는 상당한 손실이 여기에서 발생하리라 걱정이 되었지만 계곡을 바라볼 수 있는 고지대의 요지를 장악했다. 우측의 46사단은 마찬가지로 성공적인 도하를 끝낸 후 맞은편 고지대를 확보했다. 비록 강변의 마을을 차지하기 위한 전투가 밤까지 지속되었지만 누구나 첫날의 결과에 대해 만족하였다.

우리 군단의 오른쪽에 있던 15기갑군단도 또한 도하하였으나, 아리엥(Arraines)이라 불리는 큰 규모의 지역을 방어하는 적들과의 강력한 전투와 기갑부대에게는 필수적인 대로를 적이 방어함에 따라 상당 시간 전진을 하지 못했다. 사전 포격 이후, 아미엥에서 공격을 시작한 좌측의 14기갑군단은 적의 지뢰 부설 지역 때문에 심각한 지체를 겪었다. 이 같은 이유로 14기갑군단은 남쪽을 공격하도록 명령을 받았으며, 우리 진격로의 후위 부대(The remainder of our advance)와 연결고리가 끊어졌다. 6월 5일의 공격으로 우리는 강 남쪽의 충분한 공간을 확보했으며 그날 밤에 첫 번째 포병대가 강을 도하했다. 그러나 여전히 적이 패배를 인정할지, 아니면 앞으로도 재차 강력한 저항을 시도할지는 불확실했다. 이 같은 상황에서는 이러한 중요한 문제들이 완전한 정보의 부재로 변하는 경향이 있었으며, 불확실성의 베일(Veil)은 전장에서는 영원히 변치 않는 명제인 적군의 위치와 의도도 가리게 되었다. 몇 시간의 지연은 적에게 새로운 전선을 만들어 많은 손실을 유발시킬 수 있음에 비해, 이때의 어떠한 서두름은 치명적인 작전의 지연을 불러일으킨다. 이러한 상황에서 야전 사령관의 대응은 전쟁의 신에 의해 우리가 웃을 수 있다는 실낱같은 희망을 가지고, 믿을 수 있는 정찰보고를 기다리는 것뿐이다.

6월 6일 일찍 나는 강의 남쪽 제방으로 도하한 46사단의 지휘소를 방문하였으며 거기에서 전날의 도하작전으로 인해 모든 장병들이 비몽사몽 상태인 것을 발견하였지만, 사단이 직접적으로 적과 조우한 것 같지 않아 즉각적인 추격과 전선의 확대가 필요함을 지적하였다. 사단의 전방으로 나아가자, 42연대가 전투 소음이 전방에서 발생하고 있음에도 명령 없이 대기하고 있는 것을 보고는 그들에게 이동하라고 명령하였다. 다음으로 군단 오른쪽의 연대를 방문하였는데, 충분히 전진할 수 있음에도 그 연대는 그들 정면의 코이지(Coisy) 마을과 인접된 고지대, 그리고 삼림 주위에 대한 아군 포병대의 포격을 기다리고 있었다. 활용할만한 정찰대의 보고는 없었다. 나는 마을과 고지대와 삼림에 더 이상 적이 주둔하지 않을 것이라는 느낌을 받았기 때문에 연대 지휘관에게 전방으로 분산 대형을 이루어 산개하도록 명령했다. 만일 적군이 여전히 주둔하고 있다면 그들의 모습을 드러내거나 아니면 사격 준비가 되어 있는 포병대에게 격퇴될 것이었으므로 내가 명령한 대형으로 전진하는 동안, 연대는 큰 손실을 두려워해야 할 필요가 없었다. 연대 지휘관이 이 상황에 대한 나의 판단에 강한 의구심을 보였기 때문에 나는 나의 **쿠벨바겐**(Kübelwagen)을 타고 선두에 섰다.

[영역자의 주]
· 쿠벨바겐은 폭스바겐(Volkswagen)의 전쟁형 모델이며 독일군의 지프(Jeep)이다.

코이지 마을 입구에서 우리는 바리케이드로 막힌 길을 발견했으나 지키고 있는 병력은 없었다. 마을 안에서 이따금 총소리가 들렸으나 명백히 낙오병에 의한 것이었다. 짧은 관측 후에 마을에 들어선 우리는 고지대와 근방에 있는 삼림의 주변, 그리고 마을도 텅 비어 있는 것을 발견했다. 이런 정보를 적어 주머니에 넣고 나는 진격할 준비가 되어있는 연대로 돌아와서 다음에는 그들 스스로 주변을 정찰하는 것을 준비하라고 지시했다. 군단 사령관이 초계 정찰을 하기로 되어 있었던 것은 아닐지라도 나는 이 상황에서는 예하 전투부대가 아직 사령관을 모를 때에 사령관의 주도적인 행동이 수반할 효과에 대해 확신을 가졌었고 이러한 행동이 필요하다고 생각하였다. 나의 전속부관(A.D.C, Aide-de-camp)인 슈베르트너(Schwerdtner) 중위와 젊은 운전병인 나겔(Nagel) 병장이 이런 예기치 않은 정찰을 즐기는 것을 보고 기분이 유쾌해졌다.

오후 동안에 나는 사이세몽(Saisemont) 마을에서 전투에 임하고 있는 27사단의 2개 연대를 방문하였으며 최전선에서 의도하지 않은 중대장과의 대화도 경험했다. 상황에 대한 간단한 보고 후에 그는 명백히 상급 지휘관의 출현을 이용하고자 했으며, 나로 하여금 전황 지도를 꺼내게 한 후 그에게 내가 아는 선에서 전황을 설명하게끔 만들었다. 그의 정보에 대한 갈증을 풀어주고서야 —나의 상황 설명에 매우 열정을 보였던 부상병과 함께— 나는 군단으로 되돌아 올 수 있었다. 운 좋게도 나의 군단 지휘소가 그 와중에 전선에 가까운 작은 숲으로 이동하여 돌아오는 길은 매우 짧았다.

6월 7일 어제 이미 강을 도하한 6사단은 군단의 가장 오른쪽 끝에서 전투에 참여하였다. 언제나 훌륭한 병사였던, 이 강건한 베스트팔렌 병사들은 감탄할만한 기백을 보여주었고 내가 정오에 사단을 방문하였을 때 적군에게 유용한 지역이었던 포아(Poix) 지역을 이미 점령하였음을 알게 되었다. 포아의 소규모 도심은 우리 손에 떨어졌고 연대는 멀리 떨어진 다른 지역을 공격하는데 분주하였다. 그럼에도 포아와 포아로 들어가는 진입로는 적군의 장거리포 화력권에 들어있어 안전하지 않았다. 가벼운 에피소드가 있었는데, 포격이 시작되자 탄약을 운반하던 병사가 화물차를 멈추고 화물칸에 탄약이 있음에도 차 아래로 숨은 일이 있었다. 오후에 나는 포아에서 고착 상태에 빠진 46사단을 방문하기로 되어 있었다. 공세 초기에는 아마도 없었을, 유기적인 연락을 통한 중화기와 포격을 동반한 공격으로 저녁에 포아를 지나갈 수 있었다. 공격의 주력을 감당했던 27사단은 의심할 여지없이 훌륭한 전진을 이루었기 때문에 후선으로 배치되었다. 군단 좌측의 빈자리는 새로이 배속된 1기병사단이 대체하였다.

8일에는 베스트팔렌사단이 속도를 올려 추격전이 계속되었다. 46사단은 100대의 전차가 집결되어 있음을 보고했고, 이를 공격하기 위해 급강하 폭격기가 출격했다. 유감스럽게도 적 전차를 사로잡을 기회를 얻을 수 있는 명령이 사단에게 내려지지는 않았다. 재빠르게 조치를 취했으면 바람직한 결과를 얻을 수 있었음에도 적 전차가 사라지고 말았던 것이다. 7일과 8일의 전투 도중에 군단 사령부는 적이 더 이상 —개활지에서 국지적이거나 일시적인 저항 이상으로는— 어떠한 반격도 수행할 능력이 없을 것이라는 인상을 받았다. 우리는 적들이 아직 보유하고 있는 부대들을 세느강의 하류로 안전하게 후퇴시키는 것을 시도하리라 예상할 수 있었다. 거기에서 그들이 가지고 있을 여타의 예비대들과 함께 반격을 시도할 것이었다. 군단의 입장에서는 적군이 방어선을 새로 조직할 시간과 기회를 갖기 전에 신속하게 부대를 이동시켜 세느강을 도하하는 것이 중요했다. 8일 현재, 비록 군단은 세느강으로부터 여전히 45마일이나 떨어져 있었지만 선두사단은 사단의 차량화부대를 앞세워 강까지 도달한 후, 도하까지 수행하라는 명령이 내려졌다. 보병부대와 말이 이끄는 포병대는 그들이 행군할 수 있는 최고 속도로 뒤따라야 했으며 결국 그들은 9일 세느강에 도달했다.

6사단은 레장들리(Les Andelys)에서, **27사단은 버농(Vernon)에서 도하**하라고 지시를 받았다. 이는 4일간 적과의 싸움에 투입되었던 부대들에게 요구되는 추가적인 임무였으나 만일 상급 지휘관이 전투에 적합한 기회를 잃는다면 이로 인하여 그의 부대들은 향후에 더 힘든 싸움을 벌여야 하므로 전장에서 지휘관은 극도로 수행하기 어려운 요구 사항을 지시해야만 할 때도 있는 것이다. 이 상황에서는 전체적인 작전을 위해 신속한 대처가 꼭 필요했다. 이제 프랑스는 파리(Paris)를 수비하고자 결심했을 것이며, 그곳에는 강력한 부대가 우아즈강과 마른(Marne)까지 수도 방위 체계를 이루며 주둔하고 있었다. 만일 세느강이 파리 부근에서 돌파된다면 문제가 발생한 적의 방어선은 그 연결고리가(Hinge) 끊김과 동시에 배치된 부대들은 차단되는 것을 피하기 위해서 서둘러 후퇴하는 것 외에는 선택의 여지가 없을 것이다. 언급된 상황에 따라 군단은 부대들에게 높은 수준의 요구 사항을 지시하였다. 모든 계급의 지휘관들에게 최대한의 적극적인(Initiative) 모습을 보여줄 것과 가능한 최대 속도로 진격하는 것을 요구했다. 이 같은 호기는 반드시 양 손으로 꼭 붙잡아야만 했다.

[영역자의 주]
- 27사단이 아니라 46사단으로 보인다. 평전에서도 6, 46사단으로 나온다.

9일 이른 아침부터 늦은 저녁까지 나는 선두 사단이 부여된 목표 지점에 도달하는 것을 확인하고자 야전에 있었다. 나는 우리의 보병들이 목표인 세느강을 얻기 위해 —그들이 이미 탈진되었음에도 불구하고— 인내력의 한계를 넘어 기쁘게 준비하는 모습을 보게 되어 매우 기뻤다. 6사단의 경우 모든 것이 순조로웠지만, 당연히 일상적인 문제들이 발생했다. 이른 아침 나는 양 사단의 사단장들을 만난 후 46사단으로 향했다. 내가 이어서 사단의 도하점인 레장들리에 있는 6사단을 정오에 방문했을 때 <u>정찰대대</u>가 강에 이르렀고 사단의 장교가 이미 오후에 도하를 준비하고 있음을 알았다.

[영역자의 주]
- Reconnaissance, Reconnaissance Batallion은 모두 정찰대를 뜻하는 것으로 보이지만 Reconnaissance Batallion의 경우에는 정찰대대로 옮겼다.

불운하게도 정찰대대가 도달했을 때에 교량은 파괴되었으며 높은 절벽 위에 자리잡은 그림같은 작은 마을인 레장들리는 급강하 폭격으로 인해 불타고 있었다. 이는 오히려 우리의 진격을 알려주는 신호였으므로 우리는 그러한 공격을 선호하지 않았었다. 46사단의 경우에는 약간의 어려움에 봉착했다. 무엇보다 46사단은 예정보다 세 시간 후에야 움직일 수 있었다. 그때 나는 6사단을 방문하고 난 후 46사단으로 돌아갔는데 사단은 정찰대대와의 연결 라인을 잃어버렸다. 정찰대대는 6사단처럼 세느강에 있지 않았으며 나는 단지 46사단에게 도하 지점인 버농에서 이른 저녁에 보자고 제안하는 수밖에 없었다. 그리고 최소한 종적을 잃은 사단의 정찰대대를 데려와야 한다고 덧붙였다.

나는 레장들리로 돌아오는 도중, 6사단의 도하가 진행 중인 세 곳에서 적의 약한 반격을 받고 있음을 알았다. 보병과 말이 끄는 포병대는 세느강에 정시에 도착하고자 온 힘을 쏟았다(Strain every nerve). 버농으로 돌아와서 나는 사단장과 정찰대대가 이미 도착해 있음을 알았다. 여기에서도 마찬가지로 적은 교량을 파괴할 시간을 벌 수 있었다. 버농이 강 남쪽 적 기관총의 사격권 내에 있었으므로 나는 어둠이 깔리는 야간에 정찰대대가 도하할 것을 명령하였다. 이러한 긴박한 단계에서 군단의 작전권 휘하에 배속된 1기병사단을 내가 원하는 대로 이용할 수 없었는데, 사단은 너무 후방에 있었으며 4군은 우아즈 강에서 파리로부터의 왼쪽 측면에 가해질 위험에 대한 반격 용도로만 쓰는 것에 대한 견해를 표명함으로써 나에게 부대를 배속했던 것이다.

선두 사단의 배후에서 멀리 떨어진 곳에 있던 1기병사단은 적의 공격을 받고 있다고 급작스레 알려왔다. 이들 전차들은 이전에 46사단을 따돌리고(The slip)나서 이제는 우리의 확장된 취약 구간을 습격하러 돌아다니는 것이 분명했다. 야간에 잠깐 눈을 붙였던 나는 10일 일찍 46사단이 있는 버농으로 되돌아갔으며, 사단의 첫 번째 도하를 위한 부대가 강 건너에 도착했다. 38군단은 이로써 강 건너 남쪽 제방에 거점(Foot-hold)을 마련한 첫 번째 군단이 되었다. 46사단의 부대들은 그들이 이루어낸 추격전에 대해 칭송받아야 마땅하며, 나 개인적으로는 신속한 기동전이 세느강 돌파 시에 우리 군단이 격전에 휘말리는 것을 막은 것에 대해 확인하게 되어 기뻤다.

그렇지만 군단이 처한 상황은 그리 바람직하지는 않았다. 군단은 강 남쪽에 홀로 고립되어 있었는데, 우익인 15군단은 6월 10일까지도 세느강에 도착하지 않았고 르아브르(Le havre)로 우회하였으며 뒤따라오던 2군단도 역시 어느 정도 멀리 있었다. 왼쪽 측면으로 −얼마나 많은 부대가 은폐하고 있는지 의문스러웠던— 목표였던 파리가 가시권에 들어왔다. 38군단이 모두 도하하기까지 이틀의 시간이 더 소요되었다. 레장들리와 버농에 놓였던 약한 부교들은 영국 공군의 지속적인 공격을 받았으며 버농의 부교는 실제 당분간 작전에 이용할 수 없었다. 만일 적 사령관이 가용할 수 있는 많은 예비대를 가지고 있었거나 주도권을 가지고자 했다면 강 남쪽에 고립되어 있던 38군단은 필연적으로 공격의 목표가 되었을 것이다.

4군 사령관 클루게 상급대장은 작전 초기 나에게 육군총사령부로부터 받은 명령이 세느강 남쪽의 교두보 확보라고 말했었다. 프랑스에 대한 공세의 두 번째 단계를 결정하고자 하는 국방군 최고사령부의 목적이 슐리펜 계획에 따라 강력한 북쪽 날개로 파리의 서쪽을 포위하는 것이 아니라 —내가 계획했으며 나중에 성공적으로 수행된— 대규모 기갑부대를 남쪽으로 전개하는 것임을 감안하면 4군에게 할당된 임무는 적절하지 못했다. 파리 동쪽에 대한 진격이 결정적인 승리를 가져올 전략인 점을 감안하면, 마지노선을 돌파하는 C집단군과 솜강 하류로 진격하는 B집단군의 임무는 아마도 부수적인 임무였기 때문이다.

우리가 주도권을 잡는 것이 중요하였음에도 A집단군은 6월 9일까지도 엔강을 건너 공격하지 않았으며, 집단군은 —도하를 한 뒤에 돌파를 통해 기대되는 결정적인— 성공을 가져올 수 있을지에 대해 불확실해 하는 것 같았다. 이때 우리들은 슐리펜 계획을 마음에 두고 있는 적군이 세느강 하류를 가로질러 강력한 포위 기동을 하고자 하는 우리의 의도가 미치는 위험에 대해 간과하지 않고 즉시 반격할 것이라는 점을 알아야 했다. 이는 우리가 적에게 방어 또는 반격을 위한 부대를 재편성할 시간을 주지 않은 채, 독일군의 오른쪽 날개 지역의 주도권을 잡아야 되는 이유였다. 만일 4군의 전략적 역할이 내가 아는 대로 강 남부 공격을 통한 압박이라면 38군단이 교두보에 앉아 기다리거나 적이 집결하여 독일군보다 우월한 부대를 가질 때를 기다리는 것은 옳지 않았다.

그래서 나는 내 군단의 포병대가 강을 건너오자마자 외르(Eure)까지 확장된 교두보를 지키는 임무 대신에 남부로 진격하는 것에 대해 4군의 허가를 요청하였다. 신중하게 27사단도 세느강의 남쪽 제방을 건너왔다. 6월 11일 나는 추가적으로 우아즈 강에 주둔하고 있는 —전에 언급한 적 전차부대와의 전투에서 깔끔한 승리를 이룬— 1기병사단을 세느강의 남쪽으로 이동시키는 것에 대한 허가를 요구했다. 현재 상황을 고려하면 우리가 가진 기병사단이 추격의 선봉사단이 되어야 했으며 나는 가능한 최대한 빨리 파리로 연결되는 철로를 막는 작전을 위해 이 사단을 활용하고자 하였다. 유감스럽게도 나의 제안은 4군이 우선은 다음 행동에 대한 명령을 기다려야 한다는 이유로 거부되었다. 1기병사단은 다시 후선에 있던 1군단의 휘하에 들어갔으며 우아즈강 측면과 어떠한 경우라도 세느강 북쪽에 주둔하라는 명령을 받았다. 이 훌륭한 사단은 그들만이 해낼 수 있는 특별한 임무를 맡는 역할을 빼앗기고 말았던 것이다.

6월 11일, 우리가 제안한 요구가 옳았음을 증명하는 두 개의 사건이 발생했다. 6사단의 58연대는 적 비행기를 격추하였으며 비행기의 조종사는 광범위한 후퇴가 명령되었음을 나타내는 문서를 전달하려 했던 것이 드러났다. 두 번째 사건은 46사단이 보고하였는데, 사단은 적 전차에 의해 강력한 공격을 받았다고 보고했으며 이는 적군이 우리가 강 남부에 있는 것을 방해하겠다는 의도를 갖고 있음을 증빙하는 것이었다. 우리 역할에 대해 더 이상 방임하는 것은 적군의 상황을 유리하게 만들 뿐이었다. 46사단은 많지 않은 피해를 입은 채 적의 공격을 그날 격퇴했다. 이튿날 일찍, 110대의 적 전차가 공격을 준비하고 있다는 보고가 들어왔으며 긴급히 지원 요청을 하였다. 나는 내가 보유한 3개 사단을 가지고 적 전력을 격파하고 주도권을 얻고자 결심했다.

그러나 군(Army) 사령관은 내 결심에 대한 허가 명령을 내리지 않았으며, 그는 나의 의견에 동의하면서도 육군총사령부로부터 새로운 명령이 없는 이유로 기다릴 수밖에 없다고 느끼는 것 같았다. 그의 주된 근심은 명백히 내가 나의 의사대로 군단을 가지고 작전을 전개할지도 모른다는 것이었다. 이어 그는 에브뢰-파시(Evreux-Pacy) 아래로 전선을 확대하는 것은 허용치 않는다고 그날 저녁 군(Army) 명령을 통해 단호하게 말했다. 27사단은 성공적으로 작전을 진행했으나 46사단은 포병대, 보급품의 부족으로 남쪽 교두보에서 공세를 펼칠 환경이 아니라고 보고했다. 계속 50대에서 60대 수준이었지만, 적 기갑부대의 공격을 격퇴했다. 이후 며칠간 추격전이 계속되었다. 2군단은 6월 13일 우리의 오른쪽에서 세느강을 도하했다. 그날 우리는 유명한 소설가인 콜레떼 다르빌(Collette d'Arville)의 자그마한 저택에 머물렀는데 그녀는 아쉽게도 볼 수 없었다. 나는 사교실과도 같은, 고귀한 가구와 정원으로 나가는 개인 출입문이 있는 그녀의 침실에서 밤을 보냈고, 외부의 수영장은 우리들에게 유쾌함을 주었다.

6월 14일 우리는 육군총사령관의 방문을 받았다. 나는 그에게 이제까지의 군단의 성과에 대해 보고할 수 있었으나, 그는 전과에 주목하면서도 이후의 전략 방향에 대해서는 아무런 암시도 주지 않았다. 6월 15일 4군 사령관 클루게 상급대장은 르망(Le Mans)이 4군의 전략적 목표로 주어졌다고 알려 주었으며 이를 달성하기 위해 측면의 부대 배치는 고려할 수 없다고 강조했다. 우리에게는 사실 이러한 조언은 불필요했다. 6월 16일 군단은 다시 페르페-세농체-샤또뇌프(Ferte-Senonches-Chateauneuf) 방어선에서 조직적인 적군의 반격을 받았다. 플랑드르(Flanders)에서 교전했고, 덩케르크에서 퇴각하여 다시 브레스트에 상륙한 적 1, 2, 3차량화사단의 잔여부대로 이루어진 반격이었다. 2개의 알제리기병(Spahi)여단과 1개의 모로코(Morocan)사단도 관측되었다. 저녁에 적의 반격이 격퇴되었으며 사단들을 방문하던 도중 6사단 장병들의 분전에 나는 감동을 받았다. 저녁에 우리는 공격의 축을 르망-앙제(Angers)로 전환하라는 명령을 받았다. 1군단은 46사단을 휘하에 두고 우리의 좌측에 배치되었으며 쉘부르(Cherbourg)를 점령하기 위해 1개 사단이 빠져나간 15기갑군단은 루아르강 하류로 진격하여 교두보를 형성하여야 했다. 6월 17일 레노(Reynaud)의 사임과 페탱(Petain)이 원수가 되었음이 발표되었다. 이 노쇠한 군인이 다시금 새로이 저항을 조직화할 것인가? 아니면, 정치가들이 페탱의 1차세계대전 시의 유명함을 이용하여 항복을 피하고자 하는 것일까?

6월 18일 영도자는, 우리에게 이미 익숙한 명령인 무자비한 전과 확대를 명령하였으며 아울러 옛 독일(Old Reich)의 영토였던 툴(Toul), 베르됭(Verdun), 낭시(Nancy), 크뢰조(Creusot) 공업지대와 브레스트(Brest)와 쉘부르 요새를 점령하기를 원했다. 우리는 강행군을 하여 어떤 연대는 거의 50마일을 주파하였으며, 린데만(Lindemann) 대령 휘하의 1개 차량화정찰대대는 실제로 르망 서쪽 지역에 도달했다. 해자를 건너는 도개교(Drawbridge)와 전면에 9피트 두께의 벽으로 세워진 망루(Tower) 4개를 가진 중세의 보네터블(Bonnetable)성은 후면에도 2개 이상의 망루에 의해 보호되고 있었는데, 나는 이 성에서 밤을 보냈다. 프랑스에서 내가 보았던 건축물 중에 이 성은 다음에 보게 될 루아르성과 비견될 만큼 매우 아름다운 건축물이었다. 내부 장식은 매우 호화롭게 장식되었으며 일부 프랑스 관리인들이 아직도 살고 있었다. 성의 소유주는 도뎅(Doudaigne)의 공작인 로슈푸코(Rochefoucauld)였는데 그는 이미 피난가고 없었다. 6월 19일 30마일을 이동하여 린데만의 정찰대가 있는 곳에 도착하였으며 와중에 독일군을 보지는 못했다.

나의 조부가 70년 전 승리의 서막을 열었던 르망에서 나는 대성당(Cathedral)을 시찰하는 도중 린데만의 부대에게 항복한 프랑스군이 ―무장이 해제된 보병들과 그들의 포와 차량들을 모두 완벽하게 보유하고 있는 1개 포병 연대― 동쪽으로 이송되는 것을 보았다. 프랑스 군이 붕괴된 것은 명백해 보였다. 그렇지만 나는 린데만의 대대가 앙제의 마옌(Mayenne) 구역에서 교착 상태에 빠진 것을 보았고, 강 건너 둑에 배치된 전차와 기관총의 화력 범위 안에 교량이 위치했다. 린데만은 그가 가진 유일한 포병 전력인 10센티 구경의 포를 장비한 차량화포병대대로써 적군을 쫓아내기 위해 노력하고 있었다. 다리에서 멀리 떨어진 강 주변에 이르러 나는 교량 주위를 제외하고는 강력한 ―만일 있다할지라도 약한― 적군이 없을 것이라 생각했다. 강 건너 교량의 적군들이 스스로 물러나기를 기다리던 부대장에게 나는 강 하류를 수영하여 도강하도록 지시했다. 그리고 그가 원한다면, 나도 같이 하겠다고 덧붙였다. 내 제안이 먹혔는지 곧이어 모든 부대원이 옷을 벗고 강으로 뛰어들어 운 좋게도 아무 손실 없이 강 건너에 도착하였다. 교량은 곧 우리 손에 넘어왔지만, 유감스럽게도 일부 병사들이 교량 주위의 전투에서 전사하였다. 나는 정찰대대가 강을 넘어 진격할 때까지 같이 있다가 군단 지휘소로 돌아왔다.

정찰대대는 다시 마옌에서 소수의 전차와 기관총 때문에 8시간 교착 상태에 빠졌다. 이에 나는 수석부관(Senior aide)인 그라프(Graf) 중위를 보내 금일 야간까지 루아르강을 도강하도록 강력히 지시했다. 대대가 점령한 강가에서 휴식을 취하고자 하던 때에 그라프 중위는 대대를 만났으나, 그는 루아르강을 도하하여야 한다고 명령을 전달하였으며 그날 밤 그라프 중위의 지휘 하에 고무보트로 강을 도하하였다. 군단 사령부에 2개의 사단으로부터 루아르강 도하에 성공하였다는 보고가 들어왔을 때 나는 즉시 전방으로 나아갔으나, 도착하자마자 거대한 강과 서쪽 도하 지점의 빠른 유속과 건너편까지 약 600야드의 거리가 있음을 보고는 당황할 수밖에 없었다. 높은 다리의 2개 아치는 파괴되어 그만큼은 부교로 보완되어야 했으며 30피트에 이르는 높낮이를 맞추기 위하여 급경사로 마감이 되어야 했다. 이는 쾨벨바겐을 운행하기에도 매우 위험했으므로 모든 중화기와 차량들은 여전히 바지선으로 운반되어야(Ferried) 했으며 빠른 유속과 강둑의 모래들로 인하여 매우 어렵게 수행되었다.

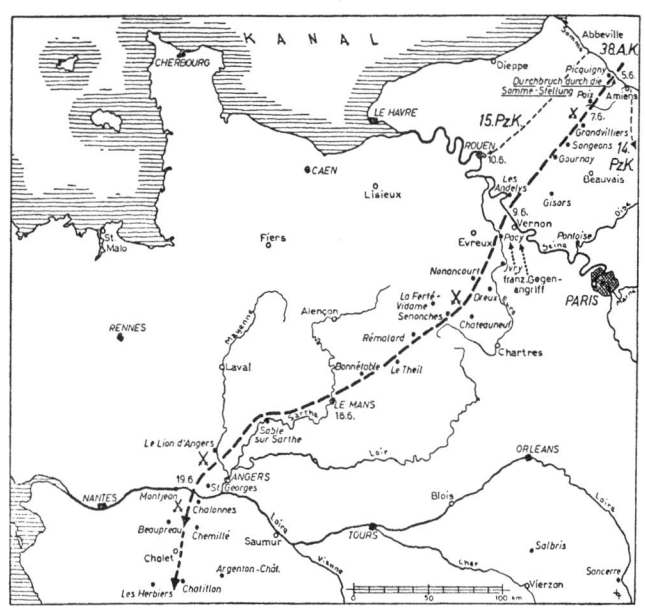

프랑스 전역, 38군단의 루아르강 강습

    다른 도하점인 샤롱(Chalonnes)에서는 모든 상황이 순조로웠다. 3개 지류 중, 2개 지류의 교량이 아무런 피해 없이 우리 손에 떨어졌으며 단지 160야드 정도의 부교만을 설치하면 되었다. 이곳에서 나는 이례적인 전투 경험을 하게 되었는데 오전에 무장하지 않은 프랑스 군이 강 저편에 출몰한 반면, 오후에는 적의 전차가 곧이어 모습을 드러냈다. 이제까지 우리가 도강시킨 장비들로는 적을 제압할 대전차포를 도강시킬 수단이 없어서, 적들을 저지할 수 없었다. 나는 샤롱 교량 옆에 위치한 88미리 대공포(88-mm. German AA gun)를 봤는데, 아군과 프랑스 군의 重전차가 동시에 강 맞은편의 적을 발견했고 순간적으로 서로 간에 포문을 열었다. 불운하게도 아군의 대공포는 즉시 파괴되었다. 바로 그 다음, 88미리 대공포의 자리를 차지한 경대전차포가 32톤의 무게인 적 전차의 전면 취약부를 운 좋게 직격하여 적 전차는 격파되었다.

    이날 저녁 나는 샤롱 근처의 세랑(Serrang)성으로 이동하였다. 그 성은 중앙부를 둘러싼 말발굽 모양의 형태를 갖춘, 거대한 망루로 보호되고 있는 거대한 성이었으며 주변에 해자가 있었다. 이 성은 옛 프랑스의 지도자였던 타렝(Tarent) 왕자의 성이었고 공작의 가문은 나폴리 앙주(Anjou) 가문의 권리를 결혼을 통해 얻었으나, 결국 나폴리의 왕위를 페르디난트 왕(Ferdinand The Catholic)이 찬탈하여 그 권리를 잃었었다. 6월 22일까지 6, 27사단의 도강이 이루어졌으며, 사단들의 전초부대는 약간만 전진하였음에도 수많은 프랑스 부대들의 항복을 받았다.

6월 23일 **콩피에뉴**(Compiegne)에서 전날 정전 협정이 체결되었음을 알게 되었다. 프랑스 전역은 끝이 났다. 이날 군단 명령에서 나는 내 휘하의 장병들에 대해 —그 누구도 기갑 전력의 엄호와 차량화 전력의 지원을 받지 못했으나— 그들의 헌신과 용기를 통해 이루어낸 성과에 대해 찬사를 보내고자 하였다. 연이은 성공적인 공격으로 우리는 300마일의 진격을 이루어냈으며 이는 '**루아르강을 향한 강습**(Assualt March To The Loire)'이라 일컬을 만했다. 1918년의 콩피에뉴에서 1940년의 콩피에뉴를 향했던 길은 너무나 멀었지만, 운명의 수레바퀴는 돌아갔다.

이 운명의 수레바퀴는 어디로 우리를 인도하게 될까?

[옮긴이의 주]
- 1918년 11월 11일 콩피에뉴 부근에 있던 프랑스 포슈(Foch) 원수의 전용 열차에서 휴전협정이 조인되었다. 1940년 6월 22일 히틀러가 협상장에 참석하지 않은 가운데 카이텔에 의해 프랑스와 독일의 휴전협정이 조인되었다. 히틀러는 독일 정부수반이 아닌 휘하 장성(카이텔)을 보냄으로써 그리고 박물관에 있던 그 전용 열차를 끌어내어 드라마틱한 복수를 하였던 것이다. 동일한 열차에서 이번에는 독일이 승자의 자리에 앉은 것이었다. 현재에도 박물관에 전용 열차가 전시되어 있다고 한다.

- 사실 국방군 참모장교들 중에서 가장 특출난 작전적 재능을 보유한 만슈타인이 군단 사령관으로서 전역에 뛰어든 시점은 승부가 이미 결정된, 두 번째 단계였다. 구데리안을 제외하고 기동전에서 기갑부대들의 잠재력을 어떻게 이용해야 하는지에 대해 누구보다 잘 이해하고 있었던 만슈타인이 보병군단의 사령관으로 임명된 것은 더한 아이러니이다.
히틀러는 만슈타인의 제안을 받아들이자, 낫질작전의 개념을 줄곧 가지고 있었다고 주장했다. 히틀러는 자기 의견에 동의하였다는 공적(Credit)에 대해 만슈타인을 인정했다. '내가 서부에서의 새로운 작전에 대해 말했을 때, 장성들 중 유일하게 만슈타인만이 이해했다.' 그 자신을 군사적 천재로 간주함으로써 영도자는 그 계획이 결국 자신의 계획이라고 믿게 되었다. 솔직히는 만슈타인과 그 공적을 나누어 갖는 것은 히틀러가 국방군의 최고전략가라는 주장을 훼손하는 것이기도 했다. 더욱이 프랑스에서의 독일의 군사적 승리가 있은 후 독일 선동 매체들은 영도자를 서부 공격 계획의 주창자라고 내세웠다.

혹자는 지도 위에서 손가락으로 스당 방면을 가리켰을 때 만슈타인과 히틀러가 진실로 동일한 생각을 가졌었는지 의구심을 가질 수도 있다. 확실히 히틀러는 공세의 주공을 우익에서 좌익으로 이동시킨다는 생각에 고심했다. 그러나 그의 직관적이고 별난 생각은 바로 이튿날 거부되었다. 히틀러는 실제로 지도 위의 스당을 가르켰지만 이는 단지 뫼즈강의 도강을 목표로 한 전술상의 작전적 개념에 불과했고 영국해협까지 진출하여 프랑스-영국 연합군 선봉부대의 배후로 들어간다는 전략적 목표에는 이르지 못했다. 히틀러는 공세 주공을 남쪽으로 이동시켜 디낭과 스당 사이에 있는 뫼즈강에 투입한다는 생각을 전혀 하지 않았으며 더욱이 생캉탱(Saint-Quentin)-아미엥-아브빌 축을 따라 영국해협까지 추격하는 것조차 고려하지 않았다. 히틀러는 현대전의 작전적 차원만을 이해함으로써 뫼즈강의 전술적 돌파를 -완벽한 해결 방안을 제시할- 전략적 작전의 개념으로 확대하지 못했다. 히틀러에게 돌파는 뫼즈강의 오른쪽 후방까지였으며, 만슈타인에게 돌파는 솜강의 어귀까지 진출하는 것이었다.

다시 말해 히틀러에게 있어 스당은 전술적 목표 그 자체였으나, 만슈타인은 훗날 '뫼즈강을 가장 쉽게 도강할 수 있는 곳은 스당 근처였다.'라고 말했다. 만슈타인이 원하는 것과 일치하게, 스당을 돌파한 후 기갑사단들이 최고로 속력을 내 영국해협까지 진출할 때 히틀러는 공황에 빠졌다.

승리의 순간이 다가왔을 때, 하마터면 신경 쇠약에 걸릴 뻔 했던 히틀러는 기갑부대들에게 중지할 것을 명령했었는데 이러한 독재가가 어떻게 낫질작전을 생각했고, 낫질작전의 개념을 계획했을 수 있단 말인가? 아마추어의 기초적인 심사숙고(Reflections)와 전문적인 전략가의 뛰어난 심사숙고(Mediation)과는 거리가 있었.

낫질작전은 히틀러와 만슈타인의 생각이 점점 일치된 결과가 아닌, 만슈타인만의 독창적인 창조물이었다.

- 『Erich Von Manstein: Hitler's Master Strategist』 (Benoît Lemay)

7. 러시아 전역 이전
(BETWEEN TWO CAMPAIGNS)

프랑스가 무기를 내려놓고 나서야 1918년 11월 11일 콩피에뉴의 포슈 원수 전용 열차(Railway-Coach)에서 체결된 쓰라린 항복의 기억이 독일 국민의 가슴 속에서 잊혀졌다. 프랑스는 이제 동일한 장소, 동일한 포슈의 전용 열차에서 항복 문서에 서명해야만 했다.

1940년 6월 22일 히틀러는 인생의 정점에 서게 되었다(The peak of Hitler's career).

1918년 이래 그들의 무력을 바탕으로 독일의 주변을 기웃거리던 프랑스는 —이제 그들의 동맹국이었던 폴란드처럼— 조국(Reich)의 적국 명단에서 제거되었다. 비록 영국을 궁극적으로 패퇴시키지는 못했지만, 영국의 세력은 대륙에서 찾아볼 수 없었다. 그리고 아직은 독일(Reich)의 동맹국으로서 가까운 시일에 독일에 대해 적대적인 태도를 취하지는 않겠지만, 독일의 폴란드 전역과 프랑스 전역에서의 승리를 목격한 러시아는 모스크바 협정에도 불구하고 잠재적인 독일의 적대국가가 되었다. 만일 크레믈린(Kremlin)이 의도적으로 영토의 확장을 위해 독일이 서부전선에서 전투를 벌이던 시점을 이용하고자 고려하였다면 이제는 그 기회를 명백히 잃은 것이었다. 실제로 러시아는 독일군이 연합군에 대해 그렇게 신속하게, 그리고 결정적인 승리를 얻을 줄은 예상하지 못했다.

독일군이 이루어낸 폴란드, 프랑스 전역에서의 승리는 1918년 콩피에뉴에서의 항복 이후 독일 군부가 설욕하고자 준비했던 것에 기인한 것은 절대 아니었다. 적대적인 선동가들의 주장과는 반대로 1918년과 1939년 사이의 독일의 군사 정책은 —적대적인 상황이 발생할 경우 독일의 위험에 대해 냉철하게 인지했던 덕에— 공세를 통해 설욕전을 벌이기보다는 독제국(Reich)의 안전을 지키는 것이었다. 인정하건대 독일 군부는 —히틀러의 정책에 동의하지는 않았지만 쿠데타를 일으키지 않음으로써 — 히틀러의 정치적 탁월함을 용인하면서 히틀러로 하여금 그들을 책략적으로 이끌도록 용인하였다. 그 밖에 히틀러가 추진하였던 재무장의 확대가 독일이 이루어낸 승리의 유일한 원인도 아니었다. 단연코 베르사유가 독일에게 부과한 무장 해제를 고려한다면 재무장은 전쟁에서 승리하기 위한 선제 조건이었으나 독일군은 결코 향후에도 러시아군의 육군 전력과 연합군의 제공권과 같은 수적 우세를 가지지는 못했다. 실제로 전차와 포병 전력을 포함한 전력에 있어서 서부 연합군은 독일과 거의 동등한 수준이었으며, 일부 분야는 독일에 대해 우위를 가지고 있었다. 서부전선에서의 승리를 이끈 것은 독일 지휘부의 지휘 능력과 일선부대의 자질이었지, 무장 수준이 아니었다. 전쟁에 있어서 이러한 두 가지 불변의 법칙을 독일군은 1918년 이래 잊지 않고 있었던 것이다.

프랑스와의 정전 협정 이후 육군총사령부는 상당수의 사단들을 동원 해제하는 절차와 동시에 몇 개의 보병사단을 기갑사단 또는 차량화사단으로 전환하고자 하였다. 38군단 사령부는 세랑의 멋있던 성을 떠나 역사적 사실이 깃들여져 있던 루아르강 중류의 상세르(Sanserre)에 위치한 성으로 사령부를 옮겼다. 이 성에서 우리는 기갑사단 또는 차량화사단으로의 조직 변경 임무를 수행하였다. 이 성의 주인은 세계적으로 유명한 쿠앵트로(Cointreau) 와인의 생산자였는데 성을 가파른 언덕에 지어 루아르강 계곡을 관망할 수 있었다. 이 새로운 성을 오래된 성처럼 표현하고자 하였으나, 낮은 품질의 모조품으로 가득 차 있었다. 폐허처럼 변해버린 거주 공간의 옆에 세워져 있던 망루도 별다른 감흥을 주지 못했다. 테라스에 전시된 작은 대포들도 소유주였던 양조업자가 꿈꾸었던, 전리품과 비슷하게 보이지 않았다. 유일하게 아름다웠던 것은 언덕의 정상에서 바라본 비옥한 루아르강 계곡의 원경뿐이었다. 벼락부자였던 성 주인의 기질을 나타내는 것으로 그의 서재에 걸려있던 큰 그림이 있었는데 우리의 황제, 프란츠 요제프(Franz Josef), 빅토리아(Victoria) 여왕 등 세기가 바뀔 때마다의 유럽의 패권자들이 왕관을 쓴 채로 원형의 테이블 주위에 있는 것을 묘사한 그림이었다. 유감스럽게도 그림의 주인공들은 쿠앵트로를 적정량 이상으로 즐긴 듯한 인상이었으며, 성 주인은 그림의 테이블 앞에 서서 승리자처럼 와인잔을 흔들었을 것이다. 이 그림을 제거하는 것이 우리가 이 성에 가한 유일한 변화였다.

히틀러는 7월 19일 국회, 군 고위 지휘관들이 참석한 자리에서 공식적으로 전쟁이 끝났음을 선포하였으며 —그가 생각하기에 전쟁이 잘 수행되었음을 암시한 채— 다수의 군 지휘관들의 명예를 칭송하면서 국민의 감사를 전했다. 독일 국민들에게 있어 칭찬받아야 할 군인들을 칭송하는 것은 당연한 일이었으나, 우리 군인들의 입장에서는 도를 넘어 포상되는 사람들과 그 규모에 관해서는 뚜렷하게 다른 인상을 받았다. 히틀러에 의해 1명이 '**위대한 독일제국 원수**(Grand-Admiral)'로, 12명이 '**원수**(Field-marshal)'로 동시에 임명되었으며, 이는 독일에서 가장 고귀하게 여겨졌던 원수라는 직책의 권위가 훼손됨을 의미했다.

[옮긴이의 주]
- 괴링은 '위대한 독일제국 원수(Reichsmarschall des Grossdeutschen Reiches)'라는 별도의 계급을 수여받았다. 영역본에서는 '해군 제독(Grand-Admiral)'으로 표기되어 있는데 이는 영역자의 실수인 것으로 보인다. 12명의 원수는 육군(9) - 브라우히치, 보크, 카이텔, 클루게, 레프, 리스트, 라이헤나우, 룬트슈테트, 비츨레벤(Witzleben). 공군(3) - 케셀링, 밀히(Milch), 슈페를레이다.

이제까지 빌헬름 2세에 의해 평화 시에 임명된 몇 명의 원수를 제외하고는, 개인적인 탁월함으로 전역을 이끌거나 전투에 승리하거나 성채를 점령한 사람만이 이 권위를 얻을 수 있었다. 폴란드 전역이 끝난 후에 육군총사령관과 각 집단군의 사령관들이 이 같은 조건을 충족시켰음에도 히틀러는 그들을 원수로 진급시켜 군부에 대한 감사를 표현하고자 하지 않았다. 그러나 지금에 와서는 폴란드와 프랑스 전역을 빼어나게 이끌었던 육군총사령관 외에도 사령관과 참모 경력이 없던 국방군 최고사령부 참모총장(Chief of O.K.W)을 포함하여 12명(A dozen)의 원수를 배출한 것이다. 독일의 항공 분야를 담당하여, 원수로 승진한 **항공부차관**(Under-secretary of State for the Lufrwaffe)은 공군을 조직한 위업은 훌륭하였지만 본질적으로 육군총사령관과 대등한 위치는 아니었다. 가장 논란이 되었던 것은 괴링을 육군과 해군총사령관보다 상위인 '대독일 원수(Reich Marschall)'로 임명한 것에 더해 **대철십자훈장**(The Grand Cross of the Iron Cross)을 단독으로 수여한 것이었다. 이러한 명예로운 원수의 과다 양산은 브라우히치에게는 의도적인 천대로 간주될 수 있었고, 육군총사령부에 대한 히틀러의 의중을 나타낸 것이다.

[옮긴이의 주]
- 항공부차관은 밀히이다. 만슈타인은 카이텔에 대해 비난하고 있지만, 카이텔의 회고록을 보면 그는 병무국에서 줄곧 일해온 참모장교였으며 능력이 있었다. 독일군 장성들은 그를 혐오했지만, 그의 부하들과 비서들은 그를 매우 신사적인 사람으로 기억하고 있으며 인간적으로 좋아했다는 증언이 있다.

- 독일의 철십자훈장은 2급, 1급, 기사, 백엽기사, 백엽검기사, 백엽검다이아몬드기사, 황금백엽검다이아몬드기사, 대철십자훈장으로 분류된다(괴링만이 서훈받은 대철십자훈장은 훈장 서열에서 제외하기도 한다). 만슈타인의 해임 시에 히틀러는 백엽검기사철십자훈장을 서훈하였다.

- 아울러 『Erich Von Manstein: Hitler's Master Strategist』(Benoît Lemay)에 따르면 설사 괴링, 카이텔, 밀히와 같은 사람들의 진급이 어떤 면에서 공정하지 않다고 해도 평화 시기에 소수의 장성만이 원수가 되었다는 만슈타인의 주장은 근거가 없는 것이라고 한다. 또한 만슈타인이 비통함을 토로했던 이유는 그가 프랑스 전역이 끝났을 때 비록 그가 작전 계획의 창조자이지만 진급하지 못한 것 때문에 질투심을 느껴서였다고 말하고 있다.

  이런 대규모의 진급을 통해 히틀러가 육군의 명예를 깎아내리고자 했던 의도는 없었으며, 장성들의 충성을 확보하고자 했던 것이라 말하고 있다. 사실 히틀러는 처음부터 그저 그의 동반자였고 충성스러운 장성들에 대해 감사를 표하고자 한 것뿐이었다.

  히틀러는 또한 이때부터 고위 장성들에게 영도자의 예산으로 비과세된 급여를 지급했다. 예를 들어 원수는 월 4,000마르크의 비과세 급여를 비공식적으로 '비밀리'에 지급받았다. 이 당시 비숙련 근로자의 주급이 28마르크였으며 년 1,500마르크를 받지 못했던 것을 감안하면 매우 큰 금액이었다.

  만슈타인은 1942년 2월부터 1942년 6월까지 상급대장으로서 월 2,000마르크, 1942년 7월부터 1945년 4월까지 원수로서 월 4,000마르크를 받았다. 또한 1940년 2월부터 1941년 9월까지 군단장으로서 월 150마르크, 1941년 9월부터 1942년 11월까지 군(Army) 사령관으로서 250마르크, 1942년 11월부터 1944년 3월까지 집단군 사령관으로서 250마르크를 받았다. 해임 이후에도 원수 계급에 따른 특별 급여를 받았던 만슈타인은 회고록에서 이를 일절 언급하지 않았다.

국회 기간 동안에 나는 군단이 새로운 임무를 부여받았음을 알게 되었다. 우리는 영국 침공을 준비하기 위해 3개 사단을 휘하에 두고 해협으로 이동하였다. 우리의 숙소는 블로뉴에 인접한 영국인들이 많은 빌라를 소유한 르투케(Le Touquet)에 있었으며 바다의 조망이 가능한 곳이었다. 사령부가 믿을 수 없을 만큼 화려한 호텔에 자리 잡았지만, 나는 가까운 측근 참모진들과 함께 프랑스 선주가 주인인 빌라에 자리를 잡았다. 프랑스 선주는 이미 피난을 갔지만 관리인들이 남아있어 우리는 가구들과 집을 관리할 사람을 찾을 수 있었다. 나중에 독일에서 벌어졌던 사례와는 달리 우리는 적국의 재산을 처분할 수 있는 주인이나 소유자로서 행동하지는 않았다. 반대로 엄격한 관리가 독일군이 점령한 가옥에서 이루어졌으며, 가구의 징발이나 가치 있는 기념품에 대한 몰수는 독일군의 행동 강령에는 없었다. 순시 중에 나는 최근까지 독일군이 머무른, 매우 어지럽혀진 빌라를 보게 되었는데 다음날 아침 해당 부대의 원사(Sergeant-major)는 작업반과 함께 빌라로 이동했으며 개별적으로 빌라가 깨끗하게 청소되었음을 보고해야만 했다.

  나무랄 데 없는 부대들의 행동으로 인하여 프랑스에서의 6개월 동안 점령지의 주민들과 독일군과의 유대를 저해하는 사건은 발생하지 않았다. 프랑스 국민들은 예의가 있었으며, 위엄있는 감정의 억제(Reserve)로 인해 우리의 존경을 받았다. 그 밖에 나는 아름다운 풍경과 도처에 있는 옛스런 기념비적 유적들, 그리고 설명이 필요 없는 훌륭한 요리들, 상점에 진열된 상품들을 통해 누구나 이 축복받은 땅의 매력에 빠져들 것이라 생각하였다. 그러나 월급의 일정 부분만을 점령지의 통화로 바꿀 수 있었으므로 우리가 구매할 수 있는 물품은 소수였다. 기념물 구매를 위한 자연적인 욕구를 억제하는 이러한 규정은 독일군의 품격을 위해 육군에 대해서는 강력하게 적용되었다. 또한 때때로 파리를 관광했으며 파리의 매력을 음미하며 하루를 보낼 수도 있었다. 11월 중순까지도 나의 새로운 전속부관인 스펙트(Specht) 중위, 신뢰하는 운전병 나겔(Nagel), 당번병(Groom)인 룽에(Runge)와 해협에서 수영을 즐겼으며, 해변을 따라 말을 달릴 기회도 있었다. 때로 우리는 26피트나 되는 해협의 조수 차를 잊었는데, 이는 부수적으로 영국 해안에 상륙할 때나 승선할 항구를 결정할 때 중요한 사항이었다. 우리가 조수 차를 잊은 결과로, 해변에 세워두었던 메르세데즈(Mercedes) 차량이 파도에 잠겨버렸다. 다행히 제 때에 차량을 견인할 트랙터를 구하여 빼낼 수 있었다.

  아름다운 프랑스에서의 휴식과 매력에 대한 심취, 그리고 성공적인 공세가 끝난 후의 휴식 기간으로 인해 흔히 점령군에게 나타나던 나약함은 우리 부대에서는 없었다. 계획된 공세를 위한 부대의 훈련이 계속 되었고, 이로 인해 나약함이 발생할 수 있는 개연성은 본질적으로 상쇄되었다. 부대들은 매일 우리가 목표로 하고 있는 상륙 지점과 여러모로 비슷한 모래 언덕과 습지대에서 훈련하였다. 승선 장비들이 도착한 후에는 −라인강과 엘베강으로부터 조달한− 개조된 바지선과 작은 트롤 어선, 모터 보트들을 활용하여 날씨가 좋을 때면 해군과 공동으로 승선과 하선 훈련을 할 수 있었다. 때로 서투르게 정박된 상륙 장비들 틈의 차가운 물속에서 교대하며 목욕을 하기도 하였다. 신임 해군 장교후보생(The young midshipmen)들은 여전히 그들의 업무를 배우면서 알아 갔는데 −순양함이나 유보트(U-Boat)에서의 지휘 대신— 엘베강의 바지선 위에서의 지휘에 대해 그 누구도 이에 대해 그들의 열정이 부족하다고 비난할 수 없었다. 특히나 현실과 동떨어진(Fantastic) 상륙 장비를 지키는, 바지선과 트롤 어선의 주인인 노회한 뱃사람(Salts)들과 사이좋게 지내는 것은 늘상 어려웠다. 그럼에도 불구하고 우리 모두 익숙하지 않은 임무에 대해 최대한 열심히 훈련하였으며, 모든 일이 그러하였듯이 조만간 숙련될 것이라 확신했다.

[옮긴이의 주]
- 독일군의 이미지 하면 가장 먼저 떠오르는 것으로 기관단총, 기관총, 돌격소총, 철모, 수류탄, 방독면 케이스, 전차, 유보트, 슈투카, 무장친위대 등을 들 수 있겠다. 유보트는 전쟁 중 처칠의 제일가는 근심거리이기도 했지만, 전쟁 말기에는 수중탐지기의 발달로 인해 목숨을 부지하기도 어려웠다. 만슈타인의 아들이 육군으로 러시아 전역에서 소위로 전사했듯이, 해군총사령관이었던 칼 되니츠(Karl Dönitz)의 아들 또한 해군으로 유보트의 승무원으로서 전사했다.

바다사자작전
(Operation 'Sea Lion')

히틀러의 영국 침공 계획에 대한 몇 가지 중요한 비판과 함께 그로 하여금 침공 계획을 포기하게끔 만든 사유들에 대해 상세히 설명하고자 한다. 프랑스 전역에서의 승리 후에, 그가 진정한 승리를 이미 획득하였고 이를 영국인들이 뼈저리게 깨달았다고 믿었다면 그는 확실히 오판을 한 것이었다. 그가 제안한 평화 제의는 지극히 모호한 개념이었으며 이에 대해 영국이 냉담했던 것은 영국 정부와 국민이 설득되지 않을 것이라는 것을 의미하였다. 그제서야 히틀러와 국방군 최고사령부는 '이제 다른 선택은 무엇인가?'라고 스스로에게 질문을 하게 되었다. 이는 전시에 군사적인 문제에서의 차질 또는 정치적 분야에서의 예상치 못한 정세 변화를 수반한 전체적인 상황 변화가 —예를 들어 적국의 편에 동맹국이 추가되는— 발생할 때 정부수반과 국가수반이 당면하는 문제였다. 이 같은 상황 아래 히틀러는 극단적(Overboard)으로 수행될 '전쟁 계획'을 내세울 수밖에 없었으며, 동시에 히틀러는 독일의 전쟁 수행 능력을 과대평가한 반면에 적국의 수행 능력에 대해서는 과소평가를, 그리고 정치적 판단을 잘못했다는 책임을 면치 못하게 되었다. 독일이 기대했던 것 이상으로 전체적인 군사 작전이 완수되고 적국 중의 한 국가는 완전히 항복하였고, 또 다른 한 국가는 그들의 섬으로 신속하게 퇴각을 한 이 상황에서 '이제 다른 선택은 무엇인가?'에 대한 해답을 찾는 것 자체에 대해 독일 측에 '전쟁 계획'이라는 것이 과연 존재했었는지 우리는 의구심을 가질 수밖에 없었다.

[옮긴이의 주]
- 작전명 '바다사자'의 준비 작업은 8월 중순까지는 마무리되어야 했다. 침공의 1진으로는 출발점에서 가까운 영국 해협의 해안에 13개 정예사단을 투입하기로 되어 있었다. 모두 90,000명에 이르는 병력이 1진으로 상륙할 예정이었고 이 병력의 상륙을 위해 155척, 70,000톤에 이르는 배가 필요했으며 3,000정(바지선 1,720정, 예인선 470정, 모터보트 1,160정)에 이르는 배가 필요했다. 2진은 기동전을 펼칠 수 있는 3개 군단의 6개 기갑사단과 3개 차량화사단으로 구성되었다. 이 사단들의 뒤를 이어 3진으로 17개의 사단이 뒤따랐다. 영국 침공 후 3일이 지나면 육군총사령부는 —6개 기갑사단과 3개 차량화사단을 포함하여— 전부 39개 사단, 260,000명과 추가적으로 2개 공수사단이 상륙을 완료했을 것으로 예상했다. 육군총사령부에 따르면 이 전역은 길어야 4주 안에 끝날 것으로 예상되었다. 이 같은 예상은 모든 면에서 —전역의 결과가 9월 15일 경에 결정되리라 주장한— 히틀러의 입맛에 맞았다. 41개에 이르는 독일 사단들은 일시에 적의 저항을 섬멸하는 것에 충분하다고 여겨졌다. 7월초 육군총사령부는 영국군이 전투에 투입할 수 있는 사단의 수가 15~20개 수준이라 예측했다. 실제 이 당시에 영국에는 29개 사단이 있었는데 —많은 장비를 프랑스에서 잃어 전차도 중화기도 보유하지 못했으므로— 그 중 6개 사단만이 전투에 투입될 수 있었다. - 『Erich Von Manstein: Hitler's Master Strategist』(Benoît Lemay)

확실히 전쟁의 양상은 순서에 맞추어 계획된 방향대로 전개되지는 않는다. 그러나 이제까지 1939년 9월에 프랑스와 영국과의 전쟁에서 이러한 위험을 감수하는 것을 고려했었다면, 그는 사전에 발생 가능한 다양한 위기 속에서 영국과 프랑스를 어떻게 처리해야 할 것인지에 대해 심사숙고 했어야 했다. 이는 프랑스 공세가 시작되기 전, 또는 도중에라도 선행되었어야 했으나 독일군이 원한 승리를 쟁취하기 위해서라면 어떠한 수단과 전략이 채택되어야 하는지에 대해 국방군 최고사령부는 아무런 전략이 없었다. 히틀러가 원한 것은 영국의 항복이었으나 그의 참모진들은 단지 영도자의 결정을 기다려야만 한다고 느꼈던 것이다. 히틀러는 국방군 최고사령부를 설립했지만 전쟁에서의 전략을 책임질 총참모총장(Reich Chief-of-Staff)을 임명하지는 않았으며, 이는 독일의 최고 의사결정 기관이 부적절하게 탄생되었음을 의미했다. 명백한 사실은 정치적 결정을 하는 정부수반의 옆에서 전체적인 군사 전략에 대해 책임질 수 있는, 그리고 정부수반과 수평적인 관계를 유지할 수 있는 군사적 조언자가 없었다는 것이었다. 국방군 최고사령부의 초기 시절부터 히틀러는 최고사령부를 단순한 행정 기관(Secretariat)으로 전락시켰다.

하물며 최고사령부를 책임지고 있는 카이텔마저 전략적 측면에 관해 히틀러에게 조언할 위치에 있을 수 없었다. 육·해·공군의 총사령관조차도 히틀러에게 군사적 측면에서 영향력을 끼치지 않도록 배제되었다. 때때로 그들은 개인적인 면담을 통하여 중요하다고 여겨지는 정책에 대해 의사를 표명할 기회가 있었지만, 결국 히틀러는 그만의 판단을 기초로 하여 단독으로 결정하였다. 그리하여 노르웨이에 대해 레더(Raeder) 제독이 제안한 것을 제외하고는 히틀러는 언제나 정책에 대해 발의할 권한이 있음을 고집하였기 때문에 전반적인 전쟁 정책에 대해 영향을 끼칠 근본적인 결정이 3군(육·해·공군)의 참모진들에게 주어지는 사례는 없었다. 그 누구도 <u>**국방군 최고사령부조차도**</u> 전쟁 계획에 대해 입안할 권한을 부여받지 못하였기 때문에 실질적으로 모든 이들이 영도자의 직감에 의존하는 결과를 낳게 되었다.

[옮긴이의 주]
- 만슈타인은 육군총사령부가 쇠락하였다고 말하지만, 실제로는 그 영향력이 국방군 최고사령부에게 위임된 것도 아니었다. 카이텔, 요들 또한 자기들이 실권이 없음을 알고 있었고 요들이 육군총사령부에만 인재들이 모여 있다는 말을 했다는 증언도 있다.

카이텔과 괴링같은 이들은 믿음직한 아첨꾼들이었으며, 브라우히치와 레더와 같은 이들은 사임을 염두에 두고 체념하고야 말았다. 3군(육·해·공군)의 참모진들이 내부적으로 다듬었던 장기간의 전략들은 —예를 들어 1939년과 1940년의 겨울 동안에 레더 제독은 해군의 작전참모들에게 영국의 해안에 상륙하기 위한 전술적 가능성과 필요성에 대해 기안하도록 지시하기도 하였으나— 약간의 변화조차 이끌어내지 못했다. 진정한 의미의 참모제도 하에서의 군사 문제에 대한 권한과 권능을 가진 곳은 없었으며 오로지 히틀러만이 전문가와 입안자로서, 그리고 전반적인 전략에 대한 관할권을 갖는다는 점이 명시적으로 묵인되었다. 내가 이미 설명한 대로 이러한 지휘 체계의 결과로써 서부전선이 종결된 후에 우리는 다음 전략이 무엇인가에 대한 문제에 봉착하게 되었다. 덧붙이자면 독일군 최고사령부는 다음과 같은 두 가지 문제에 직면했었다.

첫째, 단연코 평화 제의에 응하지 않을, 패퇴시키지 못한 영국의 존재
둘째, 히틀러가 1939년 서부전선에서의 신속한 승리를 강조하던 때에 지적했던, 그 동안 우호적인 자세를 견지해오던 러시아의 개입으로 인한 위험이었다.

이러한 두 가지 사유로 인해 영국과의 전투를 가능한 단기간에 끝내는 것이 조국(Reich)의 당면 과제였다. 영국과의 전투가 단기에 종결된다면 스탈린(Stalin)이 러시아의 팽창 정책에 유럽의 불화를 이용할 수 있는 기회를 상실하게 될 것이라고 우리는 믿고 있었다. 만일 합의(Understanding)가 성립되지 않는다면 독일(Reich)은 무력의 힘을 빌어 마지막 적국인 영국을 제거하려 시도하여야 했다. 이 짧은 기간 양쪽의 입장에 서서 협의를 할 수 있는 방안을 찾지 않았던 것은 이후 몇 년간 유럽의 운명을 결정할 비극을 초래했다. 확실히 히틀러의 목표는 동부에 있었기 때문에 영국과의 목숨을 건 전쟁(Life-and-Death struggle)을 회피하는 것을 선호하였다. 그는 프랑스 전역이 종료된 이후, 국회를 통해 매우 추상적인 평화 제안을 영국에 제시했다. 그 평화 제안은 상대편의 우호적인 반응을 얻기는 어려워 보였으며 이 뿐만 아니라 만일 영국이 심사숙고하여 동일한 협상을 히틀러에게 제시한다 할지라도 히틀러가 -그만의 절대 신념에 대한 확신에 취한 나머지- 그 제안을 받아들일 것인지도 미지수였다.

더군다나 히틀러는 그가 행한 악행에 더욱 구속되어 갔다. 그는 새로운 전쟁을 치르기 위해 폴란드의 절반과 발틱 지역을 러시아에게 넘겨주는 비용을 지불했다. 그는 프랑스 자치령에 대한 이탈리아의 탐욕스러운 갈망을 받아들였으며 동맹국에 대한 종속 관계를 얻고자 하였다. 결국에는 프라하(Prague) 사태 이후 온 세계로부터 믿을 수 없는 사람이 되었으며, 그가 체결한 협정들을 그가 이행하리라는 신뢰를 잃게 되었다. 그럼에도 불구하고 히틀러가 프랑스의 패배 이후에 합리적으로 평화를 이끌어 냈다면 대다수의 독일 국민들은 그를 칭송하였을 것이다. 독일 국민들은 폴란드에 속했던 대규모의 영토를 조국(Reich)에 합병하는 것을 적극적으로 열망하지도, 그리고 이 되찾은 영토들이

과거 신성로마제국(Holy Roman Empire)이라는 이유로 수복되어야 한다고 주장하던 사람들에 대해서도 특별히 동조하지도 않았다. **유럽을 넘어 전 세계를 지배할 '지배 민족(Master Race)'의 개념**은 광적인 지지자들을 제외하고는 독일에서 심각하게 받아들여지지는 않았다. 히틀러는 선전전에 필요한 지지자들을 따라오게끔 고무하기 위해서, 또는 평화에 대한 승인을 얻고자 지배 민족의 개념을 표현한 것뿐이었다. 반대로 영국의 국민성은 —윈스턴 처칠을 포함하여— 전쟁의 어떤 단계에서도 분쟁이 합리적으로 해결되리라는 긍정적인 자세를 가지고 있었다. 그들은 어떤 일에 착수하면 상황이 심각하게 변할지라도 끝까지 임무를 완수하는, 존경스러울 정도로 끈질긴 민족이었다.

[옮긴이의 주]

- 만슈타인이 독일이 온 유럽의 지배자가 되려는 생각이 없었음을 말하나 이는 거짓이다. 아울러 폴란드, 프랑스 전역에서 주춤거렸던 국방군의 장성들은 '**러시아 전역만큼은 적극적으로 개입**' 하였다.

- 독일 정치, 군부 지도부가 갖고 있던 레벤스라움(Lebensraum, 생활권)의 개념은 일반적인 것이었다. 1940년 6월 중순 육군참모총장 할더 장군은 프랑스 전역의 승리가 아직 확실해지기도 전부터 동부전선에서의 전쟁 준비인 오토 계획을 준비했다. 6월 19일 완성된 오토 계획은 러시아에서의 낫질작전이었다. 이 강력한 군사적 침공을 위한 —오토 계획과 연계된— 준비 계획에 대해 히틀러는 7월 21일 보고를 받은 후에 알게 되었으며 깜짝 놀란 영도자는 이후 브라우히치로부터 육군총사령부가 이미 볼셰비키 러시아를 공격할 계획을 준비하고 있었다고 보고받았다. 브라우히치와 할더에게는 이념이 다른 적, 볼셰비키 러시아와의 목숨을 건 전쟁은 조만간 일어날 수밖에 없는 전쟁이었다.

  결론적으로 러시아가 군의 재편성을 마치기 전에 독일이 선제공격을 하는 것을 선호했다. 육군총사령부의 참모진이었던 쿠르트 시베르트(Curt Siewert)의 전후 주장에 따르면 브라우히치는 주저하는 히틀러에게 강력하게 러시아에 대한 공세가 가능한 최대한 일찍 필요하다고 주장했다. 할더, 브라우히치, 히틀러와 대다수 국방군의 장성들의 궁극적인 목표는 레벤스라움의 건설을 위해 러시아를 잘게 쪼개고, 러시아를 유럽에서 멀리 쫓아내고, 독일에 종속된 위성국들로 구성된 곳에 격리시킴으로써 동부를 정복하는 것이었다. 러시아를 공격한다는 것은 —튜튼 기사단의 종교와 군사적 명령에 따라 중세 시대부터 시작된— 과거 독일의 정책인 '동쪽으로 진군하라(March to the East, Drang nach osten, 동방 진출).'는 정책과 가장 잘 접목하는 개념이었다. - 『Erich Von Manstein: Hitler's Master Strategist』 (Benoît Lemay)

또한 —히틀러와 그의 체제에 대한, 그리고 정치가들의 프로이센식 군국주의에 본능적인 증오를 가지고 있는— 더욱더 유럽에 위협이 되는 러시아가 있었다. 영국의 정책이 고수한(Prejudiced) 방향은 유럽에서 힘의 균형을 이루는 것이었으며, 이는 대륙에서 강대국이 된 독일의 패배를 필요로 하였고 힘의 균형을 회복하고자 하는 것이 영국의 참전 동기였다. 그러나 영국인들은 —러시아가 쟁취한 힘과 러시아가 애쓰고 있던— 전 세계에 혁명의 물결이 몰고 오게 될 국제 정세의 변화에는 눈을 감았다. 추가적으로 처칠은 확실히 타고난 싸움꾼이었다. 그의 심중에는 전투 외에는 없었으며 정치적 관계 속에서 종국에 전투가 가지고 올 승리에 대해서만 생각하였다. 몇 년이 흐른 후에야 러시아가 영국을 신경 쓰이게 만드는 지역인 발칸에 접근하였을 때 처칠은 이 정세 변화의 위험성을 제대로 인지하였다.

이후 그는 더 이상 루즈벨트 및 스탈린과 동일한 노선을 걷지 않았으며, 또한 영국 국민의 전쟁 지속 능력에 희망을 걸었다. 미국은 아직 참전에 대한 준비가 되어 있지는 않았지만 히틀러를 싫어하는 미국이 —미국 국민의 정서상으로— 곧 참전하리라 처칠은 희망했다. 그리고 미국을 영국의 편에서 싸우게 만들 루즈벨트의 능력에 희망을 걸었다. 사실 처칠조차도 러시아가 독일에게 압박하는 위협에 대해서는 간과하였다. 전쟁에 관해 처칠은 러시아를 영국을 위한 연합국으로 간주하였다. 러시아에 대한 태도와는 반대로 독일과의 문제 해결을 위해 찾았던 생각의 전제 조건에는 전체주의 국가인 독일과 러시아가 조만간 세력 다툼을 벌일 것이라는 고려가 포함되어 있지는 않았다. 서로의 우세와 취약점을 고려한다면 어느 한 나라가 완전히 승리할 수 없었다. 만일 두 나라가 서로 패망하거나 쇠락해지는 상황이 발생한다면 이로써 영국이 세계의 승리자가 될 수 있었다는 점을 분명히 알아야 했다. 말할 필요도 없이 독일과 러시아와의 전쟁은 아마도 영국의 운명을 결정할 수도 있던 것이다. 독재, 이데올로기, 성전 그리고 고삐가 풀린 채 선동되던 대중의 감정은 이성(Reason)이라는 단어를 잊게 하였다. 이윽고 **독일과 영국은 오로지 싸움을 하는 것 외의 실리적인 대안을 찾지 못한 채** 양국 국민의 피해와 유럽의 불행이 시작되게 되었다.

[옮긴이의 주]

- 만슈타인은 영국이 독일과 러시아와의 전쟁에 개입하지 않고 기다리기만 해도 좋은 결과를 얻을 수 있었다고 말하는 것으로 보인다. 한편으로 영국을 포함한 서부 연합군과 힘을 합쳐 러시아와 싸울 수 있다는 생각을 한 독일 측의 시각도 많은 것으로 보인다. 서부 연합군의 포로가 된 뒤에도 서부 연합군과 힘을 합쳐 러시아와 싸우는 것

을 희망했던 어느 전차장의 회고도 있다.

서부 전역이 마무리된 후 '다음은 무엇인가?'에 대한 국방군 최고사령부의 질문에 대한 답은 영국에 대한 전쟁을 지속하는 것이었다. 그러나 실제로는 위에 설명한 바와 같이 서부전선의 전과가 확대되던 시점에 아무런 전쟁 계획이 없었다는 것은 독일에게 중대한 결과를 가져오게 되었다. 히틀러가 실제로는 내키지 않은 채로 영국에 대한 침공을 구상할 때 실제적인 준비 계획은 없었다. 그 결과 우리는 영국의 전력 약세로 인한 우위를 차지할 기회를 놓치고 말았다. 순조로운 진행(In train)을 위한 준비에는 시간이 많이 소요되었으며, 기상 상태 자체로도 상륙 작전의 성공은 의심쩍었다. 이것을 이유로 히틀러는 핑계를 대며 영국 공격 계획을 포기하고 러시아를 공격했다. 그 결과는 우리에게 잘 알려져 있다. 결정적인 전선의 변경을 가져온 이유에 대해 언급하기에 앞서 히틀러가 종국에 영국과 결전을 벌이고자 했다면 충분히 이용할 수 있었던 기회들에 대해 언급하고자 한다. 독일은 세 개의 전략을 활용할 수 있었다.

우선 해외로부터의 물자 보급선을 차단함으로써 영국을 굴복시킬 수 있었다. 독일이 노르웨이, 네덜란드, 덴마크와 프랑스의 해안을 공중전과 잠수함전을 위한 근거지로 활용할 수 있었던 점은 독일의 작전 반경 확대에 매우 유리했다. 물론 작전 반경의 확대가 전쟁 자원의 활용을 고려한다면 유리하지는 않았다. 이제까지도 해군의 경우 —잠수함과 공동 작전을 펼칠 수 있는 전함과 항공모함은 차치하고라도— 적정한 수치까지 잠수함을 보유하지는 못했었다. 덧붙여서 우리가 영국 공군(R.A.F, Royal Air Force)을 격파하지 못한다면 영국의 대잠전 수행 능력은 계속 우위(Upper hand)를 누릴 수 있었다. 공군의 경우 다음과 같은 목표를 부여받았을 것이다.

첫째, 적어도 잠수함전에 동원되는 영국 공군을 격파하여 제공권(Mastery of the air)을 확보할 것
둘째, 영국의 항구를 무력화시킬 것
셋째, 잠수함과 효율적인 공동 작전을 펼쳐 영국 해군의 항로를 공격할 것

사실 이 모든 것들은 영국 공군을 제압하고 보급로를 파괴하는 것에 초점을 맞춘 것이었으나 1940

년의 영국 항공전(The battle of Britain)에서 독일 공군은 이 같은 목표를 달성할 수 있을 정도로 강하지 않다는 것을 보여주었다. 만일 8월과 9월의 기상 상태가 호전되었거나 독일 군부가 심각한 위기를 겪고 있던 영국에 대해 −영국 공군과의 일전을 기피하고− 런던을 공격하였더라면 결과가 달라졌을 수도 있었을 것이나, 제한된 공습과 장거리 전투가 가능한 전투기의 부족을 고려한다면 신속하게 영국 공군을 제압하고 보급로를 파괴한다는 1940년의 전략 목표를 달성하기는 불가능했을 것이다. 모든 전투는 예측했던 수치 이상으로 장기간 준비된 전쟁 자원의 소모가 요구되며, 막상막하의 적군을 대상으로는 힘의 균형보다는 신속한 판단을 내릴 수 있는 지휘력에 의해 결정된다는 사실이 여기에서 또 한번 입증되었다.

우리는 애초부터 장기전에 입각한 준비를 했어야 했으며 필연적으로 제시된 목표를 달성하기 위해 잠수함의 수치를 증가시켜야 했다. 이는 공군에게도 마찬가지였다. 나중에 독일에 대해 연합국이 똑같은 전략을 썼었지만 −과거에 두에(Douhet) 장군이 잠시나마 고려했던− 영국과 같은 거대한 제국을 제한적인 공습과 항공전으로 굴복시킨다는 전략은 아직은 희망 사항에 불과했던 점을 받아들여야 했음을 언급하고자 한다. 어떠한 경우라도 영국의 해상 보급로를 차단함으로써 영국을 굴복시키고자 하였다면, 독일 제국의 전쟁 자원은 독일의 잠수함과 공군력을 증가시키는 것에 투입되어야 했다. 하나의 연결고리로 생각해보면 육군 자원의 감소는 피할 수 없는 것이었다.

그러나 누구도 러시아가 언제까지 침묵을 지킬 것인가에 대해 확신할 수 없었으므로 영국과의 전쟁이 장기화된다는 것은 위험을 수반하였다. 독일 육군의 축소와 독일 공군이 영국과의 항공전에 전념(Commitment)하는 것은 비록 러시아가 전쟁에 뛰어든다는 것을 의미하지는 않을 지라도, 러시아로 하여금 정치적 협박(Blackmail)을 가할 수 있게 만들 것이었다. 또 다른 위험은 영국이 조금씩 궁지에 몰리는 것을 가만히 지켜보고 있지는 않을 미국이 전쟁 초기 단계에 참전하는 것이었다. 영국에 대한 공중전과 수상전을 독일군이 시도한다면 늦더라도 미국이 참전하는 것은 확실했다. 그럼에도 불구하고 조국(Reich)이 확신이 있는 전략에 기반한 작전을, 즉 **영국 공군의 제압과 보급로의 파괴라는 목표에 집중하고 수행했더라면 러시아와 미국의 참전이라는 위험이 도사리고 있었지만 성공의 가능성**이 반드시 있었을 것이다. 도시에 대한 공습을 통해 적국 국민의 전쟁 수행 의지를 꺾겠다는 애매모호한 전략 변경은 결국 전쟁에서 승리할 수 있는 가능성을 없애버렸다.

[옮긴이의 주]

- 두에는 이탈리아 군인이다. 그는 제공권을 장악하는 것이 전쟁의 승패를 결정할 것이라는 선진적인 이론을 펼쳤고, 항공 전략의 선구자로 간주된다.

- 만슈타인은 영국에 대한 봉쇄작전의 성공을 주장했으나 Benoît Lemay는 달리 보았다.

- 독일 공군과 해군에 대한 전쟁 자원의 집중이 수행되고, 와중에 새로운 전역이 벌어지지 않는다고 해도 칼 되니츠(Karl Dönitz)에 따르면 독일이 1942년 또는 1943년 이전에 봉쇄작전을 통해 영국에 승리를 얻을 가능성은 없었다. 영국 조선소에서 진수되는 선박보다 많은 선박을 격침해야만 했고 적어도 미국의 영국에 대한 원조를 제한하려면 가능한 최대한 지연하여 미국의 참전을 피해야만 했다. 봉쇄작전을 통해 결정적인 승리를 얻기 위해서는 최소한 월 1,000,000톤의 상선을 격침시켜야만 했다. 이 수치는 유보트(U-Boots)가 1940년 10월 63척, 352,407톤을 격침시킨 것을 감안하면 엄청난 수치였다. 영국의 수송로에 대한 공격은 장기간의 전투에도 즉각적인 승리를 기대할 수 없었다. 왜냐하면 미국이 —영국이 만약 위태롭게 된다면— 영국을 패배로부터 구하기 위해 전쟁 물자의 지원을 증가시킬 수 있는 가능성이 있었기 때문이다. - 『Erich Von Manstein: Hitler's Master Strategist』 (Benoît Lemay)

영국을 굴복시킬 수 있는 두 번째 방법인 지중해에서의 전투에 대해 말하고 싶다. 히틀러뿐만이 아니라 사실상 독일군 지휘부 전체도 영국 제국(British Empire)의 보급선인 지중해의 중요성을 전혀 인식하지 못했다는 점에서 —대륙적인 관점에서 벗어나지 못했다고— 비난을 받았다. 아마도 히틀러가 대륙적인 관점에서 사고했음은 사실일 것이다. 지중해라는 전략적 요지의 상실이 영국으로 하여금 전쟁 의지를 잃게 하거나 또는 지중해 지역의 승리가 독일 제국에게 어떠한 결과를 초래할지는 공론화된 문제였지만 쉽게 결론지을 수는 없었다. 지중해의 상실이 영국에게 심각한 위기를 불러일으킬 수 있다는 점은 논란의 여지가 있다. 인도와 근동(Near East) 지방을 고려한다면, 석유의 공급에 관한 영향은 필연적으로 매우 치명적일 것이다. 더욱이 지중해의 보급로가 봉쇄된다는 것은 영국의 식량 공급을 상당히 악화시킬 것이다.

그러나 내 생각에 이러한 타격이 치명적이지는 않았다. 영국은 여전히 희망봉을 경유하는 항로를

―이전에 언급한 잠수함과 공군을 이용한 영국 제국 전체의 봉쇄가 이루어지지 않는다면 결코 차단되지 못할― 통해 기존의 극동(Far East)과 중동(Middle East)을 잇는 보급선을 유지할 수 있었다. 희망봉을 경유하는 항로를 봉쇄한다는 것은 지중해에서 아무것도 얻지 못한 채 독일 공군의 모든 자원을 꼼짝 못하게 붙잡아 두는 것을 의미했다. 지브롤터(Gibraltar)와 몰타(Malta), 이집트(Eygpt) 및 근동에서의 세력권 상실은 영국에게 큰 손실임에는 틀림없으나 치명적이지는 않았다. 아마도 세력권의 상실은 오히려 영국 국민에게 전쟁 의지를 더욱 확고하게 만들 수 있었을 것이다. 영국 국민은 이러한 손실이 오래지 않아 회복될 것으로 믿었을 것이며 더욱더 악착같이 싸우고자 할 것이었다. 십중팔구 영국은 지중해가 영국 제국의 생명선이라는 슬로건이 거짓임을 증명하였을(Would have given the lie) 것이고 또한 식민지들(Dominions)이 그들의 지원을 철회할 것 같지도 않았다.

이 외에 독일이 지중해 전투에서 당면한 두 번째 문제는 어떤 결과가 제국에게 초래될 것인가에 대한 것이었다. 우선 이탈리아의 작전을 위한 좋은 근거지가 될 수 있었으나 ―우리가 익히 알고 있는 그들의 군사력 수준은 한정된 임무에 대해서만 기여가 가능했으며 특히― 이탈리아 해군이 지중해에서 영국을 쫓아내리라 기대할 수 없었다. 지중해 전투의 가장 큰 부담은 독일이 져야 했는데, 이는 독일의 동맹국인 이탈리아가 지중해를 이탈리아만을 위한 특수한 권역으로 인식하여 전반적인 지휘 체계에 일일이 간섭을 하였기 때문이었다. 우리가 지중해에서 영국에게 치명적인 결정타를 날리고자 했다면 몰타와 지브롤터를 점령하여야 했으며 이집트와 그리스에서 영국군을 몰아냈어야 했다. 만일 독일이 지중해로 전략 지역을 변경하고자 했다면 이탈리아와의 관계는 군사적 관점에서 정리해야 했었다. 그러나 지브롤터 해협의 봉쇄는 스페인의 동의가 있거나 스페인에게 압력을 가해야만 가능했으므로 결국 실행되지 못했다.

이러한 방법은 현실적으로 불가능했다. 스페인에게서 동의를 얻거나 압박을 가하는 두 가지 모두 스페인의 중립성을 훼손하는 것이었다. 가령 독일이 보급 지원의 어려움을 감수하면서 마드리드(Madrid)와 리스본(Lisbon)의 동의와 상관없이 이베리아(Iberian) 반도의 모든 해안선을 지키는 방법을 생각할 수 있겠으나 스페인이 반대할 것이었고, 아울러 영국이 자국의 식민지를 강탈했다고 생각하던 포르투갈 또한 반대할 것이 분명했다. 또한 이베리아 반도는 독일군의 전쟁 자원을 상당 기간 소모시켰을 것이고, 스페인과 포르투갈을 무력 점령한다면 미국과 남미로부터 재앙에 가까운 결과를 초래할 것이었다.

만일 영국과 같은 해양 강국을 지중해에서 쫓아내려 한다면 프랑스령인 북부 아프리카의 점령이 필수적이지만, 프랑스 영토에 대한 분할이 이루어지지 않는다면 프랑스의 식민지에 대해 스페인과 이탈리아가 권리를 주장하고자 반발하리라는 것은 명백했다. 만일 우리가 영국의 석유 공급선을 제거하기로 마음먹어 영국을 이집트와 그리스에서 쫓아낸다 할지라도, 이러한 기조는 동부 지중해에서 근동지역까지 동일하게 나타날 것이었다.

근동 지역에 근거지를 마련하겠다는 독일의 전략은 두 가지 이점을 가지고 있었다. 우선 인도를 위협할 수 있었고 또한 러시아의 배후를 차지함으로써 독일에 대항하여 참전을 꾀하는 러시아의 의도를 단념시킬 수 있었다. 나는 이러한 견해들이 비현실적이라고 생각했다. 근동 지역의 민족들에게 독일군의 근거지 마련이 끼칠 불확실한 영향을 차치하고라도 두 가지 관점을 알고 있어야 했다. 근동 지역에서 인도와 러시아에 대한 공격은 보급의 문제로 인하여 성공적인 승리를 보장할 만큼의 규모로 진행될 수 없었다. 해군력의 우위로 인하여 영국은 이 지역에서 강력한 영향을 행사하였다. 근동 지역에서의 독일의 세력 확대는 러시아의 독일에 대한 공격을 단념시키기보다는 오히려 그 시기를 앞당겼을 것이다. 지중해를 둘러싼 논의의 핵심은 지중해 지역의 상실이 영국의 운명을 결정할 만큼이 아니었다는 점이다.

나아가 지중해를 둘러싼 패권 다툼은 결국에 독일군의 대규모 전력을 묶어놓았을 것이고 독일과 일전을 벌이겠다는 러시아의 음모를 더욱더 고취하였을 것이다. 결국 독일과의 전쟁을 통해서만 쟁취할 수 있었던 발칸 지역과 근동에 대한 지배적인 영향력 확대에 심취된 러시아의 욕심을 고려하였어야 했다. 지중해를 경유하여 영국의 숨통을 조이려는 전략은 나폴레옹이 이집트를 경유하여 인도에서 영국에게 결정타를 날리기로 한 전략과 동일한 것이었다. 이는 독일군의 전력을 결정적인 전선이 아닌 곳에 장기간 묶여있도록 만드는 행보였으며 러시아에게 독일 제국을 경유하여 침범할 수 있게 만드는 동시에 영국 본토가 재무장할 기회를 주는 것이었다. 지중해 문제를 처리하는 방법은 우리가 영국 본토에 대한 공격이 불가능하다고 여겨 결론을 회피한 것을 암시하는 것이었다. 지중해에 대한 전략이 실질적인 결과를 얻기에는 히틀러가 ―나중에 러시아에서도 그러했듯이― 적기에 필요한 군사력을 집중하지 않았던 점을 기억해야 한다. 지중해에서 전역 초기에 필수적으로 확보해야 할 몰타를 점령하지 않은 중대한 실수는 연이어 중요 지역인 북부 아프리카를 잃게 만드는 주요 원인이 되었다.

[옮긴이의 주]
- 만슈타인은 지중해에서의 작전에 대해 회의적으로 보았으나 Benoît Lemay는 달리 보았다.

- 만슈타인은 아마 독일이 지중해에서 영국의 전략적 위치를 잡음으로써는 영국에게 평화 협정을 강제할 수 없다고 주장하는 것 같다. 그러나 그는 지중해에서 그의 조국이 제한적인 승리를 통해서 그리고 지브롤터, 몰타와 수에즈(Suez) 운하의 획득을 통해 얻을 수 있는 모든 이점에 대해 정확히 판단하지 못했던 것 같다. 그 이점들은 다음과 같았다. 추축국(Axis Powers)의 '부드러운 아랫배(Soft underbelly of Europe)'인 남쪽 측면을 확보할 수 있었다. 발칸 또는 다른 곳에서 영국이 개입하여 두 번째 전선을 여는 시도를 불가능하게 하였다. 독일군의 추가적인 투입을 피할 수 있었다. 필요하다면 다카르(Dakar)와 카사블랑카(Casablanca)와 같은 북부 아프리카의 비시(Vichy) 프랑스에 주요 기지를 확보하기 위한 도약대로 삼을 수 있었다. 중동의 석유자원에 대한 접근을 확보함으로써 독일의 전시 경제에 큰 도움을 얻을 수 있었다. 이 같은 전략은 해군총사령관인 레더 대제독이 제안한 것과 일치했다. 1940년 9월 레더는 히틀러에게 두 개의 초안을 보내 영국군을 지중해와 중동에서 섬멸하는 것을 강하게 주장했다. 레더에 따르면 지브롤터와 수에즈 운하를 팔레스타인(Palestine)과 시리아(Syria)에서 ― 모든 경로를 통해― 터키(Turkish) 국경까지 진격하기 전에 확보하는 것이 필요하다고 말했다. 다카르, 카사블랑카, 아조레스(Azores)의 기지에서 대서양의 독일군의 입지를 더 강화시킬 수 있었다. 여러 사정을 고려하면 이 두 번째 전략적 선택이 만슈타인이 가졌던 생각 중 가장 유리했다. 만일 그가 달리 주장했다면 이는 의심할 여지없이 ―나중에 우리가 알게 되듯이― 독일은 스탈린의 공격적인 정책과 독일 국경선에 집중 배치한 러시아군의 위협의 결과로 예방 전쟁을 수행할 수밖에 없었다라고 주장하며, 러시아 침공을 정당화하기를 원했기 때문이다. -

『Erich Von Manstein: Hitler's Master Strategist』 (Benoît Lemay)

1940년에 대두되었던 세 번째 방법은 영국 본토에 대한 공격이었다. 히틀러가 1940년 6월에 ―내가 언급한 대로 확고한 전략 없이― 영국을 침공하겠다고 마음먹은 것은 틀림없었고 작전에 대비한 준비를 철저히 하라고 지시하였다. 이 작전은 바다사자(Sealion)라는 작전명 하에 일정 조건이 충족된 후에야 시행될 예정이었다. 해군과 육군 참모진들의 실행 계획에 대한 지루한 논쟁 등은 이미 다른 이들에 의해 다루어진 바가 있으므로, 영국 본토 공략을 포기한 이유 중 세 가지 주요 사유에 대해서 언급하겠다.

첫째, 영국에 대한 침공이 영국만의 패배를 의미하며, 침공이 성공적일지라 할지라도 '영국 제국' 전체에 대한 모든 전쟁이 끝날 것이라 보기 어려웠다.
둘째, 침공 실패에 따른 위험이 너무 컸다.
셋째, 여러 고려사항이 히틀러로 하여금 종국에 영국에 대한 공격을 포기하고 러시아를 공격하게끔 만들었다.

영국 본토에 대한 봉쇄령과 지중해와 중동에서의 세력 확산이라는 두 가지 방법으로는 결정적인 성과를 얻기가 어려웠으며, 영국 본토에 대한 신속한 침공이 영국을 제압할 방법임에는 틀림없었을 것이다. 그러나 최종적으로는 영국이 점령되더라도 ―가능성이 적겠지만― 처칠 정부가 캐나다(Canada)에서 항전을 계속할 수도 있었으며 딱히 단언키는 어렵지만 일부 식민지도 이러한 기조에 동참할 수도 있었다. 영국 본토의 점령이 아직까지는 영국 제국의 완전한 패배를 의미하는 것은 아니었다. 프랑스와 달리 영국이 독일의 침공에 저항을 계속했을지, 처칠조차 그 가능성을 고려했던 새로운 정부가 항복 문서에 서명을 했을지, 나중에 1차세계대전 때 벨기에의 사례처럼 영국 국민을 먹여 살릴 수 있을 것인지에 대한 고려는 이 회고록에서 논의될 수 없고 순전히 가설로만 존재하는 것이다.

영국 본토의 점령이 가진 주요 의미는 ―독일이 지배자가 된 유럽 대륙을 목표로 한― 서부 연합군의 해상에서의 침공 자체의 가능성을 어느 수준까지는 배제시키는 것이다. 도약대로 활용할 영국 본토를 확보하지 못한다면 대서양(Atlantic)을 건너 유럽 대륙을 침공하는 것은, 미국이라 할지라도 이 시점에서는 불가능한 일이었다. 영국 본토의 점령으로 근거지를 잃은 공군과 대서양에 발을 붙이지 못하는 해군은 영국의 전쟁 수행 능력을 별 볼일 없게 만들 것이고 독일은 큰 저항 없이 지중해 지역의 정세를 잘 이용할 수 있을 것이다. 만일 영국 정부가 본토가 함락되더라도 전쟁을 계속하고자 한다면 전쟁에 이길 가능성은 없었다. 식민지들이 이 같은 상황에서 기존과 같은 지원을 하지는 않을 것이다. 또한 영국의 점령으로 인해, 독일 제국에 잠재적 위협이었던 러시아로 하여금 어떠한 상황의 변화에도 불구하고 가까운 미래에 독일과의 전쟁을 벌이겠다는 생각을 단념하게 했을 것이다. 그리고 스탈린은 히틀러와의 합의로 세력 팽창의 방향을 아시아로 전환시켰을 것이다. 그리고 미국으로 하여금 모든 부담을 혼자 감수하면서 독일에 대한 십자군 원정을 꿈꾸지 못하게 할 것이다. 그때나 지금이나 이 결과론에 대해 확실하게 그렇다고 얘기할 수는 없고, 히틀러도 영국에게 평화를 강요할 수도 없었지만 이 한 가지는 명확하다.

영국에 대한 침공이 성공한다면 그 결과로 히틀러가 선택한 어떠한 전략보다도 지정학적으로 유리한 상황을 얻을 수 있다는 것이다. 군사적 관점에서 1940년의 영국에 대한 침공은 성공할 가능성이 높았으며 의심할 여지없이 올바른 선택이었다. 군사적 관점에서 고려 대상이 아니었던, 영국을 평화 협상 테이블로 이끌어내기 위해서는 독일의 승리가 필요조건이었다. 군사적 측면에서의 영국 침공을 언급하자면, 성공 또는 실패에 대한 의견이 분분하였다. 바다사자 작전은 확실히 거대한 위험을 내포하고 있는데, 독일은 1944년 연합국이 필요로 했던 상륙 장비들만큼의 수량을 확보하지 못했고, 원시적인 상륙 장비에 상당 부분을 의존하였기 때문에 영국 침공은 실패할 것이 틀림없었다. 연합군이 1944년에 제해권과 제공권에 있어 완벽히 주도권을 차지한 것이 승패에 결정적이긴 했지만 그것만이 전부는 아니었다. 독일이 1940년에 승리를 확신할만한 상륙정 수량을 가지지 못했던 반면에 영국 해협에는 -적절히 무장되고, 훈련받고, 지휘 체계를 갖춘 부대로 이루어진- 조직화된 방어선이 아직 구축되어 있지 않은 이점을 가지고 있었다. 1940년 여름에는 영국 전체가 거의 무방비 상태였으며, 덩케르크에서 히틀러가 영국군의 퇴각을 막았더라면 더욱더 그러하였을 것이다. 영국 침공의 승리를 위해서는 두 가지 조건이 필요했다.

첫째, 영국의 무방비 상태와 여름의 기상 상태를 고려한다면 우리의 경험으로는 7월과 8월 그리고 9월초에는 매우 잔잔했으므로, 가능한 빨리 작전이 실행되어야 했다.

둘째, 영국 해협의 도하 시점 및 후속 선단이 뒤따르는 동안에 영국 공군과 해군을 독일이 무력화시켜야 했다.

기상 상태와 침공에 필요한 최소 수준의 제공권을 독일 공군이 확보할지 의심스러운 상황에서 바다사자 작전은 필연적으로 위험을 감수해야만 했다. 독일 참모진들은 심적으로 성공에 대한 의구심으로 인해 약간 주저하며 작전 계획을 수립하였다. 히틀러의 의도는 여전히 이때까지도 확실하지 않았다. 모든 분야에서 침공 준비가 미흡하였으며 최고위층의 추진력 또한 그러한 분위기가 역력했다. 국방군 최고사령부의 작전부장(Chief of the Combined Services Operation Staff)인 요들 장군은 전체적인 환경을 고려하여 이 작전이 실패할 것이라 예상했다. 육군총사령부가 늘상 입을 틀어막는 데 실패했던 공군총사령관인 괴링은 매우 염려스럽게도 영국 공군에 대한 독일 공군의 작전을 결코 국방군 전체 작전의 부분 집합으로 간주하지 않았다. 반대로 그는 독일 공군의 작전을 별도의 독립된 작전으로 간주하여 지휘하였으며, 결국 그가 저지른 행동들은 보유한 공군력을 낭비하게끔 만들었다. 영국 침공에 대한 실패 가능성을 처음 제기한 해군총사령부는 분석을 통해 최종적으로 이 침공은 명확한 사전 조건들이 충족된 경우에만 실현 가능할 것이라 결론을 내렸다. 이는 무엇보다도 적절한 상륙 장비가 부족한 것에 따른 의견이었다.

반대로 긍정적인 결과를 예상한 곳은, 프랑스의 패망에 앞서 영국 침공을 고려하지 않았던 육군총사령부였다. 작전이 시작되면 동원되는 부대원들은 그들의 목숨과 소중한 것을 걸어야만 했다. 그렇지만 부대원들이 충만된 에너지를 갖고 있었고, 작전 수행이 완벽할 것이라는 자신감을 내보였다는 점은 확실하다. 나의 지휘 하에 있는 38군단의 경우 ―블로뉴와 에타플(Etaples) 지역에서 도하하여 벡스힐(Bexhill)과 비치(Beachy) 교두보를 장악하는 임무를 받았으며― 위험을 과소평가하진 않았으나 모두들 성공에 대한 확신을 갖고 있었다. 그러나 이 시기에 공군과 해군의, 특히 해군의 염려와 불안에 대해서는 충분히 알지 못했다.

히틀러가 바다사자 작전을 최종적으로 포기하게 된 두 가지 사유는 잘 알려져 있다.

첫째, 상륙 부대의 제1진이 아무리 빨라도 9월 24일에야 준비를 마칠 수 있었으며 제1진의 공격이 성공적이라 할지라도 후속 공격에 필수적인 기상 상태의 안정을 기대할 수 있는 시점이 아니었다.
둘째, 이것은 결정적인 이유였는데 이때까지도 독일 공군이 영국 본토의 제공권을 얻지 못했다는 것이다.

이 두 가지 이유가 1940년 9월에 영국 침공을 포기하게 된 원인이었다. 독일군의 수뇌부가 이 문제를 달리 해결하려 하였을지라도 독일군의 침공 작전이 가능했을 것이라 판단하기는 어려웠다. 하지만 러시아와의 결전을 위해 히틀러가 영국과 전쟁을 벌이는 것을 피하고자 한 이유가 되었음은 명백했다.

문제는 바다사자작전의 지연과 영국과의 전쟁이 결론이 나지 않은 상태로 끝나게 된 원인이 반드시 어쩔 수 없는 결과였느냐는 것이다. 내 의견으로는 9월말까지 상륙 시점이 연기된 것은 확실히 피할 수 있었다. 영국을 패배하게 만들 —실무 준비에 치중한 이러한 계획은 서부전선이 진행될 때에 수립되어져야 함을 의미하였으며— 계획이 수립되어 있었더라면 **덩케르크에서 영국군이 철수**하는 것을, 히틀러가 그의 동기가 어떠하건 방임하지 않게 했을 것이다. 적어도 프랑스의 패망 시점에, 6월 중순이나 늦어도 7월 중순에, 영국에 대한 침공 결정이 있었더라면 상륙 시점이 가을까지 연기되는 최악의 상황은 피할 수 있었다. 침공 준비를 위한 인력적인 제한으로 독일군이 7월에 결정을 내렸다면 상륙 준비는 9월 중순까지는 완료되었을 것이다. 4주만 일찍 결정되었더라면 8월 중순에 영국 해협을 건너는 것이 가능했을 것이다. 제공권을 장악하지 못하여 영국과의 전투가 불만족스럽게 진행된 것에 대해 언급하자면, 상륙 시점에 선행하여 항공전만으로 영국에 대한 제공권을 얻겠다는 생각은 독일 수뇌부의 오판이었다.

[옮긴이의 주]
- 덩케르크에서 독일군이 공세를 멈춘 것에 대해 많은 이야기가 전한다. 만슈타인은 히틀러가 영국과의 평화 협상을 위해, 또 다른 이들은 히틀러가 영국과 유럽을 양분하려는 의도가 있었다고도 한다. 실제로는 아래와 같은 작전상의 문제였던 것으로도 보인다. 리델 하트는 다음과 같이 적었다.

  대전 후 내가 룬트슈테트 원수와 면담했을 때 1940년의 당시 상황에 대해 다음과 같이 말했다.
  '독일군 기갑사단이 영프해협에 도달한 바로 그때 중대한 위기가 닥쳤다. 그것은 5월 21일 아라스에서 남쪽으로 지향된 영국군의 반격이었다. 나는 일시적이나마 후속 보병사단들이 증원차 도착하기 전에 후방이 차단되는 것이 아닐까 우려했다. 프랑스군에 의한 역습 정도는 별로 심각한 위협이 아니었으나 이것만은 그렇지 않았다.'
  클루게 군 사령관과 클라이스트 장군이 특히 큰 충격을 받았다. 전쟁의 운명을 결정짓게 된 이 명령은 히틀러가 룬트슈테트 원수를 만난 이후에 비로소 하달된 것으로, 룬트슈테트 원수가 클루게와 클라이스트의 신중한 의견에 많은 영향을 받았음이 분명하다.
  - 『롬멜전사록』(리델 하트)

상륙 작전의 성공을 답보하기 위하여 침공 전에 제공권을 확보한다는 전략은 −결국 전투에 적합하지 않은 조건 하에서− 독일 공군의 전력을 낭비하게 만들었다. 독일 공군은 영국 공군과 영국의 산업 지대에서의 전투에 있어 독일 공군의 전력이 적합한지에 대해 냉정하게 평가를 했어야 했다. 무엇보다 독일 공군 수뇌부는 폭격 효과에 대해 과대평가를 한 반면, 영국 공군 전투사령부(Fighter Command)의 강력함은 과소평가하였고, 더군다나 적의 효율적인 레이더 시스템을 고려하지 않았다. 또한 폭격기, 전투기의 행동반경과 침투 능력은 요구되는 수준에 한참 미흡하였다. 그 결과 독일 공군은 목표로 하였던 영국 공군의 섬멸에 실패하고 말았으며 독일 전투기들은 영국 상공에서 항상 적 공군보다 불리한 조건 하에서 전투를 하여야 했다. 또한 독일 전투기의 행동반경을 벗어나면 대다수 경우에 전투는 독일 폭격기 자신이 수행하여야 했다.

이런 점을 고려하여 공군총사령부는 실제 침공이 이루어지는 시점에 해협과 해안선의 항공전에서, 영국 또한 독일과 동일한 조건 하에 싸우게 되는 중요한 결전을 벌이도록 판단했어야 했다. 마지막으로 독일군 수뇌부는 가뜩이나 영국 공군과 비교하여 약점을 갖고 있으면서도 −어느 정도 예견되었으나 필요하지는 않았던− 폭격의 결과가 매우 중요한 시점에 공습 목표를 변경하는 중대한 실수를 범했다. 9월 7일 공격의 목표는 런던으로 옮겨졌고, 런던은 딱히 상륙을 위한 작전을 위해서는 별 중요성이 없었다. 상륙 전에 제공권을 장악하는 것은 언제나 중요한 사전 조건이었겠지만, 모든 정황을 고려하여 독일군 최고사령부는 독일 공군의 결정적인 공세를 상륙 작전과 동시에 수행했어야 했다. 물론 어떤 이는,

    영국 남부의 영국 공군 기지에 대한 공격
    프랑스 항구에서의 승선 보호
    해협을 건널 때의 호위
    제1진의 상륙 지점에서의 제공권 확보
    해안 포대와 해군과의 유기적인 작전 수행
    영국 수상함에 대한 직접적인 방어 업무

등 많은 임무를 부여받은 독일 공군이 어쩔 수 없이 소모전을 벌이게 되었다고 이의를 제기할 수도 있다. 그러나 단기간의 성공을 고려한다고 해도 이 같은 임무들은 동시에 시행되어서는 안 되었다. 예

를 들어 영국 수상함들은 —영국 남부의 소규모 수상함 부대들을 제외하고는— 제1진이 상륙할 때까지도 독일군을 방해하지 못했을 것이다. 독일 육군과 해군의 공격과 동시에 독일 공군이 해협과 영국 남부에서의 제공권을 위해 수행할 전투의 결과는 매우 중요하였으며, 독일 공군은 영국 본토에 대한 공격보다 훨씬 수월한 조건하에서 전투를 지속할 수 있었을 것이다. 이 전략은 모든 운명을 단 하나의 카드에 담은 것이지만, 결국 위험을 감수하여야만 했다면 이는 우리가 지불해야만 하는 대가였다. 이미 언급한 이유로 인해 1940년 9월 히틀러가 작전의 중지를 선언했을 때 내가 생각한 전략들이 진실로 설득력이 있었을 것이다.

[옮긴이의 주]

- 만슈타인이 가장 성공 가능성이 높았다고 본 영국 본토로의 상륙작전에 대해 Benoît Lemay는 달리 보았다.
- 만슈타인이 영국 본토 상륙만이 영국을 패배로 이끌 가장 빠른 방법이었다고 주장한 것은 확실하다. 그러나 이 작전의 지극한 위험으로 인해 히틀러와 국방부 최고사령부는 영국 항공전의 결과에 따라 작전 계획을 수립했다. 바다사자작전을 위해 해군은 병력의 수송을 위한 선박과 동시에 수송되는 병력을 방어할 충분한 선박을 보유하지 못했고 —특별히 장기간에 걸쳐 맑은 날씨가 계속되는 상황에서 필요한— 적절한 상륙용 소형 선단도 보유하지 못했다. 도해와 상륙할 때 공군은 해협과 영국 남부 해안의 영국 공군을 제압하여 제공권을 확보해야 했지만 이와 동시에 독일 해군의 열위를 보완하기 위해 영국 선단에도 맞서야 했다. 국방군 최고사령부가 프랑스 전역이 끝나기 전에 영국침공 계획의 준비를 간과한 예지력의 부족을 만슈타인은 지나치게 비난한 것으로 보인다. 해협을 건너는 수륙양용작전은 상당한 위험을 수반했을 뿐만 아니라 프랑스에서의 군사적 작전의 결론이 나기 전에 이 같은 작전을 준비하는 것은 거의 모든 전력을 프랑스에 배치했던 국방군에게는 약점이 되었을 것이다.

이때에는 영국침공의 준비를 착수할 충분한 병력이 남아있지 않았다. 비록 도해에 필요한 충분한 선박을 확보하는 것이 가능하더라도 레더는 히틀러에게 1940년 여름에 바지선들과 예인선들을 징발하는 것은 독일이 —매우 의존하고 있던 경제 시스템인— 국내 강의 운항 시스템을 붕괴시켜 독일 경제가 악화될 것이라 말했다. 영국침공 그 자체의 지극한 위험 때문에 프랑스 전역이 끝나던 시점에 이 작전은 실행이 거의 불가능했다. 작전 철회로 인해 가장 현명하다고 여겨진 전략적 선택은 두 번째였던 지중해에서 영국의 전략적 위치를 붙잡겠다는 전략이었다. 세 개의 전략적 선택 중에서 이것이 실행될 수 있었고 가장 쉽게 달성할 수 있는 것이었다. 가장 위험이 적었으며 가장 지정학적, 전략적, 경제적 이익을 취할 수 있었다. - 『Erich Von Manstein: Hitler's Master Strategist』 (Benoît Lemay)

작전의 중지는 결국 정치가로서의 히틀러를 제외하고, 독일군 최고사령부 안에 −전반적인 전략에 대해 책임지거나 영국 침공에 대한 육·해·공군의 통합작전을 시기에 맞추어 수립하거나 주도할만한 − 작전 조직이 없었기 때문에 발생한 것이었다. 만일 독일군 수뇌부가 성공적인 업적을 달성할 수 있는 기회를 놓쳤다면 그 이유는 급조된 참모 조직과 히틀러의 정치적 고려에서 찾을 수 있다. 히틀러가 영국과 영국 식민지들과의 교전을 늘 피하고자 했으며 영국 제국의 멸망이 독일 제국의 정치적 목표와 업적이 될 수 없다고 생각한 점은 명백하다. 이런 생각을 믿지 않는 사람이 있을 수 있다. 그렇지만 만일 영국 제국이 소멸할지라도 −히틀러와 독일 제국이 그 주인이 되지 않고− 오히려 미국, 또는 일본이나 러시아가 그 주인이 될 것이라 히틀러가 믿었던 점은 사실이다. 이러한 현실적인 고려를 감안한다면 영국에 대한 그의 태도는 이해할 수 있을 것이다. 그는 영국과의 전쟁을 원하지도, 예상하지도 않았으며 지속적으로 가능한 한 그는 영국과의 최후의 결전을 피하고자 하였다. 영국에 대한 이러한 고려에 더불어 프랑스에서의 전광석화와 같은 승리를 기대하지 않았기 때문에 히틀러는 영국의 패배를 염두에 둔 전쟁 계획을 수립하지 않았음을 이해할 수 있다. 중요한 점은 그가 영국에 상륙하는 것을 원하지 않았고, 그의 정치적 노선과 견해들은 서부전선에서의 승리 이후에 요구되어지는 전략적 사항들과 일치하지 않게 되었으며, 특히나 그의 노선은 영국에서는 절대 받아들이기 어려웠다는 점이다.

반면에 1939년 러시아와의 동맹에도 불구하고, 러시아에 대한 히틀러의 노선은 근본적으로 달랐다. 그는 일단 러시아를 신뢰하지 않았으며 러시아인들을 멸시하였다. 모스크바 조약에 서명함으로써 더욱더 부채질을 했던 그는 러시아의 전통적인 팽창 전략에 대해 우려했다. 아마도 누구나 전체주의 국가인 독일과 러시아가 직접적인 인접국이 됨에 따라 조만간 두 세력의 충돌이 일어날 것임을 히틀러가 생각하고 있었다는 것을 알 수 있을 것이다. 나아가 그는 독일 국민의 안전을 위한 생활권(Labensraum)을 염두에 두고 있었으므로, 이 경우에 그는 동부에서 그 공간을 찾고자 했다. 이 같은 그의 노선으로 인해 러시아와의 최종적인 충돌이 지연될 가능성은 전혀 없었으며, 히틀러는 그가 프랑스의 패망 이후에 유럽의 주인이 된 시점에서도 그 위기감을 느꼈을 것이다. 특히나 독일 국경에 **러시아 부대가 위협적으로 배치되어, 크레믈린의 향후 정책**에 대한 의혹이 점점 커져 그의 조바심은 더욱 커지게 되었다.

[옮긴이의 주]

- 독일과 맺은 조약의 전체 목적은 히틀러의 위협을 당분간 서쪽으로 돌리는 것이었다. 스탈린은 전쟁이 1914년의 전쟁처럼 전개되어 독일이 그 전쟁에서 '힘이 다 빠져 다시 소련과 전쟁을 치르는 위험을 감당하려면 여러 해가 필요' 하게 되기를 바랐다. 항복 조건에 관한 소식이 모스크바에 전해졌을 때, 스탈린은 화를 내면서 믿으려고 들지 않았다. 전략 상황에 급격한 변화가 생겨서 소련 지도자들은 독일과 맺은 조약의 비밀 의정서의 조항에 따라 소련 권역에 할당된 나머지 전리품을 서둘러 챙겼다. 소련군 500,000명이 에스토니아, 라트비아, 리투아니아 3개 공화국에 파견되었고, 세 나라는 폴란드 동부에 부과되었던 것과 똑같은 무법 테러 체제에 놓였다. 수많은 사람들이 공개적으로 살해당했다. - 『스탈린과 히틀러의 전쟁』(리처드 오버리)

- 2차세계대전을 다룬 영화는 아니지만 에스토니아와 러시아와의 전쟁을 다룬 〈대리석에 새긴 이름(Nimed Marmortahvlil)〉을 보면 발트 3국과 러시아와의 관계를 알 수 있다. 동일한 감독이 만든 영화 〈1944〉는 2차세계대전 당시 러시아군복을 입었던 에스토니아인과 독일군복을 입었던 에스토니아인들의 비극을 묘사하고 있다. 독일군으로 싸웠던 에스토니아인들은 현재 애국자로 추앙받는 등 에스토니아는 러시아와 사이가 좋지 않다. 러시아는 항상 서쪽으로의 팽창을 꿈꿔왔다.

히틀러는 영국 침공이라는 문제에 당면해 있었고 그는 이에 수반되는 위험 부담이 매우 컸음을 알고 있었다. 만일 공세가 실패할 경우에 육군과 해군을 잃게 될 것이며 공군 또한 상황이 매우 어려울 것이었다. 그러나 군사적인 관점에서 엄격히 말하자면 —영국에 대한 공세 실패로 인해 독일군이 군사력을 회복하지 못한다는 것은 아니었고— 사실 더 큰 반향은 정치적인 면에서 어떠한 실패라도 영국이 전쟁을 지속하도록 결정하게 만들 것이고, 또한 관망 중인 미국과 러시아의 참전 여부에 영향을 끼친다는 점이었다. 무엇보다 가장 큰 반향은 대규모의 공세가 실패할 경우 전 세계의, 그리고 독일의 국민들이 독재자가 갖고 있던 권위에 대한 시각이 변하리라는 것이었다. 이는 히틀러로 하여금 영국에 대한 공세를 선택하지 않게끔 만든 위험 요소였다. 영국 제국에 대한 그의 일관적인 견해는 히틀러가 최후의 결전을 뒤로 미루도록 하게 만들었고 동시에 최종에는 영국과 협상 테이블에 앉을 수 있을 것이라는 희망을 가지게 만들어 히틀러는 위험을 선택하지 않았다.

그는 영국과의 결정적인 전투를 피하고자 했고 —영국을 힘으로 굴복시키는 대신에— 그가 조건을 제시한다면 영국의 손으로부터 독일과 프랑스 영토를 향한 칼날을 떨어뜨리고 영국에게 협상의 필요성을 인식시킬 수 있을 것이라 생각했다. 군사적, 정치적 위험에 대한 끊임없는 고민의 영향으로 히틀러는 심각한 판단 실수를 하게 되었다. 만일 히틀러가 우리에게 가장 유리한 이 시점에 영국과의 전쟁을 주저한다면, 독일이 이른 시기에 조국을 방어할 수 없는 위기에 봉착할 것임은 확실했다. 영국과의 전쟁이 길어질수록, 조국 동쪽에서의 위협은 더욱 커질 것이었다. 히틀러가 1940년에 영국과의 최후의 일전을 벌이겠다는 모험을 하지 않았을 때 —또는 그의 마지막 기회를 놓쳤을 때— 히틀러는 더 이상 숨을 죽이고 있으면 안 되었다. 히틀러는 유럽 서부에서 그와 맞설 수 있는 적이 없는 이 시점에 선제적인 공격을 통해 러시아를 제거하겠다는 시도에 대해 고민했어야 한다. 실제로는 영국을 침공한다는 것에 대한 그의 우려 때문에 그는 양면전선이라는 더 큰 위험을 얻게 되었다. 동시에 많은 시간을 소비하고, 결국에는 침공 계획을 포기함으로써 독일에게 결정적인 승리를 가져다 줄 1년간의 시간을 허비했다.

이 1년은 독일이 절대로 되돌릴 수 없는 시간이었다. 9월에 바다사자작전이 취소되어 38군단은 평시의 훈련 상태로 돌아왔다. 우리 군단의 도하 장비들은 영국 공군의 위협을 피해 이미 해협의 항구들로 복귀하였다. **러시아에 대한 히틀러의 의도**는 전혀 알려진 바가 없었으며, 러시아에 대한 공격은 향후에 결정되었다. 1941년 봄, 내가 새로운 임명을 받았을 때에서야 러시아에 대한 공격이 시작되리라는 느낌을 처음으로 받게 되었다(First hints).

[옮긴이의 주]
- 9월 3일 작전담당 참모차장에 임명된 파울루스는 **마르크스(Marcks)**의 개념을 바탕으로 작전 계획을 짰다. 육군참모본부가 자신의 계획을 작성하고 있는 동안, 국방군 지휘참모부의 로스베르크 대령도 자기들만의 계획을 세우고 있었다. **요들**은 총통의 군사조언자로서 신용을 얻은 상태였다. 따라서 히틀러는 그에게 언제든 총통과 만날 수 있는 권한을 부여했는데 그런 권한을 가진 사람은 극소수에 불과할 정도로 큰 특권이었다. 결과적으로 요들은 카이텔의 부하가 아니라 그와 대등한 존재가 되었다. 심지어 그는 자신의 부하인 발리몬트조차 상황 보고 자리에 참석하는 것을 거의 허락하지 않았다. - 『히틀러 최고사령부』 (제프리 메가기)

- 마르크스(Marcks)는 평전에 따르면 18군 참모장(소장)으로 육군참모본부 소속은 아니었다. 요들은 전후 전범

재판에서 사형을 선고받았다. 그가 순수히 작전 영역에만 종사했다는 관점이 있어, 그의 사형에 대해서는 논의가 필요하다.

8. 기갑전
(PAZNER DRIVE)

　1941년 2월말 독일에서 새로이 편성 중인 56기갑군단을 인수하기 위해, 나는 해협에 주둔 중이었던 38군단의 지휘권을 인계하게 되었다. 서부전선에 대한 공세 이전부터 나는 마음속으로 기갑군단의 지휘관이 되고자 했던 바람을 갖고 있었으므로 기갑군단의 인수는 기꺼운 일이었다. 물론 군단 사령관 신분일지라도, 나는 러시아에 대한 공격의 시행 여부와 시행된다 해도 자세한 사항들에 대해서는 알 수 없었다. 내 기억으로는 1941년 5월에서야 작전 명령을 받을 수 있었으며, 그마저도 소속된 기갑집단으로 우리 군단이 신속하게 병력을 이동하라는 것뿐이었다. 따라서 러시아 전선에서 실제 수행된 전반적인 작전에 관해서는 내가 작전 계획의 마지막 작업까지 참여했던 서부 전역 수준처럼은 언급할 수 없을 것이다. 그럼에도 나는 현재에 이르리 명백하게 드러난 두 가지 사항은 꼭 언급돼야 한다고 생각한다.

　첫 번째, 러시아의 자원과 붉은 군대의 전력에 오판은 누구의 잘못도 아닌, 바로 히틀러 자신의 실수였다. 히틀러는 그의 오판에 근거하여 단 한번의 공세로 러시아를 패퇴시킨다는 가정 하에 모든 것을 계획하였다. 이것은 러시아 내부에서 동시 다발적인 붕괴가 수반되어 이루어질 경우에만 가능한 일이었을 것이다. 또한 군사적 성공을 최우선으로 했어야 했음에도 동부 지역 점령지의 **판무관(Reich Commissioners)들과 SS보안방첩부대**(SD, Sicherheitsdienst, Security Service)에 의해 수행된 히틀러의 통치 행위들은 예기치 않는 결과를 불러왔다. 다시 말하여, 히틀러의 군사적 행위로서의 전략적 방침은 러시아 공산주의 체제를 붕괴시키는 것이었으나 그의 정치적 행위들은 이와는 정반대였다. 군 지휘관들과 정부 관료와의 이러한 목적의 차이는 다른 전쟁에서도 곧잘 발생했었다. 그러나 정부수반과 국가수반이었던 히틀러가 동부 전역에서 행한 정치적 행위의 결과는 그의 전략적(군사적) 요구와 상반되었으며, 단기간에 이룰 수 있었던 군사적 성공의 기회를 잃게 만들었다.

　두 번째, 육군총사령부와 히틀러와의 통일되고 단일화된 전략을 만드는 것에 실패한 것이었다. 육군총사령부와의 의견의 불일치는 1941년 전체 전략 및 세부적인 전술에서도 발생했다. 히틀러의 전략적 목표는 정치적 측면과 경제적 측면을 고려한 것으로써 정치적 목표는 레닌그라드(Leningrad)였는데 히틀러는 레닌그라드를 볼셰비즘의 발원지로 간주하여 주변의 핀란드와 발틱(Baltic) 국가들과 함께 힘을 합쳐 점령하고자 하였다. 경제적 목표는 자원지대인 우크라이나(Ukraine)를 침공하여 군수 산업의 중심지인 도네츠(Donets)강 유역과 궁극적으로 코카서스(Caucasus)의 유전지대를 점령하는 것이었고, 이 지역들을 장악함으로써 히틀러는 러시아가 경제적 측면에서 무력하게 되기를 희망했다. 반대로 육군총사령부는 의심할 여지없이 중요한 전략적 목표에 대한 점령을 통해 붉은 군대에게서 승리를 얻고 싶어했다. 육군총사령부 주장의 요체는 모스크바(Moscow)는 러시아에게 있어 가장 중요한 도시이므로, 러시아 정부가 이를 결코 포기하지 않을 것이기 때문에 모스크바로 가는 경로에 러시아 주력 부대가 집결해 있다는 점이었다. 러시아군이 결코 모스크바를 포기하지 않을 것이라는 주장은 세 가지 사실에 기반하고 있었는데

첫째, 1812년과 달리 모스크바는 러시아의 정치 중심지였으며

둘째, 모스크바 인근과 동부 군수 산업지대의 점령은 러시아가 전쟁을 수행할 수 있는 최소한의 경제 요건을 붕괴시킬 것이고

셋째, 가장 중요한 이유로 모스크바는 전략적으로 동부 유럽을 연결하는 교통 중심지로서, 모스크바의 상실은 러시아 방어선을 둘로 쪼개어 일관성 있고 상호 협력적인 전략을 방해할 수 있는 점이었다.

[옮긴이의 주]

- Reich Commissioners를 판무관으로 옮겼으나, 대관구장 등으로 옮겨지기도 한다. 우크라이나(Ukraine)와 오스트란트(Ostland, 발트 3국과 벨로루시)에 판무관이 임명되었다고 한다. 회고록의 후반에 가면 우크라이나에서 퇴각할 시 판무관이 그의 책임을 수행하지 않고 먼저 도망간 사실에 대해 만슈타인이 비난하는 장면이 나온다. SS보안방첩부대는 SS특수임무부대인 아인자츠그루펜(Einsatzgruppen)과 더불어 인종 학살의 오명을 갖고 있다. SS보안방첩대의 수장이었던 보헤미아-모라비아 총독 라인하르트 하이드리히(Reinhard Heydrich)는 체코에서 암살당했으며, 이를 다룬 〈새벽의 7인(Operation Daybreak, 여명의 작전)〉, 〈암살(Atentat)〉이라는 제목의 영화가 있다. 체코인들은 이로 인해 보복을 당했다. 이를 다룬 〈리디체(Lidice)〉라는 제목의 영화가 있다. 하이

드리히는 국방군 최고사령부의 정보국을 담당하던 카나리스 제독과는 경쟁 관계였지만, 기이하게도 카나리스 제독과 친분이 있었다. 관심이 있는 독자들은 이 기괴한 친분에 대해 더 찾아보기 바란다. 전쟁에 대한 서적들도 우리에게 도움을 주지만 전쟁영화도 우리에게 시사점을 준다. 전쟁영화에 대해서는 'http://blog.daum.net/schultz105'를 참조하시기 바란다. 아울러, 독일군의 쓰디쓴 동부전선의 퇴각전에 대해서는 'http://blog.naver.com/uesgi2003'를 참조하시기 바란다. 블로그 주소 공개에 대해서는 사전에 허락을 얻었다.

전략적 관점에서 히틀러와 육군총사령부의 관점 차이는 다음과 같았다. 육군총사령부가 전선의 중앙에서 승부를 결정짓고 싶어 했으나 히틀러는 러시아를 양쪽 측면에서 공격하기를 원했다(그러나 상대적인 힘의 균형 차이와 전선의 광범위함에 따라 독일군은 양쪽 측면을 담당할 적절한 병력을 확보하지 못했다). 결국 이러한 전략적 관점의 차이로 육군총사령부의 작전 계획은 폐기되었다. 그럼에도 히틀러는 육군총사령부가 제안한 주요 공격 방향이 북쪽에서 2개 집단군이 그리고 프리페트(Pripet) 습지 남쪽에서 1개 집단군이 공격한다는 병력의 분할에 대해서는 작전 계획을 승인하였으나 전역 기간 중 전략 목표에 대한 논쟁이 계속되었다. 피할 수 없는 결과로 히틀러는 그의 계획을 달성하는데 실패했을 뿐만 아니라 광범위한 작전 범위로 말미암아 육군총사령부마저 혼란스럽게 만들었다.

히틀러의 바바로사(Barbarossa) 지령에 기술되어 있는 일반적인 작전 교리(강력한 기갑부대를 전위로 하여 깊숙한 침투를 이루어낸 후 적군이 후방으로 후퇴하는 것을 막은 후에 고립된 적 전력을 철저히 분쇄한다)는 결국에는 단지 전략, 전술상으로만 존재하는 이론일 뿐이었다. 독일군 지휘부의 탁월한 능력과 전투부대의 우수한 전공으로 말미암아 러시아군을 패배로 몰아넣으면서 빼어난 승리를 얻었던 것은 틀림없다. 그러나 우리에게 맞선 상대의 강력함과 영토의 광활함을 고려한다면 ―그리고 우리가 러시아군을 물리치기 위해 두 개의 전역을 벌일 수도 있음에 대한― 최고 지휘부의 통일된 합의가 없었던 부분은 독일군의 뛰어난 전략과 전술 교범만으로는 상쇄할 수 없었다. 나는 군단 사령관의 신분이었으므로 국방군 최고사령부의 의도와 작전 계획에 대해 알지 못했기 때문에 '히틀러의 국방군 최고사령부'와 '육군총사령부'와의 전략적 차이점을 알 수 없었다. 그러나 나는 곧 그 전략적 차이에 대한 영향을 체감하게 되었다.

북부집단군(리터 폰 레프 원수)은 동프로이센으로부터 진공하여, 적군을 섬멸하면서 발틱까지 진격한 후 레닌그라드를 점령하는 임무를 맡았으며, 56기갑군단은 이에 따라 북부집단군 4기갑집단 소속으로 동프로이센부터 공격을 시작하게 되었다. 4기갑집단(회프너 상급대장)은 드비나(Dvina)강 유역까지 밀고 들어간 후, 드빈스크(Dvinsk, Dünaburg)에서 오포츠카(Opochka)로 진군하기 위한 모든 도강 지점을 확보하라는 임무가 주어졌다. 4기갑집단의 우측에 있는 16군(부쉬 상급대장)은 코프노(Kovno, Kaunas)를 경유하여 진격하며, 좌측에 있는 18군(퀴힐러 장군)은 리가(Riga)로 곧장 진격하는 임무를 맡았다.

나는 6월 16일 56기갑군단의 주둔지에 도착했으며, 회프너 상급대장이 다음과 같은 명령을 4기갑집단에 하달하였다. 56기갑군단(**8기갑사단, 3차량화사단, 290사단**)은 동쪽으로 공격 방향을 잡아, 메멜(Memel) 북쪽의 삼림지대와 틸시트(Tilsit)의 동쪽으로부터 코프노 북동쪽에 위치한 드빈스크로 향하는 진격로를 확보하고, 56기갑군단의 좌측에서는 41기갑군단(라인하르트 장군의 지휘 하에 1, 6기갑사단과 36차량화사단, 269사단)이 야콥슈타트(Jakobstadt)에서 드비나강을 도하할 수 있도록 전진하는 것이었다. 아울러 4기갑집단의 예비대인 **SS토텐코프사단**은 가장 빠르게 진격한 군단의 후미로 보내질 것이었다. 러시아군이 드비나강을 넘기 전에 섬멸하는 동시에, 북부집단군의 진격로를 개척한다는 측면에서 -드비나강이 그 자체로 만만찮은 장애물이었기 때문에- 드비나강의 교량들이 손상되지 않은 채 확보되어야 한다는 점은 매우 중요했다. 그리하여 4기갑집단의 진격은 두 군단 중, 어느 누가 드비나강에 먼저 도착하는지 경주를 펼치는 것과 다름없었다. 신뢰할 수 있는 정보에 의하면 56기갑군단은 41기갑군단보다는 적의 소규모 저항을 받을 것으로 예상되어 드비나강에 먼저 도착할 수 있을 것으로 간주되었다. 그러나 이 때문에 41기갑군단에 1개 기갑사단이 더 배속되어 56기갑군단보다 많은 사단을 가용할 수 있었으며 우리의 주력을 적의 취약 지점이라고 생각되는 곳에 집중하는 것이 나을 것이라는 나의 주장은 4기갑집단의 사령부로부터 아무런 호응을 받지 못했다.

만슈타인, 부쉬

[옮긴이의 주]

- 3경사단이 재편된 8기갑사단은 종전 시에 헝가리, 체코에서 러시아군에게 항복했다. 3사단이 재편된 3차량화사단은 스탈린그라드에서 괴멸되었으며 나중에 3기갑척탄병사단으로 재편되었다. 290사단은 1944년의 방어전에서 다시 이 지역에 위치한 리가(Riga)를 수비하게 된다. SS토텐코프는 황색작전 시 영국군 포로 학살로 오명을 남겼다. 이 사단 소속으로 싸웠던 무장친위대 병사의 회고록을 참조하기 바란다. SS토텐코프는 SS아돌프히틀러, SS라이히, SS바이킹사단과 주로 작전을 벌였으며 치명적인 손실을 입은 경우가 많았다.

진정한 의미로서의 기갑전을 수행한 56기갑군단의 혁혁한 공세를 기술하기에 앞서, 군인으로서의 규범과 정치적 목적으로서의 규범으로 인해 괴리감을 느끼게 만들 지시가 내려왔다. 공세가 시작되기 며칠 전에 우리는 훗날 '**러시아 정치장교의 처리에 관한 명령**(Commissar Order)'이라 불리는 지시를 국방군 최고사령부로부터 받았다. 그 명령은 포로로 잡힌 모든 러시아군의 정치장교들은 볼셰비즘의 옹호자이기 때문에 즉시 사살하라는 것이었다. 지금도 나는 국제법상의 관점에서 정치장교들이 분명치 않은 위치에 있었다고 생각한다. 그들은 나의 관점에서 보기에 명백히 군인은 아니었으며, 단순히 정치적 감시자로서의 군인일 뿐 압제자 외에 아무것도 아니었다. 그리고 그들은 군목, 위생병, 종군기자들처럼 비전투원으로서의 지위를 부여받을 수도 없었다.

그와 반대로, 그들의 위치는 전통적인 전쟁의 의미에서는 광신적인 전투원으로서가 아니라 불법적인 것으로 간주될 뿐이었다. 그들의 임무는 러시아군 지휘관들을 감독하고, 나아가 전투 중 잔인함을 높은 수준까지 북돋아서 전통적 군인으로서의 규범과 상충되는 개념을 주입하는 것이었다. 전투 방식과 포로들의 처우에 대해 정치장교들이 권한을 가졌음은 전쟁에 관한 헤이그(Hague) 협정 조약을 노골적으로 상충되게 만드는 것이었다. 그러나 국제법상의 정치장교들의 지위가 모호함을 감안한다 할지라도 전투 중 포로로 사로잡았을 때 총살하라는 지시는 그 누구에게도 탐탁지 않은 것이었다.

'정치장교의 처리에 관한 명령'은 전적으로 군인의 명예와는 맞지 않았다. 그 명령을 수행하는 것은 우리 부대의 명예를 손상시킬 뿐만 아니라 정신적, 도덕적으로도 옳지 않았다. 그리하여 **나는 나의 상관에게 정치장교의 처리에 관한 명령은 내 지휘 하에 있는 부대 중 어느 누구로부터도 실행되지 않을 것**이라 말할 수밖에 없었다. 나의 예하 부대 지휘관들도 전적으로 이 문제에 있어 나와 입장을 같이 했으며 군단 내의 모든 군인이 이에 따랐다. '정치장교의 처리에 관한 명령'을 철회시키기 위한 모든 노력들은 오랜 시간이 지나서야 이루어져 명목상으로나마 이 명령은 철회되었으나, 결국 정치장교들이 그들의 부대원들을 마지막까지 잔인한 방법으로 다루게 하는데 의존하게 만들었다(11군을 지휘할 때에도 11군 대다수도 나의 이런 관점을 공유했다. **정치장교의 처리에 관한 명령은 11군에서도 시행되지 않았다.** 소수의 정치장교들이 총살되었는데 이것은 작전 중에 생포되었기 때문이 아니라 후방에서 파르티잔 그룹의 조직자 또는 지휘관으로서 포로로 잡혔기 때문에 총살형을 언도받았기 때문이었다. 이 경우에도 군법이 적용되었다).

[옮긴이의 주]
- Commissar는 정치위원, 인민위원, 정치장교로도 불리는데 여기에서는 정치장교로 통일하였다. 해당 부대의 정치적 사상 교육을 수행하기 직책이지만 실제로는 지휘관을 감시하기 위해 만들어진 직책이다. 후에 권한이 대폭

축소되어 부대의 지휘관이 정치장교를 의식하는 경향이 약해졌다.

구데리안도 그의 회고록에서 소련 민간인과 포로를 다루는 명령과 관련하여 이 명령에 따르지 않았다고 주장했다. 아울러 구데리안은 정치장교에 대한 명령도 그의 기갑집단에서는 전혀 몰랐다고 주장했으며, 아마 중부집단군에서 그 명령을 차단했을 것이라 말하고 있다. 실제 그가 몰랐었는지에 대해서는 확인할 수 없었다. 각종 기록에 따르면 일선의 전투부대 근무자들은 후방에서 어떤 일이 발생하는지 생각할 시간조차 없었다는 증언이 있지만, 집단군 사령관 만슈타인과 육군참모총장 구데리안은 전범재판 과정에서의 자기변호, 논리의 일치 및 독일 국방군의 명예를 지키기 위해 알고 있었다고 말할 수 없었을 것으로 보인다.

- 자세한 연구를 통해 전후 만슈타인과 일부 장성들이 주장한 바와 달리 정치장교의 처리에 관한 명령은 무시되지 않았으며 모든 국방군 부대들이 적극적으로 이에 따랐다. 1941년 7월 17일 육군총사령부는 SS특무부대, 보안방첩대와 경찰부대가 '탐탁치 않은 정치장교'를 처형하기 위해 독일, 폴란드, 러시아 점령지에 있던 포로수용소에서 그들을 색출하는 것을 승인했다. 정치장교를 처형한 것은 만슈타인이 ─56기갑군단, 11군의 사령관으로서 저지른 전쟁범죄 중 일부였고─ 전범재판에서 유죄가 선고된 항목이었다.

바바로사작전 초기에 SS특무기동대 A의 사령관이었던 프란츠 발터 슈탈레커(Frantz Walter Stahlecker)는 레프 원수의 북부집단군 소속인 회프너의 기갑집단(만슈타인의 56기갑군단, 라인하르트의 41기갑군단)과 ─슈탈레커의 말을 빌면 '아주 유기적인 협조를 이루며'─ 작전을 펼치고 있었다.

만슈타인은 그의 회고록에서 그가 지휘하던 동안에 11군에서는 정치장교의 처리에 관한 명령이 수행되지 않았다고 주장했으나 어쩔 수 없이 '소수의 정치장교들이 전투 중에 처형된 것이 아니라 후방에서 파르티잔을 조직하거나, 이끌어서 처형당했다. 그들은 전쟁법에 따라 처우받았다.'라고 말 할 수밖에 없었다. 물론 이 같은 주장은 사실과 다른, 순전히 거짓이다. 누군가는 이에 대해 만슈타인이 정치장교들의 운명에 하등의 관심이 없었다는 것을 보여주며, 이는 그의 볼셰비즘 체제에 대한 본능적인 증오심 때문이라고 말한다. 마찬가지로 만슈타인은 그의 정치적 신념이 훼손될 경우에 국가사회주의 정권 내에서 그의 군 경력이 멈출 것이라는 것을 잘 알고 있었다. 그의 자리에서 해임되는 것이 두려워 만슈타인은 정치장교의 제거에 관심을 기울였고 이를 군사적 명령을 통해 강조했다.

뉘른베르크 전범재판에서 11군의 참모장이었던 뵐러(Wöhler) 장군은 정치장교 명령의 시행을 막기 위해 그의 사령관인 만슈타인 원수가 그의 부하들과 휘하 부대들에게 어떤 조치를 취했는지 묻자 '어떤 조치를 그가 취했는지에 대해 나는 모른다. 사실 나는 정치장교 명령과 아무런 관련이 없었다. 왜냐하면 정치장교 명령에 대한 명령은 처음이자 전부가 의심할 여지없이 사령관에게 있었지 참모진에게 있지는 않았기 때문이다. 만일 내가 관련되었더라면 —난 기억하지 못하지만— 나는 사령관으로부터 승인을 받고 그 명령을 내렸을 것이다. 그 외에는 나는 알지 못한다.'라고 말했다. - 『Erich Von Manstein: Hitler's Master Strategist』(Benoît Lemay)

6월 21일 13시, 56기갑군단 사령부는 익일 새벽 3시에 공세를 시작하라는 명령을 받았다.

주사위는 던져졌다(The die was cast).

내 군단에 할당된 메멜 북쪽의 삼림지대였던 작전 구역은 협소하였기 때문에 8기갑사단과 290사단만이 곧 패퇴할 운명에 처한 적과의 전선에 투입되어 공격부대로 전개가 가능했으며, 3차량화사단은 강 아래에 예비대로 남겨 두었다. 전선에 접해있는 주변에서 우리는 선두 방어 진지로 추정되는 적의 미약한 저항을 받았으며, 적 토치카로 인해 멈추었던 공세는 8기갑사단이 메멜 북쪽의 적 요새 지역을 오전 동안 유린하고 나서야 재개되었다. 공세 첫날에 러시아군의 지휘부는 그들의 진면목을 보여주었다. 우리가 러시아군에 의해 고립되어 있던 독일 정찰대(Patrol)를 우연히 찾아냈을 때, 모든 부대원들이 끔찍하게 훼손된 채 죽어 있던 것이었다. 아직 적을 완벽하게 내쫓지 못한 지역을 자주 순시해야 했던 내 전속부관과 나는 절대로 적에게 사로잡히지 않겠다고 결심했다. 이후에도 항복하려는 듯이 손을 높게 쳐 든 러시아군이 우리 보병들이 가까이 근접하자마자 그들의 무기에 손을 뻗거나, 우리 부대가 등을 보이자마자 죽은 체 하던 러시아군 부상자들이 총을 쏘는 사례들이 다수 발생했다.

전선에 배치되어 있던 러시아군은 전체적으로 우리의 공세에 전혀 놀라지 않은 것으로 보였으나, 러시아군 지휘부는 아마도 우리의 공세를 예측하지 못한 것으로 보였고 그로 말미암아 오랫동안 그들의 강력한 예비대를 조직적으로 전개하지 못했다. 사실 러시아군의 작전 계획이 방어인지 공격인지에 대한 논의가 수없이 진행되어 왔으며 러시아 서부에 배치된 부대들과 비알리스토크(Bialystok) 지역, 르보프 주변에 밀집된 기갑부대를 고려해보면 조만간에 러시아군의 공세가 시작될 것으로 생각하는 것도 타당했다. 이는 히틀러의 공격을 뒷받침하였다. 그 반면 1941년 6월 22일의 러시아군의 부대 전개는 러시아군이 공격 준비를 갖추고 있다고 보기는 어려웠다. 나는 러시아군의 작전 계획이 '동부 폴란드, 베사라비아(Bessarabia), 발틱 지역을 점령함으로써 모든 위기 상황에 대비한 조치를 수행' 하고자 했던 것으로 묘사하는 것이 더 진실에 가깝다고 생각한다. 1941년 6월 22일 러시아군은 의심할 여지없이 종심 배치되어 방어전에 전념한 것은 분명했다.

그러나 독일의 정치적, 군사적 상황이 변화되기라도 한다면 러시아군이 방어를 위한 병력 배치를 공격을 위해 손쉽게 변화시켰을 것은 틀림없을 것이었다. 대치하고 있던 독일군에 비해 질적으로는 그러하지 못했지만, 수적으로 우세했던 러시아군은 짧은 시간 내에 방자의 위치에서 공자의 위치로 전환할 수 있는 능력을 보유하고 있었다. 그리하여 러시아군의 성향이 6월 22일까지 방어적 성격을 지녔음에도 불구하고, 독일에 있어 잠재적인 위협이었던 것이다. 러시아가 정치적으로, 군사적으로 호기를 맞게 된다면 러시아는 조국(Reich)에게 직접적인 골칫거리가 될 것임에 틀림없었다. 스탈린이 1941년에 독일과 충돌하는 것을 피하고자 했던 것은 확실한 것으로 보였지만– 만일 국제 정세의 변화로 말미암아 러시아 지휘부가 독일에 대한 정치적 압력과 심지어 군사적 개입이라는 위협을 가할 수 있다고 믿게 된다면– 이러한 방어 성향은 쉽게 공세적인 성향으로 변할 수 있었다. 내가 간단히 표현하자면, 이것이 바로 '모든 위기 상황에 대비한 조치'였던 것이다.

56기갑군단이 드빈스크의 교두보를 온전하게 확보하라는 명령을 달성하고자 한다면, 첫째로 공세 첫날에 러시아군의 방어선을 50마일 돌파하여 아이로골라(Airogola) 근방에서 두비사(Dubissa) 강의 도강 지점을 확보하여야만 하였다. 나는 1차세계대전의 경험을 통해 두비사 지역을 알고 있었으며, 그곳은 깊은 협곡으로 이루어져 있어 전차가 빠져나갈 수 없는 지형임을 알고 있었다. 1차세계대전 때 우리의 공병대(Engineers)가 몇 달 동안 목재로 그 협곡을 연결하는 훌륭한 가교를 부설하였으며 만일 적군이 아이로골라로 향한 그 가교를 제거해 버린다면 56기갑군단은 절망스럽게도 지체될 것이며, 적들은 그 틈을 노려 가파르고 길게 늘어선 강가의 둑을 따라 어떤 경우라도 돌파하기가 지극히 어려운 방어선을 재편성할 수 있었다. 그렇다면 우리가 드빈스크 교량에 대한 급습을 더 이상 기대할 수 없었으므로, 아이로골라의 교두보는 우리에게 있어 꼭 확보해야할 요충지였다. 기갑집단 사령부의 명령이 상당히 부담스러웠지만 나와 거의 매일 함께 있었던 **브란덴베르거(Brandenberger)** 장군의 8기갑사단이 그 과업을 달성했다. 국경에서의 적의 저항을 분쇄하고 후방에서의 적의 위협을 감내한 후에 8기갑사단은 아이로골라의 교두보를 정찰대대를 이용해 6월 22일 저녁까지 확보했다. 290사단은 경이스러운 속도로 그 뒤를 따랐고 정오에 메멜에서 출발한 3차량화사단은 아이로골라 남쪽 교두보에 도착했다. 작전의 첫 번째 임무가 성공리에 끝났다.

[옮긴이의 주]
- 브란덴베르거는 1944년말의 아르덴 공세 때 7군 사령관을 역임했으며, 종전 시점에 19군 사령관으로서 포로가 되었다.

드빈스크의 교두보를 온전하게 확보하는 작전을 위한 두 번째 임무는 기갑집단 측면의 부대들이 나란히 진격을 하든 말든, 56기갑군단이 드빈스크에 도달하는 것이었다. 드빈스크에 도달하기 위한 중요한 교량들의 선점은 그곳에 있던 적들을 우리가 얼마나 기습적으로 공격할 수 있는지에 달려 있었다. 당연히 이 임무를 수행하기 위해, 우리가 감수해야 할 상당한 위험도 있었다. 우리가 의도한 바도 있지만 나중에 드러나듯이 우리 군단은 운 좋게도 적 방어선 중 취약한 지역을 공격하기로 되어 있었다. 일부는 고된 싸움이었던, 그리고 되풀이 되는 적의 반격에도 불구하고 우리 기갑군단의 사단들은 비교적 빨리 이러한 저항들을 분쇄할 수 있었다.

왼쪽 측면의 41기갑군단은 잠시 시아울리아이(Siauliai, 샤울렌 Schaulen) 근처에 자리잡고 있던 강력한 러시아군 집단에 의해 진격을 멈추었으며 오른쪽 측면의 16군이 코프노를 향한 전투를 지속하고 있던 동안, 56기갑군단은 6월 24일 빌코미르츠(Wilkomierz) 지역의 드빈스크로 뻗어있는 대로(Highway, 고속도로)에 도달했다. 적진 깊숙이 105마일을 경주한 우리 군단은 이미 양측면의 독일군 부대와 멀리 떨어져 있었을 뿐만 아니라, 러시아 국경선으로부터 우리 군단의 배후까지 러시아군을 남겨 두고 있었다. 점령하고자 하는 드빈스크의 교량까지는 고작 80마일만이 남아 있었다. 우리는 진격 속도를 유지하여야 했지만 러시아군은 우리에게 대항하여 새로운 예비대를 밀어 넣고 있음이 확실했다. 기회만 잡는다면 러시아군은 잠시 동안일지라도 우리의 후방에서 위협을 가할 수도, 그리고 보급로를 끊을 수도 있었다. 그러나 4기갑집단 사령부의 경고에도 불구하고 ―우리가 처한 위험에 대한 과도한 경계심 때문에― 행운의 신이 우리를 비켜가게끔 만들 의도는 없었다.

290사단이 우리 기갑군단의 진격 속도에 당연히 뒤처졌음에도 우리의 대열을 따라오고 있는 점은 특이하게도 ―290사단이 없었더라면 우리 군의 배후를 공격했을― 강력한 적의 주의를 끌었으며 이는 우리에게 확실한 보호막이 되었다. 이 와중에 56기갑군단 사령부와 기동력을 갖춘 사단들, 즉 대로에 있던 8기갑사단과 도로의 남쪽을 따라 이동 중이던 3차량화사단은 약간의 위험을 감수하더라도 드빈스크를 점령하고자 했다. 두 개의 사단은 마주친 적의 예비대들을 격퇴할 수 있었다. 격렬한 전투가 발생했으며, 이 같은 전투 와중에 러시아군은 우리 기갑 전력의 절반인 70대의 전차와 많은 야포를 잃었다. 이 단계에서 포로를 획득하기 위한 시간과 병력을 투입할 수는 없었다.

 6월 26일 일찍 8기갑사단은 드빈스크의 외곽에 이르렀으며, 8시에 나는 사단 사령부로부터 교량 2개를 확보하는 임무에 성공했다는 보고를 받았다. 강으로부터 멀리 떨어진 도심 지역에서 전투는 여전히 계속되고 있었으나, 주요 도로를 연결하는 교량은 아무런 손상 없이 우리 수중에 떨어지게 되었다. 교량을 폭파시키기 위해 배치된 러시아 경비부대는 다리 입구 몇 야드 앞에서 격퇴되었다. 철로 교량만이 폭발로 인해 약간의 경미한 손상을 입었으나, 여전히 우리 기갑군단이 사용하기에는 적합했다. 이튿날 3차량화사단도 도심으로부터 강 상류로 기습적인 도강을 감행했다. 우리의 임무는 성공했다. 공세 전, 드빈스크에 도달하는 것이 가능하다고 전제한 후 우리가 얼마만에 드빈스크에 도달할 수 있는지에 대해 나는 질문을 받았었는데 나의 대답은 만일 4일 안에 드빈스크에 도달하지 못한다면 손상되지 않은 교두보를 확보하는데 매우 많은 시일이 걸린다는 것이었다. 그리고 정확히 4일하고도 5시간 만에 우리는 가장 가까운 길로 적진 깊숙이 200마일을 진격하는 임무를 완수했다. 예정된 목표에 도달하기 위해 위험을 감수하는 자세가 되어 있었고 장교부터 사병까지 모두의 마음속에 드빈스크만이 가장 중요한 이름이었으므로 우리는 이 임무를 훌륭하게 이루어냈다. 러시아군이 후퇴하기 전 도시 대부분에 불을 질렀지만 도심으로 두 개의 교량을 통해 진입하는 것은 우리에게 특별한 성취감을 주는 것이었다. 더불어 더 만족스러운 점은 우리가 큰 대가를 치르지 않았다는 것이었다.

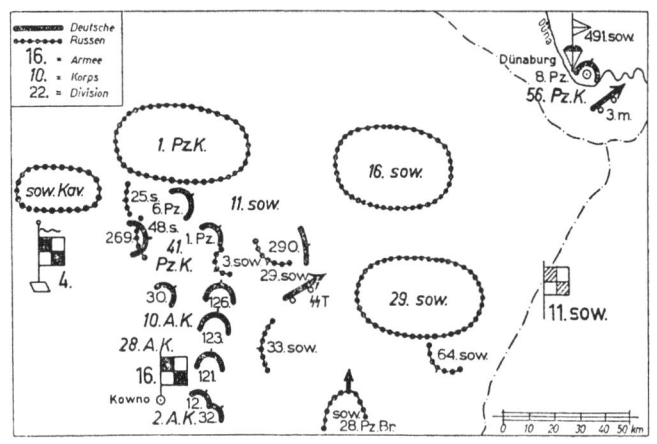

러시아 전역, 56기갑군단의 드비나강 교두보 확보

당연히 드비나강의 북쪽 둑에 위치하고 있는 56기갑군단의 위치는 위험해졌다. 41기갑군단과 16군의 좌측 날개는 우리 군단보다 60마일 또는 100마일 후방에 있었다. 우리 부대들 사이에 드비나강으로 후퇴하는 몇 개의 러시아군 부대가 있었다. 우리는 드비나강 북쪽의 적이 우리를 공격하기 위해 모든 수단을 강구할 것이라 예상했으며, 패퇴하는 적으로부터의 남쪽 교두보에 대한 공격에 우리 자신을 지켜야 했다. 지정학적인 우리의 위험함은 나의 군단 지휘소로부터 얼마 멀지 않은 곳에 위치한 물자 집적소(Corps Q Branch, Quartermaster)가 숲속에서 후방으로부터 공격받은 것을 보면 명확히 알 수 있었다. 어쨌거나 우리가 진격보다는 고립된 상황에 대비한 훈련에 덜 익숙하긴 했으나 이 고립된 위치가 오래가지는 않을 것이었다.

다음의 목표가 레닌그라드일까 아니면 모스크바로 진격하는 것일까에 대해서 —피젤러 슈토르히를 타고 6월 27일에 방문했던— 4기갑집단 사령관 회프너 상급대장은 우리에게 아무것도 말할 수 없었다. 상식적으로도 기갑집단의 사령관은 향후의 목표들에 대해 조망할 수 있어야한다고 기대되었지만 이번에는 그러지 못했다. 대신에 도강 지점을 지키면서 드빈스크로 가는 교두보를 확대하라는 명령은 우리의 열망에 찬물을 끼얹었다. 우리는 야콥슈타트에서 도강하고 있는 41기갑군단과 16군의 좌익이 움직일 때까지 현재 위치를 고수하여야 했다. 이 명령은 부대들 각자가 공평하게 전선을 담당하는 안전한 작전이긴 했지만 우리는 다른 생각을 가지고 있었다. 우리가 알아본 바에 따르면, 적 후방에서 우리 기갑군단의 존재는 러시아군 사이에 대단한 혼란을 불러일으킨 것이 틀림없었다. 러시아군은 분명히 강 건너로 우리를 다시 몰아내기 위해 모든 수단을 동원할 것이며, 각지의 부대들을 집결시킬 것이었다. 우리가 조기에 공세를 시작할수록 러시아군은 압도적인 전력으로 우리에게 체계적인 반격을 가할 기회를 점점 잃게 될 것이었다.

드비나강의 교두보를 확보하면서 프스코프(Pskov)로 진격하고, 동시에 기갑집단 사령부가 다른 기갑군단을 우리 뒤쪽으로 드빈스크를 통해 전개한다면 러시아군은 시간적으로 가용할 수 있는 병력을 축차 투입할 수밖에 없으므로 계획적인 전투를 할 수 없을 것처럼 보였다. 드비나강 남쪽의 패퇴 중인 러시아군은 뒤따라오는 보병사단에게 남겨두면 될 것이었다. 물론 일개 기갑군단이, 사실 1개의 기갑집단조차 러시아군의 배후에 깊숙이 들어가 위험을 무릅쓰는 것은 더 큰 위험을 초래하는 일이지만, 이러한 논리와 반대로 적 배후에 침투한 기갑부대의 안전은 전적으로 기갑부대의 기동성에 의존한다. 만일 기갑부대가 한 지역에 고정되어 배치된다면 즉시 적 예비대로부터 모든 측면에서 공격을 받을 것이었다. 그러나 국방군 최고사령부는 이러한 우리의 견해를 공유하지 않았으며, 이에 대해 책임 또한 지지 않았다. 무엇보다 우리는 결국 막다른 길로 우리를 이끌게 될 운명의 여신 소매 아래로 더 이상 숨지 말고 우리의 운명을 시험했어야 했다.

당분간은 레닌그라드로부터 멀리 떨어진 채 ―우리의 걱정대로― 드빈스크에 머무를 수밖에 없었다. 우리가 예상한 대로 러시아군은 프스코프 뿐만 아니라 모스크바, 민스크(Minsk)로부터 증원을 강화하고 있었다. 오래지 않아 기갑사단의 지원을 받는 러시아군이 드비나강의 북쪽 교두보를 공격하여 우리는 공격을 격퇴하기 위해 힘을 쏟아야 했으며, 많은 지점이 위험에 처하게 되었다. 잠시 빼앗겼던 지역을 수복하기 위해 3차량화사단이 반격하는 와중에 우리 부대들은 전날 야전병원에서 부상당한 채 적에게 사로잡힌 3명의 장교와 30명의 사병들이 말로 표현할 수 없을 정도로 끔찍하게 훼손되어 죽어있는 것을 발견했다. 며칠간 러시아군의 전투기들이 우리 손에 들어온 교량들을 파괴하기 위해 지속적으로 편대를 이루어 저공(Treetop level) 비행을 감행했으나 아군 전투기와 대공포(Flak) 사격으로 인해 격추되었으며 어떤 날은 64대의 전투기가 격추되었다. 7월 2일 41기갑군단이 야콥슈타트에서 드비나강을 도강하였으며, SS토텐코프사단이 기동성을 가진 우리 군단의 세번째 사단으로 편입된 후 우리 군단은 다시 움직이기 시작했다. 4기갑집단은 레제크네(Rezekne)-오스트로프(Ostrov)-프스코프 라인까지 더 멀리 진격하기로 되어 있었으며 레닌그라드가 이제야 가시권에 들어왔다.

어쨌거나 드빈스크를 향했던 기갑집단의 놀라운 기습 이래로 6일의 시간이 흘렀으며, 러시아군은 —아군의 기습으로 인해 드비나강의 북쪽 교두보에 급박하게 배치되어 독일군과 전투를 벌일 수밖에 없었던— 공황 상태를 벗어날 시간을 얻게 되었다. 드빈스크를 확보하기 위한 56기갑군단 기갑부대의 진격은 필연적으로 러시아군 지휘 라인에 혼란과 공황을 불러일으켰으며, 이는 러시아군 지휘부의 연결고리를 끊게 만들었고 실제로 조직된 반격을 수행할 수 없게 만들었다. 이 같은 이점들은 4기갑집단이 드비나강의 교두보를 강화하기 위한 결정 —그 의도는 납득할만 하지만— 때문에 의도적으로 포기, 희석되었고 적어도 우리가 이와 같은 우세를 누릴 수 있었던 행운을 다시 얻을 수 있을 것인지는 확신할 수 없었다.

당연히 다시 한번 우세를 차지하기 위한 기회를 얻기 위해서는 집중화된 전체 전력을 쏟아 넣을 수 있는 4기갑집단의 능력에 달려 있었다. 나중에 알 수 있겠지만 아군의 진격을 멈추게 하기 위한 적의 저항이 미미했음에도 불구하고 우리는 엄밀히 말하자면 그렇게 하는 것에 실패했다. 우선 4기갑집단은 충분히 조직화 되고 난 후에야 드빈스크-야콥슈타트에서 프스코프를 향해 진격했으며, 56기갑군단은 대로 및 동쪽에서 드빈스크-레제크네-오스트로프-프스코프로, 41기갑군단은 56기갑군단의 좌익에서 진격했다. 러시아군의 저항은 공세 초기보다는 강해졌고, 조직적이었지만 연이어 패퇴되었다. 4기갑집단은 요새화 지역인 스탈린 방어선에 접근하고 있었으며, 스탈린 방어선은 옛 러시아 국경선을 따라 프스코프의 서쪽 페이푸스(Peipus)호의 남단 끝에서부터 러시아의 작은 요새였던 즈바쉬(Zebash)까지 다양한 규모의 방어선으로 연결되어 있었다. 이때 기갑집단 사령부는 41기갑군단이 주요 도로를 이용하여 오스트로프로 진격하고, 56기갑군단은 즈바쉬와 오포츠카(Opochka)로 진격 방향을 바꾸게 했다. 작전의 의도는 우리가 스탈린 방어선을 돌파한 후, 프스코프에 주둔하고 있다고 여겨지는 러시아군의 기갑부대를 동쪽으로부터 우회하여 포위하는 것이었다.

이 작전은 만일 러시아군이 실제로 존재하고 56기갑군단이 신속하게 기동작전을 펼칠 수만 있다면 훌륭한 작전이었다. 그러나 우리 의견은 러시아 기갑부대가 실제로 있지 않았으며, 우리에게 주어진 진격로 상에 스탈린 방어선 앞쪽으로 광대한 늪지대가 있었고, 이곳을 56기갑군단이 빠져나가야 만 해서 신속하게 적을 포위한다는 것은 실행이 불가능하다는 것이었다. 56기갑군단과 41기갑군단 이 오스트로프를 향해 직접 진격해만 한다던 우리의 주장은 받아들여지지 않았으며, 유감스럽게도 늪지대를 우려했던 우리의 불안감은 사실로 드러났다. 8기갑사단은 늪지대를 가로지르는 목재로 만 든 임시 도로에 이르렀지만, 이미 러시아군의 차량화사단에 의해 완전하게 파괴되어 있었다. 파괴된 교량을 복구하고 도로 주변을 정비하느라 며칠이 소요되었다. 기갑사단은 나중에 늪지대를 통과하자 강한 적의 공격을 받았으며, 격렬한 전투 후에 적은 격퇴되었다. 3차량화사단은 협소한 둑길을 발견했 으나 차량이 앞으로 나갈 수 있을 만큼은 아니었다. 3차량화사단은 대열에서 다시 빠져나와 41기갑 군단의 후미를 따라 오스트로프로 보내졌다.

SS토텐코프사단은 즈바쉬로 진격하는 도중 일부가 콘크리트로 강화된 방어선에 있던 적들과 전 투를 치렀다. 이 사단은 충분한 경험과 강한 훈련을 받지 못한 장교와 하사관들로 구성된 부대가 선 천적으로 보유한 약점을 드러냈다. 하지만 군인으로서의 인내심과 기강 면에서 이 사단은 나에게 더 말할 나위 없이 좋은 인상을 주었다. 차량화사단의 효율적인 기동을 위한 중요한 요구 사항인, 지극히 높은 수준의 전투 규율을 그들이 보유했다는 점에 찬사를 보내고 싶다. SS토텐코프사단은 공격 시에 는 저돌적인 공격력을 언제나 보여주었고, 방어 시에는 흔들림없이 위치를 고수했다. 나중에 나는 SS 토텐코프사단을 때때로 지휘 하에 두었고 내가 지휘했던 SS사단 중 아마도 최고의 사단이라 생각한 다. 그 당시 **SS토텐코프의 사단장**은 매우 용감한 사람이었는데 곧 부상을 입었으며 나중에 전사했다.

그러나 그 어느 것도 훈련이 결여된 사단 자체의 약점(지휘력 등)을 보완할 수는 없었다. 부대원들 이 오래 전에 군사 조직으로서 갖추어야만 했던 것들에 익숙해질 만큼 훈련받지 못했기 때문에 이 사단은 높은 수준의 손실을 감수해야 했다. 그들의 손실과 경험 부족은 호기를 놓치게끔 하였고, 이 것은 다시 불필요한 전투를 치르게끔 만들었다. 나는 적의 저항이 느슨해질 때, 공격자에게 어느 시 점이 결정적인 공세의 기회인지를 가늠하는 것을 배우는 것만큼 어려운 것은 없다고 생각한다. SS토 텐코프사단의 용맹함으로 인해 나는 자주 이 사단의 도움을 받았지만 이 사단의 병사들은 치명적인 사상자의 발생에 연연하지 않아 결국 10일이 지난 후에 3개 연대였던 사단은 2개 연대로 재편해야만 했다. SS사단이 한결같이 용맹하게 싸웠으며 그들의 성과가 매우 훌륭했음에도 SS사단들을 육군의 부대가 아닌, 개별적인 군사 조직으로 운용한 것은 변명의 여지가 없는 오판이었다. 육군에서 하사관을 대체할 수 있는 엄선된 자원이 SS사단에서는 용인될 수 없는 단계에 소모되어, 대개 그들이 지불한 피의 대가는 그들이 실제 획득한 성과와 전혀 걸맞지 않았다.

이러한 문제는 SS사단 자체의 책임은 아니었다. 이 같이 불필요한 인력의 소모에 대한 비난은 순전히 정치적 목적을 갖고 —적법한 권한을 가진 군의 반대에도— SS사단과 같은 조직을 구성한 사람에게 돌아가야만 한다. 어쨌든 SS사단은 국방군과 어깨와 어깨를 맞대고 전선에서 싸웠으며 한결같이 용감하여 의지할 수 있었던 훌륭한 전우였음을 잊어서는 안 된다. 확실히 그들의 대다수가 히믈러(Himmler)의 관할에서 벗어나게 되어 국방군의 지휘를 받아 싸웠던 것은 바람직한 일이었다.

[옮긴이의 주]
- 1943년 2월 SS토텐코프의 사단장 테어도어 아이케가 탑승한 정찰기가 격추되었다. 사후에 그의 부대원들이 그의 시신을 찾아 돌아왔다. 만슈타인은 회고록에서 SS토텐코프의 전쟁범죄에 대해 전혀 언급하지 않았다.

56기갑군단의 운명을 기술하기 전에 나는 2차세계대전 동안 기갑부대 지휘관이 어떻게 부대를 지휘해야 했었는지에 대해 설명하고자 한다. 1870년과 1871년의 **그라벨로테-세인트 프리밧(Gravelotte-st.Privat) 전투** 시에 나의 조부는 참모진들과 함께 언덕 위에서 전체적인 전쟁터를 직접 바라보며 부대들에게 직접 작전 명령을 내렸었다. 조부께서는 공격을 위해 배치된 여단들을 말을 타고 직접 순회하기도, 그리고 전투가 진행되면서 적으로부터 너무나 멀리 떨어져 가물거려 보이는 포대에게 가혹하게 지시를 쏟아 붓기도 했었다. 하지만 이러한 전투에 대한 묘사는 당연히 과거의 일이 돼버렸다. 1차세계대전의 지휘관들은 적군의 야포 사정거리가 증가함에 따라 더욱더 후방에 위치할 것이 요구되었고, 전선의 간격은 전투의 조망과 전투에 대한 지휘관의 직접적인 명령 체계가 유지되는 것을 완전히 불가능하게끔 만들었다. 그 당시에는 효율적인 통신선(Telephone links)의 구축이 결정적인 요인으로 작용했으며 책상 뒤에 앉아 전화망 너머로 분주하게 명령서를 발급하는 전쟁 지휘관의 모습이 —슐리펜(Schlieffen)이 묘사한— 현실이었다.

[옮긴이의 주]
· 그라벨로테-세인트 프리밧은 보불전쟁에서 프로이센군과 프랑스군의 전투가 벌어진 곳이다.

2차세계대전에서는 지휘의 방법이 변화되었으며 특별히 기동화 된 부대에서는 더욱더 그러하였다. 기동화 된 부대의 경우 부대 위치가 빠른 속도로 변경되었고 작전에 걸맞은 호기가 발생하였다가 금방 소멸되었다. 기갑부대의 지휘관은 후방에서 멀리 떨어진 전투 지휘소에 그 자신을 묶어놓을 수 없었다. 지휘관이 그의 전초부대로부터의 보고를 멀리 떨어진 후방에서 기다린다면 의사결정이 너무 늦게 채택되거나 기회들을 놓칠 수 있었다. 또한 성공적인 전투 후에 피로를 겪는 현상에 대처하는 것과 새로운 활기를 병사들에게 불어넣는 것이 필수적이었으므로 —기동전이 만들어낸 전례가 없던 요구 사항인— 지휘관들이 최전방의 부대들을 최대한 자주 방문하는 것은 병사와 장교들의 사기를 올리는 매우 중요한 것이었다. 일선의 보병들이 고급 장교들은 후방에 위치하여 전선에서 무슨 일이 일어나는지 모르는 채 명령을 내린다는 느낌을 받게 해서는 안 되었다. 때때로 전투가 진행될 때, 명령을 내리는 장성들을 직접 보거나 또는 성공적인 공세를 목격하는 경우 병사들은 특별한 만족감을 느낀다. 지휘관은 전투부대와 날마다 함께 있음으로써 병사들의 요구 사항을 알 수 있었으며 그들의 걱정거리에 귀를 기울이거나 조언을 해줄 수 있었다. 상급 지휘관은 그의 임무를 완수하기 위해 병사들에게 부단히 요구해야 하지만, 또한 병사들과의 유대감과 동지애를 구축하여야 한다. 무엇보다도 이러한 유대감의 강화를 통해 상급 지휘관은 전투부대들에게 신선한 활기를 줄 수 있었고, 나는 사단들의 사령부를 방문하였을 때마다 전투부대들의 사기 저하 및 불가피하게 받게 되는 과도한 긴장에 대해 토로하는 근심들을 들을 수 있었다. 지휘관들은 연대와 중대들에 대한 책임을 지기 때문에 그 같은 걱정들이 시간이 갈수록 지휘관들의 주의를 빼앗을 것은 당연했다.

그러나 내가 전선에 위치한 부대를 시찰하였을 때에는 지속적으로 성공적인 공세를 이루어냈기 때문에 내가 예상했던 것 이상으로 병사들이 확신에 차 있고, 확고한 시각을 견지한 것을 보고 나는 매우 기뻤다. 그리고 내가 기갑부대원과 담배를 피우거나 소총병들과 전쟁 전반에 걸친 대화를 나눌 때면, 전진을 갈망하는 억누를 수 없는 열망과 마지막 남은 힘을 모아 공세를 준비하는 독일 군인 특유의 성질을 볼 수 있었다. 이 같은 경험들은 상급 지휘관만이 경험할 수 있는 매우 기쁜 경험이었다. 불행도 이러한 경험들은 상위 직급으로 진급을 할수록 덜 경험하게 되었다. 상위 직급인 군(Army)

사령관이나 집단군 사령관은 군단 사령관이 병사들과 융합되는 수준으로 일체감을 이루기는 불가능했다. 심지어 군단 사령관조차 항시 야전에 있을 수는 없었다. 군단의 작전 지역을 항시 시찰하여 작전을 내릴 환경 조성이 안 될 경우에는 필연적으로 명령권을 참모진에게 위임하여야 했다.

많은 경우에 이 같은 사례는 장점이 많겠으나, 지휘관이 의도하는 모델은 아니었다. 특별히 높은 수준으로 차량화된 부대에게는 모든 것이 합리적이고 끊임없이 작동되는 명령 조직에 달려 있었다. 물자 집적소는 보급품을 적시에 제공하기 위해 고정된 곳에 유지해야 함은 반드시 필요했으나, 지휘관과 작전참모진들은 그 반대로 사령부를 차량화된 사단들과 접촉을 유지하고자 한다면 하루에도 한두번씩은 전방으로 이동하여야 했다. 사령부에게 요구되는 높은 수준의 기동성을 확보하기 위한 방법은 명령이 내려질 사령부에서의 일상적인 편리함을 포기하고, 작전참모의 숫자를 최소한으로 유지한 채 전투 지휘소를 운영하는 것이었다. 내가 진정 두려워했던 것은 관료적 형식주의로 인해, 야전에서 전투부대의 뒤를 따라다니며 우리가 실질적인 성과없이 시간만 낭비하는 것이었다.

우리는 숙영지를 찾기 위해 시간을 허비하지도 않았다. 프랑스에서는 찾고자 한다면 성들과 저택들을 숙소로 사용할 수 있었으나 동부전선에서는 나무로 만든 —가축을 키우기 위한 축사가 보이는 매력적이지 못한 오두막 수준의— 거처만을 이용할 수 있었다. 결과적으로 사령부의 위치가 바뀔 때마다 직급의 고하를 막론하고 두 대의 지휘차량이나 텐트를 거처로 삼았다. 그리고 폴크스바겐과 전시에 소량 생산된 무전기와 전화교환기가 설치된 차량들에서 주로 생활했다. 나는 전속부관과 나누어 썼던 텐트에서 침낭을 이용하였으며, 북부집단군으로서 참여했던 이번 공세 기간 내내 침대를 사용한 적은 세 번을 넘지 않았다. 천막 아래에서 자는 것에 대해 불평을 가진 유일한 사람은 부작전참모장이었는데 그는 그의 차에서 자는 것을 좋아했다. 하지만 그는 그의 긴 발을 창문 밖으로 내놔야 했으며, 그 결과 밤새 비가 내린 뒤면 그의 군화는 비에 젖고 말았다. 우리는 작은 캠프를 늘 전선과 맞닿은 —가능하면 전선 시찰을 마친 뒤 먼지와 때가 들러붙은 몸을 씻기 위해 또는 아침 식사 전에 빨리 씻을 수 있도록 호수나 시냇가 옆에— 숲속이나 잡목림에 마련했었다.

참모장이 업무를 수행하고 전화를 받기 위해 늘 사령부에 머물러야 했던 반면에 나는 대부분의 낮 시간 동안과 가끔씩 밤에도 야전에 있었다. 나는 통상 새벽녘에 상황 보고를 받고 필요한 명령을 부여한 후 사단들과 최전방의 부대를 시찰하기 위해 아침 일찍 사령부를 떠났었다. 정오에 잠시 사령부로 돌아온 후에, 종종 작전이 성공되는 징후가 보이거나 신선한 자극이 필요한 때는 황혼 무렵이라도 재차 다른 사단을 방문하기 위해 떠났었다. 시찰을 마치고 새로운 곳에 자리 잡은 전투 지휘소로 돌아온 우리는 쓰러질 만큼 녹초가 되었고 쓰레기 더미처럼 검게 되어 있었다. 그때 사려 깊은 두 번째 참모인 니에만(Niemann) 소령 덕에 평상시에 먹는 호밀 빵과 마가린, 훈제 소세지 대신에 그의 개인 물품 보관함에 있던 구운 닭과 와인을 먹게 되는 호사를 누리게 되었다. 예전에도 그랬었지만, 닭과 오리는 얻기 매우 어려웠으며 우리가 나타나기 전에 다른 애호가들이 이미 덥석 잡아갔을까봐 우려했다. 초가을의 장마가 시작되었을 때 텐트는 앉아 있을 수 없을 만큼 추웠는데, 거의 모든 농장에서 찾을 수 있었던 원시적인 사우나 시설을 이용하는 것은 매우 유쾌하였고 심신을 쉬게 해 주었다.

이 같이 유연한 사령부의 일상은 나중에 참모본부의 장성으로 진급한 우수한 통신장교인 콜러(Kohler)와 무선지휘차량이 있기에 가능했었다. 그의 뛰어난 업무 처리로 기갑군단 사령부의 작전참모들과 사단 사령부들이 무선으로 연결되었으며 나는 끊임없이 기갑군단 작전 권역의 상황을 보고 받았으며 현장에서 내가 선택한 결정들이 최소한의 지연조차 없이 널리 전달되었다. 내가 전쟁 후 수감되었을 때 콜러는 나의 아내에게 이해심이 많은 친구였으며, 많은 도움을 주었던 것을 추가적으로 기술해 놓고자 한다.

또한 신뢰할만한 운전사인 나겔과 슈만(Schumann), 그리고 두 명의 연락병(Out-riders)을 차치하면 항상 나와 함께 있었던 동료는 전속부관인 스펙트(Specht) 중위였다. 우리는 그를 '**어린아이, 유아(Pepo)**'로 불렀는데 이는 그의 작고, 철사처럼 호리호리한 모습과 그 젊음으로부터 나오는 쾌활함과 낙천적인 성격 때문이었다. 그는 최고의 자질을 갖춘 젊은 기병장교였으며 활발하고 정렬적이었고 위험에 개의치 않았으며 쾌활하고 빠른 이해력을 지녔고, 늘 명랑했으며 약간은 재치가 있고 뻔뻔함도 갖춘 사람이었다. 이 같은 그의 특징들은 그에게 호감을 갖게 하였다.

유능한 말 사육가인 아버지와 여성으로서는 최고의 승마 기술을 보유했던 어머니를 둔 스펙트는 전쟁 전 새로이 임관된 장교로서 참가한 경기에서 우승할 만큼 뛰어난 승마 기술을 갖고 있었다. 그는 모든 것에 열정적이었으며 특히 지휘관과 전선 시찰을 하는 것을 좋아하였다. 우리가 기갑군단에 있을 때는 매일 전투를 시찰하고는 했으며 스펙트는 나에게, 그리고 그에게 주어진 역할과 운명에 만족했었다. 그러나 내가 군(Army) 사령관이 되어 전선에 자주 나갈 수 없게 되자 스펙트는 몸이 달아오르게 되었다. 이는 젊은 장교로서 응당 그러했으리라고 여겨지는 행동이었으며 나는 때때로 그의 요청을 허락해 주었다. 크리미아(Crimea) 전선에서 그는 두 번이나 정찰대대를 뛰어나게 이끌었다. 그러나 우리가 레닌그라드 전선에 있을 때 나는 다시 그를 일선 사단으로 전보시켰는데 그가 부임지로 가는 길에 탑승한 피제러 슈토르히가 추락하였다. 스펙트의 죽음은 나에게 큰 슬픔을 주었다.

[옮긴이의 주]
· Condorito는 칠레에서 탄생한 만화 캐릭터로 남미 및 미국에서 인기를 끌었다고 한다. Condorito가 원래의 명칭인데 Pepo로도 불리운다. Condor는 '조그마한', '귀여운' 등의 의미라고 한다. Pepo를 여기에서는 어린아이, 유아로 옮겼다.

한편, 4기갑집단은 56기갑군단으로 하여금 프스코프에 있을 것이라 추정되는 러시아군을 오른쪽으로 돌아 포위하고자 했지만, 적의 저항과 습지대였던 지형의 문제로 인해 이 작전이 7월 9일까지 성공할 가능성은 없어졌다. 작전을 중단하고 기갑군단 사령부와 8기갑사단의 공격 방향을 이미 3차량화사단이 진격하고 있었던 오스트로프를 향한 공격선으로 바꾸는 수밖에 없었다. 7월 10일까지의 정보에 의하면 독일 국경선을 넘은 이후 56기갑군단은 병력의 우위를 보였던 러시아군 4~5개 사단과 1개 기갑사단, 1개 차량화사단을 섬멸했으며, 수천 명의 포로를 제외하고도 60대의 비행기, 대공포와 대전차포를 포함한 316문의 야포, 205대의 전차, 600대의 트럭을 노획했다. 그러나 러시아군은 동쪽으로 내몰렸음에도 아직 붕괴되지 않았고 곧 반격에 나설 것이었다. 이제 기갑집단의 전력이 오스트로프에 집중되었기 때문에 56기갑군단은 루가(Luga)를 거쳐, 41기갑군단은 프스코프를 거쳐 레닌그라드로 신속하고, 조직적으로 집중화된 공세를 희망했다. 우리 견해로는 이 같은 작전은 레닌그라드의 신속한 점령을 도울 것이며, 리보니아(Livonia)를 거쳐 에스토니아(Estonia)로 퇴각하고 있는 적군을 18군 앞에서 차단할 수 있을 것이었다.

이 작전의 수행을 위해 오른편 노출 지역에 대한 방어는 4기갑집단의 후미에서 따라오던 16군에게 부여되었어야 했다. 짐작컨대 고위 지휘부의 명령에 따르고자, 기갑집단의 사령부는 그와 반대로 결정했다. 41기갑군단은 루가를 지나 레닌그라드로 향하는 주요 도로를 공격하며, 56기갑군단은 포르코프(Porkhov), 노보고로드(Novogorod)를 거쳐 추도보(Chudovo)까지 다시 한번 동쪽으로 공세를 펼쳐 레닌그라드와 모스크바와의 연결 라인을 붕괴시키는 작전 목표가 주어졌다. 56기갑군단의 임무는 매우 중요했음에도 불구하고, 이러한 명령은 다시 한번 기갑군단들을 분산시키는 결과를 낳았으며, 각 기갑군단의 필요한 공격력을 잃게 만들었다. 작전을 위해 통과해야 했던 레닌그라드의 습지대와 삼림지역 때문에 위험은 더욱 배가되었으며, 대규모 기갑부대를 운용하기에는 적당하지 않은 지형이었다. 즈바쉬-오포츠카 지역에서 290사단에 의해 부담을 덜은 SS토텐코프사단이 56기갑군단의 부대 서열에서 제외된 것은 특히나 유감스러운 일이었다. SS토텐코프사단은 4기갑집단의 예비대로서 오스트로프의 남쪽에 주둔하게 되었다.

독일 국경선을 넘기 전에 기갑집단의 주공은 41기갑군단이었으며, 이번에도 다시 주공은 기갑집단의 좌익인 41군단에게 부여되었다. 56기갑군단은 추도보까지 1개 기갑사단과 1개 차량화사단만으로 우회하기로 되어 있었으며, 남쪽 측면의 취약 구간을 방어하기 위해 남쪽에서 진군하던 SS토텐코프사단의 지원이 필수적이었으나 거절되었다. 이는 매우 위험한 기동이었으며, 우리는 이제까지 56기갑군단과 교전한 러시아군이 격전을 치뤘지만 아직 섬멸되지 않았음을 고려해야만 했다. 어쨌든 우리는 기갑군단의 안전은 기동성만이 지킬 수 있음을 알고 있었다. 오스트로프에서 내 지휘 관망로 다시 돌아온 3차량화사단은 포르코프에서 7월 10일 격전을 치뤘으며 북쪽으로 향하는 작은 도로에 배치되었다. 8기갑사단은 솔치(Zoltsy)를 통과하여 므샤가(Mshaga)강이 일멘(Ilmen)호로 흘러가는 곳의 교두보를 확보해야 했다. 일련의 전투들에서 대다수는 적진을 돌파하여 며칠간은 이러한 전진이 계속되었다.

쉘론(Schelon)강에 위치한 기갑군단 사령부에 대해 러시아군의 정찰대대가 공격을 한 사례가 있었지만, 기갑군단의 취약 구간인 남쪽 방향에 있던 적들은 매우 신중하게도 그들의 위치를 드러내지 않았다. 그날 8기갑사단은 기갑부대와 포병들로 잘 무장된 적들을 물리치고 솔치를 점령했고 나의 지시로 므샤가 지역으로 이동했으며, 거기에서 기갑사단은 교량이 이미 파괴된 것을 확인했다. 그동안 기갑집단 사령부는 진격을 위한 주요 공세 방향을 루가로 가는 도로의 서쪽으로 틀었다. 기갑집단 사령부는 3개의 기동사단을 보유한 41기갑군단으로 하여금 페이푸스호의 북쪽에서 나르바(Narva)로 퇴각하는 러시아군을 18군 앞에서 저지하고자 하였다. 루가로 향하는 도로에는 단지 269사단만이 남게 되었다. 그리하여 56기갑군단은 추도보를 향한 공세 시점보다 더욱더 고립되게 되었다. 이에 따라 우리는 추도보 점령이라는 기갑군단의 임무를 수행하기 위해서 SS토텐코프사단과 또한 소강상태의 지역에 있었던 16군 소속 1군단의 지원이 필수적이라고 요청했다.

그러나 이러한 요청에 대한 회신을 받기도 전에 56기갑군단은 문제에 봉착하였다. 7월 15일 일찍 솔치 서쪽의 쉘론에 위치한 기갑군단 사령부는 다수의 불길한 보고를 받았다. 러시아군은 북쪽으로부터 므샤가강에 늘어서 있던 8기갑사단의 측면에 강력한 공격을 했으며 동시에 쉘론강의 남쪽으로부터 공세를 취하였다. 이는 므샤가와 솔치 사이에 위치한 8기갑사단과 기갑군단 사령부가 위치한 후방과의 연결고리가 차단된 것을 의미했다. 이것뿐만 아니라 러시아군은 등 뒤에서 우리를 조금씩 조여왔으며 남쪽으로부터 공세를 벌여 우리의 보급선을 끊었다. 동시에 북쪽으로 진격 중이던 3차량화사단은 말우토그르슈(Maly Utogorsh) 북쪽과 북동쪽으로부터 우월한 적의 공격을 받았다. 고립된 56기갑군단을 포위하고자 하는 적의 의도는 명백했다. SS코텐코프사단을 기갑군단의 오른쪽 측면에 배치하고자 했던 요청이 묵살됨으로써 남쪽 배후에 있던 러시아군이 쉘론강을 넘어 우리를 공격할 수 있게 되었으며, 41기갑군단이 적의 강력한 부대가 있던 루가 도로에서 벗어남으로써 한결 자유로워진 적군이 우리의 북쪽 취약 지점을 공격하게 된 것이다.

당시의 군단의 상황은 전혀 부러움의 대상이 아니었다. 우리는 우리가 이때 더 큰 위험을 감수해야만 하는지에 대해 고민했다. 우리가 이전의 성공에 휩쓸려서 남쪽 측면의 적군에 대한 주의를 태만히 한 것은 아니었을까? 그러나 우리가 임무를 수행하기 위한 다른 방법이 있었을까? 현재 상황으로는 포위망을 벗어나고 압박을 피하기 위해 솔치의 8기갑사단을 후퇴시키고, 기갑군단의 기동성을 보존하기 위해 3차량화사단도 동시에 교전을 중단하여야 했었다. 러시아군은 포위망을 구축하고 러시아군끼리 맞물리게 하는데 모든 노력을 기울였고, 특히나 2개의 기갑사단과 협공하는 러시아군 소총사단들은 야포와 항공기의 지원을 받아 며칠간의 전투는 매우 격렬했다. 공중 보급에 의존해야 했으면서도 8기갑사단은 솔치에서 벗어나 기갑군단과 합류했으며, 전선을 이탈하기 직전까지 3차량화사단은 17회나 적의 결정적인 공세를 막아냈다. 도중에 기갑집단 사령부가 SS코텐코프사단을 56기갑군단의 휘하에 배치하여 기갑군단의 보급선을 안정화하는데 성공했다.

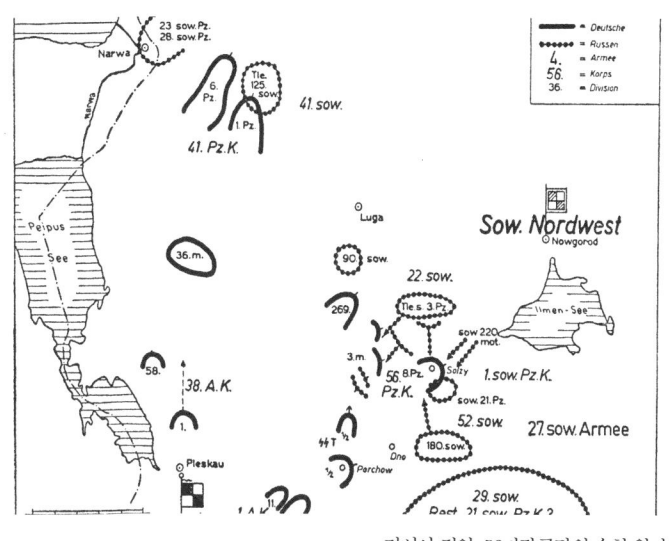

러시아 전역, 56기갑군단의 솔치 위기

7월 18일 위기는 거의 끝난 것과 다름없었다. 동쪽과 북동쪽의 전선에 접하면서 기갑군은 드노(Dno) 주변에 위치를 확고히 하였다. 초기 기갑군단의 남쪽 취약 구간에 대한 위협은 드노 주변에 배치된 16군의 1군단에 의해 제거되었다. 나는 1931년 모스크바에서 현재 러시아군의 전선군(Front Army)을 지휘하는 보로실로프(Voroshilov) 원수를 만난 적이 있었는데, 그의 서명이 담긴 문서를 적의 연락기로부터 노획한 것은 그나마 우리에게 위안거리였다. 문서에는 솔치 주변의 전투가 언급되어 있었으며 또한 러시아군이 상당한 규모의 손실을 입었음을 확인시켜 주었다. 우리가 포위되어 있는 동안 우리를 아군과 이어주는 역할에는 무선통신과 항공기가 적격이었다. 통신선이 복구되었을 때에는 아직 상당수의 종이가 남아 있었다.

특별히 언급할 만한 것이 있는데 모스크바 라디오 방송은 우리 군단의 포위를 성급하게 자축하면서, 러시아군에게 있어서는 달갑지 않은 소이탄(Fire missiles of flaming oil)을 발사할 수 있는 **다연장 로켓포(Multiple rocket-launcher)**에 대한 고급 기밀문서를 노획했다고 보도했다. 이에 국방군 최고사령부는 초기 조사를 위한 질문을 전문으로 보냈다. 이미 기갑군단과 맞선 러시아군은 평서문의 무전을 통해 만일 우리가 소이탄을 사용하는 것을 중지하지 않는다면, 그에 대한 보복으로 독가스로 응수할 것이라 경고했으나 ―그들의 화학전에 대비한 준비가 확연히 미흡한 것으로 미루어 볼 때에

— 이는 실현되지 않을 협박이었다. 이러한 분위기에서 그들이 우리 군단의 포위 소식에 노래를 부르며 환호했던 것은 충분히 납득할 만했다. 곧 고급 기밀문서가 어떻게 적의 손에 떨어졌는가에 대해 설명할 것이 요구되었다. 명백히 고급 기밀문서의 손실이 일선의 전투부대에서 발생한 것은 아니었으며, 러시아군이 우리의 보급선을 끊었을 때 운송 중인 보급 행렬로부터 노획된 것이었다. 이는 아군의 전선보다 더 앞에서 작전을 전개하는 어떠한 기갑부대에서도 발생할 수 있는 사례였다. 국방군 최고사령부의 요청에 대응하여, 우리는 사건에 대한 진술을 보고했으며 ―추가적으로 더 이상의 견책을 받지 않고자― 적 전선의 뒤에서 60마일을 넘는 작전 활동에 임하지는 않겠다고 덧붙였다.

[옮긴이의 주]
- 독일군의 다연장 로켓포는 6연장 네벨베르퍼(Nebelwerfer)를 의미하는 것으로 보인다. 러시아군의 스탈린의 오르간(BM-13)과 동일한 성격의 무기이며, 네벨베르퍼는 연막탄 발사기라는 뜻이다.

7월 19일 기갑집단 사령부는 56기갑군단이 루가를 거쳐 레닌그라드로 진격하는 것을 계획했고, 이를 우리에게 알려 왔다. 루가의 도로에 주둔하고 있던 269사단이 나의 휘하에 오게 되었다. 삼림이 우거진 루가 공격선이 아닌 41기갑군단 북쪽의 ―레닌그라드로 향하는 사용 가능한 도로가 4개나 있는― 나르바 동쪽으로부터 기갑부대의 집중 운용이 필요했으나, 결정적인 순간에 조율된 공세를 펴자는 우리의 의견은 여전히 받아들여지지 않았다. 우리는 16군 1군단과 함께 이전에 이미 작전을 펼쳤던 므샤가 일대를 공격하게 되었고, 명백히 국방군 최고사령부는 여전히 대규모 포위 기동을 펼치는 계획에 집착하고 있었으며 일멘호를 동쪽으로 우회하는 작전을 준비했다. 우리 군단과 1군단은 새로운 전투를 벌여 적들을 므샤가 너머로 몰아냈다.

7월 26일 육군참모본부 1부를 책임지고 있는 파울루스(Paulus) 장군의 방문을 받았으며, 나는 그에게 이제까지 우리가 겪은 전투를 상세히 설명했고, 56기갑군단이 기갑부대를 운용하기 힘든 이 지역에서 어떻게 소모되었는지에 대해 지적했다. 나는 또한 기갑집단의 자원이 분산되어 운용되는 불합리함에 대해서도 그의 주목을 이끌어냈다. 3개 기동사단으로 구성된 56기갑군단의 손실 규모는 이미 6천 명이었으며 8기갑사단이 며칠간의 휴식 기간 중에 가용 가능한 전차를 80대에서 150대로 끌어올렸음에도 장비들은 혹사되었고 부대원들은 극도의 탈진 상태를 보였다. 나는 파울루스에게 기갑부대의 기동력을 발휘할 수 없는 이 지역에서 빼내어 모스크바로 진격하는 것이 좋겠다는 내 의견을 피력하였다. 만일 추도보를 크게 우회하여 레닌그라드를 공격하겠다는 전략을 고수하고자 한다면 보병사단을 투입하는 것이 본질적인 해결책이었다. 삼림지대가 없어질 때까지 나의 군단은 레닌그라드를 향한 최후의 공격을 위해 예비대로 남겨져야 하며, 그렇지 않는다면 차량화사단으로 구성된 나의 군단들은 싸울 수 없는 상태에서 전투에 임하게 될 것이었다. 어떤 경우라도 현재의 작전은 시간이 소요될 것이며 해안 지역과 레닌그라드의 조속한 점령을 원한다면 유일한 방법은 모든 기갑부대를 나르바의 동쪽에 밀집시켜 레닌그라드로 곧장 진격하는 것이었다. 파울루스는 나의 의견에 전적으로 동조했다.

그러나 모든 것이 다른 방향으로 진행되었다. 1군단과 새로이 도착한 군단으로 구성된 16군은 일멘호 서쪽의 므샤가 전선에 투입되었으며, 56군단은 루가를 경유하여 레닌그라드로 진격하는 임무를 받았다. 이 임무를 위해 우리는 3차량화사단과 269사단, 그리고 새로이 전선에 도착한 <u>SS경찰사단(SS Police Division)</u>을 휘하에 두게 되었다. 하지만 이는 이전보다 기갑부대의 차량화된 전력을 더 분산시키는 결과를 낳았다. SS토텐코프사단은 16군에 배속되어 일멘호 주변에 주둔하였으며 8기갑사단은 기갑집단의 예비대로서, 가치 없고 적합하지도 않은 파르티잔의 활동 지역을 소탕하는 임무에 투입되었다. 내 군단은 루가 지역에서 차량화사단으로는 오로지 3차량화사단만을 보유했으며, 이와 달리 41기갑군단은 나르바 동쪽에서 3개 차량화사단을 보유하였다. 구데리안 상급대장이 만들어낸 기갑부대 운용의 교리인 '작게 쪼개지 말고, 집중 운용하라('Klotzen, nicht Kleckern'-'Do not scatter').'는 현재 우리가 당면한 현실에서는 정반대로 되어 버렸다. 주요 공격로가 어쨌든 간에 3개의 기동력을 가진 사단들을 보유하고자 했던 군단의 노력은 결국 실패했다. 전력이 모두 소진되었을 때, 전투 진형이 흐트러지는 것을 피하거나 엄정한 군기를 유지할 수 있는 지휘관은 거의 없다는 것을 나는 경험으로 알고 있었다. 루가 지역에서의 전투를 설명하는 것은 매우 많은 지면을 차지하게 될 것이다. 몇 주 전만 해도 이 지역에서 소수의 부대만을 보유했던 적들은 강력한 포병과 전차의 지원을 받는 강력한 3개 사단으로 이루어진 완편된 군단으로 우리와 맞섰다. 게다가 러시아군은 루가 지역이 훈련 장소였으므로 지리에 익숙했으며 참호를 구축할 시간을 갖고 있었다.

[옮긴이의 주]
· SS경찰사단은 국방군으로 인해 인력 충원에 어려움을 겪던 SS가 경찰인력을 충원할 목적으로 편성한 부대이다.

루가 점령 시에 사단은 사상자 2천 명 수준의 극심한 손실이 발생했다는 증언이 있다. 종전 시점에 미군에 항복했다.

전투가 진행되는 도중에 군단은 새로운 임무를 부여받았다. 레닌그라드 공격을 위해 군단 사령부와 3차량화사단은 북쪽으로 이동하여 41군단과 합류하라는 것이었다. 8기갑사단과 토텐코프사단은 기존의 임무를 계속 수행하였다. 8월 15일 우리는 루가 지역을 1차세계대전 때의 전우였던 린데만 장군이 지휘하는 50군단에게 인계하였고 북쪽으로 이동하였다. 나르바 남서쪽으로 25마일 떨어져 있는 사므로(Samro)호에 있는 군단의 새로운 지휘소로 가는 길은 매우 열악했으며 우리는 125마일을 여덟 시간에 걸쳐 이동하였다. 저녁 늦게 사므로호에 도착하자마자, 우리는 기갑집단 사령부로부터 군단의 뒤를 쫓아오던 3차량화사단의 이동을 중지시키고, 내일 아침까지 남쪽으로 이동하여 드노에 위치한 16군으로 합류하라는 명령을 받았다. 일멘호로부터 행군하던 SS토텐코프사단과 3차량화사단은 합류할 예정이었으며 누구나 이러한 불필요한 행군에 언짢아하였다. 우리의 병참참모장인 클라인슈미트(Kleinschmidt) 소령은 이 행군에 대해서도 꿋꿋하게 평정심을 갖고 180도 바뀐 보급로에 대해 임무를 수행했기 때문에 찬사를 받을 만했다. 8월 16일 우리는 어제 지나왔던 열악한 길을 통해 다시 드노로 이동하였으며 160마일을 이동하는 것에 13시간이 소요되었다. 다행히 3차량화사단은 북쪽으로 많이 이동하지 않은 상태였으므로 적시에 남쪽으로 방향을 바꿀 수 있었으나, 이러한 불필요한 이동 명령에 대해 우리 부대들이 무슨 생각을 했었는지 나는 상상할 수 없었다. 이동 명령의 주된 이유는 레닌그라드와 프스코프, 그리고 일멘호 주변의 지형이 기갑부대의 전개에 유리하지 않아서였다.

16군 사령부에서 우리가 받은 전황은 다음과 같았다. 16군의 오른쪽인 일멘호 남쪽에 위치한 10군단은 8개 사단과 기동화된 부대로 구성되어 우세한 전력을 가진 러시아 38군의 공격과 추격을 받고 있다는 것이다. 서쪽에서 독일군의 취약점을 비집고 들어오려는 러시아군에 대응하여, 일멘호 남쪽에서는 10군단이 남쪽 러시아군의 공격에 맞서 어려운 수비 전투를 벌이고 있었고 56기갑군단은 러시아군의 공세를 느슨하게 하기 위해 즉각 대응하여야 했다. 만일 적군이 우리 군단의 존재를 알아차리지 못한다면 우리 군단이 해야 할 임무는 두 개의 차량화사단을 적군의 서쪽 취약 지점(드노 서쪽)으로 밀어 넣어 러시아군이 북쪽의 10군단을 공격하는 동안 적군을 둥글게 포위하는 것이었다. 우리 군단에게 맡겨진 임무는 흡족한 것이었으며, 다시 SS토텐코프사단의 지휘를 맡게 된 점은 매우 고무적인 일이었다. 다만 8기갑사단을 이런 중요한 작전에 활용하지 못하는 점은 유감이었다. 8월 18일 은밀하게 이동을 개시하여 위장한 채 주둔 중인 러시아군의 서쪽 취약 지점으로 부대 이동을 실시하였으며, 완벽하게 성공하였다. 그리고 우리가 다음날 일찍 기습을 시도하자 적군은 완전하게 허를 찔리고 말았다.

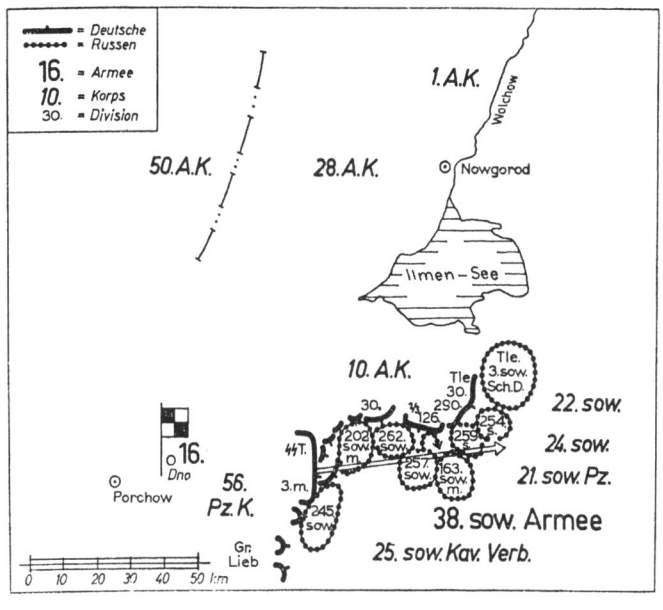

러시아 전역, 56기갑군단의 일멘호 전투

적군의 취약점에 대한 공격은 매우 성공적이었으며 방어 태세에서 전투 태세로 전환한 10군단과 우리 군단의 협공으로 전투가 지속되어 러시아 38군은 궤멸되었다. 8월 22일까지 무른 땅과 도로가 거의 없었기에 차량화사단들의 보병들은 거의 도보 행군을 하여야 했지만 우리는 스트라야루사(Staraya Russa) 남동쪽의 로바트(Lovat)강에 도달하였고 며칠간의 전투 도중에 56기갑군단만으로 12,000명의 포로와 141대의 탱크, 246문의 야포와 더불어 수백정의 기관총과 차량들을 획득하였다. 그 중 두 개의 전리품은 특이했는데, 한 개는 1941년 독일에서 만든 88미리 대공포였으며 다른 한 개는 러시아군으로부터 독일군의 손에 떨어진 첫 번째 예포였다. 예포를 안전한 곳에 안치한 후에 나는 예포의 타이어가 사라져 예포를 움직일 수 없다는 것을 알고는 매우 분개하였는데 알고 보니 나의 두 번째 참모인 니에만 소령이 예포의 바퀴를 보고 우리의 지휘 차량에 맞을 것이라고 보고 타이어를 떼어버린 것이었다. 그는 제자리에 타이어를 갖다놓으라고 하자 약간 시무룩해 보였다.

전력을 다해 최대한의 능력을 발휘하여 싸워야 했던 부대들은 로바트에서 짧은 휴식을 가졌고, 56군단을 다른 지역으로 이동시킨다는 말이 있었으나, 결국 일멘호 남쪽에서의 16군의 공세가 계속되었다. 8월 마지막 날 여름 우기의 첫 비가 내렸으며 모든 도로를 수렁으로 만들었기 때문에 두 개의 차량화사단은 정지된 채였다. 동시에 적들은 새로이 부대가 증원되었으며 섬멸된 38군 대신에 3개 군(11, 27, 34군)이 콤(Kholm)과 일멘호 전선을 따라 독일 16군에 맞서 배치되었다. 새로이 전투가 시작되었으나 이를 자세히 설명하는 것은 너무나 많은 지면을 차지하므로 간략하게 기술하자면 56기갑군단은 폴라(Pola)강을 도강하여 데미얀스크(Demyansk)로 가는 최단거리 진격로까지 진격했다. 격렬해지는 적의 저항은 둘째로 치고, 몇 피트나 빠지는 진흙 수렁을 따라 진군하는 것은 사람들을 피로에 지치게 하였고 장비들에게도 좋지 않은 영향을 끼쳤다. 이 시절에 나는 나의 대부분의 시간을 일선에 있는 사단들과 함께 보냈으며, 나의 견고한 쾨벨바겐 조차도 열악한 도로에서 견인차의 도움을 자주 받아야만 했다.

이 시기에 우리는 히틀러의 목표가 레닌그라드인 것과 달리 육군총사령부의 목표는 모스크바였기 때문에 발생한 견해 차이를 알게 되었다. 16군의 사령관인 부쉬 상급대장은 나에게 가능한 한 발다이 고지대(Valdai Heights)까지 동쪽으로 진군하여야만 향후에 칼리닌(Kalinin)-모스크바로 진격할 수 있는 가능성을 얻을 수 있을 것이라 말했다. 그러나 북부집단군 사령부는 원칙적으로 이 같은 진격은 집단군의 동쪽 전선에 취약 구간을 감수해야만 한다고 생각하여 부쉬 사령관의 의견에 동의하지 않았다. 9월이 시작되자 중부집단군에 속해 있던 57기갑군단이 56기갑군단의 작전 지역으로 이동하였고, 우리 군단은 중부집단군의 9군으로 단시간에 합류하라는 명령을 받았다.

결국 이 명령은 명백히 히틀러와 육군총사령부의 전략적 목표가 레닌그라드인지 또는 모스크바인지에 대한 주도권 싸움(Tug of war)에서 비롯된 것이었지만 1개 군단의 사령관인 나조차도 이러한 작전 구역의 이탈(Chopp)과 변경은 도무지 갈피를 잡을 수 없는(Neither head nor tail) 명령이었다. 몇 주 간 16군과 56기갑군단이 이루어낸 전공은 끊임없이 성공적이었으며, 9월 16일 국방군 최고사령부는 러시아 11, 27, 34군이 궤멸되었음을 발표했다. 9개 러시아사단이 소멸되고, 9개의 사단이 타격을 입었다. 그러나 여전히 우리는 이러한 성과에도 불구하고 완전한 성취를 이루지는 못했으며, 이는 우리의 실질적인 목표가 무엇인지 그리고 이러한 전투들이 궁극적으로 어떠한 최종 목표를 이루기 위해 진행된 것인지에 대해 지휘부의 그 누구도 제시 하지 않았기 때문이었다. 어떠한 상황 변경이 발생할지 모르겠지만, 이제껏 56기갑군단이 드빈스크까지 진격해 온 경이로운 전투는 이제 마무리 되었다.

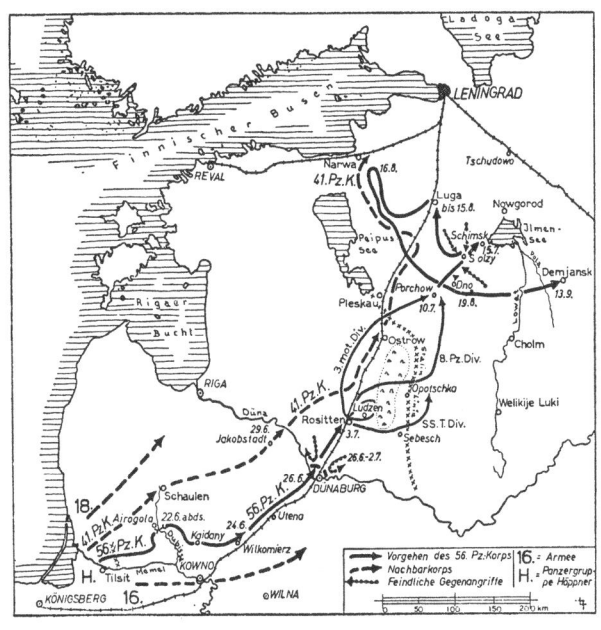

러시아 전역, 56기갑군단의 진격

56기갑군단의 사령관으로 근무할 수 있는 기간도 이제 얼마 남지 않게 되었다. 9월 12일 저녁 부슬비가 계속 내렸기 때문에 나는 참모진 몇 명과 텐트 안에 있었다. 일찍 날이 저물면 우리들은 저녁의 전황 보고가 올라오기를 기다리며 **카드게임**(Playing bridge)을 하며 시간을 보내고 있었는데, 갑자기 나를 찾는 전화가 내 친구인 부쉬 16군 사령관으로부터 걸려왔다. 대개 이 시간에 걸려오는 전화는 썩 유쾌한 소식들이 아니었는데, 부쉬는 나에게 육군총사령부로부터 내려온 명령 전문을 읽어 주었다.

'만슈타인 보병장군은 지체 없이 남부집단군의 11군을 인수할 것.'

모든 군인들은 이제부터 전체적인 군(Army)을 통솔하게 된 나의 기쁨과 자부심을 충분히 공감할 수 있을 것이다. 나에게 있어 이 명령은 군 경력의 정점으로 남을 것이었다. 다음날 아침 나는 유감스럽게도 전화상으로만 나의 휘하 사단에게 갑작스러운 사령관직의 변경을 알렸으며, 나의 휘하 참모진과 이별의 정을 나누었다. 완벽한 동일체로서 56기갑군단 휘하의 사단들과 군단 사령부 참모진들이 이루어낸 전과는 나에게 크나큰 자부심으로 남게 될 것이다. 56기갑군단 사령관으로서 새롭고도 힘든 목표를 부여받았음에도 즐거웠던 나는 이제 군단 사령관으로의 성취감을 느꼈던 시점이 끝나고 있음을 느꼈다. 지난 세 달 동안 나는 전투부대와 생사고락을 같이 하였으며 그들의 시련과 고난뿐만 아니라 성공도 함께 하였다. 모두가 그들의 임무를 수행할 때 보여준 절대적인 헌신, 그리고 전우애를 통한 유대감으로 인하여 나는 일선부대와의 동일한 경험을 통해 매 시점마다 새로운 활력을 얻었었다.

[옮긴이의 주]

· 만슈타인을 다룬 다큐멘터리를 보면 그가 참모진들과 담배를 피면서 카드게임을 하는 장면을 볼 수 있다. Bridge가 카드게임을 의미한다는 것을 번역하면서 알게 되었으며, 아주 쉬운 단어인 'Minute'가 '급히 적은 메모'를 의미한다는 것도 새로이 알게 되었다. 아주 기초적인 단어조차 그 뜻을 알기 위해 영어 사전을 다시금 찾았으나, 모든 단어를 찾아볼 수는 없었으므로 오역이 많이 있을 것으로 생각한다. 이 점에 대해서는 독자분들의 양해를 구한다. 종전 시점까지 만슈타인의 전속부관이었던 스탈베르크(Stahlberg)의 증언에 따르면 만슈타인은 전장에서 카드놀이, 시거(Cigar), 모차르트의 음악을 즐겼다고 한다.

군 사령관이 되는 이후부터는 내가 이때까지 일선부대와 함께했던 순간들은 되풀이될 수 없었다. 전역 초기 56기갑군단이 수행한 맹렬한 공세는 나에게 있어 다시 볼 수 없는 경험이었으며 모든 기갑부대의 지휘관이 꿈꾸던 성과였다. 나와 같이 임무를 수행했던 참모장이었던 베이런 폰 에버펠트(Baron v. Elverfeldt) 대령은 냉철하고 높은 지성의 소유자로서 언제나 긍정적인 조언가였으며, 작전참모장인 데트레페슨(Detleffsen) 소령은 진취적인 뛰어난 능력의 소유자였다. 정보참모장 구디오 폰 케셀(Gudio v. Kessel), 그리고 지칠 줄을 모르던 병참참모장 클라인슈미트 소령과의 이별 또한 쉽지 않은 것이었다. 이별을 고할 또 한 명의 참모진은 몇 주 전 우리와 합류한 부관 마르비치(Marwitz) 소령으로서 그와 나는 포메라니아와 육군사관학교에서부터 친밀감을 쌓은 적이 있었다. 9월 13일 아침 나의 친구 부쉬에게 의례적인 이임식을 가졌으며, 나와 함께 이동하였던 사람은 전속부관인 스펙트 중위, 그리고 두 명의 운전사인 나겔과 슈만뿐이었다. 그들 중 현재 생존해 있는 사람은 없다.

9. 크리미아 전역
(THE CRIMEAN CAMPAIGN)

나의 전우였던 크리미아군(Crimean Army)을 기리기 위해서 독일 11군과 우리의 동맹국인 루마니아군(Rumanian fellow-combatants)이 크리미아에서 벌인 전투들을 기술하고자 한다. 동시에 나는 —그 당시에는 전체적인 부분을 알지 못했던— 생존 장병들에게 거시적인 관점에서의 전투 진행에 대해 알려주고자 한다. 우리 부대들은 1941~1942년에 언제나 우리를 수적으로 압도한 적과 끊임없는 전투를 치르며 크나큰 전과를 이루어 냈다. 공격 또는 추격 시에 우리의 전투 정신은 늘 한결 같았으며 절망적인 상황이 닥치더라도 단호하게 적과 맞섰다. 부대원들은 때때로 전혀 불가능한 것처럼 보이는 임무를 지휘관들이 그들에게 왜 부여하는지, 또는 그들이 왜 전투 구역을 옮겨 다니며 한차례의 전투가 끝난 뒤 또 다른 전투를 해야 했는지에 대해 알지 못했던 것은 사실이다. 그러나 부대원들은 그들에게 요구된 임무를 수행함에 있어 지휘관이 보내준 신뢰에 보답하였다.

또한 11군의 크리미아 전역은 일반적인 러시아 전역과 달리 국방군 최고사령부로부터의 간섭 없이 11군의 판단(Devices)만으로 독립적인 작전을 펼쳤던 유일한 전역이었으므로 주목할 만한 가치가 있다. 크리미아 전역은 10개월간의 끊임없는 전투(공자와 방자가 뒤바뀌는, 차량화부대를 이용한 기동전, 제해권을 쥐고 있는 러시아군의 상륙작전, 파르티잔과의 교전, 그리고 강력한 요새화 지역에 대한 공격을 포함하는)였다. 더욱이 이 지역은 <u>그리스인</u>(Greeks)과 <u>고트족</u>(Goths), <u>제노바인</u>(Genoese), <u>타타르족</u>(Tartats)의 각축장이었던 흑해(Black Sea)에서 벌어졌기 때문에 또 다른 의미가 있었다. 과거 1854년부터 1856년까지의 전투가 벌어진 역사적 장소였으며 알마(Alma)강, <u>발라클라바</u>(Balaclava), <u>잉케르만</u>(Inkerman), <u>말라코프</u>(Malakoff) 등의 이름이 다시 되살아나는 것 같았다.

[옮긴이의 주]

- 만슈타인이 언급한 순서대로 크림 반도에 최초의 도시를 건설한 이들은 그리스인이며, 고트족에 의해 멸망했다. 이후 제노바 상인들이 크림 반도에서 무역업에 종사하였다. 다음에 크림 반도에 정착한 이들은 타타르족인데 흔

히 크림 타타르라 일컬었고 발칸, 폴란드, 러시아를 침공하여 잡은 포로들을 매매하는 노예 무역업을 하였으며 1571년 모스크바를 일시 점령하였다고도 한다. 1854년부터 1856년까지의 전투는 영국, 프랑스, 오스만 제국이 러시아와 벌인 크림전쟁을 의미한다. 발라클라바는 크림전쟁 중 무능한 영국군 지휘관에 의해 휘하 기병대가 러시아 포대를 향해 무방비로 공격하여 궤멸당한 전투로 유명하다. 잉케르만은 크림전쟁 중 영국군이 러시아군을 격파한 도시로 세바스토폴(Sevastopol)의 동쪽에 있다. 말라코프는 크림전쟁 중 러시아군의 포대가 있던 고지인데 이 고지를 빼앗긴 후 러시아는 세바스토폴에서 철수한다.

작전의 개념상으로 보자면 1854~1856년의 크림전쟁과 1941~1942년의 현재 전쟁의 전투 양상은 결코 비교될 수 없었다. 앞서의 전쟁에서는 연합국들이 제해권을 확보한 상태에서 모든 면에서 이점을 가지고 있던 반면에 1941~1942년의 크리미아 전역에서는 흑해를 러시아군이 장악했던 것이다. 우리 11군은 크리미아와 세바스토폴을 점령하여야 했고 동시에 러시아군이 제해권을 갖고 있는 흑해를 통해 가해질 가능한 모든 압박에 대처해야만 했다.

11군 인수 시점의 전황
(THE SITUATION ON MY ASSUMPTION OF COMMAND)

1941년 9월 17일 나는 부그(Bug)강의 입구에 위치한, 러시아 해군기지였던 니콜라예프(Nikolayev)에 도착하여 군 사령관직을 인수하였다. 전임자였던 쇼베르트 상급대장은 피젤러 슈토르히를 타고 일상적인 순시 중이었으나 러시아군의 지뢰지대에 불시착하여 조종사와 함께 전사하였으며 어제 이 도시에 매장되었다. 독일군은 뛰어난 통솔력을 보유한 경험 많은 야전 지휘관 중의 한 명을 잃은 것이었다. 그의 부대들은 어디에서든 그를 따랐었다. 후에 돈(Don) 집단군의 참모진이 될, 11군의 참모진들은 모두 최상의 그룹이었으며 나는 2년 반 동안의 전쟁 기간 중 뛰어난 참모진들로부터 받았던 조언들에 대해 좋은 추억을 가지고 있다. 우리는 특별한 유대로 하나가 되었으며, 1944년 내가 사령관직을 사임하게 되었을 때 그들 대다수는 더 이상 참모진으로 남기를 거부하였다. 여러 군단을 관할하는 1개 군(Army)의 사령관으로 임명되는 것만으로 끝나지는 않았는데, 나는 니콜라예프에 도착하고 나서야 독일 11군을 지휘함과 동시에 추가적으로 루마니아 3군의 지휘권도 내가 맡게 된 것을 알게 되었다. 정치적인 여러 이유들로 말미암아 동부전선에서의 지휘권의 예속(Chain) 문제는 조율하기 어려운 사항이었다. 루마니아 3, 4군과 독일 11군의 지휘권은 루마니아의 국가수반인 **안토네스쿠(Antonescu)** 원수에게 있었으며, 반면에 안토네스쿠 원수는 룬트슈테트 원수가 지휘하는 독일 남부집단군의 지휘를 받고 있었다. 11군 사령부는 안토네스쿠 원수와 집단군 사령부를 연결해 주는 것과 동시에 안토네스쿠 원수에게 작전 상황에 대한 조언을 해 주고 있었다.

만슈타인, 안토네스쿠

그러나 내가 지휘권을 인수했을 당시 이미 안토네스쿠 원수는 루마니아 4군의 지휘권을 홀로 이용하여 **오데사(Odessa)**를 공격하기 위해 배치하였고 루마니아 3군만이 남부집단군 휘하 11군에 배속되었으며, 남부집단군의 직접적인 지휘를 받고 있었다. 어떠한 경우에도 사령부가 직접 지휘하는 부대가 또 다른 명령 체계에 의해 운영되는 부대와 함께 작전을 펼치기에는 어려움이 많았다. 그리고 그

9. 크리미아 전역(THE CRIMEAN CAMPAIGN)

부대가 독일군이 아닌 동맹국일 경우에는 어려움이 배로 수반되었다. 두 개의 부대 간에 발생할 수밖에 없는 조직 운영의 문제, 훈련과 지휘선의 상이함 등은 늘 동맹국들과 함께 할 때 겪는 경험이었으며, 전투력의 확연한 차이 또한 이 문제점을 배가시켰다. 때때로 이러한 관계는 우리만의 단독적인 부대 운영 또는 동맹국과의 관계 개선을 위한 행동을 할 때와는 달리, 동맹국과의 협력작전 시에 우리의 행동을 더욱이 <u>강압적이게끔</u> 만들었다. 이러한 어려움에도 불구하고 루마니아 사령부 참모진들과 나중에 상급대장이 된 루마니아 3군 사령관인 드미트레스크(Dumitrescu) 장군의 헌신적인 호의(Loyalty) 덕에 우리는 협력에 성공할 수 있었다. 또한 모든 루마니아 참모진과 사단까지 연결된 독일 연락장교들의 지각 능력과 필요할 때마다 발휘되는 확고함들도 이 같은 협력에 공헌하였다.

[옮긴이의 주]
· 안토네스크는 러시아에 대한 선전포고로 인기를 끌었으나 러시아 전역에서의 손실이 너무 커 신망을 잃게 되었다. 또한 그는 트란스니스트리아(Transnistria)에서 벌어진 유대인 학살에 책임이 있었으며, 1946년 루마니아인에 의해 총살되었다. 1941년 8월부터 10월까지 러시아군은 오데사에서 루마니아 3, 4군과 독일 11군의 공격을 저지했으며 최종적으로 10월 15일 세바스토폴로 철수하였다. 독일군이 루마니아군을 멸시하는 경우가 종종 있어, 루마니아군이 독일군 장병들을 폭행하는 사례가 있었다는 증언이 있다.

만슈타인, 드미트레스크

이 같은 관점에서 언급되어야 할 사람이 있는데, 그는 바로 안토네스크 원수이다. 정치가로서의 후대의 평가가 어쨌든 간에 그는 진정한 애국자이며 독일과 그의 조국의 운명을 일치시켰고 루마니아군의 군사력과 전쟁 수행에 대한 효율적인 운용을 −그가 지휘권을 놓기 전까지− 우리 측에 제공하고자 하였다. 그가 소망한 방향대로 루마니아군의 지휘가 제대로 이루어지지 않았던 이유는 루마니아의 내부적 환경과 체제의 문제에서 찾아야 한다. 무엇보다 그는 그의 동맹국에 대해 신의를 지켰고 나는 우리와의 협력을 위한 그의 노력에 감사를 표하고 싶다. 루마니아군은 확실히 상당한 결함을 가지고 있었다. 비록 주로 소작농과 농민 계층(Peasant origin)으로 이루어진 루마니아 사병들이지만, 그럼에도 불구하고 그들은 처해 있던 상황에 대해 묵묵히 순종했으며 늘 열정적이고 용감하게 싸웠다. 하지만 루마니아군의 일반적인 교육 수준이 낮은 상태였으므로 작전 중에 독자적인 판단을 요하는 군인으로서, 즉 하사관으로의 육성은 말할 필요도 없이 어려웠다. 다만 독일의 동맹국으로서 그들이 필요한 수준까지 육성되었더라도 루마니아의 국가적, 정치적 판단은 어떠한 전진조차 주저하고자 하는 것이었을 것이다. 또한 시대에 뒤떨어진 태형(Flogging)과 같은 조치들은 병사(Rank and file)들의 자질을 올리는 데 전혀 도움이 되지 않았다. 무장친위대(Waffen-SS)는 루마니아군과 함께 싸우는 것을 꺼려했지만, 태형 등과 같은 조치로 인해 루마니아 병사들은 오히려 독일군과 무장친위대 휘하 부대로 배속되는 것을 원하게 되었다.

루마니아군의 또 다른 약점은 내부적인 안정감의 문제였는데 우리가 알고 있는 것처럼 그들은 하사관(N.C.O, Non-commissioned officer) 조직이 없었다. 나는 과거에 우리의 강력했던 정규 하사관들의 공헌을 현재의 독일 국민들이 너무 쉽게 잊은 듯하여 우려스럽기까지 하다. 또 다른 큰 문제점은 고급, 중급 지휘관들의 상당 부분이 그들에게 요구되는 자질 수준에 미흡하다는 점이었다. 독일군의 입장에서 본다면 대부분의 루마니아군은 장교들과 병사들간의 유대 관계가 부족했다. 루마니아군 장교와 병사들과의 유대 관계는 프로이센의 전통을 벗어나는 것이었다. 그들은 전쟁 경험이 없었기 때문에 그들의 전투 훈련은 현대전을 치르기에는 미흡한 수준이었으며, 이로 인해 발생한 불필요한 손실은 그들의 사기를 떨어트렸다. 1918년 이래 프랑스의 영향 하에 있었던 루마니아군 지휘부는 여전히 1차세계대전의 관점에서 벗어나지 못하고 있었다. 무기와 장비들은 부분적으로 시대에 뒤떨어졌고, 또한 현대전을 치르기에 부적합했다. 특히 대전차포의 부족으로 인하여 루마니아군이 방어하는 지역에서 러시아군 기갑부대의 공격을 저지할 수 있다고 기대하기는 어려웠다. 이 시점에 독일군이 루마니아군의 장비 부족을 해결해 주는 것에 대해서는 내가 결정할 수 있는 부분은 아니었으며, 아마 불가능했을 것이다.

독일군이 루마니아군을 동부전선에서 활용하는데 주저하게 만든 루마니아군의 마지막 단점은 루마니아군이 러시아군에 대해 공포심을 느끼고 있다는 점이었다. 이러한 공포심은 상황이 악화될 경우에 패닉, 즉 부대의 붕괴로 이어질 수 있었다. 실제로 이 같은 현상은 유럽 남동부 국가들과 연합하여 러시아군과 맞선 어느 전투에서나 발생하곤 했던 문제였다. 특히 불가리아군(Bulgarians)과 세르비아군(Serbs)의 경우 이러한 불안감은 그들이 싸우고 있는 적군이 같은 슬라브족(Slavonic affinity)이라는 생각을 할수록 더 커져만 갔다.

루마니아 부대들의 전투 의지와 관련한 평가를 위해 전체적으로 고려해야할 사항이 하나 더 있다. 루마니아군과 협력하고 있는 이 시점에, 루마니아군은 전쟁 초기의 참전 목적인 베사라비아(Bessarabia)를 벌써 수복했었다. 히틀러가 루마니아를 설득하여 받아들이게 한 드네스트르강과 부그강 사이에 위치한 <u>트란스니스트리아</u>는 실제로 루마니아의 영토 수복이라는 열망의 대상에는 빠져있던 지역이었다. 러시아를 두려워하던 루마니아가 러시아로 계속 동진한다는 것에 열정적이지 못했던 점은 충분히 이해할 수 있다. 이와 같은 결함과 주저함(Reservations)에도 불구하고 루마니아군은 그들이 할 수 있는 최선을 다해 싸웠다. 무엇보다도 그들은 늘 독일군 지휘부의 의견에 순종하고자 했으며, 다른 동맹국들과 달리 보급 상황의 악화 속에서도(Before material necessity) 그들의 명예를 지키고자 싸웠다. 단언컨대 안토네스크 원수의 군인 정신이 이러한 성향에 영향을 끼쳤음이 분명하다. 위의 의견들을 종합하여 나의 참모진들이 보고한 바로는, 만일 루마니아 3군이 현저하게 손실을 입을 경우 루마니아 3군은 공세에 투입할 수 없을 것이고, 단지 독일군의 엄호(Corset bones) 하에 제한된 방어전에만 활용될 수 있었다.

[옮긴이의 주]
- 트란스니스트리아는 현재 독립된 국가로 인정받지 못하고 있는 상태이다. 몰도바와 트란스니스트리아와의 전쟁에 관심이 있는 독자들은 추가적으로 찾아보기 바란다.

11군의 작전 구역은 동부전선의 최남단이었으며, 크리미아와 드네프르(Dnieper)강 유역을 따라 자포로지예(Zaporozhe) 남쪽까지였다. 드네프르강 북쪽에서 전진하고 있던 남부집단군이 작전에 관여하지 않았던 점은 11군의 작전에 대한 재량권 부여 차원에서는 매우 유익했다. 북부 러시아에서는 기갑부대의 운용에 적절치 않았던 삼림지역에서 마지못해 싸웠지만, 이곳에서는 천연적인 장애물이 없는 광활한 초원 지대인 스텝(Steppe) 지역에서 작전을 펼칠 수 있게 되었다. 스텝 지역은 천연적인 엄폐물이 없어 기갑부대의 운용에 최적의 장소였지만 11군의 경우 **유감스럽게도 기갑부대가 없었다**. 여름에는 건천(Dried up in summer-time)인, 수없이 많은 하천의 지류들은 제방에 깊고, 가파른 '발카스(Balkas)'라 불리는 구덩이를 만들어냈다. 그럼에도 스텝 지역의 단조로움은 우리에게 낯설지만, 유일무이한 매력을 주었다.

[옮긴이의 주]
- SS아돌프히틀러사단은 이때 차량화사단이었으며, 돌격포 대대를 보유하고 있었다는 기록이 있으므로 대전차 전력은 보유하고 있던 것 같다. 만슈타인이 기갑사단이 없었다고 말하는 것으로 생각된다. Benoît Lemay는 평전에서 SS아돌프히틀러사단을 11군의 유일한 기동사단이라고 적었다.

누구나 이 지역에 매혹되었으며 혹자는 끝없이 펼쳐진 대지를 오로지 콤파스의 도움을 받아 몇 시간이나 차로 달려도 구릉지대를 만나지 못하거나 사람(사람이 거주하는 마을조차)을 한 명도 보지 못할 수도 있었다. 저 멀리 지평선은 산등성이처럼 그 뒤에 파라다이스가 있다고 손짓하고 있었지만, 가도 가도 끝이 없었다. 유일하게 지멘스(Siemens)에 의해 몇 년 전에 세워진, 영국과 이란(Anglo-Iranian)을 연결하여 전보를 주고받기 위한 전신주만이 끝없는 스텝 지역에서 찾을 수 있는 유일한 인공 구조물이었다. 그러나 해질 무렵의 스텝 지역은 눈부신 색으로 휘황찬란하였다. 노가이스크(Nogaisk) 스텝 지역의 동쪽과 멜리토폴(Melitopol)의 북동쪽에서는 카를스루에(Karlsruhe) 또는 헬레넨탈(Helenental)과 같은 낯익은 이름의 마을들이 있었다. 그 마을들은 비옥한 과수 재배 지역의 한 가운데에 위치하고 있었으며, 마을의 집들은 튼튼한 돌로 지어져서 과거에 꽤 번성했었을 것이라는 느낌을 주었다. 거주민들은 여전히 독일어를 할 수 있었으나 모두 노인과 여성, 어린이들이었다. 성인 남자들은 러시아에 의해 강제 이송된 후라 남아 있지 않았다.

국방군 최고사령부가 11군에 부여한 임무를 수행하기 위해서는 11군은 두 개의 상이한 목표로 갈라져 공세를 펼쳐야 했다. 북쪽에서 수행되어야 할 목표는 남부집단군의 우익으로서 후퇴를 계속하는 러시아군의 뒤를 추격하는 것으로, 최종 목적은 아조프해(Sea of Azov)의 해안선을 따라 로스토프(Rostov) 공략을 위한 공격로를 확보하는 것이었다. 남쪽에서 수행되어야 할 목표는 우선적으로 북쪽에서의 목표보다 더 빨리 수행되어야 했는데 크리미아를 점령하는 것이었다. 왜냐하면 크리미아의 점령은 터키(Turkey)의 태도 변화에 긍정적인 영향을 줄 수 있었기 때문이고, 이보다 더 중요했던 이유는 독일의 생명줄인 루마니아 유전지대를 위협하는 크리미아의 러시아 공군부대 기지를 없앨 수 있는 점이었다. 일단 크리미아가 점령되면 11군의 산악부대들은 로스토프 점령 이후의 공세를 지원하기 위해 케르치 해협(Kerch Straits)을 도해하여 코카서스(Caucasus)로 진출할 예정이었다. 국방군 최고사령부는 이 목표들이 1941년에 성공하기 어려운 점을 충분히 알고 있었고, 결국 11군이 수행해야 했던 두 가지 임무는 실현 불가능한 것이 드러나게 되었다. 9월초 11군은 하부 작센(Lower Saxon)에서 온 22사단의 뛰어난 전과로 인해 베리슬라브(Berislav)에서 드네프르 하류를 넘었다. 이러한 상황에서 불가피하게 11군의 공세 중심축이 불가피하게 두 개로 나뉘어져야 했다. 내가 11군의 사령관직을 인수할 때 나의 휘하 부대가 맡았던 전선 상황은 다음과 같았다.

11군은 22, 72사단, SS아돌프히틀러사단으로 이루어진 30군단(잘무트 장군)과 170사단, 1, 4산악사단으로 이루어진 퀴블러(Kübler) 장군의 49산악군단으로 구성되어 있었고 드네프르강에서 패한 후, 이제 멜리토폴부터 자포로지예 남쪽의 드네프르강 굴곡부까지 이어지는 지역으로 후퇴하고 있는 러시아군을 추격하여 동쪽으로 공세를 계속하고 있었다. 한젠(Hansen) 장군의 54군단은 페레코프 지협(Perekop isthmus)으로 이동 방향을 바꾸었다. 54군단 소속의 —그리스에서 전출된— 50사단은 일부 병력이 오데사를 공격하고 있는 루마니아 4군의 휘하에 있었고, 나머지는 흑해 해안 지역에서 소개 작전에 동원되고 있었다. 산악군단(1, 2, 4산악여단)과 기병군단(5, 6, 8기병여단)으로 구성된 루마니아 3군은 여전히 드네프르강 서쪽에 주둔하며 휴식 중이었다. 루마니아군은 아마도 더 이상 강을 넘어 진군하지 않으려는 의도를 가지고 있는 듯 했고, 이는 자신들의 정치적 목적 이상을 의미했던 부그강을 넘어서던 시점 이후에 쭉 그래왔다.

적들을 로스토프 동쪽으로 몰아붙일 것인가 아니면 크리미아를 빨리 점령하여 케르치 반도를 경유하여 코카서스 방향으로 공세를 할 것인가에 대해 11군 사령부는 이 두 가지 임무를 동시에 할 건지 아니면 순차적으로 할 것인지에 대해 결정해야 했다. 실상 국방군 최고사령부에서 결정되어야 할 사항이 11군의 손에 달린 것이다. 확실히 우리가 관할하고 있는 부대의 규모를 감안하면 이 같은 임무가 동시에 수행되리라 기대할 수는 없었다. 크리미아의 점령은 페레코프 지협을 담당 중인 54군단보다 훨씬 강력한 부대가 있어야만 승리가 가능했다. 정보과의 보고에 따르면 드네프르에서 페레코프 지협으로 후퇴할 수 있었던 러시아군은 3개 사단에 불과했으나, 러시아군이 크리미아 및 특히 세바스토폴에 어떠한 전력을 보유했는지 확실하게 알 수는 없었다. 곧 우리는 적이 페레코프 지협에 3개 사단이 아닌 6개 사단을 배치한 것을 알게 되었으며, 오데사로부터 후퇴한 러시아군이 증원부대로 바다를 건너 페레코프 지협에 있던 부대들과 합류하였다.

방자로서 지형 상의 이점을 고려한다면, 적은 단 3개의 사단을 배치하더라도 아마 54군단을 크리미아로 들이지 않을 수 있었고, 적어도 지협을 통과하는 전투에서 상당한 손실을 독일군에게 줄 수 있었다. 크리미아는 이른 바 '쓸모없는 바다(Lazy sea)'라는 뜻의 지바쉬(Zivash)를 경계로 대륙과 분리되어 있었다. 지바쉬는 개펄 또는 거무스름한 늪지 지역으로써 병사들이 행군할 수 있는 지형이 결코 아니었으며, 상륙정에게도 접근이 불가한 완전한 천연 장애물이었다. 크리미아로 들어갈 수 있는 공격로는 딱 두 개였다. 첫째, 서쪽의 페레코프 지협을 통해서였고, 나머지 하나는 동쪽에 있는 게니체스크의 서쪽이었다. 게니체스크 지역은 매우 비좁아 방죽길이나 둑 위에 놓여진 철길만이 있었으며 둘 다 모두 길게 놓여진 다리로 보완되고 있었다. 게니체스크 지역은 공격로로 활용하기에는 전혀 쓸모가 없었다.

페레코프 지협은 그 폭이 5마일이 안 되었으며 엄폐물이 전혀 없는 상태로 적 전선에 돌격을 해야만 했고, 측면 협공은 양쪽의 바다로 인해 원천적으로 배제되었다. 아울러 강력한 방어진지가 이미 구축되었으며, 옛적 타타르인들이 방어 목적으로 건설한 해자(Ditch)가 50피트의 깊이로 지협을 양분하고 있었다. 페레코프 지협을 통과한다 할지라도 이춘(Ishun, Ichoun)에서 더 남쪽에 위치한 또 다른 병목지점(Bottle-neck)을 만나게 되며, 이 협곡은 근방에 있는 소금호수(Salt lakes)로 인하여 그 폭이 3마일로 줄어들게 되었다. 이러한 지형상의 어려움과 적의 수중에 있는 제공권으로 인해 우리는 격렬한 전투에 휘말려 극심한 손실을 유발할 소모전에 빠질 것이 틀림없었다. 만일 우리가 페레코프 공략에 성공할지라도 이춘에서의 두 번째 공세를 이어갈 수 있는 병력이 군단에 있는지 의문이었다. 어떠한 경우라도 2개 내지 3개의 사단으로 세바스토폴을 포함한 크리미아 반도 전체를 점령하는 것은 불가능했다.

크리미아의 신속한 점령을 위해서는 동쪽으로 진격하고 있었던 부대들로부터 추가적인 증원부대를 지원받아야 했다. 적이 후퇴를 계속하고 있는 한 남은 부대들만으로도 추격하기에 부족하지 않을 것이나, 만일 적군이 배후에 있던 신규 병력으로 로스토프에 방어선을 구축한다면 ―그 방어선을 공격하기에는 약하였으므로, 로스토프에 대한 공격이 우선권을 가져야 한다면― 크리미아는 당분간 비전투 상태로 두어야 했다. 더군다나 크리미아 점령을 위한 부대들이 언제 그리고 어느 시점에 가용 상태에 도달할 수 있을지 결정하기는 매우 어려운 문제였으며, 게다가 크리미아의 제해권이 적에게 있는 점을 감안한다면, 루마니아의 유전지대를 공격할 수 있는 크리미아의 러시아군이 압박하는 것을 차치하더라도 2개 군단으로 로스토프를 넘어 전과 확대를 지속하며 나머지 1개 군단으로 크리미아를 동시에 점령하고자 하는 것은 실현 불가능했다.

이에 따라 11군은 첫 번째 목표를 크리미아에 두기로 했다. 절대 불리한 전력으로 공격하면 안 되므로 54군단은 군(Army) 전체의 모든 가용한 포병 전력과 대전차포, 그리고 추가적으로 두 번째 공세(이춘에서의 전투)를 펼칠 때에는 후미에 있던 50사단을 적시에 지원받게끔 하였다. 그러나 아직 이 정도로는 충분하지 않았다. 이춘에서의 전투를 최대한 회피하면서 크리미아를 신속하게 점령하고자 한다면 1개 군단이 더 필요했다. 우리는 이 임무에 적합한 군단이 산악군단이라고 판단했으며, 후에 이 산악군단은 국방군 최고사령부의 명령에 의해 케르치 해협을 건너 코카서스로 진격할 예정이었다. 스텝 지역보다 남부 크리미아의 산악 지역에서 산악군단이 보유한 2개의 산악사단은 참으로 유용하게 쓰일 수 있었다. 우리가 크리미아 반도를 점령하는데 성공한 후에는 차량화부대를 이용하여 신속한 기습을 세바스토폴에 가해야 했다. 이를 위해 SS아돌프히틀러사단이 54군단의 후미에 붙어 진격 예정이었으나, 이러한 부대 배치는 역으로 동부전선에서 11군의 전력이 약화됨을 의미했다.

이러한 전력의 약화를 막기 위해 크리미아를 바라보는 남부 해안선 경계의 임무를 가진 22사단의 일부를 제외하고는, 루마니아 3군이 빈자리를 대체하였다. 동쪽으로 진격하기를 선호하지 않았던 루마니아군의 입장에도 불구하고 드미트레스크 장군과 개인적으로 배치 문제를 조율하여, 그의 군대는 드네프르강을 넘어 신속하게 움직일 수 있었다. 11군의 이러한 배치는 확실히 적군이 동부전선에서의 후퇴를 중단하고 주도권을 다시 얻고자 반격을 개시한다면 상당한 위험 요소를 안고 있었다. 만일 우리가 빈약한 병력으로나마 크리미아의 점령을 이루지 못하면 이는 우리가 크나큰 대가를 치러야 함을 의미했다.

페레코프 지협 전투와 아조프해 전투
(BATTLE ON TWO FRONTS BREAKTHROUGH AT PEREKOP AND THE BATTLE ON THE SEA OF AZOV)

54군단에 대한 보급 문제로 인하여 페레코프 지협에 대한 공격이 9월 24일로 지연되었으며, 위에 언급한 부대들의 재편성이 이루어지고 있던 9월 21일, 우리 군이 담당하고 있는 동부전선에 전황이 바뀌는 징후가 발생했다. 적은 멜리토폴의 서쪽에서부터 드네프르강의 굴곡부까지 연결하는 방어선을 구축하여 11군의 추격이 정지될 수밖에 없었다. 그러나 우리는 49산악군단의 재배치를 중단하지는 않았고 위험을 최소화하기 위하여 독일군 잔존부대를 긁어모아 루마니아 3군에 배속시켰다. 남쪽에 있던 루마니아 기병군단은 독일 30군단에 배정되었으며, 독일 170사단은 루마니아의 산악군단을 지원하기 위해 루마니아 3군에 배정되었다.

9월 24일 54군단은 페레코프 지협 공략을 위한 공격을 개시했다. 강력한 포병의 지원에도 불구하고 46, 73사단은 엄폐물도 없고 물조차 없는 스텝 지역에서의 전투에서 다시금 전투에 투입할 수 없을 정도로 손실을 입었다. 적은 지협에 10마일에 이르는 방어선을 구축하고 있었으며 러시아군은 방어 거점 또는 개인 참호에서 악착같이 끝까지 싸웠다. 적의 강력한 반격을 극복하면서, 54군단은 페레코프 지협과 타타르 해자를 9월 26일 돌파했다. 추가적으로 3일 동안 공격이 지속되었으며 주요 방어 거점인 아르먄스크(Armyansk)의 점령 후에 전과 확대가 지속되었다. 러시아군은 극심한 손실을 입고 많은 수의 전사자를 낸 채 이춘 호수로 물러났다. 군단은 10,000명의 포로, 112대의 전차,

135문의 야포를 획득하였다.

 어려운 전투의 성과에도 불구하고 54군단은 크리미아를 깊숙이 공격할 수 있는 전력이 여전히 없었다. 러시아군의 손실이 심각하다고 해도 54군단에 맞서는 러시아군의 전력은 6개 사단으로 증원되었으며, 이춘 협로를 곧장 찔러 들어가는 것은 투입된 전력 차이 및 독일군에게 발생할 희생을 고려한다면 쉽지 않았다. 또한 산악군단과 SS아돌프히틀러사단을 동원하여 공세를 강화하겠다는 전략은 적이 미리 훼방을 놓았다. 크리미아에 대한 신속한 점령을 의도하였지만 적이 드네프르강과 아조프해 사이에 새로운 증원군을 투입한 것이다.

 9월 26일 적은 전선에 막 도착한 2개 군(9, 18군으로 이루어진 총 12개 사단 규모)으로 11군의 동부전선을 공격하였으며, 첫 번째 공격에서 정황이 우리 쪽에 약간 불리하긴 했지만 우리의 30군단을 상대로 러시아군은 그들의 손실에 맞먹을만한 성과를 얻지는 못했다. 그러나 루마니아 3군이 담당하고 있는 전선은 달랐다. 러시아군은 루마니아 4산악여단을 돌파하여 10마일 가량 전선을 벌려 놓았다. 아마도 루마니아 4산악여단은 그들의 포병 전력을 모두 잃은 것 같았고, 더 이상 전투부대로 가용할 수 없는 것 같았다. 다른 또 하나의 산악여단 또한 동일한 수준의 손실을 입었다. 우리는 이미 페레코프 지협으로 이동 중이었던 49산악군단을 루마니아 3군의 전선 지역을 보충하기 위해 다시 돌려보낼 수밖에 없었다. 동시에 11군은 차량화부대 또한 얻지 못했는데, 국방군 최고사령부가 로스토프 공략을 위해 SS아돌프히틀러사단이 1기갑집단 소속으로 신속하게 이동되어야 한다고 명령하였기 때문이다. SS아돌프히틀러사단이 동부전선으로 이동함으로써 —지협에서의 승리를 이용하여— 두 번째 공세에 차량화부대를 이용한다는 우리의 전략은 무산되었다.

 11군이 관할하는 두 전선에 더 가까이 가고자 군(Army) 작전과(Operation branch)는 전투 지휘소를 노가이스크 스텝 지역인 아스카니아 노바(Askania Nova)로 옮겼다. 이곳은 독일계 러시아인인 팔츠-페인(Falz-Feins) 가문의 소유였다. 러시아 전역에 모범적인 농장으로 널리 알려진 이곳은 집단 농장이었는데 퇴각하던 러시아군이 기계며 산더미처럼 쌓아있는 곡식에 기름을 부어 불을 붙여버려 불길이 몇 주 간 타올랐으며, 우리는 불길을 잡을 엄두조차 내지 못했다. 11군이 맡은 전선 상황의 중대함 때문에 우리는 전투 지휘소를 좀 더 전투가 벌어지고 있는 곳으로 옮겼다. 이는 위기 순간마다 좋은 방법이 되었는데, 부대들에게 참모진들이 후퇴하지 않는 모습을 보여주기 때문에 부대들의 사기 저하를 방지할 수 있었다. 이는 그들의 방어 위치를 너무 이르게 후방으로 물리려던 루마니아 참모진들에게도 좋은 영향을 끼쳤다.

같은 날 독일 49산악군단과 SS아돌프히틀러사단은 루마니아 3군을 물리친 적군 남쪽의 취약 구간을 깊숙이 찔러 들어갔으며, 이전에 승리했던 적들은 불리한 입장에 처했다. 전선을 안정화시키는 도중에 새로운 위기가 30군단의 북익에서 발생했다. 이곳은 루마니아 기병여단이 지키고 있었는데, 루마니아군의 때 이른 퇴각을 막기 위해 독일군이 개입했으며 러시아군이 열었던 돌파구는 SS아돌프히틀러사단이 공방전을 벌인 결과 안정화되었다. 동부전선의 위기는 위에 설명한 바와 같이 끝났다. 이것은 또한 새로운 기회일 수 있었다. 크리미아 점령이라는 우리의 의도를 좌절시키기 위해 러시아군은 지속적으로 공격을 하였으며 그들의 2개 군을 전선에 고착화시켜 놓았기 때문에 드네프르강을 건널 수 있는 자포로지예와 드네프로페트로프스크(Dniepropetrovsk)에서 독일군을 방어할 예비대가 없었다. 그렇다면 클라이스트 장군의 1기갑집단은 북익에서 러시아군의 취약 지점을 돌파할 수 있었다.

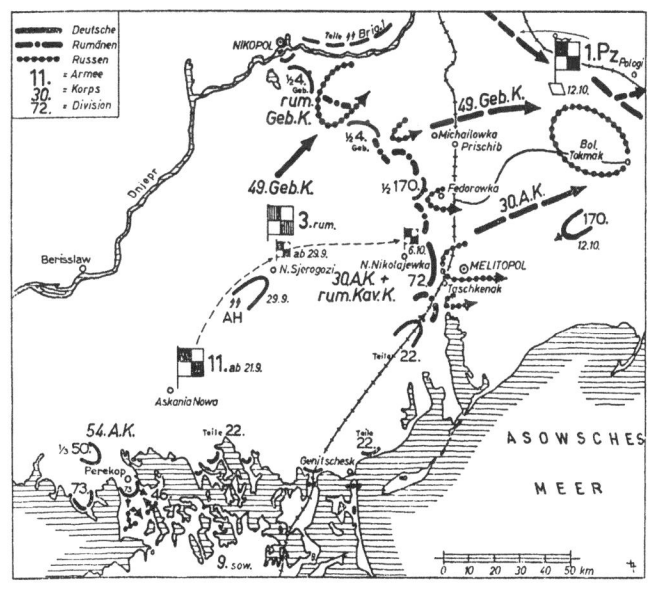

러시아 전역, 아조프해 전투

내가 나의 의견을 남부집단군에 전달한 지 며칠 후에 곧 전투 명령이 10월 1일 내려왔다. 11군이 현재의 전선을 고착화하며 적의 공격을 버텨내는 동안 1기갑집단은 북익에 지속적으로 압박을 가하는 것이었다. 적이 후퇴하자 이번에는 30군단과 루마니아 3군의 차례였다. 10월 1일 30군단과 루마니아 3군은 추격에 나섰다. 1기갑집단과의 며칠간의 협공을 통해 볼토크마크(Bol.Tokmak)-마리우폴(Mariupol)-베르디얀스크(Berdyansk)에 위치해 있던 러시아 2개 군을 대규모로 포위하는데 성공했으며 적군을 물리쳤다. 이 공세를 통해 65,000명의 포로와 125대의 전차, 500문이 넘는 야포를 노획했다.

[옮긴이의 주]

- 4일간의 전투가 계속되었으며 러시아 9, 18군은 토크마크(Tokmak)-마리우폴(Mariupol)-베르디얀스크(Beriansk) 지역에서 1기갑집단. SS아돌프히틀러사단과 루마니아 3군에 의해 포위, 섬멸되었다. 아조프해 전투는 10월 10일에 끝이 났고 11군은 27,000명의 포로, 64대의 전차와 130문의 야포를 얻었다. 1기갑집단과 11군의 합동작전으로 106,362명의 포로, 212대의 전차와 672문의 야포를 얻었다. 11군이 처한 심각한 상황 속에서도, 클라이스트의 기갑집단의 도움을 받아 적의 반격을 분쇄할 기회를 과감하게 잡았던 점과 두 개의 부대를 어떻게 활용할 지에 대해 알고 있던 만슈타인이 이 뛰어난 성공을 불러온 것이다. - 『Erich Von Manstein: Hitler's Master Strategist』(Benoît Lemay)

크리미아 점령을 위한 준비
(THE CONQUEST OF THE CRIMEA)

국방군 최고사령부는 아조프해 전투에 이어 새로운 작전을 독일군의 남익에서 시작할 예정인 듯했다. 전황 상 로스토프와 크리미아를 동시에 목표로 할 수는 없었으므로 −로스토프로 진격하는 임무는 1기갑집단에게 맡겨지고, 49산악군단과 SS아돌프히틀러사단을 1기갑집단으로 떠나보낸− 11군에게는 크리미아만을 점령하라는 명령이 내려졌으며, 휘하에는 2개 군단이 있었다. 30군단(22, 72, 170사단)과 54군단(46, 50, 73사단)이었으나 50사단의 1/3은 오데사 포위전에 참여하고 있었다. 안토네스크 원수의 지휘 하로 돌아간 루마니아 3군은 아조프해와 흑해 연안의 해안선 방어와 같은 사소한 임무를 맡았다. 그러나 나는 안토네스크 원수에게 개인적으로 요청하여 루마니아 산악군단(1개 기병여단, 1개 산악여단)을 동부 해안 지역의 방어를 위해 내 지휘 하에 넣을 수 있도록 허가를 받았다. 이제 11군의 전략적 목적은 크리미아를 점령하는 것만으로 축소되었다.

그러나 국방군 최고사령부는 인내심을 잃고 최대한 이른 시간 내에 모든 군단이 케르치 반도를 통해 쿠반(Kuban)으로 공세를 펼치라 명령하였다. 이 명령에서 히틀러가 러시아군을 저평가하고 있음을 알 수 있었는데 11군은 이러한 작전이 실제 착수된다면 크리미아에서의 공세는 물거품이 될 수 있다고 지적했다. 왜냐하면 적군은 케르치 반도 끝에서 최후까지 싸울 것이었고, 세바스토폴을 포기하기보다는 오데사의 러시아군이 후퇴하여 세바스토폴에 합류하여 우리 배후에 전선을 구축할 것이었다. 실제 러시아군이 크리미아에 발을 걸치고 있는 동안, 2개 군단으로 이루어진 11군이 케르치를 통해 쿠반으로 해상 이동한다는 것은 실현 가능성이 없었다. 그렇지만 이때에 우리는 기회(실제로는 쿠반으로 상륙하라는 히틀러의 명령으로 인한 증원부대)를 잡았는데, 11군이 3개 사단으로 이루어진 1개 신규 군단을 몇 주 내에 받게 될 것이었다. 신규로 휘하에 들어오는 42군단은 24, 132사단으로 이루어졌다. 그러나 지속적으로 크리미아를 사수하기 위한 러시아군이 증원되어 신규 1개 군단의 증원으로는 크리미아에서의 전투에 부족하였다.

이춘 협로 전투
(THE STRUGGLE FOR THE ISHUN ISTHMUS)

11군이 당면한 문제는 크리미아에 접근한 이후 이춘을 통한 공격로를 열기 위한 전투였다. 여타의 다른 공세작전과 다를 바 없었지만, 10일 간의 전투는 통상적인 공격 시에 독일 군인들의 헌신과 전투 정신을 보여주는 좋은 사례가 되었다. 이 전투에서 우리는 모든 면에서 강력화된 방어 진지에 있는 적을 공격하기 위해 요구되는 최소한의 조건에 부적합했다. 6개 사단인 11군과 비교하여 −전선에서 맞붙게 되는 러시아군은 8개 사단과 4개 기병사단으로 이루어져 있어− 수적인 우세 또한 공자가 아닌 방자에게 있었다. 한편 러시아군은 10월 16일 루마니아군이 미흡하게 작전을 수행하였던 오데사에서 철수하여, 바다를 통해 크리미아로 병력을 이동시키고 있었다. 독일 공군이 32,000톤의 선박을 격침시켰다고 보고했지만 오데사로부터 오는 호송선단은 여전히 세바스토폴과 크리미아의 서부 해안에 위치한 항구들마다 닻을 내리고 있었다.

우리의 공세가 시작되자마자, 오데사로부터 철수한 사단들이 전선에 투입되기 시작했다. 독일 포병 전력은 확실히 적군보다 우세하였으며 사격의 정확성으로 보병의 공격을 지원해 주었다. 그러나 적군의 해안포대들은 크리미아 북서부 해안에서 지바쉬의 남쪽 지역까지, 독일 포병의 사정거리 밖에서 독일군의 작전 권역에 포격을 가할 수 있었다. 또한 러시아군은 반격에 기갑부대를 활용할 수 있었으나 11군은 단 한 대의 전차도 보유하고 있지 않았다. 무엇보다도 큰 문제는 현재 상황에서 참모진들이 세운 작전 계획이 계획만큼 잘 풀리지 않았다는 점인데, 러시아군은 잘 구축된 진지에서 우리의 공격을 받아칠 준비를 하면서 기다리기만 하면 되어 기습에 의한 공격의 효과가 전혀 없었기 때문이었다.

페레코프 지협에서의 전투에서 배웠다시피 지협의 양쪽에 있는 바다와 지바쉬로 인해 측면 공격은 꿈을 꿀 수조차 없었다. 반대로 늘어진 전선을 따라, 세 개의 좁은 협로(Strips)들을 통해 적의 정면으로 직접 공격하는 수밖에 없었다. 전선의 폭이 좁기 때문에 54군단은 첫 번째 공세에 3개 사단(22, 46, 73사단)을 배치했으며, 30군단은 전역 확대가 이루어지는 시점에 남쪽으로 지원할 수 있는 예비대로서 후선에 배치되었다. 지형적으로 염분이 많은 스텝 지역이었고 팬케이크처럼 평평한 초원 지대에서 공자를 위한 엄폐물은 전혀 없었다. 더군다나 공자의 상공에 떠있는 러시아 전투기와 폭격기의 조종사는 그들이 찾은 목표물을 향해 공격을 가했다. 뿐만 아니라 전선을 따라 공격하는 보병들은 야포뿐만 아니라 차량과 말들을 보호하기 위해서도 참호를 파야만 했다. 대공포대들의 사정은 더 안 좋았는데, 적기의 표적이 될까봐 적기를 향해 사격할 엄두도 내지 못했다. 공세의 마지막 즈음에서 —우리의 요청으로 인해 증원된— 2차세계대전의 에이스로 알려진 **묄더스(Mölders)**와 그의 비행편대들 덕에 제공권을 장악할 수 있었으나 이조차 주간에만 가능했으며 야간에는 적기의 공습을 막을 수가 없었다. 모든 지역에서 엄폐되어 보호받고 있는 방자에 대한 공격은 공격하는 부대에게는 필연적으로 비정상적으로 높은 손실 교환비와 상당한 손실을 불러올 수밖에 없었다.

이 기간 동안 나는 상황이 어떻게 바뀌는지, 어떤 지원이 전투부대들에게 필요한지 확인하고자 끊임없이 전장을 돌아다녔다. 격렬한 전투에 휩싸인 사단들은 이미 이전에 페레코프 지협과 아조프 해안에서 이미 많은 손실을 입은 사단들이었으므로 전투력이 약화되고 있다는 보고를 받았다. 나는 이 좁은 회랑을 차지하는 전투가 승리로 끝날 것인지, 돌파구를 열 수 있는지, 그리고 우리 부대들이 이제껏 우리가 해온 것처럼 증원되고 있는 러시아군을 여전히 크리미아에서 격퇴할 수 있을지에 대해 고민했다.

[옮긴이의 주]
- 묄더스는 최종 시점에 115대의 격추 기록을 가지고 있었다고 한다. 독일 공군의 군수 생산을 담당하고 있던 1차 세계대전의 에이스 에른스트 우데트(Ernst Udet)가 자살하자, 그의 관을 운구하고자 독일로 가던 중 1941년 비행기 사고로 사망했다. 괴링과 밀히의 압박에 의해 자살한 우데트의 죽음은 자살이 아닌 사고사로 발표되었다는 증언이 있다.

10월 25일 모든 부대들이 공격을 하기에는 너무나 탈진한 상태였으며, 어느 사단장은 휘하의 한 연대가 모두 소멸되었다고(At the end of their strength) 이미 2회에 걸쳐 보고를 하였다. 전투 시에 발생하는 이런 류의 상황은 조만간 절체절명의 순간(Razor's edge)이 닥치는 것을 의미하며 이때에 공자는 육체적 한계를 벗어나, 방자의 저항 의지보다 결연하고 강력한 전투 의지를 보여주어야만 한다. 자칫하면 헛되이 끝날 수도 있고 또는 모두를 희생할 수도 있는 위험을 무릅쓰고 마지막 최후의 결전을 지속할 것인지에 대한 의사결정은 지휘관에게는 상당히 어려운 문제이다. 부대들이 뚜렷한 목적으로 고취되어 있지 않거나, 전투를 포기하지 않겠다는 결연한 의지가 없다면 이러한 의사결정은 생각지도 못할 일이다. 끝까지 싸울 준비가 되어 있었던 우리는 우리의 약점이 우리를 실패로 끌고 가게끔 두지 않았으며, 처음부터 끝까지 최선을 다해 싸웠다. 그 결과 꺾이지 않는 공자의 공격 정신은 방어하고자 하는 방자의 의지를 압도하였으며 치열한 전투를 하루 더 치른 10월 27일 최종적인 승리를 얻었다. 10월 28일 힘겨웠던 10일간의 전투가 끝났다. 러시아군의 방어선은 붕괴되었으며 11군은 추격을 계속 하였다.

[옮긴이의 주]
- 전투 후 독일군은 15,700명의 포로, 30대의 전차, 109대의 야포를 얻었다. 11군의 손실은 1,195명 전사, 5,588명 부상 및 249명이 실종되었다. 9월 24일 페레코프 지협에 대한 공세 이후 만슈타인의 부대는 53,175명의 포로를 얻었다. - 『Erich Von Manstein: Hitler's Master Strategist』 (Benoît Lemay)

추격전
(PURSUIT)

추격전에서 모든 계급의 지휘관들은 강인함과 솔선수범을, 그리고 전투부대원들은 강인한 인내심(Self-Denial)을 잘 보여 주었다. 연이은 전투로 인한 손실과 유례를 찾을 수 없을 정도로 요구되었던 임무 수행으로 인해 약화된 연대들은 —1796년에 나폴레옹을 따라 약속의 땅인 이탈리아를 공격하였던 병사들과 같은 생각을 하며— 남부 크리미아 해안을 향해 진격했다. 11월 16일 격렬한 추격전(Furious chase)은 끝이 났고 세바스토폴 요새 지역을 제외한, 모든 크리미아가 독일군의 수중에 들어왔다. 11군의 6개 사단은 12개 사단과 4개 기병사단으로 구성된 적 2개 군을 모두 쓸어버렸다. 최초에 20만 명을 헤아렸던 적 2개 군은 지협에서 벌였던 <u>**두 번의 전투와 추격전을 통해 10만 명을 포로로 잃었으며,**</u> 700문의 야포 그리고 160대의 전차를 잃었다. 케르치 반도를 통해 탈출하거나, 세바스토폴로 후퇴한 적은 소수의 패잔병이었으며 중화기는 거의 없었다. 그러나 러시아는 제해권을 장악하고 있었으므로 새로운 증원군과 보급품을 지연 없이 제공할 수 있었으며, 이로 인해 세바스토폴로 후퇴한 적들은 즉시 임전태세를 갖출 수 있었다.

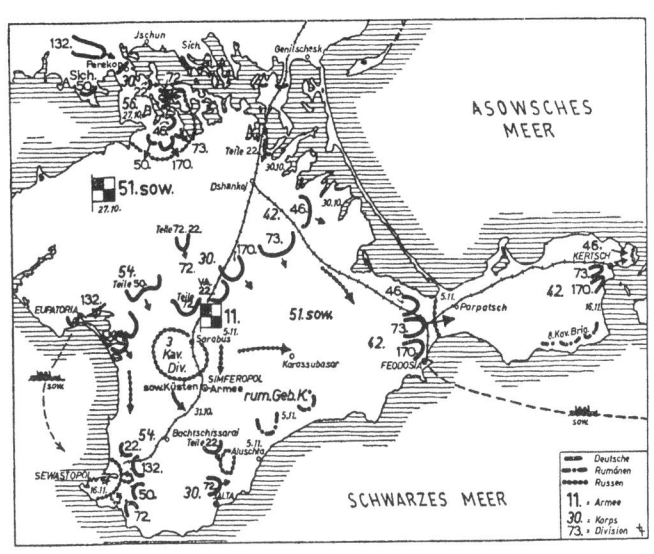

러시아 전역, 1941년말 크리미아 전역

[옮긴이의 주]

- 만슈타인이 군(Army) 사령관을 맡은 이후, 대규모의 전투 결과가 간략하게 묘사되기 시작한다. 만슈타인이 집단군 사령관을 맡은 이후에는 다른 나라라면 한 개의 전쟁으로 느껴질 전투도 매우 간략하게 묘사된다. 독자들은 이 점을 인지하기 바라며, 세세한 전투 상황은 다른 서적들을 참조하기 바란다.

- 11군은 크리미아의 개활지에서는 거의 모든 적을 제거하였다. 11군은 12개 사단, 4개 기병사단으로 구성된 러시아 2개 군을 격파했으며 러시아군은 200,000명 중 25,000명 전사, 100,000명의 포로, 160대의 전차, 700문의 야포를 손실했다. 소수의 잔존부대만이 —중화기 없이— 케르치 해협을 건너거나 세바스토폴에 합류할 수 있었다. 그러나 러시아군은 해상으로 병력과 물자의 보급을 받아 신속하게 전투에 임할 상태로 회복할 수 있었다. - 『Erich Von Manstein: Hitler's Master Strategist』 (Benoît Lemay)

야일라(Yaila) 산맥의 북쪽, 아름다운 풍광과 대규모로 러시아화 된 심페로폴(Simferopol)에 군 사령부가 위치한 반면에, 전투 지휘소는 심페로폴 북부의 작은 마을인 사라부스(Sarabus)에 위치했다. 거기에서 우리는 러시아인들이 새로 건축한 학교 건물에 숙소를 마련하였다. 나는 개인적으로 과일을 키우던 집단농장에 위치한 작은 농가에서 참모장과 같이 있었으며 각자에게 적합한 방을 찾을 수 있었다. 내 방에는 침대, 책상과 의자, 세면을 하기 위한 의자와 세면대, 그리고 몇 개의 옷걸이가 있었다. 당연히 우리는 심페로폴에서 필요한 가구를 징발할 수 있었겠지만, 내 참모진들은 —일반적인 군인들이라면 안락함에 빠지는 것이 군인스럽지 않다고 믿었기에— 그러지 않았다. 케르치 전선의 전투 지휘소와 세바스토폴 앞에서의 전투 지휘소에서 머물렀던 2회에 걸친 시기를 빼고는 우리는 1942년 8월까지 이곳에서 머물렀다. 이리저리 떠돌아다니는 유목민적 생활은 우리에게는 반갑지 않았지만, 시대를 거슬러 올라간 듯한 느낌을 주었다. 작전참모장이 그의 말을 끝내면 날마다 종이를 서로 차지하려는 전쟁(Paper war)이 벌어졌다. 기존의 난방 설비는 러시아인들이 모두 파괴하였기 때문에 러시아인들을 모방하여 설치한 두 개의 작은 벽난로로 이번 겨울을 버텨야만 했다.

전투와 관련이 없는 내용이지만 이 시점에서 나는 —1941년과 1942년의 겨울에 벌어졌던 작전들에 대한 고뇌보다는 작은 번뇌였지만— 나에게 깊은 생각을 하게끔 만든 문제를 얘기해 보고자 한다. 군을 지휘하는 사령관은 최종적인 결정권자(Arbiter)이기도 하며, 그에게 당면한 어려운 문제 중 하나는 사형 선고를 내리는 것이다. 한편으로 부대 전체의 이익을 위해 군율을 유지하기 위한 어쩔 수 없는 형벌을 가하는 일이기도 하지만 다른 한편으로는 짧은 판단과 서명 하나만으로써 한 사람의 생명을 빼앗는 결정일 수도 있었다. 물론 전장에서는 하루에도 수천 명의 희생자가 발생하며, 모든 군인들은 그들의 목숨을 전장에 내놓을 각오가 되어 있었다. 하지만 전장에서 명예롭게 쓰러지는 것과 동료들의 총구 앞에서 불명예스럽게 목숨을 잃는 것은 다르다. 물론 어느 병사라도 비열한, 그리고 비난받을 만한 행동으로 동료들의 죽음을 초래해 군의 명예에 먹칠을 하였다면 자비를 베풀 수는 없을 것이다. 그러나 완전하게 비열한 행동보다는 순전히 인간적인 잘못에서 비롯된 사례들이 많았다. 그럼에도 불구하고 전시재판(Court-martial)에서는 군법에 따라 엄격하게 법을 적용하여 사형 선고를 내려야하는 경우가 많았다. 나는 그들의 판단은 존중하지만 군 재판관의 구두 설명만으로 사형 선고에 서명한 적은 없었으며, 내 스스로 재판 기록을 열람하며 깊은 생각에 잠기곤 했다.

러시아와의 전쟁 초기, 내 군단에 속한 두 명의 병사가 나이든 여성을 강간하고 살해한 죄로 사형을 선고 받았다. 그들은 그들의 죄로써 버림을 받았다. 또 다른 사례로는 폴란드 전역 이후 철십자훈장(The Iron Cross)을 받은 병사가 야전 병원에서 치료를 받은 후 새로운 부대로 배속되었는데 배속 첫날 기관총 분대가 모두 전사하는 것에 충격을 받아 정신을 잃고 도망하였다. 그는 군법에 의해 사형을 선고 받았다. 이 병사가 비겁함으로 부대를 위험에 빠지게 했더라도, 이 경우에는 다른 척도가 적용돼야 한다고 생각한다. 내가 전시법정에서의 사형 선고를 되돌릴 수는 없었기에, 이후에 나는 그 병사의 연대장급 지휘관과 협의하여 사형 집행을 4주간 보류하는 방안을 채택했다. 만일 죄를 지은 병사가 이 기간 동안에 그의 명예를 되찾으면 사형은 면할 수 있었으나, 명예 회복에 실패한다면 사형이 집행되었다. 군율을 위반하여 **사형 집행을 유예 받았던 병사들** 중 오직 한 명이 탈영하여 적에게 투항했으며, 나머지는 모두 그들의 명예를 회복했거나 동부전선의 격렬한 전투에서 진정한 군인으로 전사했다.

[옮긴이의 주]

- 만슈타인이 군, 군단 내에 형벌부대를 운영했다는 진술을 상세히 하지는 않았으나 독일 및 러시아 모두 형벌부대를 운영했다. 지뢰지대에 대한 소개 작업, 자살에 가까운 돌격 임무를 받아 살아남기 어려웠다는 증언이 있으며 영화에서도 계급장 없이 형벌부대에 종사한 사례가 자주 묘사된다. 러시아군의 형벌부대에 대해 다음을 참조하기 바란다. '형벌부대는 독일군이 1941년의 겨울 전투 동안에 행한 사례를 본떠 만들어졌다… 죄가 있다는 것이 명백할 필요는 없었다… 전쟁 동안 442,000명이 형벌대대에서 복무해야만 했으며, 이 외에 436,000명이 감금형을 받았다. 총살을 당했거나 형벌대대에 주어진 자살 행위와도 같은 임무를 수행했다가 사상됐거나 얼마나 많은 군인이 자기 편 손에 죽었는지는 결코 정확하게 알려지지 않을지도 모른다. 최근 러시아 학자들은 전쟁 동안 총살형을 선고받은 군인 수가 158,000명에 이른다고 추산한다… 부상을 입었을 경우에만 복권될 수 있었다. '자기 피로써 보상했다.'는 문구가 그들의 보고서에 덧붙여졌다.'

- 『스탈린과 히틀러의 전쟁』(리처드 오버리)

1차 세바스토폴 공방전
(THE FIRST ASSULT ON SEVASTOPOL)

이제 11군의 새로운 목표는 크리미아의 마지막 적의 보루(Stronghold)인 세바스토폴이었다. 적군이 조직화된 방어선을 구축할 시간을 벌지 못하게 하여 공세의 성공 확률을 높이려면 우리가 세바스토폴을 빨리 점령해야만 했다. 세바스토폴을 신속하게 점령하지 못한다면 제해권을 가진 러시아군의 반격을 받을 수밖에 없을 것이었다. 우리의 계산으로는 11월 27일 또는 28일에서야 부대의 이동과 탄약의 보급이 완료될 수 있었으므로, 공세의 시작일을 이 날짜에 맞추고자 했다. 그러나 러시아의 겨울이 우리에게 닥쳤으며 러시아의 겨울은 동부전선과 크리미아에서 각기 다른 형태로 우리를 힘들게 했다. 크리미아에서는 비가 내리면 비포장된 도로가 모두 쓸모없게 되었고 북쪽의 주된 전장인 동부전선에서는 매서운 추위가 드네프르강 남쪽에서 사용 가능한 5대의 기관차 중 4대를 정지시켜 버렸다. 그 결과 11군은 하루에 화물 열차 1~2량 수준의 보급품을 받는 경우가 잦았다. 드네프르강은 결빙되었지만 여전히 우리 차지는 아니었기에 쉽게 건널 수도 없었다.

러시아의 겨울로 인해 사전 포격과 함께 시작될 공세의 개시일은 11월 27일이 아니라 12월 17일로 지연될 수밖에 없었으며 이 3주 간의 공세 지연은 결국 매우 중대한 손실을 낳게 되었다. 30군단과 54군단은 작전 계획에 따라 각각 세바스토폴의 북쪽과 남쪽에서 공격을 가했다. 이 공격 전에 11군은 어려운 결정을 해야만 했는데 10월 17일 로스토프 공방전을 벌이던 남부집단군이 전황이 불리해지자 73, 170사단을 우리 군에서 제외시킨 것이다. 우리가 이 사단들이 11군에서 차출된다면 세바스토폴을 공격하지 못할 것이라 주장했음에도 결국 170사단만을 잔존시키는데 성공하였다. 170사단은 30군단과 합류하기 위해 해안선을 따라 이동하고 있었으므로 만일 로스토프로 향한다 해도 필요한 시점에 도착하지 못했을 것이다.

73사단의 양도는 세바스토폴의 북쪽을 공격하기 위한 예비대의 상실을 의미했으며, 우리는 이러한 상황 하에서 과연 세바스토폴에 대한 공격이 타당한지 고심했지만 결국 위험을 감수하기로 결정했다. 여기에서 작전의 진행에 대해 자세히 설명하기는 어렵지만 첫 번째 임무는 동쪽에서 적군을 향해 기습적으로 밀고 들어가, 카차(Kacha)와 벨벡(Belbek)의 사이에 있는 적 최전방의 방어선에 있던 적군을 밀어냄과 동시에 벨벡에서 적군의 방어진지를 점령하고 남쪽 지역의 고지대를 점령하는 것이었다. 결국 세베르나야만(Severnaya Bay)의 바로 위인 벨벡 남쪽 지역의 요새지대였던 완만한 제방 지역까지 진출했고 볼프(Wolff) 중장의 뛰어난 지휘 하에 있던 ─하부 작센에서 온─ 용맹한 22사단이 이러한 성공에서 주된 역할을 하였다.

22사단은 카차와 벨벡 사이를 방어하던 적군을 소개하였고, 132사단과 함께 벨벡 계곡의 남쪽 고지대를 점령하였다. 그러나 벨벡 남쪽 지대에 있는 적의 요새화된 지역까지 밀고 내려가자 최전방의 전선은 점차적으로 간격이 좁아지게 되었다. 동쪽으로부터 세베르나야만으로 공격해 들어가던 24사단과 50사단이 통과하기 어려운 산악 지역을 만나 실질적으로 진격을 이루어내지 못했고, 직접적으로 노출된 추위와 −토치카에 숨어 완고한 의지로 저항하는− 적과의 싸움이 격렬하여 아군의 전력이 고갈되었다. 그럼에도 12월의 마지막 며칠간, 크리스마스에도 전투는 계속되었고 최전선은 스탈린 요새까지 진출하였다. 스탈린 요새까지 전선을 밀어붙인 결과로 인해 아군의 포병이 세베르나야만까지 육안 사격할 수 있었다. 우리가 원했던 것은 예비대를 투입하여 세베르나야만까지 진격하여 승리를 얻는 것이었다. 그러나 우리는 73사단을 넘겨주어 병력 부족이 발생하였고, 과감하게 전투사단을 최전선으로 밀어 넣었지만 손실이 발생했다.

이때 러시아군이 케르치 반도와 페오도시아(Feodosia)를 통해 상륙했다는 정보를 입수했으며, 이러한 상황은 1개 독일사단과 2개의 루마니아 여단을 제외하고 모두 세바스토폴 공방전에 뛰어들고 있었던 우리에게는 매우 치명적인 상황이었다. 우리가 최대한 빨리 세바스토폴로부터 병력을 빼내어 적의 상륙지점으로 병력을 투입하는 것이 마땅했으며, 약간만 지체하는 경우라도 이는 곧 치명적일 수 있었다. 그러나 약간의 추가 공격을 통해 세베르나야만을 얻은 후에 세바스토폴에 대한 공격을 중단하는 것이 옳으리라는 판단을 하였고 −아직은 상륙 직후라 조직화되지 않은 적군과 싸우기보다는− 먼저 세바스토폴 북쪽 전선을 공략하는 것이 향후 세바스토폴을 점령하는 차후 작전을 훨씬 용이하게 할 것이라 판단하였다. 11군은 이에 따라 세바스토폴에서 병력을 빼더라도 최대한 지연하여 빼는 전략을 선택함으로써 위험을 감수하고자 했다. 우선적으로 30군단이 공격을 멈추고, 170사단과 함께 케르치 반도로 가도록 했다. 동시에 54군단의 군단 사령관 및 사단장들의 동의하에 세바스토폴에 대한 최종 공격을 북쪽 전선에서부터 목표인 세베르나야만에 퍼붓기로 했다.

늘 그랬듯이 전체 부대가 그들이 가진 모든 전투력을 보여 주었고, 22사단의 선봉이었던 콜티츠(Choltitz) 대령의 16연대는 스탈린 요새의 외곽 방어선을 열었다. 그러나 모든 부대원들이 탈진하여 30일 사단장들은 추가적인 공격으로도 공세가 성공적이지 않을 것이라 보고했다. 남부집단군에게는 전화로 전황을 보고하였으며 히틀러 또한 이러한 명령이 필요함을 알고 있었기에 11군은 지휘관들에게 최종적으로 공격을 중단하라는 명령을 내렸다. 어쩔 수 없이 추가적으로, 전선에 있던 부대들에게는 다시 벨벡 북부 고지로 퇴각하여 해당 전선을 안정화시키라는 명령을 내렸다. 세바스토폴 북쪽 전선의 안정화를 위해 최소한의 병력은 케르치 반도로 뺄 수 없었다. 말할 필요도 없이 이러한 전선의 미봉책은 어쨌든 장기간 유지가 불가능할 것이었다. 히틀러는 그가 아무 일도 할 수 없음을 알고 있었지만 기존에도 어떠한 자의적인 후퇴에는 반대를 했었고, 일선부대의 후퇴에 대한 반대는 부대를 위해 <u>희생된 장병들에 대한 우리의 책임</u>과는 비교할 수 없을 정도로 영향을 끼쳤다. 세바스토폴에 대한 첫 번째 공격은 <u>최종적으로 실패</u>했다.

[옮긴이의 주]

- 만슈타인은 자기 부대원들의 목숨에 책임감을 느꼈으나, 러시아인들에게는 다른 행동을 취했다. 『Erich Von Manstein: Hitler's Master Strategist』(Benoît Lemay)에 따르면 1941년 11월 20일 11군 사령관 만슈타인은 그의 부대들에게 다음과 같은 훈령을 내렸다. '6월 22일부터 독일 국민들은 볼셰비키 정권과 죽음을 향한 사투를 벌이고 있다. 이 전쟁은 —오로지 이 전쟁만이— 유럽에서의 전쟁에서 볼 수 있는 규범에 의해 치룰 수 있는 전쟁이 아니다.' 1차 세바스토폴 공방전 실패에 대해 만슈타인을 비난하는 증언, 주장도 있으나 그 당시에 11군의 전력이 독일군 중 가장 약했다는 증언도 있다.

크리미아 탈환을 위한 스탈린의 공격
(THE STALIN OFFENSIVE TO RE-CONQUER THE CRIMEA)

세바스토폴에 대해 중요한 작전을 펼치고 있던 11군을 훼방 놓기 위해 케르치 반도에 상륙한 러시아군의 목표는, 11군의 이목을 다른 곳으로 돌리기 위한 견제작전 또는 기만작전(Diversionary measure)이 아니었다. 러시아 라디오 방송은 이 공격이 크리미아를 다시 탈환하고자 하는 전면적인 공세였으며 스탈린이 직접 계획과 지시를 함으로써 독일 11군이 지도에서 없어져야 끝나는 전투라 말하고 있었다. 모두가 적들이 펼치는 공세의 수준을 보고, 그 보도의 내용이 거짓이 아님을 알게 되었다. 강력한 병력 뒤에 도사리고 있던, 병사들의 죽음에 개의치 않는 무자비함 속에서 우리는 스탈린의 잔인한 의지를 느꼈다.

12월 26일 케르치 해협을 넘은 후 적은 2개 사단을 케르치의 양 옆에 배치하였다. 또한 작은 규모의 상륙작전이 케르치 반도의 해안선을 따라 북쪽에서 수행되었다. 백작 **스폰넥 장군**(Count Sponeck) 휘하의 42군단은 46사단으로만 구성되어 케르치 반도의 수비를 맡고 있었고 확실히 유리한 상황은 아니었다.

[옮긴이의 주]
- 스폰넥은 정예사단인 22사단 사단장이었으며, 이후 만슈타인이 42군단 사령관 및 46사단장을 겸직하도록 했다고 한다. 22사단 소속이었던 콜티츠가 스폰넥이 멜리토폴, 페오도시아에서 유대인 학살을 지시하였고, 콜티츠 본인이 유대인 학살에 관여했다고 비밀리에 말했다는 증언이 있다. 아울러 스폰넥은 군복을 입고 포로가 된 러시아군도 즉시 사살하라고 지시했다. 스폰넥은 케르치 반도에서의 명령 불복종으로 인해 1942년 1월 23일 괴링이 재판장인 전시법정에서 사형을 언도받았으나, 만슈타인의 권고로 히틀러는 스폰넥을 7년형의 금고로 감형했다. 그러나 히틀러 정권 전복 음모에 대한 본보기로, 그가 음모를 주도한 사람들과 접촉하지 않았음에도 1944년 7월 23일 총살되었다는 증언이 있다. 스폰넥의 가족들도 수용소로 보내졌으며, 이는 히틀러가 독일 장교단에게 경고의 메시지를 보낸 것이기도 하다.

스폰넥 장군은 이에 따라 파르파치(Parpach)에서 방어선을 공고히 할 목적으로 케르치 반도에서의 퇴각을 요청하였다. 11군은 그의 의견에 동의하지 않았는데 만일 케르치에서 적군이 강력한 교두보를 마련한다면 크리미아에서 두 번째 전선이 생기게 되는 것이고, 11군이 세바스토폴을 얻지 못하는 한 결국 양면전선이라는 지극히 위험스러운 상황으로 몰릴 것이기 때문이었다. 이어 우리는 42군단에게 아직 상륙 이후에 재정비를 이루지 못한 적군을 타격하여, 바다로 밀어내라는 명령을 내렸다. 동시에 이 임무에 46사단을 전념시키기 위해 우리는 심페로폴 주변에 있었던 루마니아 4산악여단과 크리미아 동쪽 해안의 방어를 담당하고 있던 루마니아 8기병여단을 페오도시아로 보내어 적군의 상륙을 저지하고자 했다. 동시에 아직 크리미아 반도에 남아있던 73사단의 무장이 강화된 213연대를 게니체스크(Genichesk)에서 페오도시아로 이동시켰다. 12월 28일까지 46사단은 북부 해안의 일부를 제외하고는 케르치 반도의 남쪽과 북쪽에서 적이 교두보를 만드는 것을 잘 막았다.

그럼에도 불구하고 스폰넥 장군은 케르치 반도에서의 철수를 재차 요구하였으며, 우리는 단호하게 (Categorically) 거부했다. 우리는 케르치 반도의 포기는 11군으로 하여금 주도권을 다시 잡을 수 없게 만들 것이라는 확신을 갖고 있었으며, 그러는 동안 12월 28일 54군단이 세바스트폴에 대한 마지막 공격을 가했다. 그러나 세바스토폴의 적군은 계속해서 증원군을 보충받고 있었으며, 12월 29일 일찍 우리는 야간에 -러시아 해군의 엄호 하에- 적군이 페오도시아에 상륙한 것을 알았다. 루마니아군이 다음날 아침까지도 도착하지 못하였으므로 그곳에 있던 우리의 약한 병력(1개 공병대대, 대전차포부대와 약간의 해안포병부대)으로는 상륙을 막을 수는 없었다.

반도 중앙의 어딘가에 위치한 42군단 사령부와의 연락 체계는 잘 작동되지 않았던 반면에, 10시경 우리는 무전을 통해 스폰넥 장군이 -**적군이 페오도시아에 상륙**했다는 것을 빌미로- 케르치 반도에서 철수를 명령했음을 알게 되었다. 우리가 즉시 철회 명령을 내렸지만, 42군단은 이 철회 명령을 수신하지는 못했다. 페오도시아의 적군에 의해 포위되지 않기를 갈망했던 군단의 고뇌를 충분히 이해하고 있었지만, 우리는 여전히 앞다투어 다짜고짜 퇴각(Headlong)하는 것이 결코 전황의 개선에 도움을 주지 못할 것이라 생각했다. 케르치 반도에서의 후퇴를 취소하는 동시에 11군은 루마니아 산악군단에게 -먼저 언급했던 2개의 산악여단에 추가적으로- 현재 이동 중에 있는 1개 루마니아 차량화연대와 함께 페오도시아에 상륙한 적을 다시 바다 쪽으로 밀어붙이라고 명령했다. 이 명령을 받은 루마니아군의 전투력에 대해 신뢰를 갖고 있지는 않았지만, 페오도시아에 상륙한 적군은 아직 완편되지 않은 상태여서 만일 우리가 확고하게 공격한다면 불리함을 안고 싸우는 적을 격파할 수 있는 가능성이 있었다. 최악의 경우에도 독일군이 페오도시아에 도착하기 전까지 루마니아군은 최소한 적군을 협소한 교두보 안에 붙잡아두어야 했다.

[옮긴이의 주]
- 크리미아에서 11군의 전쟁범죄에 대한 만슈타인의 역할과 별도로 만슈타인의 군 경력 중에 러시아군이 페오도시아에 상륙한 기간 중에 케르치 반도에서 46사단장이었던 스폰넥 중장과 관련된 논쟁은 거의 제기되지 않았다. 상륙한 러시아군으로부터 그의 부대가 위험에 빠지는 것을 피하기 위해 -퇴각을 금한 만슈타인의 공식 명령에도 불구하고- 케르치 반도에서 소개한 것 때문에 스폰넥은 직위 해제되었다. 스폰넥 장군의 처형에 대해 이해하려면 러시아 전역에 영향을 끼쳤던 히틀러의 '사수 명령'을 고려해야만 한다.

아울러 페오도시아에 상륙한 대규모 러시아군으로 인해 육군총사령부마저 스폰넥의 퇴각을 용인했다. Benoît Lemay에 따르면 12월 29일 페오도시아에 상륙한 러시아군의 규모는 6개 사단이었던 것이다. 스폰넥 사건은 히틀러의 사수 명령, 브라우히치의 해임에 따른 만슈타인의 진급 욕망, 괴링과 히틀러의 음모, 퇴각을 하는 순간 장성들의 가족이 어떻게 되는 지에 대해 경고의 메시지를 보내려던 히틀러의 의도 등이 얽혀있는 사건이라 여기에 자세히 기술하고자 한다.

- 바바로사작전의 실패는 12월 5일 인지되었다. 독일이 러시아의 저항 수준이 거의 소멸되었다고 믿었을 즈음에 주코프(Zhukov) 장군은 강력한 반격을 모스크바의 양쪽에서 중부전선에 전개했으며, 국방군에게 첫 대규모 패배를 안겼다. 독일군의 불패 신화는 이제 뒤집혔다. 1939년 9월 1일 이래 처음으로 국방군은 방어적인 태세를 취하게 되었고 잠시나마 주도권이 적 진영으로 옮겨졌다. 독일 장성들은 패닉에 빠져 거의 모든 중화기, 전차, 트럭과 야포를 포기하며 최악의 상황 속에서 퇴각하라는 명령을 내렸다. 붕괴의 위협에 맞서, 히틀러는 그의 부대들에게 12월 16일 그의 유명한 '정지 명령(Haltbefehl)'을 내렸다. 이 정지 명령은 진격을 중단하라는 명령이 아니라 퇴각을 멈추라는 명령이었다. 더 이상의 퇴각을 금지하면서 히틀러는 부대들에게 위치를 '고수하며 싸우라(Stand and Fight).'는 명령을 내렸다.

  몇몇 장성들이 이에 반대했지만 영도자는 믿을 수 없을만큼 완고하게 그의 부대들에게 확고하게 자리를 지키며 ―손실과 위험을 고려하지 말고― 독일군을 붕괴에서 구할 것과 나폴레옹군이 겪은 동일한 운명으로부터 피할 것을 명령했다. 겨울의 위기가 발생하자 35명의 장성들이 퇴각을 이유로 해임되었다. 11월 30일 룬트슈테트 원수는 ―영도자가 도시에서 철수하지 말라는 확고한 명령을 내렸음에도― 돈강의 로스토프를 포기한 후 남부집단군 사령관직에서 해임되었다. 룬트슈테트의 자리는 6군 사령관이었던 라이헤나우 원수가 대체하였다. 12월 18일 보크 원수가 중부집단군 사령관직에서 해임되었다. 보크의 자리는 4군 사령관이었던 클루게가 대체하였다. 1월 15일 레프 원수도 고위 지휘관을 제거하기 위한 그의 순서를 피해가지 못했다. 북부집단군 사령관이었던 레프의 자리는 16군 사령관이었던 퀴힐러가 대체하였다. 구데리안 상급대장과 회프너도 모스크바까지 진격한 그들의 기갑집단에게 ―히틀러의 사전 승인 없이― 퇴각을 명령했다는 이유로 각각 12월 26일과 1월 8일 해임되었다.
  - 『Erich Von Manstein: Hitler's Master Strategist』 (Benoît Lemay)

- 1월 4일 46사단의 퇴각에 분노한 남부집단군 사령관 라이헤나우 원수는 히틀러에게 이 사실을 알렸다. 라이헤나우에 따르면 스폰넥은 의심할 여지없이 그의 불복종이 독일군의 안전에 매우 심각한 오판과 위험을 끼쳤기 때문

에 반드시 징계를 받아야 했다. 스폰넥의 퇴각을 12월 16일의 '사수 명령(No withdrawl)'에 대한 직접적인 훼손이라고 간주한 히틀러는 즉시 스폰넥의 불복종 명령을 심의할 전시재판을 동프로이센에 있던 히틀러의 사령부에서 열라고 명령했다. 대독일 원수 괴링이 주관한 법정에서 2월 16일 군율을 훼손했다는 죄로 스폰넥에 대한 사형이 선고되었다. 만슈타인과 —라이헤나우 원수가 심장 발작으로 이틀 전에 사망한 이후 1월 19일부터 남부집단군 사령관이었던— 보크 원수는 이에 매우 놀랐다. 이 사건의 결과는 대다수 장교단들 사이에서 회자되었다.

만슈타인은 회고록에서 전시재판을 주도한 괴링의 역할로 인해 매우 무거운 형이 내려졌을 것이라고 주장했다. 만슈타인은 확실하지는 않지만 스폰넥이 이전 육군총사령관인 프리츠 상급대장에 대한 —히틀러의 황태자 괴링이 주도한— 재판 시에 증인으로 출석했던 시점 이래 괴링과 스폰넥이 서로에게 큰 증오심을 가지고 있었다고 추측했다. 프리츠의 명예를 지키려던 스폰넥은 그때 괴링의 방어로 성공하지 못했다. 스폰넥의 처형은 장교단을 제거할 수 있는 기회를 잡았던 괴링 때문이며 7월의 암살 음모에 대한 보복을 히틀러가 히믈러에게 지시하자 그 숫자 안에 괴링의 오랜 적이었던 스폰넥을 집어넣은 것이다. - 『Erich Von Manstein: Hitler's Master Strategist』 (Benoît Lemay)

- 1941년 12월 30일 육군참모총장 할더 상급대장은 남부집단군에게 전문을 보내 러시아군이 페오도시아에 상륙해 위기가 발생하면 —46사단에게 추가적인 병력이 배치되지 않으면— 46사단만으로는 전황을 안정시키지 못할 것이라 언급했다. 할더의 의견에 따르면 스폰넥 중장의 케르치 반도에서의 퇴각 결정은 완전히 옳았다. 이튿날 남부집단군의 참모장 조덴슈테른 장군은 42군단의 퇴각은 페오도시아에 상륙한 러시아군의 규모 및 전황을 안정화시키려면 46사단을 잃을 수 있기 때문에 정당화될 수 있다고 언급했다. 모든 것을 고려하면 —모스크바 앞에서 구데리안과 회프너가 퇴각한 것처럼— 스폰넥은 현재의 전황이라면 어떠한 선택도 할 수 없다는 것을 인지하고 그의 부대에게 퇴각 명령을 내린 것이다. - 『Erich Von Manstein: Hitler's Master Strategist』 (Benoît Lemay)

- 만슈타인이 그를 해임한 이후부터 시작된 스폰넥의 비극적 운명은 어느 정도는 만슈타인에게 그 원인이 있다. 전후 만슈타인은 스폰넥이 케르치 반도의 위기를 잘 봉합할 수 없다고 여겨서 해임했다고 주장했다. 그리고 스폰넥이 어떠한 퇴각이라도 불허하는 그의 공식적인 명령을 따르지 않아 해임된 것이 아니라고 말했다. 12월 29일 러시아군이 페오도시아에 상륙한 후 스폰넥은 더 이상 방어할 수 있는 상황이 아니라고 생각되어 신속한 명령을 내려줄 것을 요구했다. 만슈타인의 사전 승인을 얻지 않고, 스폰넥은 —이 명령만이 그의 사단을 구할 것이라 믿

고— 파르파치 지협으로의 퇴각을 명령했다. 이런 때라면 누구나 고전적인 논쟁에 —즉 장교로서의 복종의 의무와 전장에서의 상황 변화에 대한 해석 및 판단이라는— 부딪히게 된다.

스폰넥을 해임함으로써, 만슈타인은 장교로서의 복종의 의무를 더 선호했음을 보여주었다. 스폰넥의 해임은 브라우히치의 사임과 히틀러의 '사수 명령'이 있은 직후에 일어났는데 이를 통해 만슈타인이 '영도자의 신임을 얻고자' 했던 것으로 충분히 생각해 볼 수 있다. 모든 정황을 감안하면 스폰넥 사건은 국방군의 구성원인 장교단 전체에 대한 훈육이었으며, 처벌을 하기 위해 처벌한 사례였다. 나치 정권은 장성들 뿐만 아니라 그의 가족들에게도 교훈을 주고자 했던 것이다. 이런 류의 —자의적이고, 잔인한— 처사의 효과는 전쟁의 남은 기간 동안 잊혀지지 않았다. - 『Erich Von Manstein: Hitler's Master Strategist』 (Benoît Lemay)

케르치 반도의 전황 개선
(DEVELOPMENT OF THE SITUATION ON THE KERCH PENINSULA)

그러나 우리의 희망은 환상으로 끝나게 되었다. 페오도시아에 대한 공격을 가하기도 전에, 루마니아 산악군단은 소수(Handful)의 러시아 전차들에 밀려 후퇴하여 스타리 크림(Stary Krim)의 동쪽으로 후퇴했다. 이어 46사단이 쉼 없이 걸어(Narrow stretch) 퇴각하며 파르파치에 도착했다. 그러나 후퇴 도중 대부분의 야포들을 결빙된 도로 위에 버려야만 했으며, 사단 전체가 완전히 탈진한 상태였다. 케르치 반도 북부의 작은 교두보에서 적은 46사단을 추격하거나 또는 결빙된 해협을 통해 증원군을 계속 충원할 수 있었다. 만일 러시아군 사령관이 케르치 반도에서 적시에 46사단을 추격하였거나, 페오도시아에서 퇴각하는 루마니아군을 가차 없이 몰아붙였더라면 11군은 필연적으로 매우 위태로운 상황에 처했을 것이다. 그러한 사태가 발생했다면, 11군은 다음 행동을 취할 시기를 알지 못했을 것이고 또한 11군이 가졌을 기회를 호기로 인식하지도 못하고 그 기회를 잡고자 위험을 감수하지도 못했을 것이다.

탈진한 46사단과 게니체스크에서 이동한 73사단의 213연대와 루마니아군의 도움으로 스타리 크림과 아크 몬네이(Ak-Monay) 서쪽의 지바쉬 부근에서 —야일라 산맥의 북부 능선을 따라 비록 위험할 정도로 얇지만— 방어선을 구축할 수 있었다. 루마니아군 부대를 강화하고 그들의 중화기를 지키기 위해 —11군 사령부에 있던 모든 예비인력들까지 포함하여— 모든 가용한 독일군 장교와 병사들이 루마니아군에 배속되었다. 1월 15일 30군단과 42군단은 페오도시아 전선에서 반격을 가할 준비가 되었다. 이 공격으로 감수해야 할 위험은 매우 컸는데 왜냐하면 약화된 독일군 3.5개 사단과 루마니아 산악여단으로 적 8개 사단과 1개 여단을 공격하는 것이기 때문이었다. 적군은 또한 그들의 지휘 하에 소수이지만 전차를 운용 가능했고 우리는 전차가 전혀 없었다. 나쁜 날씨가 지난 며칠간 페오도시아에 대한 공격을 불가능하게 했기 때문에, 공군의 지원을 기대하기는 어려웠다. 그럼에도 불구하고 우리는 공격을 가할 기회를 잡아야 했다. 휘하 부대들의 분전으로 인하여 공격은 성공했고, 페오도시아는 1월 18일 다시 우리 손에 들어왔다. 러시아군은 6,700명의 전사자가 발생했고, 독일군은 10,000명의 포로와 177문의 야포, 85대의 전차를 노획했다. 기상 여건이 좋지 않음에도 공군은 수많은 수송선과 페오도시아 항구에 대한 공격을 성실하게 수행했다.

우리는 페오도시아에서의 승리를 얻은 후 전과 확대를 통해 러시아군을 케르치 반도에서 완전히 몰아내기 위한 기회로 이용하여야 했다. 하지만 부대들이 이제까지 쉴 틈 없이 싸워서, 이들에게 더 많은 전과 확대를 요구할 경우에 발생하는 역효과를 우려하였기 때문에 군 사령부는 심사숙고한 후에 현재의 가용 병력 외에 추가적으로 예전에 우리에게 약속되었던 1개 기갑대대와 두 개의 폭격기 편대(Two bomber wings)의 지원을 받고자 하였다. 추가적인 부대의 수령을 위해서 11군은 집단군 사령부에 요청을 해야 했고, 현 시점에서 11군 사령부는 페오도시아 주변의 적군 격퇴와 적군을 파르파치 지협 밖으로 몰아냈다는 점에서만 만족감을 찾아야 했다.

[옮긴이의 주]
- 히틀러는 만슈타인이 거둔 성공을 인정하여 1942년 2월 1일 상급대장으로 진급시켰다. - 『Erich Von Manstein: Hitler's Master Strategist』(Benoît Lemay)

계속되는 러시아군의 공세
(THE 'STALIN OFFENSIVE' CONTINUES)

페오도시아를 탈환하고 케르치 반도의 위기를 봉합함으로써 우리는 일시적으로 심각한 위기를 모면했으나, 이것이 항구적으로 유지될 것이라는 그릇된 생각(False sense)을 가지진 않았다. 이 시점에서 적은 동부전선의 모든 지역에서 지난 여름에 당한 그들의 패배를 만회하려 했으며 전장의 주도권을 얻고자 하였다. 특히나 제해권을 쥐고 있는 크리미아에서는 다른 지역보다 유리했으므로 스탈린은 더욱더 공세를 강화했다. 크리미아에서 승리할 경우 동부전선의 전 전선에 영향을 미칠 수 있었고, 정치적으로 터키(Turkey)의 참전 여부에 대해 그리고 경제적으로는 루마니아의 유전지대를 공격할 수 있는 공군 기지를 얻을 수 있었다. 더군다나 크리미아에 대한 공격은 스탈린의 이름으로 진행되었으므로 적들이 크리미아에서 승부를 걸 것이 확실했다. 또한 우리는 러시아군이 케르치 반도에 계속 증원군을 보내고 있음을 확인했고 얼어붙은 케르치 해협을 러시아군이 장악하고 있었으므로 스탈린은 페오도시아 항구에서의 손실을 만회할 수 있었다. 항공 정찰을 통해 적군이 흑해 항구와 코카서스 북부의 공군 기지에 끊임없이 집결하고 있음을 알 수 있었고, 1월 29일 일찍 정보과는 파르파치 전선에 적 세력이 9개 사단과 2개 여단, 2개 기갑여단 이상으로 증강되어 있음을 알려 주었다. 세바스토폴에서도 적의 포격을 통한 방어 활동이 강화되었다. 몇 주간의 소강상태(Outward calm)는 긴장감을 더 불러일으켰고 적군은 결국 2월 27일 공세를 개시했다.

파르파치와 세바스토폴에서의 격렬한 전투는 3월 3일까지 지속되었다. 파르파치에서 우리는 그 지역에 있는 습지대를 잘 활용하여, 북에서 남쪽으로 돌파구를 열려던 적을 잘 저지하였다. 파르파치 전선은 안정화되었지만 일부에서 후퇴하였기에 **파르파치의 북부 전선에서는 서쪽으로 꽤나 물러나** 전선을 안정화시킬 수밖에 없었다. 3월 13일 러시아군은 8개 사단과 2개 기갑여단을 활용하여 또 다른 강력한 공격을 가해왔다. 우리는 3일에 걸쳐 136대의 적 전차를 파괴하였고 몇 번의 위기가 발생했지만 그럭저럭 버틸 수 있었다. 전투가 얼마나 힘들었는지는 3일 간의 전투 중에 46사단의 연대들이 10~22회 정도 적들의 공격을 격퇴했다는 점으로 알 수 있다. 3월 18일 42군단은 더 이상 적들의 주공을 버틸 수 없을 것이라 보고했다.

[옮긴이의 주]
- 파르파치 북쪽 전선에서의 퇴각은 나중에 만슈타인에게 작전상의 이점을 주게 된다.

이러한 위험한 시기에 국방군 최고사령부에 의해 11군으로 새로이 보충된 22기갑사단이 적시에 우리 전선 뒤에 도착하였으며, 11군은 22기갑사단을 반격에 활용하고자 하였다. 반격을 통해 우리는 파르파치 지협에서 유지했던 기존 전선까지 밀고 들어가고자 했으며 북쪽 돌출부에서 러시아군 2개 내지 3개 사단을 포위하고자 하였다. 나는 일선의 작전장교들(Small tactical staffs)과 함께, 42군단 사령부의 주도로 준비되고 있는 반격작전 준비를 보고자 전투가 벌어지고 있는 파르파치로 전투 지휘소를 옮겼다. 3월 20일 46사단과 170사단의 측면 지원을 받아 22기갑사단이 시도했던 반격은 실패로 끝이 났다. 새로이 도착한 22기갑사단은 아침 안개를 뚫고 러시아군이 주둔 중인 곳으로 곧장 처들어갔으나 비교적 작은 목표를 주었음에도 공격에 실패한 것이다. 22기갑사단을 투입하지 않을 수는 없었다 할지라도 명백히 상위부대 조직(Parent Formation)과의 훈련을 통해 기갑사단의 훈련 상태를 끌어올렸어야 함에도, 그 이전에 주요 전투에 투입한 것은 우리의 실수였다. 그러나 전투에서 이러한 위험을 감수하지 않는다면 아무것도 할 수 없을 것이다.

[옮긴이의 주]
- 22기갑사단은 1941년 9월 프랑스에서 창설되어 1942년 3월 동부전선에 처음으로 투입되었다. 1942년 5월 하르코프(Kharkov)로 이동했으며 1942년 11월 스탈린그라드(Stalingrad) 전선에서 48기갑군단 소속으로 루마니아기갑사단과 함께 반격에 나섰으나 간신히 포위망을 빠져나왔다. 이때 48기갑군단의 사령관이었던 하임(Heim) 장군은 해임되었다. 궤멸적인 타격을 입은 후 유명무실한 상태가 되었으며 1943년 4월 제적되었다. 스탈린그라드 전선에서 전차 안에 서식하는 쥐떼들이 전선을 갉아먹어 전차를 가용할 수 없었던 기갑사단으로 알려져 있다.

22기갑사단은 전시 상황과 동일하게 가정된 훈련을 받은 몇 주가 지나서야 대규모 합동작전의 일원으로서 우리의 기대에 부응할 수 있었다. 적어도 이번 공격은 적에게 심각한 공황 상태를 불러일으켰으며, 우리를 공격할 시도를 지연시켜 준 것은 확실했다. 3월 26일 4개 사단만을 동원한 적의 추가적인 공세는 42군단에 의해 격퇴되었다. 러시아군이 일시적으로 부대 편성이 어려웠는지 또는 작은 목표라고 생각하였는지는 확실치 않지만, 적은 전차가 없었고 우리는 전차 전력을 활용할 수 있었다. 이 와중에 22기갑사단은 재편성(Rest and refit)을 위해 전선에서 이탈했다. 정예사단(Advance elements)인 28경사단(저자: 여기에서의 경사단은 이전의 기갑사단과 차량화사단의 중간에 해당하는 사단이 아니라 구조나 장비면에서 오히려 산악사단에 가깝다. 이 사단들은 나중에 Pursuit divisions으로 개칭되었다)이 우리 전선에 합류했다. 이제서야 우리는 새로운 적의 공격을 평정심을 갖고 기다릴 수 있었다. 크리미아를 탈환하기 위한 적의 마지막 공격이 6개 내지 8개 사단과 160대의 전차 지원을 받아 4월 9일 실시됐지만, 4월 11일까지 적은 큰 손실을 입고 격퇴되었다. 크리미아에서 적이 공세에 투입할 수 있는 전력은 모두 소진되었다. 비록 전선에서 물러날 수는 없었지만 과중한 임무를 부여받아 적을 격퇴하고 승리를 얻은 사단들은 일시적인 휴식을 취할 수 있었다. 11군 사령부는 고된 겨울 전투와 유례없는 공방전의 위기에서 벗어나, 다른 한편으로 크리미아에서 러시아군을 완전하게 몰아낼 공격 준비에 전념했다.

[옮긴이의 주]
· 영역본에서 경사단(Light Divisions)들이 추격사단(Pursuit divisions)으로 개칭되었다고 하나, 추격사단의 의미를 알 수 없었다.

케르치 반도 탈환을 위한 느시작전
('OPERATION BUSTARD' RECONQUEST OF THE KERCH PENINSULA)

케르치 반도에서의 마지막 방어전과 그 이전(Penultimate)의 전투 사이에 안토네스크 원수는 크리미아를 방문하여 나와 함께 루마니아 사단들과 세바스토폴 전선을 시찰하였다. 전형적인 군인의 기질을 갖춘 그는 나에게 좋은 인상을 심어 주었고 루마니아 장교들은 그에게 경외감(Mortal fear)을 느끼는 듯했다. 2개 사단(22기갑사단, 28경사단)을 제외하고 육군총사령부는 계획된 공격에 대해 추가적인 증원을 할 수 없었으므로, 특히 그가 루마니아 2개 사단의 증원을 약속한 점에 대해 그에게 감사를 표했다. 동부전선 남쪽에서 대규모 공세를 시작한다는 국방군 최고사령부의 전략에 발맞추어 세바스토폴을 포함한 크리미아에서 러시아군을 소개한다는 육군총사령부의 명령이 내려왔다.

11군의 첫 번째 목표는 명백히 케르치 반도에 잔존한 적의 섬멸이었다. 세바스토폴 공략에 얼마만큼의 시간이 소요될지에 대한 예측이 불가하였기 때문에, 그리고 더 큰 이유는 세바스토폴을 먼저 공략한다면 증원이 쉬운 케르치 반도의 적군이 지속적으로 11군에 대한 압박을 유지할 수 있기 때문이었다. 케르치 반도의 적군은 수포로 돌아간 공격에 따른 손실을 아직 충분히 메꾸지 못하고 있었지만, 세바스토폴에 대한 공격은 케르치 반도에 남아있는 러시아군이 모두 소개되기 전까지는 보류되어야 했다. 케르치 반도와 세바스토폴이라는 두 개의 목표를 가진 독일군의 입장에서는 러시아군과 독일군의 상대적인 전력 차로 인해 상황이 그리 낙관적이지는 않았다. 러시아군은 최근에 케르치 반도에서 창설된 크리미아 **전선군** 사령부 관할 하에 3개 군을 가지고 있었고 세바스토폴은 2월에 우리가 확인한 바로는 7개 사단, 1개 여단, 2개 해병여단, 재편성된 1개 기병사단으로 구성된 방어부대로 수비되고 있었다.

[옮긴이의 주]
- 전선군(Front Army)은 독일군의 군(Army)과 동등한 성격이 아니라 독일군의 집단군(Army Group)과 같은 성격을 갖는다.

우리가 케르치 반도에 대한 공세를 시작하면 세바스토폴을 견제할 수 있는 부대는 54군단과 —케르치 반도 공세를 위해 50사단과 교대한— 새로이 도착한 루마니아 19사단뿐이었다. 세바스토폴의 남쪽에는 유일하게 72사단만이 있었다. 4개 산악여단으로 구성된 루마니아 산악군단은 해안으로부터 예견될 기습을 방어하기 위해 크리미아의 남부 해안선 전체를 방어해야 했다. 11군은 케르치 반도에 대한 공세를 위해 가능한 모든 부대를 동원하여 다른 지엽적인 지역은 실제로는 방어를 하지 않을 수밖에 없었다. 1942년 4월말 케르치 반도 전선에 있는 러시아군의 병력은 44군, 51군으로써 17개 사단, 3개 여단, 2개 기병사단과 4개의 기갑여단으로 총 26개 부대로 구성되어 있었다. 이러한 만만치 않은 병력 전개에 대하여 우리는 단지 세바스토폴에서 이곳으로 이동하는 50사단을 포함하여 5개 사단과 22기갑사단만을 투입할 수 있었다. 여기에 루마니아 10사단(서부 해안에서 차출한)과 19사단, 8기병여단으로 이루어진 루마니아 7군단이 합세했다. 공세에서 루마니아군이 맡을 수 있는 역할은 극히 제한된 수준이었으므로 '느시작전(Operation Bustard)'으로 명명된 이번 공세에서의 수적 불균형은 작전이 진행될수록 점점 커져가게 되었다.

크리미아 50사단 사령부

 이번 케르치 반도에 대한 공세에서 내가 고심한 부분은 양 옆이 바다인 파르파치 지협으로 인하여, 측면 공격이 불가하기 때문에 정면 돌파만이 가능하다는 점이었다. 더욱이 러시아군이 깊숙하게 종심 방어를 펼치고 있기 때문에 —적어도 두 배 이상의 병력 우위를 보이고 있는 러시아군에 대해— 승리를 얻을 수 있을지는 불확실했다. 한 가지 명확한 점은 적 정면에 대한 공격만으로는 우리가 돌파구를 열 수 없을 것이라는 것이다. 만일 적이 현 전선에서 퇴각한다 하더라도 적군은 곧 재편성을 통해 방어할 것이고 우리의 공세는 필연적으로 저지될 것이다. 파르파치에서 후퇴하여 광대한 케르치 반도로 후퇴할수록 러시아군은 전선이 넓게 벌어지게 되므로 수적 우위를 활용할 수 있을 것이다. 우리가 보유한 6개 사단(5개 사단, 22기갑사단)은 러시아군이 그들의 병력을 모두 전개할 수 없는 11마일에 이르는 파르파치에 대한 공격에는 충분하겠지만, 전선이 동쪽으로 확대된다면 25마일에 이르는 전선을 감당할 수 없을 것이다. 우리의 목표는 적진을 깊이 관통하여 파르파치에 있는 적군을 돌파하는 것뿐만 아니라, 첫 번째 돌파 과정에서 적 주력부대 또는 최소한 적 예비대를 분쇄하는 것이었다.

 이러한 목표를 우리가 구상하고 있을 때 러시아군이 우리에게 기회를 주었다. 러시아군의 방어선 남쪽인 흑해와 코이-아산(Koy-Assan)에서는 러시아군의 주력 부대가 기존의 파르파치에 설치되어 있던 강력한 방어선에 기대어 수비선을 펼치고 있었고, 북쪽에서는 그 반대로 루마니아 18사단을 패퇴시킨 시점부터 키에트(Kiet)까지 서쪽으로 완만하게 돌출된 방어선을 가지고 있었다. 러시아군 사령관이 이 돌출부(Bulge)를 끊어버리고자 하는 우리의 의도를 간파했음은 러시아군의 부대 배치 편성을 보면 확실했다. 정보과의 보고에 따르면, 그는 휘하 병력의 2/3를 북쪽 전선의 방어선과 후선의 예비대로 배치했으나 남쪽에는 오로지 3개 사단만을 방어선에, 그리고 두 개 내지 세 개의 사단을 후선에 예비대로 배치했다. 코이-아산 서쪽의 적 부대를 고립시키고자 했던 22기갑사단의 노력이 수포로 돌아간 결과, 러시아군은 독일군의 주공이 북쪽임을 예상하고 이렇게 배치했음이 확실했다. 이러한 전황 하에서 11군은 '느시작전'을 입안했다.

우리는 우리의 주력부대를 적의 돌출된 방어선이 아니라 흑해를 따라 남쪽 전선에 집중하고자 했다. 다시 말해 이는 적이 거의 예상치 못한 진격 방향이었다. 이 임무는 28경사단과 50, 132사단, 22기갑사단으로 구성된 30군단에게 맡겨졌다. 또한 적을 기만하고자 공세 초기 단계에는 전선 중앙에 배치된 170사단도, 전선이 확대되면 남쪽 공세에 투입될 예정이었다. 작전의 내용은 30군단이 3개 사단을 동원해 파르파치 지역을 돌파하여 깊게 파여진 대전차호를 메꾸면, 22기갑사단이 장애물을 넘는 것이었다. 일단, 22기갑사단이 진격을 개시하면 30군단은 공세 방향을 취약 구간인 북쪽으로 틀어 북쪽 지역에 밀집되어 있는 적군의 배후로 침투하는 것이었다. 이어 30군단이 42군단, 루마니아 7군단과 협공을 통해 케르치 반도 북쪽의 적군을 포위 섬멸하는 것이다.

30군단이 북쪽으로 공세를 전환할 때, 케르치 반도에서 30군단의 오른쪽 취약점을 향해 예견될 수 있는 공격을 방어하기 위해 ―독일군과 루마니아군으로 구성되어 차량화된― 그로텍(Groddek)여단이 30군단의 오른쪽 방어를 맡게 되었다. 그로텍여단은 적 후방에서 독일군에게 가해질 종잡을 수 없는 공격보다 더 빨리 진격하여, 케르치 반도를 향해 빠른 기동작전을 펼침으로써 그들의 임무를 공세적으로 전환할 수도 있었다. 파르파치 지협 공략을 지원하기 위해 11군 사령부는 거의 처음으로 1개 대대가 승선한 공격용 주정을 공세가 시작될 때 페오도시아로부터 파르파치 지역에 상륙시켰다.

독일군의 결정적인 공세는 강력한 야포의 지원과 8전투비행단(8 Air Corps)의 전폭적인 지원 하에 시행되었다. 강력한 대공포부대를 보유하고 있었던 8전투비행단은 그 조직 체계로 말미암아 지상작전을 지원할 수 있는 독일 공군 중 가장 강력한 부대였다. 8전투비행단의 지휘관인 남작 **리히트호펜**(Baron v. Richthofen)은 2차세계대전 중 최고의 공군 지휘관이었다. 그는 휘하 부대에게 많은 요구 사항을 내렸으나, 그들이 수행하는 중요한 공격에는 그 자신도 감독을 위해 늘 항공기에 탑승했다. 그는 육군의 전투를 지원하기 위한 공군의 추가 지원 사항을 확인하기 위해 최일선의 부대를 방문하였으므로, 어느 전선에서나 그를 볼 수 있었다. 우리의 협력 관계는 11군에 있을 때부터 후에 남부집단군에 있을 때까지 계속되었다. 리히트호펜과 그의 전투비행단의 공헌에 진심으로 존경과 경의를 표하고 싶다.

[옮긴이의 주]
- 볼프람 리히트호펜(Wolfram v. Richthofen)은 1차세계대전의 에이스 '붉은 남작' 만프레트 리히트호펜(Red Baron Manfred v. Richthofen)과 친척이며, 실제 볼프람 리히트호펜도 1차세계대전 때 8기의 적기를 격추하였다고 한다. 종전 후 포로수용소에서 돌아오지 못했다. 붉은 남작에 대한 이야기는 영화로도 제작되었으며, 일본의 유명한 메카닉 에니메이션인 건담(Gundam)에서 '붉은 혜성' 샤아 아즈너블(Char Aznable)의 모티브가 되었다.

파르파치 지협의 나머지 작전 영역에서는 42군단과 루마니아 7군단이 적군을 교란시키기 위해 동시에 공세를 개시하고, 돌파가 시작되자마자 그들은 모두 주력 공세에 동참하여야 했다. 작전의 성공은 다음에 달려 있었다.

첫째, 적군으로 하여금 우리의 주공이 북쪽에서부터 시작될 것이라고 믿게 만들어 함정에서 발을 빼기에 너무 늦거나, 예비대를 남쪽 전선에 투입하기에 너무 늦도록 만드는 우리의 기만 능력

둘째, 30군단의 진격 속도, 특히 22기갑사단의 북쪽으로의 진격 속도

첫 번째 요구 사항에 대한 기만 전술은 성공했다. 무선 통신을 통한 기만 외에도 전선 북쪽과 중앙에 부대 이동과 포병 전력이 집중되는 것처럼 보이게 만드는 것에 성공한 것이다. 우리의 성공적인 기만작전에 의해, 적 예비대는 너무 늦게까지 북익에 머물렀던 것이다. 공세 시작 전 우리 군의 참모장 뵐러(Wöhler) 장군이 중부집단군의 참모장으로 임명되었다. 그는 매우 노련한 장교였으며 요즘같이

어려운 때에 가치 있는 일들을 수행하였고, 작년 겨울의 공세 그리고 느시작전 준비에 주도적인 역할을 하였다. 우리 모두는 이제 곧 주도권이 우리에게 넘어올 시기에 그를 보내는 것에 대해 매우 아쉬워했지만, 그가 진급하여 어쩔 수 없었다. 뷜러의 후임자로는 치밀한 조언가이면서 친밀한 동료가 될 슐츠(Schulz) 장군이 임명되었다. 그는 6군을 구하기 위한 전투들과 1943년의 겨울 전투와 같이 위험한 단계에 나에게 헤아릴 수 없는 도움을 주었다. 그는 개인적으로도 용기가 있었을 뿐만 아니라 강력한 정신력을 보유하고 있었고 일선부대의 부족함이 무엇인지, 곤란한 환경에 처했는지에 대해 특별한 지식이 있는 사람이었다. 어려운 시기에 이미 군단의 참모장으로서 활약했던 그는 기사철십자훈장(Knight's cross)을 수여받았으며, 나중에는 남부집단군의 군단 사령관으로서 강력한 지휘력을 입증해 보였다.

만슈타인, 참모장 뷜러

5월 8일 11군은 느시작전을 개시했다. 30군단은 대전차 장애물을 넘어 최일선에 배치된 적 진영을 돌파할 수 있었다. 그리고 기습을 위해 투입된 공격용 주정은 우리 군의 오른쪽 날개가 해안을 따라 진격하는 데 큰 도움을 주었다. 그럼에도 불구하고 난관이 계속되었다. 대전차호를 넘어 점령한 지역만으로는 기갑부대가 건너기 충분치 않았으며 연이은 공격을 위해 도착한 42군단의 진격 또한 난관에 부딪혔다. 적 10개 사단과 교전을 벌였지만, 우리는 적 남쪽 방어선을 돌파하였고, 북쪽에 배치되었던 적의 예비대가 남쪽으로 움직이는 징후는 없었다. 5월 9일이 되어서야 22기갑사단의 운용이 가능해졌고, 북쪽으로 방향을 틀기 전에 적 기갑부대의 강력한 공격을 막아냈다. 그러나 밤새 비가 내려 5월 10일 아침까지도 공군의 근접 지상 공격과 기갑부대가 선봉에서 협동하여 작전을 펼칠 수가 없었다. 5월 10일 오후에 날씨가 개었는데 24시간 동안 아무것도 하지 못해 발생한 시간상의 지연은 우리가 더욱 신속하게 움직여야 함을 의미했다. 다행히 그로텍여단이 비가 오기 전에 동쪽으로 진출하여 적군의 후방에서 적이 방어선을 재구축하는 것을 막았다. 확실히 적은 그들의 방어선 내로 깊숙하게, 독일군이 이렇게 신속한 진격을 할 것에 대해 예상하지 못했으나 불행하게도 뛰어난 여단장인 그로텍 대령은 얼마 뒤 작전 중 심각한 부상을 입고 전사했다.

1942년 5월 케르치 반도 만슈타인(제일 왼쪽), 리히트호펜(정모 착용한 이)

5월 11일까지 작전은 전황의 불리함 없이 지속되었다. 22기갑사단은 북쪽 해안선까지 진출했고, 8개 사단 규모의 적군을 포위하였다. 그리고 적군은 포위망에서 탈출하라는 명령을 내렸다. 루마니아군을 포함한 우리는 작전의 성공을 위해 전력투구했으며 5월 16일 170사단과 213연대는 케르치를 손에 넣었다. 동쪽으로 퇴각하려던 적과 약간의 격렬한 전투가 이어졌다. 공세가 시작되기 전 나는 전투 지휘소를 전선의 후방으로 이동시켰었는데, 이제는 하루 종일 사단의 참모진들과 전투에 임하고 있는 일선부대를 시찰하기 위해 이동했다. 나에게 있어 이 단계는 군인으로서 잊을 수 없는 진한 여운을 남겼다. 도로에는 적군이 방치한 차량, 전차들과 소화기들로 가득 차 있었고 포로들의 행렬이 길게 늘어져 있었다. 케르치에서 가까운 언덕 위에서 바라본 광경을 앞에 두고, 리히트호펜 장군과 다시 만난 나는 가슴이 먹먹해졌다. 우리 아래에는 우리가 그렇게 갈망하던 빛나는 태양을 품은 케르치 해협이 놓여 있었고, 우리 앞쪽의 해안에는 작은 소해정들이 항구를 탈출하려는 차량들과 러시아군을 승선시키려 시도하고 있었다. 이들의 시도는 우리의 사격으로 인해 실패했다.

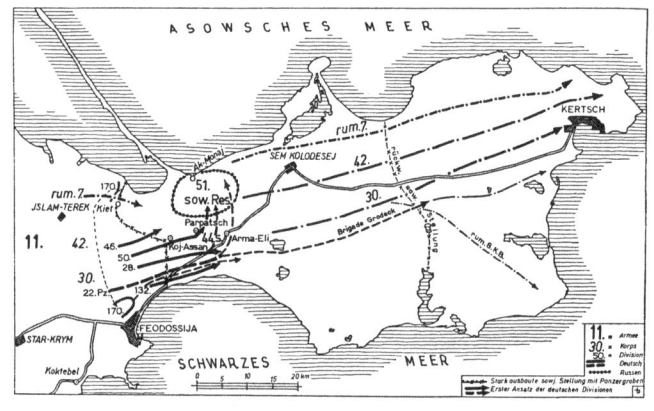

러시아 전역, 케르치 반도 탈환

우리의 전력을 보존하기 위해, 그리고 해안선을 따라 절망적인 상황에서도 저항을 계속하는 적 잔존병력을 항복시키기 위해 우리는 대규모의 포격을 마지막 저항지에 쏟아 부었다. 5월 18일까지 케르치 반도에 가해진 공격은 끝이 났다. 소규모의 적 병력만이 광신적인 정치장교의 압박으로 인해 몇 주간 케르치 해안의 절벽에 위치한 동굴에서 저항을 계속했다. 공세의 결과로 독일군은 17만 명의 포로를 잡았으며 1,133문의 야포와 258대의 전차를 손에 넣었다. 독일군 5개 사단과 1개 기갑사단, 2개 루마니아사단, 그리고 1개 루마니아기병여단은 26개 부대로 이루어진 러시아 2개 군을 전멸시켰으며 미미한 숫자의 적만이 케르치 해협을 건너 타만(Taman) 반도로 퇴각할 수 있었다.

[옮긴이의 주]

- 회고록의 수치와 평전의 수치가 일치하는데, 아마도 Benoît Lemay가 회고록을 참조한 것으로 보인다. 다만, 회고록에서는 소수의 병력만이 탈출했다고 서술되어 있으나 평전의 수치는 그와 다르다.

- 전투는 13일만인 5월 21일이 되어서야 끝이 났다. 승리는 완벽했고 26개에 달했던 러시아군 부대들은 완전히 제거되었다. 러시아군의 손실은 169,198명의 포로, 1,133문의 야포, 258대의 전차, 3,800대의 차량과 300대의 항공기로 상당한 수준이었으나, 독일군의 사상자 수는 겨우 7,588명이었다. 120,000명의 러시아군이 포위를 피해 케르치 해협을 건너 타만(Taman) 반도로 탈출했다. - 『Erich Von Manstein: Hitler's Master Strategist』 (Benoît Lemay)

2차 세바스토폴 공방전: 철갑상어작전
('OPERATION STURGEON' THE CONQUEST OF SEVASTOPOL)

11군은 여전히 세바스토폴의 함락이라는 어려운 숙제에 직면하고 있었다. 나는 이미 4월 중순 히틀러의 사령부를 방문했을 때 요새를 목표로 한 공세에 관하여 보고를 하였었다. 1940년 2월 서부전선 공세에 대한 나의 관점을 그에게 언급한 이후 그를 만난 것은 이번이 처음이었다. 이 두 번째 만남에서도 나는 그가 이제까지 벌어졌던 전투들에 대해 소상히 알고 있다고 느꼈으며 또한 그에게 설명된 작전의 요체에 대해서도 잘 이해하고 있다는 느낌을 받았다. 그는 나의 보고를 경청했으며 케르치 반도와 세바스토폴이라는 두 개의 목표에 대한 11군의 작전 계획에 대해 동의했었다. 나중에는 간섭하는 일이 잦았지만 그는 아직까지는 우리의 작전 계획에 간섭하지 않았고 우리가 획득할 전략 목표에 대해 일방적으로 장황스럽게 발언하지도 않았다.

한 가지 중요한 문제가 이 회의에서 논의되지 않았는데 바로 우크라이나에서의 공세가 예정되었던 이 시점에 ―특히나 크리미아에서 아직 케르치 반도를 탈환하는 승리를 얻을 수 있는지 불확실한 상태에서, 그리고 11군 전체가 강력한 방어력을 보유한 세바스토폴에 대해 얼마나 많은 물량을 투입해야할지 헤아릴 수 없는 상태에서― 공세를 펼치는 것이 합당하냐 하는 문제였다. 이 문제에 대한 해답은 11군 사령부가 결정하지 않고 최고사령부가 내놓아야 할 터였다. 나는 그때나 지금이나 11군이 세바스토폴을 공략한다고 결정한 것이 옳다고 생각한다. 단지 세바스토폴을 포위(Invest)하는 것만을 목표로 했다면 독일 정예사단 3개 내지 4개 사단이, 그리고 루마니아군까지 거의 11군의 절반에 가까운 전력이 크리미아에 묶여있을 수밖에 없었을 것이다. 실로 이해할 수 없는 잘못된 결정은 최고사령부가 세바스토폴이 예정대로 함락된다면 11군을 동부전선의 남쪽 날개로부터 빼내어 레닌그라드 전선의 취약점을 보완한다는 것이었다. 세바스토폴이 함락된 후에 11군은 원래의 계획대로 케르치 해협을 건너 쿠반으로 진출하여, A집단군의 진격으로 인해 돈(Don)강의 하류에서 코카서스로 후퇴하여 방어선을 재편하려는 러시아군을 앞질렀어야만 했다. 만일 시기상으로 적절치 않다 할지라도 11군은 적어도 남쪽 날개의 후선에서 예비대로 있어야 했다. 그랬었다면 6군이 스탈린그라드의 비극을 겪지 않았을 것이다.

케르치 반도에 대한 공세가 끝나자마자 11군은 세바스토폴에 대한 공격을 위해 재편성을 했다. 독일 46사단과 루마니아 10, 19사단, 4산악사단(영역자: 이전에 4산악여단이었으나 루마니아군은 사단급의 편제를 갖추지 않고도 사단으로 재편시켰다), 8기병여단으로 이루어진 루마니아 7군단은 독일 42군단에게 배정되었고 크리미아의 남쪽 해안선과 케르치 반도를 수비하는 임무를 맡았다(저자: 22기갑사단은 남부집단군 소속으로 다시 복귀했다). 적은 반 년 동안에 방어선을 더 보강했고, 바다를 통해 증원 병력과 보급품을 보충하였기에 세바스토폴에 대한 공세가 작년 12월보다 더 고될 것은 의심할 여지가 없었다. 세바스토폴 요새는 물론 현대적인 방어 시설에 기댄 바도 있지만 그러한 시설은 실상 많지 않았다. 오히려 더 공략하기 어려웠던 점은 러시아군이 요새 주변 지역 곳곳에 구축한 수없이 많은 방어 거점이었다. 이 두꺼운 방어선은 벨벡 계곡부터 흑해 연안까지 이어져 있었다. 북쪽 방어선은 벨벡 계곡부터 세베르나야만까지 연결되어 있었고 모든 거점에는 강력한 방어선을 구축하고 있었다.

'북쪽 방어선'은 벨벡의 남쪽과 북쪽에서 시작되어 류비모프카(Lyubimovka) 요새 주위와 류비모프카 북쪽 지역까지 강력하게 구축되어 있었다. 이 계곡과 남쪽을 바라보는 구릉지대는 현대식 강철 장갑으로 보호되고 있는 —우리에게는 막심 코리키 1(Maxim Gorki 1)로 알려진— 구경 30.5cm 포대의 지원을 받고 있었다. 비탈면은 1마일 길이의 방어 지점(Fieldworks, 보루)으로 보호되고 있었고 이 중 일부는 콘크리트로 구축되었다. 강력하게 구축된 이 방어선 뒤에는 우리가 '스탈린, 볼가(Volga), 시베리아(Siberia), 몰로토프, G.P.U, 체카'로 부르던 —콘크리트로 강력하게 구축된 참호선

(Dug-in)으로 상호 간에 연결되었던— 방어 거점(Strong Points)이 기다리고 있었다. **마지막 방어선**은 세베르나야만 북쪽에서 '도네츠(Donetz), 돈, 레닌(Lenin), 바르텐예프카(Bartenyevka)' 요새 지역, 오래된 북쪽 요새와 돌출부의 포대로 구축되었다. 러시아군은 세베르나야만을 조망할 수 있는 이 절벽지대에 탄약과 보급품을 저장할 물자 집적소를 만들었다.

[옮긴이의 주]
- G.P.U는 러시아의 비밀 경찰 조직이다. 세바스토폴은 최소 3개 이상의 방어선으로 보호되는 듯하다.

'동쪽 방어선'은 벨벡 동쪽의 1과 1/4마일 지점부터 아래로 꺾여 있었는데 벨벡과 동쪽 방어선의 틈은 깎아지른 듯한 카미슐리(Kamyshly) 협곡으로 자연적으로 보호되고 있었다. 동쪽 방어선의 윗부분은 야일라 산맥의 지맥까지 뻗어있었으며 울창한 덤불로 덮여있는 지역이었다. 이 덤불 안에는 암벽을 파서 만든 —셀 수 없을 만큼 많은— 적의 소규모 방어 지점이 있었으며, 공자의 야포 공격으로도 제압할 수 없었다. 동쪽 방어선의 윗부분은 가이타니(Gaytany)의 남쪽과 남동부 지역까지 펼쳐져 있었다. 덤불 지역은 남쪽으로 내려올수록 옅어졌지만 해안 쪽으로 갈수록 지형은 더 험했으며 바위산으로 이루어졌었다. 남쪽 해안에서 세바스토폴로 향하는 대로 주변에는 러시아군이 구축한 돔 모양(Dome-shaped)의 강력한 방어 거점이 있었다. 크리미아에서 싸웠던 군인이라면 '각설탕(Sugarloaf), 북 장미(North Rose), 산 속의 예배당(Chapel Mount), 폐허가 된 언덕(Ruin Hill)'으로 이 거점들의 이름을 기억할 것이다. 이어서 강력하게 방어되고 있는 카마리(Kamary)가 있었고 최종적으로 발라클라바만의 북동쪽으로 암벽 지대가 이어졌다. 러시아군은 1941년 가을에 독일 105연대가 이곳을 공격했을 때에도 발라클라바 요새를 사수할 수 있었다. 항상 이 같은 고원지대와 절벽으로 이루어진 곳을 정면 돌파하기는 어려웠으므로 우회하여 공격해야만 했다.

남쪽의 방어선을 지나면, 세바스토폴로 가는 대로의 북쪽에 페유키니(Feyukiny) 고지대가 봉기하고 있었고 이 같은 고지대는 방어 거점인 '독수리 횃대(Eagle's Perch)'와 요새화된 마을인 카디코프카(Kadykovka)를 지나 남쪽 해안선까지 이어졌다. 이 같은 전방 방어선은 자푼(Zapun) 고지를 둘러쌓아 구축된 적의 강력한 방어 거점까지 이어졌다. 자푼 고지대는 동쪽면이 급경사였으며 잉케르만의 절벽부터 시작하여 초르나야(Chornaya) 계곡의 가이타니 남쪽까지 이어졌다. 고지대는 남서쪽으로 세바스토폴로 가는 길목에 자리 잡고 있었으며 최종적으로 '풍차 언덕(Windmill Hill)'의 서쪽 해안 쪽을 따라 연결되어 바다로 이어졌다. 자푼 고지에서는 가파른 능선과 러시아군의 상호 협공 및 탄착 관측병들의 시야가 넓었기 때문에 요새들이 화력을 지원하면 독일 보병들이 공격하기가 매우 어려웠다. 이 고지들은 크림전쟁 시에 세바스토폴에서 진격해오는 배후의 적들을 막아내던 연합국들의 방어선이었다.

이러한 고지를 점령한 후에도 공자에게는 난관이 끝나지 않았다. 해안선을 따라 강철 장갑으로 보호되는 막심 고리키 2를 포함한 포대들이 배치되어 있었고 끊임없는 방어선이 잉케르만 주변부터 세베르나야만까지 포진해 있었다. 또한 스트렐레츠카야(Streletskaya)까지 방어선이 이어졌다. 크림전쟁 당시의 영국군 묘지가 있는 세바스토폴 남동쪽의 이 지역에는 ―대전차호와 철조망으로 이루어진 장애물과 수없이 많은 토치카(Pill-box)로― 러시아군이 강력하게 구축한 포대가 있었다. 마지막으로 세바스토폴 주변부를 따라 강력한 방어선이 있었고, 이어 몇 개의 방어선이 **케르손(Khersones, Chersonese)** 돌출부로 이어졌다. 러시아군은 늘상 부대의 배치와 야전 시의 방어 태세에 대해 훈련을 받았기 때문에 세바스토폴에서는 이러한 지형 상의 이점을 살려 독일군의 측면을 공격할 수 있는 이점을 안고 있었다.

[옮긴이의 주]
- 크리미아의 케르손(Khersones, 헤르손)과 드네프르강 하류의 케르손(Kherson)을 구별할 필요가 있다. 여기에서는 모두 케르손으로 옮겼다. 케르손(Kherson)은 1942년말부터 시작된 독일군의 퇴각 시점에 자주 언급되게 된다.

암벽으로 이루어진 지형 덕에 러시아군은 야포와 박격포를 이용한 공격에 피해를 입지 않았으며, 오로지 직사 포격에 의한 공격으로 격퇴해야만 했다. 우리가 러시아군과 교전한 이래 러시아군은 다양한 방어선마다 넓은 지역에 지뢰를 부설하였으며, 이는 방어 거점 지역 내에서도 마찬가지였다. 세바스토폴에 대한 공격이 어떻게 수행되어야 할지 11군은 지난 겨울의 전략과 동일한 결론을 내었다. 포위망의 중앙 지역에 대한 돌파는 삼림 지역으로 인하여 독일군이 가진 두 개의 카드인 야포와 공군력을 활용할 수 없었고, 우리의 손실이 클 것이 예상되어 공격로에서 제외되었다. 결국 진격로는 다시 한번 북쪽과 북동쪽, 그리고 동쪽 지역의 남쪽으로부터 시작될 수밖에 없었다. 우선 우리의 진격로

중 북쪽 전선에서 주공을 시작하기로 하였는데 물론 세베르나야만 북쪽의 요새지대가 남쪽보다 더 강력하였지만 진격하기가 남쪽보다 유리하였기 때문이었다. 또한 무엇보다도 남쪽 지역의 산악지대에서 야포와 공군력을 운용하기보다는 북쪽 전선이 더 이를 운용하기가 용이했기 때문이었다.

세바스토폴의 해안 절벽지대

물론 남쪽에서도 역시 공세가 시작되어야 했는데 첫째, 여러 방면에서 일시에 들이닥쳐 적군을 쪼개놔야 했기 때문이며 둘째, 적들이 세베르나야만 북쪽의 요새 지역을 잃은 뒤에 케르손 또는 세바스토폴 내에서 공방전을 벌이는 것을 막아야 했기 때문이다. 우리는 세바스토폴을 점령하는 목표뿐만 아니라, 보급에 어려움을 겪고 있긴 하지만 우리를 수적으로 압도하고 있는 적과 싸워야하는 점을 기억해야만 했다(저자: 11군에 제공된 정보에 의하면 세바스토폴 공방전에 참여한 부대 서열은 다음과 같았다. 페트로프(Petrov) 장군 휘하 해안군 소속의 2, 25, 95, 172, 345, 386, 388사단, 편제에 미달한 40기병사단, 그리고 7, 8, 79해병여단이었으며 전투에서 소모된 사단들은 요새 내로 일찍 후퇴하여 재편성 되었다). 지난 겨울의 전투에서 우리는 가능한 일찍 항구를 봉쇄하는 것이 중요함을 깨달았는데, 이번에는 8전투비행단이 있는 한 러시아군은 바다로부터 쉽게 보급품을 보충할 수 없었다.

언급한 사항들은 11군이 철갑상어(Sturgeon)작전을 입안할 때 고려한 사항들이다. 우리는 적군을 중앙 지역인 메켄시아(Mekensia)부터 베르크초르군(Verkhchorgun)까지 묶어둔 채 북쪽 및 동쪽 전선의 남부로부터 공세를 개시하고자 했다. 북쪽 공세의 목표는 세베르나야만 북쪽 해안의 점령 및 가이타니 주변의 고지 점령이었고, 남쪽 공세의 목표는 발라클라바에서 세바스토폴로 향하는 대로의 양 측면을 장악할 수 있는 자푼 고지를 점령하는 것이었다.

22, 24, 50, 132사단과 전력이 강화된 213연대로 구성된 54군단이 북쪽 전선을 전담하였으며 사단장들은 볼프(Wolff), 테타우(Tettau), 슈미트, 린데만이었다. 54군단의 목표는 세베르나야만 북동쪽 고지대까지 곧바로 진격하는 것이 목표였다. 세부적으로 군단의 목표는 공세의 첫 단계에서는 요새화된 지역의 적군을 묶어둔 채 우회하여 배후에서 가능한 많은 적을 공격하고, 군단의 좌익이 가이타니 고지를 점령한 후 가이타니의 남동쪽으로 진출하여 ─차후에 있을 루마니아 산악군단의 남쪽 공격을 용이하게끔─ 주변 지역을 소개하는 것이었다.

72, 170사단과 28경사단(저자: 존경할만한 사령관들인 뮬러-게프하르트(Müller-Gebhard), 샌더(Sander), 진후버(Sinnhuber)의 지휘를 받았다)으로 구성된 30군단이 남쪽 전선을 담당하였으며 군단의 최초 목표는 자푼 고지 점령을 위한 공격선의 확보와 탄착 관측 지점의 확보였다. 이를 위해 30군단은 '북 장미', '산 속의 예배당', '폐허가 된 언덕', '카마리'와 카마리 남쪽의 '높은 언덕(High Cliff)' 등 제1선에 위치한 러시아군의 방어 거점을 확보하고, 남쪽에서 러시아군이 측면 협공할 가능성이 있는 발라클라바 동쪽의 암벽 고지를 점령해야 했다. 이 같은 임무를 달성하기 위해 72사단은 세바스토폴로 향하는 대로의 양편을 따라 공격하고 28경사단은 그들의 특수한 역할에 따라 발라클라바만 동쪽의 고지대를 점령하는 임무를 맡았다. 지형적인 문제로 인해 이 지역의 전황은 상세히 분할된 공격에 의해 좌우될 것이었으므로, 170사단은 우선 예비대로 남았다.

두 개의 강력한 공격 그룹 사이에서 루마니아 산악군단은 우선 그들 전선에서 러시아군을 묶어놓는 역할을 맡았다. 특히나 루마니아 18사단은 54군단의 좌익 날개가 그 지역에서 러시아군의 협공에 당하지 않도록 국지적인 공격과 야포 사격을 지원해야만 했다. 더 남쪽에서는 루마니아 1산악사단이 '각설탕(Sugarloaf)'을 점령함으로써, 30군단의 북익을 방어해야 했다. 11군은 야포 전력을 아끼기 위해 야포 사격을 거의 중단하였고, 러시아군은 이에 다행스러워했다. 지형적인 문제와 수없이 많은 방어 지점으로 인하여 야포의 화력을 전개하는 것은 적에게 결정적인 피해를 줄 수 없을 것 같았고, 우리 또한 탄약이 충분하지 않았다. 대신에 공세 전 5일 간에 걸쳐 공군과 가용 가능한 모든 야포를 동원하여 적 보급선과 예비대가 집결되어 있을 것이라 추정되는 지역에 사전 포격을 감행했다. 5일 간의 포격에서 우리의 포병들은 정확한 관측 사격으로 적 포병을 무력화시켜야 했으며 최전방의 적 방어선을 약화시켜야 했다. 또한 8전투비행단도 도시, 항구, 물자 집적소, 공항 등에 대한 공습을 지속했다. 우리의 포병 전력에 대해 언급하자면, 11군은 할 수 있는 선에서 모든 가용 가능한 포를 준비했으며 육군총사령부는 가장 거대한 포를 준비했다.

54군단의 포병 지휘관은 쥬커토트(Zuckertort) 장군이었으며 56개 대중포대(Heavy and medium batteries), 41개 경포대(Light batteries)를 보유하고 있었다. 추가적으로 2개 돌격포대대(Assault Artillery Battalion)와 18개 박격포대(Mortar batteries)의 지원을 받았으며, 2개 관측대대의 지원을 받아 총 121개의 포대를 운영했다. 구경 19cm인 포부터 30.5, 35, 42cm 포들도 있었고, 구경이 60cm에 달하는 중포 2문도 있었다. 가장 큰 포는 구경이 80cm에 달하는 '도라(Big Dora)'였는데 이 포는 마지노선을 소개하려는 목적으로 설계된 포로써, 그 시기를 놓친 터였다. 도라는 기술적 진보의 결정체였다. 포신의 길이는 90피트에 달했고 그 높이 또한 2층 주택의 높이와 비슷했다. 이동을 위해서는 열차 60량이 필요했고, 2개 대공포연대가 항상 상주했다. 의심할 여지없이 이 포는 제작에 필요했던 노력과 경비만큼의 효율을 보여주지는 못했으나 러시아군의 탄약 집적소가 −세베르나야만 북쪽의 천연 암반을 90피트나 파고 들어간− 도라의 포탄 하나로 인해 파괴된 적이 있다.

30군단의 포병 지휘관은 마티네크(Martinek) 장군이었고 특별히 이전에 동일한 계급으로 오스트리아군에서 복무한 적이 있는 우수한 장군이었다. 그러나 불행하게도 그는 훗날 동부전선에서 군단사령관으로 전사하였다. 30군단의 포병 전력은 모두 합하여 25개 대중포대, 25개 경포대, 6개 박격포대, 1개 **돌격포대대**와 2개 관측대대가 있었다. 또 300기갑연대의 지원을 받았는데, 연대는 **원격 조종으로 움직이는 전차**를 가지고 있었으며 이 전차들은 고성능 폭약을 싣고 자폭 공격의 임무를 맡았다. 루마니아 산악군단은 12개 중포대, 22개 경포대가 있었고 러시아군을 붙잡아 두는 임무를 맡았다.

[옮긴이의 주]

- 『Erich Von Manstein: Hitler's Master Strategist』(Benoît Lemay)에 따르면 돌격포는 만슈타인이 고안한 것이다. 포병 전력으로 3호 돌격포가 언급되는 이유는 독일군의 돌격포는 포병병과 소속이었기 때문이다(보병부대의 대전차부대에 배속되었다). 구데리안이 돌격포와 전차를 동일하게 기갑병과로 두려했지만, 철십자훈장을 받기 위해 돌격포가 필요했던 포병병과의 반대를 받게 되었다. 통상적으로 4호 돌격포와 4호 구축전차 모두 회전포탑이 없어 4호 구축전차를 전차로 구별하는 것이 무의미하지만, 구데리안의 의도대로 4호 구축전차는 전차로 분류되어 기갑병과에 배속되었다고 한다(5호 구축전차 또한 마찬가지이다). 독일군의 원격 조종으로 움직이는 전차는 골리앗(Goliath)을 찾아보기 바란다.

야포 사격 시 필요한 항공 지원은 역시 리히트호펜 장군이 지휘하는 8전투비행단이 수행했으며, 이 부대는 그들의 1개 대공포연대에게 지상전의 임무를 맡겼다. 2차세계대전 중 독일군이 —세바스토폴에 대한 공략을 제외하고는— 이토록 많은 수의 포병 전력을 한 장소에 집중한 적은, 특히 그 화력의 질적 측면에서 거의 없었다. 하지만 독일군이 개활지에서 맞이할 러시아군의 포격을 고려한다면 이러한 준비조차 하찮게 보였다. 세바스토폴의 공자는 22마일 전선에 걸쳐 러시아군의 대공포대를 포함하여 208개 포대의 공격을 받아야 했고 이것은 —주요 공격 루트에는 더 많은 포대가 배치되었겠지만— 1마일당 평균적으로 10개 포대가 배치되어 있음을 의미했다. 1945년에 러시아군은 1마일당 400문의 야포를 배치했음을 기억할 필요가 있다.

공격을 앞두고 며칠 전, 나는 30군단의 준비 상황을 자세히 알고 싶어서 남쪽 해안을 잠깐 방문하였다. 우리의 전투 지휘소는 예전에 어떤 공작(Duke)의 소유였던 무어(Moorish) 양식의 성이었으며 가파른 절벽에 흑해를 향해 돌출되어 있었다. 방문 중 마지막 날 나는 이탈리아군의 **어뢰정**(E-boat)을 타고 해안을 따라 발라클라바까지 정찰하였다. 군단의 무장과 보급이 이루어지는 해안도로가 바다 쪽에서 얼마만큼 관측이 되는지 그리고 육안 관측에 의한 러시아 공군의 폭격 범위 내에 있는지 알아보기 위해서였다. 짐작건대 독일 공군에 대한 두려움으로 인해 러시아의 흑해 공군은 이러한 폭격을 하지 못했다.

귀항하던 도중에는 얄타(Yalta) 근방에서 불행한 참사가 발생했다. 미처 알아차리기 전에 공중으로부터 기관총과 기관포 세례가 우리에게 쏟아졌다. 태양을 등지고 급강하는 2대의 러시아 전투기들로부터 기총 소사를 당했고, 전투기들의 굉음은 우리가 타고 있던 배의 엔진 소리에 묻혀 들리지 않았던 것이다. 삽시간에 배 위에 있던 16명 중 7명이 죽거나 부상당했다. 선체에 가해진 충격으로 인하여, 측면에 매달려있는 어뢰가 폭발할 우려도 있었다. 곧바로 냉정을 되찾아 그의 배와 우리들을 구하고자 했던 이탈리아군 선장이었던 젊은 중위의 행동은 칭송할만 했다. 나의 전속부관 스펙트 중위는 기뢰가 깔려있던 바다를 아랑곳하지 않고 헤엄쳐 가까운 해안에 도착하였고 지나가던 트럭을 세웠다. 그 트럭을 타고 그는 얄타로 갔으며, 크로아티아군(Croatian) 소속의 모터보트를 이용하여 우리 배를 항구로 끌고 갔다. 너무나 암울한 여정이었다.

이탈리아군의 하사관(Petty officer)이 전사했으며 세 명의 선원이 부상당했다. 얄타항의 지휘관인 베델(Wedel) 대위 또한 전사했다. 나의 발 앞에 모든 동료들 중에 진정한 전우였던 나겔이 허벅지에 심각한 부상을 입은 채 누워 있었다. 이탈리아군 중위는 그의 셔츠를 찢어 임시변통으로 붕대를 만들었으나 동맥에서 나오는 피를 멈추게 할 수 없었다. 프리츠(Fritz) 나겔은 카를수르에(Karlsruhe) 출신으로 1938년부터 나의 운전병으로 일했다. 함께 보고 함께 생활해 왔던 그는 56기갑군단에 있을 때 내 옆에서 부상을 당한 적이 있었다. 나와 함께 한 몇 년간 그는 전우로서 임무를 다했고 늘 친구가 되어 주었다. 그는 아름답고 선량하게 보이는 갈색 눈을 가졌으며 그의 행동은 굴종적이지 않고 훌륭했다. 본성에서 우러나오는 예의를 갖추었고, 스포츠를 즐겼으며, 전우와 상관의 신뢰를 받을 정도로 명석했고 호감이 가는 군인이었다. 항구에 도착하자마자 나는 즉시 그를 야전병원으로 이송하였고 수술이 이루어졌다. 하지만 이미 많은 피를 흘린 뒤라 그날 밤 눈을 감았다(His young light went out). 우리는 독일군과 이탈리아군 전우들이 묻혀 있는 묘역 중, 아름다운 해안선 전체를 조망할 수 있는 좋은 장소에 그를 묻었다. 나는 프리츠 나겔의 부모에게 그의 묘역에서 내가 읊었던 말을 편지로 전해 주었다. 그러나 그에 대한 추모로 슬퍼할 틈은 없었다(War waits no man).

[옮긴이의 주]
- 독일군은 어뢰정으로 S-boat(Schnellboot boat)를 이용하였다. 서부 연합군은 S-boat를 E-boat(Enemy-boat)로 불렀다. 이탈리아군의 E-boat는 독일군이 증여한 S-boat였을 것으로 추정된다.

나겔, 만슈타인

며칠 뒤에 11군 사령부는 인력을 축소하여 —가파른 절벽 사이 좁은 협곡에 있는 타타르인들의 마을인— 세바스토폴 전선에 인접한 유카리 카라레스(Yukhary Karales)에 전투 지휘소를 세웠다. 독일 작전 지휘부에서 발생하는 무선에 대한 통신 감청으로 인하여 러시아군은 이곳에 전투 지휘소가 위치한 것을 알고 있었음이 틀림없었다. 전투 지휘소에 폭격하는 목표만을 가진(Duty pilot) —독일군에게는 재봉틀로 알려졌으며 나무로 만들어진— **폭격기**가 매일 저녁 전투 지휘소를 폭격했지만 운 좋게도 피해는 경미했다.

[옮긴이의 주]
· 러시아군의 폭격기는 목재 재질의 복엽기였던 폴리카포프(Polikarpov Po-2)로 보인다.

마을 주변 —고트족이 강력한 요새를 세웠던— 케르케스 케르멘(Cherkess Kermen)산 정상에 관측소를 설치하였으며 6월 6일 우리는 익일 아침에 있을 보병들의 공격 상황을 살펴보기 위해 관측소에 올랐다. 방어 진지와 연결된 작은 대피호에는 입체망원경(Stereo-telescope)이 설치되어 있었고 거기에서 나는 참모장, 작전참모장, 정보참모장, 전속부관 스펙트와 폭풍 전야의 고요한 밤을 보냈다. 구슬픈 저녁에, 다시 한번 우리의 아기(Pepo)인 스펙트가 기운을 북돋는 어조(Note)로 주변 사람들을 격려해 주었다. 통상적으로 전투가 임박하면 전투의 중요성을 상기시키기 위한 '일일 명령(Order of the Day)'을 부대들에게 배포하는 것이 일반적인 것으로 여겨졌으나, 솔직히 말하면 나는 그러한 권고 사항에 호의적이지 않았다. 기대와 달리 그러한 명령들이 일선 대대까지 전달되지 않았던 경험을 빼고라도, 우리 부대들이 현재 위태로운 상황이라고 느끼게 할 필요가 없었기 때문이었다. 하지만 이러한 상황에서 일일 명령을 내리는 것이 일반적이었으므로 스펙트에게 각 군단 사령부에 전달하도록 했다. 잠시 뒤에 그가 돌아와 '장군님, 명령문을 전달했습니다(Herr Generaloberst, I've passed on the blurb).'라고 보고했다. 이는 언뜻 보기에 꽤 건방진 어투였지만 그는 오로지 평범한 군인으로서의 보고 태도에 충실한 것뿐이었다. 스펙트 때문에 우리는 유쾌하게 웃을 수 있었다.

6월 7일 동쪽 하늘에 태양이 뜨고 계곡에서 어둠이 사라지자 우리의 포병이 보병들의 공격로를 열기 위해 최대한의 화력으로 포격을 가했다. 동시에 공군의 편대들이 목표 지점에 폭격을 시작했다. 군(Army)을 이끄는 사령관으로서 현대전에서 이렇게 온 전장을 조망한다는 것은 매우 드문 일로 내 앞에 말로 표현하기 벅찬 광경이 펼쳐졌다. 북서쪽에서 54군단의 왼쪽 날개가 벌일 강력한 사투를 감추고 있는 삼림지역과 우리가 힘겨운 싸움을 벌여야 할 벨벡 계곡의 남쪽 고지들까지 시야에 들어왔다. 서쪽으로 가이타니가 있으며 그 뒤로 멀리 흑해와 연결된 세베르나야만이 어렴풋이 보였다. 헬레네 문화의 흔적을 찾아볼 수 있었던 케르손 반도는 맑은 날씨로 인해 선명하게 볼 수 있었다. 남서쪽으로는 자푼 고지와 높다란 절벽들이 해안선을 따라 줄지어 있었다. 밤이 되면 요새 주변에서 러시아군의 발포 섬광이 보였고, 낮이 되면 우리 포병들의 포격과 공군의 폭격으로 인해 암벽에서 먼지들이 피어올랐다. 참으로 상상할 수 없을 만큼의 거대한 장관이 펼쳐진 듯 했다. 러시아군은 세바스토폴에서 독일군에 비해 수적으로도 우세했고 강철과 콘크리트, 그리고 화강암으로 이루어진 요새에 숨어 싸웠다. 아울러 현대화된 항공기와 야포를 가지고 있었다. 그러나 러시아군과 싸운 독일군에게는 특별한 무언가가 있었다.

지형적인 이점을 안은 러시아군은 냉혹한 소비에트 시스템의 강압에 의해 —더욱더 두드러진 끈기, 확고함을 갖고— 절망적인 저항을 펼쳤다. 이에 맞선 독일군의 용기, 솔선수범 그리고 자기희생은 세바스토폴에서의 독일군의 정신을 잘 보여주었다. 매일 아침 온도가 41도까지 올라가 공자와 방자를 모두 지치게 만들었던 환경 속에서 벌어진, 근 1개월간 지속된 전투를 글로 묘사하기는 불가능할 것이다. 우리 부대들이 이루어낸 성과는 한편의 서사시로 표현할만한 가치를 갖고 있으나, 전대미문의 혹독함과 세바스토폴을 향한 경쟁으로 인해 보고서를 받지 못하여 설명할 수 없는 부분도 있다.

54군단은 132사단을 오른쪽 날개로 두어 —벨벡을 경유하여— 남쪽의 고지들을 공격하며 류비-모프카(Lubyi-movka) 교두보에 있는 적을 소탕하게 했다. 군단의 왼쪽 날개는 22사단이었으며 임무는 벨벡의 남쪽을 동쪽으로부터 치고 들어가 카미실리 협곡까지 132사단의 진격로를 개척하는 것이었다. 22사단의 왼쪽은 50사단이었으며 카미실리 지역을 공격하여 남서쪽으로 다른 부대의 공세에 합류하는 것이었다. 삼림지역인 군단의 좌측 맨 끝은 가이타니 고지까지 진격하는 임무를 맡은 24사단과 이 사단의 왼쪽 취약 구간을 담당하는 루마니아 18사단이었다. 8전투비행단의 끊임없는 지원과 강력한 야포의 압도적인 지원 덕에 첫날 벨벡과 카미실리 협곡을 가로질러 벨벡 남쪽의 요충지(Commanding Heights)들을 점령할 수 있었다. 남쪽에 있는 30군단은 며칠 후 세바스토폴로 향하는 대로를 양측에서 공격하기 위한 출발점(Jumping Off Positions)을 확보해야 했다. 17일까지 지속된 공세의 2단계는 한치의 땅, 개인호, 방어 진지를 하나씩 격파해야 하는 쓰디 쓴 전투였다. 러시아군은 지속적으로 강력한 반격을 통해 독일군에게 내어준 자리를 되찾고자 하였다. 그들은 강력한 방어 거점과 토치카에서 마지막 남은 한 사람이 전사할 때까지 싸웠다. 주된 임무를 보병과 공병들이 맡았지만, 전방의 포병 관측소에 있던 병사들은 별도로 칭송받을 자격이 있다. 왜냐하면 개개의 방어 거점과 토치카에 대한 직접적인 포격의 유도를 그들이 훌륭하게 해 주었기 때문이다. 그들과 돌격포(Assult Gun)는 보병들에게는 최고의 조력자였다.

콜티츠 대령의 용감한 22사단 16연대는 6월 13일 지난 겨울에 점령하지 못했던 스탈린 요새를 점령하는 것에 성공했다. 이 연대의 한 부상병은 부러진 팔과 머리에 감긴 붕대를 가리키며, '나는 이런 운명을 받아들일 수 있다. 하지만 우리는 스탈린 요새를 얻었다(I can take this lot, now we've got the Stalin).'라고 외쳤다. 이를 통해 독일군의 결의를 알 수 있다. 6월 17일까지 많은 피해를 입었지만 북쪽 요새화 지역에 대한 교두보를 형성하여 두 번째 방어선에 있던 체카, G.P.U, 시베리아와 볼가 요새가 우리 수중에 들어왔다.

같은 날 30군단 또한 자푼 지역에 포진한 러시아군의 초기 방어선에 교두보를 형성할 수 있었다. 170사단이 카마리를 점령하는 동안 격렬한 전투 뒤에 북 장미, 산 속의 예배당, 폐허가 된 언덕 요새들은 72사단이 점령했다. 군단의 북쪽에서는 몇 번의 공세 후에 루마니아 1산악사단이 각설탕 요새를 결국 점령했으며, 미로처럼 갈라진 협곡에 위치한 적군의 거점을 차례차례 격파하는 것은 상당한 손실이 수반되는 공격이기 때문에 28경사단은 해안에 접해 있는 암벽 구릉지대를 천천히 진군하여 장미언덕과 주홍 1, 2(Vermilion 1, 2) 요새를 장악했다.

며칠간 우리의 성공적인 공세는 보다 확실해지는 것 같았지만, 반면에 우리가 진격을 위해 감수해야 할 손실이 발생했다. 공격에 참가한 부대들의 기력이 소진되어 가고 있었으므로 54군단 소속의 132사단을 전선에서 이탈시켜 소진된 연대들을 케르치 반도에 있던 46사단의 연대들과 교대할 필요가 있었다. 동일한 이유로 54군단 소속으로 왼쪽 날개를 맡았던 22사단이 케르치 반도로 이동했다. 이때 11군은 세바스토폴의 조기 함락이 어렵다면 8전투비행단을 우크라이나 전선으로 이동시키겠다는 육군총사령부의 압박을 받고 있었다. 우리는 어떠한 희생을 감수하더라도 최종적인 승리가 얻어질 때까지 공격이 지속되어야 한다고 주장했으며 이어서 8전투비행단의 지원이 반드시 필요한 것이라 주장했다. 결국 우리의 주장이 받아들여졌다. 사실 손실이 발생되어, 우리의 공세가 약해지는 이 시점에 누구도 세바스토폴의 함락에 대해 확신할 수 없었다. 우리의 전력이 너무 이른 시기에 고갈되었기 때문에 11군은 추가적으로 3개 연대를 증원 요청하였으며 육군총사령부도 이에 긍정적으로 동의하였다. 3개 연대는 공세의 최종 단계 시점에 반드시 도착해야만 했다.

막심 고리키 1

　공자의 관점에서 보자면, 공격하는 두 개 군단은 공세의 각 단계에서 주력 공세의 방향을 변경함으로써 적군을 기습할 수 있는 이점을 가지고 있었다. 54군단은 공세의 방향을 서쪽으로 돌려 213연대와 24사단을 투입하였다. 히츠펠트(Hitzfeld) 대령이 지휘하는 213연대는 —포위전에 참여한 우리 포병에 의해 1개 대포가 사용 불가능한— 막심 고리키 1 요새를 점령하였다. 막심 고리키 1 요새의 다른 대포는 대포 상단에 올라간 아군의 공병에 의해 제거되었다. 그러나 요새 내부의 각 층에 잔존해 있던 수비병들은 우리 공병들이 지상의 소형 포탑을 통해 그들의 이동로를 날려버릴 때까지 항복하지 않았다. 와중에 정치장교가 전사하자, 그들은 희미한 목소리로 그리스도를 부르며 항복했다. 세베르나야만의 서쪽 해안을 지키던 방어선의 잔존 세력을 24사단은 6월 21일까지 섬멸했다.

　30군단 또한 6월 17일까지 초기 공세가 시작했던 곳에서부터 큰 진공을 이루어냈다. 군단은 발라클라바 동쪽의 해안지대로부터 북쪽 산악 지대를 공격하는 것을 중단하고 기습을 위해 부대를 집중시켜 대로를 따라 공세를 개시했다. 군단은 해안 지역의 포대로부터 산발적인 저항만을 받았다. 72사단은 끝내 도로 남쪽에 있는 러시아군을 앞지르기 시작했고 베케(Bäke) 소령이 지휘하는 정찰대대가 과감하게 이 기회를 이용하여 허둥대는 적들을 자푼고지 앞에 있는 독수리 횃대까지 밀어 붙였다. 6

월 18일 정찰대대는 독수리 횃대를 점령하여, 나머지 사단의 병력들이 증원될 때까지 요새를 사수했다. 적 요새를 탈취함으로써 북쪽에 위치한 적 방어선에 대해 돌파구를 열 수 있는 가능성이 열렸다.

연이어 포병의 지원 사격 하에 점령한 지역으로부터 세 번째 공세가 성공적으로 계속되었다. 북쪽에서는 첫 번째 목표였던 세베르나야만이 완전하게 우리 수중에 들어왔고, 남쪽에서는 우리가 도약점으로 삼을 자푼 지역을 점령하였다. 북쪽에서는 세베르나야만의 출입을 견제할 수 있는 돌출된 요새를 24사단이 점령할 수 있도록 포병의 지원 사격이 퍼부어졌다. 돌출된 요새 중에 가장 위협적이었던 것은 북쪽 성채(North Fort)로 알려진 오래된 방어 거점인데, 이도 포함되어 있었다. 22사단은 세베르나야만을 관측할 수 있는 절벽 지역을 모두 점령하였다. 50사단과 22사단 사이에 철로로 연결되어 있는 터널을 차지하기 위해 강력한 전투가 벌어졌는데, 터널 밖에서 최근에 순양함(Cruiser)을 타고 들어온 러시아여단에 의한 적의 반격이 있었다. 터널의 입구를 포격한 후에야 점령할 수 있었으며 수백 명의 러시아군과 더 많은 수의 시민들을 터널 밖으로 나오게 하였다.

우리가 겪은 가장 큰 어려움은 물자와 탄약 집적소로 이용되던 —깎아지른 듯한 돌로 된 벽으로 이루어진— 북쪽의 지하 통로(Galleries)에서 최후까지 저항하는 적군을 소개하는 것이었다. 이곳들은 방어를 위한 시설 및 강철로 된 출입문으로 보호되고 있었으며 —정치장교의 협박에 의하여 수비병들은 항복 의사를 밝힐 수 없었으므로— 우리는 철문을 날려버릴 수밖에 없었다. 우리의 공병들이 첫 번째 입구에 도착하였을 때 내부에서의 폭발로 인해 커다란 암석 파편들이 공중에서 떨어지는 바람에 그 안에 있던 적군과 우리 공병대들이 매몰되었다. 정치장교들이 방어 진지를 무너뜨려 수비병들을 폭사시킨 것이었다. 결국 돌격포를 이끌던 한 소위가 남쪽에서 쏟아지는 적의 포격을 무릅쓰고 적군의 총안 구멍에 포를 똑바로 겨누어 사격을 하여 출입문을 열도록 압박을 가하였다. 완전히 탈진한 러시아군과 시민들이 모습을 드러냈으나, 그들의 지휘관이었던 정치장교들은 자살했다.

50사단은 덤불로 우거졌던 길을 힘들게 돌파한 후, 초르나야 계곡의 입구인 세베르나야만의 동쪽 끝에 있는 카이타니 고지를 점령하였다. 50사단의 왼쪽에는 루마니아 산악군단의 오른쪽 날개가 카이타니 남동쪽에 있는 숲으로 우거진 지역을 넘어 진격을 계속했다. 훗날 스탈린그라드에서 포로가 된 루마니아군의 라스카르(Lascar) 장군은 이 공격에서 뛰어난 지휘력을 보여 주었다. 30군단은 공격 방향을 적시에 변경하여 큰 성공을 거두었다. 72사단이 독수리 횃대 요새를 점령한 이점을 살려 30군단은 170사단으로 하여금 남쪽으로부터 페듀키니(Fedyukiny) 고지를 공격하게 했다. 동쪽의 자푼 고지를 목표로 하는 공세가 있으리라 믿어 방어선을 꾸렸던 러시아군은 완벽하게 기습을 받았고, 우리는 예상보다 이른 시점에 고지를 확보할 수 있었다. 이로써 자푼 방어선을 공격할 수 있는 전초 전선이 이루어졌다. 이 며칠간 루마니아 산악군단의 1산악사단이 일정 수준의 진격을 이루어냈다. 이로써 6월 26일 아침까지 11군은 세바스토폴 요새의 외곽 지대를 거의 장악할 수 있었다. 러시아군은 내부 방어선으로 후퇴하였고 이 방어선은 북쪽 전선의 세베르나야만의 남쪽 구릉지부터, 동쪽 전선은 자푼 고지를 따라 잉케르만부터 발라클라바 주변의 고지까지 이어져 있었다.

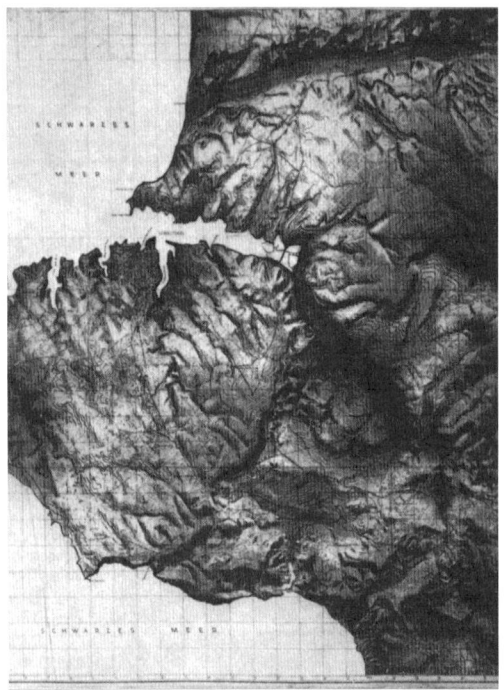

세바스토폴 항공 사진

이제 11군은 요새화 지역 내부에 대한 공격을 결정해야 했다. 특히나 그들의 임시 지휘 체계였던 크리미아전선군 사령부로부터 퇴각에 대한 어떠한 명령도 내려지지 않았기 때문에 세바스토폴 요새 안에 있는 수비군이 이전처럼 절망적일 때까지 저항할 것은 당연했다. 반면에 적의 예비대가 대규모로 보충되고 있음에도 오히려 공자인 독일군은 연대급의 공세 능력이 거의 소진되고 있었다. 최근 몇 주간 나는 아침과 점심때마다 군단의 참모진, 포병 지휘관, 사단과 연대, 대대와 포병 관측소를 지속적으로 방문했었으므로, 우리 부대들의 사정을 훤히 알고 있었다. 연대의 병력은 수백 명으로 줄어들어 있었고 나는 전선에서 교대되어 물러난 한 중대가 한 명의 장교와 8명의 병사 밖에 남지 않았던 것을 기억한다.

54군단의 앞에는 바야흐로 세바스토폴이, 30군단의 앞에는 자푼 고지가 있는 이 시점에서 어떻게 세바스토폴 공방전을 끝낼 수 있을까? 가장 이상적인 공격 방법은 공세의 주공을 30군단의 중앙부에 집중하는 것이었다. 그러나 실질적으로 사단들을 이동시키는 데 며칠이 소요될 것이었고 이는 적들로 하여금 숨을 돌려 기력을 회복할 수 있는 기회를 주는 것이었다. 두 개의 전선은 우리가 지난겨울에 많은 어려움을 감수하며 만든 좁은 협로로만 연결되어 있었는데 어떠한 노력을 기울여도 이 협로가 중포의 무게를 견딜 수는 없었고, 수많은 야포들과 탄약들을 얄타를 경유하여 남쪽 전선까지 운반하는 것은 완료되는데 몇 주간의 시간이 소요될 터였다. 또 하나 염두에 둘 점은 국방군 최고사령부의 의도대로 8전투비행단의 지원이 이른 시기에 종료될 것이라는 점이었다.

파괴된 세바스토폴 요새의 포대

22사단이 세베르나야만에 도착하자마자 나는 북쪽 해안의 관측소에서 지형을 관망하고자 일선의 한 연대를 방문하였다. 내 앞에서 폭이 반 마일하고 1천 야드쯤 되는 만이 펼쳐져 있었고, 함선들은 항구에 정박해 있었다. 오른쪽 멀리에는 세바스토폴 시가 있었고 정면에는 벌집 모양으로 배치된 적의 방어 지점이 암벽에 있었다. 여기에서 나는 우리의 주력이 세바스토폴을 향해 세베르나야만을 도하할 것이라 예상하는 적들의 예측과는 반대로 우리가 자푼 고지를 뒤흔들어(Unhinge) 놓는 것을 착안하였다. 내가 생각한 작전을 논의하였을 때에 54군단의 지휘관들과 하급 지휘관들은 고개를 절레절레(Head-Shaking) 흔들거나 의구심을 품는 듯했다. 그들은 남쪽 해안을 내려다보고 있으며 유례없이 강력한 화력으로 무장된 요새화 지역이 지키고 있는 이 지역을 어떻게 공격용 주정이 횡단할 수 있는지에 대해 의구심을 가졌다. 설령 주정이 남쪽 해안가에 도착하여 일련의 부대들을 상륙시킨다 할지라도 한 개 내지 두 개의 협곡에 있는 적들의 사격 범위 내에 있는데 어떻게 성공할 수 있는지가 논점이었다. 이 작전이 불가능해보였음에도 불구하고, 세베르나야만의 도하만이 적을 불시에 기습할 수 있었고, 작전 성공을 위한 주요 요인이었다. 많은 반대가 있었지만 현재의 부대 배치를 변경하는 위험을 감수하고라도 나는 나의 의견을 고수했다.

일단 결정이 내려지자, 모든 구성원들이 작전의 성공을 위해 분주하게 준비했다. 이러한 일련의 준비 과정에서 토치카에 대한 공격에서는 일반 보병부대보다 뛰어난 능력을 보여준 공병부대에게 찬사를 보내고 싶다. 최종 방어선에 대한 대대적 공격(54군단이 세베르나야만을 도하하는 것과 30군단이 자푼 고지를 공격하는)의 개시일은 6월 29일 아침이었다. 이미 50사단은 28일에 초르나야의 낮은 능선을 돌파하여 광신적인 볼세비스키들과의 전투 끝에 잉케르만을 점령하였다. 잉케르만 고지에서 남쪽으로 거대한 암벽 구간이 남쪽으로 펼쳐져 있었고, 이 지역에는 샴페인 공장의 지하 저장창고로 사용된 공간들이 많이 있었다. 볼세비키들은 이곳에 탄약을 보관하고 있었을 뿐더러 수천 명에 달하는 부상자들과 피난민의 수용처로 사용하고 있었다. 우리가 잉케르만에 진입하자마자 잉케르만 뒤에 있던 저장창고에서 거대한 폭발음이 울려 땅을 흔들었다. 90피트에 달하는 암석 파편들이 900야드까지 떨어졌고 수많은 사람들이 매장되어 버렸다. 일부 광신적인 정치장교들의 행동이겠지만, 이는 광기(Asiatic)에 찬 정권이 생명을 얼마나 경시하는지 입증해 주는 사례였다.

6월 28일부터 29일까지의 자정 무렵에 도하를 위한 준비가 이루어졌고 작전에 참여한 모든 구성원들에게 긴장감이 엄습했다. 북쪽 해안에서 작전 준비로 인해 발생하는 소음을 덮기 위해 8전투비행단은 연이어 이 지역에 대한 공습을 진행했다. 우리의 가용한 모든 포병의 화력이 건너편 남쪽 해안 절벽에 쏟아졌고, 포격의 섬광이 빛을 발하자 적들은 우리의 작전을 인지하였을 것이었다. 그러나 건너편에서의 반격은 없었으며 우리는 주정을 띄우고, 연결고리를 해제하여 병사들을 승선시켜 도하하였다. 새벽 한 시 22, 24사단의 첫 번째 공격진이 건너편 해안 쪽으로 도하하였고 적들은 완벽하게 기습을 당했다. 적은 불굴의 의지를 발휘한 우리 부대가 남쪽 해안에 발을 내려놓을 때에서야 반격을 해 왔다. 반격으로 인해 노출된 적군의 진지는 고지까지 진격해 올라가는 아군의 부대에 의해 격파되었다. 우리가 우려했던 자푼 고지에 대한 도하 공격이 기습으로 성공되었다. 동이 틀 무렵, 우리는 적 방어선에 대한 공격에 돌입했다.

독일군의 공격

54군단의 좌측 날개인 50사단과 케르치 반도에 있었던 46사단의 일부 연대로 보강된 132사단이 가이타니 고지의 남쪽에서부터 잉케르만과 남쪽 고지에 대해 공격을 했다. 이 공격은 세베르나야만 북쪽에 있던 포병의 지원을 받았고, 이윽고 부대들은 루마니아 산악군단의 오른쪽 날개와 합류했다. 30군단도 동이 틀 무렵에 자푼 고지에 대한 공격을 시작했고, 54군단의 장거리포와 8전투비행단의 지원을 받았다. 전선에 대한 광범위한 공격이 임박했다고 기만하기 위해 포병을 이용하는 동안에 30군단은 170사단을 —페듀키니 고지 옆의 협소한 지역을 점령하기 위한— 예비대로 남겨 두었으며 사단은 돌격포, 300기갑대대와 대공포연대의 직사 화력 지원을 받아 세바스토폴로 향하는 대로의 양옆 고지를 점령했다. 적들이 혼란에 빠진 틈을 이용해 사단이 북쪽, 서쪽과 남쪽으로 성과를 확대하여 군단의 나머지 사단이 고지를 점령하는 것을 도왔다.

불타는 세바스토폴

54군단의 세베르나야만의 성공적인 도하 후에, 30군단에 의한 잉케르만 고지들과 자푼 지역에 대한 돌파로 인해 세바스토폴의 운명이 결정되었다. 러시아군 입장에서 보자면 절망적이었던 이제부터의 전투들은 방자의 완전한 패배를 막지도 못하였고 전체적인 전황상으로도 러시아군에게 이로울 것이 없는 전투들이었다. 러시아군은 매우 용감하게 싸워 군인으로서의 명예를 보여주었지만, 그들의 정치 체제는 그들로 하여금 무모한 저항을 부추겼다. 이제 러시아군은 세베르나야만의 남쪽 해안에 위치한 암벽 지대만을 확보하고 있었고, 도하를 성공적으로 끝낸 54군단의 사단들은 도시를 둘러싼 방어선 안쪽으로 이미 진입했다. 일부 부대가 방어선의 남쪽 지역을 소탕하는 동안, 군단의 주력은 서쪽으로 방향을 돌려 요새화 지역 주위와 세바스토폴을 직접 공격할 수 있었다. 크림전쟁 중에 보루를 차지하기 위해 수많은 피를 흘려 유명해진 말라코프 요새가 수중에 들어왔으며 군단은 도시의 최종 방어선까지 진출했다.

러시아 전역, 1942년 7월 세바스토폴 함락

6월 29일 30군단은 후미에서 광범위한 전역에 대해 공격을 하고 있는 28경사단과 72사단을 170사단의 뒤에 집결시켰다. 이미 자푼 고지를 점령했던 부대들은 이번에는 케르손 반도를 공격했다. 28경사단은 영국군 묘지를 점령한 후 세바스토폴의 남동쪽에서 요새화 지역 외곽을 공격했다. 러시아군은 이 지역에 요새화된 외곽 방어선과 강력한 방어 거점을 구축해 놓았기 때문에 영국군을 기리기 위해 세워진 기념비가 훼손되었다. 우리가 치르고 있는 전투로 인해 러시아군의 시체가 폭격으로 파헤쳐진 묘지 위에 쓰러져 있었다. 28경사단은 방자가 방어를 한다면 도시의 서쪽에서 남쪽으로 밀고 들어가거나, 방자가 탈출하는 경우 퇴로를 차단하는 임무를 맡았다. 170사단의 목표는 **이피게네이아**(Iphigeneia)가 우수에 젖은 눈으로 그리스를 바라보아야 했던, 케르손 반도의 서쪽 끝에 위치한 등대가 목표였다. 72사단에게는 남쪽 해안을 점령하는 임무가 주어졌고, 사단은 자푼 고지를 따라 남쪽으로 진군하여 전략적으로 중요했던 풍차 언덕과 군단이 세바스토폴로 향하는 도로를 확보할 수 있었다. 뒤따라오던 루마니아 4산악사단은 발라카바 주변의 요새 지역을 소탕하여 10,000명의 러시아군 포로를 잡았다.

[옮긴이의 주]
· 이피게네이아는 그리스 신화에 나오는 허구 인물로, 이 지역의 역풍을 막기 위해 제물로 바쳐졌다.

이제까지 러시아군과 싸웠던 우리는 러시아군이 요새 외곽과 도시 내부에서 최후까지 일전을 불사할 것이라 생각했다. 무선을 통해 되풀이되는 스탈린의 명령은 최후의 한 명까지, 한 뼘의 땅도 적에게 주지 말고 저항하라는 것이었으며, 우리는 시민들 중 총을 들 수 있다면 모두 징집된 것을 알고 있었다. 이러한 러시아군의 방비를 고려하지 않고 바로 도시에 대한 공격을 했더라면 11군 사령부는 11군에 소속된 병사들의 목숨을 구할 의무를 저버리는 격이었다. 시가전은 공자에게는 상당한 손실을 요구했다. 시가전을 미연에 방지하고자 우리는 포병과 8전투비행단으로 하여금 일선부대들이 공격하기 전에 화력 지원을 요청했고, 건물과 건물을 이동하며 싸우는 시가전에서의 손실을 상당 부분 없앨 수 있었다. 7월 1일 도시 외곽의 요새선과 도시 내의 강력한 방어 거점에 대해 강력한 폭격이 시작되었고 얼마 지나지 않아 정찰기로부터 더 이상의 지속적인 저항은 없어 보인다는 보고를 받았다. 폭격은 보병사단들이 도시 내에 진입할 쯤에 중단되었고 러시아군은 전날 밤에 그들의 주력을 서쪽으로 옮긴 것 같았다. 그러나 전투는 아직 끝나지 않았다. 비록 러시아 해안군이 도시를 포기하였다 하더라도 삼면이 바다로 둘러싸인 케르손 반도에서 지형상의 이점을 살려 저항을 계속하려는 시도가 나타났다. 최후까지 저항하라는 스탈린의 명령을 따라서였는지, 아니면 러시아 해군에 의해 세바스토폴 서쪽에서 탈출되리라는 희망을 아직도 갖고 있었는지 알 수 없었다.

실제로는 극소수의 지휘관과 정치장교들만이 어뢰정(Motor-Torpedo)을 타고 탈출하였으며 그 중의 한 명은 군(Army) 사령관이었던 페트로프 장군이었다. 그 뒤를 이어 탈출하고자 하던 러시아군은 이탈리아군의 어뢰정(E-boat)으로 인해 탈출할 수 없었다. 케르손 반도에서의 마지막 전투가 7월 4월까지 지속되었다. 72사단이 수천 명의 러시아군이 버티고 있던 막심 고리키 2포대를 점령하였고 나머지 사단들이 점진적으로 반도의 끝쪽으로 러시아군을 몰아갔다. 러시아군은 아마도 야간을 이용해 동쪽으로 탈출하여 야일라 산맥에서 파르티잔과 합세하고자 하는 것 같았다. 그들은 그들의 화력을 믿으며 주저하지 않고 우리 쪽 전선으로 돌격하였다. 선두에는 무장한 여성들과 **청년 공산당**

원(Communist youth)인 어린 소녀들도 섞여 있었으며 이러한 반격은 필연적으로 많은 생명을 앗아갔다. 케르손 반도에 있던 나머지 잔여 세력들은 구출되기를 헛되이 희망하여 암벽 지대 사이에 숨어 있었다.

[옮긴이의 주]
· Communist youth는 14~28세의 청년으로 구성된 공산단체인 콤소몰(Komsomol)을 의미하는 것으로 보인다. 콤소몰은 9~14세의 어린이로 구성되는 피오네리(All-Union Lenin Pioneer Organization) 조직과 연결되어 있었다.

 7월 4일 러시아군의 항복으로 이곳에 숨어있던 30,000명의 러시아군이 포로로 잡혔다. 요새에서 사로잡힌 포로의 총 수는 90,000명을 헤아렸고 러시아군의 전사자 수는 우리 전사자의 수보다 몇 배나 많았다. 전리품은 너무나 많아 정확한 숫자를 헤아리기 어려울 정도였다. 천연 장애물로 보호되고 대규모 러시아군이 모든 수단을 동원하여 공고히 구축한 요새는 이제 함락된 것이다. 적들은 모두 격파되었고 크리미아 반도는 우리 수중에 있었다. 작전상의 관점에서 볼 때, 11군은 동부전선에서 있을 대규모 공세에 남쪽 날개로 다시 유용하게 쓰일 수 있었다. 나는 7월 1일 가까운 참모진들과 함께 유카리 카라레스에 위치한 전투 지휘소에 있었다. 해질 무렵마다 우리가 머물던 협곡에 폭격을 했던 폭격기(Duty pilot)가 이제는 출현하지 않았다. 우리는 최근 몇 달간의 전투와 더 이상 우리와 함께 할 수 없게 된 전우들을 회상하고 있었다. 라디오에서는 승리를 축하하는 선전 방송이 세바스토폴의 함락을 공식적으로 알렸다. 그리고 얼마 지나지 않아 다음과 같은 전문을 받았다.

'크리미아군 사령관 만슈타인 상급대장 귀하. 케르치 반도와 **세바스토폴의 강력한 요새들을 섬멸**하여, 이례적으로 뛰어난 역량을 과시한 장군에게 감사를 표하며 높이 평가합니다. 이에 장군을 **원수 계급으로 진급**시키고자 합니다. 장군의 진급과 크리미아 전역에 참여했던 모든 계급의 지친 장병들을 기리기 위한 방패 휘장을 수여함으로써 나는 독일 국민 앞에서 당신 휘하의 부대가 달성한 영웅적인 업적에 찬사를 보냅니다. - 아돌프 히틀러'

[옮긴이의 주]
· 이제 250일 동안 지속되었던 세바스토폴 공방전의 승부는 결정되었다. 30군단의 사단들은 자푼 고지를 도약대로 삼아 케르손 반도를 점령하기 위해 진격했고 7월 4일 점령했다. 이제 크리미아 전체가 독일군의 손에 들어왔

다. 작전 기간 중에 11군은 95,000명의 포로, 167문의 야포, 758문의 박격포, 155문의 대전차포, 26대의 전차, 141대의 항공기를 얻었다. 독일군의 손실도 매우 컸다. 24,000명의 사상자가 발생했다. - 『Erich Von Manstein: Hitler's Master Strategist』 (Benoît Lemay)

- 7월 1일 러시아의 가장 강력했던 요새가 함락되던 날 만슈타인은 영도자로부터 전문을 받았다. '크리미아에서의 승리를 얻는 동안 케르치 반도의 섬멸 전투와 지형적, 인위적으로 강력하게 방어된 세바스토폴을 함락한 당신의 뛰어난 공적을 기려 원수에 임명합니다. 이 진급과 당신 휘하에서 영웅적인 업적을 이루어 낸 크리미아에 참전한 모든 전투원들에게 특별한 휘장(Badge)을 수여함으로써 독일 국민들 앞에서 당신에게 경의를 표하고자 합니다.' 원수지휘봉은 의심할 여지없이 만슈타인의 군 경력 중 가장 영광스러운 순간이었다. 롬멜(Rommel)이 토부룩(Tobruk)을 함락시켜 1942년 6월 21일 원수가 된 것처럼 만슈타인은 1942년 7월 1일 세바스토폴을 함락하여 이제 원수가 되었으며 요새를 함락시킨 공적으로 원수지휘봉이 수여된 적은 독일군 역사에 있어 딱 세 번만이 있었다. 롬멜과 만슈타인 이전, 왕세자였던 프리드리히 칼 프로이센(Friedrich-Karl Preußen) 상급대장이 1870년 보불전쟁 때 메츠(Metz) 요새를 점령하면서 이 영예를 얻었었다. - 『Erich Von Manstein: Hitler's Master Strategist』 (Benoît Lemay)

10. 레닌그라드-비텝스크
(LENINGRAD-VITEBSK)

11군 소속의 사단들이 최근까지 진행되었던 전투에서의 손실을 회복하고, 내가 루마니아에서 휴가(On leave)를 보내는 중에도 각 분야를 담당한 참모진들은 독일군 남익에서 벌어질 공세에 참여하기 위해 케르치 해협을 건널 계획을 세우고 있었다. 휴가 기간 중 작전참모장인 **부세**(Busse) 대령이 나를 방문하여 작전 준비에 대해 보고를 하였다. 유감스럽게도 히틀러는 많은 목표를 한번에 얻기를 원했고, 공세 초기의 높은 성취에 도취한 나머지 11군을 공세작전에 동원한다는 원래 목표를 포기해 버렸기 때문에 우리의 모든 계획들이 무위로 끝나게 되었다. 8월 12일 크리미아로 돌아온 나는 이미 내려진 최고사령부의 명령을 보고는 동요하였다. 해협을 건너려던 11군의 계획은 취소되었고 이 임무는 42군단(46사단)과 루마니아 부대들이 대신 수행하게 되었다. 11군에게는 레닌그라드(Leningrad)를 점령하라는 명령이 내려졌고 세바스토폴 공략에 이용되었던 포병들이 이를 위해 이미 이동 중이었다. 유감스럽게도 3개 사단이 11군 휘하에서 분리되었다. 50사단은 크리미아에 남아야 했으며, 22사단은 22공정사단(Airborne division)으로 변경되어 크레타로 보내졌고 그곳에서 우리의 정예사단이었던 22공정사단은 전쟁의 나머지 기간을 헛되이 보내게 되었다. 마지막으로 72사단이 중부집단군 전역에 발생한 국지적인 위험을 막고자 이동했다.

[옮긴이의 주]

- 부세는 종전 시점에 9군을 지휘하였다. 부세의 부인의 자매가 히틀러의 전속부관인 부르크도르프의 부인이었다. 베크가 만슈타인보다는 반나치 성향을 보였던 할더를 육군참모본부 1부장으로 앉혔다는 증언이 있듯이 만슈타인의 평전에 따르면 만슈타인은 그 반대로 트레슈코프 대신 친나치 성향인 부세를 참모장으로 앉혔다는 해석도 있고 부르크도르프의 후광을 입으려 그랬다고 볼 수도 있을 것이다. 만슈타인은 논리적으로 부세를 선택할 수밖에 없었다. 『히틀러 최후의 14일』(요하임 페스트)을 보면 부세의 이름이 베를린을 구출할 구원자의 이름으로 자주 등장한다. 이미 언급한 바 있지만 22사단은 폴란드 전역 이전에도 독일 공군의 7공수사단과 더불어 강

하 훈련을 받았던 정예사단이었다. 다만, 낙하산을 이용한 강하가 아니라 글라이더나 수송기를 통한 공정사단이었다는 증언이 있다.

이에 따라 11군이 가용할 수 있는 실제 전투부대들은 30, 54군단에 소속된 24, 132, 170사단과 28경사단 뿐이었다. 동일한 군단 밑에서 싸워온 사단들을 이런 식으로 분할하려는 최고사령부의 의도는 ―그 취지 자체는 차치하고라도― 도무지 받아들일 수 없는 행위였다. 함께 전투를 치르면서 쌓은 상호 친밀함과 신뢰는 전쟁에서 가장 중요한 요소이며 이는 절대 간과되어서는 안 되었다. 그러나 이번에는 더 타당하다고 판단되는 관점이 적용되었던 것이다. 하지만 이제 크리미아 지역을 점령한 11군을 동부전선의 남익에서 차출하는 것과 분명히 덜 중요한 목표인 레닌그라드 점령에 이용하는 것이 타당치는 않았다. 독일군의 입장에서 보자면, 1942년 여름에는 무엇보다 남익에서 결정적인 승리를 얻어내야 했다. 그러나 히틀러가 스탈린그라드와 코카서스 '두 개'의 목표를 원해 공격 방향이 '두 개'의 방향으로 나뉘어졌고 동쪽으로 진격할수록 선봉부대는 북쪽에 취약 구간을 드러낼 수밖에 없었기 때문에 이 임무를 수행할 독일군은 충분히 강하지 못했다.

다음과 같은 상황들을 고려한다면 11군을 남익에 그대로 두었더라면 더 나은 결과를 얻을 수 있었다. 11군이 케르치 해협을 건너면 러시아군이 코카서스로 퇴각하는 것을 막을 수 있었고 또는 초기 작전을 진행 중인 집단군의 전략적 예비대로 뒤를 따를 수 있었다. 비행기를 타고 히틀러의 사령부를 방문하여 나의 새로운 임무에 대해 얘기할 때, 나는 이 문제를 육군참모총장인 할더 상급대장과 논의했었다. 할더는 남쪽에서 공세를 펴는 중에 추가적으로 레닌그라드를 점령한다는 히틀러의 제안에 대해 전적으로 동의하지 않음을 명확하게 얘기했으나 히틀러가 계속 그의 의견을 피력했으며 작전을 중단하는 것을 거부했다고 말했다. 아울러 내가 남익에서 11군을 완전히 배제하는 전략이 실행될 것인지 확인하자 그는 그렇게 될 것이라 말했다. 물론 육군참모총장의 의견에 대해 면전에서 반대를 표명하지는 않았지만 나는 이 전략에 대해 회의적이었다.

이 시점에 나는 히틀러와 육군참모총장과의 관계가 틀어졌음을 알게 되어 오싹해졌다. 일별 회의에서 중부집단군 전선에 러시아군이 제한적인 공격을 가해 국지적인 위기가 발생했다는 보고가 있었다(이 위기로 인해 11군의 72사단이 차출된 것이다). 히틀러가 이때를 이용하여 전선에서 싸우고 있는 군인들에 대한 비난을 토로했을 때, 할더는 부대들이 전투력에 비해 과중한 임무를 부여받고 있으며 장교와 하사관의 높은 손실이 특히 영향을 끼친 것이라며 단호하게 반박했다. 전체적으로 객관적인 어투로 말했음에도 불구하고, 할더의 비판은 히틀러로 하여금 돌발적인 분노를 불러일으켰다. 히틀러는 무뚝뚝한 어투로 할더의 주장이 자기와 다름을 지적하며, 1차세계대전 시에 보병으로 최전선에 있었던 그가 최전선에 있지 않았던 할더보다 더 정확한 판단을 무한하게 할 수 있다고 단언했다. 이 광경이 너무나 품위가 없었기에 나는 드러내놓고(Pointedly) 전황도가 놓여있는 테이블을 떠나 —히틀러가 냉정을 되찾아 나보고 자리로 돌아오라고 말할 때까지— 멀리 떨어져 있었다(Remain away). 후에 나는 이 거북스러웠던 사건(Incident)에 대해 육군인사국장(Head of the Personnel Office)이며 히틀러의 군사부관(Chief military assistant)인 슈문트 장군에게, **최고사령관**과 육군참모총장과의 이런 관계는 있을 수 없는 일이라 말했으며 히틀러가 육군참모총장의 의견을 받아들여야 하고 최소한 육군참모총장을 존중하는 태도를 보여주는 것이 마땅(Due)하며 할더 또한 히틀러에게 직언할 수 있는 자리에 남는 것을 선택하여야 한다고 말했다. 유감스럽게도 6개월 뒤 <u>할더가 해임되기까지</u> 아무런 조치가 취해지지 않았다.

[옮긴이의 주]

- 히틀러는 국가수반이면서 국방군의 최고사령관이자 육군총사령관이었으며, 마지막 직책의 경우 직접 작전을 지휘하면서 적극적으로 역할을 수행하였다. 그는 모든 부분에 대한 통제권을 지키려고 하다가 오히려 그것을 잃고 있었다. 히틀러는 국방군 최고사령관의 역할보다 육군지휘관으로서의 역할에 일체감을 더 많이 느끼면서 거의 모든 정신을 동부전선에만 집중시키고 있었다. 이런 이유로 히틀러는 O.K.W를, 좀 더 명확하게 말해 국방군 지휘참모부를 육군참모본부에 상응하는 또 하나의 작전지휘 기구로 간주하는 경향이 더 심해졌다. 더불어 육군참모본부는 베크가 처음에 꿈꾸었던 전략 지휘기구의 성격을 완전히 상실했다. - 『히틀러 최고사령부』(제프리 메가기)

- 할더의 해임에 앞서 육군총사령관 브라우히치는 1941년 12월 19일 해임되었다. 브라우히치는 히틀러와 면담한 뒤 카이텔과 만난 자리에서 '저는 이제 집에 갑니다. 히틀러가 저를 해임했습니다. 더 이상 버틸 수가 없었거든요.'라고 말했다는 증언이 있다.

8월 27일 11군 사령부는 레닌그라드에 도착했다. 18군이 담당하고 있는 전선에서 공격의 기회를 얻을 수 있는지 조사했고, 도시에 대한 공격 계획을 수립하였다. 18군은 전선을 볼호프(Volkhov)에서 유지했고, 11군은 18군으로부터 북쪽 전선을 인수받았다. 11군에게 부여된 방어선은 세 부분으로 구분되었다.

  첫째, 네바(Neva)강 지역으로 라도가(Ladoga)호로부터 레닌그라드 남동쪽
  둘째, 실질적인 공격 방향이 될 지역인 레닌그라드 남쪽
  셋째, 아직 러시아군이 장악하고 있는 길게 확장된 교두보가 있는 오라니엔바움(Oranienbaum) 인근의 핀란드만(Gulf of Finland)

 세바스토폴에서 온 포병들을 포함하여 강력한 화력 지원을 받는 11군의 휘하에는 **스페인 청색사단(Spain Blue division)**과 1개 기갑사단, 1개 산악사단과 SS여단을 포함하여 총 13개 사단이 있었다. 그러나 오라니엔바움과 네바강 지역에 각각 2개 사단의 병력이 필요했으므로 이 부대들 중 9와 1/2개 사단만이 레닌그라드 공격에 동원될 수 있었다. 이 부대들은 러시아군이 19개 사단, 1개 여단, 1개 전선근위여단, 1개 내지 2개의 독립기갑여단을 보유하고 있던 것을 고려하면 절대 강력하다고 볼 수 없었다. 이런 병력비를 고려했을 때, 만일 레닌그라드 북쪽에 있는 카렐리아(Karelia) 지협을 봉쇄하고 있던 핀란드가 공세에 참여한다면 이는 당연히 매우 큰 도움이 될 것이었다. 그러나 핀란드 최고사령부에 연락책으로 있던 에르푸르트(Erfurth) 장군이 이 사항을 요구했을 때 핀란드는 참전을 거부했다. 에르푸르트 장군의 말에 따르면 핀란드가 1918년부터 견지해 온 입장은 레닌그라드에 대한 압박을 하지 않는 것이라고 했다. 따라서 핀란드가 공세에 기여한다는 생각은 더 이상 고려할 수 없었다. 이에 따라 11군은 전적으로 소속된 자체 병력만으로 임무를 수행 할 수밖에 없었다. 우리는 작전의 성공에 대해 의구심을 가졌으며 ―레닌그라드의 함락이 꼭 필요하지 않았으므로― 우리의 입맛에 맞지 않다고 생각했다.

 1941년 여름 기습(Coup de main)에 의해 우리는 레닌그라드를 점령할 좋은 기회를 잡았었다. 그때 히틀러는 본인 스스로가 조기에 레닌그라드를 점령하는 것을 가장 중요한 목표로 삼았음에도 몇 개의 이유로 그 기회를 살리지 못했다. 나중에 히틀러는 레닌그라드의 식량 보급선을 끊어 아사시키려 했다고 말했다. 이 생각은 러시아군이 여름에는 라도가호를 이용하여 선박으로 보급을 했고, 겨울에는 얼어붙은 라도가호 위에 철로를 놓아 보급을 했기 때문에 성공하지 못했다. 라도가호로부터 오라니엔바움 서쪽까지 이어진 전선에 배치된 독일군들은 독일의 전쟁 자원을 조금씩 갉아먹고 있었다. 동부전선의 남익에서 결정적인 승부를 이끌어내야 하는 시점에 이런 전선을 유지하지 않는 것이

아마도 최상의 선택이었으므로, 이제 도시를 공격한다는 계책(Advisability)은 논쟁의 여지를 내포하고 있었다. 쉴러(Schiller)는 '순간을 게을리 해서 모든 것을 잃었다(What we onit from a single hour is lost to all eternity).'라고 말했었다. 어쨌든 우리에게 요구된 공격을 위한 준비를 우리가 할 수 있는 최고의 수준으로 준비해야만 했다.

[옮긴이의 주]
- 스페인 내전 시의 도움을 이유로 히틀러는 스페인에게 동맹군으로 합류할 것을 요구했으나, 스페인은 연합군의 눈치를 보느라 정식적인 참전을 기피하였다. 자원병으로 구성된 스페인 병사들은 독일 250사단으로 재편되어 광신적인 신념을 가지고 싸웠으며, 훗날 연합군의 압박으로 스페인이 250사단을 철수시켰다. 하지만 철수에 응하지 않는 4~5천 명의 병력들은 독일군으로 흡수되었다고 한다.

레닌그라드 남쪽을 정찰한 결과 도시는 종심 깊이 배치된 보루들이 방어망을 이루어 보호되고 있었지만, 우리의 공격 범위 내에 있는 것으로 보였다(Seemed to lie within clutching distance). 또한 우리는 네바강에 있는 콜피노(Kolpino)의 공장에서 여전히 전차를 생산하고 있다는 것을 알아냈다. 핀란드만에 있는 풀코보(Pulkovo) 조선소 또한 관측이 가능했다. 멀리 성 이삭 대성당(St Isaac's Cathedral), 끝이 뾰족하게 생긴 해군본부, 페트로파블로프스크 요새(The fortress of Peter and Paul)의 실루엣이 보였다. 날씨가 좋은 날에는 네바강에 정박하고 있는 **전투순양함**까지 관측이 가능했다. 포격으로 무력화된 이 함정은 10,000톤의 배수량을 보유한 배로 우리가 1940년에 러시아에게 팔았던 배였다. 차르스코예셀로(Tsarskoe Selo)에 있었던 아름다운 예카테리나 궁전(Catherine Palace), 그리고 같은 곳에 있었으며 마지막 차르(Tsar)가 머물렀던 좀 더 작은 궁전, 핀란드만에 있고 경관이 뛰어난 페테르호프(Peterhof) 궁전들 몇 개가 전쟁의 희생양이 된 것을 알고 마음이 아팠다. 러시아군의 포격으로 인해 화재가 발생했던 것이다.

[옮긴이의 주]
- 만슈타인이 언급한 전투순양함은 애드미럴 히퍼(Admiral Hipper)급의 5번함 뤼초브(Lützow)로써 러시아에 1940년 판매되었었다. 페트로파블로프스크(Petropavlovsk)로 이름이 개명된 이 뤼초브는 나중에 인양되어 독일군에 대한 공격에 동원되었다. 도이칠란트급 뤼초브는 배수량이 10,000톤이나 애드미럴 히퍼급의 뤼초브는 배

수량은 18,000톤이었다. 저자가 배수량을 착오한 것으로 보인다.

정찰대대의 보고를 통해 우리는 11군의 전력을 급속도로 소진시킬 시가전에 절대로 휘말리지 말아야 한다는 점을 인지하고 있었다. 히틀러는 레닌그라드가 8전투비행단의 무차별 폭격(Terror raids)으로 항복할 수밖에 없을 것으로 믿었으나, 우리는 경험이 많은 리히트호펜 상급대장과 같이 이 생각에 회의적이었다(We had no more faith in this than had Colonel-General v. Richthofen). 이에 따라 11군은 강력한 포병과 공군의 지원을 받아 레닌그라드 남쪽에서 공격을 시작하되 도시의 남쪽 외곽 지역을 넘어서 진격하지는 않고자 했다. 이어 2개 군단이 동쪽으로 방향을 틀어 신속하게 도시 남동쪽에서 네바강을 건넌 후 이 지역과 라도가호 사이에 배치된 러시아군을 섬멸하여 호수를 통한 병참선을 끊고 동쪽으로부터 레닌그라드를 차단하고자 하였다. 이렇게 되면 바르샤바에서와 같이 건물에서 건물을 옮겨 다니며 치르는 시가전 없이도 도시를 빠르게 점령하는 것이 가능했다. 유감스럽게도 쉴러의 격언이 우리에게 너무 잘 맞는 것임이 입증되었다. 당연히 러시아군도 독일군이 레닌그라드 지역에서 전력을 강화하고 있는 것을 알게 되었고 8월 27일 러시아군이 **18군의 동쪽 지역에 대한 공세**를 개시했기에 우리는 전선에 갓 도착한 170사단을 투입할 수밖에 없었다.

[옮긴이의 주]
- 영역본에는 러시아군이 11군의 동쪽 지역을 공격한 것으로 기재되어 있으나 볼호프 지역에 있던 18군이 맞다.

이후 며칠간 이어진 러시아군의 공격은 우리의 공격을 미연에 방지하고자, 먼저 레닌그라드를 구원하기 위한 강력한 공세임이 틀림없었다. 9월 4일 정오에 나는 히틀러의 전화를 받았다. 그는 볼호프 지역에서의 재앙을 피하기 위해 볼호프 전선에 내가 개입하는 것이 필요하다고 말했다. 나는 히틀러의 명령에 따라 공세작전으로 전환해 전선을 안정화시키고자 했다. 9월 4일 러시아군이 라도가호 남쪽에서 18군의 얇고도 넓게 확장된 방어선을 종심 깊이 돌파했다. 당연하게도 전황이 위험하게 전개되고 있는 지역에 개입하여 18군을 지원하라는 임무는 우리에게 있어 당황스러웠다. 레닌그라드에 대한 공격을 명령받은 우리 사령부 참모진들은 이 임무를 달갑지 않게 받아들였다. 그러나 공세가 시작되자, 우리 사령부 참모진들은 병참(Q branch) 조직이 없던 상황 속에서도 우리의 임무를 완수하고자 최선을 다했다.

레닌그라드에 대한 계획된 공격 대신에 라도가호 남쪽에서 새로운 전투가 전개되었다. 러시아군은 레닌그라드에서 동쪽으로 연결된 철로의 북쪽 5마일까지 18군의 방어선을 돌파하는 것에 성공했고 므가(Mga)까지 8마일을 남겨두고 있었다. 우선 급선무는 가용한 11군의 병력을 이용해 러시아군을 멈추게 하는 것이었다. 이후 며칠간의 격렬한 전투를 치르고서야 이 임무를 끝냈고 그 후에는 속속 도착하는 11군의 사단들을 집결하여 결정적인 반격을 시작할 수 있게 되었다. 반격은 적의 선봉부대를 본대와 차단하는 목적을 갖고, 여전히 안정된 전선을 유지하고 있는 측면 두 방향에서 전개되었다. 남쪽에서의 진격은 24, 132, 170사단과 3산악사단으로 구성된 30군단에 의해 수행되었고 북쪽에서의 진격은 기존에 이 지역에 배치되었던 26군단이 121사단, 5산악사단, 28경사단을 휘하에 두고 수행되었다. 9월 21일 치열한 전투 끝에 러시아군이 생성한 돌출부는 고립되었다. 이후 며칠에 걸쳐 고립된 그들의 선봉부대를 구출하기 위해 동쪽에서 러시아군의 대규모 공격이 이어졌으나 결국 격퇴되었다. 레닌그라드군(Army) 8개 사단이 네바강을 건너 레닌그라드 남쪽에서부터 동일한 목적을 갖고 시도한 공격 또한 성공하지 못했다. 동시에 11군은 가이톨로보(Gaitolowo)와 므가 사이에 고립된 강력한 러시아군을 처리했다.

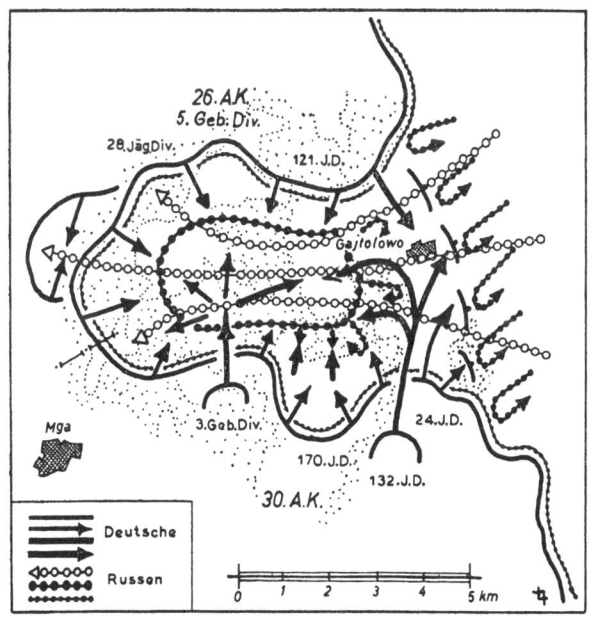

러시아 전역, 라도가호 전투

늘 그랬듯이 러시아군은 그들의 상황이 절망적일 뿐더러 전투를 지속하는 것이 완전히 소용없다는 것을 알고도 항복할 생각을 하지 않았다. 반면 러시아군은 지속적으로 포위망을 탈출하고자 시도했다. 전 지역이 무성한 삼림지대였기 때문에(덧붙여 말하자면, 우리는 이러한 지형에서는 절대로 돌파작전을 시도하지 않았을 것이다) 러시아군의 시도는 이를 차단하려던(Get to grips with) 아군에게 극심한 손실을 입혔다. 그리하여 11군은 레닌그라드에 있던 포병 전력을 최대한 끌어들여 포위망을 쉴 새 없이(Round the clock) 포격했다. 포위망에 대한 며칠간의 포격과 더불어 수행된 공군의 폭격으로 인해, 이 지역은 폭탄의 탄공으로 인해 황폐화(Porkmarked wildness) 되었고 최근까지 거대한 나무였었던 나무들의 그루터기들만 남게 되었다. 나중에 노획된 러시아군 연대장의 일기를 통해 우리가 달성한 성과에 대해 알 수 있었다. 또한 정치장교들이 포위망에 갇힌 부대들에게 냉혹하게 저항을 강요했음도 알 수 있었다. 이러한 조치들을 통해 우리는 10월 2일 포위망에 갇힌 러시아군과의 전투를 끝낼 수 있었다.

러시아 2충격군(Second Shock Army)은 9개 여단과 5개 기갑여단, 16개 이상의 사단을 전투에 투입했고 6개 여단, 4개 기갑여단, 7개 사단이 포위망 안에서 운명을 맞았다. 포위망에 갇힌 부대들을 위한 탈출로를 만들고자 공격했던 부대들도 절망적인 전투 끝에 극심한 손실을 입었다. 12,000명의 포로를 얻었고 300문의 야포, 500문의 박격포, 244대의 전차가 노획되거나 격파되었다. 러시아군의 전사자 수는 포로의 몇 배 수준을 넘었다. 18군의 동쪽 지역을 안정화시키라는 임무가 달성된 반면 전투에 투입된 우리 사단들의 희생도 컸으며, 레닌그라드 공격에 사용될 탄약도 상당한 수준으로 고갈되었다. 이를 고려하면 레닌그라드에 대한 공세를 즉시 시작할 수는 없었다. 제한된 목표들에 대한 공격조차 준비가 되어 있지 않은 상태에서도 히틀러는 레닌그라드를 점령하겠다는 생각을 버리지 않았다. 물론 레닌그라드 전선을 최종적으로(Once and for all) 평정하겠다는 우리의 목표는 아직 달성되지 않았지만, 당연히 11군은 —충분한 휴식과 재편성 없이, 그리고 불충분한 병력으로는— 도시에 대한 공격이 착수될 수 없다고 주장했다. 논의는 질질 끌게 되었고, 작전이 계속 변경되던(One plan superseded another) 와중에 10월이 지나갔다.

[옮긴이의 주]

- 덫에 걸린 포위망 속의 적은 완전히 섬멸되었으며 모두 7개 사단, 6개 여단, 4개 기갑여단이 제거되었다. 포로는 12,000명이었고 전사자는 그보다 더 많았다. 300문 이상의 야포, 500문의 박격포, 244대의 전차가 격파되거나 노획되었다. 전투는 독일군에게도 26,000명의 사상자를 낳았다. - 『Erich Von Manstein: Hitler's Master Strategist』 (Benoît Lemay)

코카서스와 스탈린그라드 앞에서 벌어지고 있는 독일군 남부전선에서 우리의 공세가 점점 소멸해가는 것처럼 보이는 이때에 이곳을 고수한다는 것은 실로 참을 수 없는 일이었다. 나의 전속부관(A.D.C, Aide-de-camp)인 스펙트 중위가 그를 만족시킬 아무런 성취가 없자 —상위부대 참모본부에 근무하는 젊은 장교로서 느낄 수밖에 없는 괴로움으로 인해— 불만족스러운 상태였음은 이해할 수 있었다. '아기(Pepo)'는 보채기 시작했고(Tugging at the bit), 그가 어떤 것을 느끼는지 알고 있었던 나는 그의 희망을 꺾을 수 없었기에 그를 네바강에서 작전 중이던 170사단으로 보냈다. 그는 중위 계급으로 크리미아에서 이미 전투에 수차례 참여한 적이 있었다. 하지만 그가 소속 연대로 향하던 중, 피젤러 슈토르히가 추락하였고 우리는 이 가련한 청년(Poor lad)을 10월 25일에 묻었다. 그의 죽음에 모두 침통해 했고, 나의 경우 더욱 그러했다. 다시는 그의 맑은 목소리와 명랑한(Gay) 웃음소리를 듣지 못할 것이다. 유쾌한 그와 많은 시간을 함께 보냈으며, 힘들고 위험한 여정 속에서도 그는 늘 쾌활하고 자신감이 넘치고 추진력을 가지고 있던 나의 친구였다. 동부전선에서의 전쟁은 나의 전우였던 나겔에 이어, 두 번째로 나의 친애하는 동료를 앗아갔다. 스펙트를 묻기 바로 직전에 나는 비행기를 타고 최고사령부로 가서 원수지휘봉(Field marshal's baton)을 수령했었다. 그가 나와 동행할 수 있었다면 이 일이 그에게 얼마나 큰 기쁨을 주었을까?

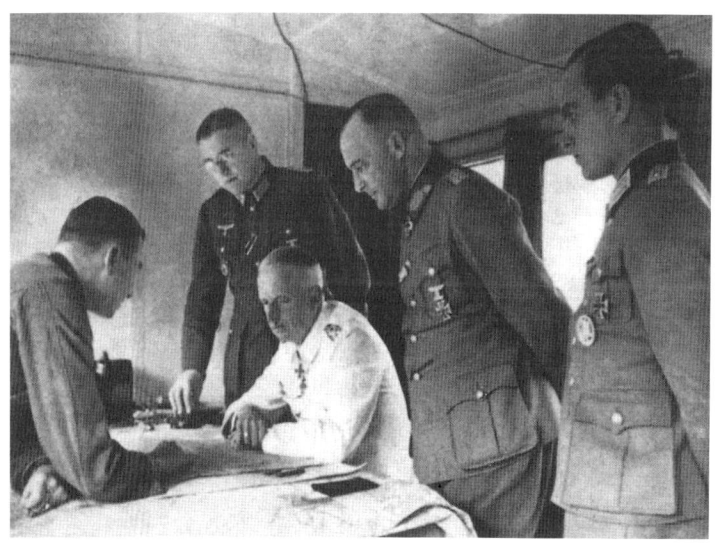

부세(가장 뒤), 만슈타인, 스펙트(가장 오른쪽)

10. 레닌그라드-비뎁스크(LENINGRAD-VITEBSK)

이제까지 나를 대했던 태도처럼 히틀러는 상냥하게 대하려 애를 썼고 11군이 라도가호 전투에서 훌륭한 역할을 수행(Acquitted themselves)한 것에 대해 따뜻한 감사를 표했다. 나는 이 기회를 이용하여 우리 보병사단에게 부여된 과중한 요구들에 대해 히틀러에게 말했다. 이 같은 높은 손실은 우리가 동부전선에서 러시아군과 같이 희생을 겁내지 않는(Tough) 적과 싸울 때는 어쩔 수 없이 받아들여야만 하는 것이겠지만, 최대한 빨리 보병연대가 증원되는 것이 꼭 필요했다. 그러나 러시아 전역이 시작된 이후 병력의 증원은 결코 적시에 이루어지지 않았고 —보병들은 그들의 완편 전력에 항상 미치지 못하는 전력을 보유한 채 전선에 투입되어— 이에 따라 시간이 지날수록 그들의 전력은 점점 소진되었다.

그런데 이제 히틀러의 명령에 의해 공군이 이른바 22개의 '공군지상사단(Luftwaffe Field Divisions)'을 창설 중이며 이를 위해 170,000명의 병력을 보유할 것임을 알게 되었다. 괴링은 언제나 그가 맡은 영역에 대해서 비용을 어디서 끌어오고 어느 곳에 창설하는지 그리고 병력의 숫자에서도 언제나 허황된 규모로 일해 왔기 때문에 별로 놀랄만한 일도 아니었다. 같은 맥락에서 공군은 전술적인 관점에서, 창설 시점부터 충분한 항공요원과 비행기를 확보하는데 곤란을 겪고 있었다. 여기에서 공군의 입장이 왜 그렇게 되었는지 알아보고자 하는 것은 아니므로 가장 주요한 점만 언급하고자 한다. 실질적으로 가장 중요한 점은 여러 가지 현실적 이유로 영국과의 전략적인 공중전을 펼친다는 희망이 끝났음에도, 공군이 170,000명의 병력을 확보하였고 이 병력들이 실질적으로 전투에 투입되지 않은 상태로 대기 중이라는 점이었다. 이제 이 병력들이 공군만의 단독 조직으로서 구성되어 지상 전투에 투입될 것이었다. 이 병력들을 선발하는데 우선적으로 공군에게 광범위한 선택권이 부여된 관계로 이들의 수준은 1급일 수밖에 없었다. 만일 이 병력들이 육군에 배정되어 1941년 여름 독일군의 병력 손실을 대체하여 전투력을 유지하였다면 우리는 아마 1941~1942년 겨울에 겪었던 최고의 위기 상황을 피할 수도 있었을 것이다. 이러한 우수한 부대를 공군 내부의 조직으로 만든다는 것은 완전히 미친 짓(Lunacy)이었다. 도대체 어디에서 그들이 근접전에 대한 훈련과 다른 부대들과의 합동작전을 연습할 수 있을까? 어디에서 그들이 동부전선에서의 생존을 위해 필요한 전투 경험을 쌓을 수 있을까? 어디에서 공군이 사단급, 연대급, 대대급 지휘관을 찾을 수 있을까?

[옮긴이의 주]
- 독일 공군은 22개의 지상사단 외에 공수사단과 전쟁 중기에 접어들면 2개 기갑사단(1, 2괴링기갑사단)과 같은 지

상 전투부대들을 휘하에 두고 있었다. 이러한 유휴 인력의 보유로 인해 육군 장성들의 비난을 받았다. 공군지상 사단에게 보급된 새로운 무기와 장비가 본인들에게 보급되었다면 더 좋은 결과를 얻을 수 있을 것이라는 어느 전차장의 회고도 있다. 단, 공수사단 일부와 괴링기갑사단은 전투 시의 공적을 인정받았다. 특히 '녹색 악마'라는 별칭을 얻게 된 1공수사단의 이탈리아 몬테 카시노(Monte Cassino) 전투는 유명하다. 이탈리아 전선에서 공수사단은 독일군이 탈출할 시간을 벌기 위해 악착같이 싸웠으며 히틀러는 '2차세계대전에서 1차세계대전처럼 싸운 전투'라고 이 전투를 평했다고 한다.

나는 히틀러와의 대화 중에 이 사항들에 대해 언급했고 잠시 뒤에 나의 의견을 메모로 전달하여 그의 재고를 이끌어내려 했다. 히틀러는 나의 의견을 충분히 경청한 후, 이 문제에 대해 충분히 검토하였으며 그의 결정을 바꾸지 않을 것이라 말했다. 얼마 후에 히틀러의 전속부관과 친분이 있어 이 문제에 대해 잘 알고 있었던 중부집단군의 작전참모장은 괴링이 히틀러에게 공군만의 별도 사단들을 구성하겠다고 말한 이유에 대해 나에게 말해 주었다. 괴링은 국가사회주의 이념 안에서 육성된 그의 군인들을 여전히 군목(Chaplains)들이 종군하며 카이저(Kaisr)의 관습(Traditions)들에 흠뻑 물들어(Steeped) 있는 장교들에 의해 지휘되는 육군에 이관할 수 없다고 주장했다고 한다. 또한 이미 괴링은 존경의 찬사를 육군만이 홀로 차지하지 않게 하기 위해 공군도 반드시 희생을 하여야 한다고 그의 병사들에게 말했다고 한다. 위와 같이 논쟁거리 될 만한 사항들을 히틀러에게 말하여, 그는 그의 책략을 팔아치운 것이다.

레닌그라드에서의 우리의 임무는 이제 끝이 났다. 빈니차(Vinnitsa) 방문 중에 히틀러는 11군 사령부가 아마 중부집단군의 비텝스크(Vitebsk)로 옮겨질 것이라 말했다. 이 지역은 조만간 거대한 러시아군의 공격이 임박한 곳이었다. 우리의 임무는 러시아군의 공격이 시작되면 반격을 한 후 공세로 전환하는 것이었다. 동시에 히틀러는 그와 그의 사령부가 빈니차를 떠나게 되면 내가 곧 A집단군의 사령관으로 임명될 것이라고 말했다. A집단군의 리스트 원수가 합당한 이유 없이 다른 의견을 따랐다는 것 때문에 사령관직에서 물러난 이후 **히틀러는 그 자신이 집단군에게 간접적으로 지시를 내리고 있었는데**, 이는 장기적으로 불가능한 지휘 체계였다. 나를 집단군 사령관으로 임명하겠다는 그의 말보다 더 놀라운 것은 그가 나에게 내년에는 코카서스보다 더 동쪽으로(To Near East, 근동) 차량화된 집단군을 이끌고 진격하는 것을 생각하고 있다고 말한 것이었다. 이는 그가 전체적인 전황 및 그 목표의 전략적인 가능성에 대해 비현실적인 생각을 갖고 있음을 보여 주는 것이었다.

[옮긴이의 주]
· 이 시점에 히틀러는 국방군 최고사령관-육군총사령관-A집단군 사령관을 겸직하고 있었던 것이다.

레닌그라드 전선에서의 마지막 며칠간 나와 사랑하는 아내와 아이들을 낙담하게 만든 괴로운 일이 이 전쟁에서 일어났다. 나의 첫째 아들 게로(Gero)가 전사한 것이다. 독일을 사랑했던 그는 내가 예전에 사령관이었던 18기갑척탄병사단 소속의 51기갑척탄병연대에서 10월 29일 소위(Second lieutenant)로 전사했다. 휘하에 있는 수천 명의 젊은이들이 독일을 위해 목숨을 버리는 것을 본 지휘관으로서, 여기에 나의 개인적인 아픔을 기술하는 것을 독자들이 이해해 줄 것으로 믿는다. 내 아들의 희생은 수없이 많은 독일의 젊은이들과 그들의 아버지, 어머니들이 겪은 희생과 결코 다르지 않았다. 그러나 이 회고록에 조국을 위해 산화한 나의 아들을 기릴 수 있다면 감사하겠다. 다른 전우들이 밟아온 길을 걸어가기 위해 그는 참전했으며, 다른 전우들이 희생되었던 것처럼 그도 희생되었고, 그들이 그들의 사랑하는 사람들의 가슴에 살아있듯이 사랑스러운 게로 또한 우리의 가슴에 살아있을 것이다.

게로(옆 모습), 만슈타인

1922년 마지막 날 태어나 스무 살에 전사한 나의 게로는 태어날 때부터 연약한 아이였다. 그는 어릴 때 천식(Asthma)으로 고생했으나 나의 아내의 지극한 보살핌을 받고서 군인이 될 수 있을 정도로 건강하게 자랐다. 질병은 어린 시절에 그에게서 많은 것을 앗아갔으나, 이를 통해 더욱더 특별하게 성장했으며 그는 그의 약점들에도 불구하고 그에게 요구되는 삶을 살기로 결심했었다. 게로는 세심하고 생각이 많지만 언제나 사랑스럽고 유쾌한 아이였다. 독일에서 보병은 옛적부터 전투에 맞서(Borne the brunt the fighting) 싸우기 때문에 전장의 여왕이라 여겨졌으므로, 그는 고등교육기관(Ritter-akademie) 졸업 시험을 치른 후에 군인이 되기를, 그리고 내가 몸담고 있는 육군이 되기를 희망했다. 그의 직업 선택에 대해 아무런 영향도 끼치지 않으려했던 우리 부부는 말할 필요도 없이, 우리 선조들의 발자취를 따르려는 그의 소망을 이해했다. 정규장교가 되어 신병들의 교육을 맡고 그들을 지휘한다는 것은 때로는 중압감을 느끼는 힘든 일이었다. 졸업 시험을 마치고, 그는 리그니츠에서 51기갑척탄병연대에 사병으로 입대하여 1941년 여름에 러시아 전역으로 보내졌다. 그는 하사(Corporal)로 진급하였고 정찰 중에 부상당한 동료들을 다른 자원자들과 함께 구출한 공로로 철십자훈장(The Iron Cross)을 수여받았다.

게로는 1941년 가을 고향으로 보내져 장교 후보생 교육을 받고 1942년 봄 장교 임명장을 받았다. 심각한 병을 앓아 회복기를 거친 후에야 그는 −16군 소속으로 일멘호에서 작전을 벌이고 있던− 그가 사랑하는 연대로 복귀할 수 있었다. 나는 라도가호에서의 전투 기간 중, 게로가 작전으로 이동하기 전에 나의 이동식 막사(Caravan)을 찾아온 것에 기뻤었다. 이후 나는 10월 18일 친구였던 부쉬 장군이 지휘하는 16군 사령부를 방문했을 때 다시 게로를 볼 수 있었다. 부쉬가 게로를 초대한 덕에 나와 게로, 부쉬와 나의 친밀한 전속부관인 스펙트는 즐거운 저녁 시간을 보낼 수 있었다(불과 며칠 후 스펙트는 전사했다). 1942년 10월 30일 아침 일찍 전황 보고를 받은 후에 −뷜러의 후임자였던 나의 신뢰하는 참모장인− 슐츠 장군이 러시아군의 폭격으로 나의 아들인 게로가 전날 밤 전사했다고 알려주었다. 게로는 그의 대대의 전속부관(Assist adjutant)으로서 소대 지휘관에게 명령서를 전달하고자 가던 길이었다고 했다. 이튿날 우리는 사랑스러운 그를 일멘호 기슭에 묻었다. 18기갑척탄병사단의 군목인 크루거(Pastor Kruger)의 애도는 다음 문구로 시작되었다.

'보병 중위(A Lieutenant of the Infantry)…'

나의 아들은 이 말만으로도 모든 위안을 얻었을 것이다(Our son would not have wished if otherwise). 며칠 뒤 나의 아내와 —그녀에게 있어 게로는 수년 간에 걸쳐 특별한 보살핌과 헌신의 대상이었다— 함께 있고자 나는 비행기를 타고 집으로 향했다. 그가 병마와 용감하게 싸워야 했기에 우리는 근심하였지만, 그가 우리에게 준 것은 기쁨뿐이었다. 우리는 그의 영혼을 신에게 맡겼다. 게로 에리히 질베스터 폰 만슈타인(Gero Erich Sylvester von Menstein)은 —다른 독일의 젊은이들처럼— 용감한 군인이 그러했듯이 전장에서 쓰러졌다. 직업 군인(Officer's calling)은 삶에 있어 그의 사명이었으며 그는 젊은 나이에도 매우 뛰어나게 그 소임을 다했다. 누군가 그가 귀족으로서 의무를 다했냐고 물어본다면 그는 진실로 그러했다. 키가 크며 날씬하고 긴 팔다리가 균형(Fine-limbed)이 잡혀있는 귀족적인 외모뿐만이 아니라 그의 기질(Character)과 태도(Outlook)가 그러했다. 그의 성격(Make-up)에는 단 하나의 흠도 없었다. 고귀하고, 친절하고 다른 이에게 도움을 주고 싶어 하고, 단호한 결심이 있으면서도 명랑했다. 그는 그 자신만을 위해 생각하지 않고 전우애 및 관대함도 지녔었다. 그의 심성과 정신은 끊임없이 선함과 순수함을 향해 열려 있었다. 선조 때부터 내려온 군인으로서의 전통이 그에게 있었다. 말 그대로 그는 훌륭한 남자(Gentleman)이자, **헌신적인 독일 군인**이었으며, 기독교인(Christian)이었다.

내가 게로를 묻은 후, 리그니츠에 머무는 동안 11군 사령부는 중부집단군 방어 지역인 비텝스크로 이동하였다. 여기에서 보낸 몇 주간의 기간에 대해서는 특별히 기술할 만큼 중요한 것이 없었다. 예정대로 공세를 펼쳐 반격하는 작전에 우리가 동원되기 전에, 동부전선 남익에서의 전황이 우리에게 새로운 임무를 부여받게끔 만들었다. 11월 20일 우리는 새로이 창설되는 돈집단군(Don Army Group)을 맡아 스탈린그라드(Stalingrad) 양 측면의 전선을 인수하라는 명령을 받았다. 슈벨리에(Chevallerie)의 군단을 방문 중이던 나와 작전참모장인 부세 대령은 지뢰 때문에 열차가 피해를 입어 지체될 수밖에 없었다. 파르티잔이 점령 중인 지역에서는 시찰 중에 무장한 차량 또는 장갑 열차가 필수적이었다. 날씨마저 비행하기에 적합하지 않아 우리는 11월 21일에서야 비텝스크를 떠날 수 있었으나 또 다시 지뢰 때문에 발이 묶였다. 11월 24일 내 55번째 생일에 향후 우리가 맡을 지역을 방어 중이던, B집단군 사령부에 도착하였다. 6군의 전황과 전선에 인접해 있던 4기갑군, 루마니아 3, 4군에 대해서는 스탈린그라드 챕터에서 기술하겠다.

[옮긴이의 주]

- 군(Army) 사령관으로서의 '헌신적인 독일 군인' 역할을 수행하면서 만슈타인은 작전적 재능을 보여주었다. 예를 들어 케르치 반도와 세바스토폴 요새 함락이 보여주듯이 열세인 병력과 지형적 불리함을 안고도 강력한 적과 싸웠다. 이 같은 군사적 성공들로 인해 만슈타인은 부대들로부터 많은 인기를 얻었을 뿐만 아니라 국방군과 독일 국민 전체로부터도 그러했다. 그가 최전선에 홀로 나타나면 ―길고도 어려웠던 싸움에 탈진한― 그의 부대들의 동기를 고취하는데 충분했으며 부대들에게 적과의 싸움에서 이기겠다는 사명감을 주었다. 다른 대다수 장성들처럼 만슈타인은 보고서를 아침과 저녁으로 읽었고 낮에는 부대들을 방문하고 살폈다. 그의 부하들이 보고서 작업에 시간을 뺏겨 그와의 소통이 어려워지는 것을 싫어했지만, 만슈타인은 그의 참모진들을 효율적으로 관리했다.

11군 사령부에 그가 도착하자 그의 휘하들은 ―돋보기를 낀 것처럼― 그의 전임자와 비교하면서 만슈타인을 검증하려 하였다. 바이에른인이며, 친절하고 다소 정중했던 쇼베르트 상급대장은 참모장교보다는 야전 군인에 가까웠다. 쇼베르트는 작전의 계획을 그의 참모장 뷜러, 작전참모장 부세에게 위임했었다. 프로이센인으로 냉철하고 다소 차가웠던 만슈타인 원수는 ―작전 전반에 대한 완벽한 통제를 고안하는 것에 기쁨을 느끼는― 원래부터(At heart) 참모장교인 사람이었기 때문에 뷜러와 부세에게는 별로 달갑지 않았다. 11군의 대다수를 구성했던, 독일 남부에서 온 장병들은 만슈타인이 그들이 싫어하는 프로이센 장교의 자질을 갖고 있다고 생각했다. 종종 만슈타인은 매력이 있었지만, 그의 참모진의 어떤 장교들은 이런 만슈타인을 그의 거만함, 자부심, 자만하는 것처럼 보이는 성격 및 다소 엄격한 지휘 스타일 때문에 적어도 처음에는 반갑게 느끼지 않았다. 그러나 그의 부하들 대다수는 즉시 만슈타인의 단점을 던져 버렸고 점차 군 지휘관으로서의 만슈타인의 뛰어난 자질을 이해하게 되었다.

전쟁 중 참모장교였던 멜렌틴(Mellenthin)은 만일 만슈타인이 그의 동료들과의 관계에서 보다 온화하고 보다 정중한 모습을 보였다면 그의 참모진들 사이에서 인기가 더 높았을 것이라 말했다. 장교들과 병사들 중에 만슈타인을 모르는 사람은 없었지만, 만슈타인은 차가운 인상을 주어 친밀해지기는 좀 어려운 사람이었다.

1943~1944년 만슈타인의 참모진이었던 한스 아돌프 블룸뢰더(Hans Adolf von Blumröder)는 만슈타인은 사교적인 성격이 아니었다고 회고했다. 만슈타인의 동료들은 만슈타인을 ―본인의 뛰어난 재능을 너무나 잘 알고 있어― 자만심이 강한(self-important) 장교로 여겼다. 만슈타인은 그가 남보다 뛰어나다는 점을 남에게 알리는 것을 좋아했다고 작전 분야의 참모진이었던 키엘만세크(Keilmansegg)는 회고했다.

만슈타인의 딸인 기셀라(Gisela)는 남들이 그의 부친에게 받은 인상에 대한 이유를 설명했다. '아버지는 조용한 사람이었습니다. 말이 없고(Reserved) 다소 내성적(Timid)이었습니다. 아버지는 대중 속에 있기를 싫어했던 사람이었습니다. 그러나 아버지를 잘 알고 있던 사람들에게 아버지는 조용하고 온화한 성격이었습니다.' 만슈타인은 실제로도 그의 참모진들에 의하면 전쟁이 지속되는 동안에도 그들 중 일부와만 교감을 나누었다. - 『Erich Von Manstein: Hitler's Master Strategist』 (Benoît Lemay)

- 만슈타인은 2차세계대전 중 독일군 및 서부 연합군으로부터 가장 뛰어난 장군으로 칭송받았지만 전쟁범죄자이기도 하다. 만슈타인의 평전은 회고록의 한계를 가지고 있다. 평전에 따르면 1949년 함부르크(Hamburg)에서 열린 전범재판에서 만슈타인은 유대인의 처형 명령에 대해 무죄를 선고받았다. 만슈타인은 SS특무부대의 활동에 대해 전혀 몰랐으며, 그들의 임무는 점령지의 정치적 관리라고만 알고 있었다고 증언했다. 아울러 만슈타인은 1941년 11월 20일에 내린 명령에 대해 내키지 않은 듯 전혀 기억하지 못한다고 말했으나, 문서의 서명은 본인의 것이라 증언했다. 만슈타인에 대한 신뢰는 땅에 떨어진 것이다. Benoît Lemay는 방대한 내용의 회고록을 작성한 만슈타인이 이와 같이 중요한 문서를 기억하지 못하는 것은 믿을 수 없으며, 그가 1941년 11월 20일에 내린 명령은 그가 유죄를 선고받기에 충분한 증거가 된다고 하였다. 만슈타인의 전범재판에서의 증언과 전쟁범죄에 대해 아래에 수록하였다.

  > 1946년 8월 뉘른베르크 전범재판에서 증언을 요청받자 만슈타인 원수는 ―2차세계대전 시의 국방군의 명예와 도덕성(Intergrity)을 옹호할 의무를 안고― 국방군의 기사도 정신을 대변하는 입장을 견지했다. 만슈타인은 히틀러 정권의 나치 정당, SS, 보안방첩대 등과 비교하여 군 지휘부를 범죄 조직으로 규정하려는 어떠한 기소 사항에도 강력히 부인했다. '나는 40년을 군인으로 살아왔다. 나는 군인 가문에서 자랐고 군인의 의무라는 개념 아래 훈육되었다… 젊은 장교로서 우리는 당연히 군의 명예를 무엇보다 위대한 것으로 보았다. 나는 전쟁 기간 중 내가 독일군을 지휘한 것을 자랑스럽게 여긴다는 것을 부인하고 싶지는 않다. 내 목표는 ―역시 나의 동료들의 목표도― 전쟁 수행 그 자체에 있지 않고 어릴 적 우리가 받은 교육에 따라 명예롭고 용감한 군인이 되는 것이었다. 우리의 지휘 아래 수백만 명에 이르는 젊은 병사들이 명예롭고 용감한 군인으로 전사했다. 나의 큰아들은 보병 중위로서 19세의 나이로 전사했다. 나의 집에서 자란 두 명의 양자(Son in law)도 젊은 장교로서 죽었다. 이 전쟁 중에 나의 가장 친한 친구였던 전속부관과 전속 운전사와 내 형제와 자매들의 아들 대부분이 죽었다. 순수히 인간적인 관점에서 우리 군인들은 이런 전쟁범죄를 할 수 없었고 이런 전쟁범죄에 우리 젊은이들을 인도하지 않았다.'
  >
  > - 『Erich Von Manstein: Hitler's Master Strategist』 (Benoît Lemay)

· SS특무기동대 D의 사령관 올렌도르프 SS준장(Ohlendorf SS-Oberführer, 상급 지도자)은 '크리미아에서의 SS 특무부대 활동은 11군 사령관의 지휘를 받았다.'라고 증언했다. 올렌도르프는 '11군 사령부는 크리스마스 전에 심페로폴에 있는 유대인들의 처형을 원했으며, SS특무기동대 D에 파견나와 있던 연락장교를 통해 이 명령을 받았다.'고 증언했다. 국방군과 SS특무부대는 긴밀하게 연결되어 있었던 것이다.

1941년 10월 10일 11군 참모장 뵐러는 '파르티잔의 토벌에 국방군은 물론 경찰부대, 보안방첩대를 동원하라.'는 명령에 서명했다. 또한 인력과 장비가 부족한 SS특무부대에게 유대인을 이송시키기 위해 운전수, 연료를 제공했다. 훗날 뵐러는 전범재판에서 50명밖에 되지 않는 SS특무부대가 심페로폴에서 11,000명의 유대인을 어떻게 학살했는지 알지 못했다고 증언했다. 뵐러는 1944년 5월말 11군 사령관이었을 때 '유대인의 체포를 명령한다. 유대인들은 반드시 사라져야 한다.'라고 명령했다. 만슈타인은 올렌도르프의 증언에 대해 '프로이센 장교로서 나의 군(Army)의 병사들이 유대인 학살에 참여했다는 것은 완전히 있을 수 없는 일이다… 만일 내 휘하의 부대와 장교들이 그 같은 학살에 참여했다면 그는 죽음을 면치 못했을 것이다.'라고 항변했다.

하지만 만슈타인과 뵐러의 서명이 들어간 문서를 통해 유대인의 절멸작전에 참여한 병사들에게 유대인에게서 압수한 시계를 나눠달라고 요청한 것을 알 수 있다. 전범재판에서 이 문서에 서명한 이유에 답변하기를 요청받자 만슈타인은 '내가 서명을 했다… 심페로폴은 크리미아에서 큰 도시였으며 당연히 시계점과 수리점이 많았다.'라고 항변했으며, 이 시계들이 학살당한 유대인에게서 몰수한 것으로 생각하지는 않았냐는 질문을 받자 만슈타인은 단지 네 번째 문장까지만 읽고 더 이상 문서를 읽지는 않았었다고 증언했다. 뵐러는 전후에 유대인의 시계를 나눠달라고 했던 것은 전적으로 11군 사령관의 명령이었다고 증언했다.

만슈타인은 케르손에서의 유대인 학살에 대한 보고서에 그의 서명이 기재된 것에 대해 소명하라는 요청을 받았을 때 '그 보고서를 읽지 않았으며, 보고서를 읽었다면 그 내용에 대해 설명을 요구했을 것이며, 절대 보안방첩대로부터 유대인 학살에 대한 보고서를 받지 않았다.'라고 증언했다. 만슈타인은 전범재판에서 크리미아의 유대인에게 어떤 일이 벌어지고 있는가를 확인하는 것은 11군 사령관의 의무가 아니었다고 주장했다. 아울러 그가 맡았던 지역 내에서 전쟁범죄는 없었다고 주장했다.

12~13개에 달하는 전투지휘소를 방문하느라 잔악행위에 대한 보고서를 읽을 틈이 없었다는 점은 만슈타인과 그의 변호인이 계속 주장하던 핑계였으며, 변호인들은 만슈타인이 그런 보고서를 받을 경우 사령관직을 사임할 것을 우려한 참모진들이 만슈타인에게 잔학행위에 대한 보고서를 전달하지 않았다고 주장했다. - 『Erich Von Manstein: Hitler's Master Strategist』 (Benoît Lemay)

· 1942년 9월 중순 세바스토폴 점령으로 그에게 수여된 원수지휘봉을 받고자 히틀러의 사령부를 방문했을 때 만슈타인은 히틀러에게 유대인의 처리 방향을 물었다. 히틀러는 유대인들을 위한 국가를 건설할 것이며 팔레스타인(Palestine)이나 마다가스카르(Madagascar)를 생각하고 있다고 말했다. 추가적으로 그는 그 국가는 반드시 독일에 의해 통제되어야 한다고 말했다. 히틀러는 유대인의 학살에 대해서는 전혀 언급하지 않았으며, 유대인의 학살에 대해 알고 있었던 만슈타인은 히틀러의 답변에 만족하여 더 이상의 반론은 제기하지 않았다.

만슈타인이 11군 사령관이었을 때 그의 참모진이었던 울리히 군체르트(Ulrich Gunzert)가 그가 목격한 잔학 행위에 대해 보고했다. '나는 만슈타인에게 이러한 행위에 개입할 것을 요청했다. 그러나 그는 후방의 일에 영향을 끼칠 수 없다는 이유로 거절했다. 만슈타인은 그의 군사적 책임 뒤에 숨고자 했으며 다른 사람에게 이를 말하지 말라고 명령했다. 이는 윤리의 훼손이었다.' 유대인 학살에 대해 보고받았던 적이 없다는 만슈타인의 증언은 새빨간 거짓말이다. 1943년 봄 스탈베르크가 유대인의 처형에 대해 만슈타인에게 보고하자 남부집단군 사령관 만슈타인은 침묵을 지켰고 아무 말도 하지 않았다(Manstein remained silent, preferring to make no comment). 1943년 가을 스탈베르크는 만슈타인에게 두 명의 장교가 우연히 SS와 보안방첩대 제복을 입은 병사들이 숲속에서 유대인을 학살하는 것을 목격했으며, 두 명의 장교에게 이 학살에 참여한 SS장교가 그들이 이제까지 100,000명을 처형했다고 말한 사례를 보고했다. 만슈타인은 이에 매우 놀랐다. 만슈타인은 100,000명이라는 숫자는 믿을 수 없으며, 그 숲에서 100,000명의 시체를 어떻게 처리할 수 있는지를 물었으며 허황된 얘기라고 응수했다. 만슈타인은 100,000명이라는 그 숫자 자체에 대해서만 의구심을 표명한 것이다. - 『Erich Von Manstein: Hitler's Master Strategist』(Benoît Lemay)

11. 국방군 최고사령관 히틀러
(HITLER AS SUPREME COMMANDER)

내가 돈집단군 사령관으로 임명되자, 국방군 최고사령관(Supreme Commander of the Armed Forces, Wehrmacht)과 육군총사령관(Commander of the Army, Heer)인 히틀러로부터 직접적인 명령을 받게 되었다. 이제까지는 기껏해야 간접적으로 멀리 떨어져서 군사적 결정에 대해 히틀러가 영향을 끼치는 것을 경험했더라면, 이제부터는 국가수반 외에 최고 군 지휘관으로서의 임무를 달성하기 위해 히틀러가 어떻게 간섭하는지에 대해 잘 알 수 있는 위치에 서게 된 것이다. 작전의 본질에 대해서는 엄격한 보안이 적용되었으므로, 나는 이제까지 나만의 타당한 의견을 개진할 수 없었다.

폴란드 전역에서 우리는 육군의 지휘에 관해 히틀러가 개입하는 것을 알지 못했다. 룬트슈테트의 집단군을 두 번 방문했을 때, 그는 우리의 전황 보고를 매우 호의적으로 경청했으며 어떠한 개입 시도도 하지 않은 채 우리의 의견에 동의하였다. 노르웨이 점령에 대한 작전 또한 외부의 사람은 작전에 대해 전혀 알지 못했다. 서부전역의 공세에 대한 히틀러의 태도는 이미 자세하게 기술한 바 있다. 히틀러가 서부전선에 대한 작전을 구상할 때 육군총사령부를 배제(Passed over)한 것은 개탄스럽고 놀라운(Deplorable and alarming) 일이었지만 육군총사령부는 히틀러의 견해에 굴복할 수밖에 없었다. 왜냐하면 비록 히틀러가 원했던 시점은 군사적인 관점에서 옳지 않았지만, 공세에 대한 작전 자체는 근본적으로 옳았기 때문이었다.

이미 기술한 바와 같이, 확실히 그는 작전의 기본 개념에 대해서는 제시할 수 있었으나 결코 완벽한 해결 방안을 제시하지는 못했다. 그는 아마도 최종적으로 우리가 성취한 커다란 결과까지 얻어낼 수 있으리라 생각하지 못했을 것이다. 그럼에도 불구하고 A집단군이 결정적인 성과를 얻어낼 수 있는 작전을 그에게 제출하자 —비록 그가 감수해야 될 위험에 대한 반감을 억제할, 일부 제한을 부과하기는 했지만— 그는 즉시 그 생각을 이해했고 그것을 스스로 받아들였다. 그가 덩케르크에서 기갑부대를 외곽에서 멈추게 한 치명적인 오판은 해변에 유기된 장비들 때문에 누구도 영국이 해협을 통해 그들의 부대를 성공적으로 퇴각시킬 수 있을 것이라 믿지 않았기 때문에, 이 당시에는 외부에 잘 알려지지 않았다. 공격하기 위한 적절한 준비를 가능케 할 '전쟁 계획(War plan)'이 없었기에 국방군 지휘부는 —일정 부분 히틀러도— 실패를 맛보았다.

반면 러시아를 공격한다는 결정을 정치적인 이유로 피할 수 있을지에 대해 즉시 결정할 수 있는 사람은 아무도 없었다. 러시아군이 독일, 헝가리, 루마니아 국경에 배치되는 것은 충분히 위협적인 것이었다. 나중에 11군 사령관으로서도 나는 히틀러가 러시아에 대한 공격 계획에 개입하는 것을 거의 알지 못했다. 크리미아 전역에서 1942년 여름 공세 때 전역의 첫 단계 작전 수행 중에도 그러했다. 내가 1942년 봄 히틀러를 만나러 갔을 때 그는 주저하지 않고 우리들의 의견에 전적으로 동의했고, 세바스토폴에서의 승리를 가능하게 만들기 위해 아무런 의구심 없이 모든 것을 지원해 주었다. 세바스토폴 요새 함락 이후 11군이 잘못된 용도로 활용되었음은 이미 기술한 바 있다. 이제 나는 집단군 사령관이라는 나의 지위(Capacity)로 인해 히틀러의 직접적인 지시 하에 곧 들어가게 되었으며, 즉시 최고사령관으로서의 히틀러의 권한 행사(Exercise)를 처음으로 경험하게 되었다.

군 지휘관으로서의 히틀러를 생각할 때, 우리는 그가 확실히 1차세계대전의 진부한(Cliches) 상병(The lancer-corporal)임을 간과해서는 안 된다.

그는 A집단군의 서부전역에 대한 작전을 받아들였던 것처럼, 확실히 작전의 초기 단계(Operational openings)에 대해서는 특별한 안목을 가지고 있었다. 사실 이 점은 군사적으로 지식이 없는 사람들에게서 자주 발생하는데, 그렇지 않았다면 역사는 성공한 지휘관으로서 수많은 군주들(Dukes)과 왕자들(Princes)을 기록하지 못했을 것이다. 또한 그는 놀랄만한 수준의 비상한 기억력과 상상력을 가지고 있어 모든 기술적인 사항들과 군사력에 대한 문제들을 재빨리 인지할 수 있었다. 놀랍게도 그는 적의 최신 무기가 끼칠 영향에 대해서도 잘 알고 있었으며, 우리와 적군의 전쟁 물자 생산량에 대해서도 숫자들을 빈칸에 술술 적을(Reel off) 수 있을 정도였다. 사실 이것은 그가 원하지 않는 화제에 대해 곁길로 빠지게 하고자 할 때 선호했던 방법이었다. 그러나 그의 직관과 범상치 않은 열정이 우리의 재무장 단계에서는 수많은 성취를 이루는 데에 큰 역할을 했음은 부인할 수 없다.

하지만 그의 우월성에 대한 자만은 결국 재앙을 불러일으키고 말았다. 그의 개입으로 인하여 공군은 점진적으로 때에 맞추어 성장하지 못했으며 로켓 추진력의 진보와 핵무기 개발을 방해한 것도 바로 그였다. 또한 기술력에 대한 그의 지대한 관심은 그로 하여금 기술 자원을 과대평가하게 만들어 -오로지 대규모 병력을 투입하여야만 성공의 가능성이 있는 곳에도- 한줌의 돌격포들 또는 새로운 티이거(Tiger, 타이거) 전차들을 투입하여 전선을 안정화시킬 수 있다고 믿게 되었다. 전체적으로 그가 부족했던 것은 경험에 기반한 군사적 능력(Military ability based on experience)이었으며, 그의 직관력(Intuition)이 이를 대체할 수는 없었다. 히틀러가 전술적 기회에 대한 시각을 갖고 있고 이 기회가 주는 가능성을 즉시 포착할 수 있을지라도, 그는 여전히 작전 계획의 전제 조건들과 실현 가능성에 대해 가늠할 능력이 부족했다. 히틀러는 목표들과 작전의 범위를 수행하기 위해서는 시간과 병력이 당연히 정비례(In direct proportion to the time and forces)로 소요된다는 것을 -보급의 가능성은 물론이고- 이해하지 못했다.

그는 대규모의 공세작전은 초기에 계획된 것 이상으로 꾸준한 병력의 투입을 필요로 한다는 점을 알지 못했고, 알려고 하지 않았다. 이러한 경향은 1942년 여름 공세 때 작전의 구상과 실행을 할 때 더욱 놀라울 정도로 두드러졌다. 그가 1942년 가을, 차량화된 집단군을 편성하여 코카서스를 경유하여 근동(Near East) 지방과 인도(India)로 진격한다고 나에게 공개한 것은 그가 가진 환상을 보여주는 사례이다. 어쨌든 1938년 그가 보여준 성공들 이후에 정치적 측면에서 판단력을 잃은 것처럼 군사적 측면에서도 히틀러는 무엇을 얻을 수 있고, 무엇을 얻을 수 없는지에 대한 판단이 결여되어 있었다. 1939년 가을 히틀러가 프랑스의 방어력을 무시하고 있었음에도 그는 잘 짜여진 독일군의 공세를 통해 결정적인 승리를 얻을 수 있는 가능성을 본래 믿지 않고 있었다. 그러나 성공이 실제로 그에게 놓여지자 그는 제반 조건이 다른 전장에서 기회를 포착하는 통찰력을 잃어버리게 되었다.

개별 조건이 다른 전장에서 그는 대규모 작전과 전략에 대한 경험(Training)이 부족했다. 그의 활발한 기질(Mind)은 어떠한 목표라도 잡으려 했기에 그를 몽상(Fancy)에서 벗어나지 못하게 만들었고, 결국 여러 개의 목표를 동시에 추구하게 하여 독일의 병력을 전투가 벌어지고 있는 여러 전역에 축차적으로 분산 투입되게 만들었다. 결정적인 전선에서는 아무리 강력해도 지나치지 않다(One can never be too strong at the crucial spot)는 원칙은 덜 긴요한 지역을 내놔야만 하고 또는 치명적인 위험을 감수해야만 한다는 것을 의미함을 히틀러는 정녕코 인지하지 못했다. 그 결과로 1942년과 1943년 공세 때, 그는 모든 것을 얻는 것에 실패했다. 그는 전선에서 위기가 발생할 때, 불리한 전황을 극복하기 위해 어떤 작전이 필요한지에 대해 알 수도 없었고 알려고도 하지 않았다.

히틀러의 전략적 목표는 —적어도 러시아와의 전쟁 동안에는— 독일의 전시 경제를 위한 필요성과 정치적 고려에 의해 상당 부분이 좌우되었다(Conditioned). 이런 경향은 이미 러시아 전역의 도입부에서 이미 기술한 바 있으며, 1943~1944년 방어전을 수행할 때에도 나타나게 된다. 이제 전략적 목표를 설정하는데 정치적 문제와 경제적인 요소들이 가장 주요한 영향을 끼치게 되었다. 히틀러가 간과한 것은 전략적 목표의 성취와 가장 중요한 적군의 영토를 빼앗는 것은 적군의 패배라는 전제 하에 가능하다는 것이었다. 러시아와의 전투로부터 알 수 있듯이 이제까지 군사적 성패는 결정되지 않았으며, 경제적인 가치를 지닌 곳을 목표로 하여 점령한 영토들은 많은 문제를 야기했으며 장기적으로 유지한다는 것은 완전히 불가능했다. 러시아군의 집결지와 수송 체계를 공군의 폭격과 유도 미사일로 파괴하여 러시아군의 전쟁 수행 능력을 수행 불능으로 몰아갈 수 있는 철저한 파괴가 아직까지 이루어지지 않았었다. 히틀러가 전략적 목표를 설정하는데 영향을 받았던 것처럼, 전략이 확실히 정치 지도부의 손에 좌지우지되는 도구였다 할지라도 정치 지도부는 모든 전쟁의 전략적 목표가 적군의 방어력을 소멸시키는 것임을 간과해서는 안 되었다.

전쟁에서 승리를 거둘 때만이 경제적, 정치적 목표를 달성할 수 있었다. 정치적, 경제적 목표를 추구하는 것은 무엇보다 히틀러의 지휘가 내포한 특징이었다. 히틀러는 의지의 힘을 과대평가했으며 그가 확정한 결정들이 옳았음을, 그리고 그가 내린 명령들이 성공했음을 확인받고 싶었기 때문에 의지만이 젊은 병사 개개인에게 신념으로 받아들여져야 한다고 생각했다. 물론 최고사령관이 가진 강력한 의지는 승리를 위해 필요한 가장 중요한 전제 조건임은 맞다. 많은 전투들에서 최고사령관의 의지가 결정적 순간에 어떻게 적용되느냐에 따라 승패가 뒤바뀌었다. 그러나 지휘관에게 거대한 위험을 통찰할 수 있는 힘을 주는 '의지'와 불가능한 사명조차 마지막 단계에서 의지만으로 달성할 수 있다고 믿는 히틀러의 '의지'는 다른 점이 있었다.

의지에 대한 맹신은 필연적으로 사고력을 둔감하게 만들고, 의지만으로도 어려운 현실 세계(수적 우위를 보이는 적군의 존재, 시간과 공간적 제약, 우리가 갖고 있는 의지를 적군 또한 동일하게 보유한 때)를 뛰어넘을 수 있다고 믿게끔 만든다. 일반적으로 히틀러는 작전을 고려할 때 발생 가능한 적의 의도를 복합적으로 감안하는 경향이 없었으며 그의 의지가 종국에는 늘 승리할 것이라 확신했다. 그는 또한 독일군보다 몇 배나 많은 적군의 수적 우위에 대한 신뢰할 수 있는 각종 보고서들을 받아들이지도 않았다. 그는 보고서를 전달받기를 거부하거나, 러시아군의 결함을 확신하여 수적 우위를 축소하였으며 끝내는 독일의 생산량 수치를 열거하며 회피처를 찾았다. 전황에 대한 결정적인 요소를 이해한 사령관들이 이에 기반하여 결정한 사항들도 그의 의지에 반한다면 실질적으로 배제되었다. 이런 식으로 히틀러는 진실에 등을 돌렸다.

　적군의 자원과 실현 가능한 적군의 의도를 무시한, 의지력에 대한 그의 과대평가를 보여주는 또 다른 특징은 단호한 결정과 연계할 수 없었다는 것이다. 1938년까지의 정치적 성공 이후, 히틀러는 정치 도박꾼이 되었으며 군사적 영역에서의 위험을 감수하는 것을 피하고자 하였다. 히틀러가 승인한 명령 중에서 아마도 단호한 군사적 결정으로 기록될 수 있는 것은 노르웨이를 점령하겠다는 것뿐이었다(이조차도 레더 제독이 제안한 것이다). 그러나 노르웨이에서도 나르빅(Narvik)에 위기가 발생하자, 히틀러는 전체적인 작전의 근원적인 목표였던 철광석의 수송로를 확보하겠다는 전략을 희생하면서 도시에서의 철수를 명령했었다. 마찬가지로 이미 우리가 알고 있는 내용이지만 작전이 진행 중이었던 와중에 서부전선에서도 위험을 회피하고자 하는 모습을 보여주었다. 러시아에 대한 공격 결정은 궁극적으로는 히틀러가 영국 침공을 너무 위험하다고 보았기 때문에 영국 침공 작전을 중단한 것에서 기인한 필연적인, 어쩔 수 없는 산물이었다. 러시아 전역에서도 히틀러가 위험을 회피하고자 했음을 두 가지를 통해 알 수 있다.

　첫째, 1943년부터 히틀러는 −점령한 지역을 자발적으로 잠시 포기하여야만 수행될 수 있는− 유연한 작전을 받아들이는 것을 거부했다.
　둘째, 결정적인 승부를 내야하는 주력 전선을 위해 제2전선 또는 부수적인 전선을 무방비로 두는 것을 −만일 그러하지 않으면 더 위험할지라도− 회피하였다.

　군사적 영역에서 히틀러가 위험을 회피하고자 한 이유는 세 가지였다.

첫째, 그는 스스로 그가 군사적 문제를 다룰 수 있는 군사적인 능력이 없었다고 느낀 듯 했다. 히틀러는 그의 장군들 또한 그렇다고 생각하여 신뢰하지 않았다.

둘째, 모든 독재자들이 그러하듯이 어떠한 후퇴라도 그의 명성에 금이 가게 할 것이라는 두려움 때문이었다. 실제로는 이러한 태도가 군사적인 실수를 범하게 만들어 독재자의 명성은 더 훼손되었다.

셋째, 그의 권력에 대한 갈망(His lust for power)에 기반을 둔 것으로써, 그는 그가 예전에 손에 넣었던 것들을 내려놓는 것에 대해 강력한 반감을 가지고 있기 때문이었다.

같은 맥락에서 내가 돈집단군을 지휘하던 시기에 나와 육군참모총장인 자이츨러(Zeitzler) 상급대장이 함께 헛되이 싸워야만 했던 히틀러의 다른 기질에 대해 기술하겠다. 결정하기는 싫었지만, 회피할 수는 없는 문제들에 봉착하게 될 때마다 히틀러는 가능한 한 최대한 시간을 질질 끌었다. 적이 공세에 성공하거나 그 전과를 확대하는 것을 방지하기 위해 전장에 병력을 투입하는 것이 시급을 요하더라도 매번 히틀러는 그렇게 행동했다. 육군총사령부는 덜 위험한 전선에서 심각한 위기가 발생한 곳으로 병력을 보내기 위해서도 며칠간을 히틀러와 끝까지 논쟁해야만 했다. 대다수의 경우, 그는 너무나도 적은 병력을 너무나도 늦은 시기에(Too little, Too late) 투입했다. 그 결과 그는 상황을 안정화시키기 위해 원래 요청되었던 병력 수보다 늘 몇 배나 많은 병력의 투입을 승인해야만 했다.

이런 난투(Tussle)는 1943년 도네츠(Donetz)강 지역, 1944년 드네프르(Dnieper)강 굴곡부처럼 더 이상 지킬 수 없는 전역을 포기하는 결정이 필요할 때마다 몇 주간 계속되었다. 이러한 논쟁은 추가적인 병력을 확보하기 위해 중요하지 않은 전선의 돌출부에서 철수가 필요한 때에도 계속되었다. 아마도 히틀러는 상황들이 궁극적으로 그가 원하는 방향으로 진행될 것이라 생각한 것 같고, 이것은 그의 견해에 반하는 결정을 회피할 수 있게끔 만들었다. 왜냐하면 그의 견해에 반하는 결정은 곧, 그가 적군의 작전에 말려들었다는 것을 내포하기 때문이었다. 그의 의지력에 대한 과대한 믿음, 성공이 진격만으로는 충분치 않을 때 기동작전에 대한 어떠한 위험도 받아들이기를 거부했던 점, 어느 것도 자발적으로 포기하기를 거부했던 점 등은 시간이 갈수록 최고사령관으로서 히틀러가 보여준 기질이었다. 한발짝도 물러서지 않은 채, 끊임없이 방어선을 강력하게 유지하라고 명령하는 것이 전부였고 마지막까지도 그렇게 지휘하였다. 독일 국방군이 기동작전을 통해 전쟁 첫해에 엄청난 승리를 얻은 후, 모스크바 앞에서 위기가 발생하자 히틀러가 취한 대응은 ―개별 전선 모든 곳에서 완고하게 사수하라는― 스탈린의 가르침을 그대로 따르는 것이었다.

스탈린의 이 정책은 1941년 러시아군 사령관들을 거의 공황에 빠지게 만들었지만, 1942년 독일군이 공세를 재개할 시점에 그들은 이 정책을 포기하였다. 1941년 겨울에 있었던 러시아군의 반격이 우리 부대들의 선전으로 좌절되자, 히틀러는 자발적인 퇴각을 불허한 그의 결정이 ―1812년 나폴레옹의 대군이 맞았던 운명으로부터― 독일군을 구했다고 확신했다. 단언컨대 이 같은 믿음은 전선의 몇몇 사령관들과 히틀러의 추종자들이 순종적으로 이를 따랐기에 그는 이에 대해 더 확신하게 되었다. 1942년 여름에 독일군의 공세가 스탈린그라드 문전과 코카서스에서 수렁에 빠지는 위기가 발생하자 히틀러는 어떠한 희생을 감수하더라도 그가 가진 모든 것과 전선을 고수할 때만 성공의 비법을 찾을 수 있다고 또 한번 생각했다. 이후에 그는 이 정책을 포기하지 않았다. 이제까지 방어는 전투의 두 가지 양상 중에서 더 강력한 것이라 인식되어왔다. 이것은 일견 맞으나, 공격하는 측이 방어하는 측을 향해 돌진하다가 피를 흘려 죽음에 이르러야 맞다고 할 수 있다. 그러나 가용한 독일군 사단의 수가 부족하여 잘 조직된 강력한 방어선을 구축할 수 없었던 동부전선에서는 이런 논리가 적용될 수 없었다. 우리가 보유한 병력보다 몇 배의 수적 우위를 가지고 있는 러시아군은 그들이 선택한 공격점에 그들의 병력을 투입하여 지나치게 넓게 확장된 독일군의 방어선을 돌파할 수 있었다. 그 결과 많은 독일군 부대들이 포위를 피할 수 없었다. 오로지 독일군 참모진들과 전투부대들의 우월성을 살리고 활용할 수 있는 기동작전을 통해서만 러시아군을 섬멸할 수 있었다. 히틀러가 점점 고수한 '희생을 감수하더라도 전선을 사수하라.'는 전략이 끼친 영향들은 1943년과 1944년의 방어전을 치르는 과정을 묘사한 챕터에서 자세히 기술될 것이다.

그가 이러한 주장을 편 것은 그의 개인적인 성향과 연관되어 있다. 그는 말 그대로 극도의 무자비한 전쟁만을 경험한 사람이었다. 그의 믿음은 적군의 대부분이 우리의 방어선 앞에서 피를 흘리고 죽어가는 모습과 일치되었고, 섬세한 검객이 결정적인 승부를 얻기 위해 때론 뒤로 물러나 찌르기를 하는 것과는 일치하지 않았다. 전쟁술(The art of war)에 대해 그는 사나운 힘이 의지력에 의해 거대한 효율성을 발휘할 것이라고 믿었다. 개개 병사의 능력이 모두 동일하지는 않겠지만 모두가 군인의 용기를 얘기할 때, 히틀러는 힘에 의한 전투를 정신력보다 우위에 있다고 보았다. 이와 같은 맥락에서 히틀러가 그가 보유하고 있던 기술적 요소였던 신무기들의 이름을 높이 평가한 점은 그리 놀랍지 않다. 그는 그가 어마어마한 규모로 확장시킨 독일의 무기 산업이 생산하는 숫자에 탐닉했으며 적군이 더 많은 수치의 무기를 보유하고 있다는 점을 간과했다.

그가 또 간과한 것은 새로운 무기가 완전히 효율적으로 쓰이기 위해 필요한 기술과 훈련의 수준이었다. 일단 새로운 무기가 전선에 투입되면 그는 그 자체로 만족했다. 그는 새로운 무기를 받은 부대들이 이것을 잘 사용하는지, 새로운 무기가 전투 상황에서 충분히 검증되었는지에 대해 걱정하지 않았다. 같은 맥락으로 히틀러는 새로운 사단의 창설을 계속적으로 지시했다. 우리 부대들의 숫자가 늘어난다 할지라도 그들은 이미 기존에 있던 병력들로 채워졌기 때문에 기존의 사단들은 마지막 흘릴 피까지 모두 소진해 버렸다. 동시에 새로이 창설된 부대들은 전투 경험의 부족으로 극심한 전사율을 기록하는 비용을 지불해야만 했다. 공군지상사단과 창설을 멈추지 않았던 SS사단들, 그리고 마지막에 **국민척탄병사단**(Volks Grenadier Divisions)들이 이러한 끔찍한 사례를 보여주었다.

[옮긴이의 주]
- 급조된 국민척탄병사단은 정규 사단과 비교해 병력 및 장비 수준이 낮을 수밖에 없었다. 단, 전쟁 막바지에 강제로 징집된 이들로 창설된 국민돌격대(Volkssturm)와는 구분해야 한다.

마지막 언급할만한 것으로 히틀러가 늘상 군인상(Soldiery outlook)에 대해 떠들었고 그가 자신의 전투 경험을 최전방에서 얻었다고 상기하는 것을 즐거움에도 그의 기질은 −그의 당(黨)이 프로이센의 미덕을 들먹거리기를 좋아했던 것과 마찬가지로− 군인으로서의 정서와 생각이 부족했다. 히틀러는 집단군들과 군들(Armies)의 보고서를 통해 전선의 상황을 매우 명확하게 알고 있었음이 확실했다. 추가적으로 그는 전선에서 돌아온 장교들과 자주 회견을 가졌으므로 우리의 성취 및 러시아 전역이 시작된 이후로 우리 부대들이 −감내할 수 있는 수준 이상으로− 막중한 업무를 끊임없이 수행해야 했던 것도 알고 있었다. 그랬기에 이는 동부전선 최전방에 히틀러가 방문하지 않은 이유 중에 하나가 되었고 우리 집단군 사령부에 그를 방문하게 만들기는 힘들었다. 아니면 최전방을 방문하게 될 경우, 아무도 깨뜨릴 수 없는 그의 의지에 대한 환상(Golden dreams)이 깨질까봐 두려워했기에, 더 앞에서 전황을 살핀다는 것을 생각하지 않았을 수도 있다. 이전에 최전방의 군인으로서 받았던 고통에 대해 히틀러가 강조(Stress)했음에도 불구하고 나는 여전히 그가 진정으로 전투부대들에게 마음을 두지 않고 있다고 느꼈다. 그에게 있어 병력의 손실이란 단지 전투력을 감소하게 만드는 숫자에 불과했다. 병력의 손실에 대해서 그는 인간적으로 고뇌하지 않는 듯 했다. 전선에서 부상을 당해 국방군 최고사령부에 소속되어 매일 일별 브리핑과 가끔씩 개인적인 회견으로 히틀러를 면담할 기회가 많았던 <u>한 장교</u>는 히틀러가 병력의 손실에 대해 고뇌하지 않았던 것에 대해 나에게 다음과 같은 메모를 적어 주었다.

'나는 개인적으로 느꼈던 것을 이제 확실히 알게 되었다(히틀러가 병사들의 희생을 동정하지 않고 병력의 손실을 단지 숫자로 간주하는 것 등). 대규모 군중 앞에서의 그의 모습과 실제 모습은 정반대였다. 군인의 관점에서 보기에 그는 매우 유약하고 감정에 너무 많이 의존했다. 그가 전쟁의 공포에 직접 맞설 수 없다는 느낌을 받았고, 그는 그에게 요구된 정치적 의지를 반영하는 결정을 할 때에 그의 유약함과 민감한 성격이 결정을 방해할까봐 두려워했다. 그가 개인적으로 경험했던 희생들 또는 그에게 주어진 현실적인 묘사들은 그에게 공포를 안겨주었고 그가 알고 있던 사람들의 죽음에 그는 확실히 괴로워했다.

몇 년에 걸쳐 그를 바라본 결과, 나는 그의 행동들이 연극을 하는 것이 아니라, 실제 그의 기질이 드러난 것으로 믿게 되었다. 표면적으로 그는 그의 기질을 걱정하여 심사숙고하는 모습을 보여줌으로써 산만해지는 것을 피하고자 하는 듯했다. 이것이 그가 폭격을 받은 도시들과 최전방을 방문하지 않는 주된 이유였다. 이것은 그가 개인적으로 용기가 부족해서가 아니라 그가 보는 것들이 불러일으킬 공포에 대한 두려움 때문이었다. 사적인 회견에서 전투부대들이 이룬 성과와 노력에 대한 대화 중에 그는 아주 가끔 전투부대들에 대한 찬사와 동정을 보여주었다.'

히틀러의 추종자나 찬미자가 아니었던 이 장교의 의견은 대중이 느끼고 있던 히틀러의 기질과 정신세계가 실제와 어떻게 다른지 인식하는 것이, 그리고 히틀러를 알기 위한 것이 얼마나 어려운지를 보여준다. 만일 이 장교가 언급한대로 히틀러가 정녕 심약한 마음을 지녔다면 그의 정권이 시간이 갈수록 악랄하게 잔혹해졌음을 어떻게 설명할 수 있을까?

[옮긴이의 주]

• 이 장교가 누구인지 확실하지 않으나, 아프리카에서 부상을 입어 국방군 최고사령부에서 예비군을 관장하던 업무를 맡고 있던 슈타우펜베르크(Stauffenberg)가 아닐까 싶다. 1943년 1월 슈타우펜베르크는 만슈타인을 만나 음모에 동참할 것을 요구하였다. 히틀러와의 회의에도 자주 참석했던 그는 카이텔과 동행하면 몸 수색을 받지 않는다는 것을 알고 있었기 때문에 1944년 7월 20일의 음모 때 카이텔과 동행하여 검문을 통과했다는 증언이 있다. 슈타우펜베르크는 1944년 7월 20일 총살됐다.

한편으로 훈장 서훈(War decoration)에 대해서 히틀러는 완벽하게 병사의 관점에서 행동했다. 훈장 수여에 대한 첫 번째이자 가장 중요한 목적은 전투에 투입된 군인들의 용맹함을 기리기 위한 것이었고, 전역의 초기에 그가 제정한 철십자 훈장에 대한 규정은 서훈 요청이 있을 때 그 본보기가 되었다. 그가 정한 규정에 따르면 반드시 용맹스러운 공적과 뛰어난 지휘력을 보여준 사람에게만 수여되어야 했으며, 지휘력이라는 관점에서 보자면 이 훈장은 부대의 지휘관이거나 그들의 하위 참모진들만이 수여받을 수 있음을 의미했다. 하지만 유감스럽게도 훈장 서훈에 권한이 있는 자들은 내내 존중되어야 할 원칙을 지키지 않았다. 물론 전쟁을 지원하는 업무(War service) 분야에서 철십자 훈장을 받을 자격이 있는, 칭찬받을 수준으로 봉사한 자들의 명예를 기리기 위한 전쟁공로훈장(Kriegsverdienstkreuz)을 제정하는 것이 지체되어 그런 것도 맞다. 그러나 히틀러는 늘 기사철십자훈장을 수여받을 자격이 있는 장군들보다는 전선에 있는 장교들과 사병들에게 수여했다. 히틀러가 전쟁 기간 중에 만들었던 수많은 배지(Badges)와 휘장(Insignia)에 대해 조소하는 경향이 있긴 했지만 이 기간에 우리 군인들이 이룬 업적에 대해서는 인정하여야 한다. 근접전투기장(Close-Combat Clasp, Nahkampfspange) 또는 11군에게 수여된 크리미아 방패 휘장(Crimean Shield)은 어쨌든 자랑스럽게 착용했었다.

내가 언급한 히틀러의 결함들은 필연적으로 스스로 임명한 최고사령관으로서의 역할 수행을 방해했다. 이러한 결함들은 만일 그가 경험이 많고 강한 책임감을 갖고 있는 육군참모총장의 조언을 받아들였거나, 그를 신뢰하였더라면 충분히 상쇄될 수 있었다. 그럼에도 그는 최고사령관으로서 필수적으로 갖추어야 할 요소는 일부 가지고 있었다. 강력한 의지, 심각한 위기 상황에서도 버티는 용기(Nerves), 명백하게 날카로운 지적 능력과 예전에 내가 말한 바와 같이 기술적인 요소들이 미치는 가능성을 알아차리는 능력을 지상의 작전과 융합할 수 있는 어떠한 특별한 재능을 가지고 있었다. 군사적인 영역, 특히 전략과 대규모 작전을 구상할 때 훈련과 경험의 부족을 육군참모총장의 조언을 이용하여 만회하고자 했다면 이전에 언급했던 결함들에도 불구하고 효율적인 군대 지휘가 가능했을 것이다. 그러나 히틀러는 이를 받아들이지 않았다. 모든 경우에 그의 의지력만이 가장 결정적인 사항이라 믿었던 것은 그가 이룬 정치적 성공과 전쟁 초기의 눈부신 군사적 성공들을 그가 개인적인 능력으로 이룬 것으로 간주하게 만들었고, 결국 그로 하여금 판단하는 감각을 잃게 만들었다.

그는 강한 책임감을 갖고 있는 육군참모총장의 조언을 받아들이는 것을 본인의 의지력을 보완하는 것으로 생각하지 않고 이를 누군가에게 굴복(Submitting)하는 것으로 받아들였다. 추가적으로 그는 혈통(Origin)과 후광(Background)을 갖고 있는 군 지휘관들에게 대해 되돌릴 수 없는 불신에 차 있었다. 그리하여 그는 주변에 군사적 조언을 책임질 사람을 전혀 찾지 않았다. 그는 휘하에 묵묵히 순종하며 그의 의지를 실현해 줄 사람을 둔 새로운 나폴레옹이 되고자 원했지만 유감스럽게도 히틀러는 나폴레옹처럼 군사적인 교육을 받지도 않았고, 나폴레옹의 천재적인 군사 감각마저 가지지 않았었다.

나는 이미 영국 침공 계획을 설명한 챕터에서 히틀러가 국방군 최고사령부를 조직하였지만, 대규모 작전 또는 전쟁 계획을 실행할 때에 그에게 조언할 수 있는 권한을 주지 않았다는 것을 자세히 말한 바 있다. 국방군 최고사령부의 지휘참모부(The Operations Staff, Wehrmachtfuhrungsstab of O.K.W)가 형식상으로는 이러한 권한을 부여받았지만, 실질적으로는 군사적인 용무를 보는 비서실의 역할만을 수행했다. 지휘참모부의 존재 이유(Raison d'etre)는 히틀러의 생각과 명령을 전문적인 용어를 가미하여 군사 명령으로 변환하는 것뿐이었다.

그러나 더욱 안 좋은 일이 벌어졌다. 노르웨이에 대한 히틀러의 지시(Designation)는 국방군 최고사령부의 영역이었고 이것에 대해 육군총사령부는 아무런 역할도 하지 못했기에 작전 초기부터 지상전의 작전은 분열되었다. 이후에 모든 전역에 대한 권한이 국방군 최고사령부로 위임되었으며, 최종적으로 동부전선만을 육군총사령부가 책임지게 되었다. 그러나 육군총사령부의 수장은 히틀러였다. 이에 따라 육군참모총장은 해군과 공군의 총사령관이 대규모 전략에서 그러했듯이 다른 전역에는 전혀 영향력이 없는 상태로 남게 되었다. 육군참모총장은 병력의 배치에 대해 아무것도 말할 수 없었으며 어떤 부대들과 물자들이 어느 전선으로 투입되는지에 대해 정확히 알지 못했다. 이런 상황에서 국방군 최고사령부의 작전참모진들과 육군참모본부는 충돌할 수밖에 없었다. 사실 이는 히틀러가 언제나 최종적인 결정을 단독으로 처리하기 위해 교묘하게 유발한 충돌이기도 했다. 최고 군사 지휘부 조직이 이렇게 불완전하였기 때문에 이는 곧 지휘 체계의 붕괴에 결정적인 영향을 끼쳤다.

본인의 의지력과 군사적 역량에 대한 과대평가의 또 다른 결과는 그가 점점 더 하위부대들에 대해 개별적인 명령을 통해 개입하고자 시도했던 것이다. 언제나 독일군 지휘부의 가장 큰 장점은 직급고하를 막론한(At all levels) 모든 지휘관들이 결단력(Initiative)과 주어진 임무를 기꺼이 받아들이는 책임감에 기반을 두고 있었으며, 독일군 지휘부는 이러한 자질들을 고취시키는데 모든 힘을 쏟았다. 이로 인해 원칙상으로 상위 사령부의 지령들(Directives)과 중간 및 하위 사령부의 명령들(Orders)은 하위부대들에게는 이른바 임무(Assignments)임을 내포하게 되었다. 이러한 임무의 세세한 수행은 하위부대의 지휘관이 고려해야 할 사항이었다. 이 같은 명령 처리 체계는 —상위 사령부의 명령이, 작전 수행을 함에 있어 일반적으로 하위부대의 지휘관의 권한을 아주 소소한 사항까지 제한한 적들에 비해— 독일이 현저한 승리를 얻게 만든 중요 요인이었다. 독일군은 단지 다른 대안이 없는 아주 특별한 때에만 명령을 내려 하위부대 사령부의 권한에 개입했다. 반면에 히틀러는 전선에 있는 사령관들보다 그의 책상 뒤에서조차 전황을 더 잘 이해할 수 있다고 생각했다. 그는 전황도(Situation map)에 구체적으로 기술된 많은 것들이 이미 시간에 뒤진 것임을 간과했다. 당연히 멀리 떨어진 곳에서 그가 전선에 적절하고 필요한 조치가 무엇인지를 판단할 수는 없었다.

그는 점점 개별적인 지시를 내림으로써 집단군들과 하위부대들의 운용에 간섭하였다. 이것은 결코 그가 해야 할 일(Concern)이 아니었다. 나는 아직 지휘관으로서 히틀러의 이런 간섭에서 벗어나 있었지만, 내가 비텝스크에서 로스토프로 가는 도중 기차역에서 클루게 원수를 만났을 때 그는 나에게 히틀러의 간섭에 대해 조심하라고 주의를 주었다. 그는 중부집단군에서 대대 이상이 투입되는 작전은 사전에 히틀러와 상의해야만 했다고 말했다. 다행히도 나는 나중에 이 정도 수준의 참을 수 없는 간섭을 겪지는 않았지만 —역시 히틀러의 개입으로 인하여— 국방군 최고사령부와 꽤 많은 언쟁(Clashes)을 벌이게 되었다. 개별적인 명령에 반영된 히틀러의 열정과는 달리 그의 개입은 지휘관들을 방해하였고 작전에 해로운 영향만을 끼쳤음에 반해, 히틀러는 장기적인 작전 지령을 내리는 것은 꺼려했다.

점점 '어떠한 희생을 감수하더라도 사수하라.'라는 원칙을 시종일관(Alpha and omega) 그의 정책으로 삼았음에도, 그는 —전략적 상황의 변화를 예견할 수 있는— 장기적인 지시를 내리는 경우가 적어졌다. 이러한 조치들이 결국에는 그를 불리하게 만들 수밖에 없다는 것에 대해 그는 눈을 감았다. 하위부대 사령관에 대한 불신으로 인해 그는 그의 구미에 맞지 않았던 일선 지휘관들의 재량권을 빼앗아 버렸다. 이것은 지휘력의 필수 요소를 없애버리는 것이었다. 결국 집단군조차도 최고사령부의 지령이 없다면 움직일 수 없게 되었고, 심지어 전선에서 거대한 전역을 담당하며 옆의 집단군과 인접하여 싸울 때도 그랬다. 우리는 가끔씩 우리의 의지로써 싸울 수 있었던 크리미아에서의 나날들을 그리워하곤 했었다.

군 지휘에 대한 —히틀러의 통솔 방식의 결과로— 히틀러와 군 지휘관들 사이에 필연적으로 발생한 논쟁의 형태에 대해서는 나의 경험을 토대로 말하고자 한다. 많은 기록들이 그가 입에 거품을 물며 닥치는 대로 화를 내는(Bite at the carpet) 것으로 묘사하고 있는데, 히틀러는 의도적으로 미리 준비된 분노를 폭발시킴으로써 상대방을 겁먹게 할 수 있음을 잘 알고 있었다. 그러나 그가 때로는 확실히 자제력을 잃었음에도, 내가 참석한 때에 그가 목소리를 높이고 무례하게 행동했던 것은 내가 이미 말한 바가 있는 할더와의 대화 때뿐이었다. 나의 경험으로는, 그와 내가 만났을 때에는 우리의 의견이 상충되었다고 해도 그는 평정심을 유지했었다고 단호히 말할 수 있다. 유일하게 그가 그의 개인적 성향을 보여준 적이 있었는데, 나의 날카로운 반박에 그는 침묵으로 동의를 표했었다.

히틀러는 상대방을 그의 관점에 맞는 협상 테이블로 끌고 오기 위해, 심리적인 방법을 쓰는 재주가 탁월한 사람이었다. 물론 추가적으로 히틀러는 본인을 만나러 오는 사람들의 동기와 목적에 대해서도 충분히 잘 알고 있었고, 미리 반론을 제기할 준비를 할 수 있었다. 그는 그의 신념이 옳든 아니든 어쨌든 그 신념을 상대방에게 주입시키는 것에 탁월한 능력을 보유하고 있었다. 이는 히틀러를 잘 알지 못하는 장교들이 전선에서 돌아와 그를 면담할 때 특별히 크게 작용하였다. 전선의 상황을 히틀러에게 사실 그대로 말하려는 장교들은 이 경우에 마음이 바뀌어, 그리고 확신에 찬 모습으로 되돌아갔다. 집단군 사령관으로서 나의 권한 내의 작전 수행에 대해 히틀러와 벌어졌던 수많은 논쟁들이 나에게 주었던 가장 강렬한 인상은 그가 그의 논지를 방어하는, 믿을 수 없을 정도의 불굴의 의지를 지녔다는 것이었다. 상대방은 방문의 목적을 이루든지, 빈손으로 실망해서 돌아가든지, 아니면 말 뿐인 약속을 얻어내든지 반드시 몇 시간에 걸친 논쟁이 벌어졌다.

나는 이런 비슷한 류의 논쟁에서 이렇게 끈질김(Staying power)을 보유했던 사람을 본 적이 없다. 전선에 있던 사령관들은 최악의 경우 몇 시간에 걸친 논쟁에 시달려야만 했고, 육군참모총장인 자이츨러의 경우 저녁의 회견에서 히틀러로부터 필요한 조치를 얻어내기 위해 며칠에 걸쳐서 끝장을 내야했다. 누군가가 이 논쟁에 휩쓸릴 때마다 우리는 늘 자이츨러에게 지금이 몇 라운드냐고 묻곤 했다. 게다가 히틀러가 그의 관점을 지키려하는 논쟁은 쉽게 묵살해 버릴 수 없었고, 순수하게 군사적인 영역을 논하는 때에도 ―누구나 그 결과에 대해 확실하게 예측할 수 없으므로― 작전의 의도에 대해서 그의 의견을 묵과할 수는 없었다. 전시에는 모든 예측과 결과들이 확실하지 않기 때문이다 (Nothing is certain in war, when all is said and done).

히틀러는 그가 전략에 대해 제시하는 의견이 뚜렷한 인상을 주지 못한다고 느낄 때마다 즉시 정치적인 영역이나 경제에 관한 논제로 화제를 돌렸다. 전선의 사령관들보다는 그만이 정치적, 경제적 상황을 더 잘 알고 있었기에 그의 논리에 대다수는 반박할 수 없었다. 만일 히틀러가 그에게 제시된 제안과 요청들에 동의하지 않을 때 그가 할 수 있는 마지막 수단은 군의 상황이 좋지 않게 변할 것이며 그에 대한 반향으로 정치적, 경제적 상황 또한 뒤를 이을 것이라 말하는 것이었다. 반면 히틀러는 그가 원치 않는 요청을 받을 때에도 이를 잘 경청하는 듯한 모습을 보여주었고, 때로 그 논제에 대해 토의하는 모습도 보여주었다. 당연히 ―본인의 정치적 갈망과 그의 사명에 대한 믿음 속에서 살고 있는― 열정적인 독재자와 군 지휘관들 사이에 친밀함과 같은 유대 관계는 찾아볼 수 없었다. 히틀러는 그런 인간적인 요소에 대해서는 흥미가 없었다. 그에게 있어 사람이란 그의 정치적 야망을 위한 단순한 도구에 불과했으며 그에게는 독일군에 대한 충성심과 같은 유대감이 없었다.

일부는 히틀러의 기질에서, 일부는 이미 설명한 최고사령부의 불합리한 조직 체계가 유발한 독일군 지휘부의 결함이 점점 명확해지자 당연히 변화를 가져오기 위해 조치가 필요했다. 나는 이 부분에 대해 이 회고록의 다른 부분과 마찬가지로 정치적인 면을 배제한 채 말하고자 한다. 합리적인 전쟁을 수행한다는 관점에서 나는 최고사령부에 어떠한 변화가 필요하다고 히틀러를 설득했으나 세 번 이상 말하지는 않았다. 내가 아는 한, 그의 군 지휘력에 대한 결함이 그를 그렇게 독단적으로(Bluntly) 만든 것은 아니었다. 나는 히틀러가 최고사령관직을 공식적으로 양도하지 않을 것임을 매우 잘 알고 있었다. 아마도 이 독재자는 참을 수 없는 권위의 손상을 의미하는 이 조치에 대해 쓰라림을 느낄 것이기 때문에 절대로 그렇게 행동하지 않았을 것이다. 나의 생각이지만 모든 것은 히틀러로 하여금 전쟁의 모든 전역에서 발생하는 작전에 대해서는 책임감 있는 육군참모총장에게 권한을 양도하게 하고 동부전선에서는 별도(Special)의 사령관을 임명하도록 만드는 것에 달려있었다. 유감스럽게도 실행되지 못한 이 생각은 1943~1944년에 내가 전선에 있는 동안 논의되었었다.

히틀러는 **군에 있던 많은 사람들이 내가 육군참모총장이나 동부전선의 사령관이 되기**를 원하고 있다는 것을 잘 알고 있었기 때문에 내가 이러한 직책을 인수하는 것은 위태로운 것이었다. 언젠가 말할 때가 오겠지만, 여기에서 나는 예를 들어 1944년 7월 20일의 사건처럼 쿠데타를 통해 독일 정권을 전복시키는(Changing the leadership of the Reich) 문제를 말하고 싶지는 않다. 이 전쟁 회고록의 범위 안에서 내가 말할 수 있는 것은, 나의 관점에서 쿠데타는 전선의 즉각적인 붕괴를 불러일으키고 아마도 독일을 혼란 상태에 빠지게 할 것이므로 전선에서 집단군을 책임지고 있는 내가 쿠데타를 계획할 수 있는 권한이 없다고 느꼈었다. 이 외에도 늘 군인으로서의 맹세(Oath)와 정치적 목적의 살인이 용인되는지에 대한 문제도 있었다. 전범재판에서 나는 다음과 같이 말했다.

> '고위 사령관으로서 마지막 순간까지 몇 년간을 병사들에게 승리를 위해 목숨을 내놓으라고도, 그리고 그들의 손으로 패배를 앞당기라고도 할 수 없었다(No senior commander can for years on end his soldier to lay down their lives for victory and then precipitate defeat by his own hand).'

그 당시에는 어떠한 경우라도 연합국들의 무조건적인 항복(Unconditional surrender) 요구가 쿠데타를 통해서 바뀔 가능성이 없었음은 확실했다. 내가 사령관의 직책을 가지고 있던 그때에, 우리는 쿠데타가 유일한 해결 방안이라고는 생각하지 않았다.

[옮긴이의 주]

- 히틀러에 의해 해임되었던 구데리안은 복귀하여 1943년 3월 만슈타인을 찾았다. 요들은 국방군 최고사령부 지휘참모부의 책임자였으며, 로스베르크는 지휘참모부 소속의 참모진이었다. 만슈타인과 관련된 회고 부분을 다음과 같이 발췌하였으며, 당시 독일군 수뇌부의 만슈타인에 대한 평가를 엿볼 수 있다.

    '3월 29일 나는 폰 만슈타인 원수를 만나기 위해 남부집단군이 있는 자포로지예를 찾았다… 히틀러가 만슈타인처럼 유능하고 군인다운 인물을 자기 곁에 두지 않는 상황이 얼마나 애석한 일인지를 다시 한번 깨달았다. 두 사람은 너무 달랐다. 히틀러는 군 문제에 전문 지식이 없는 아마추어지만 상상력이 풍부하고 의지가 강한 인간이었다. 반면에 만슈타인은 뛰어난 군인 자질에 냉철한 판단력을 지녔고, 독일군 육군참모본부의 훈련까지 거친 독일 최고의 전략가였다. 나는 나중에 육군참모총장의 직무를 맡았을 때 히틀러에게 카이텔 대신 만슈타인을 국방군 최고사령부 참모총장에 임명하라고 여러 번 제안했지만 그때마다 소용이 없었다… 반면에 만슈타인은 불편한 존재였다. 분명한 자기 생각을 품고 있었고, 그 생각을 그대로 말하는 사람이었다. 나의 반복된 제안에 히틀러도 결국 이렇게 말했다. '만슈타인은 아마 육군참모본부가 배출한 가장 뛰어난 인물일거요. 그러나 만슈타인은 원기 왕성하고 잘 갖춰진 사단으로만 작전을 펼칠 뿐, 지금 독일에 남아 있는 패잔병들로는 작전을 수행하지 못할 것이오. 만슈타인에게 작전 능력이 있는 새 부대를 만들어줄 수 없는 형편이니 그의 임명은 무의미하오.' 히틀러는 단지 그렇게 하고 싶지 않아서 그런 말도 안 되는 핑계를 댔을 뿐이다.'

    — 『구데리안(한 군인의 회상)』 (하인츠 구데리안)

    로스베르크는 히틀러의 전쟁 운영에 대단히 비관적이었다. 더 나아가 그는 전쟁의 전략적 방향을 제시하는 일은 히틀러도 경청할 수 있는 '탁월한 군인'에게 위임돼야 한다고 말했다. 로스베르크는 그 자리에 만슈타인을 제안했다. 요들은 애매한 태도를 취했다. 그의 말에 따르면 그 역시 동부전선에서의 질서정연한 후퇴가 많은 득이 될 것이라는 사실을 알고 있었다. 하지만 요들은 후퇴에 따른 위험이 장점보다 더 크다는 히틀러의 관점에 동의하는 경향이 있었다. 더 나아가 요들은 어떤 뛰어난 장군이 지휘권을 인수해야 한다는 것과 아마도 만슈타인이 최적의 후보라는 데에는 동의했지만, 히틀러가 그런 변화를 결코 승인하지 않을 것이라고 주장했다.

    — 『히틀러 최고사령부』 (제프리 메가기)

    독일 장성들, 특히 젊은 장성들은 만슈타인이 브라우히치의 뒤를 이어 육군총사령관이 되기를 희망했었다. 그들은 만슈타인을 국방군 최고의 전략가로 여겼으나 히틀러는 육군총사령관직을 그를 위한 자리로 원했다. 한편으로 히틀러가 만슈타인을 육군참모총장에 임명하는 것을 생각했었음에도 마지막 순간에 히틀러는 만슈타인의 기질이 할더처럼 중재를 선택하는 성격이 아닌 것을 두려워하며 그 선택을 하지 않았다. 가까운 측근에게 히틀러는 '만슈타인의 재능은 매우 뛰어나지만 기질이 너무 독선적(Independent)이다.'라고 말했다. 만일 히틀러가 본인이 작전 문제를 다룰 수 있는 재능을 가지고 있던 것을 알았다면 반대로 만슈타인을 거의 신뢰하지 않았을 것이다.

- 『Erich Von Manstein: Hitler's Master Strategist』 (Benoît Lemay)

12. 스탈린그라드의 비극
(THE TRAGEDY OF STALINGRAD)

지나가는 이여! 스파르타에 가거든
조국의 명령을 기억하고 있는 용사들이
여기 묻혀 있다고 전해다오.

Stranger! To Sparta,
her faithful band Here lie in death,
remembering her command.

테르필레(Thermopylae)에서의 —용맹함과 충성심을 간직한 채 군인으로서의 복종 의무를 수행하며 산화한 결사대의— 영웅담을 묘사한 이 문구와 훗날 그들을 위해 헌정된 노래들은, 볼가(Volga)에서 수난을 겪었던 6군의 기념비에는 새겨지지 못했다. 굶주림과 동상으로 인해 사라져간 독일군의 흔적을 기리기 위한 무덤 위의 십자가나 전사자를 위한 기념비조차 세워지지 못했다. 그러나 그들이 겪었던 고난과 그들이 보여주었던 미증유의 용맹함과 충성심과 그들에게 주어졌던 임무에 대한 헌신은 —승리를 갈망하던 목소리가 죽음으로 인해 사라지고 우리를 떠난 그들에게 느꼈던 환영(Disillusion)과 비통함이 우리의 가슴 속에서 점점 사라진 이후에도— 영원히 기억될 것이다.

[옮긴이의 주]
- 그리스의 테르모필레에 위 문구가 새겨진 기념비가 있다. 스파르타의 용사 3백 명과 다른 도시국가들의 용사들이 이곳에서 페르시아군과 싸우다 전멸하였다고 한다.

영국의 경우 브리튼 항공전(Battle of Britain)을, 그리고 미국에서는 미국의 참전이 2차세계대전의 전환점이 된 것으로 간주하는 반면, 통상적으로 러시아 측의 입장에서는 스탈린그라드 전투가 2차세계대전의 분수령이 된 전투로 인식해 왔다. 독일에서도 스탈린그라드 전투가 2차세계대전의 향배를 가름 짓는 결정적인 전투였다는 의견이 대다수이다. 그러나 실제로는 이러한 단순한 사건들 자체로써 2차세계대전의 결과가 결정된 것은 아니다. 2차세계대전의 성패는 여러 가지 원인들이 복합적으로 반영된 결과이며, 가장 중요한 원인은 히틀러의 정치적, 전략적 결정에 따라 독일이 지속적으로 연합군에 대해 절망적인 열세에 놓여졌다는 점이다.

독일군의 공세가 볼가(Volga)강에서 좌절되고, 그 기세가 한풀 꺾이게 된 점에서 스탈린그라드 전투가 2차세계대전의 전환점이 된 것은 확실하다. 그러나 막대한 6군의 손실에도 불구하고 스탈린그라드 전투가 동부전선에서 그리고 결과적으로 전체적인 전쟁의 결과를 운명 짓는, 돌이킬 수 없는 패배였다고 간주할 수는 없다. 만일 독일 정부와 군사 지휘부가 새로운 전략을 찾기 위해 유연한 대처를 하였다면 전선을 교착(Stalemate) 상태로 만들 수 있었다. 스탈린그라드에서 6군을 파멸로 이끈 것은 명백히 그의 명성에 대한 훼손을 우려한 히틀러가 도시에서 자발적으로 후퇴하는 것을 거부한 것에 그 원인이 있다. 또한 6군이 그러한 위기에 처하게 된 원인은 1942년의 공세 및 이 공세의 마지막 단계까지 입안한 국방군 최고사령부의 전략적 실수 때문이다. 1942년 늦가을에 남부집단군을 곤경에 처하게 만든 전략적 실수에 대해서는 챕터 「13. 남부 러시아 동계 전역」에서 설명할 것이다. 여기에서는 6군의 운명을 결정지은 사항들에 대해서만 설명하기로 한다. 히틀러가 경제적 목표로 삼았던 사항들이 전략에 주된 영향을 끼치게 되어 1942년 독일군의 공세는 코카서스와 스탈린그라드라는 두 개의 목표로 향하게 되었다. 이 시점에 하나의 전선이 추가적으로 생겨났기 때문에 가용한 병력이 부족한 독일군은 공세를 중단할 수밖에 없었다. 국방군 최고사령부가 크리미아에 있던 11군을 여러 전선에 투입하는 통에 예비대를 전략적으로 확보할 수 없었던 점은 더욱 상황을 악화시켰다.

A집단군은 흑해와 카스피(Caspian)해 사이에 있는 북부 코카서스에 전선을 유지하고 있었다. B집단군은 스탈린그라드 남쪽의 볼가강으로부터 도시 북쪽에서 돈강 중류를 거쳐 보로네슈(Voronezh)까지 연결되는 전선을 담당하고 있었다. 양 집단군이 방어하고 있는 전선이 길게 늘어지는 바람에 집단군들은 방어를 위한 충분한 전력을 확보하지 못하고 있었다. 특히 러시아군의 남쪽 날개가 많은 손실을 입었지만 결코 섬멸되지 않았음을 감안하면 이 점을 충분히 고려했어야 했다. 또한 러시아군은 다른 전선으로부터 예비대를 끌어올 수 있었으며 배후지(Hinterland)로부터도 가용한 병력을 끌어올

수 있었다. 추가적으로 양 집단군 사이에는 190마일에 이르는 칼미크(Kalmyk) 초원지대가 있었는데 엘리스타(Elista)에 주둔하고 있는 16차량화사단이 불충분한 전력으로 방어하고 있었다.

양 집단군의 능력 이상으로 확장된 전선을 줄곧 유지하려는 전략은 1942년 11월에 6군을 절망적인 환경에 처하게 만든 첫 번째 실수였다. 더 치명적이었던 두 번째 실수는 히틀러가 B집단군의 주력 공세 전력이었던 4기갑군과 6군을 스탈린그라드 전투에 모두 투입한 것이었다. 집단군의 북쪽 방면에 대한 방어는 루마니아 1개 군(3군), 이탈리아 1개 군, 헝가리 1개 군에게 맡겨졌고 보로네슈에 대한 방어는 약체였던 독일 2군에게 맡겨졌다. 히틀러는 독일의 동맹국들이 돈강을 천연 장애물로 삼더라도 러시아군의 강력한 공격을 지탱할 수 없었음을 알았어야 했다. 루마니아 1개 군(4군)은 4기갑군의 오른쪽 측면을 방어하는 임무를 맡았다. 전체적인 공세가 부분적으로 성공할 경우에 스탈린그라드를 점령하여 볼가강에 대한 지배권을 얻는다는 전략은 단기간의 관점에서 보면 충분히 용인될 수 있는 것이었다. 그러나 B집단군의 주력을 ―측면에 대한 충분한 방어 없이 몇 주 간― 스탈린그라드에 투입하는 것은 중요한 실수였다. 이로써 우리는 남부전선에 대한 전체적인 주도권을 러시아군에게 빼앗겼으며 결국 6군이 포위되는 지경에 이르렀다. 세 번째 실수는 독일군 남부전선이 가지고 있는 도무지 납득할 수 없는 지휘 체계(The utterly grotesque chain of command)였다. **A집단군은 실질적인 지휘관 없이** 히틀러의 즉흥적인 명령을 받고 있었다. B집단군은 동맹국의 4개 군(Army)을 포함하여 실질적으로 7개 이상의 군을 지휘할 수 있었던 적이 없었다. 대대수 동맹국의 부대들은 제한된 목표에 대해서만 작전 수행이 가능했으므로 집단군은 야전에서도 동맹국을 포함하여 5개 이상의 군(Army)을 지휘할 수도 없었다. B집단군의 사령부는 동맹국들과의 연락 체계를 위해 돈강 방어선의 후방에 있는 스타로비엘스크(Starobyelsk)에 위치해 있었는데 이로써 집단군의 오른쪽 날개로부터 멀어지게 되었다. 또 히틀러는 집단군 사령부에 간섭하여 종종 6군에 대한 지휘에 관여하고자 하였다.

[옮긴이의 주]
- 히틀러는 A집단군 사령관 리스트를 해임한 후 A집단군 사령관이 되었다. 히틀러는 국가수반이자, 국방군 최고사령관, 육군총사령관, A집단군 사령관의 역할을 맡았다. 히틀러는 리스트의 입장을 변호한 요들뿐만 아니라 카이텔, 발리몬트까지 해임하는 방안을 고려했으며 이후 몇 달간 요들이나 카이텔과의 악수를 거부했다는 증언이 있다.

육군총사령부는 이러한 지휘 체계의 문제점을 인지하여 안토네스크 원수를 사령관으로 하는 새로운 돈집단군을 창설하고자 하였으나 히틀러가 우선은 스탈린그라드의 함락을 목표로 하였기 때문에 돈집단군 사령부는 아직 구축되지 않았었다. 루마니아군의 원수를 이용하지 않았던 것은 치명적인 오판이었다. 안토네스크 원수는 훌륭한 군인이었으므로 ―비록 그의 지휘력이 검증되지 않았다 할지라도― 그의 존재만으로도 스탈린그라드 전선의 측면을 보강하겠다는 우리의 요구에 큰 힘을 보태주었을 것이다. 무엇보다도 그는 루마니아의 국가수반이었으며, 그리고 동맹국의 맹주였으므로 히틀러는 독일 집단군 사령관보다는 그의 말에 더 귀를 기울였을 것이다. 더군다나 안토네스크 원수는 러시아군에게 갖는 공포심과 비슷한 경외감을 그들의 원수에게 갖고 있던 루마니아 상급 지휘관들의 전열을 가다듬을 수 있었다. 내가 돈집단군을 인수하고 난 뒤에 안토네스크 원수가 보내온, 전황에 대해 염려하며 특히 루마니아 3군이 처한 위험에 대해 주의하기를 바란다는 편지들은 이런 상황을 잘 표현하고 있다. 다만 ―그가 만일 전선을 책임지고 있는 사령관이었거나 아니면 위험에 처한 이 지역의 책임자였다면 그 의견이 중요성을 가질 수 있었겠지만― 그가 전선을 책임지고 있는 사령관이 아니었으므로 어쩔 수 없이 그의 의견이 의사결정에 중요한 고려사항이 되지는 못했다. B집단군과 6군은 스탈린그라드의 양 측면에서 러시아군이 대규모 공세를 준비하고 있다는 정보를 알려왔다.

마지막으로 6군과 남부전선의 위치에 영향을 끼친 중요한 사항을 언급하고자 한다. A집단군, B집단군의 4기갑군과 6군, 그리고 루마니아 3, 4군과 이탈리아 1개 군은 기본적으로 드네프르강을 도하할 수 있는 경로가 드네프로페트로프스크(Dnepropetrovsk)에 있던 철로 교량 외에는 없었다. 자포로지예의 철로 교량은 아직 보수 중이었고, 우크라이나를 경유하여 니콜라예프와 크리미아의 케르손과 케르치를 연결하는 철로들은 보수 중이거나 아니면 보수에 착수할 예정이었다. 또한 독일군의 북부전선과 남부전선을 잇는 철로도 여전히 불충분했다. 신규 병력을 투입하거나 전선 뒤에서 부대들을 재편성할 때, 그들이 점유하고 있는 지역에서 어디로든 자유롭게 병력 이동이 가능한 러시아군과 비교하여 우리 부대들이 지속적인 불리함을 안고 있었던 점을 국방군 최고사령부는 알고 있어야 했다.

모든 사령관들은 승리를 얻기 위해서는 위험을 감수해야만 한다. 그러나 1942년 늦가을에 최고사령부는 B집단군의 주력을 스탈린그라드에 밀어 넣고, 돈전선을 쉽게 격파될 수 있는 약한 방어선

(Screen)으로 지키는 위험을 감수하는 것은 피했어야만 했다. 최고사령부는 동맹국의 방어선이 쉽게 무너질 수 있다는 것에 대비하지 않았는데 루마니아군은 크리미아에서 우리의 훌륭한 동료로서 싸워왔고 가장 신뢰할 수 있는 동맹국이었지만 이탈리아군은 참전 초기부터 그들의 전투 능력에 대해 신뢰할 수 없었다. 최고사령부는 러시아군 남익의 결정적인 붕괴 없이 —우리가 얻은 하계 공세의 자그마한 승리 이후 독일 지휘부는 주도권을 러시아에게 뺏기는 것을 막고자 했으며— 코카서스와 돈 강 굴곡부가 주는 이점을 얻기 위해 그리고 돈강 중류의 전선 사이에서 기동전을 다시 펼치고자 이러한 위험을 감수하고자 한 것이다. 그러나 이러한 위험이 히틀러와의 협의를 통해 조율될 가능성은 거의 없었으며 뚜렷한 목적 없이 시작된 공세가 그 힘을 서서히 잃어버리는 와중에 히틀러는 결국 스탈린그라드의 비극을 초래했다.

돈집단군 인수 시점의 스탈린그라드 전황
(DEVELOPMENT OF THE SITUATION AROUND STALINGRAD UP TO MY TAKE-OVER OF DON ARMY GROUP)

11월 21일 비텝스크에 있던 11군 사령부에 육군총사령부의 명령이 내려왔고, 그 내용은 스탈린그라드 서부와 남부에서 힘든 방어전을 펼치고 있는 군들(Armies)과의 협력을 위해 4기갑군, 6군, 루마니아 3군을 휘하에 두는 돈집단군 사령부를 맡으라는 것이었다. 우리는 병참 조직이 없었으므로 안토네스크 장군 휘하에 있는 병참 조직을 이용하게 되었다. 병참 조직을 이끄는 이는 핀크(Finkh) 대령이었고, 그의 과묵함은 보급과 수송 문제를 해결하는 그의 능력에 썩 잘 어울렸으며 결국 그는 집단군이 처한 보급 문제를 잘 처리해 주었다. 유감스럽게도 6군에 대한 공중 보급 문제는 그의 권한 밖이었다. 내가 해임된 이후 1944년 4월 그는 서부전선의 참모진으로 전출되었으며 거기에서도 그는 보급과 수송 문제를 적군이 제공권을 장악하고 있던 시점에서도 훌륭하게 해냈다고 전해 들었다. 훗날 그는 히틀러 암살 음모에 가담하여 1944년 7월 20일 이후 사형 당했다.

육군총사령부가 돈집단군에게 부여한 임무는 적의 공격을 견뎌낸 후, 반격을 통해 빼앗긴 전선을 재탈환하는 것이었다. 돈집단군의 무장을 강화하기 위해, 이미 약속된 1개 군단과 1개 사단의 사령부가 B집단군의 오른쪽 날개 후방에 있는 밀레로포(Millerovo)로 이동할 예정이었다. 돈집단군에게 주어진 임무와 증강된 부대의 소규모 전력으로 보아 육군총사령부는 나날이 점점 조여오는 포위망과 스탈린그라드 주변에 있는 위험을 여전히 알지 못한 것 같았다. 더 많은 정보를 비텝스크에서, 그리고 열차가 이동을 멈추었을 동안 클루게 원수와 참모장인 뵐러 장군을 통해 얻을 수 있었다. 러시아군은 1개 내지 2개 기갑군과 수많은 기병부대의 지원을 받는 30여개 부대로 스탈린그라드 북서쪽에 있는 루마니아 3군의 방어선을 돌파했으며, 스탈린그라드 남부에서 4기갑군의 휘하에 있던 루마니아 4군도 동일하게 러시아군의 공격을 받고 있었다. 비텝스크를 떠나기 전 나는 육군참모총장에게 전문을 보내 적들의 거대한 공세를 지적하며 스탈린그라드에서 빼앗긴 지역이 이미 강화되어 있어 재탈환은 우리가 할 수 있는 역할이 아닐 것이라 했다. 아마 증원할 부대가 없겠지만, 만일 우리가 상황을 반전시키고자 한다면 1개 군이 증원되어 적이 재편성을 완성하기 전에 반격을 가해야 한다고 얘기했다. 자이츨러 장군은 나의 말에 동의하여 1개 기갑사단과 두세 개의 사단을 증원해 주기로 약속했다. 아울러 나는 B집단군에게 6군이 현재의 방어선에서 속히 이탈하여 칼라치(Kalach)에서 돈강을 도하할 수 있도록 퇴각시킬 것을 요청하였으나, 이 지시가 6군에게 전달되었는지 확인할 수는 없었다.

11월 24일 스타로비엘스크에 도착하자 우리는 B집단군 사령관인 바이스 상급대장과 참모장인 조덴슈테른 장군으로부터 **최근에 벌어졌던 상황들과 현재 정세**에 대해 들을 수 있었다. 11월 19일 이른 시간에 러시아군은 대규모 포격 후 크레멘스카야(Kremenskaya)에 있는 돈강 교두보에 공격을 가했고, 더 서쪽 지역에서 도강하여 6군 소속의 11군단과 루마니아 4, 5군단으로 구성된 루마니아 3군의 왼쪽 측면을 공격했다. 동시에 러시아군은 스탈린그라드 남쪽에서 루마니아 4군과 호트 상급대장이 이끌던 4기갑군을 공격했다. 6군의 좌측이 러시아군의 공세에 맞서 군건히 버텨내는 와중에 러시아군은 양쪽 전선에서 루마니아군이 지키던 구간의 돌파에 성공했다. 우리가 그들에게 가르쳤던 것을 배운 러시아군의 기갑부대가 두 개의 돌파구를 통해 깊게 공격로를 열었다.

11월 21일 이른 시간, 러시아군들이 이미 돈강의 칼라치에서 연결되어 포위망 구축에 성공했다. 칼라치에 있던 교량은 6군에 대한 보급을 위해서 반드시 지켜야 하는 요충지였으나 이마저 빼앗겼다. 21일 오후쯤에는 러시아군들이 포위망을 조여서 6군을 둘러싼 포위망이 더욱 축소되어 스탈린그라드 남부에 있던 4기갑군 소속의 독일군과 루마니아 부대들은 포위망 속에 갇히게 되었다. 포위망에 갇힌 독일군의 규모는 5개 군단으로 총 20개 사단이었으며, 루마니아 2개 군단과 레닌그라드 전선에 투입되지 않았던 야포 전력의 대다수와 다수의 공병부대들이었다.

시간이 흐른 뒤에도 B집단군은 포위망이라는 함정에 빠진 전체 병력의 규모에 대해 확인할 수 없었는데, 6군의 보고에 의하면 대략 200,000~270,000명이었다. 그러나 이 수치는 루마니아군과 독일의 편에서 자발적으로 싸운 히위(Hiwis)들과 포로들을 포함한 것임을 기억해야 한다. 통상적으로 최대 300,000명에 달한다고 언급되는 수치는 일부 과장된 측면이 있다. 물자 집적소를 지키던 다양한 병참부대들과 부상병들, 그리고 휴가(On leave) 중이던 병사들만이 포위망에서 벗어날 수 있었으며 이러한 잔존병력들(Residual elements)은 나중에 6군 소속의 사단들이 재편성되었을 때에 각 사단마다 1,500~3,000명씩 배정되어 기간요원(Cadres)이 되었다. 야포 전력이 증강되었고, 공병부대들이 증원되었다 할지라도 11월에 6군의 전력이 이미 고갈되었던 점을 감안하면 포위망에 갇힌 병력의 수는 200,000~220,000명으로 보는 것이 타당했다.

[옮긴이의 주]

- 평전에 따르면 이 작전은 적군(Red Army) 최고사령관 주코프(Zhukov)와 총참모총장 바실리예프(Vassilevski)에 의해 두 달 동안 준비된 천왕성(Uranus)작전이다. 러시아군이 칼라치에서 포위망을 완성한 때는 22일이며, 포위망에 갇힌 병력의 규모는 독일 21개 사단과 2개 루마니아사단을 포함하여 약 250,000명으로 기록되어 있다. 육군참모총장 자이츨러는 히틀러에게 6군의 퇴각을 요청했으나, 히틀러는 11월 21일 파울루스에게 위치를 고수하라고 명령했으며 이튿날 공식적으로 명령을 내렸다. 히위는 러시아군 소속이었다가 자의적이든 타의적이든 독일군의 제복을 입고 싸웠다.

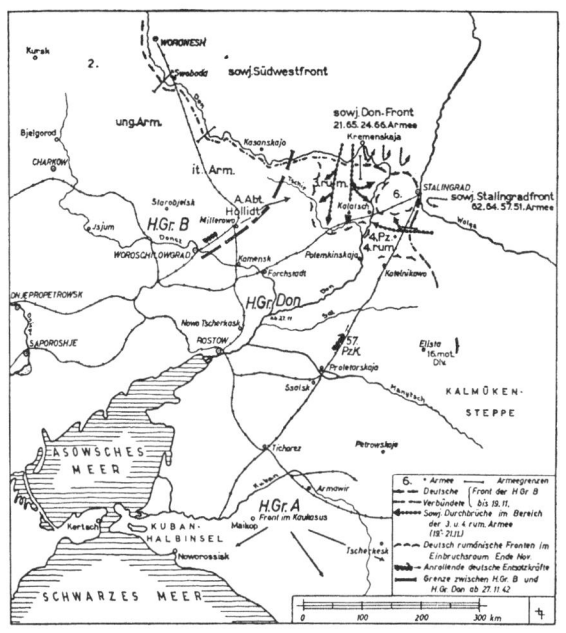

러시아 전역, 천왕성작전

11월 24일의 진황은 대략적으로 다음과 같았다. 4기갑군이 작전에 투입할 수 있는 병력은 초원과 엘리스타까지 확장된 전선을 담당하고 있던 남익의 16차량화사단과 북익에 있던 루마니아 18사단 뿐이었다. 나머지 루마니아군들은 포위망 안으로 쓸려들어 갔거나 괴멸되었다. 루마니아 잔존병력들과 다양한 독일군 병참부대들을 긁어모아(Scrape together), 4기갑군은 코텔니코보(Kotelnikovo) 앞에서 급조된 방어선을 구축할 수 있었고 당분간 러시아군이 공격하지 않고 있었다. 루마니아 4군(사령부를 포함하여)의 잔존부대들은 호트 상급대장의 휘하에 있었다. 스탈린그라드 남쪽 전선에 있던 4기갑군의 4군단은 루마니아군이 붕괴하자 스탈린그라드 남서쪽과 남쪽으로 쓸려들어가 6군의 휘하에 있게 되었다. 4, 8, 11, 51군단과 14기갑군단으로 구성된 6군은 스탈린그라드의 포위망에 갇혔다. 6군은 11군단 및 8군단의 잔존병력을 이용하여 서쪽에 새로이 형성된 전선을 돌파하여 돈강의 양안에서 북쪽을 향한 전선에 배치하고자 했다. 이는 칼라치 교량의 동쪽 교두보를 확보하기 위한 이유에서였다. 또한 새로이 형성된 남쪽 전선에는 스탈린그라드로 밀려온 4기갑군의 잔존병력(루마니아 4군의 잔존병력을 포함하여)과 예비대들을 투입하였다.

포위망은 동서로 30마일, 남북으로 25마일에 이르렀다. 양익을 돌파당한 루마니아 3군의 중심에 있었던 —세바스토폴 전투에서 용맹함을 보여준 바 있는— 라스카르 장군 휘하의 3개 사단은 분전했으나 결국 포위되었고 포로로 잡힌 것으로 추정되었다. 예비대로서 전선 후미의 돈강 교두보에 있던 48기갑군단은 때늦은 반격을 가했으나 성공적이지 못했다. 48기갑군단의 2개 기갑사단들은 포위망에 갇혔는데 이제 서쪽으로 탈출하라는 명령을 받고 퇴각 중이었다. 48기갑군단의 사령관인 하임(Heim) 장군은 히틀러의 명령에 의해 해임되었으며 히틀러의 사령부로 소환되었다. 이 같은 음모를 항상 노려왔던 괴링이 주재한 전시법정에서 히틀러는 하임에게 군단이 수행한 작전의 실패를 이유로 사형을 언도하였으나, 후에 그의 기갑군단이 구원 임무를 수행할 수 있을 만큼 강하지 않았음이 증명되어 복권되었다. 48기갑군단은 새로이 편성되어 전투 경험이 없었던 루마니아기갑사단과 아직 기술적인 관점에서 명백히 우리가 원하는 수준까지 도달하지 못한 독일 22기갑사단으로 구성되어 있었다. 여러 가지 이유로 인해, 루마니아 1, 2군단으로 구성된 루마니아 3군은 여전히 3개 사단을 보유하고 있었으며, 포위망으로 빨려 들어가지 않은 채 돈강에서 이탈리아군에 인접해 있었다.

B집단군의 견해에 따르면 6군은 많아야 2일치의 탄약과 6일치의 식량만을 보유하고 있었다(이 수치들은 나중에 너무 낮게 추정되었던 것으로 확인되었다). 이제까지 기상 상태가 비행에 적합하지 않아 공중 보급은 6군이 요구하는 탄약 및 연료의 10% 수준만이 이루어지고 있었다. 200톤의 화물을 적재할 수 있는 100대의 융커스(Junkers) 수송기가 약속되었고 다른 기종들도 잇따라 투입될 예정이었다. 정보과의 보고에 따르면 러시아군은 그들이 돌파구를 낸 스탈린그라드 남쪽 전선에 24개 부대들(보병사단들, 기갑 및 차량화여단들)을 투입하고 있었으며 강력한 공격을 퍼부으면서 6군의 남쪽 전선에서 북상하고 있었다. 또한 러시아군은 루마니아 3군을 돌파한 후 6군의 배후 지역인 칼라치에 24개 부대들을 투입하고 있었다. 더 서쪽에서는 약 23개의 부대들이 치르(Tschir, Chir)강을 향해 남진하거나 남서쪽으로 진격하는 것이 확인되었다. 또한 러시아군은 스탈린그라드 내에서 6군과 맞서고 있던 부대들을 유지 중이었으며 이 부대들은 볼가강을 통해 증원되고 있었다. 마찬가지로 6군의 북익에 맞서고 있던 러시아군도 볼가와 돈강 사이에서 압도적인 병력을 유지 중이었다. 마지막으로 러시아군은 철로를 이용해서 병력을 증원하고 있음이 확실했다. 11월 28일이면 러시아군이 143개 부대들(보병사단들, 기갑여단 등)을 새로이 편성된 돈집단군의 작전 지역에 전개하고 있음이 확인되었다.

나의 휘하에 있는 돈집단군의 구성은 다음과 같았다.

첫째로 기진맥진한 독일 20개 사단과 루마니아 2개 사단으로 편성된 6군이었는데, 이미 스탈린그라드에서 세 배 규모의 러시아군에게 포위된 상태였다. 보유한 탄약, 연료와 식량은 점점 소진되고 있었으며 6군의 전력을 보강할 보급 수준은 더 이상 기대하기 어려웠다. 더군다나 히틀러로부터 스탈린그라드를 요새화하여 사수하라는 절대적인(Categorical) 명령을 받은 상태여서 6군은 작전의 재량권마저 없었다.

둘째로 4기갑군의 잔여 병력과 2개의 루마니아 군들(Armies)이었다. 4기갑군 소속의 16차량화사단은 —A집단군의 퇴각로를 지키고 있었기 때문에 절대로 초원지대에서 후퇴할 수 없었고 이제까지 전투에 투입되지 않았기에— 우리가 현재 보유하고 있는 최상의 부대였다. 4개 루마니아 사단이 전력을 유지하고 있었지만 그들의 전력은 러시아군에 맞설 수 있는 수준은 아니었다.

이미 실질적으로 육군총사령부의 관할 하에 있는 6군을 돈집단군의 소속 부대로 간주하는 것은 허구에 불과했다. 6군이 자력으로 포위망을 탈출할 수 있는 전력을 보유했을 때 6군을 스탈린그라드에 고착시킨 것은 히틀러 그 자신이었다. 이제 작전상의 의미로는 6군은 더 이상 움직일 수 있는 처지가 아니었다. 돈집단군은 더 이상 6군에게 탈출을 명령할 수 없었으며, 단지 탈출할 수 있는 기회만을 제공할 수 있을 뿐이었다. 또한 히틀러는 6군 사령부 내에 히틀러에게 직접 보고할 수 있는 조직을 만들어 연락장교를 통해 직접적으로 6군을 통제하려 하였다. 보급 문제에 있어서도 히틀러만이 공중보급에 대한 권한을 가졌으며, 히틀러만이 최종 명령권을 가졌다. 솔직히 말하자면 나는 6군의 인수를 거부하고 육군총사령부에게 형식적으로나마 6군의 지휘는 육군총사령부가 맡아야 한다고 주장했어야 했다. 하지만 나는 6군을 포위망에서 벗어나게 하는 합동작전을 수행하는 것에 육군총사령부보다는 내가 더 적합하다고 생각했기에 그 당시에 인수를 거부하지는 않았다. 합동작전이 왜 실현되지 못했는지에 대해서는 이후에 기술하고자 한다. 돈집단군이 의존할 수 있는 병력은 —포위되어 작전상의 개념에서는 가용할 수 없는— 6군을 제외한 나머지뿐이었다. 이에 돈집단군에게는 아래와 같은 부대들이 증원되어야 했다.

Forces	From	To	Role
57기갑군단 휘하의 23기갑사단과 강력한 포병부대	A집단군	4기갑군	스탈린그라드를 남쪽에서 공격하여 6군과 연결
6기갑사단 (최근에 재편성된)	서부전선		
4개~5개의 사단을 가진 1개 군단		루마니아 3군(좌익)	홀리트(Hollidt)분견군에 소속되어, 치르강 상류에서 동쪽으로 스탈린그라드를 공격하여 6군과 연결

내 기억으로는 11월 22일 내지 23일쯤에 B집단군 사령부에서, 파울루스 장군이 히틀러에게 보낸 전문을 본 적이 있는데 내용은 그와 군단의 사령관들은 6군이 남서쪽으로 탈출하는 것이 무조건적으로 시행되어야 한다고 의중을 모았다는 것이었으며 이 작전을 위해 6군은 북쪽 방어선을 축소시켜서 전선을 효율화 하고자 한다는 것이었다. B집단군 사령부는 히틀러가 즉시 이 작전을 승인한다고 해도 11월 28일까지 포위망을 벗어나는 것은 불가능할 것이라 생각했다. 더군다나 히틀러는 이 같은 요구를 묵살하고, 북쪽 방어선의 축소를 금지시켰다. 그의 의지를 더 천명하고자 그는 북쪽 방어선의 지휘 권한을 자이들리츠 장군에게 위임하였다.

[옮긴이의 주]
· 평전에 의하면 11월 23일 파울루스는 남서쪽으로의 퇴각을 요청했으며, 바익스와 자이츨러는 현실적으로 선택의 방법이 없었으므로 이를 승인했다. 그러나 히틀러는 공중 보급을 통해 보급과 화력을 보충할 수 있다고 주장했다.

돈집단군의 참모진들은 6군의 정세를 살펴볼 시간과 기회도 얻지 못했다. 명백히 파울루스 장군은 —6군을 스탈린그라드에 묶어놓으라는 히틀러의 명령 하에서도— 러시아군의 공세 첫 단계에 덜 위험한 전선에서 병력을 빼내는 등의 필요한 조치를 모두 취했다. 4기갑군 소속의 4군단을 끌어들임으로써 스탈린그라드 남쪽에 새로이 전선을 형성할 수 있었고, 또한 서쪽으로 가는 탈출로를 형성하기 위해 돈강 동쪽의 14기갑군단을 돈강의 서쪽 유역으로 이동시켰다. 불행히도 14기갑군단은 서쪽에서 우월한 러시아군과 맞서게 되었고 동시에 러시아군은 돈강의 서쪽에서 북쪽 전선을 담당하고 있었던 11군단을 후미에서 공격하였다. 이 같은 상황에서 6군은 2개의 군단(11군단, 14기갑군단)을 돈강 동쪽으로 다시 불러들일 수밖에 없었으며 결과적으로 '**돈강과 볼가강 사이에서**' 둥그런 방어선을 펼치게 되었다.

[옮긴이의 주]
- 이때의 방어선은 위(좌)에서 아래(우)로 헝가리군~이탈리아군~루마니아 3군~고립된 6군~4기갑군~루마니아 4군 순이었으며, 포위망의 완성 시에 6군은 돈강과 볼가강 사이에 고립되었다. 기술되는 내용 중에 돈강의 동쪽, 서쪽 등으로 방향이 자주 바뀌게 되는데 6군이 '돈강 동쪽 지역과 볼가강 서쪽 지역'에 고립되어 있는 것을 감안하면 쉽게 이해할 수 있다.

비록 이 조치가 6군을 패배의 소용돌이에 빠지는 것을 모면하게 했지만 6군의 부대들, 6군과 인접하던 부대들이 휩쓸려 필연적으로 포위되게끔 만들었다. 명백한 점은 국방군 최고사령부가 6군에게 작전상의 재량권(Elbow-room)을 부여하는 명령을 내려, 6군으로 하여금 포위망에 갇히는 일이 벌어지지 않도록 해야 했었으나 그렇게 하지 않았다는 것이다. 통찰력이 있는 사령부라면 측면에 대한 충분한 방어 없이 스탈린그라드 내 또는 인근에 배치되어 있는 독일군이, 만일 러시아군이 인근의 연결고리를 끊는다면 포위망에 빠질 수밖에 없는 치명적인 위험을 감수해야 한다는 점을 인식했어야 했다. 11월 19일 돈강과 스탈린그라드 남부에서 러시아군의 강력한 공세가 시작되었을 때 독일 지휘부는 이 사태가 어떠한 의미를 가지고 있는지를 알고 있었어야 했던 것이다. 독일 지휘부가 러시아군이 루마니아군을 괴멸시킨 시점까지 기다렸던 점은 —루마니아군이 러시아군의 공세를 조금 더 버텨낸다 할지라도 결코 용납될 수 없는 것이었으며— 이 시점에서 B집단군의 남쪽 날개를 안정화시키고자 6군에게 재량권을 줄 필요가 있었다. 늦어도 19일 저녁 육군총사령부는 6군에게 작전상의 재량권을 주어야 했었다. 러시아군의 공세에도 불구하고, 6군은 공세 초기 단계에서 돈강을 넘어 서쪽으로 후퇴하거나 강의 동쪽을 따라 내려오면서 남서쪽으로 활로를 뚫어 포위망에 갇히는 것을 면할 수 있었다. 그 책임은 국방군 최고사령부에 있으며, 파울루스 장군은 스탈린그라드를 벗어나기 위한 명령권을 가졌어야 했음에도 ―육군총사령부와 마찬가지로 인접 지역의 부대들로부터 보고를 받지 못한 상황이었으므로― 조기에 지휘권을 확립할 수 없었다. 그가 재량권을 요구한 22일과 23일이 되자, 6군의 운명을 결정지을 수 있는 마지막 기회가 사라졌다.

  히틀러가 심리적으로(Psychological) 이러한 요구를 받아들이지 않을 것임에도 히틀러에게 재량권을 요구한 것도 또 다른 실수였다. 파울루스는 육군총사령부의 육군참모본부 1부의 책임자로 재직했던 1941년 겨울부터 동부전선에 대한 히틀러의 의중을 잘 알고 있었다. 히틀러가 ―1941년 겨울에 한발짝도 물러나지 말고, 전선을 사수하라(Every foot of ground to be held)는 명령을 통해― 독일군을 나폴레옹이 겪었던 재앙으로부터 구해냈다는 확신에 차 있었음을 파울루스는 잘 알고 있었다. 그는 훗날 히틀러가 슈포르트팔라스(Sportpalast)에서 스탈린그라드의 운명을 언급한 이래로 독재자가 결코 스탈린그라드를 포기하지 않을 것을 인정해야만 했다. 스탈린그라드의 이름이 히틀러의 군사적 영예와 체면에 연결되어 있었으므로 유일한 방법은 스탈린그라드에서의 부대 소개가 기정사실임을 히틀러에게 강력하게 주장했어야 했다. 물론 이러한 행동은 파울루스 자신의 목숨을 걸고 해야만 했다(Such action might have cost Paulus his head).

  그러나 파울루스가 지휘권을 가져오지 못해 본인이 옳다고 믿는 일을 행하지 못한 것은 그런 개인적인 두려움 때문만은 아니었다. 히틀러에 대해 충성심이 강했고, 육군총사령부의 직접적인 지시를 받고 있었기 때문에 그는 독자적으로 포위망 탈출에 대한 승인을 요구한 것이다. 그리고 내가 지적한 바와 같이, 그는 전체적인 상황에 대한 조망을 충분하게 할 수 없었다. 그가 주도권을 갖고 행동하기 어렵게 만든 것은 스탈린그라드에서 방어선(Hedgehog position)을 구축하는 것보다 포위망을 벗어나는 것이 오히려 6군에게 일시적으로 더 큰 위험이 될 수도 있다고 생각했기 때문이다.

돈집단군이 바라본 11월 24일의 전황
(DON ARMY GROUP'S APPRECIATION OF SITUATION ON 24TH NOVEMBER)

우리는 일시적으로 집단군 내부에서 처리해야 할 명령들을 내리느라 집단군을 실무적으로 인수하지는 못하고 있었다. 노보체르카스크(Novocherkask)에 위치한 집단군 사령부는 나를 포함해 완벽하게 꾸려진 참모진들이 도착하고, 완벽한 통신망이 구축된 후에야 원활하게 움직일 수 있었다. 중부전선에서 비행기가 눈보라로 인해 이륙할 수 없었으므로, 우리는 계속 철로를 이용하여 이동했기 때문에 며칠간은 특이 사항이 없었다. 나는 돈집단군의 사령관으로서 11월 24일 우리에게 보고된 전황에 기초하여 문제를 직접적으로 부딪쳐 해결하고자 했다. 우선 6군이 포위망이 완성된 이 시점에 가능하다면 포위망을 탈출하려는 시도를 해야 하는지 —상황이 여의치 않거나 이미 포위망을 뚫고 나올 기회가 사라졌다면— 증원군이 도착하여 6군과 연결되는 것을 기다리는 것이 맞는지 확인하고자 했다. 나의 참모장 슐츠 장군과 작전참모장인 부세 대령과 심사숙고한 끝에 우리는 다음과 같은 의견을 도출하였다.

'적들은 포위망을 구축하고 난 후 포위된 6군을 섬멸하고자 할 것이며, 동시에 루마니아 3군의 붕괴를 이용하여 기계화된 부대로 돈강 굴곡부를 도강하여 6군, 4기갑군 및 A집단군의 배후 보급선을 차단할 수 있는 로스토프로 진격할 수 있음을 대비해야 한다. 도로와 철로로 병력 증원이 가능한 러시아군이 두 개의 목표를 동시에 수행할 수 있음을 명심해야 한다. 돈집단군의 가장 중요한 임무는 20만 명에 이르는 독일군의 운명을 풍전등화의 위기에서 구하는 것이며 —또한 6군이 괴멸되거나 포위망에서 벗어나지 못한다면 동부전선의 오른쪽 날개를 재건하기가 불가능하였으므로— 어떠한 경우라도 6군을 포위망에서 벗어나게 해야 한다. 한 가지 확실한 점은 우리가 포위망을 돌파하여 6군과의 연결고리를 다시 생성하는 경우에 6군은 이미 전략적 목표가 사라진 —그 이름만으로도 우리의 목표가 되었던— 스탈린그라드로부터 벗어나 겨울 동안에 남부전선을 안정시키기 위한 전력으로써 투입돼야 한다.'

우리에게 당면한 문제는 이미 포위망을 벗어날 호기를 놓친 6군이 이 시점에 다시금 포위망 돌파를 시도할 것인가였다. 히틀러에게 포위망 돌파작전에 대한 허가를 파울루스가 요청한 지 이틀이 지났기 때문에, B집단군의 의견에 따르면 이 같은 시도가 29일 내지 30일 전에는 실행되기가 어려웠다. 이미 러시아군은 일주일 이상의 시간을 벌어 포위망을 더 강화할 수 있었다. 6군은 단지 두 개의 탈출로만을 기대할 수 있었는데 모두 러시아군이 충분한 대비를 해 놓았을 것이었다.

첫 번째 루트는 칼라치에서 도강하여 돈강을 넘는 것이었는데 만일 6군이 포위망을 벗어난다 할지라도 돈강이라는 천연 장애물이 버티고 있었다. 또한 초기 돌파 시에 대부분의 탄약을 소비하게 될 것이다. 돈강 서쪽에서 소소한 반격을 받으며 치르강 하류 쪽으로 진격 중이던 러시아군과 도강을 위한 전투를 벌여야 하기 때문이다. 탄약을 소비한 채, 서쪽을 제외한 삼면의 공격을 받게 될 6군이 도강에 성공할 확률은 극히 적었다.

두 번째 루트도 이미 적이 대처를 하고 있었겠지만, 6군은 돈강의 동쪽에서 남서쪽으로 4기갑군의 잔여병력이 있는 곳으로 탈출할 수 있는 가능성이 약간 있었다. 다만 이 대안은 결점을 안고 있었는데 설령 6군이 탈출에 성공한다 해도, 이 지역은 공세의 초기 단계에서 연결될 수 있는 독일군이 없는 지역이었다. 또한 강 서쪽에 주둔하고 있는 러시아군이 남쪽으로 방향을 틀어 6군을 앞지른 후에 도강을 방해하고 있는 동안에 스탈린그라드 주변에 있던 러시아군이 6군의 뒤를 따라잡을 수 있을 것이었다. 그렇다면 결국 6군은 적절한 탄약, 연료와 음식도 없이 초원지대에서 홀로 싸워야 했다. 일부 기갑부대의 경우 탈출에 성공할 수 있겠지만 6군 전체의 운명은 결정되었을 것이다. 6군에게 묶여있던 러시아군이 행동의 자유를 얻는다면 곧 독일군 남쪽 날개를 —아직 코카서스에 주둔 중이었던 A집단군을 포함한— 괴멸시키고자 진격할 것이었다.

6군과 남쪽 날개에 대해 거시적인 시각으로 보자면 우리의 목표는 6군의 전력을 유지하여 전투가 가능한 상태로 포위망을 벗어나게 하는 것이었다. 사실 이 목표는 6군에 대한 포위망이 완성되어 위험이 명백해졌던 시점에 국방군 최고사령부가 6군에게 재량권을 주어 해결해야 했던 사항이었다. 그러나 이제 6군은 외부 구원군의 도움 없이 자력으로 포위망을 돌파하거나 이후의 작전에 가능한 상태로 구출되기는 너무 늦었다.

반면 일단 2개의 구원부대가 행동을 개시하면, 구출작전의 초기에는 그렇지 않겠지만 6군의 전략적 위치는 작전상으로 볼 때 포위망 탈출에 매우 유리할 수 있었다. 일단 돈강 서쪽의 러시아군이 독일군의 부대와 조우하게 된다면 이 러시아군 부대를 공격하는데 6군을 활용할 수 있었다. 또한 6군이 동시에 행동에 돌입한다면 다른 구원군 부대는 돈강 서쪽의 러시아군 포위망 배후로 들어가 적진을 중심 공격할 수 있을 것이고 적군의 포위망에 대한 압박이 약화된 틈을 타서 공세 초기에 6군이 포위망을 벗어나는 것을 쉽게 해 줄 것이었다(저자: **홀리트**(Hollidt) 구원 그룹이 돈강 서쪽에서 러시아군에게 묶여 최종적으로 이러한 역할을 수행하지 못했던 반면에, 4기갑군의 진격은 러시아군의 방어선을 약화시켰다). 이때 약간의 시간 지연조차도 적들로 하여금 포위망을 더 고착화시킬 수 있는 시간을 주는 것이므로 매우 위험한 것이었다. 이 같은 위험은 최고사령부가 6군이 포위망을 벗어날 때까지 공중 보급을 충분히 할 수 있다는 확신만 준다면 충분히 감수할 수 있었다. 공중 보급이 가능하다는 점은 6군이 홀로 절망적인 전투를 벌이기보다는, 구원 병력이 도착할 때까지 기다렸다가 그때가 되면 공세를 개시한다는 작전의 전제가 되었다.

[옮긴이의 주]
- 홀리트는 17군단, 홀리트분견군, 그리고 이 홀리트분견군이 6군으로 재편되었을 때도 사령관을 맡았다. 1944년 해임되었으며 종전 시점에 포로가 되어 짧은 기간의 복역 후에 풀려났다.

이와 같은 정세를 고려하여 나는 육군참모총장에게 전화로 돈집단군의 의견은 다음과 같다고 알려주었다.

'6군이 현 시점에서 남서쪽으로 포위망을 뚫는 것은 충분히 가능하며, 탄약과 연료의 부족으로 6군을 스탈린그라드에 잔존케 하는 것은 심각한 위기를 불러올 것이다. 6군이 독자적으로 포위망을 탈출할 수 있던 기회는 이미 상실했으므로, 6군은 구원군이 재편되어 도착하는 동안 공중 보급에 의존하여 현재의 위치에서 대기하는 것이 좋을 것이다. 공중 보급의 성공은 매우 결정적인 요소이다. 구출작전은 구원군이 도착하는 12월초에 착수될 수 있을 것이나 적들이 전선으로 강력한 부대들을 투입하고 있으므로 독일군 또한 지속적인, 그리고 강력하게 재편성된 부대들을 투입하여야 한다. 만일 구원군이 러시아의 강력한 부대들을 격퇴하지 못한다면 6군은 독자적인 탈출작전을 실시해야 한다. 즉각적인 포위망 탈출작전을 시작할 수 없으므로, 현 시점에서 일 400톤 수준의 보급품이 6군에게 지원되어야 한다(저자: 일 400톤의 수량은 6군에게 필요한 최소한의 대전차용 탄약, 연료, 식량이었으며 재고량이 바닥나자 일 최소 요구량은 550톤이었다).'

육군참모총장과의 통화 중에 나는 공중 보급이 선결되지 않는다면, 일시적이라도 6군이 현 상태에서 더 이상 벗어날 수 없을 것이라 확실히 얘기하였다. 이후에 일어난 스탈린그라드의 비극을 —히틀러의 몰지각한 도시 사수 명령, 나중에 기술하겠지만 6군에게 마지막 남은 기회에 대해 재량권을 주지 않았던 육군총사령부의 실수, 4기갑군이 구원부대로서 늦게 재편성된 점, 러시아군이 이탈리아군의 방어선을 공격하여 홀리트분견군이 스탈린그라드 전투에 참여하지 못한 점— 이미 알고 있는 사람이라면 6군 스스로 탈출을 시도하는 것이 더 나았으리라 결론지을 수도 있을 것이다. 그러나 4기갑군의 잔여부대가 있는 곳까지 도달하기 위한 전투 중에, 소수의 기갑부대와 대대급의 병력만이 자력으로 포위망을 뚫고 나올 수 있었을 것이다. 또한 6군은 단위부대로서 작전을 수행할 능력을 상실한 것으로 보였으며 탈출로를 뚫고자 하는 공세 초기에 이미 이러한 징조가 포착되었다. 만일 4기갑군이 6군의 구출된 병력들과 연결에 성공했다면 적들의 포위망은 풀릴 수 있었겠으나, 이로 말미암아 A집단군을 포함한 독일군 남쪽 날개는 아마 포위되는 운명을 맞이했을 것이다. 6군을 희생양으로 삼는다는 마지막 고려사항이 우리가 11월 24일에 입안한 전략에 영향을 거의 끼치지 못했음을 강조하고 싶은데 —남쪽 날개를 구하고자 하는 목적에서 6군을 희생양으로 삼기보다는 2개 구원 그룹과의 양동작전을 통해서— 6군의 독자적인 탈출작전보다 나은 선택의 기회를 6군에게 주고자 희망하였다.

참모진들과 나는 한줌의 부대를 구출하는 것이 아니라, 향후 전선에 투입 가능한 군(Army) 전체를 구하기 위하여 작전에 임하였다. 스탈린그라드라는 이름이 가진 허울 좋은 목표는 우리에게 아무런 의미도 없었음은 두말할 나위가 없다. 이때 히틀러가 6군에게 탈출 명령을 내리거나 돈집단군으로 하여금 6군을 휘하에 두라는 명령을 내리는 것은 더 이상 기대조차 할 수 없었으며, 히틀러와 돈집단군 사령부의 의견 사이에서 고뇌하던 파울루스 장군은 결국 집단군 사령부의 의견을 따르지 않았다. 나는 또한 육군참모총장에게 구원 그룹이 6군과 연결된다 할지라도 6군은 반드시 스탈린그라드를 벗어나야 한다고 얘기했다. 나는 6군이 잠시 동안만 그들의 전력을 유지할 수 있을 것이라 확신했고, 탈출 중에 초원에서 적군에게 발목을 잡히는 것보다는 스탈린그라드 내에서 공중 보급을 받아야 한다고 말했다. 이제 6군의 포위망 탈출을 위한 두 가지 조건이 필요했다.

첫째, 공군이 6군의 전력 유지에 필요한 보급량을 제공할 수 있는가?
둘째, 최고사령부가 구원군으로 보낼 부대를 제공할 수가 있으며, 그 부대들이 임무에 적합한가?

전쟁 수행 단계에서 육군에 대한 명령권과 공군에 대한 명령권을 한 손에 쥐고 있던 독일 국방군의 최고사령관인 히틀러만이 미래의 일에 대한 결정권을 갖고 있었고 시기적절하게 결론을 낼 수 있었다. 만일 히틀러의 결단이 긍정적이라면, 우리는 6군의 절망적인 단독작전과 스탈린그라드에서 고립되는 경우를 배제할 수 있을 것이었다. 6군에게 희망이 있을 때 그는 가용한 병력을, 포위망을 돌파하기 위해 스탈린그라드로 투입하는 것을 주저했으며 올바른 결정을 하는 대신에 공군의 보급 능력에 대한 환상에 빠져 극도의 무책임함을 보였다. 히틀러는 스탈린그라드의 비극에 대해 책임(Guilty)을 져야 한다. 나중에 설명하겠지만, 6군의 운명이 향후 전황의 판가름이 되는 것임을 알지 못한 사람들과 히틀러에게 공군의 보급 능력에 대해 확신을 주고 믿게끔 만든 사람들도 책임을 져야 한다. 괴링은 경망스러운 언행으로 적절한 공중 보급을 약속했었으나 그는 그가 할 수 있는 최소한의 수준만큼도 이행하지 않았으며 이는 우리가 전혀 예상치 못한 것이었다. 또한 우리는 객관적인 현실을 받아들이지 않고 스탈린그라드의 이름만을 위하여 —'지키고 산화하라(Hold and bust)'라는 명령을 통해— 6군 전체의 손실을 감수했던 히틀러의 침묵에 대해서도 전혀 예상하지 못했다.

[옮긴이의 주]
· 평전에 따르면 괴링이 히틀러에게 공중 보급을 약속했으며, 공군참모총장 한스 예쇼네크(Hans Jeschonnek) 상급대장은 자이츨러의 반박에도 괴링의 의견에 반대하지 않았다. 다만, 4전투비행단의 사령관이었던 리히트호펜만이 겨울의 날씨와 수송기의 부족을 이유로 들어 반대했다고 한다.

초기 고려사항과 결정들
(FIRST IMPRESSION AND DECISIONS)

11월 24일 정오에 나와 참모진들은 스타로비엘스크에서 노보체르카스크로 가는 기차로 이동 중이었으며, 10년 전 나는 코카서스에서 시행된 적군(Red Army)의 훈련에 참관하고자 로스토프를 향해 동일한 노선을 지나온 적이 있었다. 그때에는 모든 것들이 나에게는 유쾌한 흥밋거리였지만, 오늘은 임무를 갖고 있었고 그로 인한 막중함 때문에 우리는 들뜨지 않고 임무만을 생각했다. 전속부관인 스탈베르크(Stahlberg) 중위가 축음기를 틀어 다른 화제로 분위기를 전환시키고자 했으나, 시간이 지날수록 우리는 스탈린그라드에서 포위된 우리의 전우들만을 생각했다. 스탈베르크는 우리의 '아기(Pepo)'가 사망한 후 나의 옛 동료인 트레슈코프의 추천으로(그는 트레슈코프의 조카였다) 합류했다. 전쟁이 끝날 때까지 스탈베르크는 나의 동료로서 함께 했으며, 그 기간에 나의 개인적인 잡무를 성실하게 수행해 준 조력자였다.

11월 26일 나는 로스토프에서 안토네스크집단군의 참모장이며, 이곳에 파견된 군사고문단의 수장이었던 하우페(Hauffe) 장군을 만났는데 그는 스탈린그라드에 있었던 루마니아 2개 군(Army)의 상태에 대해 무뚝뚝하게 설명했다. 루마니아 22개 사단 중 9개 사단이 녹아내렸으며 9개 사단이 후퇴하여 당분간은 전선에 투입될 수 없었고, 오로지 4개 사단만이 전선에 투입될 수 있다고 얘기했다. 덧붙여 그는 시간이 소요되겠지만, 잔존부대들을 재편성해 추가적인 부대를 구성할 수 있을 것이라 얘기했다.

안토네스크 원수가 나에게 보낸 편지의 내용은 하우페 장군의 의견과는 대조적인 것이었다. 독일 국방군 최고사령부에 대한 섭섭함이 묻어있는 그 편지에서 그는 크레멘스카야 교두보에 있던 루마니아 3군 지역에 고조되는 위험에 대해 —그가 자주 경고했음에도 불구하고— 독일군이 충분한 주의를 기울이지 않았다고 얘기했다. 또한 그는 지휘권을 그의 휘하에 두려는 요구 또한 독일군이 지속적으로 지연시켰다고 적었다. 아울러 독일의 동맹국 중 루마니아군과 자신만이 공동의 목적을 위해 친히 모든 임무를 수행했다고 항변하였다. 그는 이탈리아와 헝가리와 달리, 루마니아는 1942년에 독일(Reich)에 대한 계약상의 의무가 없음에도 22개 사단을 독일군의 지휘 하에 두도록 조건 없이 제공하였음을 강조하였다. 그의 편지는 독일군의 지휘 하에서 사라져버린 부대를 바라봐야 했던 군인으로서 정당하게 느꼈을 환멸감으로 가득 차 있었다. 내 개인적으로는 안토네스크 원수가 토로한 비난의 옳고 그름을 논할 수 없었다. 나는 그에게 나는 사전에 이 문제들에 관여했던 사람이 아니었으므로 정당한 비난인지에 대해 언급할 수 없으며, 비난받아야 할 이들이 누구인지를 알고 있으므로 히틀러에게 서신을 전달하겠다고 했다. 솔직히 말하자면, 히틀러는 그의 가장 친밀한 우방으로부터 이 솔직한 비난을 담은 서신을 받는다고 해도 고심하지는 않았을 것이다.

그 외에 그 서신은 동맹국과의 신뢰에 대한 정치적 문제를 담고 있었는데 안토네스크는 그에게 있어 숙명적(Mortal) 정적인 **철위단(Iron Guard)의 리더**가 −안토네스크의 손에서 벗어나 히믈러(Himmler)의 명령으로− 독일군에 의해서 '만일을 위해(For a rainy day)' 보호되고 있다고 언급했다. 과격 정치적 단체인 철위단은 일전에 안토네스크 정권을 전복하고자 하는 쿠데타를 기도하여, 안토네스크 원수를 집무실에 감금하는데 성공했었다. 결국 안토네스크 원수가 이 봉기를 진압하기는 했어도 철위단의 리더가 해외로 달아났으며 히믈러가 이 철위단의 리더를 넘겨주기를 거부하고 보호 중인 것은 안토네스크 원수가 느끼기에, 동맹국으로부터 불충실하게 처우 받고 있다고 생각하기에 충분했다. 정정당당하지 않은 이러한 책략들은 동맹국의 유대감을 약화시킬 것이었다.

안토네스크 원수가 나에게 편지를 쓴 직접적인 이유는 독일군 지휘관이나 사병들이 공식적이거나 비공식적으로도 **루마니아군을 함부로 다루거나 명예를 훼손시키는 언사를 일삼는 경우**에는 책임을 물어야 한다는 것을 말하기 위해서였다. 물론 이 같은 비신사적인 행위가 최근의 사건들과 수많은 루마니아 부대들이 보여준 실망스러운 전투 결과에 기인하였다 할지라도 나는 즉각적으로 조치를 취했다. 한편으로 측면을 지키던 동맹국들의 방어선이 무너져 갑작스러운 붕괴(Lurch)를 경험해야 했던 독일군의 분노는 충분히 공감할만 했지만, 독일군의 이러한 행위는 동맹국들의 공통적인 목표를 향한 유대감을 약화시킬 뿐이었다. 나는 이미 여러 차례 실전 경험을 통해 루마니아군에게 무엇을 기대할 수 있는지, 없는지에 대해 잘 알고 있었다. 그럼에도 불구하고 여전히 그들은 우리에게 있어 여러 전선에서 용맹히 싸운 최고의 동맹군이었다.

[옮긴이의 주]
- 여기에서 말하는 철위단의 간부는 호리아 시마(Horia Sima)로 보이며, 쿠데타 실패 후 독일로 도망쳤다. 독일군

과 동맹국들과의 관계는 별로 좋지 않았다. 동부전선에서는 루마니아군이 독일군 장교를 사살했다는 증언도 있다. 아울러 스탈린그라드에서는 독일군이 동족인 독일군의 사체 및 열등한 러시아군의 사체를 먹지 못하여, 루마니아군의 인육을 먹었다는 증언이 있다. 스탈린그라드에서는 인육을 먹는다는 소문이 끊이지 않았다.

11월 26일이 되자 우리는 사령부가 위치한 노보체르카스크에 도착했고 유일한 호위부대는 사령부 전면에서 경비 임무를 명예롭게 생각하는 코작(Cossack) 지원병대대 뿐이었다. 통신 채널이 완비되어진 이튿날 아침인 11월 27일이 되서야, 우리는 돈집단군의 지휘권을 인수할 수 있게 되었다. 우리가 당면한 문제는 서로 떼어 놓을 수 없는 두 가지였다.

첫째, 6군을 포위망에서 탈출시켜 구출하는 것이 가장 중요한, 모든 것이 걸려있는 임무였다. 진실로 6군에 대한 동정심이 아닌 작전상의 관점에서 볼 때, 만일 6군의 전력이 보존되지 않는다면 동부전선의 남쪽 날개가 그리고 동부전선의 전체가 회복될 수 있기를 기대할 수 없었다. 둘째, 우리는 마음속에 이를 명심해야 했는데, 이미 독일군의 남쪽 날개는 붕괴할 조짐을 보이고 있었으며 붕괴가 기정사실로 드러난다면 동부전선에서의 전투는 막을 내리고 결과적으로 우리가 전쟁에 질 수밖에 없다는 것이었다.

루마니아 잔여부대, B급의 독일군, 임시 편성된 부대들(저자: 비전투 요원, 사령부 지원 요원, 공군부대와 그들의 소속 부대에서 전투 투입을 면제받거나 질병으로 인해 이탈한 병사들로 이루어졌으며 이러한 부대들은 장교가 부족했고, 부대원들끼리 유대감이 없었다. 또한 대전차 화기와 야포 등의 무기 부족과 전투 경험이 별로 없어 전투에 적합하지 않아 가치는 별로 없었지만, 부대를 형성한 뒤 실전에 투입되었을 때 뛰어난 성과를 보여 주었다)로 구성된 얇은(Flimsy) 방어선을 러시아군이 관통하는 데 성공한다면, 러시아군은 스탈린그라드 요새에서 행동의 자유를 얻어 6군의 위치가 절망적으로 바뀜과 동시에 A집단군과 돈집단군 전선 사이에 강력한 방어선을 구축할 것이었다.

물론 이는 A집단군의 상황이 더 악화되는 것을 의미했다. 4기갑군 사령관 호트 상급대장과 최근에 루마니아 3군의 참모장이 된 벵크(Wenck) 대령의 덕택으로 위기의 순간이었던 11월말쯤 6군과의 넓은 간극을 메워서 A집단군과 돈집단군의 연결고리를 이을 수 있었고 러시아군이 이 상황을 더 이상 이용할 수 없게 했다. 충분한 전투력을 가진 러시아군이 로스토프를 향해 돈강의 하류로 신속하게 공격한다면 A집단군과 6군의 손실은 매우 컸을 것이다. 절체절명의 위기감이 지속되었지만 집단군은 6군을 구할 때 필요한 탄약이 이 임무와 무관한 곳에 사용되는 것을 금지하였다. 성공의 가능성이 희박할지라도 집단군의 부대들은 완편된 전력 및 구출작전을 수행할 수 있는 전력 수준까지 오를 수 있게끔 유지되어야 했으며, 구출작전은 상상할 수 있는 모든 위험을 수반할 수도 있었다.

[옮긴이의 주]
- '벵크 군단이 온다!' 이것은 전쟁 마지막 며칠 동안 정권의 선전 전문가들에 의해 퍼뜨려진 허황된 희망의 구호였다. - 『히틀러 최후의 14일』(요하임 페스트)

최종적으로 우리가 임무에 실패한 원인은 러시아군과 독일군과의 현저한 전력 차에 기인했다. 독일군의 추가적인 약점은 기상 상태와 교통망이었는데 날씨로 말미암아 공중 보급이, 특히나 6군의 경우에는 더욱더 어려웠으며 철로망의 부족으로 인해 구원군을 즉각적으로 작전에 투입하기 어려웠다. 이 외에 우리는 이제서야 처음으로 국방군 최고사령부가 제기하는 간섭을 —히틀러의 개인적인 성향, 의견, 기질에서 기인하는— 경험하였다.

이 같은 경향은 「11. 국방군 최고사령관 히틀러」 챕터에서 이미 언급한 바 있다. 이러한 영향으로 인해 최고사령부는 구출작전에 모든 자원을 쏟아 부어 다른 전선의 상황이 다소 불리해지는(Setbacks) 상황을 감수하지 않았다. 또한 우리 사령부가 전선 상황의 흐름과 예상되는 결과에 대해 히틀러에게 계속 알려주어도 최고사령부는 우선적으로 결정해야 될 사항들에 대해 시간을 끌었고, 이러한 지연을 되풀이하였다. 돈집단군을 인수할 때의 두 가지 임무 중 첫째인 6군을 구출한다는 작전은 1942년 크리스마스에 —4기갑군이 더 이상 6군과의 연결고리를 유지하지 못하던 시점에— 이미 끝난 것이나 마찬가지였다.

히틀러가 스탈린그라드를 고수하기를 원하여 6군의 사령부는 —돈집단군의 명령과 다르게— 탈출을 위한 호기였던 마지막 기회를 뿌리치고 포위망 속으로 들어가 버렸다. 이때 6군의 운명은 거의 결정된 것이나 마찬가지였다. 다음해 1월 하르코프(Kharkov)에 있던 SS기갑군단을 투입하여 6군을 구출할 수 있으리라 믿은 히틀러의 이상적인 꿈은 처음부터 망상이었다. 4기갑군의 진격이 정체에 빠진 후에 스탈린그라드 수렁(Pocket)에 남은 것은 죽음을 늦추기 위한 6군의 고난(Death-Struggle) 뿐이었다. 돈집단군의 또 다른 임무는 동부전선 남익의 붕괴를 막는 것이었으므로 —우리가 6군과의 연결고리를 포기하고 나서 손실과 고통을 줄이게 하기 위해— 불운한 6군에게 러시아군에 투항하는 것이 옳다고 권유하기 전까지는 이러한 6군의 고난이 작전의 완전한 종료를 의미하지는 않았다. 6군의 구출을 위한 작전은 독일군 남익 전체의 상황 변화와 밀접한 관련이 있었다. 작전을 펼칠 때 고려했던 수많은 사항들이 남익의 상황과 불가분이었던 관계로 나는 여기에 별도로 기술하고자 한다.

집단군 인수 시점의 전황
(SITUATION AT THE TIME OF THE TAKE-OVER)

돈집단군의 지휘권을 인수했을 때 돈집단군이 당면한 상황은 24일과 별반 다를 바 없었다. 러시아군은 그들의 주력을 6군의 포위망을 강화하는데 투입하고 있었다. 돈집단군 주변에 포진 중인 러시아군 143개 부대 중에 적어도 60개 정도의 부대들이 6군의 포위망을 따라 조밀하게 펼쳐져 있었다. 11월 28일 6군은 남쪽으로부터 적 기갑부대의 공격을 받았지만 격퇴할 수 있었다. 11월말이 되면 포위망이 고착화되면서 모든 전선에서 간헐적인 국지전만 발생하게 되었다. 이때 적 방어선을 돌파할 수도 있었겠지만, 이는 곧 강력한 적의 정면으로 진격하는 것을 의미했으며 6군은 아마도 포위망 내에서 가용한 연료와 탄약을 모두 소진하게 될 것이었다. 행여 초기에 포위망을 뚫는다 해도 6군은 돈강에 무기와 연료 없이 도착할 것이며, 이때 6군과 연결될 수 있는 독일군은 없었다. 구원군은 스탈린그라드의 배후에 병력을 집결시켜야 했으나, 러시아군이 스탈린그라드 남쪽과 서쪽의 약한 방어선을 따라 그들의 병력을 지속적으로 충원하고 있었다. 돈집단군의 가장 시급한 문제점은 6군의 상황과 의도에 대해 정확히 알아야 한다는 점이었다. 육군총사령부나 수백 마일 떨어져 있는 B집단군은 6군의 상황을 알기에 적합하지 않았다.

26일 일찍 포위망에서 탈출한 장교로부터 파울루스의 편지를 받을 수 있었는데, 파울루스는 남서쪽으로 탈출이 가능한 상황이 수시로 발생할 수 있으므로, 극단적인 상황이 발생할 경우 재량권이 필요함을 강조했다(저자: 편지의 내용은 첨부 자료(Appendix 2)를 참조하라). 이 편지에는 보급 문제에 대한 내용이 누락되어 있었는데, 이에 대해서는 ―4전투비행단 사령관인 리히트호펜 상급대장이 공중 보급을 위해 6군에 파견했던 그리고 방금 포위망으로부터 도착한― 피커트(Pickert) 장군의 보고를 들었다. 피커트 장군의 보고에 따르면 비록 적은 양이기는 하여도 12일 분량의 식량이 남아 있고, 탄약은 통상적인 작전 수준의 10~20% 수준을 보유하고 있지만 격렬한 전투가 벌어진다면 하루만에 소진될 물량이었다. 남아있는 연료는 소규모 부대의 이동만이 가능한 수준이었고, 포위망 탈출을 위해 기갑부대를 집중 운용하기에는 충분하지 않았다. 이 같은 수치들이 사실이라면 4일 전에 포위망을 탈출하겠다고 알려온 6군의 의도가 무엇인지 알 수 없었다.

이 같은 정보를 바탕으로 나는 비행기로 포위망 속을 들어가 파울루스와 대화를 통해 대책을 강구하고자 했으나 참모장과 작전참모장이 나를 설득하여 ―또한 날씨도 좋지 않아― 나는 2~3일간 꼼짝할 수 없었다. 긴요한 시점에 아무것도 안하고 있다는 것은 참을 수가 없었고, 또한 육군총사령부에 돈집단군의 의견을 계속 알리기 위해 나는 참모장 슐츠 장군을, 나중에는 작전참모장인 부세 대령을 6군에 보냈다. 슐츠 장군의 주요 임무는 직접 6군과 사령부의 상황과 상태를 확인하고 포위망 탈출에 대한 작전을 설명하는 것이었다. 이를 통해 6군 사령관에게 작전에 대비한 시간적 준비와 가능성 등에 대해 의견을 들을 수 있었다. 6군과의 전화망이 없었고, 서신으로도 6군과 제대로 연락할만한 방법이 없었으므로 작전의 성공은 모두 파울루스와 돈집단군이 같은 관점을 갖고 조화롭게 움직이는 것에 달려 있었다.

6군 사령부 내에 있던 육군총사령부의 연락장교 때문에 작전에 대한 완벽한 의견의 일치가 더 필요했는데, 그 연락장교의 존재로 말미암아 6군은 히틀러의 구상과 명령에 의해 지속적으로 작전권을 침해받았기 때문이었다. 나는 파울루스가 겪은 극심한 우울함에 대해 이해하였으며, 이것에 대한 책임은 그가 아니라 최고사령부가 져야 한다고 생각했다. 그는 서신에서 극단적인 상황에서 재량권을 갖기를 희망했으나, 내가 느끼기에 파울루스는 상황이 더 이상 개선될 여지가 없는 경우에만 포위망 탈출을 희망하는 것으로 보였다. 상황이 더 이상 개선될 수 없는 때라면 이미 적군이 방어선을 돌파했거나 한두 개의 방어선을 붕괴시켰기 때문에 ―그리고 이미 6군의 전력이 소진되었기 때문에 방어선을 유지하는데 성공할 수 없었을 것이며- 만일 탈출을 시도했더라도 재앙으로 끝났을 것이다. 현 시점에서 두 가지 중요한 점을 인식하여야 했는데,

    첫째, 6군은 강력한 방어선을 유지하여 전력을 그대로 유지한 채로 남아야 한다.
    둘째, 포위망 탈출작전은 6군이 실낱같은 희망을 갖고 독자적인 작전을 펼치는 것이 아니라 6군이 작전을 수행할 수 있는 전력을 갖춘 시점을 잘 고려하여 포위망 바깥에서 공격하는 구원군과 동시에 작전을 펼쳐야 한다.

이러한 점이 슐츠 장군이 파울루스에게 전달한 우리의 의사였다. 슐츠 장군이 느꼈던 -후에 부세 대령이 재차 확인했던- 6군의 방침은 만일 공중 보급이 충분하게 이루어진다면 포위망 탈출작전에 우호적이지 않았다(이러한 태도로 인해 훗날 위험에 빠지게 되었다). 이에 나는 과연 6군에 대한 공중 보급이 충분할 것인지에 대해 의구심을 가졌다. 11월 24일 스타로비엘스크에서 육군총사령부로 보낸 보고서에 나는 공중 보급에 대한 문제가 가장 중요한 점임을 부각시키려 애를 썼다. 오로지 공중 보급을 충분히 지원할 수 있다는 가정 하에 구원군은 6군이 포위망 탈출에 필요한 전력을 갖출 수 있을 때까지 기다릴 수 있다고 언급했다. 이전에 나와의 통화 중에 파울루스의 탈출 요청을 거절하였던 히틀러는 실질적으로 이러한 보장이 지켜질 수 있도록 했어야 했다. 그의 탈출작전에 대한 거부는 괴링의 확신에서 비롯된 것인데 괴링의 참모진들만이 스탈린그라드의 6군에게 독일 공군이 공중 보급을 할 수 있는지 판단할 수 있는 유일한 기관이었다.

돈집단군을 인수할 당시, 4전투비행단 사령관인 리히트호펜 상급대장은 -집단군의 지원과 6군에 대한 보급을 담당하고 있었고- 기상 문제로 적절한 보급을 할 수 없을 것으로 생각한다고 말했다. 만일 기상 조건이 개선되어도 충분한 보급이 장기간 가능할 것이라 생각지 않으며 이를 괴링에게 이미 보고했다고 했다. 또한 그는 괴링이 가용할 수 있는 다른 방편이 있는지 확인할 수는 없다고 했다. 돈집단군은 리히트호펜의 보고를 즉시 육군총사령부에 보고했으나, 대답은 단지 수송편대가 증강되고 있다는 것뿐이었다. 똑같은 회신이 우리의 일일 보고서에 잇따랐는데 내용인즉슨 보급량이 조만간 필요로 하는 수준까지 올라갈 것이라는 것이었다. 새로운 편대는 즉시 도착했으며, 승무원들은 지극한 자기 헌신을 통해 그들의 임무를 다하였다. 그러나 독일 공군은 488대의 항공기와 약 1천 명의 승

무원들을 스탈린그라드에서 잃었다. 6군에 대한 보급은 6군이 필요로 하는 최저 수준에도 도달하지 못했다.

[옮긴이의 주]

- 독일 공군의 손실 수치는 『스탈린과 히틀러의 전쟁』(리처드 오버리)에서도 똑같이 언급된다. 만슈타인이 저 수치를 어디서 인용했는지, 그리고 그 수치를 후대의 책에서 인용했는지 확실하지 않지만, 만슈타인의 회고록이 다른 저자들의 저술에 영향을 끼친 것만은 분명하다.

'손실은 수송기 488대, 승무원 1,000명 이상이었다. 부상병들이 비행기를 타고 고립 지대를 빠져나갔지만, 그중 다수가 추락해서 죽었다… 파울루스는 가지고 있는 것으로 싸우게 되었다… 운 좋은 병사는 고양이 나 쥐를 잡았다. 사람 고기를 먹는다는 소문이 끊이지 않았다.'

- 『스탈린과 히틀러의 전쟁』(리처드 오버리)

11월 23일, 또는 더 이른 시점에, 괴링이 히틀러에게 약속했던 사항들은 이행될 수 없음이 확실했다. 이러한 실패가 공군의 능력에 대한 오판인지, 과시하고픈 욕심에 의해서 경박하게 제시된 것인지, 아니면 히틀러의 비위를 맞추기(Humor) 위한 것이었는지 나는 확신할 수 없다. 어떠한 경우라도 보급 실패에 대한 책임은 괴링이 져야 한다. 또한 괴링의 기질을 잘 알고 있었고 공군의 능력에 대해 잘 알고 있었던 히틀러도 사전에 괴링의 의견에 대한 가능성을 확인했어야 했다. 히틀러와 달리 돈집단 군의 참모진들과 4전투비행단은 공군의 보급 문제에 대한 실체를 검증할 수 있는 위치에 있지 않았다. 또한 우리는 짧은 기간 동안의 공중 보급도 확실히 불가능했던 사유도 알 수 없었다. 무엇보다도 1941~1942년 겨울에 독일 공군은 데미얀스크(Demyansk)에 고립된 독일군 10만 명이 요청했던 물량을 충분히 보급하는데 성공했었다. 비록 이번에는 두 배의 독일군이 포위되어 있었지만 우리 생각 으로는 몇 주 간의 보급만이 필요할 뿐이었다. 구원군이 포위망에 근접하면 6군은 어떠한 경우라도 포위망을 뚫고 나와야 했으며, 6군을 장기간 스탈린그라드에 고립되게 두는 것은 고려의 여지가 없는 문제였다. 공중 보급을 맡은 공군 사령관들은 정확한 보급 물량을 적시에 제공해야 했다.

고립된 6군의 식량이 고갈되지 않게 하기 위해서는 연료와 식량 및 탄약 등을 모두 망라해서 적어 도 하루에 400톤 내지 550톤의 보급이 필수적이었다. 550톤의 보급 물량을 공급하기 위해 하루에 1

회 꼴로 임무를 수행한다면 225대의 융커스 52가 필요했으며, 외부에 보급품 1.5톤을 적재할 수 있는 하인켈 111을 운용한다면 더 많은 수가 필요했다. 공군 기지가 있는 모로소프스키(Morosovsky)와 타친스카야(Tatsinskaya)에서의 거리는 110마일 내지 135마일로 예상되었고, 가장 마지막 30마일 정도의 영공은 러시아군의 점령지였다(이 비행 기지들은 6군의 운명이 결정된 12월 크리스마스까지 러시아군으로부터 지켜졌다). 만일 기상 조건이 허락된다면 수송기들은 하루에 2회의 보급이 가능하여, 실제 필요한 수송기는 절반 수준으로 내려갈 수 있었다.

공군총사령관은 6군에 대한 보급 전략을 강구할 때, 이러한 보급 물량의 계산을 사전에 알고 있어야 했고 추가적으로 다음과 같은 점을 고려해야만 했다.

첫째, 비행편대에 의한 보급의 가능성은 기상 조건에 좌우되었는데 특히 겨울의 기상 상태에 기인한 보급량의 부족은 비행이 가능한 날에 추가적인 보급을 통해 보충되어야 했다(또는 이에 비례하여 수송기의 수를 증대하거나). 겨울 날씨의 영향으로 비행 가능한 날을 예측하는 것이 매우 어렵겠지만, 공군의 기상 관측병들은 이전 겨울의 데이터를 이용하여 비행이 가능한 날을 셀 수 있어야 했다.

둘째, 항상 모든 기체가 비행에 적합한 상태가 아닐 수 있는 점을 고려해야 했고, 이는 통계적으로도 입증되었다. 기체가 사용 불능 상태에 이르게 되는 경우 비행 기지에 있는 지상의 정비병과 수리 장비가 더 중요한 의미를 갖게 된다. 이 부분에 대해서는 추후에 다시 언급하고자 한다.

셋째, 일부분이지만 수송기가 격추되거나 추락하는 경우를 염두에 두어야 했다. 적의 방어에 의한 손실률은 공군이 투입하는 전투기들이 얼마나 수송기를 보호하느냐에 달려 있었다.

공군총사령관은 공중 보급에 대한 확신을 말하기 전에 두 가지 문제를 고려했어야 한다.

첫째, 기계적인 문제나 기상의 이변으로 수송기의 활용이 불가능할 때 다른 대체 수단이 있는지를 염두에 두고 즉시 550톤의 화물을 나를 수 있는 수송 수단을 확보했는가.

둘째, 적의 방해에도 불구하고 적정 수의 전투기와 수송기를 투입하여 6군이 고립된 상태를 벗어날 때까지 이 같은 수량의 보급품을 끊임없이 제공할 수 있는가.

이 문제에 대해 확실한 대답을 줄 수 있는 유일한 위치에 있던 사람은 괴링뿐이었다. 적정 수량의 항공기를 제공할 수 있는지, 공군이 참여한 다른 작전으로부터 이 항공기들을 빼내어 이용하는 것에 대해 확답할 수 있는 역할은 오로지 그만이 할 수 있었다. 만일 이 모든 것이 불가능했다면, 6군의 운명이 결정된 11월 22~23일 그는 히틀러에게 솔직하게 말해야 했던 것이다. 일단 히틀러가 6군이 스탈린그라드를 사수해야 한다고 명령하면, 괴링의 또 다른 임무는 즉시 공군의 마지막 예비대로 남아 있던 전투기와 수송기, 그리고 정비부대를 투입하는 것이었다. 괴링이 그에게 부여된 책임을 이행하기 위한 모든 것을 했는지 의심스러웠고, 1월이 시작되자 요구에 미흡한 공중 보급 상황 및 집단군의 끊임없는 요청에 히틀러는 밀히 원수에게 이 임무를 넘겨주었다. 밀히 원수는 독일에 있는 공군의 모든 부대와 자원을 모두 관할하고 있었으므로 확실히 기본적인 보급의 효율성을 개선시킬 수 있는 자리에 있었다.

하지만, 불운하게도 작전상의 관점에서 보자면 그가 임무를 충실히 수행한다 해도 너무 늦은 감이 있었다. 위에 언급했던 공군 기지들을 작전 와중에 상실하여, 보급을 위한 항로가 매우 길어졌기 때문이었다. 괴링은 마치 11월 22~23일의 그의 발언이 허황되지 않았다는 것을 입증하려는 듯, 포위망이 완성되는 초기의 중요했던 몇 주간 그에게 열려 있던 모든 가능성들에 전력투구 하지 않아 상황을 더욱 악화시켰다. 이때라면 6군을 구하고자 하는 시도는 성공할 가능성이 많았다. 공군의 보급에 대한 문제가 논쟁거리가 되고, 혼란스러워질수록 6군을 탈출시키기 위한 구원군을 서둘러 투입하는 것이 중요했다.

육군총사령부가 돈집단군에 내린 명령에서의 부대 편성은 다음과 같았다.

(a) 4기갑군: 키르히너(Kirchner) 장군이 지휘하는 57기갑군단(A집단군 소속이었으며 6, 23기갑사단과 15공군지상사단)을 휘하에 두며, 4기갑군은 12월 3일까지 코텔니코보(Kotelnikovo) 지역으로 이동한다.
(b) 홀리트분견군: 루마니아 3군이 위치했던 지역으로 이동한다. 62, 294, 336사단과 크노벨스도르프(Knobelsdorff) 장군의 48기갑군단(11, 22기갑사단)과 3산악사단, 7, 8공군지상사단으로 구성되었고 12월 5일까지 작전 수행을 위해 치르강 상류로 이동한다.

서술한 바와 같이, 집단군은 4개 기갑사단, 4개의 보병 또는 산악사단과 3개 공군지상사단을 보유했지만, 공군지상사단은 공세 초기부터 공격부대의 취약 구간을 방어하는 제한된 임무에만 활용될 수 있었다. 이 부대들은 시기적으로 적절하게 투입되어 6군과 일시적인 연결고리를 만들 전력을 갖추었지만 정적인 전쟁에서나 가능했던 ─공격을 위해 스탈린그라드를 탈환하라는─ 히틀러의 헛소리들을 가능하게 만들 수는 없었다. 11월 27일 집단군은 육군총사령부로부터 3일 전에 우리가 보낸 전황보고에 대한 답변을 받았다. 답변의 내용으로 우리는 히틀러가 여전히 그가 언급했던 스탈린그라드 사수에 아직도 집착하고 있으며 그 이유는 만일 우리가 스탈린그라드를 잃는다면 1942년 우리가 승리할 때 감수해야 했던 희생보다 더 큰 비용을 치르면서 내년에 스탈린그라드를 공략해야 한다고 믿었기 때문이다. 1942년의 공세를 다시 되풀이하는 것이 실현 가능한지에 대한 논의는 차치하고라도, 스탈린그라드를 탈환하는 것은 이 시점에 고려할 수 있는 문제가 아니었다. 문제의 본질은 6군의 구출을 위한 실낱같은 희망의 불씨를 살릴 수 있는지와 동부전선 전역의 안정을 꾀하는 것이었다. 6군이 전력을 보존한 채 구출되지 않는다면 동부전선의 안정을 기대할 수 없었다. 11월 28일 나는 히틀러에게 우리에게 맞서고 있는 러시아군의 전력(143개 부대)과 현재 전선의 자세한 정황을 보고하였다. 또한 나는 6군은 단기간 내에 탄약과 연료의 부족으로 인해 포병 전력의 활용에 어려움을 겪을 것임을 덧붙여, 6군의 전황과 상태에 대해 보고하였다.

이러한 상황에서 홀리트분견군의 도착을 기다리는 것은 적절치 않다고 생각되어 홀리트분견군에 앞서 4기갑군이 공세를 시작해야 했다. 우리가 11월 24일에 언급한 것처럼 성공의 열쇠는 추가적인 증원부대의 증편에 달려 있었으므로, 실질적으로 4기갑군만으로는 획기적인 성취물을 얻을 수는 없었다. 우리가 기대할 수 있는 최선의 방법은 6군과 연결되는 회랑(Corridor)을 확보하여 그 통로를 통해 탄약과 연료를 보급하여 6군 스스로 움직일 수 있는 기동력을 갖도록 하는 것이었다. 그 이후에는 6군 홀로 겨울의 초원지대에서 생존할 수 없으므로 기동력을 갖춘 이후라면 반드시 포위망에서 빠져나와야 했다. 무엇보다도 나는 히틀러에게 수백 마일의 전선에서 예비대를 보유하고 있는 러시아군이 밀집되어 있는 이 조그마한 구역에 독일군을 쏟아 넣는 것은 전략적으로 수행할 수 없는 것이라 말했다. 전년의 데미얀스크에서 독일군이 얻었던 교훈은 이번에는 생각할 수 없었으므로, 대가를 지불하여서라도 독일군은 기동전을 펼칠 수 있는 능력을 회복해야 했다. 이러한 나의 견해는 차후에 벌어지는 상황 변화로 인해 결국 옳았음이 입증되었다. 우리가 직전의 근본적인 목적에 대한 답변을 받은 것은

12월 3일이었으며 이는 본인의 의견과 일치하지 않으면 답변을 회피하는 히틀러의 기질을 보여주는 하나의 사례였다. 히틀러는 우리의 견해에 동의했으나, 두 가지 사항에 대해 그의 기질을 보여주었다.

첫째, 그는 추가적인 예비대를 확보하기 위해 스탈린그라드 북부전선에서 후퇴하거나, 전선을 축소하는 것에 동의하지 않았으며
둘째, 내가 제시한 러시아군의 부대 규모를 신뢰하면서도 러시아군은 예기치 못한 공세의 성공으로 인하여 보급 및 일사불란한 지휘 체계를 유지하는 데 어려움을 겪고 있을 것이라 주장했다.

그가 러시아군의 전투력이 약화되고 있다고 생각한 점은 일정 부분 맞았다. 하지만 독일군 또한 몇 달간의 극심한 전투로 인해 소모된 점을 감안하면 아군의 전력 약화를 상쇄할 수준은 아니었으며 이에 대해 우리는 이제껏 정확한 보고를 보냈었다. 또한 실질적으로 러시아군이 보급에 어려움을 겪고 있지는 않았으며, 러시아군의 명령 체계가 원활하게 유지되지 않는다는 가정은 추측에 불과할 뿐이었다. 어쨌든 다음과 같은 세 가지 관점에 대해 히틀러가 대승적으로 우리의 의견에 동조한 것이 중요하였다.

첫째, 집단군이 6군의 활로를 뚫는 과정에서 6군은 스탈린그라드에 잔류해서는 안 된다.
둘째, 6군은 공중 보급을 통해 일 수요량에 해당하는 지원을 받아야 한다.
셋째, 돈집단군이 11월 21일 이래 계속 강조해 온 바와 같이 구원부대는 지속적으로 증원되어야 한다.

이후에 벌어지는 일련의 사례들을 통해 사실 히틀러는 6군을 포위망에서 탈출시키겠다는 의도가 전혀 없었음을 알 수 있었다. 작전의 성공을 위한 두 가지 필요조건도 충족되지 못했다.

첫째, 우리가 스타로비엘스크에 있을 때 육군총사령부가 6군의 구원을 위한 전력의 증원을 약속했었다. 하지만 이 전력들은 전혀 받지 못했다. 전선까지 부대들을 이동시키는데 매우 많은 시간이 허비되었으며 홀리트분견군의 경우 비효율적인 철도의 운용 탓에 그리고 4기갑군은 코카서스 지역에서는 해빙 때문에, 스탈린그라드에서는 초원지대의 결빙 때문에 발목이 잡혔다. 이 때문에 23기갑사단은 도로가 아닌 철로로 이동해야만 했으며, 이런 지연으로 인해 57기갑군단이 작전에 착수할 수 있

었던 시점은 하루가 중요한 이 시기에 예정보다 며칠 더 지연되었다.

둘째, 구원군의 전력은 여전히 믿음직스러운 수준이 아니었다. 57기갑군단 소속의 15공군지상사단은 아직 완편되지 않았고 완편되기까지는 수주일이 더 소요될 것이었다. 이 사단은 위기가 거의 정점에 올랐던 —구출작전이 거의 실패로 귀결될 쯤인 시점에 전선에 투입되었는데— 처음 며칠간의 전투에 거의 재앙에 가까울 정도로 붕괴되었다. A집단군으로부터 넘겨받기로 되어있던 포병 전력은 <u>연막탄연대</u>를 제외하고는 인수받지 못했으며, 홀리트분견군에 소속된 7개 사단 중 62, 294사단은 루마니아 3군이 맡은 전선을 안정화시키기 위해 전용되었음을 알게 되었다. 만일 독일군 2개 사단이 루마니아 3군에서 빠지게 된다면 루마니아 1, 2군단은 전선을 유지할 수 없었으므로 2개 사단이 공세의 시작 시점부터 전력에서 제외되었다.

우리가 약속받은 3산악사단 또한 우리와 합류할 수 없었는데, 철로로 이미 도착한 사단의 절반가량을 A집단군에게 발생한 국지적 위기를 막고자 육군총사령부가 다시 A집단군으로 이전 배치하였고, 나머지 절반가량도 동일한 목적을 갖고 중부집단군에 배속되었다. 22기갑사단은 11월에 벌어졌던 러시아군의 공세 때 루마니아 3군과 함께 격렬한 전투를 치른 후였기 때문에 이에 말미암은 손실이 너무 커서 공세에 적합하지 않았다. 공군지상사단 또한 공세의 임무를 맡기기에 적합하지 않았으므로 결국 실질적으로 4기갑군의 57기갑군단(6, 23기갑사단)과 홀리트분견군의 48기갑군단(336사단, 11기갑사단이며 11기갑사단은 합류를 위해 이동 중이었다)만이 공세에 투입될 수 있는 유일한 전력이었다. 확약 받았던 사단들을 대체하고자 육군총사령부가 이후에 배정한 17기갑사단과 306사단은 전력의 공백을 완전히 메꾸지 못했고 또한 구출작전이 실행되던 시점에 적절한 시기에 맞추어 도착하지도 못했다.

[옮긴이의 주]
- 영역본에서는 연막탄(Smoke)연대로 표기되었지만 네벨베르퍼(Nebelwerfer)연대를 의미한다.

이 같은 상황에서 —4기갑군이 코텔니코보에서 공세를 개시하여 돈강 동쪽을 따라 공격하며 홀리트분견군은 치르강 중류에서 칼라치를 향해 공세를 개시하는— 돈집단군이 세웠던 최초의 계획은 전력의 약화로 인해 적절하지 않았다. 우리가 생각할 수 있는 방안은 충분한 전력을 하나의 목표에 집중하는 것이었으므로 일단 공세가 시작되면 4기갑군만이 공세에 투입될 수 있었다. 우선 4기갑군과 6군과의 거리가 짧았고, 돈강과 같이 고려해야할 장애물이 없었다. 아울러 러시아군은 구원군의 공세가 돈강의 동쪽에서부터 시작될 것이라 예상하였으므로, 독일군을 이 구역에 밀집시키는 것은 매우 큰 위험을 수반해야 함을 고려하였다. 반면에 러시아군은 코텔니코보에 비교적 약체인 부대들을 배치하여 그들의 포위망을 방어하고 있었던 것이다. 4기갑군은 일시적으로 단지 5개 러시아 사단들과 전투를 벌이겠지만, 만일 치르강에서라면 15개 사단에 이르는 러시아군과 맞서야 했다.

12월 1일 돈집단군 사령부는 '겨울폭풍작전(Operation Winter Tempest)'을 위해 다음과 같은 명령을 내렸다.

'아직 작전의 개시일이 확정되지 않았으며 아무리 빨라도 8일 이전에는 수행할 수 없겠지만, 4기갑군의 임무는 코텔니코보 북쪽에서 출발하여 돈강 동쪽을 따라 공격하며, 적 포위망을 파해친 후 스탈린그라드 포위망의 남쪽과 서쪽 측면 구간을 공격(Roll-Up)한다. 전력이 다소 약한 홀리트분견군의 48기갑군단은 돈강과 치르강의 합류점인 니츠네 치르스카야(Nizhne Chirskaya)로부터 적 포위망의 배후로 치고 들어간다. 만일 코텔니코보 북쪽에서 4기갑군과 맞설 러시아군이 공격 전에 증강되거나, 4기갑군의 오른쪽 취약 구간을 방어하는 루마니아 4군의 전선이 붕괴될 조짐이 보인다면 작전의 목표는 다음과 같이 변경한다. 4기갑군의 기갑사단들은 돈강의 서쪽으로 이동하여, 북쪽으로 기습적인 부대의 이동을 마친 뒤 니츠네 치르스카야 교두보에 기습을 가한다. 또한 러시아군 전선에 충격을 주기 위한 소규모 부대들은 돈강 서쪽에 있는 돈강과 치르강의 합류점으로부터 칼라치로 진격하여 적군의 통신망을 단절시키고 6군의 탈출을 위한 돈강의 교량을 확보한다. 6군의 경우 돈집단군의 공세 개시일이 결정되고, 4기갑군의 공격이 시작되면 우선 남서쪽으로 돈스카야 차리차(Donskaya tsarytsa)를 향해 탈출로를 개척하여 4기갑군과의 연결고리를 만드는 목표를 달성하고 포위망의 남, 서쪽의 측면 구간을 공격하여 돈강의 도하점을 확보한다.'

히틀러가 6군에게 보낸 명확한 명령에 따르면 6군은 현재의 위치를 고수해야 했지만, 만일 6군이 남서쪽으로 포위망을 벗어난다면 러시아군이 북쪽과 동쪽에서 지속적으로 공격을 할 것이므로 6군은 점진적으로(Step by step) 밀려날 수밖에 없었을 것이다. 이러한 상황이 전개된다면 히틀러의 명령은 실질적으로 이룰 수 없는 사항이었다. 시간이 지날수록 현실적인 문제로 인해 히틀러는 이러한 사실을 받아들일 수밖에 없었을 것이다. 우리는 작전 명령에 이러한 사실을 명기하지는 않았는데, 왜냐하면 히틀러가 이러한 내용을 알게 된다면 6군에 파견한 연락장교를 통해 즉시 철회 명령(Countermand)을 내릴 것이기 때문이었다.

집단군을 인수한 처음 며칠간은 전선이 매우 평온하였다. 확실히 러시아군은 6군에 대한 포위망을 조이고자 하는 공격 준비에 착수한 것으로 보였으며, 강력한 기갑부대를 앞세워 로스토프를 향해 전격적으로 밀고 들어오는 모험을 하지 않을 것으로 보였다. 그리고 심지어 돈집단군의 생명선인 도네츠(Donetz)강의 도하점과 철로 교차점인 리카하(Likhakha)에 대한 공격도 시도하지 않았다. 아마도 러시아군은 돈강 유역의 병력 우세가 향후 어떠한 작전에서도 성공을 가져다 줄 것으로 확신했기에, 추가적인 공격에 따른 위험을 감수하지 않으려 했던 것 같다. 러시아군은 이러한 전략으로 말미암아 큰 기회비용을 치른 것인데 실상 11월말과 12월초에 러시아군의 추가 공세를 차단할 병력이 우리에게는 없었기 때문이다.

6군에 대한 러시아군의 공격
(ENEMY ATTACK IN SIXTH ARMY)

12월 2일 러시아군은 6군에 대한 공격을 개시하였고 4일과 8일에도 공격이 계속되었으나, 포위망에 갇혀있던 용맹한 부대들이 피비린내 나는 전투를 치러 격퇴하였다. 다행스럽게도 6군은 배급량을 줄이고, 군마를 대규모로 도살하여 11월 30일부터 계산하여 12일 내지 16일을 버틸 수 있다고 보고했다. 다행히 기상 상태가 호전되어 12월 5일에 일간 수송량으로는 최고치인 3백 톤이 공수되는 등 공중 보급량이 늘어날 가능성이 있어 우리가 기대했던 것보다는 보급 상황이 호전되었다. 그러나 6군과의 직접적인 연결고리를 만들어 포위망에서 구출하는 임무는 한시라도 지체되어서는 안 되었다.

어떤 면에서는 이제까지 러시아군이 돈강의 교두보 또는 로스토프의 병참선을 차단하여 돈집단군을 고립시키는 동시에 A집단군의 퇴로도 차단하는 작전을 시도하지 않았다는 점은 우리에게 매우 이로운 상황이었다. 그렇지 않았다면 구원군의 공세는 매우 어려운 상황에서 시작될 수밖에 없었을 것이다. 57기갑군단이 코카서스로부터 4기갑군에 도착할 시점은 —늦게 도착한 사유는 이미 서술했었고— 예정대로라면 12월 3일이었지만 8일에서 12일까지 부대 이동이 지연되었다.

이 기간 동안에 아무런 움직임을 보이지 않았던 러시아군은 3일 57기갑군단의 최종 종착점인 코텔니코보 지역의 점령을 목표로 강력한 공세를 개시했다. 이튿날 러시아군은 이미 작전에 투입할 전력을 갖추고 있었던 6기갑사단에 의해 격퇴되었다. 8일에는 새로이 출현한 러시아 51군이 대규모로 4기갑군의 북쪽 전선인 코텔니코보 북동쪽에 집결하였다는 정보를 얻었던 반면에 대부분 루마니아 4군이 방어하고 있는 4기갑군의 동쪽 전선과 16차량화사단이 방어하고 있는 엘리스타 주변은 상대적으로 평온한 상태를 유지했다. 우리는 루마니아군의 불안감을 진정시키기 위한 목적으로 16차량화사단의 일부 차량화부대(A light motorized force)를 루마니아군과 맞서고 있던 러시아군의 배후로 투입하여 정찰 활동을 하도록 하였다. 정찰 결과를 통해 볼가강의 서쪽에 강력한 러시아군이 있지 않음을 확실히 알 수 있었다.

치르강 전선의 위기
(CRISIS ON THE CHIR FRONT)

루마니아 3군의 방어선에 있던 홀리트분견군에 몇 번의 위기가 발생하였다. 돈강과의 합류점으로부터 45마일 떨어져 있는 이곳 치르강의 하류에는 일부 대공포부대들을 제외하고는 임시 편성된 (Alarm Unit) 2선급의 부대들과 6군의 잔존병력만이 유일한 지상 전력이었다. 이 지역에는 나중에 홀리트분견군에 배속되기로 예정되었던 2개의 공군지상사단이 보충되었으나 부족한 전투 경험과 잘 육성된 장교와 하사관들이 부족하여 제한된 임무에만 활용이 가능했다. 치르강과 볼쇼이 테르노프스키(Bolshoi Ternovsky) 라인에 생긴 간극(Rent)과 11월에 러시아군의 루마니아 3군에 대한 공격으로 인해 무방비 상태였던 돈강 전선은 루마니아 3군의 오른쪽 날개였던 루마니아 1, 2군단과 전투력을 거의 상실한 22기갑사단, 그리고 패주한 루마니아 잔존병력으로 급조된 방어선을 통해 간신히 수습되고 있었다. 홀리트분견군에 배속될 예정이었던 보병사단들이 75마일에 이르는 전선을 안정화시키기 위해 이 지역에 배치되었다. 12월초 치르강 전선에 러시아군의 대규모 공세가 임박했다는 불길한 정보가 있었고 이틀 뒤 강력한 러시아군의 포병 전력이 강 하류에 배치되고 있음이 확인되었다. 12월 4일 러시아군은 모든 지역에서 쉴 새 없이 공세를 시작했으며 러시아군이 돌파구를 열고자 할수록 우리의 위기 또한 커져만 갔다.

치르강과 돈강 사이의 교두보는 —니츠네 치르스카야에 있는 돈강의 교량을 포함하여— 6군을 구원하기 위해 반드시 확보되어야만 하는 요충지였기 때문에 우리는 반드시 이 전선을 고수하여야 했다. 또한 러시아군이 이 전선을 돌파하면 25마일 내지 50마일 떨어져 있는 모로소프스키와 타친스카야에 있는 공군 기지와 로스토프, 도네츠강의 도하점까지 아무런 방해를 받지 않고 전진할 수 있었다. 이 같은 상황 하에서 집단군은 48기갑군단(11기갑사단과 지금 막 배속된 336사단)으로 하여금 치르강 하류를 임시적으로 보강하도록 할 수밖에 없었다. 48기갑군단은 붕괴 위험에 빠진 부대들의 얇은 방어선을 쫓아다니며 전투를 치러 말 그대로 소방수의 역할을 수행했다. 결과적으로 이 지역에서 구원작전을 펼치기로 계획되었으며 당연히 홀리트분견군에 배속될 사단들이 구출작전에 투입되지 못한 채 전력에서 배제되고야 말았다. 그러나 만일 전선이 안정화된다면 48기갑군단은 니츠네 치르스카야의 교량을 넘어 4기갑군과 함께 협공할 수 있도록 조치하고자 했다. 12월 9일 러시아군은 다시 6군을 공격하였으나 초기의 강력했던 기세는 점점 소멸되었으며, 이는 아마도 포위망을 풀려는 독일군의 공세에 대한 준비를 위해 병력을 재배치한 것으로 보여졌다. 치르강 전선에서 적의 압박은 계속 되었으나 4기갑군의 북쪽 지역에서는 코텔니코보에서의 작전 실패로 인해 러시아군은 어느 정도 소극적인 자세를 취했다.

작전을 둘러싼 헛된 논쟁
(THE VAIN FIGHT FOR DECISIONS)

이 같은 위기의 순간에, 내가 육군참모총장인 차이츨러 장군과 긴밀하게 연락을 하였던 것은 당연했고, 그는 정세 변화에 대한 예측 및 내가 추론해 낸 결론과 관련하여 나의 관점에 전체적으로 동의하였다. 그러나 그가 동의한다는 것과 ―그가 적절한 시점에― 히틀러에게 적합한 의사결정을 내리도록 권유하는 것은 전혀 다른 문제였다. 공중 보급을 통해 6군의 전력을 제고해야 한다는 우리의 요구 외에 두 가지 중요한 쟁점이 있었다.

첫째, 6군은 일단 포위망에서 벗어나면 스탈린그라드에 더 이상 잔류하면 안 되었다. 히틀러는 전년의 데미얀스크 사례를 제시하며, 여전히 도시의 사수를 주장했고 육로를 통해 6군에게 보급할 수 있기를 원했다. 이와 달리 돈집단군은 이 같은 방법이 옳지 않으며 재앙을 피한 후에는 향후의 작전을 위해 독일군이 기동력을 확보하는 것이 옳다고 확신했다. 이러한 논쟁 및 세력 다툼(Tug-of-war)은 6군을 구출할 수 있었던 마지막 기회가 사라질 때까지 계속되었다.

둘째, 구원군을 증강시켜야 한다는 것이었다. 최초 홀리트분견군에 배속이 예정된 7개 사단 중 우리가 가용할 수 있는 병력은 48기갑군단 소속의 2개 사단뿐이었으므로 4기갑군의 전력 보충이 필수적이었다. 4기갑군이 6, 23기갑사단만으로 스탈린그라드에 도달할 수 없음을 누구라도 알 수 있었다.

병력을 증강하는 방법에는 두 가지를 생각할 수 있었다.

첫째, 돈집단군은 지속적으로 A집단군의 3기갑군단을 배속해주기를 요청했는데, 2개 기갑사단을 보유한 3기갑군단은 코카서스의 산악 지역에서는 특별히 운용될 필요가 없었다. 우리의 거듭된 요구는 A집단군으로부터 거절을 당했는데, A집단군은 계획에 따라 코카서스의 매우 깊숙한 곳으로부터 후퇴하라는 명령이 없다면 3기갑군단을 양도할 수 없다고 주장했으며, 이러한 퇴각 조치는 히틀러가 승인해 주지 않을 것이었다. 또한 우리는 ―16차량화사단을 연대급으로 대체한 후 행동의 자유를 얻게 될― 16차량화사단을 요청하였으나, 사단이 엘리스타에서 1기갑군단의 측면을 방어하고 있었기에 이 또한 성사되지 못했다. 스탈린그라드에 새로운 변화를 불러일으키기에는 시간이 너무 늦었고, 아무런 지원도 이루어지지 않았다.

둘째, 스탈린그라드를 공격하기 위해 4기갑군의 전력을 증가시킬 수 있는 방법은 새로운 부대를 배치할 권한이 있는 육군총사령부에게 달려 있었다. 17기갑사단과 새로이 편성된 306사단은 이때 돈집단군으로 이동 중이었다. 코텔니코보에서 57기갑군단의 집결이 지연되었기 때문에 앞의 두 개 사단은 스탈린그라드 공세를 개시할 시점에 집단군에 합류하였다. 안타깝게도 육군총사령부는 17기갑사단을 자체 예비대로서 돈집단군의 좌측 날개 뒤에 붙들어 놓았다. 왜냐하면 육군총사령부는 —아무런 근거가 없었지만— 이 지역에서 러시아군의 대규모 공세가 있을 것을 두려워했기 때문이다. 육군총사령부는 4기갑군의 성공도 얻지 못했고, 그리고 위기가 현실화되었을 때 위기를 안정화시키는 데에도 실패했으며, 17기갑사단은 전황을 바꾸지도 못했다. 우리가 4기갑군의 성공을 원했던 반면에, 히틀러는 17기갑사단을 예비대로 둠으로써 위험을 축소시키려 하였다. 히틀러가 306사단이 도착한 후에야 17기갑사단의 이동을 허락한 결과로, 17기갑사단이 구원작전의 첫 번째 단계에서 활약하기에는 너무 늦게 투입되었기 때문에 결정적인 기회가 사라지고 말았다.

매일 힘든 싸움을 하고 있는 자이츨러의 입장을 강화하거나, 전화로 내 의견을 더 잘 전달하기 위해 나는 자이츨러나 히틀러에게 상황에 대한 보고서를 자주 보냈다. 이 보고서에는 우리가 히틀러와 육군총사령부를 설득하기 위해 매번 쏟아 부은 노력이 담겨져 있는데, 돈집단군과 맞선 러시아군이 명백한 수적 우위를 가지고 있는 점과 —스탈린그라드 포위망 밖의 전투를 담당하고자 새로이 전선에 도착한 소수의 사단을 제외하고— 모든 사단들의 상태에 대한 내용을 담았다. 마지막으로 작전상의 주요 문제에 대해 최고사령부를 납득시키기 위한 설명을 덧붙였다. 비판적인 독자들의 이해를 돕기 위해 두 가지를 보충해서 언급하고자 한다. 혹자는 6군과의 연결고리가 끊긴 이후에 우리가 6군을 구하기 위해 벌였던 전투의 목적과 방법에 대해, 그리고 우리의 의견들에 대해 이의를 제기할 수 있다.

첫째, 이에 대한 답변으로 히틀러에게 보급이 계속되어도 6군을 스탈린그라드에 주둔시키는 것은 실익이 없음을 납득시키고자 하는 노력은 소용이 없는 일이었다는 점을 얘기하고 싶다. 오로지 히틀러를 근심에 빠지게 할 보급의 문제점들을 제시하며, 도시에 대한 고수 방어를 원했던 히틀러에게 6군의 철수가 필요함을 느끼게 만들어야 했다. 불행하게도 이런 노력들은 영도자로서의 권위에 근거했던 그의 완고함을 꺾을 수 없었다. 그러나 우리는 아직까지는, 만일 어쩔 수 없는 상황에 돌입한다면 히틀러가 그의 의견을 접을 것으로 기대했다.

둘째, 우리가 러시아군의 전력을 과소평가하였다는 비판을 할 수 있을 것이나, 우리는 돈집단군에 맞선 러시아군의 전력을 잘 알고 있었으며, 여전히 6군을 구할 수 있다는 가능성을 계속 믿었다.

작전상의 가장 중요한 요지는 6군의 동료들을 구원하고자 한다면 커다란 위험을 감수해야만 한다는 것이었다. 이후의 서술에서 6군의 탈출로를 열 수 있으리라 보였던 상황에서 결국 실패로 끝나게 된 원인과 진행 상황에 대해 얘기하고자 한다.

목숨을 건 사투
(A RACE FOR LIFE OR DEATH)

독일군과 러시아군은 이제 삶과 죽음이라는 두 가지 길 중 하나를 택해야 하는 경주를 시작했다. 러시아군이 독일군의 공세를 무력화시키기 전에 6군과 손을 맞잡는 것이 결정적인 요소였으며, 우리의 유일한 목적은 6군의 생명을 구하는 것이었고 이는 곧 돈집단군 뿐만 아니라 A집단군의 존립 여부까지도 걸려 있음을 의미했다. 러시아군은 치르강에서 우리의 취약 구간을 ―또는 돈집단군의 왼쪽 날개나 B집단군의 오른쪽 날개를― 공격함으로써 독일군의 작전을 방해할 수 있었고 돈집단군과 A집단군의 배후로 돌아들어가 병참선과 통신망을 단절시킬 수도 있었다. 전선의 위험이 나날이 증가하고 있는 시점에 돈강의 동쪽에서 공격 작전을 수행하는 것은 이전에는 경험하지 못했던 크나큰 위험을 초래할 수도 있었다. 나는 이때 히틀러가 6군의 구출이 갖는 중요성을 인지하지 못했을 것이라 생각했다. 만일 그렇지 않았다면 히틀러는 구출작전이 빨리 진행될 수 있도록 4기갑군의 전력을 증강시키는 등의 근본적인 조치들을 취했을 것이다. 대신 그는 자이츨러 장군의 표현대로라면, 사사건건 관여하려고만 했다(Put spokes in our wheel). 공세 기간 중 중요한 시점 내내 17기갑사단을 필요치 않은 지역에 배치한 점과 16차량화사단을 매우 늦은 시점에 전선에 투입한 두 사례들은 이를 잘 보여준다. 히틀러는 장군들과 참모진들이 계획만 짤 뿐이지 위험을 안으면서 실행에 옮기지는 않는다고 자주 언급하곤 했으나, 돈집단군이 남부전선의 전체적인 붕괴라는 위험이 있음에도 4기갑군을 스탈린그라드로 투입하여 마지막 순간까지 공세를 했던 것으로써 이에 대한 반론을 제기할 수 있을 것이다.

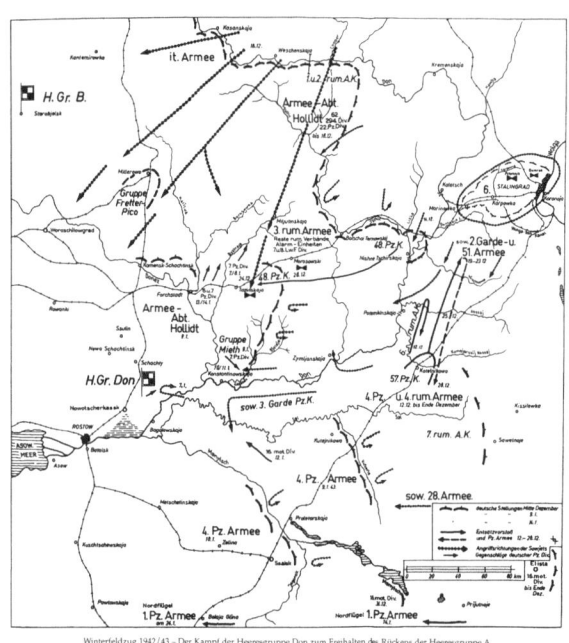

러시아 전역, 1942년 12월 방어선

12월 12일 4기갑군은 스탈린그라드를 목표로 한 진격을 시작했는데 러시아군은 항상 우선적으로 기갑부대와 정예부대로 구성된 새로운 병력을 투입했었고 러시아군에 맞선 57기갑군단의 상황이 수시로 바뀌었기 때문에 자세히 묘사하기가 어렵다. 이에 따라 여기에서는 대략적인 윤곽만을 설명하고자 한다. 우월한 기갑부대와 전차 승무원의 다재다능함, 그리고 기갑척탄병과 대전차부대의 숙련도가 이 기간에 입증되었다. 6기갑사단은 전통이 있는 부대로서 사단장인 라우스(Rauss) 장군과 기갑부대의 운용에 정통한 —안타깝게도 나중에 사단의 선두에서 전사한— 휴너스도르프(Hunersdorff) 대령의 지휘를 받았는데 전차와 돌격포를 가지고 전투에 투입되었을 때 뛰어난 성과를 보여 주었다. 육군총사령부 참모본부 작전과에서 나의 동료였고 1차세계대전에서 다섯 번이나 부상을 당했던, 보어만(Vormann) 장군이 지휘하는 23기갑사단은 운용 가능한 전차를 20대만 보유하여 상대적으로 빈약한 전력을 보유하고 있었다. 목표에 도달하기 위한 중요한 사항에 대해 언급하자면 57기갑군단이 돈강 동쪽의 코텔니코보 주변에 집결을 마치자 12월 10일 러시아군이 재차 치르강 하류를 공격했다.

이로써 **48기갑군단을 치르강과 돈강의 교두보**에서 빼내어 57기갑군단과 양동작전을 펼칠 수 없음이 확실해졌다. 57기갑군단이 공세를 개시해야 했는데 하역과 집결 작업을 방해하려는 러시아군의 시도를 받아치고 난 후에 군단은 12월 12일 진격을 개시했다. 볼가강에 접한 군단의 동쪽 측면은 루마니아 7군단이, 돈강에 접한 군단의 서쪽 측면은 루마니아 6군단이 방어했다. 러시아군이 독일군의 공격이 빠른 시일 내에 개시될 것이라 대비한 징후를 볼 수 없었기에 공세는 기습적으로 진행되었고 공세 초기에 군단은 멀리까지 나아갈 수 있었다.

그러나 러시아군은 방어선을 지키기보다는 스탈린그라드 주변에 있던 완편된 부대들을 지속적으로 투입했고 우리의 기갑부대가 탈환한 곳을 재탈환하거나 그들이 보유한 전차의 수적 우위를 바탕으로 우리 기갑부대 일부를 포위하고자 반격을 재차 시도했다. 강력한 러시아군 부대들을 차례로 격파하였음에도 57기갑군단은 12월 17일까지 결정적인 성과를 얻지 못했는데 이날은 17기갑사단이 결국 돈강 동쪽으로 이동하여 전투를 벌일 수 있던 마지막 시점이었다. 육군총사령부는 결국 우리 집단군 사령부의 요청을 받아들여 집단군 왼쪽 날개 후방에서 하역 작업 중이던 17기갑사단을 구원군에 증원해 주었던 것이다. 그러나 이 사단이 돈강 동쪽을 공격하기 위해서는 우선 포템킨스카야(Potemkinskaya)에 있는 교량을 건너기 위해 먼 거리를 이동해야 했다. **57기갑군단이 돈강의 동쪽**에서 결정적인 성과를 얻기 위해 고군분투하는 동안 러시아군은 치르강 유역의 독일군을 붕괴시키기 위해 이 지역에 **기존 병력의 두 배에 해당하는 물량을 투입**하였다. 무엇보다도 러시아군은 우리가 장악하고 있는 돈강과 치르강이 만나는 곳에 설치된 교량의 중요성을 알았기에 12월 12일 이후 이 교량은 러시아군의 공격 목표가 되었으며 14일 우리는 교량을 파괴한 후 철수할 수밖에 없었다. 15일이 되자 치르강 하류에서 독일군은 며칠 정도만 방어할 수 있다는 것이 명확해졌다.

[옮긴이의 주]

- 6군은 돈강의 동쪽, 볼가강의 서쪽에 위치했고 홀리트분견군(돈집단군의 좌익이며 주력은 48기갑군단)은 스탈린그라드 서쪽 치르강(돈강의 서쪽), 그리고 호트의 4기갑군(돈집단군의 우익이며 주력은 57기갑군단)은 스탈린그라드 남쪽(돈강의 동쪽)에서 작전을 벌이고 있었음을 감안하면 혼동되지 않을 것이다.

- 평전에 따르면 6, 23기갑사단의 총 전차수는 232대였으며, 이 전력으로는 스탈린그라드 포위망에 도달할 수 없었으며, 이 지역에 11월 28일 143개 부대를 보유했던 러시아군이 12월 9일에는 185개 부대를 보유했었기에 초기부터 실패가 예견된 작전이라 평했다. 만슈타인은 23기갑사단의 가용 가능한 전차 수가 20대에 불과하다고 회고했으나 이는 돌격포를 제외한 전차만을 고려한 것으로 보이고 Lemay는 돌격포를 포함하여 계산한 것으로 보인다.

동시에 돈강 굴곡부(Bend)에서 새로운 위험이 부각되었다. 15일 돈집단군의 왼쪽 날개 및 B집단군의 오른쪽 측면에 러시아군이 반격을 준비하고 있다는 정보를 받았고, 이튿날 러시아군의 국지적인 공격을 받았다. 초기에 러시아군의 목표가 아군의 전선을 돌파하기 위한 일련의 공격인지, 아니면 이 지역에서 돈강 동쪽으로 독일군의 병력을 움직이지 못하게 하려는 것인지 확실하지 않았다. 그러나 러시아군의 통신을 감청한 결과 새로운 러시아 3근위군이 원거리에 있는 로스토프를 목표로 하여 이 지역에 배치되었음을 알 수 있게 되었다. 돈집단군은 돈강 동쪽에서 6군을 구원하는 임무를 수행하는 동시에 좌측 전선에서 결정적인 전투를 수행할 여력이 없었다. 가능하다면 결전을 미루어야 했으므로, 집단군 사령부는 홀리트분견군으로 하여금 작전을 중단한 후 —예비대와 합류하여 짧은 전선을 유지할 수 있도록— B집단군 우익과의 연결을 유지한 채 후퇴하도록 명령했다.

12월 18일 6군의 주둔 방향으로 이동하라는 명령을 받은 57기갑군단에게 위기가 발생했는데, 17기갑사단의 증원에도 불구하고 돈강의 동쪽에서 스탈린그라드 인근으로 신속하게 이동할 수 있는, 그리고 6군의 탈출에 유리한 상황을 만들어 낼 수 있는 전황까지는 여전히 얻지 못하고 있었다. 오히려 러시아군이 도시 주변의 방어선에 계속 새로운 예비대를 투입하고 있어 러시아군의 방어선을 뚫는 것에 고전하고 있었다. 치르강 하류에서는 러시아군이 독일군의 방어선을 아직 돌파하지는 못했지만 여전히 치열한 전투가 진행되고 있었는데, 러시아군이 B집단군의 우익을 방어하고 있는 이탈리아 군(Army)과 돈집단군의 좌익인 홀리트분견군을 향해 대규모 부대를 동원하여 공격함으로써 돈집단군의 왼쪽 날개는 큰 위기를 맞게 되었다.

  홀리트분견군의 루마니아 2개 군단은 러시아군의 맹공격에 균형을 잃고 붕괴되었으며, 동맹국의 붕괴 속에서 독일군 사단들마저 부여된 명령을 지키며 후선의 방어선으로 이동할 수 있는지조차 확신할 수 없었다. 처음의 공격으로 이탈리아 군(Army)이 완전하게 붕괴됨으로써 상황은 더욱 악화되었는데 이로써 돈집단군의 측면에 간극이 발생하게 되었다. 이날 돈집단군은 육군총사령부에게 −4기갑군을 향해− 6군이 탈출에 착수하도록 즉시 개입해(Steps) 줄 것을 요청하였다. 아직까지 17기갑사단은 맡은 구역을 완전하게 장악하고 있었고 57기갑군단은 포위망 쪽으로 더 진격할 수 있는 전력을 가지고 있었으므로 가능성이 남아 있었다. 즉 우리는 돈강 동쪽의 전투에서 6군의 탈출을 위한 작전이 아직까지는 성공적이라 생각했다. 만일 17기갑사단과 16차량화사단(이 사단은 여전히 엘리스타에 주둔하고 있었다)이 4기갑군의 공세 초기에 합류했더라면 지금의 시점보다는 더 이른 시점에 동일한 성과를 얻었을 것이다.

  6군에게 시급히 스탈린그라드에서의 탈출 명령을 내려달라는 우리의 요청 및 육군참모총장이 −이탈리아 군(Army)의 붕괴로 인해− 러시아군이 B집단군 방향으로 집결 중임을 보고하였음에도 불구하고 히틀러는 탈출 명령에 대한 승인을 거부하였다. 스탈린그라드를 반드시 지키라는 최고사령부의 명령은 그들이 스탈린그라드의 심각한 상황에 대해 전혀 모르고 있다는, 또는 알려고도 하지 않았다는 것을 보여주는 것이다. 퇴각 명령에 대한 히틀러의 거부로 돈집단군은 6군을 탈출시키는데 최소한의 필요조건조차 준비할 수 없었다. 12월 18일 나는 정보참모장인 아이스만(Eismann) 소령을 포위망 속으로 보내 6군에게 조만간 탈출작전의 실행이 필요하다는 집단군의 의견을 전달하였다. 아이스만이 전달했던 내용의 골자는 다음과 같다.

  '돈집단군 좌측인 치르강 전선의 심각한 상황으로 인하여 돈강 동쪽의 6군을 구원하기 위한 4기갑군의 작전은 제한된 기간만 가능하다. 더욱이 4기갑군에 맞선 러시아군이 지속적으로 예비대를 4기갑군을 향해 투입하고 있어 4기갑군이 포위망 쪽으로 더 진격할 수 있을지는 불확실하다. 이러한 사유들로 인해 현재 시점이 6군이 포위망을 벗어날 수 있는 마지막 적기이다. 4기갑군과 6군이 연결고리를 만들 수 있는가는 6군이 즉시 탈출을 위한 전투를 실행하느냐에 달려 있다. 6군이 남서쪽으로 탈출을 시작한다면 러시아군은 포위망에서 병력을 뺄 수 없을 것이고, 그렇다면 이번에는 반대로 4기갑군이 포위망을 향해 진격을 개시할 수 있다. 12월 1일 '겨울폭풍작전'에 따라 6군이 받은 목표는 4기갑군과의 연결을 위해 돈스카야 차리차까지 탈출로를 개척하는 것이었는데 그 범위가 더 확대되어야 한다. 6군은 이제 '겨울폭풍작전'에서 받았던 임무 외에 남서쪽으로 4기갑군과 실질적으로 연결고리를 만들 수 있을 때까지 활로를 개척해야 한다. 히틀러의 명령대로라면 '겨울폭풍작전'은 스탈린그라드를 고수하는 것이지만, 방어하고 있는 구역을 하나씩 소개하는 동시에 남서쪽으로 탈출하기 위한 전투를 수행하는 것이 대안이 될 수 있다.'

아이스만은 6군을 위해 집단군이 모든 노력을 하고 있지만, 집단군은 공중 보급이 개선되어도 6군이 스탈린그라드에서 장기간 방어를 할 수 없을 것으로 확신한다고 말했으며 결국 집단군과 군 사령부와의 견해를 일치시키려던 아이스만의 임무는 흡족하지 않게 끝이 났다. 파울루스 장군은 그에게 부여된 임무가 내포한 거대한 난관과 위기에 대해 잘 인지하지는 못했으며, 아이스만의 보고에도 마음이 바뀌지 않은 듯했다. 반면 6군의 작전참모장과 병참참모장은 —아이스만 소령에게 6군이 처한 어려움에 대해 강조하면서도 탈출이 실현 가능한 이 시점에— 가능한 일찍 탈출을 시도하는 것이 필요하다고 언급했다. 하지만 6군의 입장은 참모장인 **슈미트**(Schmidt) 소장의 의견에 따라 결정되었는데 그는 6군이 즉시 탈출작전을 실행하는 것은 불가능하며 재앙으로 귀결될 것이라 주장했다. 슈미트는 아이스만에게 6군은 더 동쪽에 주둔하는 것을 고수할 것이며 집단군의 임무는 보급을 원활하게 해주는 것이라고 말했다.

슈미트는 6군이 처한 상황에 대해 6군의 책임이 없으며, 이 상황에서 6군을 벗어나게 해주는 임무와 향후에 적절한 공중 보급을 해주는 일 또한 최고사령부 혹은 집단군이 관장해야 하는 사항이라 확실히 믿는 듯 했다. 논리적으로 그가 이렇게 말할 수도 있었고 어느 정도 납득할 수 있는 관점이었다. 하지만 유감스럽게도 상황은 더 심각해질 것이고 집단군이 보급 상황의 개선을 위해 노력하고 있지만 —기상 문제로 공중 보급이 한계점에 도달한 점과 추가적인 수송기를 확보할 수 있는— 묘안(Out of hat)이 없다는 점을 아이스만이 충고하였지만 슈미트에게는 아무런 소용이 없었다(Like water off a duck's back). 아이스만이 6군의 탈출이 전체적인 작전 측면에서 매우 중요함을 역설하였어도 슈미트는 입장을 바꾸지 않았다. 파울루스 사령관이 잘 훈련된 전술가이자 현명한 군인이라면, 슈미트는 사령관보다 더 자기를 과잉 신뢰하는(Stronger personality) 사람처럼 보였다(저자: 스탈린그라드의 파국이 슈미트의 완고한 기질에서 기인했다면, 슈미트의 그런 기질은 포로 생활 중 그에게도 영향을 끼쳤다. 들은 바에 따르면 그는 군인과 전우로서의 자기 자신을 자랑스럽게 변호했으며 이로 인해 그는 25년간의 노역을 선고받았다. 그가 받은 판결은 그의 기질을 보여주고 있다).

결국 아이스만의 면담은 파울루스 장군이 탈출작전은 절대적으로 불가능하며, 스탈린그라드를 적에게 내주는 것은 영도자의 명령으로 금지되어 있다고 선언하면서 끝이 났다. 아이스만 소령의 임무는 집단군 사령부의 의중을 전체적으로 6군 사령부에 전달하는 것임에도 6군을 위한 작전에 대해 아무런 합의조차 얻지 못했다. 실현 가능성에 대해 6군의 사령관과 참모장조차 의구심을 품고(Harboured) 있었으므로 우리는 6군의 참모진들이 어려운 임무를 성공적으로 수행하리라 기대할 수 없었다. 다른 경우라면 이러한 의견의 불일치가 발생되면 군(Army) 사령부의 교체를 요구할 수도 있는 상황이었으나 이런 위기 상황에서는 이 같은 절차가 당위성을 갖기는 어려웠다. 다른 사령관과 참모장이 부임한다 할지라도 부대 파악에 시간을 허비해야 했을 것인데, 하루하루가 중요한 이 시점에 받아들일 수 있는 보완책은 아니었다. 또한 사령부 교체는 스탈린그라드를 고수하겠다는 지휘관을 물러나게 하는 방안이었으므로 히틀러의 승인을 받기는 거의 불가능했을 것이다.

[옮긴이의 주]
- 6군의 실질적인 지휘관은 슈미트 장군이었다는 독일군 포로들의 증언이 있다. 그는 때때로 파울루스의 권능을 넘어서는 행동과 발언, 의사결정을 하였다. 그에 대해서는 『여기 들어오는 자, 모든 희망을 버려라』(안토니 비버)를 참조하기 바란다. 이 책을 통해 파울루스와 슈미트와의 미묘한 관계 및 포위망 안의 독일군과 히위들의 운명에 대해 자세히 알 수 있다. 독일군 일부 부대에서는 부대원들의 묵인 하에 병사들이 러시아군에 투항하는 경우도 있었다. 추가적으로 『여기 들어오는 자, 모든 희망을 버려라』(안토니 비버)는 최근에 다시 출간되었는데 번역자는 기존의 번역자가 아니다.

이 모든 악재 속에서도 돈집단군은 어떠한 고난과 위험이 수반된다 할지라도 6군을 구원할 수 있는 기회를 놓치고 싶지는 않았는데, 6군의 지휘관에게 탈출작전에 따른 위험과 스탈린그라드의 포기가 갖는 책임을 질 필요가 없다는 명령이 수반되었더라면 작전은 성공할 수 있었다. 이 명령이야말로 우리가 최우선적으로 준비해야 할 조치였다. 6군에 이 명령이 내려지지 않은 이유에 대해서는 차후에 설명하고자 한다. 이 화두는 나와 파울루스, 신뢰할만한 참모진들, 그리고 집단군과 최고사령부 사이의 논의에서 지속적으로 언급되었다. 이튿날(12월 19일) 우리는 돈강 동쪽의 전황이 호전되어 스탈린그라드 구출작전에 일시나마 두 개의 군이 양동작전을 펼칠 수 있다는 점에 고무되었다. 이 날 57기갑군단은 악사이(Aksai)강을 넘어 미시코바(Mishkova)강까지 진격하여 선봉부대가 포위망 남쪽에서 30마일 떨어진 곳까지 진격하는 기록적인 성공을 이루어냈다. 우리가 집단군을 오래 전에 인수한 뒤로 6군이 탈출할 수 있는 기회를 구원군이 제공할 수 있는 시점이 이제야 도래한 것이다. 4기갑군이 포위망 아래쪽을 공격하거나 적어도 포위망에 배치된 러시아군을 이탈시킬 때 만일 6군이 탈출로를 개척한다면 -6군과 4기갑군 사이에 있는 러시아군은 양면에서 공격을 받을 것이고- 최소한 6군에게 있어 탈출작전을 위한 연료와 탄약, 식량을 공급할 수 있는 보급로를 개척할 가능성이 있었다. 집단군은 이러한 목적의 일환으로 3,000톤에 이르는 보급 물량을 수송하기 위한 차량들과 6군 야포의 기동력을 배가하기 위한 견인 차량들을 4기갑군의 후미에 배치해 두었다. 우리 모두 일시적으로나마 기갑부대가 공격로를 열면 연결고리를 통해 6군에게 달려갈 준비가 되어 있었다.

돈강 서쪽의 전황으로 짐작컨대 거기에 있는 부대들은 결정적인 전황의 개선을 추구하기보다는, 돈강 동쪽에서 4기갑군이 6군의 탈출로를 개척하는 데 필요한 작전을 성공시킬 때까지 지연전을 펼쳐야 했다. 와중에 치르강 전선은 소강상태를 유지했다. 집단군이 홀리트분견군의 작전상의 퇴로를 보호하기 위해 개입하는 것도 필요했지만 후선의 방어선은 계획대로 고수되었으며 반대로 홀리트분견군의 왼쪽 측면은 여전히 취약했다. 죽음을 수반한 돈강으로의 질주는 이미 최종적인, 결정적인 단계에 도달했다. 6군이 그들의 마지막 기회를 살릴 수 있을 때까지 돈집단군이 돈강 굴곡부 지역의 전선을 유지할 수 있는지 불확실했다. 아울러 이 시점에 한 시간도 낭비할 수는 없었다. 그래서 19일 오전 돈집단군은 6군에게 -최종적으로 스탈린그라드에서 탈출하고 남서쪽으로 돌파하여- 4기갑군과 합류하라는 명령을 내려달라고 최고사령부에 전문을 보냈다. 역시나 이 요청에 대한 즉각적인 답변은 없었기에 나는 18시에 4기갑군과 6군에게 명령을 내려 6군이 지체 없이 남서쪽으로 활로를 개척하도록 지시했다.

공세의 첫 번째 단계는 12월 1일의 '겨울폭풍작전'대로 6군이 돈스카야 차리차에서 4기갑군과 연결되어 공세를 지속할 보급품을 수령하는 것이었고, 동시에 이 명령은 '겨울폭풍작전'의 두 번째 단계인, 필요한 경우에는 탈출을 하는 것이었다. 작전명 '천둥(Thunderclap)'이 시행되면 6군은 4기갑군을 향해 돌파하고, 동시에 점진적으로 스탈린그라드에서 방어선을 축소하기로 예정되었다. 작전의 개시를 알리는 명령이 잠시 유보된 이유는 6군과 4기갑군의 공격 시점을 조율하기 위해서였기도 하며, 또한 양동작전을 통해 보급로를 연결하는 것이 가능한지에 대해 고려했기 때문이었다. 돈집단군은 무엇보다도 히틀러에게 어떠한 손실이 있더라도 스탈린그라드를 지키라는 명령을 철회하도록 해야 했다. 왜냐하면 작전이 시작되자마자 히틀러의 명령을 지키지 않은 책임이 돈집단군에게 지워지더라도, 6군의 사령관은 히틀러의 명령이 철회되지 않는다면 여전히 그 명령에 종속되었기 때문이다.

탈출 기회의 소멸
(FORFEITURE OF THE CHANCE TO SAVE SIXTH ARMY)

11월말 히틀러가 —아직 러시아군의 스탈린그라드 포위망이 견고하지 않았을 때 파울루스에게 탈출하라는— 명령을 내리지 않아 기회가 사라졌었지만, 이제 새로운 기회가 12월 19일에 찾아왔다. 돈집단군은 6군이 탈출하면서 수반해야할 난관과 돈집단군의 나머지 전선의 상황이 위험했음에도 불구하고 이 기회를 잡고자 명령을 내렸다. 집단군이 나머지 전선에서 겪었던 위험에 대해서는 차후에 설명하겠다. 사실 당면한 문제는 19일부터 25일까지 6군이 집단군의 명령을 실제로 수행할 의지가 있는가였다. 실제로 히틀러는 6군이 남서쪽으로 활로를 뚫어 보급선을 확보하는 것은 용인했지만, 여전히 스탈린그라드의 나머지 방어선을 유지하며 도시를 사수하는 것을 주장했다. 그는 지속적으로 스탈린그라드로 향하는 회랑을 열어 6군이 장기간에 걸쳐 보급품을 받는 것이 가능하다고 주장했다. 여기에 두 가지 반론을 제기할 수 있다.

첫째, 집단군 전체의 상황을 보았을 때, 특히 B집단군에 인접한 전역의 상황을 고려한다면 더 이상 6군과 4기갑군을 돈강의 동쪽에 묶어둘 수 없었다. 이는 비단 6군의 운명만이 아니라 — 러시아군이 단호하게 진격해온다면 통신망과 병참선이 끊길 수도 있기에— 돈집단군과 A집단군의 운명 또한 걸려있는 문제였다.

둘째, 6군이 한편으로 병력을 이동시켜 남서쪽으로 회랑을 열고 나머지 병력으로 스탈린그라드의 현 방어선을 유지한다는 것은 결코 가능하지 않았다. 6군이 2개의 전선을 가진다는 것은 러시아군이 그 의도를 알아차리는 데 소요될 며칠간만 가능했을 것이고 도시를 장기간 사수하는 동시에 4기갑군과 연결하고자 하는 시도는 가능성이 없었다.

집단군이 19일 내린 명령에 대해 반대하는 히틀러의 논리가 비현실적이었던 반면에, 탈출작전에 대해 6군 사령부가 수행하기를 거부한 것은 주목할 사안이었다. 만일 집단군의 명령이 발효되더라도 6군이 명령을 거부한다면 이는 필연적으로 위기를 야기할 것이었다. 히틀러가 스탈린그라드를 사수하라는 명령을 철회하지 않는 한 6군이 탈출작전을 따를 수 없다는 것은 일면 타당했으므로 집단군은 6군이 작전명 '천둥'이 시작되면 스탈린그라드에서 철수하라고 강력히 지시하였다. 하지만 6군의 사령관은 여전히 히틀러의 명령과 돈집단군 사령관의 명령 사이에서 고민해야만 했다. 더욱이 6군 사령부는 탈출을 시도하기 위해서는 6일 간의 준비 기간이 소요될 것으로 생각했는데 −비록 이 준비 기간이 짧아져 6군의 기동력이 현저히 떨어진다고 해도− 우리의 생각으로는 더 짧은 기간 안에 작전에 착수하는 것이 타당했다. 집단군 왼쪽 전선의 상황을 감안할지라도 6일 간의 준비 기간은 돈집단군의 입장에서는 고려할 수 없는 사항이었다. 왜냐하면 독일군이 코앞에서 탈출을 위한 작전 준비를 하는 것을 보고서도 러시아군이 아무것도 하지 않은 채 기다리지는 않을 것이기 때문이다. 그리고 작전 준비는 짧은 기간은 숨길 수 있겠지만 결국 러시아군은 포위망을 점점 좁히고자 할 것이었다.

또한 남서쪽의 활로를 열기 위한 부대의 집결에 6일 간의 시간이 소요되는 와중에 러시아군은 6군이 탈출작전에 착수하기 이전에 이미 다른 전선을 공격할 것이므로 6일 간의 준비 기간은 허용할 수 없었다. 사실 포위망을 구성하고 있던 러시아군이 국지적으로 6군을 공격하고 있었으므로, 6군 사령부는 현재 맞서고 있는 러시아군을 떨칠 수 있는 능력을 6군 자체적으로 가지고 있는지에 대해 의구심을 품었던 것 같다. 6군은 적시에 탈출작전을 전개하여 러시아군의 급습을 피하고, 6군의 다른 전선에서 러시아군과의 전투를 피할 수 있는 여지를 확보해야 했고, 또한 단계적인 퇴각을 위해 러시아군과의 접전을 피해야 할 필요가 있었다. 파울루스 장군은 나와 집단군 참모장을 포함하여 전문을 주고받으며, 작전명 '천둥'은 '겨울폭풍작전'을 따라야 하며 6군이 돈스카야 차리차까지 도달하는 것은 불가능하다고 주장했다. 돈집단군과 6군은 작전명 '천둥'이 '겨울폭풍작전'과 불가분의 관계가 아니라는 점에서는 의견의 일치를 보였다.

6군 사령관의 결정을 더 어렵게 만든 것은 —부대들이 탈진하였고 식량 부족으로 군마를 도살하였기 때문에 기동력이 크게 약화되었으므로— 난관과 위험이 수반된 탈출작전이 특히나 지극히 추운 날씨 속에서는 성공적이지 않으리라는 생각이었다. 6군이 탈출을 주저하게 만든 가장 큰 이유는 연료 문제였는데 이를 이유로 돈집단군에게 탈출작전을 수행할 수 없음을 납득시키려 하였다. 파울루스 장군은 그의 가용한 전차 100여대를 단지 20마일 정도 이동시킬 수 있는 연료를 보유하고 있다고 보고해 왔다. 이는 4기갑군이 포위망에서 20마일 내로 근접하지 못하거나, 연료와 식량 보급을 위한 회랑을 열지 않는다면 탈출할 수 없다는 것을 의미했다. 공세에 필수적인 6군의 전차들이 연료 집적소(Fuel stocks)에서 20마일만 주행이 가능한 상태에서 30마일 떨어진 곳까지 간극을 메꿀 수 없음은 확실했으나, 이제까지의 공중 보급의 경험을 통해 필요한 수준까지 보급되기를 기대할 수도 없었고, 6군이 전차 가용에 필요한 4천 톤의 연료를 보급 받을 때까지 기다릴 수도 없었다. 이러한 지연은 6군의 탈출을 위한 시간을 낭비하는 것이었다. 6군은 부대를 집결하는 동안, 보급 수준이 형편없을지라도(From hand to mouth), 며칠 동안 공중 보급될 연료와 현재 가진 연료만으로 탈출작전을 준비해야 했다. 이를 제외하고는 공세 중에 공중 보급을 통하여 연료가 보급되기를 기대할 수밖에 없었다. 다만 단위부대들은 그들이 공식적으로 보고한 보유 연료량보다는 많은 연료를 가지고 있던 점은 주지할 필요가 있다.

그러나 비록 이 물량이 총 보유량에 누락되었더라도 6군의 탈출작전으로 말미암아 러시아군은 포위망에서 병력을 빼내어 4기갑군 전선에 투입할 수 없을 것이므로 4기갑군에 매우 이로운 상황이 전개되었을 것이다. 4기갑군은 12월 19일에 미시코바(Mishkova)강을 도강하는 추가적인 진격이 거의 불가능할 것으로 판단되던 시점에 —6군의 작전 수행으로 인해 러시아군의 압박이 느슨해진다면— 의심할 여지없이 기록적으로 12마일을 진격할 수 있었다. 이러한 가정을 고려하는 것은 위험이 따르겠지만, 위험을 감수하지 않는다면 우리는 결코 6군을 구원할 수 없었다. 사실 연료 문제로 6군이 스탈린그라드에 잔류하게 된 결정적인 이유는 히틀러가 6군 사령부에 배속한 연락장교 탓이었다. 그를 통해 히틀러는 연료 문제로 인해 6군이 탈출을 위한 작전 수행도 그리고 탈출을 위한 준비선까지도 진출할 수 없음을 알게 되었다. 나는 히틀러로 하여금 스탈린그라드를 포기하고 6군으로 하여금 탈출하라는 명령을 내려달라고 전화를 통해 요구하였다.

'나는 장군의 의도를 도무지 알 수가 없소(I fail to see what you are driving). 파울루스는 단지 15마일 내지 20마일만을 이동할 수 있는 연료 밖에 없어 현재로서는 탈출을 시도할 수 없다고 했소.'

이것이 히틀러의 대답이었다. 또한 돈집단군은 6군이 남서쪽으로 회랑을 여는 동시에 나머지 스탈린그라드 전선을 유지해야 한다고 주장하는 최고사령부와도 논쟁을 벌여야 했고, 다른 한편으로 보유한 연료량으로는 집단군의 명령을 수행할 수 없다고 보고하는 6군의 참모진들과도 싸워야 했다. 히틀러는 그의 의견을 관철시키기 위해 어려운 문제에 봉착한 6군 사령관을 들먹였다. 만일 히틀러에게 이 구실거리가 없었더라면 탈출작전이 진행되는 중에도 스탈린그라드를 고수하라는 그의 요구는 상황의 변화로 말미암아 취소될 수도 있었다. 파울루스는 결코 히틀러의 직접적인 명령에 반하여 행동할 수 없었으므로, 십중팔구는 전체적인 문제를 상반된 시각에서 보는 듯 했다. 내가 6군의 사령관이 그의 부대를 구할 수 있는 마지막 기회를 잡지 않은 동기에 대해 자세히 서술하는 이유는 그의 개인적 성향과 일련의 행동들을 고려하지 않더라도, 내가 그에게 부담을 지웠다는 믿음 때문이다. 그가 결정을 내리기 위해 주장한 이유들 중 사실 납득할 수 없는 것은 없었으나 이 작전만이 우리에게 남은 6군을 살릴 수 있는 유일한(One and only) 기회였다. 매우 큰 위험이 수반되었지만 이 작전을 따르지 않는다는 것은 구조되기를 포기하는 것과 같았으며 작전의 수행이 하나의 카드에 모든 운명을 거는 것이었지만 집단군의 관점에서는 어쩔 수 없는(Imperative) 선택이었다.

절체절명의 상황에서 곧 원수가 될, 그리고 확실히 히틀러에게 맹목적인 복종보다 높은 수준의 성향을 보였던 파울루스의 행동을 비난하는 것은 쉬운 일이겠지만 파울루스가 히틀러의 직접적인 명령에 반하여 필연적으로 스탈린그라드를 적에게 내어줄 작전의 시행을 마음속으로 깊이 고민했음은 틀림없다. 이 같은 맥락에서 6군이 압도적인 러시아군에게 굴복한 것이 히틀러의 명령 때문이었다고 정당화될 수 있겠지만 결국 —스탈린그라드에서의 후퇴 명령은 집단군이 6군에게 내린 것이었으므로— 모든 책임은 집단군에게 있음을 주지하여야 한다. 고뇌의 충돌에도 불구하고 그가 만일 집단군의 명령에 따른다면 그는 커다란 선택의 기로에 서야 했다. 탈출작전의 시도가 6군의 구원을 위한 마지막 기회였던 반면에, 이는 6군을 파멸로 이끌 수도 있었다. 6군의 방어선에 대한 공세 시도가 실패로 귀결되거나, 4기갑군이 추가적인 진격을 이루지 못한다면 6군이 중간에서 오도가도 못 하는 처지에 빠질 것이다. 또한 방어선 돌파를 시도하는 6군의 공격을 러시아군이 방어에 성공한다든지 동시에 탈출하는 독일군의 후위를 추격하는 러시아군이 측면에서 포위한다면 6군의 운명은 곧 끝장이 나는 것이었다.

6군에게 부여된 임무는 믿을 수 없을 정도로 거대한 위험을 수반한 것이었다. 일시에 4면의 적을 상대하면서, 6군은 4기갑군에 다가가기 위한 분투가 러시아군에게 발목을 잡혀 정체되거나 후방 및 측면의 방어선이 러시아군에게 따라잡힐 수 있다는 끊임없는 압박감에 시달려야 했다. 더욱이 이 분투가 굶주림에 시달려 탈진한 부대원들만으로 그리고 대규모 기동이 불가능한 상태에서 이루어져야 했다. 그러나 6군은 —포위망에서 벗어나 파멸을 면하거나 포로가 되는 것을 피하고자 하는 희망을 품고— 이 불가능해 보이는 임무를 그들 스스로 성공적으로 이끌어야 했다. 마지막 기회를 잡지 않고, 주저하다가 위험을 감수하지 않았던 파울루스 장군 본인이 이에 대한 책임을 져야만 할 것이다. 집단군이 탈출 명령을 내림으로써 그의 책임을 완화하려 노력했지만 그는 여전히 그의 의지에 앞서 히틀러에게 종속되어 있었으므로 탈출 명령을 따를 수 없다고 느꼈던 것이다.

즉각적인 탈출을 지시한 집단군의 명령이 내려진 이 주에 6군의 운명이 결정되었다. 6일 동안 집단군은 6군으로 하여금 4기갑군과 연결되어 탈출할 수 있는 기회를 제공하기 위해 가능한 모든 위험을 감수하였다. 돈집단군은 6일 내내 —이탈리아 군(Army) 방어선의 간극을 이용하여 도네츠강을 도하해 남부전선 전체의 병참선을 위협하고자— 로스토프로 진격하려는 러시아군의 시도와 돈집단군의 왼쪽 날개인 홀리트분견군의 배후를 포위하려는 러시아군의 위협에 지속적으로 압박을 받아야만 했다. 즉 홀리트분견군과 루마니아 3군이 지키고 있는 치르강 전선의 얇은 방어선이 종국에 산산이 부서질 것을 염두에 두고 작전에 임해야 했던 것이다. 이러한 위험에도 집단군은 6군이 탈출을 위한 마지막 기회를 잡으라는 희망을 갖고 4기갑군을 돈강 동쪽으로 진출시켰다. 돈집단군의 왼쪽 측면 전황으로 인하여 4기갑군만을 돈강 유역으로 투입할 수밖에 없었으며, 12월 25일 57기갑군단이 이 지역에서 철수함으로써 6일 동안의 기회는 모두 끝이 났다. 이 일주일간의 비극적인 상황을 다음과 같이 요약하고자 한다.

위기는 집단군의 왼쪽, 엄밀하게는 홀리트분견군의 왼쪽 측면에서부터 발생했다. 이탈리아 군(Army)이 지키던 이곳의 상황을 자세히 알 수는 없었지만 1개 경사단과 1~2개 사단만이 방어라고 말할 수 있는 전투를 벌인 것 같았다. 어쨌든 이탈리아 군의 오른쪽 날개를 담당하던 이탈리아 군단을 지휘하던 독일 장군은, 12월 20일 나에게 휘하에 있던 이탈리아 2개 사단이 재빨리 퇴각했다고 보고했다. 이 보고를 통해 러시아군 2개 기갑군단이 측면 깊이 공격하고 있는 것을 알게 되었고 이 공격으로 인해 홀리트분견군의 측면이 러시아군에게 무방비 상태로 노출되었다. 홀리트 장군(그는 원래 B집단군 소속이었다)으로부터 분견군의 상황을 보고받자 모든 수단을 동원하여 이탈리아 군의 퇴각을 막으라고 지시하였다. 분견군은 치르강 상류 지역을 사수하고 고수 방어를 통해 측면을 방어해야 했다. 이날, 두 곳에서 러시아군이 홀리트분견군의 얇은 방어선을 돌파했다. 루마니아 7사단은 승인 없이 퇴각했으며, 루마니아 1군단 사령부는 공황에 빠져 전투 지휘소를 뒤로 물렸다. 20일 저녁까지 홀리트분견군의 측면 깊숙한 곳의 상황을 제대로 알 수가 없었고 홀리트분견군에 인접해 있는 이탈리아 군이 저항을 계속 중인지도 알 수 없었다. 러시아군의 전초 기갑부대가 홀리트분견군의 배후에서 관측되었고, 심지어 도네츠강의 중요 교두보인 카멘스크-샤흐틴스키(Kamensk shakhtinskiy)에서도 러시아군이 관측되었다는 보고가 있었다.

다음 이틀에 걸쳐 이탈리아 군이 방어하는 측면이 붕괴되어 러시아군은 아무런 방해 없이 홀리트분견군을 측면과 배후에서 공격하였고 홀리트분견군은 더 이상 방어를 할 수 없었기에 심각한 위기를 맞았다. 오래지 않아 이런 상황은 치르강 하류를 방어하는 루마니아 군까지 위험에 빠지게 만들었다. 홀리트분견군은 우선 루마니아 군(Army)과 함께 루마니아군의 측면과 —스탈린그라드에 대한 공중 보급을 위해 반드시 필요했던— 모로소프스키와 타친스카야 기지를 위한 방어선을 급조해야만 했다. 동원 가능한 모든 병력은 도네츠강의 교두보인 포슈타트(Forchstadt)와 카멘스크-샤흐틴스키를 사수하는데 투입되어야 했다. 이러한 임시방편으로는 집단군의 왼쪽 날개가 길어야 2일 내지 3일 동안만을 견딜 수 있었고 12월 20일 일찍 집단군은 육군총사령부에 전문을 보내 러시아군이 이탈리아 군(Army)이 맡은 방어선의 간극을 통해 계속 부대를 투입한다면 러시아군이 로스토프를 함락하고 돈집단군과 A집단군의 운명을 결정지으려 할 것이라 보고했다. 그러나 히틀러, 국방군 최고사령부의 대표진, 이탈리아 대표단이 참석 중인 협상이 있어서 육군참모총장이 20일에 우리의 전문을 히틀러에게 전달하지 못하는 상황이 발생했다. 이러한 보고의 지연은 국방군 최고사령부에 만연되어 있었다. 22일에서야 우리는 홀리트분견군으로 하여금 연이은 전투로 퇴각했던 방어선을 사수하라는 육군총사령부의 명령을 받았다. 홀리트분견군은 실제 방어선을 연결시키고자 진격했지만 전방에서 싸우고 있는 독일군 부대와 한줌의 루마니아군이 퇴각하여 새로이 방어선을 구축할 수 있을지는 불확실했다.

집단군은 이탈리아군의 붕괴로 인한 B집단군과 돈집단군의 간극을 안정시키기 위한 효과적인 방안을 최고사령부로부터 얻기를 더 이상 기대할 수 없었고 심지어 최고사령부는 A집단군으로부터 보병사단을 신속히 차출하여 즉시 로스토프를 방어하는 것조차 승인하기를 거부했다. 그리하여 우리는 우리가 가지고 있는 부대들을 끌어들일 수밖에 없었으며 그 부대들이 결국 집단군의 오른쪽 날개를 지탱해주던, 돈강의 동쪽에서 작전 중인 부대일 수밖에 없음에 참담함을 느꼈다. 24일 홀리트분견군은 위기의 정점에 있었기 때문에 지체할 수 있는 여유가 없었다. 3개 러시아 기갑, 차량화군단이 이탈리아군과 루마니아 3사단이 지키고 있던 곳으로 방어선을 뚫기 위해 공격했고 러시아 25기갑군단과 러시아 50차량화군단이 공중 보급에 필수적인 모로소프스키와 타친스카야 기지까지 육박했으며, 러시아 8기갑군단은 치르강의 상류와 중류 전선에서 전투를 치루고 있는 홀리트분견군의 배후를 포위했다.

집단군의 왼쪽 측면이 무방비 상태로 노출되어 있던 동안에 우리는 히틀러의 명령 철회를 기다리며, 탈출작전을 준비 중이었던 6군의 구원을 위해 전력을 다하고 있었다. 4기갑군은 6군이 탈출작전에 착수하여 공격이 더 수월해질 것을 기대하며, 스탈린그라드로 가는 마지막 경주를 완수하기 위해 모든 전력을 쏟아 붓고 있었다. 4기갑군은 19일 미시코바강까지 진격하자, 스탈린그라드로부터 4기갑군의 전진을 막기 위해 끊임없이 쏟아져 나오는 러시아군과의 전투에 휩쓸리게 되었다. 그럼에도 57기갑군단은 북쪽 강변에 발판을 마련해 일련의 전투를 벌이고 난 후 교두보를 형성하는데 성공했다. 대규모 전투로 말미암아 4기갑군의 손실은 매우 컸으나, 선봉부대는 스탈린그라드 주변의 섬광을 볼 수 있었다. 만일 6군이 러시아군의 이목을 끌기 위한 전투를 개시하거나, 최소한 4기갑군의 진격로에 투입되는 러시아 부대들을 압박한다면 작전은 성공할 수 있었다. 하지만 이전에 언급한 사유들 때문에 6군의 공격은 구체적으로 실현되지 않았다.

23일 정오가 되자 집단군은 보다 심각한 상황에 처한 좌익의 상황을 안정화시키기 위해 병력을 투입하는 것을 고려해야 했다. 우선 루마니아 3군과 48기갑군단의 11기갑사단으로 하여금 집단군의 좌익을 방어하게 하였으며 아울러 11기갑사단의 차출을 보완하기 위해 —그리고 치르강 하류 전선의 유지에 꼭 필요하였으므로— 4기갑군에서 1개 기갑사단을 차출하였다. 다음날이 되자 6군의 공중보급을 담당하던 타친스카야 기지를 상실했지만 우리는 28일 이 기지를 재탈환하였기 때문에 우리가 행한 조치가 올바른 조치였음이 입증되었다. 돈집단군은 6군의 탈출을 더 이상 기대할 수 없는 시점에 이르렀을 때 4기갑군의 모든 사단들을 구원 임무에서 배제시켜야 하는지를 고민했다. 만일 16차량화사단이 애초부터 투입이 가능했더라면 이러한 결정은 좀 더 늦추어질 수 있었다. 육군총사령부는 우리 사령부의 설득으로 엘리스타에 있던 16차량화사단으로 하여금 B집단군의 SS바이킹사단(Viking)과 교대하여 돈집단군에게 합류하라는 명령을 내렸다. 그러나 우리 집단군의 요청으로부터 10일이 흐른 뒤에 이 명령이 내려졌고, 부대 이동에 10일이 소요되었다.

집단군의 요청이 즉각 수락되었다면 16차량화사단은 치르강 전선에서 23일이면 즉시 전선에 투입 가능했을 것이고, 57기갑군단으로부터 1개 기갑사단을 차출할 필요도 없었을 것이다. 히틀러가 결정을 질질 끄는 일은 다반사였던 것이다. 히틀러가 이제야 7기갑사단을 집단군에 배속시키겠다고 약속했지만 이미 진행되고 있었던 구출작전에 합류하기는 너무 늦었다. 동시에 티이거(Tiger, 타이거) 중전차대대가 곧 전선에 투입될 예정이어서 히틀러는 전황이 개선되기를 기대했지만 실망으로 귀결되고야 말았다. 티이거 전차가 전선에 모습을 드러낼 무렵이면 이미 작전 기간이 많이 경과된 시점이라는 점은 차치하고라도, 티이거 전차는 —아직 야전에서의 검증이 끝나지 않아 많은 문제점을 야기했으므로— 투입 초기에는 별 도움이 되지 못했다. 이 사례는 히틀러가 신무기를 과대평가하는 경향을 여실하게 보여주는 사례였다.

돈강 동쪽에서는 주도권이 러시아군으로 넘어가고 있었는데 27일 57기갑군단은 미시코바 전선에서 지속적으로 투입되고 있던 적의 공격을 받아 악사이강까지 후퇴하였다. 남은 며칠간 러시아군은 57기갑군단을 동쪽과 서쪽에서 포위하고자 시도했다. 2개 러시아 군(51군, 2근위군으로서 3개 차량화군단, 1개 기갑군단, 3개 군단과 1개 기병군단으로 구성되었다)이 4기갑군의 북쪽과 동쪽 전선에 모습을 드러냈다. 소수의 부대가 볼가강을 통해 증원된 것이지만, 러시아군의 대부분은 스탈린그라드 포위망으로부터 증원되었다. 1~2일 내로 러시아군은 수적 우위를 방패로 삼아 4기갑군을 12월 12일 스탈린그라드로 진격하던 최초의 출발선이었던 코텔니코보까지 밀어내고자 하였다. 악사이강에서 전투를 벌이던 57기갑군단의 측면을 방어하고 있던 루마니아 4군의 열세로 인해 기갑군은 후퇴할 수밖에 없었으며, 볼가강 쪽의 동쪽 측면을 방어하던 루마니아 7군단과, 돈강과 57기갑군단 사이의 서쪽 측면을 방어하던 루마니아 6군단 또한 전투 의욕을 상실하였고 부분적이나마 사령부의 참모진들 또한 사기 유지에 어려움을 겪고 있었다. 모든 수단을 동원하여 부대들을 수습하고 새로운 방어선을 열겠다는 루마니아 4군 지휘관의 장담도 이러한 루마니아군의 붕괴 앞에서는 소용이 없었다. 우리는 루마니아군을 후퇴시켜 다시 루마니아로 송환시킬 수밖에 없었다.

12월 12일 시작되었던 6군의 구출작전은 적어도 이 시점에서는 실패로 끝이 났다. 이제까지의 상황 전개를 감안한다면 앞으로 전황이 개선되기를 기대할 수 있었을까? 오늘날 회고해보면 B집단군 지역에서 발생한 위기로 인하여 이 질문에 대한 답변은 기대할 수 없을 것이다. 이때에는 1943년 1월 이전에 이탈리아 군(Army)의 재앙적인 붕괴 이후에 돈강에 주둔 중인 헝가리 군(Army)의 방어선이 잇따라 붕괴를 맞이할 줄은 누구도 예상하지 못했다. 그러나 집단군은 끊임없이 제기되는 논쟁에도 불구하고, **6군을 도와주겠다는 작전을 포기**하려 들지 않았다. 이러한 마음가짐으로 우리는 26일 육군총사령부에 다음과 같은 제안을 하였다.

[옮긴이의 주]
- 스탈린그라드 구출작전에 대한 논란이 많듯, 사건의 전개도 매우 혼란스럽다. 만슈타인은 파울루스에게 퇴각을 지속적으로 명령했다고, 6군을 도와주겠다는 작전을 포기하지 않았다고 주장하지만, 평전에 따르면 만슈타인의 전속부관 스탈베르크는 12월 23일 파울루스가 전문을 통해 만슈타인에게 퇴각을 요청하자 만슈타인은 퇴각명령을 내릴 수는 없으나, 만일 파울루스가 독단적으로 탈출을 하겠다면 도울 것이라 말했다고 회고했다. 분명 만슈타인은 히틀러의 의지에 반하는 행동을 하고자 하지 않은 것이다. 육군총사령관, 육군참모총장을 꿈꾸던 만슈타인이 진정 파울루스에게 퇴각을 명령했는지조차 의심스럽다. 이것에 대해 파울루스는 전후에 만슈타인을 비판하였다. 하지만 Benoît Lemay는 이때 6군이 퇴각작전을 시행할 수 있는 상황이 아니었다고도 말하고 있다.

집단군은 ―로스토프를 향해 진격하고자 하는― 러시아군이 현재 공격 중인 돈집단군의 좌익을 유지하기 위해, B집단군의 우익 후방에 있는 밀레로포에 육군총사령부가 예비대로 보유 중인 군(Army) 규모의 전투단(Armeegruppe)을 제한된 기간만이라도 가능한 빨리 전선에 투입시켜 주기를 요청했다. 우리는 또 추가적으로 A집단군 17군 소속의 보병사단 1개를 —러시아군의 로스토프에 대한 직접적인 공격을 방어하기 위해— 보내줄 것을 요청했다. 이미 집단군에게 배치되기로 예정되어 있었으나 돈강 동쪽 전선에 투입하기에는 너무 늦은 7기갑사단도 집단군의 좌익을 안정시키기 위한 전투에 투입해야 했다. 최악의 경우라면 중부집단군도 돈강과 도네츠강까지 후퇴할 수도 있었다. 게다가 모로소프스키와 타친스카야에 있는 우리의 공군 기지를 장악하기 위해 러시아군이 계속 부대를 증원하였으므로, 마지막 며칠간 치르강에서의 전투는 확대될 기미를 보였다.

스탈린그라드 포위망에 대한 두 번째 공격이 가능한지는 돈강의 동쪽에서 4기갑군이 러시아군을 추격할 수 있는 충분한 병력을 집결시킬 수 있는지에 달렸다. 이미 이전에도 요청했지만 18일부터 집단군이 요구하는 대로 즉시 1기갑군 소속의 3기갑군단과 1개 보병사단을 4기갑군으로 증원해 줄 것을 요청했다. 신속하게 이동 중인 16차량화사단과 이 증원부대들이 4기갑군과 합세한다면 스탈린그라드에 대한 공세는 성공적으로 끝날 수 있다고 집단군은 판단했다. 우리는 6일 정도면 이 부대들이 4기갑군에 증원될 수 있을 것이고, 최고사령부 또한 충분한 수송기의 지원을 약속했기 때문에 이 기간 동안에 6군의 수요에 맞는 보급 물량(연료 1천 톤, 식량 5백 톤)이 스탈린그라드 내로 보급될 수 있을 것으로 보았다.

모로소프스키와 타친스카야는 하루 내지 이틀이면 다시 탈환할 수 있었고, 동시에 6군으로 하여금 재차 탈출을 위한 행동을 개시하라고 요구할 수 있다고 판단하고 있었다. 비록 6군은 현 시점에서 탈출을 시도하는 것이 불가능하다고 믿는 것 같았으나, 집단군 사령부는 포위망에 갇힌 6군에게 더 이상 보급할 수 없으므로 대안이 없음을 주장했다. 전체적인 전황과 6군 소속 부대들의 상태를 감안하면 집단군은 마지막 구원작전을 펼칠 수 있는 시점이 —기갑군에 배속 예정인 부대들이 모두 도착하여 4기갑군이 포위망을 향한 진격을 다시 할 수 있는— 연말이라고 생각했다. 비록 공세가 성공리에 끝난다 할지라도 우리는 6군이 전투력을 보유한 채 4기갑군과 합류할 수 있을 것으로 기대하지는 않았으나, 상당수의 부대들이 탈출의 기회를 얻을 수 있을 것으로 보았다.

중요한 점은 4기갑군이 위에 언급된 증원부대를 확보할 수 있는가였다. 하지만 히틀러와 A집단군은 부대의 이동을 거부했다. 그들의 거절이 정당한 것인지에 대한 판단은 제3자가 해야 할 것이다. 어쨌든 돈집단군은 12월 27일 히틀러의 주목을 끌기 위해 육군총사령부에 상대적인 전력 차를 언급하여 우리에게 배속되기로 했던 3개 사단의 증원이 꼭 필요함을 강조하였다. 취합된 자료를 감안하면, 러시아군과의 병력비는 돈집단군보다 A집단군이 훨씬 유리한 상황이었다. 돈집단군의 부대들은 지난 한달 반 동안 격렬한 전투를 치르고 있었고, 이로 말미암아 매우 탈진한 상태였다. 돈집단군이 개활지에서 전투를 치르는 동안 A집단군은 코카서스에 대한 공세가 소강상태에 빠지자 매우 강력한 방어선을 구축하고 있었다. 만일 1기갑군이 마지못해 3개 사단을 넘긴 후에 강력한 적의 공격을 견디지 못한다 할지라도 1기갑군은 6군이 한두 개의 탈출로를 확보할 때까지 여전히 기동 방어를 펼치며 적의 진격을 지연시킬 수 있었다.

우리가 6군이 구출된다고 해도 아마 코카서스 전역을 항구히 지탱할 수 없을 것이라고 몇 번을 보고해도 히틀러는 1기갑군으로부터 병력을 차출하는 것을 거부하였다. 6군을 구하고 돈집단군과 A집단군이 방어하는 지역에서 기동작전을 펼치겠다는 우리의 해결 방안에 대해 히틀러는 동의하지 않았다. 아무것도 포기하지 않는 그의 완고한 신념 외에도 그가 A집단군의 전력 약화에 대해 거부한 사유에는 다른 이유가 있었던 것 같다. 히틀러는 확실히 나중에라도 6군을 구원할 수 있을 것이라 믿는 듯했다. 31일 수령한 육군총사령부의 명령에 따르면 히틀러는 재편성을 위해 서부에서 휴식을 갖던 SS기갑군단(SS아돌프히틀러, SS라이히, SS토텐코프기갑척탄병사단)을 동부전선으로 이동시킴으로써 난관을 해결하고자 한 것 같다. SS기갑군단은 하르코프에 집결한 후 스탈린그라드를 위한 구원부대로 증원될 예정이었다. 그러나 철로의 이용이 용이하지 않아 2월 중순까지도 하르코프에 집결이 끝나지 않았을 것이다. 6군이 그때까지 붕괴되지 않고 버틸 수 있는지에 대한 고려는 언급되지 않았다. 아직 이탈리아 군(Army)에서 일어난 붕괴가 헝가리군이 맡은 지역에서 일어날 것이라 예측할 수 없었음에도 SS기갑군단의 지원은 돈집단군과 B집단군 전선의 상황이 악화되었음을 고려한다면 여전히 중요했다.

다만 SS기갑군단만으로 스탈린그라드까지 공격하는 것이 충분하다고 판단할 수는 없었다. 12월에 4기갑군의 증원이 이루어져 가능했던, 코텔니코보에서 비교적 짧은 거리인 80마일을 돌파함으로써 얻었던 승리처럼 2월에 하르코프로부터 스탈린그라드까지 350마일을 진격한다는 구상은 순전히 환상일 뿐이었다. 진정으로 히틀러가 2월에 스탈린그라드에 대한 구원이 가능하다고 믿었다면 이는 이전 챕터에서 그의 기질에 대해 언급되었던 내용들을 입증하는 것일 것이다. 12월말 4기갑군을 증강시켜달라는 집단군의 모든 요청을 히틀러가 거부하자 6군의 운명은 이제 결정된 것이나 다름없었다. 6군의 구원이라는 명목 하에 마지막 탄환으로 최후의 순간까지 싸웠던 병사들의 노력과 ―작전의 성공을 통해 A집단군과 돈집단군이 맞은 운명적인 상황을 안정화시키고자 마지막 희망을 안고 쏟아 부었던― 우리의 노력들은 모두 물거품이 되었다.

1월이 시작되자 돈집단군 지역의 상황은 완전히 별개의 전선이 성립되었다.

스탈린그라드에서의 6군의 전투.
A, B, 돈집단군을 포함한 독일군 남익의 보존을 위한 사투.

후자의 경우는 전략상의 영속성 때문에 별도로 기술하기로 하고 전자의 경우에만 이 챕터에서 다루고자 한다. 독일군 남익의 안정을 위해 스탈린그라드에서 6군이 벌인 최후의 전투는 매우 중요한 의미를 갖고 있음을 볼 수 있을 것이다.

[옮긴이의 주]
- 만슈타인은 6군의 포위망 탈출이 불가능해진 이 시점에 이르러서야 스탈린그라드의 6군을 포기했다. 6군이 조기에 항복한다면 돈, A집단군이 고립될 수밖에 없었으므로 돈, A집단군이 퇴각할 수 있는 시간을 벌어주는 것을 6군에게 기대한 것이다. 하지만 만슈타인이 애초부터 6군의 탈출이 불가능함을 인지하고 있었고 독일군 남익의 보존을 위하여 스탈린그라드의 6군을 희생양으로 삼았다는 증언이 있다.

6군의 마지막 전투
(SIXTH ARMY'S LAST BATTLE)

새해가 시작되면서 벌어진 6군의 목숨을 건 사투(Death-struggle)는 믿을 수 없을 정도로 괴로운 싸움에 대한 이야기이다. 우리는 스탈린그라드 내의 독일군들이 —자기들을 구원해 줄 것이라 믿었던 것에 대한— 배신감으로 당연히 느꼈을 비통함과 절망뿐만 아니라 불충분한 보급과 냉혹한 운명에 맞서 보여준 확고한 신념, 그리고 높은 수준의 용맹과 전우애, 임무에 대한 헌신, 침묵 속의 체념, 죽음(Faith in God) 앞에서 결연(Humble)했음을 기억해야 한다. 내가 여기에서 이들의 헌신, 용맹과 결연함에 대해 잘 설명할 수 없다면 이는 우리 집단군 사령부가 그들을 뼈저리게 생각하지 않았기 때문이 아니라 사례를 찾을 수 없는 스탈린그라드에서의 그들의 헌신에 대한 존경으로 인해 그들을 평가할 수 없기 때문이다.

독일군의 희생을 요구한 명령이 과연 필요했고 정당했는가? 다시 말해 왜 6군의 마지막 전투들이 아무런 목적도 없이 수행되었는가? 오랫동안 논의가 되었던 이 논제들은 돈집단군 사령관으로서 내가 풀어야만 하기에, 화두를 던질 자격이 있다고 생각한다. 이 논제에 대한 답변은 독일군의 최종적인 패배라는 관점에서 찾을 것이 아니라 그 당시의 상황이 초래된 배경과 6군이 스탈린그라드를 사수하는 것이 꼭 우선적으로 고려되었어야 했는가에 대한 관점에서 검토해 봐야 한다. 12월 26일 6군 사령관은 우리에게 전문을 보냈으며, 우리의 기조는 6군의 상황을 가감 없이 보고하는 것이었으므로 이 전문을 바로 육군총사령부에 전달했다(전문을 통한 의견 교환이 짧은 시간만 가능했기 때문에 이 시점부터 우리가 포위망 안쪽의 상황을 보고받을 수 있는 방법은 무선 통신을 이용하거나 포위망에서 연락 임무를 띠고 빠져나온 전령들뿐이었다).

'극심한 손실과 추위, 부족한 보급량은 사단들의 전투력을 약화시키고 있다. 6군은 아래와 같은 사항들을 보고하고자 한다.
1. 가능한 가까운 시일 내에 적절한 보급과 병력의 교체가 이루어진다면, 소규모의 제한적인 전투와 단기간의 위기에 대응할 수 있다.
2. 러시아군이 호트 장군(저자: 4기갑군 사령관)의 전선에서 병력을 빼내어 스탈린그라드를 대규모로 공격한다면 오래 버틸 수 없다.
3. 탈출을 위한 회랑의 확보 및 병력 보충과 보급의 지원이 없다면 탈출작전을 더 이상 수행할 수 없다.
6군은 신속한 구원을 독일군 지휘부에 요구한다. 그렇지 않으면 6군은 붕괴될 것이다. 6군은 포위망을 벗어나기 위해 최후까지 할 수 있는 모든 것을 다하겠다. 또한 오늘 하루 동안 70톤의 연료만을 보급 받았음을 보고한다. 어느 군단은 저녁이면 연료가, 내일이면 빵과 식량이 소진될 것이다. 신속한 지원이 필요하다.'

이 전문들은 일주일 전, 보급만 충분하면 동쪽으로의 진격이 가능하다고 말했던 파울루스 장군의 참모장이 얼마나 무능했는지를 보여주는 사례이다. 또한 4기갑군의 성취를 고려하여 집단군이 일주일 전에 6군에게 포위망 돌파를 명령했음에도 6군이 —탈출할 수 있었던 최초의 기회와 6군이 처한 상황으로부터 충분하게 볼 수 있었던— 마지막 기회초자 잡으려 하지 않았음을 보여준다. 12월말과 1월초에는 국지적인 전투를 제외하고 스탈린그라드 전선은 대체로 소강상태를 보였다. 러시아군은 그들의 포병 전력을 증강시켜 대규모 공격을 가하거나 아니면 가용 부대를 모두 집결시켜 4기갑군을 붕괴시키는 돈강 굴곡부에서의 승리를 염두에 두었던 것 같았다. 히틀러는 스탈린그라드에 있던 **후베**(Hube) 장군을 뢰첸(Lötzen)으로 불러 6군의 상황을 보고받았으며, 면담을 끝낸 후베 장군은 1월 8일 집단군 사령부를 방문하였다. 후베 장군은 포위망 안의 상황에 대해 있는 그대로 아무것도 덧붙이지 않고 상세히 보고를 했다고 말했다(그러나 이미 집단군으로부터 상세한 보고를 받고 있으면서도, 뚜렷한 근거도 없이 우리의 보고를 믿지 않았던 히틀러에게 어떤 영향을 끼쳤다고 기대할 수는 없었다).

하지만 진심이었는지 또는 거짓이었는지는 모르겠으나 히틀러가 후베 장군에게 보여준 확신으로 말미암아 후베 장군은 의욕에 차 있었다. 히틀러는 6군에 대한 장기간의 보급과 조만간 구출을 위한 작전을 입안할 것이라 확약을 했던 것이다. 나중에 포위망의 바깥에서 공중 보급을 관할하라는 히틀러의 명령으로 포위망을 다시 나오기는 했지만, 히틀러의 확약으로 인해 후베 장군은 자신감을 얻고 포위망 속으로 다시 복귀했다. 그러나 후베 장군은 조직 체계의 결점이 아닌, 기상의 영향과 가용한 공군력의 부족으로 말미암아 공중 보급을 원활하게 하는 데에는 실패할 수밖에 없었다.

후베 장군이 했던 말 중에 개인적으로 인상을 받았던 내용은 6군 내에서 회자되고 있다는 루머였는데, 내가 6군에게

'**버텨라, 우리가 구출해 줄 것이다**(Hang on, I'll get you out: Manstein).'

라고 말했다는 것이었다. 나는 6군을 스탈린그라드로부터 구출할 수 있는 결정적인 권한을 갖지 못했고, 6군을 탈출시킬 수 있으리라는 확신의 부족 및 6군이 나의 관할 하에 있지 않았으므로 이러한 약속을 하지는 않았었다.

히틀러를 겁내지 않았던 후베 장군은 뢰첸에서 6군의 포위가 결국 국가수반인 히틀러의 명성에 흠이 나게 만들 것이라는 점을 인식시키고자 하였다. 이렇게 함으로써 후베 장군은 히틀러로 하여금 적어도 동부전선만큼이라도 지휘권을 군 지휘관들에게 이양토록 하고자 하였다. 후베 장군이 뢰첸으로 갈 때 우리와 면담을 했던 것으로 인해 히틀러는 확실히 후베의 방안(Démarche)이 ―실제로는 그렇지 않았음에도 불구하고― 나의 사주를 받았던 것으로 믿었음이 틀림없다. 스탈린그라드 함락 이후 내가 국방군 최고사령부가 변화해야 된다는 것을 히틀러에게 건의하였을 때 히틀러는 이러한 요청에 대해 이미 경계하고 있었으며 단호하게 거부하였다. 6군의 상실에 대한 책임감을 통감하고 있었다면, 히틀러는 나의 의견을 받아들였어야 했다. 1월 9일 러시아군은 6군에게 항복을 권고하였고 히틀러의 명령에 의해 그 권고는 묵살되었다. 히틀러가 군사적인 분야에서 행한 결정들과 실행한 것들에 대해 비판적인 관점을 가지지 않았다고 내가 비난받아야 한다고는 생각하지는 않는다. 사실 이 시점에서 내가 히틀러의 결정들에 대해 전체적으로 받아들였음은 맞지만 ―이는 어쨌거나 명령에 복종해야 한다는 관점을 가지고 있던― 나에게 있어서는 어쩔 수 없었던 일이었다.

[옮긴이의 주]
- 이 시기까지 대규모의 독일군이 포위된 상태에서 패배한 경우는 없었기에, 스탈린그라드에 갇힌 독일군은 그들이 버림받을 것이라는 생각을 하지 않았고, 구원군이 반드시 올 것이라 믿었다. 각종 자료에 보면 6군의 병사들은 여전히 만슈타인을 믿고 있었다는 증언이 있다. 후베는 14기갑군단 사령관을 역임했으며, 체르카시 포위망 전투 때 1기갑군을 지휘했다. 그는 비행기 사고로 사망했다.
- '만슈타인이 온다(Manstein is coming).' 이 말은 6군에 회자되었다. 평전에 따르면 포위망 안에 갇힌 병사들은 12월 둘째 주에 만슈타인의 구원작전이 시작된 것을 알게 되었고 사기가 되살아났다. '만슈타인이 온다(Manstein is here).'는 희망으로 그 동안의 고생과 희생이 헛되지 않았으며, 영도자가 그의 약속을 지켰다고 생각했다는 증언이 있다.

나는 군인으로서 싸울 힘이 남아 있다면, 절대로 항복하여서는 안 되며 항복하는 것은 군인이기를 포기하는 것이라 믿어왔다. 이러한 군인의 명예를 —국가가 무력에 의존하지 않거나 군인들이 더 이상 필요치 않을 때가 오기 전까지는— 우리가 지향하여야 한다고 믿었기 때문이다. 항복을 통해 희망 없는 싸움을 끝내고자 하는 것이 패배를 정당화시킬 수는 없다. 만일 사령관이 전황이 불리하자마자 항복을 한다면 누구도 전장에서 승리를 할 수는 없을 것이다. 승전의 희망이 없는 상황에서도 종종 전투의 끝에 가서 타개책을 찾는 경우도 많다. 만일 부대가 더 이상의 역할 수행을 못하거나 전투를 지속하는 것이 무의미한 경우라면 항복을 하는 것이 맞지만 파울루스 장군에게 있어서는 어떠한 경우라도 항복을 하지 않는 것이 군인의 의무를 다하는 길이었다. 다만, 이러한 견해는 항복을 거부하는 히틀러의 견해를 정당화시키고 위기의 순간에 6군을 탈출시키고자 했던 집단군의 개입을 막는 논리로 귀착되는 문제점이 있다.

이제 6군의 경우는 전투를 치를 여력이 있는 한, 전략적인 관점에서 **결정적인 역할**을 수행해야 했다. 6군은 포위망을 구축한 적군을 가능한 오랫동안 붙들고 있어야 했다. 12월이 시작되자 대략 60개의 단위부대(보병사단들과 기갑여단, 차량화여단 등)들이 6군을 포위했다. 러시아군 일부는 4기갑군의 공격으로 인해 잠시 후퇴하였다. 1월 19일까지 돈집단군과 맞선 259개의 단위부대 중 90개가 6군을 포위하고 있었다. 만일 1월 9일 6군이 항복을 하였더라면 이 90개의 부대들이 포위망을 이탈하여 돈집단군의 전략적 위치에 끼칠 영향, 그리고 독일군 남부전선 전체에 끼칠 위협은 이미 기술한 바 있다. 궁극적으로 6군의 관점에서는 헛된 싸움일지는 몰라도, 아직 6군에게는 전투를 치를만한 여력이 있었다. 더욱이 6군이 벌어주는 시간은 —동부전선의 남익이 처한 상황을 감안하면— 전략적으로 매우 중요한 것이었다.

[옮긴이의 주]
- 만슈타인은 이제 A집단군과 돈집단군을 위한 6군의 '결정적인' 역할을 강조하고 있다. 6군이 항복 시점을 최대한 늦출수록 독일군 남익에 유리하였던 것이다. 6군은 시간을 벌기 위해 싸웠다.

세월이 흐른 후 우리가 전쟁에 패했다는 사실을 알고 있는 지금에서야 독일의 패배가 빠를수록 독일이 겪었던 끝없는 재앙을 면할 수 있었을 것이라 말할 수도 있지만, 군사적인 측면에서 그 당시 독일이 패하리라 생각한다는 것은 있을 수 없는 일이었다. 군사적으로 교착화를 이루어내면 정치적으로도 교착화를 만들 수 있었으며 이는 동부전선 남익의 전황이 안정되는 경우에만 가능했다. 그러려면 첫 번째로 가장 중요한 것은 6군이 그들이 가지고 있는 마지막 힘까지 그들을 포위하고 있는 러시아군을 붙잡아 두는데 투입하는 것이었다. 이것은 국방군 최고사령부가 용맹했던 부대들을 스탈린그라드에서 녹아내리게끔 만든 명령을 내릴 수밖에 없었던, 전쟁의 비극적인 본질이었다. 국방군 최고사령부가 6군이 겪은 곤경에 대해 책임을 져야 하는 것에 대한 논의는 이러한 본질적인 관점에서는 논할 수 없는 문제였다.

1월 9일 6군이 항복을 거부하자 러시아군은 포병의 예비 사격과 더불어 수많은 전차로 모든 전선에서 공격을 시작했다. 러시아군의 공격은 마리노프카(Marinovka)강 서쪽으로 길게 뻗어있던 돌출부에 집중되었는데 러시아군은 여러 지점에서 방어선을 돌파하는데 성공했다. 1월 11일이 되자 6군은 더 이상 전투에 필요한 수준의 연료와 탄약을 보유하지 못하여 전황이 보다 심각해지게 되었다. 6군은 부대들의 서쪽 주둔 지역이었던 카르포프카(Karpovka) 계곡을 상실함으로써 이제까지 추위를 피할 수 있었던 이점을 잃었으며 더욱이 기상의 악화로 인하여 공중 보급 또한 기대할 수 없게 되었다. 6군이 처한 심각한 곤경에 대해 집단군 사령부는 1월 12일 육군총사령부에 6군이 보낸 보고서를 즉시 전달하였다.

'부대들은 용맹스럽게 전투에 임하고 있으나 지난 며칠간의 격전으로 인하여 어렵게 버텨왔던 전선은 러시아군이 이미 깊숙하게 돌파한 상황이다. 예비대는 더 이상 존재하지도 않으며, 재편성 할 수조차 없다. 중화기는 이제 더 이상 기동할 수 없으며 심각한 손실과 추위, 불충분한 보급 상황으로 인해 6군의 전투력은 점점 고갈되고 있다. 러시아군이 현재와 같이 지속적으로 공격해 온다면 방어선은 단지 며칠간을 버틸 수 있을 뿐이며, 방어전은 잘게 쪼개진 개별 단위의 부대들만으로 수행될 것이다.'

1월 12일 6군의 어려운 방어전을 돕기 위한 공군의 지원 공격과 공중 보급은 기상 탓으로 전혀 이루어지지 못했다. 공군의 공중 보급을 담당하고 있던 피커트 장군이 포위망에서 빠져나와 보고한 바로는 —포위망에 갇힌 독일군의 자기희생과 용맹함을 고려하여 어림잡은 수치이겠지만— 지속적인 저항을 할 수 있는 기간은 길어야 2일 내지 4일이며 상황이 매우 절망적이었다. 피커트 장군의 의견에 따르면 공중 보급의 상황이 개선된다 할지라도 이미 러시아군에 의해 점령된 요충지에 대한 반격조차 6군은 더 이상 수행할 수 없으므로 전황이 개선되기는 어려울 것이라 했다. 피케트 장군은 파울루스 상급대장의 보고서를 우리에게 전달했는데 보고서를 통해 포위망 안의 전술적인 상황을 알 수 있었다.

포위망의 북서쪽에서는 10~12개 사단 규모의 러시아군이 공격을 가하여 3, 29차량화사단의 구역이 부분적으로 돌파를 당해 극심한 피해를 입었으며 이로 인해 이 지역에 방어선을 재구축하는 것은 더 이상 불가능했다. 용맹했던 차량화사단들이 러시아군의 전차를 100여대 격파하였지만, 러시아군은 여전히 이 지역에서 50여대의 전차를 전개하고 있었다.

포위망의 남쪽에서는 297사단의 영웅적인 분투에도 불구하고 이틀에 걸친 예비 포격 이후에 러시아군이 방어선을 돌파하는데 성공하였다. 러시아군은 100대가 넘는 전차 중 40여 대를 상실했지만 역시나 이 방어선에도 간극을 메꿀 수 있는 예비대가 없었다. 포위망의 동쪽에서는 그나마 방어선이 그럭저럭 유지되고 있었으나 다른 방어선과 마찬가지로 러시아군의 압박이 더욱 거세지고 있었다. 포위망의 북동쪽에서는 러시아군이 여러 지점에서 돌파를 하였는데 16기갑사단의 전력이 고갈되었다. 파울루스는 추가적으로 6군은 최후까지 위치를 지키며 전투를 지속할 것이라 덧붙였다.

이제야 포위망의 축소를 히틀러가 후배 장군에게 제안했더라도 중화기가 이동할 수 없었기 때문에 포위망의 축소는 6군의 붕괴를 촉진시킬 것이었다(저자: 히틀러는 이 시점에 탈출을 위해 병력을 집중하여 운용하는 것이 필요했음에도 표면적으로는 이러한 운용을 금지하는 명령을 내렸다). 공중 보급이 언제나 불충분하였기 때문에 상황이 호전되는 것은 기대할 수 없었다. 이제 6군이 버틸 수 있는 시간은 전적으로 러시아군이 결정하게 되었다. 이날 피톰니크(Pitomnik) 공군 기지가 러시아군의 수중에 들어갔기에, 이제 포위망 안에 남아있는 유일한 비행장은 굼락(Gumrak) 기지였다. 그러나 밤에 파울루스는 완편된 수개 대대만 보충된다면 도시 방어를 위한 저항을 지속할 수 있을 것이라 보고했으며 여전히 병력 손실을 메꿀 수천 명의 병력 지원을 요청하였다. 하지만 집단군은 1개 대대 수준의 예비대조차 보유하지 않아 6군의 요구를 들어줄 수 없었다. 또한 구출작전을 펼치던 4기갑군이 꼼짝달싹하지 못하는 상황에 처했으므로 —이 시점에서 포위망 안의 병력을 보충하거나 화력의 보강에 대한 판단을 내릴 수가 없어서— 이러한 6군의 요구에 응할 수 없었다.

우리는 휴가(On leave)에서 돌아온 참모장교들과 단위부대 지휘관들을 포위망 속으로 다시 들여 보내야 한다는 점에 침통함을 느꼈다. 일부는 비스마르크(Bismarck)와 빌로브(Below)와 같이 경험이 많은 군인들이었던 그들은 —6군이 그들을 필요로 하는 것과 별개로— 그들 스스로 그들이 부대로 복귀하여야 함을 주장했다. 그들은 가장 어려운 시련 속에서도 자기 헌신과 전우애라는 전통을 몸소 보여준 것이다.

1월 13일이 되자 파울루스 상급대장의 수석전속부관이며 기사철십자 훈장을 수여받은 모범적인 젊은 장교였던 **베흐(Behr)** 대위가 6군의 전투일지를 가지고 비행기 편으로 집단군에 도착했다. 그는 계급의 높고 낮음과 상관없이 모든 독일군들이 다가오는 파멸의 시점을 앞두고도 용맹함을 보여주고 있으며 여전히 전투에서 치열하게 싸우고 있다고 말했다. 베흐는 파울루스와 참모장이 슐츠와 나에게 보내는 서신을 전달했는데 서신의 내용은 독일군의 정신을 지배하고 있던 충실함과 고귀한 정신에 대한 것이었다. 그들은 집단군이 6군을 구출하기 위해 할 수 있는 모든 방법을 시도했음을 충분히 이해하고 있었으나, 또한 약속된 공중 보급이 지켜지지 않은 부분에 대해서는 씁쓸함을 감추지는 않았다. 내가 할 수 있는 유일한 답변은 리히트호펜 상급대장과 내가 그 약속을 하지는 않았다고 말하는 것뿐이었다. 약속을 지키지 못한 것에 대해 괴링은 책임을 져야 한다.

[옮긴이의 주]
- 베흐 대위는 20대에 기사철십자훈장을 서훈 받은 유능한 군인이었다. 히틀러와 면담한 그는 히틀러가 아직 망상 속에 빠져있음을 알게 되었지만, 스탈린그라드로 복귀가 불허되고 밀히의 사령부에 배속되었다는 증언이 있다. 어느 장성이 베흐에게 '만슈타인을 믿지 말라. 히틀러에게 적대적이지만, 테이블 위에서는 조용하다.'라고 말했다는 증언이 있다. 베흐는 만슈타인을 다룬 다큐멘터리에서도 증언을 하였다.

1월 16일 6군은 모든 방면에서 적과 교전을 펼쳤으며 아침 일찍부터 러시아군의 대공 방어와 전투기들 때문에 수송기의 이착륙이 불가능하였다. 따라서 공중 보급은 야간에 수행하거나, 항공기에서 보급품을 투하하는 방식으로 이루어졌다. 보급품을 공중에서 투하하는 방식은 보급품의 손실을 유발했지만 어쩔 수 없었다. 이날 히틀러는 밀히 원수를 공중 보급 책임자로 임명하였고, 17일 6군은 굼락 기지를 다시 사용할 수 있게 되었다고 알려왔다. 공군은 이에 수긍하지는 않았으나 집단군은 어쨌거나 굼락 기지에 착륙을 시도해야 한다고 주장했다. 19일에 나는 —어제 나를 만나러 오던 중에 타고 있던 차가 기관차와 충돌하여 약간의 부상을 입은— 밀히 원수와 처음으로 이야기를 나누었는데, 그에게 현재 6군의 상황이 절망적일지라도 공중 보급이 충분하게 진행되어야 한다고 강한 어조로 말했다. 또한 우리가 포위망에 갇힌 동료들에 대한 공중 보급을 마지막 순간까지 지속할 책임 외에도, 6군은 90여개에 이르는 러시아군 부대를 붙잡아두는 매우 중요한 임무를 수행하고 있다고 말했다.

집단군의 나머지 전선에 당면한 위험과 B집단군의 측면에 있는 개활지를 고려한다면 6군이 맡은 결정적인 역할을 수행할 수 있도록 지원해야 했다. 밀히는 전선 후방의 모든 가용한 자원들을 투입할 것이고 예비대로 남아있는 수송부대와 정비와 유지 보수를 위한 정비병들을 투입하겠다고 약속했다. 모로소프스키와 타친스카야가 러시아군의 수중에 들어갔기 때문에 수송기들은 노보체르카스크와 로스토프에서 —또는 더 멀리 있는 기지에서— 왕복해야 했으므로 특히나 정비병들의 역할은 이 시점에서 매우 중요했다. 그와의 대화를 통해 나는 만일 밀히가 수주일 전에 임무를 맡았더라면 보다 상황이 개선되었으리라 생각했다. 왜냐하면 리히트호펜이 관할하지 못한 보급품과 자원들에 대해 밀히는 확실히 그 보급품들의 처분에 대한 권한을 가지고 있었다. 이 보급품들이 적시에 제공되지 못한 것에 대해 괴링은 책임을 져야 한다.

24일 육군참모총장 자이츨러 장군은 파울루스로부터 주고받은 메시지를 전달해 주었다.

'스탈린그라드는 단지 며칠간만 사수될 수 있다. 보급의 중단으로 인하여 부대들은 탈진했고, 중화기들은 기동력을 상실했다. 마지막 남은 비행장이 곧 러시아군의 수중에 떨어질 것이므로 보급 상황은 최소한의 수준으로 악화될 것이다. 스탈린그라드를 사수할 수 있는 기본적인 토대가 존재하지 않으며, 러시아군은 모든 전선에 걸쳐 개별적인 돌파구를 열고 있으며 독일 병사들은 목숨을 잃고 있다. 그럼에도 장교들과 병사들의 용맹한 정신만큼은 아직 훼손되지 않았다. 난 그들의 정신력을 살려서 최후의 기회를 잡고자, 싸울 수 있는 모든 부대들은 조직화된 그룹을 이루어 남서쪽으로 탈출하라고 명령을 내리고자 한다. 만일 성공한다면 러시아군의 후방에서 적을 혼란에 빠지게 할 것이고, 만일 실패하여 포로로 잡힌다면 추위와 기아로 인하여 모두 죽음을 맞이하게 될 것이다. 향후의 작전을 위해 장교들과 모든 계급의 병사들 중 전문성을 가진 일부를 포위망 밖으로 탈출시키는 것을 건의한다. 항공기의 이착륙이 조만간 불가하므로 이 명령은 즉각 내려져야 한다. 장교와 병사들의 이름을 확인하기 바라며, 물론 나의 이름은 제외된다.'

- 파울루스

'메시지는 잘 받았다. 내가 4일 전에 제안한 내용과 같다. 내가 보고하자 영도자는 다음과 같이 지시하였다. 첫째, 탈출에 대해서 영도자는 마지막 결정을 하지 않았다. 이 사안에 대해 추가적으로 논의하자. 둘째, 장교와 병사들 중 일부를 수송기로 탈출시키는 것에 대해 영도자는 거부하였다. 이 사안에 대해 지체비츠(Zitzewitz)가 사안에 대해 다시 보고할 수 있도록 이리로 보내 달라. 그러면 내가 영도자와 접견할 수 있게 하겠다.'

- 자이츨러

포위망에 갇힌 일부 장병들을 밖으로 탈출시키고자 했던 파울루스 상급대장의 요청에 대해 나는 군사적인 관점에서만 생각한다면 가능한 한 유능하고 숙련된 장병들을 최대한 구출하는 것이 —물론 이는 계급과 무관하게 선택되어야 하고— 매우 바람직한 결정이라고 생각한다. 그러나 군인으로서의 윤리를 고려한다면 최우선적으로 구출되어야 하는 이들은 바로 부상병들이었으며 우리는 꽤 많은 부상병들을 실제 후방으로 후송했다. 숙련된 장병들의 구출은 부상병들을 포위망에 내버려 두는 것을 의미했으며, 또한 일반적으로 개별적인 사병들보다 장교들이 훈련도가 높았으므로 구출되는 대다수를 차지할 것이었다. 만일 숙련된 사병이라면 그는 정비병이나 특별한 전문 지식을 가진 일부에 지나지 않을 것이었다. 생명의 보전이 어려운 현재의 6군이 처한 상황이라면, 독일군의 군사적인 전통에 따라 장교들은 병사들의 뒤에 서야 한다. 이러한 이유로 집단군 사령부는 히틀러가 이 제안을 수락하게끔 조치하지는 않았다. 소규모 부대로 나누어 러시아군의 전선을 돌파하겠다는 제안도 히틀러는 마지막 순간까지 수락하지 않았다.

그럼에도 집단군 사령부는 소규모 부대들이 포위망 돌파에 필요한 토대를 제공하기 위하여 러시아군의 후방 여러 지점에 식량을 투하하였으며 탈출에 성공한 부대들을 지원하기 위해 정찰 비행을 시도하였다. 그러나 집단군에게 도착한 부대는 없었으며, 아군의 조종사들도 그들을 발견하지 못했다. 어쨌든 파울루스의 메시지를 통해 포위망 안에 갇힌 싸울 수 있는 모든 독일군들이 최후의 순간까지 결연한 의지를 갖고 있음을 알게 되었다. 사실 집단군 사령부는 아직 전투력이 소진되지 않은 일부 젊은 장교들과 병사들이 최후의 순간에 포위망을 탈출할 것이라는 것을 알고 있었기에, 비록 헛된 일이었지만 식량 투하 등의 조치를 취한 것이다. 1월 22일 러시아군은 굼락 공항까지 도달하였으며, 이는 더 이상 공중 보급이 지속될 수 없음을 의미했다. <u>파울루스</u>는 보유한 탄약과 식량이 조만간 바닥을 드러낼 것이고 전선의 간극을 더 이상 메꿀 수 없다고 보고했다.

[옮긴이의 주]
- 구데리안은 16군단 사령관으로서 파울루스를 참모장으로 휘하에 두었었다. 통상 파울루스의 우유부단함을 비난하는 여론이 많으나 구데리안은 파울루스를 높게 평가했으며, 그의 회고록에서 파울루스에게 자신을 변호할 기회가 주어지기 전까지는 그 어떤 혐의도 믿을 수 없다고 회고했다. 전쟁포로가 된 파울루스는 부인의 죽음 뒤에 독일로 돌아올 수 있었다.

파울루스는 이제 항복을 위해 협상 테이블에 앉는 것을 히틀러에게 요청하고자 했다. 6군의 저항 기간이 짧아진다면 집단군 전체가 위험에 빠질 수도 있겠지만, 나는 이제 이 영웅적인 전투를 끝내야 될 때가 온 것이라 생각했기에 히틀러와 장시간 전화를 통해 이를 허락할 것을 요청하였다. 보다 우세한 러시아군을 붙들어 놓기 위해 6군은 보잘 것 없는 전력으로 절망적인 싸움을 벌였으며 이 때문에 동부전선은 겨울 동안 안정적으로 버틸 수 있었다. 이제 러시아군을 붙들어 놓기 위해 6군에게 희생을 강요하는 것은 전략적으로 아무 의미가 없었다. 고성이 오간 통화 후, 히틀러는 나와 파울루스의 요청을 묵살하였으며 —스탈린그라드에 묶여 있는 러시아군이 다른 곳으로 전개되지 않도록 하루라도 더 붙들어 놓는 것이 중요하다는 이유로— 6군은 최후의 순간까지 싸워야 한다고 명령했다. 그러나 이미 헝가리 군(Army)이 돈강에서 붕괴되었으며, B집단군이 지도에서 사라져 버려 상황은 이미 심각한 지경에 이르러 있었다.

도네츠강의 보로실로프그라드(Voroshilovgrad)와 돈강의 보로네슈까지 벌어진 간극을 통해 러시아군은 아무런 행동의 제약도 받지 않은 채로 진격을 계속하고 있었기에, 코카서스로부터 후퇴 중인 A집단군과 돈집단군이 무사히 퇴각할 수 있는지에 대해서도 확신할 수 없었다. 히틀러는 —6군이 방어선을 연결하여 지키지는 못할지라도— 당분간이라도 소규모의 고립된 부대들이 전투를 계속 치를 수 있을 것이라 주장했다. 최종적으로 그는 러시아군이 항복에 관한 협상 내용을 전혀 지키지 않을 것이므로 항복은 아무런 의미가 없다고 단언했다. 정확히 맞지는 않았지만 최종적으로 러시아군의 손에 떨어진 90,000명의 독일 장병들 중 현재까지 살아 있는 이가 수천 명에 그치는 것을 고려한다면 그의 두 번째 예측은 어떤 의미에서는 맞는 생각이었다. 러시아군은 스탈린그라드 가까이 철로를 이용한 보급이 가능했으므로, 의지만 충분히 있었다면 독일군 포로들에게 음식과 숙소를 제공할 수 있었음은 여기서 강조하고 싶다. 추위와 탈진으로 인하여 사망자가 발생하는 것은 피할 수 없었겠으나 이 <u>사망률은 비정상적으로 높은</u> 것이었다.

[옮긴이의 주]
- 스탈린그라드에서 포로가 된 독일군 중 약 6천 명이 독일 땅을 밟을 수 있었다는 증언이 있다. 다만, 독일군에게 포로로 잡힌 러시아군의 운명도 다르지 않았음을 각종 자료에서 확인하기 바란다.

히틀러가 6군의 항복이라는 나의 요청을 불허하자, 나는 집단군 사령관직을 사임함으로써 그의 의견에 내가 동조하지 않음을 표명하는 것도 생각해 보았다. 이러한 생각을 품었던 적이 이번이 처음은 아니었다. 작년 12월의 크리스마스 때 히틀러로 하여금 6군의 탈출을 허락하는 명령을 내리도록 하는데 실패했을 때도 그러했으며, 그 이후로도 집단군 사령관직의 사임을 고려한 적이 자주 있었다. 나는 긴급한 작전에 대한 허락을 얻기까지 국방군 최고사령부와 끊임없고, 성가신 싸움을 벌여야 했으며 이와 더불어 책임까지 져야만 하는 부담감에서 벗어나고 싶었다.

1942년의 크리스마스 이후에 내가 이 생각을 얼마나 마음에 담고 있었는지는 작전참모장 부세가 훗날에 기술한 바로 충분히 그 깊이를 알 수 있을 것이다. 부세는 '내가 만일 만슈타인에게 부대를 위해 남아 있기를 간청하지 않았다면, 이미 오래 전에 그의 직책을 히틀러에게 반납했을 것이다.'라고 말했는데, 나의 최측근 동료의 이 표현은 내가 처했던 상황과 나의 심정이 고스란히 반영되어 있다. 고위 사령관의 사임에 관한 나의 일반적인 견해를 언급하자면, 장병들처럼 짐을 싸서 집으로 갈 수는 없었다. 히틀러는 내 사임을 받아들이지 않을 것이고 특히나 지금의 시점에서는 더욱더 그러했을 것이다. 늘상 인기 있는 쪽으로(Bandwagon), 그리고 자기와 맞지 않는 정권이 성립된다면 이쪽저쪽을 기웃거릴 수 있는 정치가와 달리 <u>군 지휘관은 그렇게 가벼운 자리가 아니며,</u> 군인은 명령에 따라 장소와 시기를 막론하고 싸워야 한다.

[옮긴이의 주]

- 독일군의 목숨을 구해야 한다는 신념, 누구도 만슈타인보다 지휘를 잘 할 수 없으리라는 점에서 만슈타인이 사령관직을 사임하지 않은 것은 맞다. 아울러, 육군총사령관이 되고자 했던 야망 및 자발적으로 사임 시에 월 4,000마르크에 달하는 비과세 급여를 받지 못했을 수 있다는 점도 만슈타인의 결정에 영향을 끼쳤을 것이다. 만슈타인은 정녕 무자비한 아시아계의 폭력에 독일 및 유럽을 수호하는 자로서 역사에 기록되기를 원했다.

물론 부여받은 명령의 수행과 그 명령에 대한 책임을 지는 것은 고급 지휘관의 재량 하에 있다. 자이들리츠(Seydlitz) 장군은 조른드르프(Zorndorf) 전투에서 '전투가 끝난 후 국왕은 나의 목을 그의 의지에 따라 처리할 수 있을 것이다. 그러나 전투 중이라면 나의 뜻대로 맡겨 두어야 한다.'라고 말했었다. 어떠한 지휘관도 그가 그의 의사에 반하여 행동하도록 강요되었음을 주장하면서 패전을 정당화 할 수는 없다. 이러한 경우에 고급 지휘관은 그의 목숨을 걸고 명령에 따르지 않는 방안을 선택할 수 있는데, 전투가 승리로 끝나면 그가 옳다는 것이 그리고 전투가 패배로 끝나면 그가 옳지 않다는 것이 결정되는 것이다.

내가 12월 19일 6군에게 히틀러의 의견을 따르지 않고, 남서쪽으로 활로를 개척하라는 명령을 내린 것은 이 때문이었다. 결국 이 명령은 6군 사령부가 따르지 않음으로써 아무것도 얻지 못한 명령이 되었다. 6군의 탈출이 성공적이었을지 아니면 실패로 끝났을지 누구도 확신할 수 없으므로 6군이 작전을 멈추고 구조를 기다렸던 것은 결코 옳고 그름을 판단할 수 없는 문제이다. 이후 나는 만일 히틀러의 의사에 반하여 행동하는 것이 명백히 옳을 경우에는 그렇게 행동했으며 작전의 성공은 내가 옳음을 증명하였고 또한 히틀러도 나의 불복종을 참을 수밖에 없었다(그러나 인접한 집단군들을 위험에 빠트릴 수 있는, 승인받지 못한 작전들은 용인되지 않는다).

그러나 사임의 문제는 언급한 바와 같이 약간 다른 측면을 고려해야 했는데, 실제 나는 고급 지휘관은 휘하에 있는 병사들에 대해 책임을 져야만 한다고 생각하고 있었다. 동시에 나는 돈집단군과 추가적으로 A집단군까지 책임지는 위치에 있었기 때문에 6군만을 생각할 수 있는 입장이 아니었다. 이 시점에 나의 책무를 던져 버리는 것은 —6군이 포위되었을 때에 보여준 히틀러의 태도를 감안한다면 당연하게 보일 수도 있겠지만— 스탈린그라드 포위망의 바깥에서 생사가 걸린 전투를 벌이고 있는 용감한 장병들에 대한 배신이라고 생각했다. 전쟁 중에 발생한 이 거대한 위기를 돈집단군이 잘 극복한다면 내 생각으로는 사임을 하지 않음으로써 감수해야 하는 분노조차도 결과적으로는 감수하는 것이 옳았다는 것으로 증명될 것이라 생각했다.

1943년 1월 돈, A, B집단군이 위치한 지역의 전황을 반전시키기 위해 6군의 절망적인 저항은 지속되어야 했다. 12월 29일 육군총사령부는 돈집단군의 요청에 설득되어, A집단군에게 우선적으로 좌측 날개인 1기갑군을 쿠마(Kuma)-퍄티고르스크(Pyatigorsk)-프라스코베야(Praskoveya)까지 살스크(Salsk) 남서쪽으로 물린 후에 코카서스로부터 후퇴하도록 명령했다. 후퇴는 특히나 장비의 보존을 위해, 그리고 가용할 수 있는 부대의 부족으로 인해 매우 더디게 진행되었다. 1월 9일 러시아군의 항복 제의를 6군이 거절한 날까지도 1기갑군은 쿠마 선(Line)까지 도달하지 못한 상태였다. 4기갑군은 돈강 남쪽에서 A집단군의 후방을 방어했으며 동시에 개활지로 남겨진 로스토프로 향하는 길목을 유지하는 임무를 맡았는데 돈강 남쪽에서 러시아 3개 군과의 전투를 치룬 후 코텔니코보를 지나 서쪽으로 밀리고 있었다. 4기갑군은 살(Sal)강과 마니치(Manych)강 사이에 있는 쿠베를레(Kuberle)강에서 힘겨운 방어전을 펼치고 있었는데 우리는 러시아군의 의도가 4기갑군을 측면 포위하는 것임을 인지하였다. 돈강 유역의 콘스탄티노프카(Konstantinovka)에 있던 러시아 3개 근위기갑군단은 4기갑군의 배후인 프롤레타르스카야(Proletarskaya)를 향해 남동쪽으로 진로를 바꾸어 공격을 계속 했다. 동시에 마니치강을 따라 ㅡ칼미크 초원에서 도착한ㅡ 러시아 28군이 남쪽에서 포위망을 완성하고자 시도하고 있었다.

홀리트분견군은 돈강 굴곡부에서 힘겨운 전투를 치룬 후 카갈닉(Kagalnik) 지역으로 후퇴하였다. 이곳에서 러시아군은 분견군의 남측 취약 지점의 돌파에 성공했으며 1월 7일에는 일부 소규모 부대가 집단군 사령부가 위치한 노보체르카스크 북동쪽에서 돈강을 도하하는데 성공하였다. 분견군의 북측을 담당하던 7기갑사단은 포슈타트에서 도네츠강을 도하하려는 적의 기도를 국지적인 반격 작전을 펼쳐 지연시키고자 하였으며, 또 다른 도하점인 카멘스크에서는 급조된 부대들과 전장에서 긁어모은 소수의 루마니아군으로만 방어선을 전개할 수 있었다. 이 지역의 북서쪽은 이탈리아군의 붕괴로 인하여 거대한 간극이 생겨버렸는데 ㅡ일시적으로 포위되기도 했으며 B집단군에 속해있던ㅡ 전력이 약화된 프레터-피코(Fretter-Pico)전투단이 밀레로포 주변에서 전투를 벌이고 있었다. 1월 24일 6군은 결국 세 개의 조각으로 찢어져 더 이상 러시아군을 붙잡아 둘 수 없었으며, 나머지 전선의 상황은 다음과 같았다.

A집단군의 북익은 여전히 벨라야 글리나(Belaya Glina) 주변과 더 동쪽에 있는 아르마비르 (Armavir)에 머물러 있었는데 이는 로스토프로부터 100~125마일 떨어져 있음을 의미했다. 육군총 사령부는 결국 1기갑군 전체가 로스토프를 경유하여 퇴각하는 것을 승인할 수밖에 없었다. 돈집단 군의 4기갑군은 1기갑군이 돈강 남동쪽에서 도하할 수 있는 지점을 사수하기 위해 절망적인 싸움을 계속하고 있었으며, 나는 1기갑군을 보로실로프그라드 북쪽에서 도네츠강을 사수하기 위해 돈집단 군의 왼쪽 날개로 활용하고자 하였다. 홀리트분견군은 돈강에서 포슈타트까지 이르는 전선에서 도네 츠강 전선을 유지하기 위한 방어전을 펼치고 있었다. 기진맥진한 2개 사단으로 구성된 프레터-피코 전투단은 카멘스크의 양안에서 도네츠강을 방어하고 있었다.

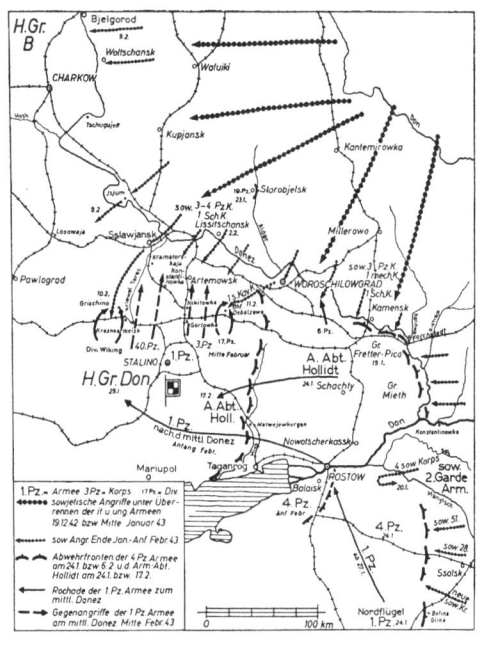

러시아 전역, 1942~1943년 겨울의 방어전

이탈리아군과 돈강에서 공격을 받았던 헝가리군의 붕괴 뒤, 1월 19일 이래 도네츠강의 보로실로프 그라드에서 돈강의 보로네슈까지 약 200마일에 이르는 간극이 벌어지게 되었다. 1월 23일 돈집단군 은 후퇴하여 스타로비엘스크에 전선을 구축하였지만 −이곳에서 19기갑사단만을 전개할 수 있었기 때문에— 러시아군 3개 군단과의 전투 후에 스타로비엘스크를 포기할 수밖에 없었다. 2월 1일 6군의 마지막 저항이 멈추자 러시아군은 보로실로프그라드 인근에서 3개 기갑군단, 1개 차량화군단, 1개 군단으로 도네츠강을 도하하였으며, 리씨챤스크(Lissitschansk)와 슬라뱐스크(Slawiansk)까지 서너 개의 기갑군단과 1개 군단을 도네츠강 유역에 배치하였다. 만일 6군의 영웅적인 저항을 통해 러시아군을 스탈린그라드에 묶어놓지 않았다면, 1월 9일부터 2월 1일까지 전황이 어떻게 변했을지 그리고 그 이후의 전세가 어떻게 전개되었을지에 대해서는 군이 설명할 필요가 없을 것이다.

6군의 마지막 전투는 다음과 같았다.

1월 24일 6군의 전선은 세 개의 포위 그룹으로 분할되었다. 하나는 스탈린그라드의 중심부였고 나머지는 남쪽과 북쪽 주변부였다. 1월 31일 원수로 진급한 6군의 사령관은 그의 참모진들과 함께 포로가 되었다. 2월 1일 도시의 북쪽에서 11군단의 마지막 전투가 종료됨으로써 6군의 모든 저항이 끝났다. 러시아군의 포로가 됨으로써 6군은 무지비한 전투와 혹독한 굶주림, 그리고 러시아 초원의 맹렬한 추위에서 벗어날 수 있었다. 고통을 받던 —무기를 들 힘이 없고 손이 얼어 무기를 조작할 수 없거나, 압도적인 적과 맞서 싸우면서 탄약의 부족으로 방어를 할 수 없을 때가 되어서야— 6군은 항복했다. 독일 공군의 헌신 덕택에 3만 명에 달하는 부상병들을 포위망에서 구출할 수 있었다. 스탈린그라드의 비극에 대한 책임을 찾고자 한다면 분명히 히틀러의 명령에서 그 원인을 찾아야 할 것이다. 히틀러 스스로 전선에 와서 전황을 살펴보든가 아니면 최소한 육군참모총장 또는 요들 장군을 보내달라는 나의 요구를 받아들여야 했다.

[옮긴이의 주]
- 평전에 따르면 6군은 1월 22일 항복명령을 내려달라고 요청했다. 1월 23일 6군을 분할하기 위한 공격이 시작되었고 26일 남과 북으로 쪼개졌다. 1월 31일 원수로 진급한 파울루스는 그날 저녁 항복했다. 2월 2일 북쪽 지역에 있던 마지막 독일군이 항복했다.

나의 요청이 거절된 후 2월 5일 나는 국방군 최고사령부로 호출되었다. 히틀러는

'스탈린그라드에 대한 책임을 나 혼자 지겠다. 아마도 책임의 일부는 독일 공군의 능력에 대한 허상을 나에게 얘기한 <u>괴링</u>에게 전가할 수도 있을 것이나, 그는 나의 후계자이므로 그에게 스탈린그라드에 대한 책임을 물을 수 없다.'

라고 대화를 시작했으며 확실히 히틀러는 이때 그가 모든 책임을 전적으로 지고자 했으며 다른 희생양을 찾지 않았음에는 틀림없다. 하지만 그의 지휘력에 오점을 남긴 이 교훈에도 불구하고 향후에도 올바른 결정을 하는 것에는 성공하지 못했다. 그리고 책임 소재의 문제 및 포로로서 느껴야했던 비참함, 그리고 회유와 쓰라림 등 희생되었던 6군 소속 개개인에 영향을 주었던 사항들에 대한 그늘은 여전히 남아 있다. 장교들과 병사들이 보여준 미증유의 용맹함과 임무에 대한 헌신은 독일군에게 기념비적인 사례로 남을 것이며, 비록 청동이나 돌로 된 기념비가 세워지지는 않았지만 그 정신은 시간이 흐른 뒤에도 기억될 것이다. 기념비가 세워지지 않은 이 위대했던 독일군들의 비극은 이 챕터를 시작할 때 언급한 문구로 장식될 것이다. 아래는 <u>스탈린그라드에서 소멸된 사령부들과 단위부대</u>들의 목록이다.

4, 8, 11군단 사령부, 14기갑군단 사령부

44, 71, 76, 79, 94, 113, 295, 297, 305, 371, 376, 384, 389사단, 100엽병사단, 369크로아티아연대

14, 16, 24기갑사단

3, 29, 60차량화사단

군(Army) 소속의 수많은 부대들 및 공군의 지상부대와 대공포부대들

마지막으로 루마니아 1기병사단과 루마니아 20사단

[옮긴이의 주]

- 영역본에는 가장 상위 편제 중 하나인 51군단이 누락되어 있다. 369크로아티아연대는 후에 독일 369사단이 되었다는 증언이 있다. 무책임의 극치를 보여주어 고립된 6군에 대한 보급을 완수하지 못했던, 히틀러의 후계자 괴링은 1945년 4월 23일 베르히테스가덴에 전보를 보내 1941년 6월 29일자 법령에 근거하여 후계자의 자리를 요구했다. 이에 대한 히틀러의 반응은 다음과 같았다.

'어쨌든 히틀러가 여러 해 전부터 괴링을 못마땅하게 여겼던 것이 마지막으로 폭발하였다. 괴링의 게으름과 실패를 비난하고, 그가 스스로 모범을 보여 '우리 국가에 부패를 가능하게 만들었다.'고 욕하고 그를 가리켜 '모르핀 중독자'라 부르고, 그 자리에 있던 사람의 보고에 따르면, 점점 더 흥분하더니 마지막에는 '어린애처럼' 울음을 터뜨렸다.'

- 『히틀러 최후의 14일』 (요하임 페스트)

- 평전에 따르면 6군 250,000명 중 25,000명은 항공기를 통해 소개되었고, 112,000명 전사, 113,000명이 포로가 되었다. 러시아군의 손실은 전사 155,000명, 331,000명 부상이다. 비록 보급이 악화된 상황에 처한 독일군이었지만 이처럼 동일한 수준의 교전비는 이전까지는 찾아볼 수 없는 사례였다. 아울러 전후 만슈타인이 6군의 구출 실패에 대해 책임이 있는지에 대해 많은 논란이 있었다. 만슈타인이 치르강 유역에서 4기갑군을 전개했으면 6군을 구출할 수 있었다고 여겨지지만 이는 이 지역의 러시아군이 독일군의 세 배에 이른 사실을 잊은 것이며, 이 때문에 만슈타인이 6군의 구원 실패에 대해 책임질 필요는 없다고 Benoît Lemay는 서술하고 있다. Benoît Lemay는 6군의 구원작전은 원래부터 실패했을 작전이라 평했다.

13. 남부 러시아 동계 전역
(THE WINTER CAMPAIGN IN SOUTH RUSSIA)

'전략이란 간극을 메꾸는 것이다.'
Strategy is a system of stop-gaps.
- 몰트케

1942년에서 1943년으로 넘어가던 시기 독일인의 모든 눈이 스탈린그라드를 향해 있는 동안, 그리고 그곳에서 싸우고 있는 아들을 걱정하는 간절한 기도를 할 때 동부전선의 남익에서는 −20만 명에 이르는 용감한 독일군의 자유와 목숨을 구하기 위한 전투보다− 더 거대한 분투가 진행되고 있었다. 이 분투는 일개 군(Army)의 운명이 아니라, 동부전선 남익 전체와 궁극적으로 동부전선 전체 독일군의 운명을 결정하게 될 중요한 사안이었으며 이 분투를 통해, 독일군은 패배라는 비극을 면할 수 있었으며 2차세계대전 중 마지막 승리가 되었지만 독일군은 잠깐 동안의 승리를 얻게 된다.

이 전투는 초기에 6군과의 연계작전을 제외하더라도 이제까지 경험하지 못한 초조함과 운명이 걸린 싸움의 연속이었으며, 이 전역은 2차세계대전 중에 가장 중요한 전투 중의 하나로 인식되고 있다. 독일 측에서 보자면 최종적인 승리의 영광(Palm)을 얻을 수 있는 가능성은 더욱 희박해졌다. 사실 1942년의 여름과 가을에 독일 지휘부의 주요 목적에 대한 실수는 결국 슐리펜이 말한 것처럼 패배를 목전에 두게 만들었다(To bring defeat underfoot). 러시아군은 압도적인 우위를 바탕으로 승리의 기회를 찾을 수 있었으며 독일군은 지속적으로 임시방편에 의존하는 경향을 보였고 전투 중인 부대들은 방어전을 승리로 이끌기 위해 전대미문의 노력을 경주해야 했다. 승리의 나팔 소리와 그리고 죽음으로 가는 6군의 행진을 애도하기 위한 암울한 북소리는 없었지만 이 전투들은 기록될 가치가 충분하다. 물론 퇴각전이기에 필연적으로 영광스럽지만은 않으나 −패배로 끝나지 않고 오히려 국방군 최고사령부에 적어도 교착 상태를 유지할 수 있는 기회를 제공했던 점에서− 통상적인 승리 이상의 의미를 부여할 수 있다.

1942-1943 겨울 전역의 전략적 관점
(STRATEGIC BASIS OF THE WINTER CAMPAIGN)

    남익에서 벌어진 결정적인 전투 양상의 중요성과 감수해야만 했던 거대한 위기를 이해하기 위해서 작전 초기의 전략적 위치에 대해 잠깐 언급하고자 한다. 1941~1942년 겨울에 러시아군의 전쟁 수행 자원으로는 모스크바에 대한 독일군의 진격만을 중단시킬 수 있을 정도였으며, 더불어 모든 전선에서도 독일군을 멈추게 하는 것에 급급하였다. 이후 1942년 여름에 독일군은 다시 공격의 기치를 최고로 올려 동쪽으로의 진격을 계속하여 전력이 많이 소진되었으나 최종적으로 볼가강과 코카서스까지 진출하는데 성공했다. 그러나 1942~1943년의 겨울에 러시아군은 결국 우리로부터 주도권을 되찾을 만큼 충분히 강했기에, 우리에게 주어진 당면 과제는 이번 겨울에 동부전선의 독일군이 패배를 피할 수 있도록 하는 것뿐이었다. 물론 스탈린그라드의 재앙은 의심할 여지가 없이 우리에게 있어 비통함을 느끼게 하는 결과였지만 동부전선의 남익이 괴멸되었다면 궁극적으로 독일군에 대해 러시아군이 승리를 얻는 시점을 더 단축시켰을 것이다. 러시아군 최고사령부는 동부전선의 남익에서 독일군을 섬멸하고자 하였으며 첫째, 러시아군은 투입할 수 있는 부대의 규모 면에서 압도적인 우위를 보였고 둘째, 독일군 지휘부가 스탈린그라드라는 이름이 갖는 마력에 빠져 러시아군이 전술적으로 작전을 펼치기에 매우 유리한 입장이었기 때문이다. 최종적으로 러시아군은 이 목표를 달성하지는 못하였지만 이 목적을 위해 많은 노력을 기울였다.

    남부 러시아에서 펼쳐진 겨울 전역의 전략적 상황에 대해 잠시 설명하자면, 1942년 11월 독일군의 전선은 코카서스 동부와 우크라이나 동부까지 불룩 튀어나온 전선을 유지하고 있었다. 불룩 튀어나온 전선의 우익은 흑해의 노보르시스크(Novorossisk)에서 A집단군(17군, 1기갑군)이 담당하고 있는 코카서스를 거쳐 실질적인 방어부대가 없이 카스피해까지 연결되어 있었다. 이 전선의 취약 구간은 오로지 16차량화사단만이 동쪽에서 볼가강 하류를 방어하고 있는 상황이었다. 이 사단은 엘리스타의 동쪽에 있는 칼미크 초원에 홀로 위치하고 있었다. B집단군으로 이어지는 전선은 스탈린그라드로부터 시작하여 돈강을 따라 보로네슈까지 이어져 있었다. 이 지역에는 (옮긴이: 아래에서 위로) 루마니아 4군, 4기갑군, 6군, 루마니아 3군, 이탈리아 1개 군, 헝가리 1개 군, 2군이 배치되어 있었다. 대다수의 독일군은 몇 달 전부터 스탈린그라드 주변으로 집중되고 있었고, 나머지 전선들과 특히 돈강 유역은 동맹국들의 부대들만이 배치되어 있었다. A집단군과 B집단군의 배후에는 예비대로 불릴 수 있는 부대들이 전혀 없었다. 러시아군은 코카서스전선군, 남서전선군, 보로네슈전선군을 구축하였고 이 부대들은 압도적인 힘의 우위와 전선군 뒤편, 또는 중부전선과 모스크바, 동부에 있는 배후지로부터 충분한 예비대를 보유하거나 투입할 수 있었다.

이러한 상황이 러시아군에게 얼마나 많은 전략적 이점을 제공했는지를 살펴보기 위해서는 전략적인 거리의 개념에 대해 알아야 한다. 루마니아 3군이 방어하던 크레멘스카야의 교두보는 11월 19일 돌파 당했으며(러시아군은 크레멘스카야의 서쪽에 교두보를 구축했다), 이탈리아군이 지키던 카젠스카야 또한 돌파 당했는데 돈강 교두보에서 로스토프까지는 고작 185마일에 불과했다. A집단군과 루마니아 4군, 4기갑군의 병참선은 로스토프를 경유했는데, A집단군의 좌익은 로스토프로부터 적어도 375마일은 떨어져 있었고 스탈린그라드 남쪽에 주둔 중이었던 4기갑군 또한 로스토프로부터 250마일 떨어져 있었다. 독일군 남익 후방의 병참선은 드네프르강의 도하점인 자포로지예와 드네프로페트로프스크까지 늘어져 있었는데 크리미아와 케르치를 연결하는 병참선은 매우 효율적이지 못했다. 남익의 후방에 있는 드네프르강의 병참선은 스탈린그라드로부터는 440마일, 코카서스 전선으로부터는 560마일 이상 거리가 있었으며, 반대로 돈강의 카잔스카야에서 자포로지예까지, 그리고 스보보다(Svoboda)에서 드네프로페트로프스크까지는 260마일에 불과했다.

나는 1941년 56군기갑군단 사령관으로서 틸시트와 드빈스크까지 190마일을 돌파했던 개인적 경험을 통하여 이러한 전략적 위치가 어떠한 의미를 갖고 있는지 잘 알고 있었다. 그때 방어전을 펼쳤던 러시아군은 현재 돈강에 배치된 이탈리아와 헝가리군보다도 격렬한 저항을 펼쳤으며, 또한 1942년 겨울 우리는 후방에 예비대를 가지고 있지 않았던 반면에 그때의 러시아군은 배후에 예비대를 충분히 보유하고 있었다. 러시아군은 전략적 이점에 더하여 가용한 병력면에서도 우위를 갖고 있었다. 돈집단군의 분투가 시작했을 때 보유한 부대들의 비교는 이전 챕터에서 설명한 바 있다. 겨울 전역의 전황을 안정화시키기 위해 우리는 적과의 병력 차이를 고려해야만 했다. 1943년 3월에 남부집단군(이전의 돈집단군)은 아조프해와 하르코프 북쪽까지 435마일에 이르는 전선을 32개 사단으로 방어하고 있다. 이 전선에 맞선 러시아군의 단위부대는 보병사단, 기갑사단, 차량화여단 그리고 기병사단들로 구성된 341개였다. 이러한 불리한 상황에서 돈집단군은 두 가지 제약 조건 하에 전투를 벌여야 했다.

첫째, 육군총사령부에 의해 1기갑군이 집단군에 배치되어 3개 군이 4개 군으로 증가한다 할지라도 러시아군은 1대 7이라는 압도적인 병력 차이를 보였다(이는 통상적으로 독일군 1개 사단보다 러시아군 1개 사단의 병력이 적음을 감안한 것이다).

둘째, 동맹국들이 맡은 방어선의 붕괴로 인하여 우리보다 강력한 러시아군이 작전을 펼칠 때에 장애물이 없었으며, 이로 인해 러시아군과 로스토프, 드네프르강 도하점과 같은 병참선의 핵심 요충지로부터의 거리는 독일군 남익보다 더 짧았다.

다른 요소들과 결합하여, 이 두 가지 이슈가 갖는 의미는 만일 남익의 병참선이 단절된다면 독일군은 아조프해와 흑해 해안까지 밀려나고 −러시아군 흑해 함대가 즉시 퇴로를 차단할 능력을 가지고 있었기 때문에− 결국 섬멸될 것이라는 점이었다. 돈집단군과 A집단군이 붕괴된다면 동부전선 전체의 운명은 조만간 결정될 수밖에 없었다.

전략의 기본 방침
(KEYNOTES OF OPERATION POLICY)

이미 설명한 바와 같이 전략적인 위치 때문에 동부전선 남익에서 1942~1943년 겨울에 벌인 전투는 곧 동부전선 전체의 전투였고 양 진영은 동일한 문제에 봉착했다. 즉 러시아군이 독일군을 궁지로 몰아넣어 최종적인 승리를 얻을 것인가, 반대로 독일군은 대재앙을 피할 수 있는가였다. 국방군 최고사령부가 여름 공세의 마지막 단계에서 멈칫거리자, 러시아군은 별로 힘들이지 않고 전선을 유지했으므로 러시아군이 취할 수 있는 작전은 너무나 뻔했다. 러시아군이 우선 스탈린그라드 주변에 배치되어 있는 6군을 포위할 기회를 잡았던 것은 너무나 당연한 결과였다. 작전이 진행되면서 러시아군은 우선 독일군의 북쪽과 서쪽에 위치한 루마니아, 이탈리아, 헝가리군이 방어하는 전선을 성공적으로 돌파할 것이고 지속적인 공격으로 간극을 더욱 확대할 것이었다.

러시아군의 궁극적인 목적은 독일군의 남익을 고립시켜 최종적으로 해안 지역까지 독일군을 밀어붙이는 것이었다. 이러한 전략의 개념은 독일군의 남익이 국방군 최고사령부와 너무 멀리 떨어져 있던 상황에서 입안된 것이다. 독일군의 입장에서는 아무런 행동도 하지 않아 전선을 고착화시켰던 것과 스탈린그라드에서의 예기치 못했던 러시아군의 승리로 인해 이 난관에서 어떻게 벗어날 것인가에 대한 결정은 매우 어려운 문제였다. 전체적인 상황으로 보자면 국방군 최고사령부는 러시아군의 공격이 시작된 첫날에 이미 전황이 어떻게 전개될 것인지, 또한 코카서스의 A집단군이 직면할 위험이 어떠한 수준인지를 인지했어야 했다. 장기적으로 국방군 최고사령부는 두 개의 방안을 고려할 수 있었다.

첫째, 스탈린그라드의 6군은 공격을 받자마자 볼가강에서 이탈하여 완벽하게 포위되는 것을 피한 후, 증원을 통해 돈강 굴곡부에서 전황을 호전시키는 노력을 하는 것이었다. 동시에 독일군과 함께 돈강에 위치한 동맹국들의 지원이 필수적이었다. 그러나 독일군 최고사령부는 6군의 보강에 필요한 부대를 찾을 수 없었으며, 철로의 부족으로 말미암아 적시에 증원부대를 투입할 수도 없었다. 6군을 스탈린그라드로부터 소개하는 것조차 독일군 최고사령부는 결정하지 못했다. 실제 러시아군의 공세가 시작된 지 몇 주도 지나지 않아 작전상의 이익을 위해 6군을 잃게 될 것이 명확해졌고 전체적인 작전 구도 내에서 6군이 할 수 있는 최고의 역할은 러시아군의 주력을 가능한 한 최대한 묶어놓는 것뿐이었다. 용맹한 군인들이 달성해야 하는 이 임무는 결국 마지막 순간까지 자기 헌신을 통해서만 이룰 수 있음을 의미했다.

둘째, 스탈린그라드에 완고하게 집착한 히틀러의 실수로 불길한 느낌이 만연해지고 ―이후 6군의 구출을 기원하던― 희망이 결국 절망으로 바뀐 후에도 여전히 국방군 최고사령부가 선택할 수 있는 방안은 아직 남아 있었다. 이제 더 이상 움켜쥐고 있을 수 없는, 지난 여름 전역에서 우리가 얻은 점령지를 포기한다면 지금의 심각한 위기가 다시금 승리로 바뀔 수 있었다. 동시에 러시아 쪽으로 깊숙하게 들어간 돈집단군과 A집단군을 일시에 후퇴시켜 순차적으로 돈-도네츠-드네프르강 하류까지 퇴각시켜야 할 필요가 있었다. 와중에 전선의 축소로 인해 양 집단군에서 생겨나는 예비대를 하르코프 주변에 집결시켜야 했다. 이 부대들은 후퇴하는 아군을 추격하는 적군과 드네프르강의 도하점을 차단하려는 적군의 측면을 공격하는 임무를 맡아야 했다. 다시 말하자면 대규모 후퇴작전이 아닌, 우리를 추격하고 있는 적들을 해안으로 밀어붙여 포위한 후에 섬멸하는 공세작전으로 전환하는 개념이었다. 6군의 구출 가능성이 없어지고 ―곧이어 A집단군의 주둔 지역이 공백화되고 이탈리아군이 방어하던 전선이 돌파되어- 남익 전체가 고립될 위기에 처하자 돈집단군은 이러한 작전을 육군총사령부에 제안하였다. 히틀러는 1942년에 작전상의 목표를 점령하는 전략을 버리고, 의심할 여지없이 크나큰 위험을 수반한 전략상의 위험을 감수했었지만 이번에는 그렇지 않았다. 이미 「11. 국방군 최고사령관 히틀러」 챕터에서 설명한 바와 같이 그의 성향으로는 우리의 작전을 채택할리가 없었다. 그는 전략 개념의 부족으로 하르코프로 이동 중이던 SS기갑군단을 전선에 투입하여 남익의 전황을 원래 상태로 되돌릴 수 있다는 희망을 여전히 갖고 있었다.

 돈집단군에게 주어진 임무는 두 개의 전략 중에서 첫 번째였다. 6군이 완벽하게 포위되어 있던 시점에 집단군은 전선에 도착하기도 전에 돈강에서 전선을 안정화시키는 임무를 맡았다. 기진맥진한 부대조차도 증원부대로 받지 못하고, 간헐적인 보급으로 무장한 채 돈집단군은 돈강 굴곡부에서 실낱같은 희망을 갖고 싸웠다. 이탈리아군의 패배로 말미암아 B집단군에 대한 증원이 더 시급해서 돈집단군에 대한 증원은 더욱더 요원해졌다. 러시아군의 추격을 피해 퇴각작전을 실시한 후, 러시아군에게 필연적으로 발생하는 측면 취약 구간에 대한 반격을 하는 두 번째 전략은 돈집단군의 권한이 더 확장될 경우만 가능했는데, 이를 위해서는 동부전선 남익의 지휘에 대한 재량권과 육군총사령부의 예비대가 돈집단군에게 부여되어 있어야 했다. 그러나 돈집단군은 당면한 문제를 현재 부여된 권한 내에서만 처리해야 했다. 돈집단군은 초기 전략적 상황에서 발생하는 위험과 시간이 지나면서 남익 방어선이 단절될 수 있다는 위험이 점점 커지는 상황에서 가장 급박한 문제들을 간극을 메꾸는 미봉책(Stop-Gap)으로만 처리해야 했다.

 돈집단군이 처리해야 하는 첫 번째 임무는 6군의 구출이었고, 이 임무는 모든 전략적 고려사항 중 가장 먼저 선행되어야 할 만큼 중요한 것이었다. 이전 챕터에서 설명한 이유들로 말미암아 6군의 구원이 불가능한 것으로 판명되자, 집단군은 남익 전체의 손실이라는 대재앙을 벗어나기 위한 작전을 짜내야만 했다. 육군총사령부가 보유한 예비대로는 돈강 하류와 드네프르강까지 펼쳐질 남익의 방어선을 유지할 수 없었기 때문에 우리가 선택할 수 있는 방법은 전선을 축소하여 병력을 확보한 후에 서쪽에 구축될 방어선을 강화하는 것뿐이었다.

 적군의 포위망이 점점 확대되어 서쪽으로 공격선이 길게 늘어질 때, 러시아군을 측면 공격하기 위해서는 동쪽 방어선에서 병력을 빼내 서쪽 방어선에 시기적절하게 배치하는 것에 전략의 성공이 달려 있었다. 이 구상은 동맹국들의 붕괴로 인해 북쪽 전선에 위치한 B집단군이 소멸됨에 따라 실현되기가 매우 어려웠으며 또한 돈집단군의 휘하에 있지 않은 A집단군의 병력을 불러 서쪽 방어선에 투입하는 것도 불가능했다. 전장을 더 넓게 그리고 더 먼 시점까지 고려해야 했음에도 11월 19일부터 23일에 파울루스 장군은 똑같은 문제에 대해 고민해야만 했다. 이 시점에도 국지적인 요소에 휘둘리지 않고, 후방의 아군 병참선을 확보하고 작전을 위한 기동성을 유지하는 것이 중요했다. 파울루스는 그렇게 할 수 없었는데 이는 그에게 결정을 할 시간이 며칠 밖에 없었으며, 또한 시간이 충분하였고 그가 무언가를 하고자 했더라도 병력 지원을 받을 수 없었기 때문이다.

그러나 돈집단군의 경우에는 이러한 생각이 작전을 구상하는 기본적인 접근 방법이었으며 국방군 최고사령부와도 이 점 때문에 수개월 동안 논쟁하는 경우가 많았다. 작전의 요체는 독일군 남익을 분리시키려는 러시아군의 의도를 ―공방전을 벌이면서 동쪽에서 서쪽으로의― 기동 방어(Leaf-frogging)를 통해 막는 것으로써 매우 명료하고 간단한 개념이었다. 그러나 전장에서는 매우 간단한 것조차 실행하기가 어려운 경우가 많고, 진정한 어려움들은 결정을 하는 문제가 아니라 확고부동하게 그것을 완수하는 것에 있는 것이다. 현 시점에 동쪽 전선에서 퇴각하는 것은 필연적으로 매우 큰 위험을 야기할 것이며, 그 위험을 감수하고도 우리가 살아남을 수 있는지에 대해 누구도 확신할 수 없었다. 무엇보다도 동쪽에서 서쪽으로의 병력 이동이 시작된다면, 남익이 떼어진다는 것을 히틀러가 알아차리기 전에 수주일 내에 신속하게 수행돼야 했다.

그러나 나중에 드러나겠지만 A집단군이 맡은 전역의 상황이 호전되지 않아 이를 실행하기는 매우 어려웠다. 또한 작전의 개념이 단순하고 명쾌할지라도 전황이 악화되고 있던 시점에 지속적으로 추진하기에는 어려움이 뒤따랐다. 그리고 동일한 어려움은 국방군 최고사령부로 하여금 적시에 적절한 전략을 취할 것을 받아들이게끔 하는 것에도 발생했는데, 왜냐하면 국방군 최고사령부의 관점은 우리의 구상과 전혀 달랐기 때문이다. 우리는 전략적인 기동 방어를 통해서만이 참모진들과 전투부대들이 적에 대한 우세를 보일 수 있다고 주장한 반면에 히틀러는 단호한 수성 전략을 통해서만 진정한 승리를 얻을 수 있다고 주장했다. 돈집단군을 인수하던 시점에 ―국방군 최고사령부에 의해 부여된 제한과 더불어 국방군 최고사령부가 전장에서 멀리 떨어진 곳에 위치하였기 때문에― 우리가 맞이한 상황은 처음부터 삐그덕 거렸다. 인접 집단군이 취한 태도와 움직임으로 인해 돈집단군은 최초에 부여받은 전략을 그대로 따름과 동시에 간극을 메꾸는 미봉책을 수행하는 처지로 전락한 것이다. 앞서 말한 대로 훗날 남부집단군이 되는 돈집단군은 1942~1943년 겨울 공세 때 아래와 같은 4단계 임무를 성공적으로 수행해야만 했다.

1. 가장 중요한 임무인 6군의 구출
2. 코카서스로부터 퇴각하는 A집단군의 배후 사수
3. 독일군 남익과의 보급선을 유지한 채 전선의 고착화
4. 퇴각하는 중, 거대한 규모의 승리는 아닐지라도 하르코프에서 벌어지는 전투에서의 승리

1단계: 6군의 구출
(FIRST PHASE: THE STRUGGLE TO FREE SIXTH ARMY)

6군에 대한 구출 시도와 6군으로 하여금 포위망에서 벗어나게 지원하는 임무에 대해서는 이미 서술하였다. 이 임무에 성공하고자 돈집단군은 매우 높은 수준의 위험을 감수하고자 하였다. 6군의 운명이 거의 결정되었던 1942년 12월말에도 집단군은 중앙과 좌익에 최소한의 방어만을 할 수 있는 병력을 배치했으며, 배치된 병력의 임무는 ―돈강 오른쪽에서 4기갑군이 전투를 계속하여 포위되어 고통 받는 6군에게 활로를 열어줄 때까지― 집단군의 중부와 좌익에서는 어떠한 결정적인 승패가 나지 않도록 저지하는 것이었다. 4기갑군과 6군이 연결되리라는 희망이 모두 사라진 후에야 ―그리고 이탈리아군의 패배로 인해 집단군의 좌익이 위험에 빠지자― 돈집단군은 러시아군에게 측면을 내주게 되었고 로스토프로 가는 개활지를 열어주게 되었다. 이로써 집단군은 동부전선 남익 전체를 구해야만 하는 우선 과제를 안게 되었다. 간략히 요약하여 말한다면, 돈집단군이 겪은 위험의 원인은 한편으로는 6군이 탈출을 위한 시도를 거부했기 때문이며 다른 한편으로는 B집단군의 우익을 맡고 있던 이탈리아군의 붕괴였다.

돈집단군의 우익에 있던 4기갑군 또한 러시아군이 스탈린그라드로부터 강력한 부대를 계속 증원했기 때문에 위험에 빠졌다. 악사이강과 코텔니코보 사이에서 벌어진 전투에서 57기갑군단은 코텔니코보를 출발하여 4기갑군의 구출작전을 지원하고자 했으나 루마니아군의 붕괴로 인해 전장에 홀로 남겨지게 되었다. 이미 기존의 전투에서 기력을 소진한 23기갑사단은 여기서 괴멸적인 손실을 입었다. A집단군으로부터 증원군이 당도할 기미가 보이지 않았으므로 4기갑군이 1기갑군의 배후로 공격하는 러시아군을 충분히 방어할 수 있으리라 생각되지 않았다. 집단군의 나머지 전역도 심각한 상황이었다. 루마니아 3군이 방어하고 있던 전선의 상황 때문에 4기갑군은 돈강의 동쪽으로 후퇴하였으며 이로 인해 러시아군은 결빙된 돈강을 포템킨스카야(Potemskinskaya)에서 도강하였고 얼마 뒤에 침릴리얀스카야(Tsymlyanskaya)에서도 도강에 성공하여 치르강 유역에 있던 독일군의 측면과 후방을 압박했다. 미트(Mieth) 장군은 루마니아 3군의 사령부를 대신하여 루마니아군의 지휘를 맡고 있었는데 러시아군이 남동쪽에서 돈강을 도강하고 있었기 때문에 미트전투단에게 카갈닉(Kagalnik)강까지 교전하며 후퇴하도록 지시할 수밖에 없었다.

집단군의 좌익은 더 심각한 상황을 맞고 있었다. 홀리트분견군은 루마니아군 사단들의 붕괴에도 불구하고 치르강 상류로부터 그의 부대를 남쪽으로 후퇴시키는데 성공했다. 그러나 신규 편성되어 배치된 사단으로서 홀리트분견군의 측면을 방어하던 부대가 적절한 상황 판단 없이 비스트라야 그닐라야(Bystraya Gnilaya) 지역을 이탈함으로써 도강점인 밀류친스키(Milyutinsky)를 러시아군에게 넘겨주고 말았다. 이로써 홀리트분견군의 측면과 공군 기지인 모로소프스키까지 가는 길이 개활지로 남게 되었다. 더욱더 심각했던 것은 이탈리아군의 붕괴와 루마니아군의 완전한 궤멸(홀리트분견군의 좌익을 담당하던 루마니아 1, 2군단)로 인해 러시아군은 포슈타트, 카멘스크, 보로실로프그라드까지 거의 아무런 방해를 받지 않고 진격할 수 있었다. 오로지 밀레로포에서 B집단군의 우익으로 있던 프레터-피코전투단이 거센 러시아군의 물결을 주어진 명령에 따라 외로운 섬처럼 지탱하고 있을 뿐이었다. 이런 상황 하에서 러시아군은 동쪽으로 홀리트분견군과 미트전투단의 배후를 공격하거나 아니면 남쪽으로 기수를 돌려 로스토프로 곧장 진격할 수 있었다.

전체적으로 돈집단군이 당면한 위험은 너무 컸다. 이 난관을 타개할 수 있는 올바른 해결책은 – 다른 어떤 방법도 고려하지 않고– 가능한 모든 전력을 투입하여 기동 방어를 통해 독자적으로 퇴각하는 것뿐이었다. 4기갑군은 일시에 로스토프로 후퇴하여 집단군의 좌익에 대한 압박을 방어하면서 서쪽에 있는 병참선과 연결되어야 했다. 돈강에서 여전히 전투를 치르고 있는 미트전투단과 홀리트분견군은 도네츠강까지 퇴각해야 했다. 하지만 A집단군이 아직 코카서스에 있는 그들의 주둔지에서 여전히 확고하게 방어선을 유지하고 있다는 점이 오히려 우리의 전략이 시행되는 것에 대한 방해물이 되었다. 돈집단군을 서쪽으로 이동시켜 A집단군의 배후를 개활지로 남겨두는 계획은 보류되었다. 반대로 돈집단군에게는 A집단군의 배후를 지키면서 로스토프까지의 병참선을 유지하라는 명령이 주어졌다. 당분간 —집단군의 주력을 서쪽으로 이동시켜 독일군 남익 전체를 단절시키려는 러시아군의 의도를 막기 위한— 집단군의 자체적인 작전 구상은 아직은 실현될 수 없었다. 집단군의 인수 후 몇 주에 걸쳐 집단군은 6군의 구출에 전념하였다. 이제 서쪽 측면 구간에서 증가하는 위험에 맞서 A집단군의 배후를 지키는 절망적인 전투를 수행해야 했다.

2단계: A집단군의 배후 사수
(SECOND PHASE: THE FIGHT TO KEEP ARMY GROUP'S REAR FREE)

국방군 최고사령부는 애초부터 돈강 유역의 전선이 위태로워지거나 6군의 구출이 실패하는 즉시 코카서스에 있는 A집단군이 즉각적으로 후퇴하는 것을 고려했어야 했다. 러시아군이 B집단군의 우익을 돌파하여 로스토프로 가는 길이 개활지로 되었을 때 더 이상 코카서스 전선을 유지할 가능성이 없음은 명백했으나, 히틀러는 다른 전선에서 병력을 빼내어 이 전선을 고수하고자 하였다. 12월 20일 이탈리아군 2개 사단의 패주(Flight)로 홀리트분견군의 측면이 열리게 되었고, 이는 도네츠강 도하점까지 러시아군이 아무런 방해 없이 진격할 수 있음을 의미했기에 나는 자이츨러에게 러시아군은 로스토프로 곧장 진격하여 독일군 남익 전체에 대해 결정적인 타격을 가할 것이라 지적하였다. 12월 24일 나는 러시아군이 로스토프로 진격하면 이는 돈집단군의 운명만이 아니라 A집단군의 운명도 걸린 것이라는 점에 주목할 것을 재차 설명하였다. A집단군의 병력을 로스토프로 이동시키는 한편 4기갑군에 보낼 증원 병력을 편성하자는 나의 의견이 거절되었던 것을 앞서 서술한 바 있다.

비록 6군에 대한 구원의 손길을 더 이상 확대할 수 없었지만 4기갑군이 만일 패한다면 A집단군의 배후가 차단될 수 있다는 점을 고려하면 A집단군의 일부 병력을 4기갑군에 증원하는 것은 A집단군에게도 매우 이로운 전략이었다. 물론 A집단군이 병력을 빼가는 것에 동의하지 않는 점은 이해할 수 있었으나, 병력의 증원이 당면한 지역에서의 병력 배분에 대한 결정은 실상 국방군 최고사령부의 명령에 달려 있는 문제였다. 우리가 요청했던 사단들을 A집단군이 거절한 이유(챕터 「12. 스탈린그라드의 비극」을 참조하라)는 휘하 부대들이 이미 뒤섞여 혼전을 거듭하는 중이라는 점에서 충분히 이해할 수 있었다. 또한 거대한 병력이 일시에 퇴각하는 것은 매우 어려운 임무였기에 가장 최선의 경우라도 시간이 많이 소요될 것은 자명했다. 그리고 러시아군이 돌파구를 열 때에 간극을 메꿀 수 있는 예비대가 없었기 때문이었다. 그러나 병력 배분 문제가 발생한 가장 중요한 사유는 명령에 따라 A집단군을 통솔할 지휘관의 부재로 말미암은 것이다. 전황이 아주 좋은 상황일 경우에는 어떠한 성과를 얻고 싶어 하는 지휘관들이 명령이 없는 상황에 대해 감사하지 않을 것이지만, 이 시점에는 A집단군에 책임을 질 최고 지휘관이 없었기 때문에 일선부대들이 뒤죽박죽인 채로 남아있던 것도 그리 놀랄 만한 일은 아니었다.

돈집단군의 의견에 대한 답변으로 히틀러는 12월 29일 러시아군에게 노출된 A집단군과 1기갑군이 동쪽 지역에서 퍄티고르스크(Pyatigorsk)-프라스코베야(Praskoveya) 부근의 쿠마(Kuma) 지역으로 퇴각하는 것을 허락했다. 그러나 그는 여전히 코카서스 전역 전체를 포기하고자 하는 의도는 없었다. 그는 A집단군의 동쪽 날개를 축소시킨 쿠마에서 마니치 저지대와 연결하여 돈강과 마니치강 유역의 전선을 안정화시킴과 동시에 드네프르강 하류를 통해 남부전선의 병참선을 확보할 수 있을 것이라 생각했다. 11월에 코카서스까지 진출하고, 볼가강까지 진격하여 우리에게 현재의 불리한 상황을 만들어낸 돌출부(Balcony)를 지금 없애지 못하고 단지 규모만을 축소한 것이다. 더욱이 이 지역에서 헝가리, 루마니아, 이탈리아군의 손실까지 떠맡아야 할 병력을 어디로부터 충원해야할 지에 대해서도 결정된 바가 없었다. 아직 코카서스를 포기하지 않았기에 이 문제는 코카서스에 주둔하고 있는 부대들에게 닥친 당면 과제였다.

A집단군의 배후를 방어하는 돈집단군은 다음과 같은 문제에 봉착했다. 주력부대가 고립되는 것을 막기 위해 당연히 서쪽으로 주둔지를 옮겨야만 하는 상황의 요구에도 불구하고 집단군은 운명을 걸

고 단지 시간을 벌기 위한 싸움을 하도록 강요받았다. 돈강의 남쪽 하류에서 A집단군의 후방을 지켜야만 했고 동시에 로스토프까지의 병참선을 유지해야만 했다. 돈강과 코카서스 사이에서 강력한 러시아군과 맞서고 있던 4기갑군은 맡은 지역의 광범위함과 약화된 전력으로 보아 이 두 개의 임무를 완벽히 수행할 수 없었다. 홀리트분견군은 동부전선에서 로스토프 지역으로 신속히 이동하여 거대한 돈강 굴곡부와 도네츠강 앞에서 돈강 하류로 향하는 러시아군의 진격을 늦추고 4기갑군과 A집단군을 고립시키려는 적의 전략을 막는 임무를 맡았고, 추가적으로 포슈타트-카멘스카야-보로실로프그라드 지역에서 러시아군이 도네츠강을 도강하여 로스토프로 진격하는 것을 방어해야만 했다. 결국 돈집단군은 자체 병력만으로 또는 육군총사령부가 보내주는 예비대만으로 서쪽에서는 드네프르강 하류의 병참선을 원활하게 유지해야하는 방법과 수단을 찾아내야 했다. 이미 쇠약해있던 부대만으로 우리보다 몇 배나 강력한 부대들에 맞서 이 임무를 달성해야만 했다. 부여된 임무를 수행하기 어려웠고, 그 임무들마저 연속적으로 맡아야 했음에도 불구하고, 가장 큰 위험은 A집단군이 코카서스로부터 신속하게 퇴각할 능력을 상실했다는 점이었다.

이 사례는 필연적으로 기동성을 요하는 작전들이 고착화된 진지전으로 언제든지 변질될 수 있음을 잘 보여주는 사례이다. 만일 휘하의 부대들을 풍부한 지원 없이 유지하고자 한다면 움직일 수 없는 장비들은 진지에 고정시키고 식량과 탄약을 충분하게 보유하고 있으면 된다. 특히나 예비대가 없어 전선으로부터 이탈한 후, 휴식을 취할 수 없는 부대들에게 있어서는 진지 내 다양한 설비들이 그들의 운명을 결정지을 것이다. 군마들은 고착화된 진지전을 펼친다면 충분한 먹이를 구할 수 없으므로 후방으로 이동시켜야만 했고 이는 곧 전투부대들의 기동력 상실을 의미했다(이러한 어려움에 더불어 러시아의 겨울은 우리의 기동성을 저해하였으며, 특히나 산악지대에서는 더욱더 그러하였다).

결과적으로 일선부대들과 작전참모들은 전쟁터에서 요구되는 1일 단위의 기동작전을 수행할 수 없게 되었고 기동성의 상실이 일반적인 상황이 되자 부대 배치와 같은 모든 상황의 변경은 이동 시에 비효율성과 위험을 수반하게 되었다. 고착화된 진지전을 위해 필수적인 무기, 장비, 모든 물자의 저장(Stores) 수준은 이제 곧 닥칠 전투를 대비할 수 없을 정도로 떨어졌다. 사령부의 참모진들이 퇴각에 대해 논쟁 중이었을 때, 이와 같은 상황이 끼친 영향으로 퇴각을 준비하기 위한 많은 시간이 소요되어야 하기에 참모진들은 퇴각에 필수적인 물자의 확보가 충분하지 않다면 감당할 수 없는 퇴각작전을 아예 거부하기도 하는 것이다. 이 사례는 독일군의 공격이 정점에 달했던 1918년에도 있었는데, 유명한 루렌도르프(Ludendorff) 조차도 독일군이 승리할 수 있다는 마지막 희망이 될 수도 있었던 퇴각을 용인하지 않았다. 훗날의 연구에 따르면 독일군 전선 배후에 있는 물자를 포기하지 않으려 퇴각을 거부했을 뿐만 아니라, 희생을 치르고 쟁취했던 지역 또한 포기하지 않으려 했다.

A집단군이 처한 상황이 바로 이러했다. 1기갑군의 참모장과 대화를 통해 1월 2일까지는 퇴각을 시행할 수 없었으나 우리가 연료를 지원해 준 후 최종적으로는 1월 1일에 퇴각을 시작할 수 있었다. 며칠 뒤에 A집단군은 1기갑군이 코카서스 산악지대로부터 단계적으로 쿠마선까지 퇴각하고 있으며 장비들과 부상병들을 우선적으로 소개할 수 있다고 알려왔고, 다만 이를 위해 1기갑군의 각 사단마다 열차 20량씩 총 155량의 기차가 필요하며, 열차의 수송 능력 부족으로 인하여 쿠마선까지 퇴각하는데 25일 정도가 소요될 것이라 언급했다. 적어도 11월말부터 A집단군의 배후가 조만간 위험에 처하게 될 것임이 충분하게 인식되었어야 했건만, 이로써 이제까지 퇴각을 위한 준비가 아무것도 이루어진 것이 없다는 것이 명백해졌다. 히틀러는 퇴각을 허락하지 않았거나 혹은 그가 퇴각 준비의 필요성을 보고 받더라도 허락하지 않았을 것이므로 이러한 퇴각 준비에 대한 직무 유기의 책임은 모두 히틀러에게 있음이 틀림없다.

또 다른 원인은, 나의 견해로는 최근 몇 달 동안 A집단군에는 명령에 대해 책임질 사령관이 없었다는 것이다. 육군총사령부는 클라이스트 상급대장이 인수한 A집단군을 돈집단군의 휘하에 두게 했다. 일반적으로 집단군이나 군(Army)을 동일한 서열의 집단군과 군의 지휘를 받게 하는 정책은 좋은 사례가 아닐 것이나, 현재의 심각한 상황에서 어떠한 부수 조건이 없거나(No Strings) 또는 히틀러의 간섭이나 A집단군이 나의 의견에 맞선 결정을 내릴 가능성이 없어진다면 반대로 좋은 결과를 가져올 수도 있었다. 그러나 히틀러는 A집단군과 돈집단군과의 명령 체계를 인정하지 않았고, A집단군은 여전히 히틀러의 영향권 아래에 있었다. 돈강 남쪽과 돈집단군의 서부전선의 간극을 메꿀 A집단군의 병력 이동이 매우 중요했으므로 결국 돈집단군이 할 수 있는 역할이라고는 퇴각 속도를 재촉하는 일뿐이었다.

동부전선의 남익을 안정화시키려면 모든 것은 전선을 최대한으로 축소시키는 것에 달려 있었으며,

코카서스로부터의 퇴각이 일찍 마무리되어 궁극적으로 우리를 동에서 서쪽으로 포위하려던 러시아 군을 막아내어 전선이 안정되었다. 퇴각에 방해가 되었던 것들은 부분적으로 고착화된 상황, 그리고 산악지대에서의 퇴각 시의 난관들, 그리고 자발적으로 퇴각하는 것에 거부감을 갖고 있던 국방군 최고사령부였다. B집단군이 붕괴됨으로써 육군총사령부가 돈집단군을 11월말부터 이듬해 2월초까지 돈강 유역에서 전투를 지속하게 만든 것은 동부전선 남익이 단절될 위험을 더 크게 만들었다. 돈집단군의 2개 군이 이 전선에서 보여준 전술은 몰트케의 전술의 정의를 어떠한 사례보다 잘 설명해주고 있는데, 일련의 위기가 계속되는데도 이미 설정되어 있는 계획에 맞추어 집단군과 2개 군의 참모진들은 확고히 확립되어 있었던 독일군의 전투 교리 2개를 따랐기 때문이다.

첫째, 작전은 언제나 융통성과 더불어 유연하게 수행할 것(Elastically and resourcefully).
둘째, 모든 계급의 지휘관들에게 가능한 명령권과 재량권을 부여할 것.

물론 이 2개의 교리는 히틀러가 갖고 있던 생각과는 매우 상반된 개념이었으며, 첫 번째 교리는 2개 군이 수행한 전투를 설명할 때에 찾아볼 수 있을 것이다. 지금 나는 두 번째 교리에 대해 언급하고자 한다. 독일군 지휘 전통의 강점(Forte)은 하급 지휘관들에게 재량권을 많이 부여하는 점이었으며 일단 임무를 부여하면 작전 수행의 방법은 개개인의 재량권에 맡겨졌다는 것에 있었다. 몰트케 이전의 시기보다 더 오래 전부터 계승되었으며, 그리고 몰트케 시대에 확실하게 정립되었던 이 원리는 독일군의 지휘 전통을 다른 국가와 차별되게 만들었다. 다른 국가들은 일선 지휘관에게 전술적 단계조차에도 재량권을 부여하지 않고 길고 상세한 작전 명령서를 제시하였다. 이 같은 명령 방식에 의해 전투는 그 명령에 따라 수행되었으며, 전술 또한 이미 규정한 방식에 따라 행해졌다. 독일 측의 입장에서 보자면 이 같은 유형의 교리는 바람직하지 않았다. 물론 이러한 교리는 평범한 사령관이 전투에 질 수 있는 위험을 줄여줄 수 있을 것이나, 국지적으로 발생하는 위급 상황에 대처하는 능력을 감소시킬 수도 있다. 무엇보다 가장 나쁜 것은 독립적인 판단에 의해 전투의 흐름을 지극히 유리하게 만들 수 있는 시점에 지휘관이 이전에 명령받은 바에 따라 위험의 최소화에 몰두한 나머지 최적의 기회를 잃어버릴 수 있는 점이다.

독일군의 교리는 독일 민족의 성향에 기반을 두고 있는데, 불합리한 것에 대한 맹목적인 복종이 아니라 위험을 감수함으로써 더 큰 이익을 찾는 개인인의 특성(Individuality)과 성향(Streak)에서 연유되었다. 물론 재량권을 일선 지휘관에게 일임하는 것은 모든 계급(Hierarchy)의 구성원들이 전술, 작전의 교리에 충분히 숙달되어 있음을 전제로 한다. 내 생각으로는 참모대학(The school of the German General Staff)이 지속적으로 이러한 견해에 대해 일관성을 가지고 있었음에도 일선의 상급 지휘관들은 수시로 군들(Armies)과 하위부대들의 작전에 직접적인 영향력을 끼칠 것인지 아닌지에 대한 문제에 당면하게 된다. 상황이 더 복잡해지거나 지휘해야 할 부대의 규모가 작아질수록 상급 지휘관들은 하급 지휘관의 지휘에 개입하는 경향을 보이게 된다. 우리 집단군에서는 반드시 그렇게 해야 할 이유가 있는 경우에만 하위 군들(Armies)의 작전에 개입하였다. 일선의 군들(Armies)이 집단군의 전략적 방향을 받아들여야 하는 것에 대한 합당한 사유가 없다는 논쟁이 있는 경우에는 집단군이 그 전략에 대한 책임을 졌다. 반대로 일선부대의 책임이 부과된 재량권을 저해하는 —암묵적인 명령을 제시하는— 경우는 거의 없었다.

히틀러는 이미 오래 전부터 확립된 독일군의 전투 교리에 대해 충분히 이해하지 못해, 그가 줄곧 특정 명령을 내림으로써 일선부대들의 작전에 개입하고자 하였던 것은 이미 언급하였다. 만일 히틀러의 개입이 우리 집단군의 인접 부대의 운용에 대한 문제나 육군총사령부에 소속되어 있는 예비대들의 작전 투입에 대한 문제라면 우리가 어찌할 도리가 없었다. 그러나 많은 경우에 히틀러를 포함한 지휘부는 최후의 1인까지, 최후의 단계까지 전선을 유지하라는 명령을 내렸고 이러한 경향은 종전 시점까지 점점 더 강해졌다. 또한 앞서 언급한 바가 있지만 시급한 결정을 요하는 문제를 앞두고 히틀러의 우유부단함과 미적거리는 태도 또한 전투 교리에 적합하지 않는 것이었는데 결국 우리는 히틀러로 하여금 신속한 명령을 내리게끔 만드는 것에 성공하지 못했다. 이러한 경우에는 육군총사령부가 명령을 수행할 특정 시간, 특정 일자를 명령하지 않는다면 우리의 재량권에 따라 행동하겠다고 보고할 수밖에 없었다. 이와 달리 나는 우리 집단군에 속했던 일선부대들은 현재 전역에서 또는 이후의 전역에서도 의사결정의 지연으로 집단군 사령부에게 갖는 불만이 없었으리라 확신한다. 언제나 일선부대들은 집단군 사령부에 조언과 질의를 요청하였으며 항상 빠른 회신을 받았다. 회신이 늦어지는 경우라도 많이 늦지는 않았으며, 단지 집단군이 생각하기에 어려운 의사결정이 필요한 경우라면 일선부대들은 단지 몇 시간 또는 늦어도 익일 아침까지는 회신을 받을 수 있었다. 우리 집단군은 스탈린그라드 전역을 제외하고는 히틀러의 개입과 꾸물거림에 맞서 마지막까지도 적절한 재량권에 기반한 행동을 취할 수 있었다.

4기갑군의 돈강 전투
(FOURTH PANZER ARMY'S BATTLES SOUTH OF THE LOWER DON)

4기갑군은 A집단군의 배후를 방어하면서 두 개의 임무를 맡았다. 우선 1기갑군이 코카서스로부터 후퇴한 후, 다시 동쪽을 향해 새로운 방어선을 구축할 때까지 발뒤꿈치까지 쫓아온 러시아군이 1기갑군의 배후로 진격하는 것을 막아야 했고, 또한 러시아군이 돈강 하류를 도강하여 로스토프로 진격하는 것을 막는 것과 동시에 A집단군과의 연결고리를 유지해야 했다. 4기갑군이 돈강의 하류로부터 코카서스의 북쪽 돌출부까지 병력을 전개하여 러시아군의 공세를 막기에는 병력이 턱없이 부족했다. 코텔니코보 주변의 전투에서 루마니아군이 붕괴된 이후로 57기갑군단은 약화된 2개 기갑사단(17, 23기갑사단) 뿐이었으며 15공군지상사단은 아직 전투에 투입할 수 있을 만큼 훈련되지 않았고 A집단군 소속이었던 16차량화사단은 여전히 엘리스타에서 이동하지 않고 있었다. 4기갑군에게 적시에 병력을 증원하려던 돈집단군의 노력은 결국 허사로 돌아갔다. A집단군으로부터 3기갑군단을 보충하려던 우리의 의도는 육군총사령부가 반대하였으며 4기갑군에 증원시키려던 7기갑사단은 히틀러의 지시에 따라 ―이탈리아군의 붕괴로 말미암아― 로스토프로 가는 도하점을 방어하기 위해 로스토프에 잔류하였다.

실리적으로 본다면 이러한 병력의 운용은 만일 우리가 A집단군에 요청한 17군이 우리 쪽에 배속된다면 나쁜 전략은 아니었다. 하지만 히틀러는 노보르시스크에 주둔하고 있는 17군이 후방으로 퇴각한다면 그 지역을 지키고 있던 루마니아군이 항복할 것을 우려하였기 때문에 17군의 배속을 허락하지 않았다. 이제까지 4기갑군의 뒤를 쫓던 강력한 러시아군 부대들이 방향을 바꾸어 남쪽으로 진격하자 동부전선에서 후방으로 퇴각하던 1기갑군의 배후가 매우 큰 위험에 처했다. 비록 16차량화사단이 마니치강 뒤에서 성공적인 역습을 가해 적의 진로를 막았지만 이로 인해 16차량화사단은 4기갑군의 전투에는 합류하지 못했고 1월 중순이 되어야 4기갑군에 합류했다. 돈집단군이 맡은 방어 지역 내에서 4기갑군을 증원하기 위한 집단군의 의도는 적의 훼방을 받은 것이다. 우리는 돈강 굴곡부에 있던 11기갑사단을 4기갑군에 배속시키고자 노력하였는데 11기갑사단이 돈강 하류를 도하하던 시점에 러시아군은 두 곳에서 강을 도하하여 남쪽과 남동쪽으로 진격하여 치르강에서 북쪽을 방어하고 있던 미트전투단의 배후를 위협하였다. 이 공세를 막기 위해 미트전투단은 카갈닉강의 뒤쪽으로 이동하였고 11기갑사단이 돈강의 북쪽을 떠맡아야 되었기에 11기갑사단 또한 4기갑군에 합류하지 못했다.

결국 이미 언급한 57기갑군단의 2개 기갑사단에 추가적으로 A집단군 소속이었던 SS바이킹사단이 합류했고, 최종적으로 1월 중순에 16차량화사단이 합류했다. 이 시점에 4기갑군은 코텔니코보에서 러시아 2개 군(2, 51군)에 소속된 1개 기갑군단, 3개 차량화군단, 3개 군단, 1개 기병군단으로부터 압박을 받고 있었다. 오래지 않아 새로운 러시아 1개 군(28군)이 칼미크 초원지대 남쪽에 배치되었다. 이로써 러시아군은 4기갑군을 전선에서 꼼짝하지 못하게 할 수도, 그리고 북쪽과 남쪽에서 포위망을 구축하여 4기갑군을 완전히 포위할 수 있게 되었다. 만일 히틀러가 앞서 언급한 러시아군과의 병력 차이와 방어해야 하는 지역의 광대함에 맞서 ―4기갑군이 방어선을 확고히 지키면서― 퇴각할 시에는 히틀러의 허가를 얻으라는 명령을 내리겠다고 생각했다면 이는 그가 이 상황에 대해 심각한 판단 오류를 범한 것이다. 어려운 환경에서 삽시간에 구축한 방어선을 장애물로 쓰고자 하겠지만 이 방어선은 아마도 4기갑군을 거미줄에 떨어져 움직이지 못하게 하는 상황을 초래했을 것이다. 그럼에도 불구하고 히틀러는 여전히 이런 류의 명령을 통해 우리의 작전 재량권에 대해 간섭하였으며 4기갑군의 증원에 대해 거부하였다.

1월 5일이 되자 나는 돈집단군 사령관직의 자리에서 물러나야겠다고 생각했고, 육군참모총장에게 전문을 보냈다. 병참감(Quartermaster General)의 지휘를 받는 후선 부서는 집단군 내에 소속되었고 주로 나이가 많은 참모진들에 의해 운영되었다. 그들은 집단군 참모진이 내리는 명령에 따라 집단군에 대한 보급과 이동 수단에 대한 제공을 맡았다.

'우리의 제안들이 거부되고, 집단군 사령부가 지금까지 동일한 지역에 머무르는 것에 대해 나는 내가 집단군 사령관으로서 가져야 할 목적을 찾을 수 없다. 이 상황에서 내가 병참감에 의해 운영되는 후선 부서에서 근무하는 것이 더 적합할 것이다.'

이러한 상황 속에서 4기갑군의 목표는 넓게 확장된 전선을 따라 방어전을 펼치는 것보다는 그들의 병력을 집중시키는 것이 바람직했다. 그럼으로써 4기갑군은 적의 취약 지점에 대해 강력한 공격을 할 수도, 그리고 반대의 경우에도 러시아군의 강력한 공세가 행해질 때마다 버틸 수 있을 것이다. 때때로 4기갑군은 그들의 방어 지역을 무방비의 상태(Denude parts of its area)로 두거나 조잡한 방어선에 의존하여 다른 지역을 방어해야만 했다. 우수한 참모장인 판고어(Fangohr) 장군의 보좌를 받는 호트 상급대장은 그의 뛰어난 지휘력으로 이러한 어려운 임무를 묵묵히 처리하였다. 그는 고착화된 진지전을 회피하여 한 곳에 머무르는 위험을 피하면서 러시아군의 공격을 지연시켰으며 더욱이 양쪽 측면에 부대를 재빨리 집결시켜 측면에서 공격하려는 러시아군의 예리한 공격을 지속적으로 좌절시켰다. 임무를 수행하기에 충분한 병력을 4기갑군에게 지원하지 못한 집단군은 부여된 명령으로부터 발생하는 복잡한 문제를 덜어주고자 4기갑군의 임무를 경감시키고자 했다.

이미 언급한대로 4기갑군은 두 가지 임무를 동시에 수행해야 했는데 우선 4기갑군은 1기갑군의 퇴각이 완벽히 완료되어 방어태세를 갖출 때까지 뒤를 쫓아오고 있던 러시아 3개 군이 코카서스에 있는 1기갑군의 배후를 장악하는 것을 막아야 했다. 동시에 돈강 하류의 지류를 따라 로스토프로 진격하려는 러시아군을 막아내야 했다. 만일 이 임무들이 성공한다면 돈강 하류 남쪽의 러시아 3개 군은 고립되는 것이었다. 전력을 최대한 고려한다 해도 4기갑군은 이 중 한 가지 임무만을 수행할 수 있었다. 두 가지 임무 중에 어느 것이 우선적으로 고려해야할 임무인지를 결정하는 것은 집단군에게 달려있었다. 장기적인 관점에서 로스토프에 대한 압박이 더 위험한 것으로 보여졌다. 그러나 1기갑군이 퇴각 중에 포위된다면 돈강 남쪽의 독일군 3개 군이 괴멸될 것이므로 로스토프 사수는 큰 의미가 없었다. 그러나 반대로 1기갑군이 철수를 성공리에 마친다면 로스토프에 닥친 위기를 전환할 방법과 수단을 찾을 수 있었다.

러시아군은 위에 언급했던 두 가지 기회를 이용하고자 하였다. 이미 언급한 바와 같이, 16차량화사단은 1기갑군의 배후를 장악하기 위해 방향을 바꾼 러시아군 일부를 막기 위해 적시에 배치되어야 했다. 또한 러시아군은 4기갑군을 남쪽에서 포위한 후 궁극적으로 4기갑군과 1기갑군 사이에 포진하고자 하는 시도를 전체적인 작전 개념으로 인식하고 있었다. 동시에 러시아군은 돈강 하류를 따라 콘스탄티노프카(Konstantinovka)를 거쳐 로스토프로 곧장 진격하고자 했다. 1월 7일 노보체르카스크에 있는 집단군 사령부로부터 12마일 떨어져 있는 돈강의 북쪽에서 소규모 러시아군이 이곳을 지키던 코작부대와 강변을 지키던 방어부대를 물리친 후에 모습을 드러냈다. 우리는 우리 방어 구역을 침범한 러시아군을 쫓아내기 위해, 정비창에서 수리 중이던 전차 몇 대를 보낼 수밖에 없었다. 이어서 이 소규모 부대가 소속되었던 러시아 기갑군단이 4기갑군의 배후에 있던 프롤레타르스카야(Proletarskaya)로 물러나자 몇 주간은 로스토프에 대한 직접적인 위협을 제거할 수 있었다. 4기갑군은 자력으로 북쪽 전선의 취약 구간에 발생한 위기를 제거했다.

그 와중에 1기갑군은 퇴각의 속도를 올려 1월 14일 퇴각을 완료했다. 1기갑군의 좌익은 케르스크(Cherkask)에서 페트로프스코야(Petrovskaya)에 이르는 방어선을 구축하였다. 비록 페트로프스코야와 프롤레타르스카야 사이에 넓은 간극이 있었지만 1기갑군과 4기갑군 사이에 협력작전을 펼칠 수 있게 되었다(이 간극은 마니치강 유역의 습지대였다). 이로써 돈강 남쪽에서 A집단군의 배후를 안전하게 보호하려는 4기갑군의 임무는 성공리에 완수되었다. 물론 로스토프와 집단군의 병참선을 유지하는 두 번째 임무는 여전히 남아 있었다. 병참선을 유지하는 임무를 위해 우선 1기갑군이 더 후방으로 퇴각하여야 했으며, 1기갑군은 전열을 정비하는 며칠간을 이곳에서 머물러야 했기 때문에, 4기갑군은 몇 배나 우세한 러시아군과 맞섰으며 이에 따라 점점 상황이 악화되었다. 사실 4기갑군은 이 임무를 결코 수행할 수 없을 정도까지 궁지에 몰렸는데 히틀러가 여전히 코카서스 전체를 포기하는 것을 거부하였기 때문이었다. 즉 1기갑군이 돈강의 북쪽으로 퇴각하는 것과 A집단군 전체가 쿠반에 계속 머무르는지에 대한 결정은 내려지지 않은 상황이었다(Hung in the balance).

홀리트분견군의 전투
(THE BATTLES OF ARMY DETACHMENT HOLLIDT)

1월 중순 4기갑군이 돈강 남쪽에서 그들의 임무를 수행하던 때에 홀리트분견군은 돈강 굴곡부에서 역시 어려운 임무를 수행했다. 스탈린그라드 전투에서 설명했듯이 압도적인 우세를 보인 러시아군은 지난 몇 주 간 치르강 유역에서 홀리트분견군을 지속적으로 공격했다. 홀리트분견군은 돈강의 니츠네-치르스카야(Nizhne-Chirskaya)부터 카멘스크-샤흐틴스키(Kamensk-Shakhtinsky)까지 125마일에 이르는 전선에서 미트전투단과 함께 이제껏 싸워왔고 미트전투단은 전투력을 거의 소진한 4개 사단(62, 294, 336, 387사단)을 휘하에 두고 있었다. 아울러 노련한(Seasoned) 지휘관이었던 스타헬(Stahel) 장군의 지휘를 받는, 든든한 버팀목(Buttress)이었던 기습부대와 대공포부대의 도움으로 방어선을 유지하고 있었다. 분견군에 속해 있었던 두 개의 공군지상사단은 그 수가 매우 격감하여 분견군의 육군을 지원할 수는 없었다. 홀리트분견군의 주력은 6, 11기갑사단과 증원을 위해 새로이 도착한 7기갑사단이었고 이미 심각하게 와해된 22기갑사단은 결국 해체되고 말았다.

홀리트 장군은 이 병력으로 북쪽 전선에서 남하하여 돈강 유역에 있는 4기갑군의 배후를 공격하려는 러시아군의 시도를 막아야 했고 무엇보다 중요한 임무는 4기갑군과 A집단군이 돈강의 남쪽에 있는 동안에 러시아군이 로스토프로 향하는 것을 차단하는 것이었다. 또한 분견군의 좌익에 맞서고 있던 러시아군이 포슈타트와 보로실로프그라드에서 도네츠강을 도하하여 북서쪽에서 로스토프로 진격하는 것을 감시하는 임무가 주어졌다. 홀리트분견군은 이탈리아군의 붕괴로 공백화된 서쪽 지역(프레터-피코전투단이 이 지역의 밀레로포에서 도네츠강으로 퇴각하며 전투를 벌이고 있었다)과 몇 개의 러시아 군들(Armies)이 이미 최초로 포템킨스카야에서, 그리고 침릴리얀스카야에서 도강에 성공했기에 양 측면의 압박을 받고 있었다.

분견군은 이미 언급한 바와 같이 11기갑사단을 투입하고, 미트전투단의 카갈닉 뒤에서 동쪽으로의 우회 공격을 통해서 러시아군을 저지할 수 있었다. 4기갑군과 마찬가지로 홀리트분견군 또한 끊임없는 위기 속에서 전투를 치루는 도중에도 확고하고도 다재다능하게 임무를 완수했다. 집단군 또한 집단군의 기갑부대를 집중시켜 단기간의 압박을 가함으로써, 즉각적인 위험은 아니었지만 이 상황을 모면하고자 하였다. 분견군이 최종적으로 도네츠강에 대한 러시아군의 진격을 막아 A집단군과 4기갑군의 배후가 단절되지 않았던 가장 큰 원인은 —물론 분견군의 작전참모들의 역할도 중요했지만— 러시아군의 끊임없는 공격 속에서도 방어선을 끝까지 지켰던 보병사단들과 소규모 단위부대들로부터 찾아야 할 것이다. 물론 적시에 가장 긴급한 전선에 투입되었던 기갑사단들이 없었더라면 분견군의 방어선은 지속적으로 유지될 수 없었다. 기갑사단의 투입 목적은 카갈닉에 있던 분견군의 오른쪽 날개가 포위되는 것을 막기 위함이었고 장차 이 지역에 대한 러시아군의 공격을 막기 위한 것이었다. 또한 분견군의 북쪽에서 공격을 위해 집결해 있던 러시아군에 대한 기습을 목표로 하였다. 통상 방어전의 일환으로 부대 단위의 반격은 분견군에서 고려해야할 사항들이겠지만 이러한 위험을 수반하는 작전을 입안하는 것은 집단군에서 판단할 사항이었다. 집단군은 늘상 분견군이 위기 상황에 대해 판단하느라 느낄 수밖에 없었던 책임감을 경감시켜야만 했으며 집단군은 명령을 통해 집단군의 기갑 전력을 지속적으로 위험한 전선을 선택하여 집중 투입하고자 했다.

3단계: 전선의 고착화를 위한 1943년 1월 중순의 사투
(THIRD PHASE: THE STRUGGLE TO KEEP THE SOUTHERN WING'S COMMUNICATIONS OPEN OPERATIONAL POSITION AT MID-JANUARY 1943)

1943년 1월 중순이 되자 동부전선 남익의 전략적 상황은 중대한 국면을 맞게 되었다(Come to a head). 이러한 위기는 1942년 늦가을에 장기적인 관점에서 도저히 지켜낼 수 없는 방어선을 고수하려 했던 군 지휘부의 명령으로부터 기인한 것이고, 1942년 크리스마스 즈음에 6군의 탈출이 실패한 이후에 더욱 구체화되었다. 지휘관들과 참모진들, 그리고 일선 전투부대의 절망적인 사투로는 심각한 상황을 단지 지연시킬 수 있을 뿐이었다. 6군은 이제 파멸을 맞을 위기에 처했다. 그들이 가진 보잘 것 없는 전투력으로 할 수 있는 최선의 전투는 돈강 굴곡부와 코카서스에 있는 그들의 동료들에게 선물을 주는 것이었으며, 그 선물은 비록 짧은 기간이겠지만 최대한 시간을 벌어주는 주는 것이었다. 6군이 소멸되면 코카서스 전역은 전선을 축소하여도 지켜낼 수 없음이 명백했다.

돈강 남쪽에서 4기갑군이 확고하고도 능숙하게 전투를 벌여 코카서스에서 A집단군이 괴멸될 가능성은 없어졌다. 가장 위험한 전역이었던 집단군의 오른쪽 날개는 안전하게 퇴각하는 데 성공했다. 그리고 1기갑군이 여전히 로스토프로 향하는 도하점에서 190마일 떨어져 있었지만 산악지대에서 벗어나 배후의 위험을 더 이상 감수하지 않아도 되었다. 만일 상황이 악화된다 할지라도 1기갑군은 자력으로 현재 지점으로부터 퇴각을 할 수 있었다. 1기갑군은 돈강과 도네츠강 사이에서 러시아군이 로스토프에 접근하려는 것을 막아냈고 북쪽에서부터 돈강 하류에 있는 지류 남쪽까지 3개 군에 대한 포위망을 완성하고자 하는 러시아군의 시도를 막아냈다. 그러나 홀리트분견군과 밀레로포 주변에서 싸우고 있던 프레터-피코전투단(3산악사단과 304사단으로 구성된 30군단)은 카멘스크-샤흐틴스키 서쪽에 있던 강력한 러시아군이 도네츠강을 거슬러 올라가 도하하려 한다면 이를 막을 수는 없었다. 만일 도네츠강 도하에 성공한다면 러시아군은 북서쪽에서 로스토프로 진격하거나 아조프해로 곧바로 진격할 수 있는 행동의 자유를 얻게 되는 것이었다.

현 시점에 가장 최악이었던 상황은 B집단군 소속으로 있던 헝가리군이 방어하던 돈강 중류 지역의 전선이 새롭게 투입된 러시아군의 공격에 붕괴되었던 것이었다. 헝가리군과 연결되어 있던 북쪽의 방어선은 재앙을 맞게 되었다. B집단군은 아이다(Aidar)강 뒤에 위치한 스타로비엘스크까지 후퇴하기를 원했고, 이는 보로실로프그라드에서 도네츠강 하류까지를 개활지로 버려두는 것을 의미했다. 실제로 얼마 지나지 않아 B집단군의 측면 방어선은 더 이상 존재하지 않게 되었다. 보로실로프그라드로부터 시작된 북쪽 간극에 있던 독일군들은 절망적인 사투를 벌였다. 이탈리아군과 마찬가지로 헝가리군은 전장에서 소멸되었다. 육군총사령부는 예비대를 투입하여 이 간극을 메꿀 수 있다는 희망을 가지지 않았으나, 돈집단군의 입장에서는 돈집단군과 A집단군을 묶어두려는 러시아군의 의도를 막기 위해서는 어쨌든 돈강 남쪽에서 도네츠강 중류로 대규모 기동 방어가 필요했다.

그러나 국방군 최고사령부는 여전히 우리의 의견에 동조하지 않았다. 도네츠강과 드네프르강 사이의 전략적 요충지에 강력한 방어선이 구축되지 않는다면 어떠한 결과가 야기될 것인지 예측할 수 없었으나, 국방군 최고사령부는 이 위험을 외면하려 하였다. 히틀러 또한 코카서스 전선을 포기하는 것을 허락하지 않았다. 그는 여전히 돈강 남쪽에서 최소한 마이코프(Maikop) 유전지대를 지켜낼 전선을 유지할 수 있다고 믿었고 —향후에 다시 코카서스의 유전지대를 재점령하기 위해서 필요한— **쿠반**

지역에 최소한의 교두보를 확보하고자 했다. 몇 주 간에 걸쳐, 돈집단군은 A집단군의 체계적인 퇴각을 위해 돈강의 양안에서 절망적인 전투를 벌였다. 이는 언제나 도네츠강까지 기동 방어를 펼치고자 하는 돈집단군과 국방군 최고사령부와의 첨예한 대립을 낳았으며 이 논쟁의 내용은 군사 교리에 입각한 돈집단군의 입장을 반영하는 것과 얼마나 많은 A집단군의 병력이 로스토프를 지나 전략적 요충지로 퇴각하느냐에 관한 논쟁이었다. 전체적인 상황을 고려한다면, 나의 생각으로는 A집단군의 병력을 쿠반 교두보에 묶어둔다는 것은 허황된 희망에 지나지 않았다.

[옮긴이의 주]

- 17군은 나중에 쿠반에서 크리미아로 퇴각한 후, 크리미아 방어전에서 궤멸에 가까운 손실을 입는다. 만슈타인은 17군이 행동의 자유를 얻기를 원했으나, 히틀러는 크리미아를 포기할 경우 유럽 남동부 국가들과 터키가 동요할 것을 우려하여 A집단군의 병력을 만슈타인에게 보내지 않았다. 히틀러의 이 행동이 옳다는 증언도 있다.

1월 중순 이후의 전투
(THE BATTLES IN THE SECOND HALF OF JANUARY)

1월 14일 1기갑군은 케르스크에서 페트로프스코야 방어선으로 퇴각했으며 동쪽을 향해 방어선을 구축하였는데, 또 다른 위기는 홀리트분견군의 전역에서 발생했다. 이날 러시아군은 도네츠강을 향해 B집단군의 오른쪽 날개이자 밀레로포 남쪽에 위치한 프레터-피코전투단을 공격했다. 육군총사령부가 새로이 302사단을 투입했지만, 1개 사단만으로는 강 유역의 전선을 안정화시킬 수 없었다. 1월 16일 육군총사령부는 프레터-피코 전투단을 돈집단군 휘하로 배속시켰으며 동시에 돈집단군의 방어 지역을 아이다강까지 확장시켰지만 이 전투단이 도네츠강을 넘어 방어선을 구축할 수 있을지는 불확실했다. 이 와중에 러시아군은 3~4개의 차량화군단을 프레터-피코 전투단이 방어하고 있는 도네츠강 유역의 카멘스크-샤흐틴스키 부근에 전개하였으나, 다행히 며칠 전 홀리트분견군의 2개 기갑사단이 칼리트바(Kalitva)에서 러시아군에 대한 기습에 성공하였기에 러시아군의 공격은 준비 단계에서 중단되었다. 우리는 홀리트분견군에게 도네츠강으로의 예정된 퇴각을 수행하여, 가능한 빠른 시일 내에 포슈타트-카멘스크 지역에서 기동 방어를 할 것을 지시했다. 도네츠강에 접해 보로실로프그라드부터 카멘스크까지 새로이 구축된 전선에서 우리는 낙오 후에 복귀한 이탈리아군을 빼고는 작전을 펼칠 수 있는 아무것도 가지지 못했다. 다시 말해 돈집단군은 서쪽으로부터의 공격에 커다란 취약 구간을 갖고 있던 것이다.

동시에 러시아군은 홀리트분견군을 동쪽으로부터 포위하고자 했고 −도네츠강과 돈강 사이에 위치한 분견군의 오른쪽 날개와 1기갑군의 북쪽을 방어하기 위해− 마니치강의 살스크에서 우월한 러시아군과 대치하고 있던 4기갑군 사이에는 러시아 2개 군단이 마니치강, 살(Sal)강, 돈강 유역에 있음이 확인되었다. 러시아군은 돈강을 넘어 로스토프로 향하거나 도네츠강에 위치한 홀리트분견군의 배후로 침투할 수도 있었다. 이에 따라 돈집단군은 로스토프 앞에서 1기갑군의 도하점을 확보하기 위한 1개 사단을 제외하고, 나머지 4기갑군을 집단군의 좌익으로 이동하는 것을 건의하였다. 이 의견은 당연히 A집단군의 1기갑군은 로스토프로, 17군은 쿠반으로 퇴각하라는 육군총사령부의 명령을 필요로 했다. 그러나 이번에도 히틀러는 결정을 주저하였다. 그는 A집단군의 기갑부대가 −1기갑군의 후퇴를 위한 일시적인 전투를 벌이기 위해, 그리고 4기갑군의 기동력을 높이기 위해− 4기갑군의 지역에서 집중 운용되어야 한다는 집단군의 의견을 받아들이지 않았다.

1월 18일이 되어서야 육군총사령부는 결국 살스크 북동쪽에 위치한 마니치강 유역에서 더 이상 1기갑군의 퇴각로를 지키지 않아도 됨에 동의하여 4기갑군의 작전에 대한 재량권이 확보되었다. 한편으로 돈집단군은 −A집단군이 로스토프와 티호레츠크(Tikhoretsk)를 잇는 철로를 따라 쿠반 교두보에 대한 물자보급을 완수하게끔 하기 위한− 88량의 보급 열차가 선로를 이용할 수 있게 이 지역을 지켜야만 했다. 여전히 1기갑군이 쿠반으로 퇴각하는지 로스토프로 퇴각하는지 아무도 예측할 수 없었다. 물론 독일군 남익에서 서쪽으로의 기동 방어를 선택하는데 주저한 시간들은 결국 러시아군만을 이롭게 했을 뿐이었다. 독일군이 주저했던 시간들은 러시아군으로 하여금 B집단군의 방어 지역을 담당하던 이탈리아군과 헝가리군의 붕괴를 이용해 도네츠강 중류와 아조프해, 그리고 드네프르강의 도하를 위한 병력 집결에 도움을 주었고 우리는 이 병력들에 대응할 수 있는 반격을 준비할 수 없었다. 러시아군은 로스토프로 진격할 수 있는 기회를 얻었고, 또한 홀리트분견군의 좌익을 보로실로프그라드에서 포위할 수도 있었다.

1월 20일이 되자 4기갑군의 방어 지역에 있던 러시아군은 4개 군단을 동원하여 로스토프를 향해 마니치강의 하류를 넘어 공격을 개시했다. 그들의 전차는 로스토프 공항에 이르렀는데 4기갑군의 북쪽에 배치되어 있던 16차량화사단이 돈강과 마니치강 남쪽에서 러시아군의 공세를 여러 차례 지연시켰음에도 불구하고 4개 군단을 막아낼 수는 없었다. 또한 러시아군은 마니치강 중류에서 로스토프로 퇴각 중이던 4기갑군의 57기갑군단을 공격하여 —러시아군이 4기갑군의 배후에서 로스토프 도하점을 확보할 때까지— 4기갑군을 로스토프 앞에서 묶어두려 하였다. 홀리트분견군에게도 강력한 공격을 했는데 도네츠강 중류를 도강하여 로스토프를 손에 넣음으로써 —홀리트분견군을 포위망에 넣기 위해— 분견군을 묶어두기 위한 것이었다. 러시아군은 돈강과 도네츠강 사이에 있던 미트전투단에 대해 카멘스크의 양쪽에서 공격을 개시했는데, 이는 도네츠강 중류에서 이 지역으로 병력이 투입되는 것을 막기 위함이었다. 다시 한번 집단군은 어느 전선부터 해결책을 찾아야 할지 고민에 빠지게 되었다. 홀리트분견군의 휘하에 있던 7, 11기갑사단이 도네츠강 중류의 서쪽으로 이동되어야 했다. 그러나 장기적인 관점에서 로스토프에 대한 위협을 없애는 것이 더 큰 급선무라고 인식했다. 4기갑군과 적어도 1기갑군 전체를 로스토프로 이동시키기 위한 모든 조치가 취해져야 했다. 만일 이처럼 조치하지 않으면, 집단군은 서쪽 방면의 병력을 유지한 채로 동쪽에서는 집결된 병력으로 독일군 남익 전체가 해안가에 몰려버릴 수 있는 위험을 제거 할 수 있다는 희망을 버릴 수밖에 없었다.

로스토프의 함락을 막고자, 그리고 위에 언급한 전략을 펼치기 위해 집단군은 7, 11기갑사단으로 하여금 로스토프를 향해 마니치강 하류에서 공격을 하던 러시아군에 대한 강력한 반격을 시도하게 했다. 그러나 유류 부족(이 당시에 쿠반 교두보에 대한 보급 지원을 위해 모든 수송 열차는 로스토프를 경유하기만 하였다)과 기상 악화로 인해 공군의 지원을 받지 못해 우리가 생각했던 것보다 공격 기간이 늘어났다. 시간이 더욱 부족해지기 시작했다. 6군의 마지막 저항마저 곧 끝이 났고 2~3주 내로 스탈린그라드에 있던 러시아군이 이 지역으로 투입될 것이라 예측할 수 있었다. 나는 이미 1월 22일 자이츨러 장군에게 돈집단군과 B집단군 사이의 간극인 스타로비엘스크에서 러시아군이 관측되었음을 담담하게 보고했다. 이날 히틀러는 1기갑군이 쿠반 교두보로 향할 것이 아니라 로스토프를 통해 퇴각하여 향후에 중요한 전략 요충지에 배치되어야 한다고 일부 수정안에 동의하였다.

이것은 우리의 관점에서 보기에 꼭 적절한 대안은 아니었지만 돈집단군의 작전 개념에 비추어서는 그나마 반가운 일이었다. 이 작전에서 가장 중요한 점은 퇴각이 얼마나 짧은 시간에 이루어지느냐였고 4기갑군이 돈집단군의 좌익으로 재빨리 이동하고, A집단군의 다른 부대들이 퇴각 속도를 1기갑군에 맞추어 이동함으로써 1기갑군 자체가 완전하게 로스토프로 이동하는 것이었다. 그러나 A집단군이 현 시점에서 요구되는 신속한 퇴각을 수행하는 것은 여전히 불가능한 상황이었다. 나는 그 이유에 대해 만족할만한 사유를 알지 못했다. 일단 1기갑군이 나의 휘하에 들어온다면 위에서 언급한 바와 같이 불필요한 지시에 따라 1기갑군의 퇴각이 지연되는 일은 막을 수 있었고, 우리가 원했던 시점에 신속한 퇴각을 할 수 있었을 것이다.

A집단군과 육군총사령부는 나의 의견에 대해 이의를 제기했으며, 그 결과로 벨라야글리나(Belaya Glina)에 있던 좌익은 티호레츠크(Tikhoretsk)의 동쪽 30마일 지점에서 1월 23일까지 머물러 있었고 2월 1일까지도 티호레츠크로 퇴각하지 않았다. 1월 23일 돈집단군은 아직 해결되지 않은, B집단군의 방어 지역인 스타로비엘스크와 도네츠강 남익에 대한 문제에 다시 봉착하게 되었다. 이제는 독일군이 감당할 수 있는 수준이 아니었다. 40마일의 간극에 러시아군은 적어도 3개 군단을 밀어 넣었으며 그 중 2개는 기갑군단과 차량화군단이었다. 이탈리아군의 역할은 이미 기대할 수 없는 수준이었고 우리가 기대할 수 있는 방어 전력은 스타로비엘스크에 있던 19기갑사단뿐이었다. 그러나 이튿날 19기갑사단은 스타로비엘스크를 포기할 수밖에 없었다. 최종적으로 19기갑사단은 전투를 벌이면서 서쪽으로 탈출했는데, 용맹한 이 기갑사단의 전과는 포스텔(Postel) 중장의 지휘 덕분이었다. 그러나 도네츠강을 도하하여 독일군을 포위하려는 러시아군의 공세를 19기갑사단이 저지할 수는 없었다. 1월 24일 히틀러는 1기갑군 전체가 즉시 로스토프를 거쳐 퇴각하라는 명령을 내렸다. 이때 1기갑군의 남익은 아르마비르(Armavir)에 주둔 중이었는데 이는 1기갑군의 안전한 퇴각을 위해, 4기갑군이 로스토프를 지키기 위해 돈강 남쪽에 계속 배치되어야 했음을 의미했다. 이로써 4기갑군이 적시에 집단군의 좌익으로 신속하게 이동할 수 있는지에 대한 의구심이 계속 커저만 갔다.

이러한 상황 속에서도 긍정적인 변화 2가지에 대해 언급하겠다.

첫째, A집단군에 속한 1개 군이 돈강을 넘어 퇴각하는 것을 마지못해 동의한 A집단군은 결국 그들의 운명이 쿠반이 아니라 도네츠강에서 결정되리라 인식하기 시작했다. 게다가 쿠반 교두보에 주둔 중인 부대들이 케르치 해협을 통해 보급을 받으리라고는 더욱 생각할 수 없었다. 결국 A집단군은 가능한 집단군 전체 병력을 로스토프를 통해 퇴각시키고자 했다.

둘째, 1월 25일 7, 11기갑사단의 마니치강 유역에 대한 공격으로 우리가 원하는 결과를 얻게 되었다. 이 공격으로 로스토프 도하점에 대한 위협은 잠시나마 억제할 수 있었다.

반면에 4기갑군 남익은 새로운 위기를 맞고 있었다. A집단군의 후미를 쫓고 있었던 러시아군이 4기갑군과 1기갑군의 북익 사이를 차단하고자 했으며 궁극적으로 남쪽으로부터 4기갑군을 포위하고, 로스토프로 향하는 1기갑군은 저지하고자 했다. 이에 따라 돈집단군은 A집단군 소속의 1개 기갑사단이 이 전투에 동참하고 나머지 1기갑군이 로스토프로 재량에 따라 퇴각하는 최종 제안을 하였다. 끝내 1월 27일 적어도 1기갑군 북익의 절반은 돈집단군의 휘하에 들어왔고, 내가 언급한 방식대로 해당 부대를 투입할 수 있었다. 동시에 4기갑군이 여전히 로스토프의 도하점을 지켜야만 했는데 돈집단군은 돈강 남쪽에서 이동한 1기갑군 사령부가 도네츠강 중류를 먼저 도강하여야 한다고 결정했다. 이를 이어 로스토프에서 보급을 받은 소속 사단들이 뒤를 따라야 했으며, 다른 전선으로의 투입이 가능해진 4기갑군이 그 뒤를 이어야 했다. 1월 31일 1기갑군의 상황은 로스토프를 거쳐 퇴각할 수 있는 상태였으며, 이는 러시아군이 해협으로 진격하기 위해 강을 도하하는 것을 막는 것과는 별개의 문제였다.

불운했던 점은 1기갑군 전체 부대가 전략적 요충지로 모두 퇴각하지 못했던 점이었다. 1기갑군을 로스토프로 퇴각시킬 것인지, 쿠반 교두보로 퇴각시킬 것인지에 대한 히틀러의 주저 덕택에 예전 크리미아군에 속했던 정예사단인 50사단이 로스토프로 퇴각치 못하고 쿠반에 있는 17군으로 보내졌다. 또한 며칠간의 주저함 끝에 히틀러는 우리가 로스토프에서의 간극을 메꾸는 데 활용했던 13기갑사단을 결국 A집단군에 재배치하여 쿠반에 주둔하게 하였다. 이에 따라 13기갑사단은 쿠반에 있던 40만 명의 독일군과 마찬가지로 중요한 전투에서 아무런 쓸모가 없게 되었다. 물론 쿠반의 독일군은 해협으로 향하는 러시아군을 묶어주는 역할을 수행한 것은 맞으나, 그들은 히틀러가 의도한 전략적인 임무를 수행하지는 못했다. 결국 러시아군은 최소한의 부대가 잔류한 채 나머지 병력을 다른 전투에 가용할 수 있게 되었다. 러시아군이 노보르시스크의 군항을 이용하지 못하게 하기 위해 대규모 부대가 쿠반에 잔류해야 한다고 히틀러는 주장했지만, 결국 히틀러는 나중에 아무것도 얻지 못했다.

1월 29일 중점 방어선이 돈강에서 도네츠강으로 바뀌었으므로 돈집단군은 12일부터 주둔했던 타간로그(Taganrog)에서 스탈리노(Stalino)로 사령부를 옮겼다. 코카서스에 주둔하던 A집단군의 퇴로 확보를 위해 돈강 굴곡부 남쪽에서 전투를 벌이는 도중에 독일군 남익이 계속적으로 보존될 수 있는지, 그리고 이전에 제기된 문제가 다시 불거졌다. 다시 제기된 문제는 독일군 남익이 도네츠강 유역을 사수할 수 있는지에 대한 것이었다. 아조프해, 돈강의 바다 합류점, 도네츠강의 중류와 하류 사이, 서쪽으로는 마리우폴(Mariupol)-크라스노아르메이스코예(Krasnoarmeiskoye)-이쥼(Izyum)을 경계로 하는 이 지역은 1941년의 러시아 공세 계획을 고려하던 히틀러에게는 아주 중요한 지역이었다. 왜냐하면 전쟁 수행을 위한 물자 생산을 위해 이 지역 점령이 필요했던 것이다. 한편 그는 이 지역에 매장된 석탄 없이는 우리가 경제적 목표를 성취할 수 없을 것이고, 상대적으로 이 지역을 상실한 러시아군은 전쟁을 지속할 의지를 잃어버릴 것이라 주장했다. 그는 유럽에 가까운 러시아(European Russia) 지역에서 코크스를 만들 수 있는 석탄은 도네츠 지역에서만 채굴되며, 빠른 시일 내에 이 지역을 점령하면 러시아는 코크스의 부족으로 인해 전차나 군수품(탄약 등)의 생산에 차질을 빚을 것이라 언급했다.

내가 이 주장에 동조하거나 합의하는 것은 둘째치고 1942~1943년에 러시아는 수천 대의 전차와 수백만 개의 포탄을 도네츠의 석탄이 없이 생산했다. 실로 중요한 문제는 우리가 도네츠강 유역에서 전쟁의 주도권을 다시 쥘 수 있느냐였다. 전쟁을 수행하기 위한 경제적 측면에서 우리가 이 지역을 사수할 필요가 있는 것도 일견 타당했다. 다만 우리가 도네츠 지역에서 획득한 석탄은 독일 기차에 적합하지 않아 광대한 지역을 달리기 위해서는 연료로 쓰일 석탄만큼은 독일에서 가져와야 했었고, 독일에서 오는 기차들은 연료탄의 수송을 위해 하루에 수회를 운행해야 했으므로 이에 따라 병력 운송의 횟수가 줄어들을 수밖에 없었다. 그럼에도 히틀러는 독일의 전시 경제가 도네츠 지역 없이는 지탱할 수 없다고 확신했으며, 1년 뒤 히틀러는 니코폴(Nikopol)의 망간에 대해서도 똑같은 의견을 말했다. 그러나 보로네슈에서 헝가리군이 붕괴되고, 도네츠강으로 향하는 길이 열려 드네프르로 가는 도하점과 아조프해로 향하는 진격로가 열리게 되자 도네츠 지역에서 전선을 안정화시키고자 하는 전략은 새로운 국면을 맞이했다. 우선 1월 19일 도네츠 지역을 안정시키기 위한 전투에 대해 자이츨러 장군과 통화를 했다. 그는 이 문제에 대해 어제 히틀러에게 제안을 했지만 성공하지 못했고, 나의 견해를 듣고 싶어 했다. 마침 이날은 보로실로프그라드에서 보로네슈까지 모든 전선에서 간극이 발생한 위험이 있던 날이었다.

나는 자이츨러에게 이 지역의 경제력을 생각지 않더라도 이 지역 자체가 매우 중요하다고 말했으며, 이 지역을 확보하기 위한 방안은 매우 간단하다고 얘기했다. 만일 이 지역의 완전한 장악을 원한다면 강력한 부대를 하르코프를 향해 단기간에 최대한 동쪽으로 이동시켜야만 하겠으나, 중부집단군과 북부집단군에서 빼올 수 있는 병력이 없으며 독일에서의 병력 증원도 없고, 국방군 최고사령부가 다른 전선에서의 병력 이동을 허락하지 않을 것이며, 마지막으로 이 같은 병력의 이동을 위해 필요한 철로가 부족했기 때문에 결국 우리는 달리 어찌할 수 없는 결과를 받아들여야 할 것이라고 말했다. 만일 독일군의 남익이 돈강 하류에 머물러 있다면 독일군은 간극을 자체 병력으로 메꿀 수 없을 것이고, 마찬가지로 증원될 병력이 도착하는데 시간이 많이 소요되거나 독일군 남익에서 벌어지는 전투와 무관한 후방에 배치된다면 고립된 지역에서도 전투를 지속적으로 수행할 수 없었다. 남익에서 벌어지는 전투와 새로이 충원되는 병력의 배치는 작전의 유기적인 개념에서 상호간 조율이 필요했다. 새로운 병력이 신속하게 그리고 상대적으로 동쪽으로 최대한 배치된다면 돈집단군은 돈강 하류와 도네츠강 유역에서 전선을 안정화시킬 수 있을 것이고, 또는 새로운 병력이 증원되지 않는다면 돈집단군은 퇴각하여 새로운 병력과 합류해야 했다. 만일 이 두 가지 전제 조건 중 하나라도 만족되지 못한다면 러시아군은 새로운 병력이 오기 전에 독일군 남익을 차단할 수 있었다.

자이츨러 장군은 나의 의견에 동의했다. 어쨌든 2월 중순까지 하르코프에 배치되는 SS기갑군단만으로는 보로실로프그라드와 보로네슈까지 열린 간극을 메꿀 수 있는 전력이 되지 못했음은 명백했으나, SS기갑군단이 돈강 하류와 도네츠강에 위치한 독일군 남익의 전선을 안정시키고자 도네츠강의 북부 지역을 적시에 공격할 수는 있었다. 이후 며칠간 돈집단군은 깊이 패인 종심 지역에 대해 걱정해야 했다. 1월 20일 우리는 러시아 2개 군단이 보로실로프그라드 방면에서 카멘스크쪽으로 집단군의 좌익을 구성하고 있던 프레터-피코전투단을 공격하고 있다는 보고를 받았고 아울러 도네츠강 뒤에서 보로실로프그라드 동쪽에 배치되어 있던 이탈리아 패잔병들을 향해 동시에 공격을 개시한 것을 알게 되었다. 이 외에 적의 주력은 스타로비엘스크의 서쪽으로 강력한 공격을 개시했다. 이는 러시아군이 자유롭게 움직일 수 있는 공간(Elbow room)을 확보하고자 하는 의도임에 틀림없었다. 이 목적을 달성하자, 러시아군은 프레터-피코전투단을 포위하고자 했고 강력한 부대를 서쪽으로 전개시켜 도네츠강을 넘어 드네프르강의 도하점까지 진격하거나 아조프해로 곧장 진격하려 하는 것 같았다. 1월 24일 후방에서 경계를 맡고 있던 장교가 안절부절못해서 잘못 보고했던 것일 수도 있겠지만, 이미 말을 탄 러시아군이 보로실로프그라드에서 목격되었다는 보고를 받았다. 1월 31일 나는 육군총사령부에 도네츠강 유역을 사수하는 문제에 대한 나의 의견을 재차 전문으로 발송했다.

'첫째, 도네츠강의 사수를 위해서는 하르코프로부터의 압박을 잠시 피할 필요가 있으며, 러시아의 해빙기가 도래하기 전에 하르코프의 북동쪽에 있는 러시아군을 격파해야만 한다. 만일 불행하게도 이 두 가지가 이행되지 않는다면 적어도 동쪽으로 길게 뻗은 도네츠강 유역 전체를 사수할 가능성은 없다. 돈강 하류와 도네츠강을 사수한다는 작전은 전략적인 관점에서는 이미 실패한 것이다.

둘째, 우리가 간과하지 말아야 할 위험은 만일 코카서스와 스탈린그라드에 있던 러시아군이 이 방면으로 증원된다면 현재의 병력으로는 도네츠강 전체를 방어할 수 없다는 것이었다. 독일군에 대한 공격으로 러시아군의 기력이 소진되거나, 보급의 곤란을 겪어 러시아군의 작전이 차질을 입기를 기대하나, 우리의 바람처럼 되지는 않을 것이다(돈집단군 정보과로부터 러시아군의 규모에 대해 소상히 알고 있던 자이츨러는 이를 히틀러에게 보고했으나 히틀러는 자이츨러와 지속적으로 논쟁을 벌였다. 물론 히틀러의 발언으로 이 모든 것이 그의 의도대로 이해되었을 것이다. 그러나 동맹군에 대한 공격 때문에 러시아군이 약해지지는 않았고, 러시아군은 적진에 있던 우리 독일군보다는 보급이 더 유리했음을 잘 알고 있어야 했다).'

이후 며칠간에 걸쳐 러시아군의 의도에 대해 집단군이 예상한 바가 확실해졌다. 러시아군은 도네츠강 전선에 압박을 가하고 동시에 서쪽으로 진격하여 우리의 취약 구간을 파고들고자 했다. 2월 2일 러시아군은 보로실로프그라드 동쪽에서 이 지역을 지키던 이탈리아군의 소규모 저항만을 받고 도네츠강을 도하하는데 성공했다. 러시아군의 공세는 3개 기갑군단, 1개 차량화군단과 1개 군단을 앞세워 시작되었으며 이들의 일부는 돈강에서 이탈리아군을 붕괴시켰던 부대였다. 이 공세 그룹의 목표는 로스토프 또는 타간로그임에 틀림없었다. 스타로비엘스크에서 19기갑사단이 철수한 이후로 러시아군은 3~4개의 새로운 기갑군단과 1개 사단을 슬랴뱐스크(Slavyansk)-리시챤스크(Lisichansk) 방어선이 있는 남서쪽 방향으로 전개하였다. 러시아군의 의도는 좀 더 서쪽으로 진격하여 우리를 포위하고자 함이 분명했다. 만일 러시아군이 이탈리아 잔여부대를 신경 쓰지 않는다면 이 지역에서 또는 보로실로프그라드의 동쪽에서 우리를 위협할 수 있었다. 집단군의 재량권 하에서 뚜렷한 목적을 갖고 1기갑군을 도네츠강 중부로 보낸 것 이외에는 1월말까지 육군총사령부와 전체적인 작전을 어떻게 진행할 것인지에 대한 논쟁을 벌였다.

이미 언급한 바와 같이 1월 19일 나는 하르코프 지역에서 강력한 병력이 신속하고도 유연하게 철수하여야만 도네츠강 유역을 방어할 수 있을 것이라 주장했었다. 내 주장이 받아들여지지 않았으므로, 동쪽 날개의 방어선을 축소하여 방어선을 유지할 최소한의 가용 병력을 확보하는 것을 요구하였다. 이 병력들은 돈집단군 자체 병력과 추가로 증원될 부대들과 함께 남쪽 날개와의 연결고리를 유지하는데 필요했다. 우리는 이미 러시아군의 포위 압박이 심각한 도네츠강 중류로 1기갑군을 이동시켰다. 현재 시점에서 우리는 돈강 하류와 도네츠강에서 돌출되어 있는 4기갑군을 불러들여야 했다. 이를 통해 이쥼-슬라뱐스크의 방어선을 뚫은 후 드네프르강에 먼저 도달하여 우리를 고립시키려는 러시아군의 의도를 적시에 막아야 했다.

또한 적은 슬라뱐스크에서 관측된 병력보다 더 많은 병력을 돈강에서 드네프르강 하류로 이동시킬 것으로 예상되었다. 이 와중에 하르코프에 도착한 SS기갑군단의 아돌프히틀러기갑사단과 기존의 잔존병력 외에는 B집단군의 방어 구역에서 러시아군과 맞설 수 있는 병력이 전무했다. 이 병력으로써 러시아군이 우리를 포위하고자 하는 시도를 막을 수 없었으며, 4기갑군은 돈집단군 전선의 대폭적인 축소를 통해서만 이 지역으로 투입이 가능했다. 로스토프에서 돈강과 도네츠강의 하류를 거쳐 보로실로프그라드 서쪽까지 확장된 방어선을 유지하는 대신, 집단군의 오른쪽 날개를 후퇴시켜 방어선을 재구축해야만 했다. 이 방어선은 1941년 우리가 로스토프로부터 처음 퇴각한 후에 구축했던 것으로써 미우스(Mius)강 뒤로부터 도네츠강 중류까지 이어져 있었다. 전선을 이 지역으로 축소시키는 것은 당연히 도네츠강 동쪽의 석탄 자원을 포기하는 것을 의미했다. 퇴각 승인을 받기 위해 나는 장기적인 전략들과 나의 구상을 국방군 최고사령부에 인식시키고자 노력했으며, 히틀러에게 동의를 구하기 위해 다음과 같은 전문을 보냈다.

'집단군 자체만의 병력으로는 수비에 치중한다고 할지라도 돈-도네츠강의 확장된 전선을 장기간 고수하는 것은 불가능하다. 6군 소속의 20개 사단이 소멸된 까닭에 1943년에 국방군 최고사령부가 방어에 치중하고자 한다면 도네츠강 유역 전체에 대한 전면적인 방어를 위해서 모든 가용한 병력을 이 지역에 투입해야 할 것이다. 그러나 이는 러시아군에게 우세한 병력으로 공세를 펼치기에 유리한 기회를 줄 것이다. 도네츠강 유역 전체를 지키거나 돈집단군이 아조프해로 쓸려 들어가고 이어 A집단군이 쿠반에서 소멸될 수 있는 위험을 피할 수 있다고 해도 우리는 장차 러시아군의 목표가 흑해 지역에서 동부전선의 남쪽 날개 전체를 포위하는 것이라는 것을 알아야 한다. 반대로 국방군 최고사령부가 새로운 공격 재개를 통해 해답을 찾고자 한다면 동부전선의 남익에서 가능하다. 그렇지만 보급의 어려움과 돈강과 도네츠강의 발원지로부터 합류부까지의 돌출된 지역에 대한 적의 공격 위협 때문에 돈-도네츠강 지역은 제외될 것이다. 공세를 통한 해결은 -약간의 성공 가능성이 있다면- 우선적으로 우리 남쪽 날개인 드네프르강의 하류까지 러시아군을 끌어들이는 것에서 시작한다. 일단 러시아군을 끌어들인다면 우리는 하르코프로부터 강력한 공세를 개시해야 한다. 그리고 러시아군을 몰아붙여 격파한 후에 남쪽으로 방향을 돌려 아조프해에 있는 러시아군을 포위해야 한다.'

그러나 히틀러는 이런 생각에 전혀 동의하지 않았다. 자이츨러가 나에게 알려준 바에 따르면 자이츨러는 도네츠강만을 잃을 것인지, 도네츠강과 돈집단군을 함께 잃을 것인지를 히틀러에게 물었다고 했다. 히틀러의 작전부장이 군사적 관점에서 이런 관점에 동의했음에도 불구하고, 히틀러는 도네츠강의 포기는 석탄자원의 상실이라는 경제적인 이유뿐만 아니라 추가적으로 독일군의 후퇴로 인해 러시아는 철강 생산에 필요한 자원들을 얻을 수 있다는 점에서 불가하다고 말했다. 임시방편으로 히틀러는 SS기갑군단 소속으로 하르코프에 첫 번째로 도착한 사단인 SS라이히사단으로 하여금 도네츠 지역을 향해 러시아군의 배후를 공격하도록 했다. 1개 사단으로 광대한 지역을 장악하는 것이 불가능한 것은 둘째치고라도(작전을 시작하자마자 러시아 6개 사단과 전투를 벌여야 했다) 길어지는 전선의 북쪽 측면을 방어할 전력이 전혀 없었기에, 1개 사단 단독으로 작전을 펼치는 것은 가까운 미래에 우리에게 합류할 SS기갑군단의 전력을 분열시키는 것이었다. 이 사단이 도착했지만 SS라이히사단은 작전에 투입되지 못했다. 왜냐하면 B집단군이 이미 이 사단을 하르코프를 향해 빠르게 진격하는 러시아군에 맞서 투입하였기 때문이며, 곧바로 이 사단은 하르코프 북동쪽에 위치한 볼찬스크(Volchansk)에서 가망 없는 전투를 치러야만 했다.

1기갑군을 위해 로스토프 탈출로를 방어하고 있던 4기갑군에 대해 러시아군이 집요하게 공격을 함으로써 2월 4일과 5일 집단군의 상황은 눈에 띄게 악화되었다. 쿠반에 있던 A집단군의 17군이 러시아군의 측면을 압박하여 러시아군이 결정적인 전선에 투입되는 것을 방해하는데 실패하였기 때문에, 러시아군은 기존의 코카서스전선군(44, 58군)을 독일 4기갑군과 대치 중이던 3개 군에 추가적으로 증원할 수 있었다. 우리는 러시아군의 거대한 공격이 로스토프와 돈강 전선에 있는 노보체르카스크의 양쪽을 향해 시작될 것이라 금세 알아차릴 수 있었다. 추가적으로 강력한 차량화부대가 스탈린그라드로부터 돈강 전선으로 이동하고 있음이 보고되었다. 집단군의 왼쪽 날개도 상황이 좋지 않았다. 1월 14일 집단군의 명령에 따라 보로실로프그라드 동쪽으로 보내졌던 홀리트분견군의 6기갑사단은 도강한 러시아군을 반대편으로 몰아넣는데 실패했다. 6기갑사단이 할 수 있었던 유일한 것은 교두보를 확보한 러시아군을 잠시 그곳에 묶어두는 것뿐이었다.

더 서쪽에서 러시아군은 광범위하게 도네츠강을 도하했으며 이 지역에 실질적으로 러시아군을 막을 수 있는 병력은 전무했다. 러시아군은 이쥼을 탈환했고, 이제 슬라뱐스크 주위까지 밀려왔다. 이젠 홀리트분견군이 과연 미우스강까지 퇴각하는 것이 실현 가능한 것인지 대해서도 확실치 않게 되었다. 우리는 1월 5일 경에 홀리트분견군을 노보체르카스크와 카멘스크 지역에 두려했지만, 미우스강으로 후퇴하려는 우리의 전략을 히틀러가 거부하는 바람에 홀리트분견군은 계속 도네츠강과 돈강 전선에 묶여 있었다. 만일 러시아군이 슬라뱐스크에서 남동쪽으로 남하한다면 공세 초기부터 우리의 방어선을 흔들어 놓을 수 있었다. 이 시점에 1기갑군과 추가적인 병력은 로스토프를 출발하여 도네츠강 중류 전선으로 향하고 있었지만 역할에 맞는 공격을 하기에는 며칠이 소요될 것이었다. 러시아군이 위치한 지역은 여전히 결빙되어 기동성에 제약이 없었던 반면에, 해안 지역에 위치한 우리 기갑사단들은 진창이 되어버린 도로 때문에 이동하는데 심각한 어려움을 겪고 있었으므로 상황은 더 안 좋았다. 이러한 사유들로 인해, 집단군은 육군총사령부에 우리의 우익을 즉시 미우스강으로 철수시킬 것과 위험에 처한 상황을 타개하기 위한 요청을 하였다.

'우선 병참선을 방어하는 업무에 투입되고 있던 7방공사단(고사포사단, 7AA Division)을 드네프로페트로프스크를 통한 병참선을 공중과 지상공격으로부터 방어하기 위해 집중 운용되기를 요청하며, 추가적으로 돈집단군의 배후가 단절될 것을 대비하여 공중 보급의 준비를 요청한다. 또한 자체 보급에 곤란을 겪고 있던 B집단군까지 철로를 확충하여 보급 상황을 원활하게 할 수 있게 요구한다. 집단군은 쿠판스크(Kupyansk)까지 진출이 예정되어 있는 SS라이히사단의 공격이 성공하지 못한다면 하르코프에 병력이 집결되자마자 SS기갑군단은 이쥼을 향해 도네츠강 남부를 공격하도록 요청한다. 마지막으로 집단군은 13기갑사단과 17군 소속의 2개 사단이 드네프르강 하류로 신속하게 배치되어 새로운 무기를 수령받고 그곳에 있는 6군의 보급품을 넘겨받기를 요청한다.'

장기적인 관점에서 나온 우리의 이러한 요구에 히틀러가 눈을 감는다 해도 이러한 요구들은 어떠한 경우라도 그에게 긴급하게 전달되어야 했다. 이러한 전문에 대한 결과로 히틀러의 사령부로 나를 태우고 갈 콘도르(Condor) 비행기가 2월 6일 우리의 작은 비행장(Airstrip)에 도착했다. 1월말에 히틀러의 수석군사부관인 슈문트가 우리를 방문했을 때 우리는 현재 상황과 우선적으로 수행되어야 할 사항들에 대해 그에게 강력하게 말한 적이 있었는데, 이것이 히틀러가 나의 의견을 듣고자 하는 데에 영향을 끼쳤던 것 같다. 1943년 2월 6일 나는 히틀러와의 회의에서 남부전선의 주도권을 찾기 위해 현재의 재앙을 극복할, 그리고 국방군 최고사령부에게 최소한 동부전선에서 교착 상태를 이끌어낼 수 있는 기회를 주고자 하였다. 내가 스탈린그라드 전투를 설명한 챕터에서 언급했듯이, 히틀러는 며칠 전 결정되어버린 6군의 운명에 대해 가장 큰 책임이 그에게 있음을 순순히 인정하며 대화를 시작하였다.

이때 나는 그가 단독적으로 행사한 지휘력에 대한 실패뿐만 아니라 ―목숨에 연연하지 않고 용맹함과 의무에 대한 헌신을 보여주던 병사들의 운명에 대해 심하게 압박을 받아― 6군의 비극에 대해 그가 깊이 상심한 듯한 인상을 받았다. 그러나 나는 나중에 끝까지 히틀러에게 진실됨을 보여주었던, 그리고 그에게 무한한 신뢰를 보내주었던 병사들을 생각하는 마음을 히틀러가 한번이라도 가졌었는지 회의가 들곤 했다. 이후에도 나는 그가 원수부터 일반 병사까지 모두를 그저 그의 전쟁 도구로 보지는 않았는지 의구심을 가지게 되었다. 어쨌든 스탈린그라드에 대한 완전한 책임이 있음을 즉시 인정한 히틀러의 태도는 지극히 기사도적인 행위였다(Chivalrous note). 고의적으로 또는 의도하지 않았던 간에, 그는 고도의 심리학적 기술을 이용한 방법으로 대화를 시작했다. 그는 교섭 대상자로 하여금 그만의 방식을 받아들이게 하는 뛰어난 기술을 갖고 있었다. 나의 입장에서 두 가지 이슈에 대해 그와 협의하고자 하였다.

첫째, 도네츠강 유역에 대해 포기하는 것을 히틀러가 허락한 이후 내가 맡은 지역에서의 작전 수행이었다. 이날 반드시 히틀러의 허락을 이끌어내야 했다.

둘째, 브라우히치 원수의 해임 이래 히틀러가 행사해 온 육군총사령관직의 위임이었다.

스탈린그라드에서 보여준 히틀러의 지휘력은 내가 문제 제기를 하는 데 충분한 이유가 되었다. 두 번째 현안을 우선 처리하고자 했던 나의 의도는 결국 아무것도 만족스럽게 얻지 못했다. 히틀러와 같은 독재자가 군부 최고 통수권을 놓지 않으려 한다는 것을 인식했었기 때문에 나는 그로 하여금 그의 권위를 해하지 않으면서도 장차 그의 군부 지휘권을 더 확실히 할 수 있는 방안을 그가 받아들이도록 시도했다. 나는 그가 완전하게 신뢰할 수 있는 총참모총장을 선임함과 동시에 **총참모총장**에게 적절한 책임과 권한을 부여하여 지휘권의 단일화를 요구하였다. 그러나 히틀러는 이 문제를 공명정대하게 처리하고자 하는 의도가 없음이 확실했다. 그는 국방부장관이었던 블롬베르크와 육군총사령관이었던 브라우히치에 대해 실망했던 사례들로 화제를 돌렸고, 더욱이 솔직하게도 괴링은 히틀러의 권한으로 행사되는 총참모총장의 명령에 복종하지 않을 것이고 이 때문에 괴링 위에 위치하게 될 총참모총장 자리에 누군가를 임명할 수 없다고 선언해 버렸다. 히틀러가 실제로 괴링의 심기를 건드리는 것을 꺼려했는지 아니면 단순하게 이를 구실로 삼았는지는 나는 알 수 없었다.

[옮긴이의 주]

- 영역본에서는 육군참모총장이라 표현되었지만, 여기에서는 육군참모총장을 문맥에 맞게, 괴링보다 상위 직급이므로 총참모총장이라 표기하였다. 평전에 따르면 만슈타인은 내심 본인이 가장 적임자임을 알기에 그리고 히틀러에게 공식적으로 임명받기를 원해서 이런 제안을 하였다고 한다. 역시 평전에 따르면 심지어 공군총사령부 내에서도 밀히와 리히트호펜과 같은 이들은 만슈타인이 동부전선의 총사령관이 되는 것을 원했다고 한다.

대화는 다시 원점으로 돌아가 돈집단군의 향후 작전에 대한 첫 번째 논의가 계속되었다. 나는 히틀러에게 돈집단군의 현재 상황에 대해 설명한 후, 그로부터 이끌어낼 수 있는 결론들을 제시하였다. 또한 돈강과 도네츠강 유역을 방어할 수 있는 충분한 전력을 갖추지 못했음을 강조했다. 그러나 그는 돈강과 도네츠강의 아군 전력을 높이 평가하고 있었다. 실로 중요한 문제는 이 지역을 고수하다가 이 지역뿐만 아니라 돈집단군까지 상실하고, 이어 A집단군까지 상실할 것인지 아니면 적절한 시점에 이 지역을 포기하여 우리를 삼켜버릴 대재앙에서 벗어나는 것인지에 대한 문제였다.

현재 상황에 대한 명백한 전황을 설명하면서 나는 히틀러가 우리가 돈-도네츠강의 돌출부를 고수하면 필연적으로 발생할 상황들에 대해 직시할 수 있게끔 노력했다. B집단군이 소멸한 지금 상황에서 병력 전개가 더욱 용이해진 러시아군은 돈-도네츠강 유역으로부터 그들의 강력한 부대들을 드네프르강 하류 또는 해안으로 진격시켜 남쪽 날개를 분리시킬 수 있었다. 나는 남익에서 벌어지는 결과들이 곧 동부전선의 모든 것을 결정지을 것이라 강조했다. 부분적으로 스탈린그라드에서 끌어온 병력과 더불어 러시아군이 강력한 예비대들을 전개하여 독일군의 남익을 분리시켜 그들이 원하는 것을 얻고자 할 것은 당연한 것이었다. 이러한 이유로 SS기갑군단을 이용하여 러시아군이 아군 방어선에 이미 광범위하게 구축한 침투 지점을 반격한다는 것은 적절한 전략일 수 없었다. 그는 러시아군에 대한 포위망의 완성과 더불어 하르코프 부근에서 러시아군을 방어해야 한다고 강하게 밀어붙였다. 재편성을 마친 가용 가능한 독일군을 모두 긁어모아도 러시아군의 공세를 막기에 충분하지 않았다.

이에 따라 도네츠강 중류로 향하고 있는 1기갑군의 뒤를 따라 4기갑군이 도네츠강과 드네프르강에 필연적으로 구축될, 러시아군의 포위망이 고착화되는 것을 막아야 했다. 증원부대와의 협력작전을 통해 동부전선의 남익을 다시 재건해 놓는 데 성공한다면 아조프해로부터 중부집단군의 오른쪽 날개까지 방어선을 안정시킬 수 있었다. 돈강 하류로부터 4기갑군이 철수하지 않는다면 이는 불가능했다. 물론 4기갑군의 철수는 자동적으로 돈-도네츠강 유역부터 미우스강까지를 포기하는 것을 의미했다. 사실 의사결정의 지연으로 말미암아 해안선부터 도네츠강 중류까지의 방어선을 책임지고 있던 홀리트분견군이 미우스강까지 적시에 퇴각할 수 있을지에 대한 확신조차 없었으므로 시간적인 여유가 없었다. 그리하여 나는 이날 도네츠강 동부에서부터 미우스강까지를 포기한다는 허락을 얻어내야만 했다. 침착하게 경청하던 히틀러는 도네츠강 유역에 대한 포기 문제가 나오자 몇 시간 동안 논쟁을 벌였다. 심지어 지휘권의 단일화라는 문제를 뒤이어 이어진 두 번째 회의에서 언급하자, 히틀러는 다시 화제를 도네츠강 유역에 대한 얘기로 돌려버렸다.

내가 경험한 바에 따르면, 이후에도 그는 내가 작전에 대해 언급하고자 하는 사항에 대해서는 이와 비슷한 방식으로 논의를 피하고자 하였다. 그는 그만의 더 나은 작전을 입안하거나 내가 이슈를 제기하는 작전상의 전제 조건들에 대해 논쟁하려 하지 않았다. 심지어 그는 내가 예상한 대로 상황이 호전될 것이라는 것에 대해서도 이의를 제기하지 않았으며, 현 상황에서 필요한 논의거리가 아니라면 모든 대화는 실현될 수 있거나 아니면 실현되지 않을 단순한 가설로 간주하였다. 모든 고려사항들은 특별히 우리가 러시아군에게 주도권을 넘겨준 후 그들이 취할 공세의 진행을 염두에 두었다. 누구도 정황이 어찌저찌하여 변화될 것이라 미리 알 수 있는 사람은 없으나, 훌륭한 지휘관의 자질 중 하나는 미리 생각하는 것이다. 지휘관은 베일에 가려진 적의 다음 행동을 간파해야만 하고 적어도 적과 우리에게 발생할 사항에 대해 어느 정도까지는 정확하게 예측하여야 한다. 관할하는 지휘 범위가 확대될수록 유능한 사령관은 미래에 대해 더 멀리 내다볼 줄 알아야 한다. 아울러 방어지역이 넓을수록, 작전을 펼칠 휘하 부대가 거대해질수록 전선에 알맞은 의사 판단이 지연되기 십상이다. 적어도 군사적인 전략 분야에서는 히틀러는 장기간의 전망을 볼 수 있는 능력을 가지지 못했다. 그는 자신이 바라는 바와 다른 의사결정을 가능한 피하려 하였는데, 왜냐하면 정세 판단을 할 수 없었던 히틀러는 늘 이런 문제에 대해서는 깊게 관여하는 것을 원하지 않았기 때문이다.

이번에도 그는 주된 논점을 실질적인 논의 대상이 아닌 다른 것에서 찾아냈다. 그는 그가 생각하기에 선택의 여지가 없을 때에 이르기 전까지는 힘들게 싸워서 얻은 전역을 자발적으로 잃는 것에 대해 혐오감을 느낀다고 설명했다. 이는 모든 군인들도 공감하는 내용이다. 하지만 이번의 경우 나는 그의 비위를 거슬리게 하며(Against the grain) 철수를 주장해야 했고, 나중에도 히틀러에게 우리의 점령지로부터 퇴각하는 것을 누차 권유해야 했다. 필수불가결한 퇴각을 말하는 것 대신에 성공적인 공세를 위한 전략을 그에게 제시하는 것이 나았을지 모른다. 하지만 잘 알려진 격언대로 모든 것을 지키고자 하는 자는 아무것도 지키지 못한다(Whoever tries to hold on to everything at once, finishes up by holding nothing at all).

히틀러는 전선을 축소하여 추가적인 병력을 확보하자는 나의 제안이 러시아군에게도 동일하게 적용되어 적들도 주요 요충지에 병력을 집중할 수 있다고 이의를 제기하였다. 근본적으로 그의 주장은 타당한 것이지만 끊임없는 기동 방어를 통해 두 가지 이점을 얻을 수 있었다. 우선 우리가 원하는 적절한 시점에 요충지에서 주도권을 잡을 수 있으며 강력한 적이 집중된다고 해도 늦게 움직이게 되는 러시아군에 대해 우리가 원하는 방향으로 전선을 주도할 수 있는 것이다. 돈-도네츠강 돌출부를 방어하려는 시도는 과도하게 확장된 전선을 지켜야 함을 의미하며 이는 방자에게는 공자에 대하여 얻었던 병력의 우위를 잃게 되는 것이다. 이러한 상황에서 공자는 그들이 원하는 지역에서 확장된 전선을 —소규모의 병력으로도— 약간의 손실을 입고서 돌파할 수 있는 이점을 얻게 되고 방자는 예비대의 부족으로 말미암아 모든 전선에서 붕괴되고 말 것이다.

히틀러는 또한 우리가 전선에서 한발짝도 물러나지 않은 채 싸워서 전진하는 러시아군에게 피해를 입힌다면 언젠가는 러시아군도 전력이 고갈될 것이라 주장했다. 또한 이제까지 러시아군은 두 달 반 동안 쉴 새 없이 공격을 지속해 왔으며 손실 또한 매우 높았기 때문에 머지않아 한계에 도달할 것이라 말했으며, 최초의 공격 지점으로부터 전선이 확대되었기 때문에 보급에 어려움을 겪고 있는 러시아군은 그들의 계획대로 독일군을 측면 포위하는 것에 성공하지 못할 것이라 언급했다. 히틀러의 이러한 견해는 이치에 맞는 것이다. 적어도 독일군이 버티고 있는 지역을 공격한 러시아군은 병력의 손실을 입었고 이로 인해 러시아군의 공세는 점점 약화되고 있었다. 그러나 러시아군은 이에 상응하여 독일군의 강력한 방어가 없는 지역에서는 매우 쉽게 전선을 공략하고 있었다. 확실히 병력의 손실로 말미암아 러시아군의 전력은 보병사단을 필두로 해서 점점 약화되고 있었고, 만일 그렇지 않았다면 우리는 러시아군의 수적 우세에 맞서(Against such odds) 방어선을 유지할 수 없었을 것이다.

많은 수의 러시아군 사단들이 손실을 입어 완편된 전력을 유지할 수 없었지만 러시아군은 늘 새로운 예비대를 전선에 투입하고 있었다. 러시아군이 독일군 쪽으로 전선을 확대할수록 보급선을 유지하는데 곤란을 겪었지만 아조프해와 드네프르강에 인접한 철로 종착역에서부터는 차량을 이용한다면 독일군 남익을 떼어내려는 러시아군의 의도는 성공할 것이었다. 1차세계대전 중에는 일반적으로 부대들이 철로 종착역으로부터 95마일 이상 떨어져 있지 못했다. 독일군이 서부전선과 동부전선에서 보여준 행동반경의 범위였던 95마일이라는 숫자는 2차세계대전에서는 무의미한 숫자임이 증명되었다. 더군다나 광활한 평야지대에서는 철로 건설에 별 어려움이 없었으므로 러시아군은 쉽게 철로를 재건설할 수 있었다. 러시아군이 곧 기력을 소진하여, 기동성을 잃을 것이라 예상했던 우리의 어렴풋한 기대는 완전한 오판이었다.

명령을 받아 작전에 투입되었던 우리의 사단들은 이미 기력을 소진했다. 나는 이때 히틀러가 우리

일선부대들의 상황과 손실에 대해 알고 있었다고 확신한다. 히틀러는 신규로 창설된 부대들이 전투 경험의 부족으로 높은 수준으로 피의 대가를 치를 것이라는 것을 받아들이지 않았지만 다른 한편으로는 공군지상사단의 창설이 실수였음을 인정했으며, 괴링의 명예욕으로 인해 창설된 사단들임을 시인했다. 히틀러는 SS기갑군단이 하르코프로부터 이즘까지 남동쪽으로 곧장 진격하여 도네츠강 중류를 위협하고 있는 러시아군의 압박을 제거할 것이라는 견해를 제시했다. 히틀러는 SS기갑사단 소속의 SS아돌프히틀러사단이 두 번째로 도착할 때까지 볼찬스크에 있는 SS라이히사단이 러시아군을 제압하여야 한다고 전제 조건을 달았다(세 번째 사단은 이후에도 도착하지 못했다). 히틀러는 새로이 창설된 SS기갑군단이 돌파구를 열어줄 것이라는 것에 무한한 기대를 거는 듯했다. 그러나 그의 언급으로 볼 때 가까운 시일 내에 스탈린그라드로부터 증원된 러시아 부대들이 현재 전선에 모습을 드러낼 것이라는 위험에 대해서는 여전히 알지도, 실제로는 알려고 하지 않는 것처럼 보였다.

히틀러에 의해 되풀이된 주된 논쟁거리는 히틀러가 도네츠강 유역을 전혀 포기할 의도가 없다는 것이었다. 그는 이 지역을 포기할 때 터키(Turkey)의 반응을 우선적으로 두려워하였다. 무엇보다 도네츠강 유역의 석탄지대를 포기할 경우에 독일의 전시 경제에 미칠 점을 강조했고 러시아군이 이 석탄지대를 확보하는 것을 언급했다. 러시아가 이 석탄지대를 다시 수복한다면 철강의 생산 능력이 유지되고 결국에는 전차, 야포와 탄약 생산량이 증가할 것이라 말했다. 도네츠강 유역을 상실하고도 수많은 전차와 탄약을 생산한 러시아를 고려한다면 러시아는 그들의 비축분을 쓰고 있을 것이라 히틀러는 언급했다. 만일 러시아가 석탄지대를 수복하지 못한다면 현재 수준의 생산력을 유지하지 못해 더 이상의 강력한 공세를 펼칠 수 없을 것이라 주장했다. 그 어느 누구도 도네츠강 유역의 생산 시설과 석탄지대, 그리고 철광석을 상실한 러시아가 군수품 생산의 어려움을 겪을 것임을 부인할 수 없을 것이다.

나의 견해로도, 1941년에 잃은 포병 전력을 러시아가 이제까지 복구하지 못하고 있었음은 히틀러의 의견이 맞았다. 러시아군의 포병 전력 부족으로 인해 우리는 일찍이 산산조각이 난 치르강 전선을 유지할 수 있었는데 러시아군은 돈강에 대한 제한적인 전선에서 세 번의 공격을 통해 방어선을 돌파할 수 있었지만 여전히 모든 사단들에 완편된 포병 전력을 갖추지는 못했다. 도네츠 지역의 경제적인 가치에 대한 논의를 통해 히틀러는 생산 수치, 병력과 화력에 대한 그의 놀라운 지식을 자랑할 수 있었다. 퇴각을 주장하는 나의 제안과 도네츠 지역을 고수하자는 그와의 논쟁 속에서 나는 결국 마지막 수단을 쓸 수밖에 없었다. 내가 뢰첸에 가기 직전에 우리는 독일석탄연합의장(President of The Reichsvereinigung Kohle, the German cartel)인 파울 플라이거(Paul Pleiger)와 면담을 했었다. 파울 플라이거는 러시아와 독일에게 있어 도네츠 지역의 경제적인 가치에 대한 질문을 받자 '미우스강 동쪽에 위치한 샤흐티(Shakty) 광산의 석탄은 코크스로도, 기관차를 위한 연료용으로도 쓰기에 적합하지 않다.'고 말했다. 경제적 가치를 이유로 퇴각을 거부했던 히틀러의 주장은 이로써 힘을 잃게 되었다.

그러나 히틀러가 그의 퇴각 거부에 대한 주장을 포기했다고 생각하면 그것은 그의 끈질김을 과소평가하는 것이다. 적어도 그는 기상 상태를 거론하며 돈-도네츠 지역에서의 퇴각을 지연하고자 했다. 며칠 전부터 이상 기후가 발생하여 이른 시일에 해빙이 시작되었고 타간로그만도 더 이상 통행이 불가능하게 되었으며, 따뜻한 날씨가 지속된다면 얼어있는 돈-도네츠강도 해빙이 될 가능성이 높았다. 히틀러는 이른 시일 내에, 돈강의 협곡이 해빙되어 천연 장애물이 될 것이고 여름 이전에 러시아군이 공세를 개시할 수는 없을 것이라 나를 설득하고자 했다. 그러나 이에 상응하여 4기갑군이 만일 서쪽으로 퇴각하는 시점에 진창길에 갇힐 가능성도 있었다. 이 상황에서 그의 말대로라면 당분간 기다릴 수밖에 없는 상황이었다. 그러나 내가 여전히 퇴각 요청을 접지 않고 집단군의 운명을 불확실한 날씨에 거는 것을 거부하자 히틀러는 결국 집단군이 동부전선에서 미우스강으로 퇴각하는 것을 허락하였다. 지휘권에 대한 문제까지 포함한다면 우리는 4시간에 걸친 회담을 했다.

내가 그와 헤어지려 할 때, 그는 다시 한번 그의 집요함을 보여주었다. 내가 최종적인 전략에 대해 허락을 받고 그의 방을 나가려고 할 즈음에 그는 다시 나를 불러 이미 결정된 사항에 대해 번복하지는 않겠으나 다시 한번 나에게 조금 더 퇴각을 지연할 수는 없는지 물었다. 돈강의 해빙으로 인해 우리가 돈-도네츠 돌출부를 사수할 가능성이 있었지만 나는 확고했다. 내가 그에게 확답한 것은 저녁에 보고될 전황이 즉각적인 퇴각을 요할 정도가 아니라면 내가 사령부에 도착할 때까지는 퇴각 명령을 내리지 않겠다는 것뿐이었다. 내가 이 지면을 통해 히틀러와의 회견에 대한 내용을 여기에 기술한 것은 그와의 회견이 동계 전역의 결과에 중요한 영향을 끼쳤기 때문이며 그에게 <u>**그의 의견에 반하는 제안들을 납득시키는데 많은 어려움**</u>이 있었음을, 그리고 그의 전형적인 모습을 보여주고자 하기 때문이다.

[옮긴이의 주]

- 그러나 만슈타인이 히틀러에게 이의를 제기했던 때는 히틀러와 본인의 의견이 일치하지 않았을 때였다는 증언이 있다. 일부 장성들은 만슈타인을 히틀러의 명령에 복종하는 사람으로 보았으며, 구데리안도 그의 회고록에서 만슈타인의 이런 모습에 아쉬움을 표명하고 있다.

2월말까지의 정세 변화
(DEVELOPMENT UP TO THE END OF FEBRUARY)

히틀러와의 기나긴 회담 끝에 그의 허락을 얻어 독일군이 도네츠강 동쪽에서 퇴각함과 동시에, 이와 더불어 4기갑군을 서쪽으로 퇴각시켜 독일군 남익이 위험에서 벗어났다고 믿는다면 이는 틀린 생각이다. 4기갑군이 기동 방어를 통해 서쪽으로 이동하는 데에는 거리와 도로의 상태를 고려한다면 약 2주 간의 시간이 소요될 것이고, 보로실로프그라드 주위에 있던 러시아군이 이미 도네츠강 남쪽의 취약 지점에 근접해 있었기 때문에 홀리트분견군이 미우스강까지 온전한 전력을 유지한 채 도착하는 것도 불확실했다. 또한 1기갑군이 도네츠강 중류 지역을 사수할지, 어느 정도 빼앗긴 지역을 수복할지도 미지수였다. 무엇보다 B집단군이 위치한 하르코프 지역에서 러시아군은 독일군을 공격할 모든 이점을 갖고 있었기 때문에 상황이 매우 불안정했다. 러시아군은 드네프로페트로프스크에서 도네츠강을 도하한 뒤 자포로지예를 지나 돈집단군의 병참선을 단절한 후, 약간 더 상류로 올라가 독일군을 서쪽과 아예 분리시킬 수 있었다. 게다가 4기갑군을 집단군의 서쪽 날개로 이동시키면서도 한편으로는 B집단군 소속의 동맹국들이 방어하고 있던 붕괴된 지역에 병력을 투입할 필요도 있었다.

2월 7일 정오에 나는 스탈리노에 있는 사령부에 도착했다. 돈강 유역의 상황은 로스토프 부근에 위치하고, 돈강의 남쪽에 있던 바타이스크(Bataisk)의 함락으로 악화되고 있었다. 나는 즉시 모든 부대들에게 돈강 서쪽으로의 퇴각을 명령했고, 4기갑군은 모든 휘하 부대들과 함께 집단군의 서쪽으로 이동하도록 지시했다. 홀리트분견군은 우선은 노보체르카스크-카멘스크까지 후퇴하도록 했다.

2월 8일이 되자 러시아군은 이미 확보된 교두보로부터 공격을 개시하여, 로스토프와 보로실로프 그라드의 상황이 더 심각해졌다. 도네츠강 중류에서 전투 중인 1기갑군이 슬라뱐스크-리시챤스크 사이에서 도강한 러시아군에 맞서 성공적으로 방어하기를 기대했지만 실패하여 심각한 위기에 빠졌다. B집단군이 위치한 하르코프 주변에서는 란츠(Lanz) 장군 휘하에 새로운 분견군이 창설되었다. 여전히 전선에 새로 도착하고 있던 SS기갑군단이 란츠 장군의 휘하에 배속되었다. 우리는 볼챤스크에서 남동쪽으로 이쥼을 향해 공격하기로 되어 있던 SS라이히사단이 여전히 성공하지 못하고 있음을 알았다. 반대로 이 사단은 도네츠강 유역으로 후퇴 중이었다. SS기갑군단 중 가용한 사단은 SS라이히사단 뿐이었으며 이런 상황이라면, 히틀러가 SS기갑군단의 투입을 통해 독일군의 서쪽 취약 구간에 대한 러시아군의 압박을 완화하겠다는 약속은 지켜질 수 없었다.

2월 9일 러시아군은 B집단군의 방어 지역인 하르코프 북쪽에 위치한 벨고로트(Belgorod)와 쿠르스크(Kursk)를 점령하였다. 러시아군은 이쥼 부근의 도네츠강 유역에서 서쪽으로 진격을 시작했으며 드네프르강과 쿠르스크 북쪽에 위치한 중부집단군 우익 사이의 간극에는 현실적으로 하르코프에 집결하기가 불가능해진 란츠분견군과 전력이 크게 약화된 채 쿠르스크 서쪽에 주둔하고 있던 2군만이 있었다. 4기갑군을 서쪽으로 급히 이동시키고 있었지만, 러시아군은 드네프로페트로프스크부터 드네프르강을 거슬러 올라가 거대한 포위망을 구성할 수 있었으므로 돈집단군은 휘하 부대가 병참선을 유지할 수 있을지에 대해 확신할 수 없었다. 근본적인 해결 방안이 필요했다. 따라서 나는 자이츨러 장군에게 전문을 보내 14일(Fortnight) 내에 5~6개 사단으로 구성된 신규 군(Army)을 드네프로페트로프스크 북부에 배치해 줄 것을 요청했고, 또한 새로운 군(Army)을 쿠르스크 서쪽에 위치해 있던 2군의 배후에 배치하기를 요청하여 남쪽으로 돌파구를 열고자 했다. 이를 위해 나는 병력 이동이 신속하게 이루어져만 하며 사단들이 이제까지 보여왔던 이동 속도라면 현재 상황을 호전시킬 수 없을 것이라 얘기했다.

자이츨러 장군은 이제야 실질적인 도움을 주고자 했으며 중부, 북부집단군으로부터 6개 사단 이상을 차출하여 신속하게 배치할 수 있을 것이라 말했다. 매일 도착하기로 그가 약속한 기차 37량은 약속된 6개 사단 중 우리가 매일 1개 사단을 증원받을 수 있음을 의미했다. 독일군 전선의 넓은 간극을 고려하면 6개 사단조차도 해빙기가 시작될 때까지, 벌어진 전선을 현 상태로 유지하기에도 벅찼으며 증원부대들이 적시에 도착하는 것은 돈집단군이 어찌할 수 없는 하르코프 부근의 전황이 어떻게 변하는지에 달려 있었다. 어쨌든 독일군의 남익은 치명적인 위기에 처했으며 —해빙기가 시작되거나 또는 그 이후에— 러시아군은 아조프해를 향하거나 흑해까지 강력한 공세를 펼칠 것이었다. 집단군의 취약한 측면 지역에 대한 고민과 더불어 집단군이 방어하고 있는 전선조차 매우 위태로웠다.

막켄젠(Mackensen) 장군과 참모장 벵크(Wenck) 대령이 이끄는 1기갑군은 도네츠강 중류를 도하한 러시아군을 다시 되돌아가게 만드는 임무를 수행 중이었는데 두 배 이상의 전력을 가진 러시아군과 맞서고 있었다. 러시아군의 첫 번째 공격진은 보로실로프그라드에서 도네츠강을 도하하여 미우스강으로 퇴각하고 있는 홀리트분견군과 남쪽에서 도네츠강으로 북상하고 있는 1기갑군 사이를 공격했다. 러시아의 두 번째 공격진은 슬라뱐스크-리시챤스크 사이의 도네츠강을 도하한 후 주공을 서쪽으로 옮겨 크리보이 토레츠(Krivoi Torets)강의 양안에 집중하였다. 양 측면에서 러시아군의 포위 위협에 놓인 1기갑군은 한번에 두 개의 전선에서 승리를 거두어야 했다. 집단군의 관점에서 1기갑군은 주공을 서쪽 전선에 두어 슬라뱐스크에 있는 러시아군을 물리친 후 보로실로프그라드에 있는 러시아군과 대적해야 했다. 불운하게도 1기갑군은 일부 부대가 보로실로프그라드에서 러시아군과의 고착화된 전투에 묶이게 되었으며 그 결과 슬라뱐스크에 있는 러시아군을 제압할만한 전력을 투입할 수 없었다. 이는 곧 보로실로프그라드 남쪽에는 러시아군이 남서쪽을 향해 진격할 경우에 투입할 예비대가 없음을 의미했다. 종종 위기의 순간에는 국지적인 전투로 인해 커다란 위험이 초래되기도 한다.

슬라뱐스크에서 공격을 시도한 러시아군을 공격하기 위해 40기갑군단을 전개하기 전에 —정찰대대가 크리보이 토레츠강의 복잡한 협곡들이 눈에 덮여 있다고 보고했기 때문에— 1기갑군은 강을 넘어 서쪽에서 러시아군을 포위하는 것이 불가능할 것이라 판단했다. 이윽고 40기갑군단은 동쪽 강변을 따라 다소 정면 공격을 시도했다. 러시아의 겨울은 야간에 부대들이 벌판에서 숙영하기에는 적합지 않았으므로, 전투는 강의 주거 지역에서 이루어졌으며 우선적인 목표는 거대한 공장 지역인 크라마토르스카야(Kramatorskaya)였다. 그러나 어려운 전투에도 불구하고, 11기갑사단은 우리가 갈망하던 소기의 목적을 거두지 못했다. 러시아군을 서쪽에서 포위하여 도네츠강 너머로 러시아군을 쫓아내려한 집단군의 의도가 무위로 끝나자 2월 11일 야간에 러시아군은 우리가 통행하기에는 부적합하다고 생각했던 슬라뱐스키에서 크리보이 토레츠강의 서쪽을 따라 그리시노(Grishno)까지 강력한 기갑부대를 전개했다. 독일군이 진창과 눈길에서 고생한 반면에 러시아 전차의 넓은 궤도는 러시아군의 이동에 부분적으로 도움을 주었겠지만, 다시 한번 우리가 불가능하다고 믿었던 것들이 러시아인에게는 통용되지 않음을 보여주었다. 그리시노에서 러시아군은 1기갑군을 측면 포위하고자 했을 뿐만 아니라, 집단군의 주된 병참선인 드네프로페트로프스크와 크라스노아르메이스코예(Krasnoarmeiskoye)를 잇는 철로를 공격했다.

[옮긴이의 주]
- 막켄젠은 폴란드 전역에서 14군의 참모장, 프랑스 전역에서는 12군의 참모장을 역임했다. 전쟁범죄로 인해 사형을 언도 받았으나 감형되었다.

이제 자포로지예를 통하는 철로만이 남게 되었으나, 1941년에 러시아군이 드네프르 대교를 파괴한 후 복구되지 않아 운송 효율이 매우 떨어졌다. 그 결과 보급품들이 다시 적재되어야했기 때문에, 연료가 전선에 적절하게 도착하지 못했다. 보급품 중 특히 유류가 부족하였으며 1기갑군이 서쪽에서 러시아군에게 포위당할 위험에 처한 와중에 러시아군은 보로실로프그라드에서 진격하는 부대로써 동시에 1기갑군의 동쪽을 포위하고자 하였다. 특히 러시아 1개 기병군단이 중요한 철로 교차점이 위치한 데발체보(Debaltsevo)까지 침투했는데 이 지역은 1기갑군의 오른쪽 날개 후방에서 멀리 떨어져 있었을 뿐만 아니라, 미우스강에서 방어선을 꾸리기로 한 홀리트분견군의 뒤였다. 데발체보에서 러시아의 기병군단을 포위하는 것이 가능하리라 판단되었지만, 러시아군이 마을에서 저항을 계속하였기 때문에 17기갑사단이 서쪽 전선에서 이곳으로 투입되어 전선을 고착화시켰다. 동쪽 전선에서는 후퇴하는 홀리트분견군의 뒤를 러시아군이 강하게 압박하고 있었으므로 홀리트분견군의 기갑사단을 차출할 수는 없었다(홀리트분견군은 2월 17일 미우스강에 도착하여 방어선을 구축하였다).

한편 그리시노 부근의 서쪽 전선에서는 돈강 유역에 도착한 SS바이킹사단을 투입함으로써, 러시아 기갑부대를 신속하게 격퇴할 수는 없었으나 적의 추가적인 진격을 저지할 수 있었다. SS바이킹사단은 이곳에 도착하기 전의 격렬한 전투에서 이미 전투력을 소진했었고, 특히 장교들의 부족으로 이 사단은 전투를 지속함에 어려움을 겪었다. 이 사단은 SS에 입대하기를 희망하는 발틱과 노르딕

(Nordic) 지역의 지원병으로 구성되었는데 그들의 전력이 너무 많이 소진되어 일반 사병들에게 그들의 언어로 명령을 내릴 장교가 부족했으므로, 이는 당연하게도 전투 시에 부대를 운용하는 데에 악영향을 끼쳤다.

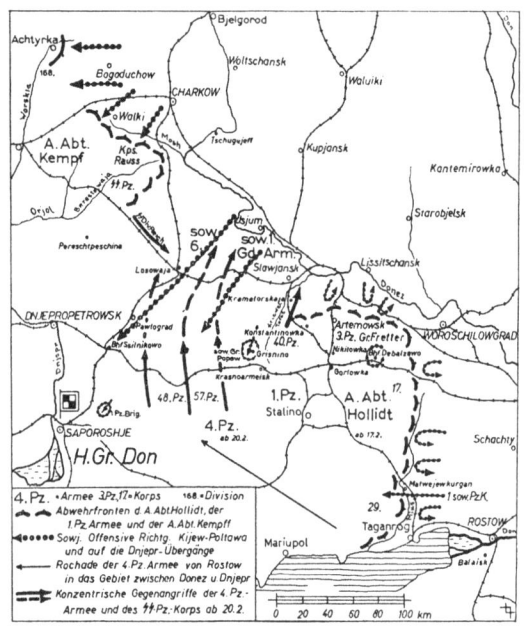

러시아 전역, 1943년 2월

4기갑군은 여전히 도로와 철로를 이용하여 돈강 하류에서 서쪽 전선으로 이동 중이었는데 도로 사정으로 인해 지연되고 있었다. 그리시노에서 1기갑군의 측면을 포위하고자하는 부대와 별개로 러시아군은 포위망을 더 두텁게 하기 위하여 추가적인 예비대를 이쪽에 투입하였고 1기갑군단의 좌익과 하르코프까지의 간극으로 인해 상황이 더욱 심각해졌다. 이 지역에서 러시아군은 그들의 의도대로 공격할 수 있게 되었다. 집단군이 위치한 이 지역에서 이러한 위험 상황이 전개된 사유는 A집단군의 퇴로를 확보하기 위해 돈강과 도네츠강 지역에 휘하 부대를 방어전에 투입하였기 때문이다. 이러한 위기 속에서 우리 사령부는 또한 B집단군 지역에서 발생할 위험까지도 예의주시해야 했다. 하르코프를 확보한 러시아군은 이쯤에서 서쪽을 향해 진격하고 있다고 보고된 부대들과 합류하여 파블로그라드(Pavlograd)까지 공격할 수 있었다. 파블로그라드에서 러시아군은 드네프로페트로프스크와 자포로지예에서 드네프르강을 도하하여 돈집단군의 병참선을 위험하게 할 수 있었다. 또한 러시아군은 아직 집결 중에 있었던 란츠분견군을 섬멸시킬 수 있었다. 러시아군이 만일 이에 성공한다면 크레멘추크(Kremenchug)의 양쪽에서 드네프르강의 도하점을 장악하여 크리미아를 차단할 수도, 케르손(Kherson)에 있는 도하점을 차단할 수도 있었다. 이는 독일군 남익 전체가 러시아군의 포위망에 갇히는 것을 의미했다. 보통 해빙기가 3월말에 찾아와 러시아군의 공세가 수그러들 수 있겠지만 해빙기가 끝나면 러시아군은 다시 남익 전체의 포위를 위해 공세를 다시 시작할 것이었다. 이러한 상황을 반영하여 나는 육군총사령부에 히틀러에게 보내는 보고서를 제출하였다. 위에 언급한 전략상의 고려점 외에 그에게 두 가지 사항을 특별히 강조하였다.

첫째, 병력의 차이였다. 러시아군이 지난 3개월 동안 독일군 남익을 섬멸하고, 고립시켜 동부전선을 손에 넣으려 했음에도 독일군 측에는 러시아군의 수치에 걸맞은 최소한의 병력 증원이 없었다. 비록 최근에 많은 사단들이 돈강 전선에 합류했지만 러시아군에 맞선 돈집단군, B집단군의 병력비는 여전히 1:8 수준이었으며, 중부집단군과 북부집단군은 1:4 수준이었다. 물론 육군총사령부가 두 개의 집단군으로부터 병력을 차출하여, 새로운 취약 지점이 생기지 않을까 우려하는 것은 충분히 이해할 수 있는 상황이었고, 가용한 예비대와 중화기들이 돈집단군에게 보내져 양 집단군의 전력이 돈집단군보다 낮은 수준임은 분명했다. 그러나 북방에 있는 양 집단군과 달리 돈집단군은 수개월 전부터 지금까지 끊임없이 격렬한 전투를 치렀다고 항변할 수 있다. 게다가 양 집단군이 나무로 된 대피호를 구축한 반면에 돈집단군의 사단들은 평원지대에서 전투를 벌이고 있었다. 주의를 기울여야 할 점은 러시아군의 결정적인 공세 방향이 독일군의 북익인 중부, 북부집단군이 아니라 남익이었으므로, 이러한 불균형한 병력비를 감수하기가 어려웠다.

둘째, 우리가 만일 드네프르강의 도하점에 닥친 위기 상황을 제거한다고 해도 러시아군은 여전히 해안으로부터 독일군의 남익을 포위한다는 전략을 버리지 않을 것이라 보는 게 타당했다. 이 같은 이유로 독일군 남익에는 모든 것을 희생해서라도 획기적인 병력의 증강이 필요했으며 이로 인해 다른 전선이, 또는 전투가 벌어지고 있는 전역이 다소 위험할지라도 이를 포기할 필요가 있었다. 전체적인 병력 운용에 대한 기본적인 요건들을 환기시키며 나는 독일군 남익이 취해야 할 일련의 작전들에 대한 견해를 육군총사령부에 전달하였다. 일련의 작전들은 다음 챕터인 「14. 성채작전」에서 기술하고자 한다.

2월 12일 야간 남부집단군으로 명칭이 바뀐 집단군은 결정적인 전투가 벌어지는 곳에서 작전을 지휘할 필요가 있다는 생각에 사령부를 자포로지예로 옮겼다. 2월 13일 야간에는 내가 2월 9일에 제안했던 사항들에 대해 육군총사령부로부터 조치가 내려왔는데 1개 군(Army)이 폴타바(Poltava)-드네프로페트로프스크 선에 배치되고, 1개 군(Army)이 2군의 남익 배후에 배치되기로 하였다. 그러나 양 군의 배치는 끝내 실현되지 않았으며, 2군 뒤에 배치되기로 했던 병력들은 아예 도착하지도 않았다. 2군은 우리에게 배치되기로 약속되어 있는 병력의 극소수만을 보충받을 수 있었다. 폴타바-드네프로페트로프스크 선을 지키기로 예정되어 있던 병력은 란츠분견군이었는데 이미 하르코프 근방의 전투에 투입되고 있었다. 결과적으로 벨고로트 부근을 지키던 B집단군과 함께 란츠분견군은 남부집단군의 휘하에 예속되었다. 2군은 중부집단군에 예속되었으며, B집단군은 동부전선의 전투 서열(Order of battle)에서 제외되었다.

4단계: 반격, 하르코프 승리
(FOURTH PHASE: 'THE GERMAN COUNTERSTROKE')

1943년 2월 중순, 남부집단군이 감내해야 할 새로운 위기의 수준은 절정에 다다랐다. 독일군의 남익은 인근 지역과 북쪽에서부터 강력하게 진격해오는 러시아군에 의해 조만간에 포위될 위기에 처했으나 역설적으로 말하면, 독일군에게는 최고의 반격의 기회를 잡을 수 있던 상황이었다. 하지만 전황은 여전히 불리해져만 갔다. B집단군을 중부집단군과 남부집단군 사이의 간극에서 빼내는 것은 위험을 초래할 전략이었다. 물론 B집단군은 2군을 제외하고는 -각종 병과들로 구성된- 전력이 약화된 부대들만을 휘하에 두고 있었지만 동부 방어선의 한 축을 유지하고 있었다. B집단군을 동부전선에서 제외시키는 것은 결국 중부집단군과 남부집단군과의 연결고리를 개활지로 내버려두는 것을 초래하게 된다. 더군다나 남부집단군은 란츠분견군이 전투를 벌이고 있던 하르코프에 대한 작전권도 통신망의 부재로 인해 아직 인수받지 못한 상태였다. 하르코프가 함락된 이후에야 우리는 하르코프 지역에 대한 통신망을 개설할 수 있었다. 그러나 집단군 통신연대의 노력과 집단군 통신참모장인 밀러(Muller) 장군이 책임감을 갖고 일했기에 얼마 지나지 않아 하르코프 근방에 대한 작전 지휘가 가능하게 되었다. 또한 우리는 나의 친구이자, 군단 통신참모장이었던 **펠기벨**(Fellgiebel) 장군의 조력을 받았다.

[옮긴이의 주]
- 펠기벨은 훗날 국방군 최고사령부 통신과를 맡게 되었다. 1944년 7월 20일 동프로이센 볼프스산체(Wolfsschanze)에 있는 히틀러의 사령부에서 외부로 나가는 통신선을 절단했다. 그는 이후 교수형에 처해졌다.

비록 B집단군의 제적은 동부전선에서 첨예하게 맞선 지역을 지휘하는 것에 악영향을 끼쳤지만 한편 우리에게 유리한 점도 있었다. 남부집단군 휘하에 란츠분견군이 배속됨으로써 ―결정적인 시기, 결정적인 장소에서― 우리가 독자적, 배타적으로 지휘를 할 수 있었다. 이 결과 란츠분견군은 1942~1943년 겨울전역에서 최종적인 승리에 지대한 공헌을 하게 되었다. 사실 B집단군이 하르코프 지역에 대한 작전 지휘를 갖게 된다면 히틀러의 개인적인 간섭에 의해 이 또한 우리 집단군의 근심거리가 될 터였다. 란츠분견군은 어떠한 손실을 감수하고라도 스탈린그라드의 재앙이 되풀이될 수 있는 하르코프 사수를 히틀러로부터 명령받고 있던 상황이었는데, 집단군 좌익에 대한 러시아군의 압박을 견제하며 동시에 SS기갑군단을 주력으로 하여 로조바야(Lozovaya)를 공격해야 했다. SS기갑군단의 3개 기갑사단은 여전히 2개 사단만이 작전에 투입되고 있었다. 란츠분견군은 두 개의 임무 중 단지 한 개의 목표만을 수행할 수 있었으므로, 분견군은 하르코프에 전념하든지 집단군의 좌익에 서서 싸우든지 둘 중에 하나의 임무를 선택해야 했다. 그래서 나는 히틀러에게 란츠분견군은 당분간 하르코프 전투에 전념하여 도시 남쪽에 포진한 러시아군을 무찔러야 한다고 제안했다. 만일 이 제안을 받아들였다면 드네프르강의 크레멘추크 양안에서 집단군이 포위될 위험은 잠시나마 벗어날 수 있었다. 그리고 4기갑군을 투입하여 자포로지예와 드네프로페트로프스크에서 드네프르강을 도하하려는 러시아군을 방어하는 것이 적절한 전략이었다. 란츠분견군이 도시 남쪽의 러시아군을 물리친다면 분견군이 도시를 다시 수복할 수 있었다.

그러나 러시아에서 네 번째로 큰 하르코프는 이미 히틀러의 명예가 달린 도시였으므로 그는 나의 이러한 제안을 거부하고 2월 13일 B집단군 소속의 란츠분견군이 어떠한 손실을 입더라도 하르코프를 사수하라고 다시 명령했다. 그래서 나는 육군총사령부에 만일 란츠분견군이 나의 휘하에 배속된 후 SS기갑군단이 하르코프에서 러시아군에게 포위되어도 이 명령이 유효한지, 그리고 집단군 사령부가 이 명령에 따라야 하는지를 물었다. 나는 또한 내가 어제 뢰첸에 보낸 보고에 대한 답변을 요구하였다. 자이츨러는 답변을 통해 히틀러가 '너무나 먼 시점을 고려한 전략(Much too far reaching)'이라고 언급했다고 알려왔다. 나는 이에 대해 3일 후의 전황을 고려할 줄 모르는 최고 지휘부와 달리 집단군이 4~8주 내에 시행해야 할 적절한 전략이라며 반박했다. 하르코프의 상황을 고려하면, 단지 히틀러의 의지만으로 전황이 바뀔 수는 없었다. 러시아군에 의해 포위될 위기에 처한 SS기갑군단은 2월 15일 란츠 장군의 명령에 반하여 도시에서 철수했다. 이미 란츠분견군에 대한 명령권이 없었던 B집단군을 통해 우리는 SS기갑군단의 퇴각 사실에 대해 보고받았다. 만일 하르코프에서의 퇴각이 육군 장성에 의해 실행되었다면 히틀러는 의심할 여지없이 지휘관을 전시법정에 세웠을 것이다. 그러나 퇴각은 철저히 SS기갑군단의 자의적인 판단 하에 시행되었으므로 아무 일도 발생하지 않았다. 반대로 란츠 장군이 산악부대 출신이었기 때문에 란츠분견군의 지휘관이었던 그는 며칠 뒤 기갑부대 출신인 켐프 장군으로 교체되었다.

[옮긴이의 주]
- 이 당시 SS기갑군단의 지휘관은 '파파' 파울 하우서(Paul 'Papa' Hausser)였는데 그는 란츠 장군의 명령에 따르지 않고 하르코프에서 부대들을 퇴각시켰다. 히틀러가 하우서를 통제하지 못한 란츠 장군을 해임했으나, 란츠 장군이 해임될 시에 하우서를 보호하기 위해 자기가 퇴각 명령을 내렸음을 보고했다는 증언도 있다.

B집단군이 이 일대에 대한 지휘권을 남부집단군에게 위임할 이 시점에 하르코프 부근의 전황은 명백하게 악화되었고, 남부집단군이 완전히 포위되어 드네프르강의 병참선을 잃게 될 위기에 처했다. 2월 16일 우리가 기존에 예측했던 바와 같이, 러시아군이 이쥼 왼쪽으로부터 파블로그라드와 드네프로페트로프스크로 진격하고 있다는 보고를 받았다. 러시아군이 철로 교차점인 로조바야나 파블로그라드, 또는 파블로그라드의 남서쪽에 있는 신시니코보(Sinsinikovo)까지 진출한다면 폴타바를 통한 병참선을 유지하기가 곤란하였다. 이때에 육군총사령부가 약속한 증원부대의 도착은 여전히 요원

했으며 매일 37량이 도착하기로 되어있던 반면에 실제로는 2월 14일 단지 6량만이 도착했을 뿐이었다. 또한 중부집단군은 현재 남부집단군과 연결이 끊어진 전선을 유지하는데 필요한 병력이 충분하지 않다고 연락해 왔다. 중부집단군은 오히려 2군을 휘하에 남게 하여 서쪽으로 볼록하게 확장된 쿠르스크 지역을 방어하는 것에 안도하는 듯했다.

전황이 불리해지자 히틀러는 나의 사령부에 방문하기로 결심했다. 아마도 전황에 대한 나의 여러 언급으로 히틀러는 많은 생각을 할 수 있었을 것이다. 나는 향후 전황에 대한 나의 의견을 그에게 가감 없이 설명할 수 있는 점 및 대규모 공업도시이지만 러시아군이 목표로 하고 있으므로 안전을 담보할 수 없는 자포로지예에서 전황의 심각성을 그로 하여금 느끼게 할 수 있다는 점 때문에 이 기회를 달갑게 느꼈다. 특이하게도 그는 이 도시에서 그와 그의 수행원(Suite), 육군참모총장, 요들 장군, 개인 요리사가 경비가 강화된 우리 사령부에 며칠간을 머무를 예정이라고 말했다. 히틀러가 공항에서 자포로지예로 진입할 때 병사들과 당직자들(Party officials)로부터 사열을 받았기에 그가 자포로지예에 도착해 있다는 것은 누구나 알 수 있었다. 우리가 가용할 수 있는 경비 병력은 사령부 직할 중대와 소수의 대공포부대 뿐이었고 머지않아 러시아군 기갑부대가 도시 부근으로 진격해 와 드네프르강 서쪽에 있는 공항에 대해 포격을 가할 터였다. 2월 17일 정오에 히틀러는 우리 사령부에 도착하였다. 나는 그에게 전황에 대한 브리핑을 하였다.

'홀리트분견군은 러시아군이 뒤를 바짝 추격하고 있지만, 17일 미우스강 전선에 도착하였다. 1기갑군은 그리시노에서 러시아군을 고착화시켰으나, 승리를 얻지는 못하고 있다. 크라마토르스카야에서도 라뱐스크-리시챤스크를 넘어 격해오는 러시아군과 전투가 벌어지고 있지만 승패가 갈리고 있지 않고 있다. 하르코프로부터 퇴각하고 있는 란츠분견군은 모슈(Mosh)를 향해 남서쪽으로 이동 중이다.'

아울러 나는 SS기갑군단을 하르코프 밖으로 빼내고, 방어 병력으로써 란츠분견군만을 배치하는 제안을 히틀러에게 하였다. SS기갑군단은 크라스노그라드(Kranosgrad) 남서쪽으로부터 파블로그라드까지 진격하여 그쪽으로 이동 중에 있던 4기갑군과 협동 공격을 시행하기로 예정되어 있었다. 이 같은 공세의 목적은 1기갑군과 란츠분견군 사이의 넓은 간극을 비집고 들어오려는 러시아군을 섬멸하는 것이었다. 이 작전이 성공하여, 홀리트분견군과 1기갑군에 대한 위협이 제거되면 우리는 하르코프 지역에 대한 공격을 진행할 수 있었다. 히틀러는 처음에 내가 제안한 일련의 작전들에 대해 논의하기를 거부했다. 그는 1기갑군과 란츠분견군 사이에 강력한 러시아군 부대가 진격 중이라는 사실을 받아들이지 않았으며, 내가 드네프르강과 도네츠강 사이에서 꾀하고자 하는 작전이 진창으로 인해 실패할 것을 우려하는 듯했다. 겨울이 끝나갈 즈음이었으므로, 우리의 작전이 난관에 처할 가능성에 대한 그의 우려가 맞을 수 있었다. 그러나 작전에 대해 히틀러가 비관적인 태도를 보인 까닭은 순전히 SS기갑군단의 3개 사단이 모두 가용 가능한 이때 가능한 빠른 시일 안에 하르코프를 재탈환하고자 하는 그의 욕심 때문이었다.

사실 하르코프에 대한 전면적인 공격을 시행하기 위한 선제 조건으로 드네프르강 도하점에 대한 위협을 제거해야만 했다. 만일 드네프르강을 통한 병참선이 확보되지 않는다면 1기갑군 또는 홀리트분견군 모두 전력을 보전하기 어려웠다. 또한 하르코프 공략을 위해서라면 적어도 4기갑군의 도움이 필수적이었다. 하르코프 북쪽보다는 드네프르강과 돈강 유역에 해빙이 먼저 시작되어 작전에 악영향을 끼칠 것이므로 우리는 우선은 1기갑군과 란츠분견군 사이에 있는 러시아군을 먼저 섬멸한 후에 하르코프를 공격해야 했다. 반면에 다른 방법으로는 두 개의 작전을 동시에 성공적으로 실행할 수 없었다. 히틀러는 작전에 대한 그만의 관점에 끝없이 집착하였고 고집을 부렸기에 논의는 끝나지 못했다.

최종적으로 나는 SS기갑군단은 어떠한 경우라도 하르코프-그라스노그라드 선에 집결해야 하고, 집결은 빨라도 2월 19일에 가능하므로 현 시점에서 SS기갑군단이 북쪽 또는 남쪽으로 공격할지는 그때에 가서 결정하는 것을 제안했다. 내가 2월 19일을 언급한 이유는 4기갑군이 2월 19일까지 가용한 상태에 있지 않을 것이라는 고려 때문이었다. 히틀러도 직접 전황을 경험했으므로 나의 이러한 제안에 동의한 것으로 보였다. 2월 18일 나는 다시 히틀러와 작전에 대해 논의했다. 러시아군은 아직 방어선이 공고히 구축되지 않은 취약 구간들을 비집고 홀리트분견군을 돌파하고자 공격을 시작했다. 홀리트분견군은 방어선 뒤 데발체보에서 포위된 러시아군 기병군단을 아직 섬멸하지 못한 상태였다. 그럼에도 불구하고 나는 히틀러에게 어려운 결정이겠지만 이 전선에서 차량화부대를 차출하여 서쪽으로 보내는 것이 필요하다고 제안했다. 그리시노에서 1기갑군을 측면 돌파하려는 러시아 차량화군단이 아직 섬멸되지 않아, 고착화된 전선을 유지하고 있었기 때문이었다.

한편, 1기갑군과 란츠분견군 사이로 드네프르강을 향해 러시아군이 진격하고 있다는 정보를 입수했다. 러시아군 267사단이 그라스노그라드 남쪽에 있음이 확인되었고 기갑대대의 지원을 받는 35근위사단이 파블로그라드에서 확인되었다. 예전 이탈리아 군(Army)의 잔여부대로서 이 지역을 지키던 이탈리아 1개 사단은 러시아군이 접근해오자 황급히 철수해 버렸다. 란츠분견군은 SS토텐코프사단의 차량화부대들이 키예프(Keiv)와 폴타바 사이에서 진창에 발이 묶였다고 보고했다. 이로써 북쪽으로 공세를 펼쳐 하르코프를 재탈환하려는 히틀러의 의도가 빗나가게 되었다. SS토텐코프사단 없이는 SS기갑군단이 하르코프를 재탈환 할 수 없었으나, 하르코프 공격을 위해 SS토텐코프사단을 마냥 기다릴 수는 없었다. 이에 따라 우리가 할 수 있는 유일한 공격은 병력들을 남동쪽으로 이동시켜 1기갑군과 란츠분견군 사이에 위치한 러시아군을 섬멸하는 것이었다. 가까운 시기에 이 지역에 해빙기가 도래할 것이므로 서둘러 공격을 단행해야 했다. 이러한 상황 하에 히틀러는 SS기갑군단 중 우선적으로 가용한 SS라이히사단을 파블로그라드쪽으로 투입하자는 나의 의견에 즉시 동의했다. SS아돌프히틀러사단은 하르코프로부터 남쪽으로 공격하는 러시아군에 대해 4기갑군을 엄호하는 역할을 맡았다. 결국 4기갑군은 SS라이히사단이 증원되어 전력을 확충할 수 있었다.

이 같은 결정에 이어 나는 전체적인 전황에 대해 히틀러에게 의견을 말했다. 만일 우리가 해빙기가 시작되기 전까지 전황이 불리하게 되는 것을 막아내더라도, 확실히 우리가 주도권을 잡을지는 불분명하며 좀 더 멀리 바라봐야 한다고 지적했다. 우리는 해빙기로 인해 숨을 돌릴 수 있겠지만 그 기간은 수주일에 그칠 것이며, 집단군은 란츠분견군이 방어하고 있는 전선까지 포함하여 32개 사단으로 470마일에 이르는 전선을 지켜야 했다. 반면에 해빙기가 끝나면 러시아군은 그들의 주공으로 독일군 남익을 흑해에서 포위하고자 재공격을 시작할 것이라 간주하는 것이 타당했다. 30여개의 사단으로 방어되는 470마일에 이르는 전선은 러시아군이 원하고자 한다면 강력한 공격으로 분열시킬 수 있을 것이었다. 무엇보다도 중요한 것은 러시아군이 흑해와 아조프해까지 진격한 후에 독일군 북익으로부터 포위망을 점진적으로 구축하는 것을 막을 수 없다는 점이었다. 따라서 해빙기가 끝나면 독일군은, 러시아군이 전선을 돌파하여 독일군을 포위하는 것을 피하기 위하여, 정적인 채로 남아서는 안 되었다. 오로지 육군총사령부가 동부전선에 대한 장기적인 관점에서 적절한 시점에 러시아군을 공격하여 이 지역에 대한 러시아군의 압박을 감소시켜 주는 경우에 한하여 이 지역을 사수할 수 있었다.

내가 이러한 견해를 언급한 것은 히틀러로 하여금 장기적인 관점에서 동부전선을 바라보게 만드는 것이었지만 그는 여전히 아무런 결정도 하지 않고자 하는 듯했다. 해가 갈수록 집단군의 병력이 전선을 방어하기에 부족하다는 것을 인정하면서도, 그는 내가 제시하는 병력비를 신뢰하지 않았다. 그는 이제까지 우리가 확인한 341개의 러시아군 부대들의 존재에 대해 이의를 제기하지는 않았으나, 그 수치들은 어떠한 의미도 없다고 주장했다. 우리 사단들은 거의 한계에 이르렀다고 내가 반박하자 그는 해빙기 기간 중에 새로운 무기들로 사단들이 보충되고, 재편성 될 것이라 받아쳤다. 더군다나 그는 러시아군이 1926년에 태어난 150만 명에 이르는 병력을 이 시점에 전선에 투입하려 한다는 것조차 부정했다. 아울러 그는 두 달 동안의 해빙기 기간 중에 러시아가 전차를 생산하여 이로써 보충될 60여 개 기갑여단의 수치조차 인정하려고 하지 않았다. 대신에 그는 도네츠강 유역이 러시아의 손에 들어갈 경우 러시아의 전차 생산량에 끼칠 영향에 대해 재차 강조하였다. 1943년의 독일군의 작전 능력에 대해 언급하자면 독일은 다른 전선으로부터 병력을 보충하거나 새로이 창설된 부대들로 구성된 강력한 공세를 주도할 수 없었고, 새로운 무기의 도움을 빌어 제한되고 국지적인 전투만이 가능했다. 이에 따라 히틀러는 새로운 무기의 개발과 생산에 대한 얘기로 화제를 돌려버렸고, 이는 다가오는 여름 전역에 대해 히틀러와 의견 조율이 불가능함을 의미했다. 여전히 히틀러는 우리와 다른 세상을 사는 사람으로 보였다.

2월 19일 추가적인 회의가 열렸으며 클라이스트 원수도 참석하였다. 내 사령부에 머무르는 동안, 히틀러는 독일군 남익의 위기에 대해 소상하게 알게 되었으므로 그는 A집단군의 병력이 남부집단군으로 보내져 독일군 남익의 전력에 힘을 보태야 한다고 말했다. 그는 A집단군을 남부집단군에 대한 병력을 지원하는 '인접한 예비대'로 바라보는 듯했고 이는 향후에 있을 쿠반 교두보에 대한 작전을 고려하지 않는다는 것을 의미했다. 불운하게도 오래지 않아, 이 '인접한 예비대'는 크리미아의 병참선을 통해 오는 병력보다도 우리에게 유용하지 않았음을 알게 되었다. 쿠반 교두보는 고립된 채로 유지되고 말았는데 병력이 잘못 배치된 채 방치된다면 이것보다 잘못된 일이 없다는 것을 경험을 통해 알게 되었다. 러시아군이 강력한 전력으로 신시노코보의 철로에 도달했을 때 위기감은 더욱 커졌다. 러시아군이 신시니코보를 장악하여 잠시나마 중부집단군과 남부집단군 우익의 보급로를 차단하였으며, 히틀러가 머무는 이곳으로부터 35~40마일 떨어진 곳까지 접근한 것이었다. 신시니코보와 집단군 사령부 사이에는 방어 병력이 전무하여 다음날이면 드네프르강 동쪽에 있는 활주로를 러시아군 기갑부대가 유린할 수도 있다고 생각되었기 때문에 이날 오후 히틀러가 비행기를 타고 돌아간 후에야 나는 안도할 수 있었다.

내가 히틀러에게 제안한 마지막 사항은 공세를 위해 모든 기갑부대를 —미우스강으로부터 서쪽 전선에 이동 배치된 기갑부대까지 모두 차출하여— 이용하게 해 달라는 것이었다. 미우스강 유역을 아직까지 방어할 수 있었던 까닭은 로스토프를 통과해야만 하는 러시아의 주공이 아직 이 부근에 도달하지 못했기 때문이었다. 도네츠강 유역이 동쪽으로부터의 공격에 노출되어 있음을 우리는 알아야 했다. 우리는 우선 집단군의 병참선이 후방에서 유린당하는 것을 막아야 동쪽 지역의 위협에 대처할 수 있었고 히틀러도 이에 대해 공감하였다. 여하튼 내가 생각하기에 히틀러는 우리 사령부의 방문을 통하여 러시아군의 동부전선 남익에 대한 포위망 구축이 임박한 것과 머지않아 실제로 포위망이 구축되리라는 위험에 대해 인식한 것으로 보였다. 그럼에도 불구하고 국방군 최고사령부와 슈문트 장군을 통해 히틀러의 이번 방문 목적이 집단군의 후위를 강화하기 위한 것이었다는 이야기가 회자되었다. 나와 나의 사령부는 집단군의 배후 강화를 진정 요구하지 않았다. 비록 히틀러가 지시한 명령에 대해 우리가 따르지 않거나, 무조건적인 사수 명령을 무시하고 전투를 했다고 해서 이를 통해 승리를 위한 우리의 의지가 다른 부대들보다 확고하지 않다고 생각할 수는 없다. 이러한 관점에서 내 참모진들은 나의 의견에 동의하였다.

도네츠-드네프르강 전투
(THE BATTLE BETWEEN DONETZ AND DNIEPER)

2월 19일 집단군 사령부는 4기갑군에게 독일군 남익을 드네프르강으로부터 단절시키기 위해 페레쉬체피노(Pereshchepino)-파블로그라드-그리시노 선까지 진출한 러시아군에 맞서 반격하도록 지시했다. 2월 20일 러시아군의 작전 의도는 우리가 예상한 바와 일치했다. 홀리트분견군이 지키던 동쪽 전선에서 러시아군은 3개 방면에서 공격을 시도했고 드네프르강의 독일군 병참선을 단절시키려 그리시노와 크라마토르스카야에서 독일군에 의해 고착화된 병력 외에 3개 사단, 2개 기갑군단과 약간의 기병부대를 추가적으로 투입하였다. 동시에 러시아군은 —기존 사령관인 란츠 장군이 해임된— 켐프분견군이 맡은 전선의 취약점에서 하르코프 서쪽 또는 남서쪽으로 돌파를 시도했다. 러시아군은 켐프분견군의 북익을 포위하고자 했다. 집단군은 이러한 전황 하에서 두 가지 작전을 달성해야만 했다.

첫째, 집단군은 미우스강의 전선을 제한된 전력으로, 추가적인 예비대의 투입 없이 최선을 다해 지켜야만 했다.
둘째, 4기갑군 투입을 통해 1기갑군과 켐프분견군 사이에 포진한 러시아군을 격파하여 드네프르강으로부터 차단되지 않도록 해야 했다.

만일 이에 실패한다면 유류의 부족으로 인하여 집단군은 기동성을 상실할 수밖에 없었다. 일단 도네츠-드네프르강 유역의 러시아군이 일소된다면 이후의 전세는 우리가 켐프분견군의 전황을 개선시키기 위해 투입한 모든 기갑부대를 이용하여 북쪽을 향해 즉각적으로 공세를 지속시키는 것에 달려 있었다. 반면에 1기갑군이 그리시노와 크라마토르스카야에서 러시아군을 물리치지 못한다면 4기갑군은 1기갑군의 방어 지역에서 새로운 작전에 투입되어야만 했다. 어쨌든 우리는 켐프분견군에 대한 러시아군의 공격을 저지해야 했고 켐프분견군은 러시아군이 크라스노그라드에서 드네프로페트로프스크를 통해 또는 폴타바를 통해 크레멘추크로 향하는 것을 저지해야 했다. 만일 러시아군이 키예프로 곧장 진격하고자 했다면(이에 대한 많은 징후가 있었고, 히틀러는 이로 인해 계속 염려하였다), 우리는 러시아군의 진격을 그냥 바라만 봐야 했겠지만(We could only wish him a pleasant trip), 실상 우기가 시작되기 이전에 이렇게 광범위한 러시아군의 측면 공격 또한 긍정적인 결과를 얻지는 못했을 것이다.

2월 21일 집단군의 전선 확대에 영향을 끼칠만한 첫 번째 사건이 발생했다. 미우스강 전선은 여전히 고수되고 있었고, 데발체보에서 장기간 우리 군에 포위되어 있던 러시아군 기병군단의 잔존부대가 마침내 항복했으며 미우스강 전선을 마트베예브루칸(Matveyevkurgan)에서 돌파한 러시아군 기갑군단이 포위되어 섬멸되었다. 1기갑군의 우익에서 러시아군은 미우스강 전선과의 연결고리를 끊어, 1기갑군을 포위하고자 프레터-피코전투단을 압박했지만 1기갑군의 정면에서는 전투가 소강 상태였다. 감청된 무선 통신에 의하면 1기갑군의 서쪽 전선인 그리시노와 크라마토르스카야에서 교전 중인 <u>포포프(Popov)의 러시아군의 상황이 뭔가 잘못되어 가고 있음(Faring badly)</u>이 확인되었다.

확실히 러시아군은 보급에 어려움을 겪고 있었다. 4기갑군은 파블로그라드에 도착했으며, 도로가 녹기 전에 마지막 부대까지 본 부대에 합류할 수 있을 것으로 예상되었다. 자포로지예 근방 12마일까지 소규모의 러시아군 기갑부대가 진격해 왔으나 유류 부족으로 인해 각개 격파 당했다. 파블로그라드에 투입되기 위해 집단군 쪽으로 이동 중에 있던 332사단이 2군의 전황이 좋지 않아 육군총사령부에 의해 중부집단군의 우익으로 배치되었기 때문에 우리는 현재 전투의 주도권을 다시 쥘 수 있는 절박한 시점에 놓여있다고 항의했다. 이 와중에 러시아군은 키예프로 이동 중인 것으로 보였는데 현 시점에서 신경 쓸 수는 없는 상황이었다. 키예프로 곧바로 이동하려는 러시아군의 강력한 의지는 러시아군이 벨고로트에서 아크티르카(Akhtyrka)로 대규모 병력을 이동시켜 켐프분견군을 북으로부터 포위하고자 하는 시도를 통해 더욱 확실해졌다.

[옮긴이의 주]
- 하르코프 탈환작전에 분수령이 된 사건이다.

이후 며칠간 우리의 바람처럼 4기갑군은 반격을 통해 승리를 쟁취했다. 결국 전역에 대한 주도권은 독일군이 잡게 되었다. 처음에 4기갑군은 파블로그라드 남쪽과 인근 드네프르강 도하 지점들에 대해 강력한 병력을 투입했다. 히틀러는 이 지역에 대규모 러시아군이 포진되어 있다는 것을 믿지 않으려 했지만, 이곳에 2개 기갑군단, 1개 군단, 1개 기병군단이 주둔 중이었음이 입증되었다. 다음으로 4기갑군은 1기갑군과의 협동 공격을 통해 서쪽 전선에서 대치하고 있던 4개 기갑군단, 차량화군단들을 격파했다. 도네츠강과 드네프르강 사이에서 패배한 러시아군은 1기갑군과 맞서고 있던 북익에서도 그 힘을 잃어 3월 1일이면 1기갑군이 이 지역에서 도네츠강 전선을 다시 회복할 수 있을 것으로 보였다. 혹자는 아직 녹지 않은 강을 건너 러시아군을 계속 추격한 후에 하르코프 서쪽에서 러시아군의 후미를 공격하는 것을 생각할 수도 있을 것이나 우리는 도네츠강 중류를 도하하기 위해서는 —우선 하르코프 서쪽에 있는 베레스토바야(Berestovaya)강 유역에 배치되어 있는— 하르코프 남익의 러시아군을 먼저 섬멸해야만 했다. 해빙기가 닥칠 경우 작전의 성공을 점치기는 어려웠으므로, 집단군은 도네츠강 서쪽에서 하르코프의 러시아군을 섬멸한 것에 우선 만족해야 했다. 해안가에 위치한 집단군의 남익에서는 이미 해빙기가 도래하고 있었다. 2월말에 미우스강 전선에서 기갑부대와 차량화부대들을 동원하여 방어선을 깨뜨리려던 러시아군은 공격을 포기하고, 대신 보병사단들을 투입하였다. 러시아군이 적어도 해빙기가 도래하기 전 강의 서쪽에 몇 개의 교두보를 확보하고자 함이 분명했다. 광범위한 대규모 공격이 실패하자, 전투는 국지적인 양상으로 흘러갔고 러시아군이 얻는 것은 아무것도 없었다.

3월 2일 집단군은 도네츠강과 드네프르강 사이에서 4기갑군과 1기갑군의 좌익이 벌인 1차 공세를 통해 얻은 성과를 확인하였다. 1, 4기갑군의 공격과 홀리트분견군의 성공적인 미우스강 전선의 방어를 통해 러시아 남서전선군은 잠시나마 추가적인 공격을 할 수 없을 정도로 손실을 입었다. 특히 1기갑군의 좌익을 공격했거나 1기갑군 좌익과 켐프분견군과의 간극에서 전투를 벌였던 러시아 6군, 1근위군과 그리시노에서 전투를 벌였던 포포프기갑군은 완전히 분쇄되었다. 러시아군의 25개 기갑사단, 3개 사단이 전투 서열에서 완전히 제거되었으며 3, 10 기갑군단과 4근위기갑군단, 1개 독립기갑여단, 1개 차량화단, 1개 사단과 1개 스키여단은 심각한 전력 손실을 입었다. 추가적으로 1기갑근위군단과 18기갑군단, 그리고 6개 사단과 2개 스키여단 또한 높은 손실을 입었다. 일선부대들로부터 보고받은 것에 따르면, 러시아군은 도네츠-드네프르강 전선에서 23,000명이 전사하였고, 독일군은 615대의 전차, 354문의 야포, 69문의 대공포와 많은 기관총, 박격포를 노획했다. 이에 비해 포로는 9,000명으로 상대적으로 많지 않았는데 주로 기갑부대로 이루어진 독일군이 전선을 물 샐 틈 없이 포위하기가 어려웠기 때문이다. 또한 야간의 혹독한 추위로 인하여 무리를 지어 마을 주변과 마을 안에서 밤을 보낼 수밖에 없었으므로, 차량을 포기한 러시아군 병사와 단위부대들은 벌판들 사이로 도주할 있는 퇴각로를 찾을 수 있었다. 아울러 도네츠강을 차단하여 러시아군이 배후로 퇴각하는 것을 막는 것은 아직 강이 얼어있어 ―경무장한 러시아 보병들이 도보로 퇴각할 수 있었기 때문에― 불가능했다. 위에 언급한 러시아군의 손실 외에, 미우스강 전선의 후방에서 고립되었던 4근위차량화군단과 7근위기병군단 또한 일소되었다.

하르코프 전투
(THE BATTLE OF KHARKOV)

도네츠-드네프르강 전선에서의 승리로, 이제 주도권을 독일이 쥐게 되었으므로 남부집단군은 하르코프 부근에 포진한 보로네슈전선군에 대한 공세를 시작하라고 2월 28일 명령했다. 보로네슈전선군의 남익을 공격하는 목적은 러시아군의 공세를 저지하거나 또는 가능하면 향후에 동쪽으로 러시아군의 배후를 향해 진격하는 것이었다. 우리의 목적은 하르코프의 점령이 아니라 이 지역의 러시아군을 패배시키는, 가능하면 섬멸하는 것이었다. 도시 남쪽 베레스토바야강 유역에 배치되어 있는 3기갑군이 러시아군의 남익이었는데 우선은 이 부대를 일소해야했다. 이 목표는 3월 5일 4기갑군에 의해 달성되었다. 러시아 3기갑군 소속의 4, 12기갑군단과 1개 기병군단과 3개 사단들은 각개 격파되거나 부분적으로 크라스노그라드에서의 작은 포위망에 갇혀 포로가 되었다. 역시나 포로의 수는 적었으나 러시아군은 12,000명이 전사했고 독일군은 61대의 전차와 225문의 야포, 그리고 600대에 이르는 차량을 노획했다. 날씨가 바뀌어 아크티르카와 폴타바에서 인근 러시아군과 연계하여 켐프분견군을 압박하고 있는 러시아군의 배후를 공격하겠다는 집단군의 계획은 진행될 수 없었다. 일단 4기갑군은 하르코프를 향해 도네츠강 하류에서 도하해야 했지만 강의 얼음이 녹기 시작했고 군사용 부교조차 떠다니는 얼음 때문에 이용할 수 없었다. 소규모 부대로 모슈(Mozh)강을 도하해 러시아군의 병참선 지역을 돌파하여 하르코프를 점령한다는 계획도 도로가 해빙되기 시작하여 실현 가능성이 없어 보였다.

그래서 우리는 도시에 대한 측면 공격을 통해 러시아군을 몰아내고자 했다. 이 같은 목적을 위해 4기갑군(이제 막 도착한 SS토텐코프사단을 포함한 SS기갑군단이 소속되어 있었다)이 3월 7일 크라스노그라드 북쪽에서 공격을 시작했다. 켐프분견군 또한 러시아군의 압박이 느슨해지자 4기갑군과 행동을 같이 했다. 며칠간은 성공적으로 공격이 진행되었다. 그러나 이때 러시아군이 보로네슈전선군에 대한 위협을 인지하기 시작했다. 우리의 통신 감청반은 러시아군이 하르코프를 북쪽에서 공격하려는 독일군 4기갑군의 측면을 공격하기 위해 보로실로프그라드에 있는 몇 개의 기갑군단들과 차량화군단들을 이쥼으로 이동시키고 있다는 것을 알아챘다. 그러나 러시아군은 그들의 공세 능력 이상으로 보로실로프그라드와 미우스강까지 전선을 확장시켰고, 도네츠강이 해빙기에 접어들었던 관계로 부대 이동을 원활하게 전개하지 못했다. 러시아군이 얻었던 성과는 이쥼의 북서쪽에서 도네츠강 남쪽 유역에 자그마한 교두보를 얻는 데 그쳤다. 러시아군은 또한 동쪽에서 2근위기갑군단을 이동시켜 하르코프에 배치했으며 켐프분견군과 독일 2군을 압박하고 있던 몇 개의 부대들을 철수시켜 보고듀호프(Bogodukhov)에 배치하였다. 독일 2군의 전력이 너무 약화되어 단독으로 공세작전을 펼칠 수는 없었기에 아크티르카의 북쪽 및 서쪽에 대한 공세를 지속했던 러시아군이 동쪽으로 퇴각하는 것을 저지할 수 있을지 불확실했다.

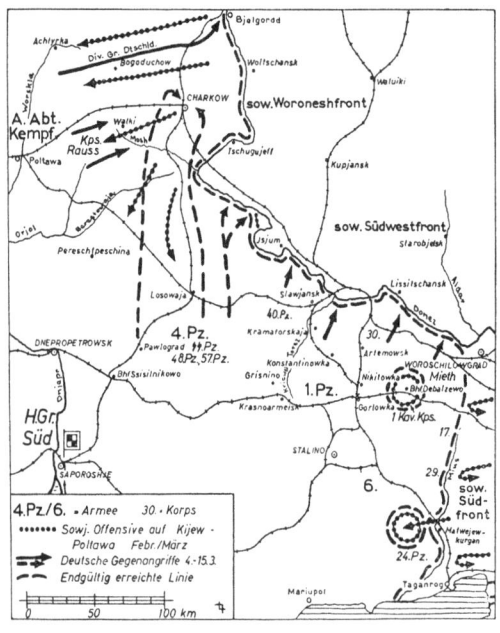

러시아 전역, 하르코프 탈환

어쨌든 우리는 켐프분견군을 압박하던 러시아군이 하르코프로부터 남쪽으로 멀리 떨어지도록 만들거나 강 동쪽의 도하점으로부터 분리시키는 것을 원했다. 어떠한 손실을 감수하더라도 우리는 공격진이 돌이킬 수 없는 상황에 빠져 하르코프가 제2의 스탈린그라드가 되는 것을 피하고자 했다. 그러나 하르코프라는 도시의 이름이 전투부대들과 일선의 젊은 초급지휘관들을 흥분에 넘치게 만드는 것은 어쩔 수 없었다. 도시의 재탈환은 승리의 상징이었으며, 이 도시를 '영도자의 발 아래' 놓고자 하는 SS기갑군단은 도시를 최단거리에서 공격하고자 했고, 이에 집단군사령부는 SS기갑군단이 도시에 대한 정면 공격을 피하고 현재의 전선을 유지한 채 러시아군이 서쪽으로 퇴각하는 것을 기다리라고 개입하였다. 결국 SS기갑군단은 도시를 우회하여 동쪽으로 이동하는 것에 성공했고 하르코프는 큰 피해 없이 점령되었다. 우리는 대규모 러시아군이 도네츠강을 도하하려는 것을 저지하는데 성공했다.

이제까지 설명한 대로 하르코프 남쪽의 전황이 바뀜에 따라, 아크티르카를 점령한 후 폴타바에서 켐프분견군에 대한 압박을 하던 러시아군이 약화되었고 결국 러시아군은 하르코프와 벨고로트 방향으로 철수할 수밖에 없었다. 켐프분견군이 즉시 이를 추격하였다. 3월 10일 히틀러는 멀리 떨어져 있는 우리 사령부를 방문하였다. 그에게 추가적인 브리핑을 하면서 나는 이제 도래한 해빙기 동안에 우리의 작전이 어떻게 수행되어야 하는지에 대해 특별히 언급했다. 이에 대해서는 다음 챕터에서 설명하고자 한다. 3월 14일 SS기갑군단은 하르코프를 재탈환하였다. 동시에 켐프분견군의 북쪽에서는 **그로스도이칠란트사단**이 벨고로트를 향해 신속하게 진격했다. 러시아군은 다시 한번 기갑부대를 투입하여 이를 저지하려 했지만 가이보른(Gaivoron)에서 격퇴되었다. 해빙기로 인해 도로의 사정이 좋지 않았기에, 하르코프와 벨고로트의 점령으로 집단군의 성공적인 두 번째 반격은 여기에서 멈추게 되었다. 사실 집단군은 중부집단군과의 협동작전을 통해 쿠르스크 서쪽에 확장된 러시아군의 점령지역을 점령하여 독일군의 전선이 축소되기를 희망했었다. 이 같은 작전 구상은 중부집단군이 협동작전을 펼칠 수 없는 상황에 있다고 응답하였기에 실현될 수 없었다. 그 결과 이 돌출부는 러시아군에게는 공격의 출발선이 되었으며, 독일군에게는 신경이 쓰이게 만드는 문제가 되었다. 그럼에도 불구하고 집단군은 벨고로트로부터 미우스강 방어선까지 이어지는 도네츠강 유역 전체를 안전하게 확보하였으며 **도네츠-미우스강 전선은 1941~1942년의 겨울에 독일군이 확보**한 것과 동일했다.

[옮긴이의 주]

- 그로스도이칠란트사단은 정예사단이었으며, 무장 및 보급 시 특혜를 받았다는 증언이 있다. SS부대들은 정예사단과 작전을 펼치는 것을 선호했다는 증언이 그로스도이칠란트(G.D)사단에서 복무한 병사의 회고록에 나온다.

- 평전에 의하면 1943년 4월 1일 러시아군은 500개 사단 5,792,000명, 6,000대의 전차, 20,000문의 야포를 독일군은 147개 사단 2,732,000명, 1,336대의 전차, 6,360문의 야포를 배치하고 있었다. 하지만 2~3월에 러시아군의 손실을 목격한 히틀러는 스탈린이 예비대를 모두 소진했다고 믿었으며 요들의 대리인이었던 발리몬트에 따르면, 히틀러는 선전부장이었던 오토 디트리히(Otto dietrich)에게 하르코프를 탈환한 것은 만슈타인이 아니라 나 자신이라고 말했다고 한다.

회고
(RETROSPECT)

　남부 러시아에서 1942~1943년 겨울 전역의 최종 결과와 전체적인 상황 변화를 살펴본다면 러시아군이 커다란 승리를 거두었음을 부인할 수는 없다. 러시아군은 6군을 포위하고자 했고, 결국 독일군 중 가장 강력했던 6군을 섬멸하였다. 또한 러시아군은 독일의 동맹국들이 투입한 4개 군을 지도상에서 지워버렸으며, 용맹했던 동맹국들의 병사는 전선에서 전투 중에 쓰러지거나 러시아군의 포로가 되었다. 동맹국들의 잔여부대들은 해체되었고, 얼마 지나지 않아 영구히(For good) 전투 서열에서 제외되었다.

　비록 잔존부대와 증원된 부대들로 6군의 재편성이 가능할지라도, 그리고 홀리트분견군이 1943년 3월 6군의 이름을 계승할지라도 20개 사단에 이르는 전투부대들과 상당한 수준의 야포 전력 및 공병들의 손실은 회복할 수 없었다. 그리고 원래부터 제한된 전선에만 투입이 가능했던 동맹국 부대들의 손실 또한 매우 컸기 때문에 전선이 안정된 곳에서 '독일군'을 차출하여 새로운 전선에 투입할 수밖에 없었다. 그러나 독일군의 전투 서열에서 5개 군단이 제적되었지만 이 사실만으로 전쟁의 결과가 결정되었다고 말할 수는 없었다. 1942년 여름에 우리가 점령한 광대한 지역의 상실은 물론 이 지역의 천연자원까지 상실함을 의미했다. 공세의 주요 목표 중에 하나였던 코카서스 유전지대의 확보는 실패로 끝났고, 괴링이 주장한 경제적인 목표들은 우리의 공세가 결정적으로 여러 갈래로 쪼개지는 결과를 낳았다. 경제적인 목표들을 추구했던 사람들은 이 목표의 달성과 유지가 언제나 러시아군의 몸통을 제압하는 것에 달려있다는 사실을 망각했다. 또한 도네츠강 지역의 확보 또한 전쟁의 수행에 필수적인 요소였다. 러시아가 우리에게서 얻은 성과는 분명히 컸으나 러시아군은 여전히 독일군의 강력한 저항으로 독일 남익에 대해 결정적인 승리는 얻지 못했고 겨울 전역이 마무리될 무렵에 주도권은 다시 독일군이 쥐게 되었다. 물론 주도권을 잡게 되었다는 사실 자체가 결정적인 결과를 의미하지는 않지만 이로써 전선이 안정화되었고 독일군 지휘부는 다시 동부전선에서 재기전을 펼칠 수 있으리라는 전망을 했다. 그러나 재기전을 명령하기에는 아군의 손실이 너무 커서 1943년 여름 공세를 통해 전쟁의 결과를 바꿀 수 있다는 것은 희망 사항일 뿐이었다. 국방군 최고사령부가 고려해야 하는 사항은 다음 세 가지였다.

첫째, 동원할 수 있는 모든 수단을 다하여 독일에 맞선 나라들 중 최소한 한 나라와 협상(Come terms with)을 이끌어 내는 것이었다.

둘째, 독일은 스탈린그라드에서처럼 전 병력을 상실하는 경우를 피하여, 동부전선에서 지속적인 전략 수행을 위해 기존 병력을 최대한 보전한 채로 러시아군의 공세 능력을 소진시키는 것에 주안점을 두어야 했다.

셋째, 마지막으로 아직 연합군이 프랑스에 상륙하지 못하거나 지중해에서 결정적인 반격을 미루고 있는 동안 부수적인 전선에 대한 욕심을 버리고 주 전장을 동부전선에 두어야만 했다.

1942~1943년 겨울 공세와 그 결과를 살펴보면, 우리는 러시아군 최고사령부가 그들의 거대한 성과에도 불구하고 왜 독일군 남익을 섬멸하지 못했는가에 대한 의문을 가질 수밖에 없다. 더군다나 러시아군은 공세 초기부터 전략적 이점과 병력비에서도 압도적인 우위를 가지고 있었으므로 공세를 위한 최선의 카드를 가지고 있었다. 러시아군 사령부는 강력하게 공격하고자 했고, 그들의 목표를 달성하기 위해 병력의 손실을 전혀 고려하지 않고 부대들을 투입했다. 러시아군은 러시아인의 기질을 가진 채 언제나 굳건하게(Invariably true), 용감하게 싸웠으며 희생에 전혀 개의치 않았다(Made unbelievable sacrifices). 그럼에도 보병사단들의 전력은 명백하게 저하되었고, 1941~1942년에 상실한 포병 전력은 여전히 확충되지 않았다. 전쟁이 시작된 이래, 러시아군 지휘부는 특히 대규모 기갑부대의 조직과 운용에 대해 확실히 많은 교훈을 얻고 있었다. 1941년에는 단일화된 기갑부대를 개별적으로 운용하는데 어려움을 겪었으나, 이제는 그들의 기갑부대와 차량화부대들을 적절히 조직하여 운용했으며 종심 깊숙하게 적진을 관통하는 독일군의 전략을 배우고 있었다.

그러나 러시아군의 이러한 이점에도 1942년 11월까지는 러시아군이 독일군의 방어선 내로 깊숙이 침투했을 때에도, 우리는 늘 마지막 순간에 러시아군의 기갑부대와 차량화부대들을 패퇴시키거나 섬멸하는 것에 성공했다. 반면에 6군이 포위망에 갇힌 이후, 러시아군은 독일군의 남익을 차단시키기 위해 예전처럼 희생을 무릅쓰고 일방적이고 급한 공격을 하지는 않았다. 이는 돈강 유역에서도, 아조프해와 드네프르강 하류에서도 마찬가지였다. 히틀러가 러시아군에게 기회를 준 스탈린그라드 전투 이전에 러시아군은 우리가 1941년에 수행했던 대규모 포위 전투를 통해 수천 명의 포로를 얻는 작전을 실행할 능력이 없었다. 이 같은 경향은 러시아군의 압도적인 병력의 우세 속에서도 1942~1943년의 전역에서 계속되었다. 러시아군이 독일군의 배후에 쉽게 진격할 수 있었던 것은 전투 초기에 동맹국들의 붕괴로 인한 것이었고, 반면에 1941년의 독일군은 전방의 전선에 몰려있는 적군과 싸우기만 하면 되었다.

러시아군 최고사령부를 살펴보자면 독일군의 여름 공세가 끝나갈 즈음에 독일군의 남익을 포위하고자 하는 러시아군의 의도는 명백했고, 전략적으로 이를 가벼이 볼 수는 없었다. 동맹국이 방어하고 있는 전선을 공격한 것도 매우 당연한 전략이었고 1942년 늦가을에 수행될 러시아군의 작전을 구상할 때에는 특출난 전략가가 필요 없을 정도였다. 첫 번째 공세인 6군의 포위 공격은 매우 옳은 전략이었다. 6군에 대한 포위작전이 성공한다면 독일군의 가장 강력한 부대들이 섬멸될(국방군 최고사령부는 6군의 섬멸에 일조하였고) 것이었다. 첫 번째 공세가 —독일군을 로스토프와 아조프해로부터 고립시킨다는 목적을 갖고— 이탈리아와 헝가리군이 방어하고 있던 지역으로의 공격과 함께 하나의 통일된 대규모 공격으로 시작되었더라면 공세는 더욱 성공적이었을 것이다. 물론 포병 전력의 부족으로 인해 공세가 도중에 지연될 수도 있고, 병참선의 상황이 전투부대들을 적시에 이동시킬 수도, 보급품을 동시에 제공하지 못할 수도 있었겠지만 예상치 못했던 러시아군의 빠른 진격과 독일 동맹국들의 붕괴는 세 차례의 돌파 공격 시에 러시아군의 약점을 상쇄시켜 주었다. 러시아군이 독일군의 남익을 돈강, 아조프해, 드네프르강 지역에서 고립시키지 못한 것은 단순히 작전 범위가 광대하였기 때문만은 아니었다. 현대전의 관점에서 고려한다면 러시아군의 공격진들이 그들의 여러 가지 목적을 달성하기 위해 장악해야 하는 지역은 결코 과다하다 볼 수 없었다. 러시아군이 독일군 남익을 섬멸하는 것에 실패한 이유는 전선에 투입된 독일군 예비대들이 너무 강해 러시아군이 결정적인 목표를 달성할 수 없었고, 이에 따라 상황이 반전된 것은 결코 아니었다.

러시아군이 실패한 진정한 이유는 스탈린그라드를 제외하고는, 러시아군 지휘부가 결정적인 전선에서 강력하고 신속한 협동작전을 펼칠 능력이 없었기 때문이었다. 러시아군의 겨울 공세 첫 단계에서 러시아군은 포위망에 갇힌 목표(Prize)가 보유한 병력보다 2배 이상의 수준인, 불필요하게 많은 병력으로 6군을 포위하였다. 이로 인해 러시아군은 독일군 남익의 보급선을 돈강 하류에서 차단할 수 있는 기회를 놓쳤다. 치르강 전선을 공격한 러시아군도 강력하긴 했으나, 일사분란하게(In concert) 공격하지 못했다. 이탈리아군이 지키던 방어선을 돌파한 후에 러시아군은 신속하게 도네츠강을 도하하여 로스토프로 곧장 진격하는 전략을 채택하지 않았다. 물론 로스토프와 같이 원거리에 있는 목표를 공격할 시에는 과도하게 확장된 측면에 대한 공격을 걱정할 수 있지만, 이에 대한 방어는 후방에서 헝가리군에 대한 공격을 시행할 후방부대에게 맡기는 것이 바람직하였다.

물론 이와 같은 전략은 위험을 수반했다(Risky, I agree). 그러나 이런 위험을 감수하지 않는다면 상황상 꼭 필요한, 결정적이고 신속한 승리를 얻을 수 없다. 헝가리군에 대한 성공적인 돌파를 이루어 낸 후 ―러시아군은 도네츠강에서 보로네슈까지 이어진 독일군 방어선을 찢고자 했음에도― 러시아군 지휘부는 드네프르강의 도하점을 향해 현재 그들이 가지고 있던 강력한, 기동성을 보유한 전력을 결정적인 곳에서 활용하는 것에 실패했다. 달걀을 한 개의 바구니에 넣거나 강력하고 집중된 전력을 서쪽에 투입하는 대신에 러시아군은 쿠르스크 지역에서는 아크티르카-폴타바, 드네프르강과 도네츠강 유역에서는 슬라뱐스크-리시챤스크-보로실로프그라드에서 조직적이지 않은 공세를 펼침으로써 병력을 낭비했다. 결국 독일군 지휘부는 기회가 생긴 틈을 타 결정적인 장소에서 보다 강한 전력을 투입할 수 있었다. 슐리펜은 승자나 패자나 그들이 취하는 전략에 따라 영향을 받는다고 했다. 독일군 최고 지휘부가 6군의 손실에 대해 ―사실은 1942~1943년 겨울에 동부전선의 남익이 처한 모든 위험을― 그 책임을 나누어 가지면서 전투에 임했음은 이미 설명한 바 있다. 그렇기 때문에 러시아군의 독일군을 포위하려는 시도를 실패로 돌아가게 만들 수 있었다. 이러한 관점에서 언제나 독일군에 비해 병력비에서 우위를 보였던 러시아군에 맞서 초인적인 임무를 수행했던 전투부대들과 그들의 지휘관이 없었더라면 집단군은 패배했을지도 모른다.

동맹국들의 부대들과는 달리 용감했던 독일 보병사단들은 적절한 대전차 화기를 보유하지 못한 때에도 진격해오는 러시아 기갑부대 앞에서도 묵묵히 전선을 지켰고, 방어선이 뚫린 후에도 러시아 기갑부대 뒤에서 다시 전선을 연결하였으며, 결국에는 러시아군에게서 승리를 얻었다. 또한 독일군의 승리는 이리저리 필요한 전선에 불려 다니며, 변덕스러운 요구에도 전투를 벌여 가용성을 두 배 이상으로 보여준 기갑사단들 덕택이었다.

군인으로서의 우월함을 인식한 채 독일 전투병들은 절망이 최고조에 이른 상황에서도 전선을 지켰으며, 그들의 용기와 희생은 러시아군의 병력 우세를 상쇄시켰다. 또한 충성스럽게 마지막 순간까지 싸웠던 6군의 용맹이 독일군 남익 전체의 섬멸이라는 군사적 승리를 러시아군의 손에서 빼앗아버렸음을 잊어서는 안 된다. 2월초까지 버티지 않고, 절망적인 상황이 닥치자마자 항복했더라면 러시아군은 스탈린그라드에 묶여 있던 병력에 추가적인 전력을 보태서 독일군 남익의 전면적인 포위를 이루어냈을 것이다. 6군은 죽음으로써 1943년 동부전선의 교착화 상태에 공헌하였다. 6군의 희생은 독일이 최종적으로 패배하는 것을 막지는 못했지만, 그들의 숭고한 죽음이 갖는 가치는 결코 잊어서는 안 되기 때문에 이 챕터의 마지막 장에서 6군의 이름을 기리고자 한다. 6군은 군인에게 요구된 임무를 최선을 다해 수행했으며 그들의 동료를 위해서 절망적인 상황 속에서 최후를 맞았다.

14. 성채작전
(OPERATION 'CITADEL')

챕터 13에서 스탈린그라드 양쪽에서 시작된 볼가강과 돈강을 돌파한 러시아군의 1942~1943년의 겨울 공세에도 불구하고 러시아군 지휘부가 희망했던 전략적인 승리를 얻지 못했음을 살펴보았다. 독일군은 이제 다가오는 여름에 어떠한 전략으로 전쟁을 수행할 것인가를 고민해야만 했다. 1941~1942년과는 달리 많은 병력을 잃어 이제 더 이상 2개 이상의 전역을 감당할 부대들이 없었다.

독일군 지휘부가 적절한 전략을 구사하고(Given proper leadership on the German side), 이미 감내할 수 있는 수준 이상의 손실을 입고 있던 러시아군을 더 몰아친다면 러시아가 교착 상태를 받아들일 가능성이 아직 있었다. 이 시점에 이러한 우리의 희망이 허황된 것은 아니었으나 결국에는 수세에 몰려 순전히 방어전을 반복하였기에 끝내 실현되지 못했다. 우선 발틱해에서부터 흑해까지 이르는 광범위한 전선을 방어할 독일군 사단들이 충분하지 않았고 러시아군은 서부 연합군이 유럽에 상륙할 때까지는 —북아프리카에서 이러한 위험이 최근에 시작되었으며— 어떠한 공격도 취하지 않으려 했기 때문이다. 이 때문에 독일 지휘부는 동부전선에서 병력을 차출할 수도 없는 상황이었다. 동부전선에서의 병력 이동은 우리가 선택의 여지가 없었던 전략적 기동 방어를 통해 국지전의 성격을 가진 러시아군의 공격을 받아쳐서 —무엇보다 포로의 획득을 통해— 러시아군의 전력을 결정적인 수준까지 빼앗은 이후에나 가능했다. 작전의 융통성이 전제된다면 여전히 부대의 질 면에서 우위를 보이고 있는 독일군 지휘관들과 부대들에게는 가능한 일이었다. 당연히 우리는 해빙기가 끝나자마자 러시아군이 공세를 시작할 것임을 염두에 두었다. 스탈린의 요구에 따라 서부 연합군이 유럽 본토에 상륙할 때까지 스탈린이 기다릴 것인지는 확실하지 않았다. 스탈린이 서부 연합군의 상륙을 기다릴 것이라는 의견도 있었지만, 그가 기다리지 않고 공세를 개시할 것이라 믿는 것이 타당했다. 러시아군은 지난 늦가을부터의 커다란 승리로 인해 점점 자신감을 갖게 되었고, 러시아 지도자들의 심리를 고려한다면 되풀이하여 선전한 '성스러운 러시아 대지의 수복(Liberation of the holy soil of Russia)'을 중지하리라 기대하기 어려웠다. 그리고 전통적인 러시아 팽창 정책의 대상이었던 독일의 동맹국들을 공격할 것이 분명했다.

러시아가 그들의 손실을 보충한 후에 공세를 시작한다면 그들의 주공은 독일군 남익, 즉 남부집단군을 향할 것임이 틀림없었다. 남쪽에 질 좋은 석탄지대와 산업지대가 있는 하르코프로부터 도네츠강과 미우스강까지 연결된 독일군의 돌출된 전선을 러시아군이 도려내려 할 것이었다. 만일 러시아군이 하르코프나 도네츠강 중류에서 돌파에 성공한다면 이전 겨울에 목표로 했던 거대한 포위망의 완성과 이후 포위망에 갇힌 독일군 남익을 흑해 해안에서 섬멸할 수 있었다(이때 A집단군은 여전히 쿠반 교두보에 있었다). 러시아는 이 일격으로 우크라이나의 곡창지대와 값진 도네츠강 유역을 얻을 뿐만 아니라, 발칸반도와 루마니아의 유전지대로 가는 길목을 장악할 수 있었다. 또한 터키에게 정치적으로 영향을 끼칠 수 있었다. 동부전선의 어느 곳도 이처럼 러시아에게 군사적, 경제적, 정치적인 중요성을 제공할 수 있는 지역은 없었다. 물론 남부집단군에 대한 결정적인 공세는, 러시아군의 압도적인 병력을 고려한다면, 다른 지역에서의 소규모 공세와 함께 진행될 것이었다. 남부집단군은 수시로 이러한 고려사항을 육군총사령부와 히틀러에게 보고하였다. 히틀러는 러시아군이 선제적으로 공격하기를 기다린 후 이를 받아쳐 예기치 못한 반격(On the backhand)의 기회를 선택하든지, 전략적 기동 방어의 개념 하에 우리 스스로 가능한 일찍 제한된 수준의 선제공격(On the forehand)을 가할 것인지 선택해야만 했다. 남부집단군은 전술적으로 실현 가능한 첫 번째 안을 선호하였고, 완성되지 않은 작전 초안을 이미 2월에 히틀러에게 보고했다.

이 계획은 러시아군이 ─우리가 예상한 대로 도네츠강 지역의 독일 방어선에 대해─ 북쪽과 남쪽으로부터 날카로운 공격을 가할 것이고, 이윽고 하르코프 주변에서 추가적인 공격이 뒤따를 것이라는 전제 하에 작성되었다. 아울러 둥그렇게 형성된 방어선(도네츠강부터 미우스강까지)은 러시아군을 서쪽에 있는 드네프르강 하류로 끌어들이기 위한 작전 계획에 따라 포기하는 것이었다. 이후에 우리가 전개할 수 있는 ─기갑부대를 주력으로 하는─ 모든 예비대를 하르코프 서쪽에 집결시켜, 우선적으로 하르코프 인근의 러시아군을 섬멸한 후 드네프르강 하류로 진격하는 러시아군의 측면을 타격하는 것이었다. 이를 통해 그들이 이전에 아조프해와 흑해에서 독일군을 섬멸하고자 했던 것과 같이, 러시아군을 똑같은 운명에 처하게 하고자 했다. 그러나 이 제안은 히틀러의 승인을 얻지 못했는데 그는 여전히 도네츠 지역의 경제적인 측면에 아직도 몰두하고 있었고, 전략적인 후퇴가 루마니아와 터키에 미칠 수 있는 영향에 대해 근심하는 듯했다. 그러나 그를 가장 억누르고 있던 생각은 1941년 겨울에 한발짝도 후퇴하지 않고 싸워서 스탈린으로부터 얻어낸 승리처럼, 이번에도 전선을 사수하는 것이 독일군을 나폴레옹의 퇴각에서 구할(Saved the German Army from a Napoleonic retreat) 것이라는 믿음이었다. 게다가 그는 제안된 작전이 감수해야 할 위험에 위축되었음이 틀림없었다.

아마도 제안된 전략을 그가 다른 시각에서 바라보더라도, 그의 내면을 고려한다면 그는 이러한 위험을 감수할만한 능력이 없었고 여전히 우수한 지휘관(Captain)으로서의 자질이 부족했다. 결국 우리의 전략은 선제공격으로 변경되었고 러시아군이 지난 겨울 전역에서 상실한 손실과 전력이 소진된 부대들을 메꾸기 전에 제한된 범위에서만 실행되어야 했다. 현실적으로 적절한 공격 목표는 러시아군의 돌출 지역이었고, 바로 독일군 전선으로 깊숙하게 튀어나온 쿠르스크였다. 중부집단군과 남부집단군이 연결된 이곳을 러시아군은 해빙기가 시작될 무렵부터 점령 중이었고, 러시아군은 양 집단군 사이의 취약 지점에 대한 공격의 출발점으로 고려하고 있었을 것이다. 이 돌출부를 우리가 차단한다면 상당한 수의 러시아군이 돌출부에서 고립될 것이고 우리의 공격이 빠르면 빠를수록 무방비에 있던 적군을 쉽사리 섬멸할 수 있었다. 특히 러시아군은 이전 겨울 전역에서 심하게 소진된 기갑부대를 전개해야 할 것이었으므로 우리에게는 러시아군을 일소할 기회였다.

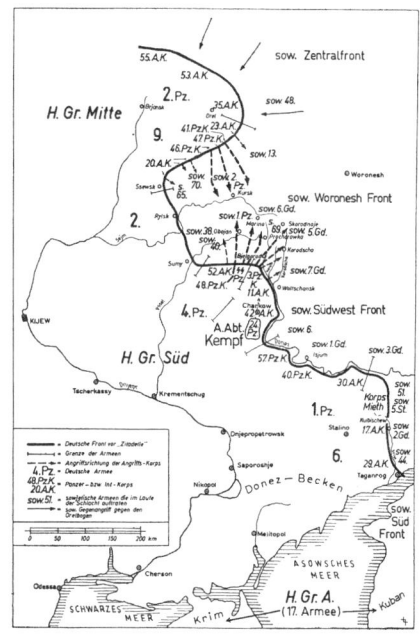

러시아 전역, 성채작전

이에 따라 우리는 <u>독일군이 동부전선에서 마지막으로 펼친 대규모 작전인 성채작전(Citadel operation)을 시작</u>하였다. 쿠르스크 돌출부(Bulge) 공격을 위해 남부집단군은 4기갑군과 켐프분견군을 투입하였고(총 16개 사단으로 5개의 보병사단, 11개 기갑사단과 기갑척탄병사단), 어쩔 수 없이 도네츠강 유역과 미우스강 전선의 전력은 상대적으로 약화될 수밖에 없었다. 또한 북쪽에서의 공격을 위해 중부집단군은 9군(총 11개 사단으로 5개의 보병사단, 6개 기갑사단과 기갑척탄병사단)을 투입하였다. 러시아군이 동쪽으로 돌출해 있던 오렐(Orel)의 배후로 동쪽과 북쪽에서 공격을 할 수 있었으나, 우리는 이 위험을 감수해야만 했다. 성채작전은 본래 도로의 상태가 작전을 펼치기에 적당한, 그리고 아직 러시아군이 특히 기갑부대의 재편성을 완료하지 못한 5월 중순에 실시되기로 예정되었으나 5월이 시작되자 히틀러는 신형 전차가 전선에 도착하여 우리의 기갑부대가 더 강력해질 것이라는 희망을 가졌기 때문에 양 집단군 사령관들의 조언에도 불구하고 **작전 개시 시기를 6월로 미루었다**.

[옮긴이의 주]

- 『스탈린과 히틀러의 전쟁』(리처드 오버리) 등의 자료에는 만슈타인이 성채작전을 수립했다고 간략하게 기술하나, 만슈타인이 히틀러의 고집을 꺾지 못하자 차라리 5월에 공세를 시작하자고 말했다는 증언이 있다. 또한 만슈타인의 회고록을 통해 그가 공세보다는 반격작전을 선호했음을 알 수 있다. 이미 5월에 있었던 회의에서도 모델 및 만슈타인은 성채작전에 대해 회의적이었다. 이에 대해서는 구데리안의 회고록을 참조하기 바란다. 『구데리안(한 군인의 회상)』(하인츠 구데리안)에서 간혹 해석이 어려운 부분이 있다. 가령 38(t) 전차를 기반으로 만든 구축전차에 대해 '무반동포와 총신이 굽은 기관총을 각각 1개씩 탑재한 매우 성공한 장비'라고 소개하고 있다. 이 구축전차는 4호 전차에 탑재한 75미리 포를 공유하고 있었으므로 무반동포도 아니었으며(무반동포를 밀폐된 공간에서 사용할 수는 없다) 전차 내부에서 수동으로 원격 조작할 수 있는 기관총을 탑재하고 있었는데, 그 부분이 총신이 굽은 기관총이라 잘못 옮겨진 것으로 보인다.

- 소련군은 그 시점에 이미 그들의 기동 병력 대부분을 전방 진지에서 철수시켰고, 우리 독일군이 전제한 공격 도식에 따라 협공이 예상되는 지점에 전례 없이 강력한 포병과 대전차부대를 배치한 상태였다. 모델은 이런 사실들을 근거로 소련군이 아군의 공격을 예상하고 있으니 아예 공격을 포기하거나 그렇지 않으면 다른 전로로 공격해야만 성공할 수 있다는 올바른 판단을 내렸다…히틀러는 폰 만슈타인 원수에게 자이츨러의 제안에 대한 의견을 표명해 달라고 요청했다…만슈타인은 4월에 공격이 이루어졌다면 성공할 가능성이 높았겠지만 지금은 성공 여부가 회의적이며, 공격을

수행하려면 완전한 전투력을 갖춘 2개 보병사단이 더 필요하다고 말했다. 히틀러는 그런 사단은 준비되지 않았으니 만슈타인이 현재 보유한 병력으로 꾸려나가야 한다고 대답했다. - 『구데리안(한 군인의 회상)』(하인츠 구데리안)

튀니지(Tunisia)의 전황이 긍정적이지 않다는 보고를 받은 후에도, 히틀러는 작전을 미룬다는 그의 의견을 고수했는데 작전의 지연이 계속된다면 결국 우리는 유럽에 상륙한 적군이 주는 위험을 동시에 감수해야 함을 의미했다. 우리가 작전을 지연할수록 전차의 생산량이 우리보다 월등하게 많은 러시아군이 더 많은 전차를 보유하게 된다는 것을 그는 모른 체 하려 했다. 전선에 신형 전차가 늦게 배치되었기 때문에 집단군은 작전 개시 일자를 7월까지 미룰 수밖에 없었고, **이때는 이미 선제공격을 통해 얻을 수 있는 이점을 모두 잃은 상태**였다. 모든 전략이 러시아군이 부대를 보충하거나, 지난 겨울의 손실을 메꾸기 전에 공격을 시작하는 것에 집중해야 했으나 작전 시작 시점이 지연될수록 가용한 전력을 공격부대에 이관했던 미우스강과 도네츠강 전선에 대한 러시아군의 위험이 점점 커져만 갔으며 특히 중부집단군 9군의 공격 시작 지점이었던 오렐에 대한 위험도 점점 증대되었다. 각종 기만과 위장을 통해서도 러시아군의 이목을 가릴 수는 없었으며 이 같은 지연으로 인해 **7월 5일에야 독일군은 결국 공격을 시작**했다.

[옮긴이의 주]

· 이미 1943년 5월 독일 아프리카군단은 튀니지에서 연합군에게 항복했다. 롬멜은 이때 독일에 있었기 때문에 포로가 되지 않았다.

· 병력 1,336,000명, 탱크 3,444대, 비행기 2,900대, 대포 19,000문이 이동해서 제자리를 잡았다… 그들은 전선 건너 50개 사단으로 편성되고 탱크 2,700대, 비행기 2,000대, 대포 10,000문 이상을 갖춘 독일군 900,000만 명과 마주보고 있었다. - 『스탈린과 히틀러의 전쟁』(리처드 오버리)

· 평전에 따르면 9군은 1,200대의 전차 및 돌격포를 그리고 4기갑군과 켐프분견군은 1,500대의 전차 및 돌격포를 보유하고 있었다.

공세 시작 이틀 후에 중부집단군의 9군은 적의 방어선을 돌파하는데 성공하여 9마일을 진격할 수 있었다. 격렬한 전투를 통해 9군은 러시아군 예비대의 반격을 격퇴하고 7월 9일까지 돌파 지역을 약간 확장할 수 있었다. 그러나 러시아군 방어선 후방의 우세한 지형을 이용한 고정화된 방어 진지 앞에서 진격의 속도가 정체되었다. 단기간에 재공격을 단행하려는 9군의 의도는 7월 11일 러시아군이 북쪽과 북동쪽에서 오렐을 공격함으로써 좌절되고 말았다. 오렐을 방어하고 있는 2기갑군단을 지원하기 위해 중부집단군은 9군에 배속되어 있던 강력한 기갑부대를 오렐로 보낼 수밖에 없었다. 반면에 남부집단군의 공격은 순조롭게 진행되었다. 역시 러시아군의 깊은 종심 방어선을 돌파하는 것은 어려운 일이었고, 공격 속도가 지체되었지만 7월 11일 남부집단군은 방어선을 돌파하여 최종 목표인 프로호로프카(Prokhorovka)와 오보얀(Oboyan)까지 진격하였다. 이 기간 중에 러시아 기갑부대에 의한 성급한 반격은 격퇴되었고 10개에 이르는 러시아군 기갑군단과 차량화군단이 섬멸되거나 심하게 소진되었다. 7월 13일까지 남부집단군에 맞선 러시아군은 24,000명이 포로로 잡혔으며 1,800대의 전차, 267문의 야포, 1,080문의 대전차포를 잃었다. 7월 13일 전투는 정점에 이르렀으며, 확실히 최종적인 결과(Issue)를 얻을 시점이 얼마 남지 않았던 이때 양 집단군 사령관은 히틀러에게 소환되었다.

성채작전 시의 켐프, 부세, 만슈타인

그는 회의석상에서 서부 연합군이 시칠리아(Sicily)에 최근 상륙했고 전황이 매우 불리하게 돌아가고 있으며 이탈리아군이 싸울 의사가 없기 때문에 아마 시칠리아를 잃을 것 같다고 얘기했다. 또한 연합군의 다음 공격 목표가 발칸과 남부 이탈리아일 것이므로 이 두 곳에 새로운 방어군을 편성해야 하므로 필요로 하는 부대는 어쩔 수 없이 동부전선에서 차출될 것이라 언급했다. 이로써 성채작전은 지속될 수 없었다. 이러한 결말은 내가 5월에 히틀러에게 주지시켰던 것과 같았다. 중부집단군 사령관인 클루게(v. Kluge) 원수는 9군이 더 이상 진격을 할 수 없으며, 오렐 돌출부에 대한 적의 돌파를 막기 위해 9군의 기갑부대 모두를 빼낼 수밖에 없다고 보고했다. 성채작전을 지속할지에 대한 선택 및 향후에 작전을 재개할 것인지에 대해 아무런 논의도 없었다. 남부집단군의 입장에 서서 나는 현재 전투는 정점에 이르렀으며 이 시점에 **작전을 중지하는 것은 승리를 던져버리는 것과 같다**고 지적했다. 어떠한 사정이 있을지라도 우리는 러시아 기갑부대 예비대가 모조리 섬멸될 때까지 몰아붙여야 했다. 그럼에도 히틀러는 성채작전은 지중해 전선의 전황과 중부집단군에 발생한 위기로 인해 중지하겠다고 선언해 버렸다. 히틀러가 양보한 유일한 사항은 남부집단군이 러시아 기갑부대 예비대를 섬멸할 때까지 작전을 지속한다는 것뿐이었다. 실제로는 며칠 후, 섬멸전이 완료되기 전에 남부집단군은 중부집단군으로 몇 개의 기갑부대를 전출시키라는 명령을 받았다. 양 집단군은 결국 성채작전 시작 시점의 위치로 다시 돌아올 수밖에 없었다. 러시아군이 **남부집단군의 2개 군에 비해 4배의 손실(전사자, 포로, 부상자 등)**을 입었지만 독일군의 마지막 공세인 성채작전은 실패(Fiasco)로 끝이 났다.

[옮긴이의 주]
- 만슈타인은 쿠르스크 공세가 성공할 수 있다고 믿었으나, 결국 쿠르스크 전투는 독일군의 패배로 끝났을 것이라는 증언이 있다. 반면에 최근의 연구로는 러시아군의 피해가 과소 측정되어 실제로 쿠르스크 전투만큼은 독일군의 승리라는 내용도 발표되었다. 하지만 쿠르스크 공세가 성공했다 할지라도 2차세계대전에서의 독일군의 최종적인 패배만을 늦추었을 뿐이라는 설이 다수인 것으로 보인다.

- 쿠르스크 전투 중 독일군의 사상자 수는 40,000명이었다. 만슈타인 휘하 2개 군의 손실은 3,300명의 전사자를 포함하여 사상자 수 20,720명이었다. 러시아군의 손실은 34,000명의 포로 및 17,000명의 전사자였다. 러시아군의 부상자 수는 사망자 수의 2배 수준이었다. 가장 중요한 점은 독일군이 가장 강력한 힘을 가지고, 작전을 펼치기에 가장 좋은 날씨에 치룬 전투에서 러시아군이 이를 견뎌냈다는 점이다. - 『Erich Von Manstein: Hitler's Master Strategist』 (Benoît Lemay)

15. 1943-1944년의 방어전
(THE DEFENSIVE BATTLES OF 1943-1944)

성채작전이 중지된 후, 결국 러시아군이 동부전선의 주도권을 쥐게 되었다. 우리가 쿠르스크에서 강력한 러시아군을 포위하는 것에 실패하고, 결정적인 성과를 얻지 못한 채 ―러시아군 기갑부대 예비대들에 대한 전투도― 중단될 수밖에 없어 이제는 러시아군의 수적 우세가 더욱더 그 존재감을 드러내고(Make itself felt) 있었다. 사실 오렐 돌출부에 대한 러시아군의 공격은 대규모 공세의 서막을 알리는 것이었다. 이에 따라 남부집단군은 임시방편에 의해 전선의 간극을 줄이는 전투만을 수행할 수 있었고, 너무나 약해진 독일군은 대규모로 확장된 전선을 따라 훨씬 강력한 러시아군에 맞서 순전히 수동적인 방어전만을 수행해야 했다. 우리는 발생할 수 있는 위험을 감수하면서라도 종종 덜 위험한 지역에서 병력을 차출하여, 러시아군이 돌파를 시도하는 곳에 재빨리 병력을 투입하여 반격하는 전략을 고수할 수밖에 없었다. 어떠한 손실이 있더라도 우리는 일선의 모든 부대들이 러시아군의 돌파로 인해 고립되어 스탈린그라드에서 6군이 맞은 운명을 다시 되풀이하는 것을 막아야만 했다. 전선을 사수하며 러시아군의 전력에 최대한 손실을 입히는 것만이 방어전의 핵심이었던 것이다.

도네츠강에서의 첫 번째 전투
(FIRST BATTLE OF THE DONETZ

[옮긴이의 주]
· 남부집단군의 배치는 위에서부터 아래로 4기갑군-켐프분견군(8군)-1기갑군-6군이다.

예상한 바와 같이, 러시아군의 첫 번째 공세는 도네츠강을 둘러싼 지역에서 시작되었다. 7월 17일 강력한 러시아군의 공세가 미우스강에 있는 6군과 도네츠강 중류에 있던 1기갑군에게 쏟아졌다. 러시아군의 침투는 상당한 성과를 거두었지만 완전한 돌파에는 성공하지 못했다. 러시아군은 미우스강 서쪽 쿠이비셰프(Kuibyshev) 북쪽에 폭 12마일, 깊이 10마일에 이르는 교두보를 구축하는 것에 성공했으나, 6군은 도네츠강에 예비대로 있던 두 개의 기동력 있는 부대를 투입하여 적의 추가적인 공세를 저지할 수 있었다. 1기갑군의 방어 지역에서는 러시아군이 이쥼 남서쪽에서 도네츠강을 도하하여 20마일 가량 돌파에 성공했고 이 지역을 방어 중이던 1기갑군은 하르코프에 있던 24기갑군단 소속의 2개 사단을 투입하여 러시아군이 강 남쪽으로 더 진격하는 것을 막았다. 우리가 7월말까지 러시아군의 공세를 막아냈음에도 불구하고 도네츠강 지역의 전황은 장기적으로는 유지하기가 불가능했다. 또한 히틀러의 명령에 따라 성채작전이 7월 17일에 중지되자 남부집단군은 ―도네츠강 전선을 재정비(Iron things out)하기 위해― 방어선에서 상당수의 기갑 전력을 빼내 재편성하고자 했었다. 우리는 성채작전 중에 러시아군의 전력이 고갈되어 현재 전선에서 우리가 유연성을 가질 것을 희망했었던 것이다. 하지만 러시아군은 우리가 예상했던 것보다 일찍 이 지역에서 공세를 시작하였다. 우리가 부대의 재편성을 위해 기갑부대를 빼냈더라면, 집단군의 북익에서 벌어진 일련의 전투들의 결과는 의심할 여지없이 재앙에 가까웠을 것이다.

그러나 이 같은 부대 이동이 이루어지지 못한 실질적인 요인은 도네츠강 유역에 대한 히틀러의 사수 명령이었다. 히틀러는 이탈리아로 전출 예정이었던 SS기갑군단을 도네츠강에 대한 반격에 투입되는 경우에 한하여 남부집단군의 관할 하에 두었기 때문에, 북익을 약화시킨다는 우리의 결정은 결국 3기갑군단과 3기갑사단만을 빼내는 것에 그쳤다. 2개 기갑군단의 4개 기갑사단은 순차적으로 하나씩 도네츠강 지역에 도착할 예정이었으므로 남부집단군은 도네츠강 남쪽의 1기갑군 방어 지역에 선봉부대로서 SS기갑사단 2개를 투입하여 짧고도 강력한 공격을 하고자 했다. 이후에 기갑부대들이 6군의 방어 지역에 있던 러시아군을 일소하고 미우스강 전선을 재편하는 것이 작전의 목표였다. 이 작전이 성공한다면 SS기갑군단이 이 지역에 더 머무를 필요가 없어 가용한 전력이 생김에도 히틀러는 재빨리 1기갑군 지역에 대한 어떤 전력의 투입도 거부했다. SS기갑군단에 대한 히틀러의 간섭은 성채작전 중에도 계속 있어왔기에(또한 히틀러는 24기갑군단이 켐프분견군에 배속되는 것도 막았었다) 나는 육군총사령부에 항의하고자 했다. 아래는 내가 자이츨러 장군에게 보낸 메시지이다.

'만일 다가올 전황의 변화에 대한 나의 고민들이 반영되지 않거나, 지휘관으로서 ―내가 책임지지 않아도 될 사항들이 초래한— 어려움을 극복하는데 나의 의지가 투입되거나, 나의 의지가 여전히 절망적인 결말을 맞이한다면 난 영도자가 더 이상 우리 집단군을 신뢰하지 않는다고 믿을 수밖에 없다. 프리드리히 대왕과 나폴레옹과 같은 위대한 지도자 또한 실수를 하기 마련이므로, 나는 내가 절대적으로 옳다고 얘기할 수는 없지만 11군이 악조건 속에서도 크리미아 전투에서 승리를 얻었던 것과 작년의 마지막 시기에 절망적인 상황 아래서도 남부집단군이 주도권을 다시 얻었던 점을 말하고 싶다. 만일 히틀러가 지난 겨울 우리가 보여준 것보다 뛰어난 감각을 지녔고 크리미아와 도네츠와 하르코프에서 우리가 보여준 것보다 뛰어난 지휘력을 지닌 —우리가 보여준 임기응변보다 뛰어난 전투력을 보여줄 수 있고 우리가 예측했던 것보다 필연적으로 발생할 사태에 대해 더 정확하게 볼 능력이 있는— 집단군 사령관과 참모진을 찾을 수만 있다면 나는 진정 그들에게 권한을 위임할 수 있다. 그러나 나에게 지휘권이 있는 이상 나는 나의 신념에 따라 지휘하고자 한다(I must have the chance to use my own head).'

7월 30일 집단군 북익에서 차출한 기갑부대들을 투입하여 6군의 방어 지역에서 반격이 시작되었고, 결과적으로 미우스강 전선은 안정을 되찾게 되었다. 이 전투의 병력 교환비는 당장의 상황 개선 및 독일군 부대의 우수성을 의미하는 것이었다. 러시아군은 그들의 교두보에 16개 사단과 더불어 2개 차량화군단, 1개 기갑여단과 2개 대전차여단을 보유하고 있었다. 독일군은 **4개 기갑사단, 1개 기갑척탄병사단과 2개 보병사단으로 반격**을 했다. 이 반격과 이전의 공격 과정에서 러시아군은 18,000명을 포로로 잃었고 700대의 전차, 200문의 야포와 400문의 대전차포를 상실했다.

[옮긴이의 주]
- 집단군 사령관이었던 만슈타인의 회고록에서는 몇 만 명의 포로, 몇 천 대의 중화기들을 획득하는 과정이 단 몇 줄로만 서술되고 있다. 또한 부대들의 정보를 정확히 전달하지 않아, 2개 사단이 공격했다 할지라도 어느 사단인지 확인할 수 없는 경우가 많다. 독자들은 이러한 서술로 인해 상세한 전투 과정을 알 수 없어 지루함을 느낄 수도 있겠지만 집단군 사령관의 위치에서 만슈타인이 연대, 사단 단위의 전투에 직접 개입할 수도 없었을 것이다. 만슈타인의 회고록은 일반 병사, 하급 지휘관들의 회고록과는 상당한 차이점이 있을 수밖에 없다.

벨고로트, 하르코프 전투
(THE BATTLE WEST OF BELGOROD AND THE FIGHT FOR KHARKOV)

반격의 성공을 통해 6군의 방어 지역을 안정화시키는 것에 성공했지만, 우리는 여전히 1기갑군이 방어하던 도네츠강 전선을 정리하지 못하고 있었다. 혼란스러운 상황은 이제 집단군 북익에서 러시아군이 공격을 함으로써 더 이상 안정화되기 어려워졌다. 4기갑군과 켐프분견군이 성채작전을 시작할 때의 지점으로 후퇴하고 있던 시점부터 러시아군은 지속적으로 압박을 가하고 있었다. 달이 바뀌던 시점에 우리의 통신 감청반과 항공정찰대는 러시아군이 쿠르스크 돌출부 주변에 강력한 기갑부대들을 집결하고 있음을 보고했으며, 이 부대들은 동부전선의 중부지역에서 차출한 것이 틀림없었다. 하르코프 남동쪽에 있는 도네츠강 유역에서도 또 다른 공격이 준비되고 있음이 포착되었다. 8월 2일 우리는 육군총사령부에 남부집단군의 북익인 벨고로트 서쪽에 곧 러시아군의 공세가 시작될 것으로 보고했다. 우리의 생각으로는 이 공격은 하르코프 남동쪽을 향하는 공격과 합세하여 도시에 독일군을 가두어 놓고, 드네프르강으로의 개활지를 확보하고자 하는 것으로 생각되었다. 우리는 이전에 중부집단군에 넘겨준 2개 기갑사단과 SS기갑군단의 지휘권을 다시 갖는 것을 육군총사령부에 요청했다. 이 외에 우리는 도네츠강에 주둔하던 3기갑군단과 3기갑사단을 하르코프로 다시 이동시켰다.

8월 3일 4기갑군과 켐프분견군이 방어하던 벨고로트 서쪽 전선에 대해 러시아군의 공격이 시작되었다. 러시아군은 기갑군과 분견군이 맞닿아있는 곳에서 돌파구를 열고자 분전했으며 며칠이 지난 후 그 돌파구의 폭과 깊이가 상당하였다. 4기갑군은 계속 서쪽으로 퇴각하고 있었고, 켐프분견군은 남쪽으로 퇴각하여 하르코프 쪽에 근접하였다. 8월 8일이 채 되지도 않은 시점에 하르코프 북서쪽에 만들어진 그 돌파구의 간극은 넓이가 35마일에 이르렀으며 4기갑군과 켐프분견군은 연결고리를 잃었다. 러시아군은 이제 폴타바와 드네프르강까지 거침없이 진격할 수 있었다. 집단군은 켐프분견군이 뚫린 간극을 다시 메꾸고, 러시아군의 측면을 공격할 수 있도록 하기 위해서 –히틀러가 최종적으로 다시 지휘권을 우리에게 넘간– SS기갑군단과 3기갑사단으로 구성되어 있는 3기갑군단을 하르코프에 투입하였다. 동시에 4기갑군은 중부집단군으로부터 인수한 2개 기갑사단과 1개 기갑척탄병사단을 동원하여 서쪽으로 뻗어있는 러시아군의 공세를 압박해야만 했다.

이러한 부대들의 투입은, 집단군 전체 전력을 투입할지라도, 현재 봉착한 상황에 대한 장기적인 해결 방안이 되지 못함은 명백했다. 이미 우리 사단들의 손실은 놀랄만한 수치에 이르렀고, 특히 2개 사단은 지속적이며 과도한 임무로 인해 거의 괴멸 수준에 처했다. 러시아군이 신속한 진격을 하는 동안 독일군은 정비창에 입고되어 있던 많은 수의 전차들을 버릴 수밖에 없었다. 우리가 처한 상황과 달리, 러시아군은 성채작전으로 인해 초래된 손실을 우리의 예상보다 더 빨리 보충했다. 무엇보다 러시아군은 다른 전선으로부터 신규 부대들을 차출하고 있었다. 예상하던 바와 같이 러시아군이 이제 독일군 남익에 새로이 공세를 벌일 것은 명확해졌다. 러시아군은 끊임없이 새로운 부대들을 돌파구에 밀어 넣었을 뿐만 아니라 하르코프 동쪽과 남동쪽에서도 공세가 임박했다. 동시에 도네츠강과 미우스강 전선에 새로운 작전이 준비되고 있는 정황들이 포착되었다.

8월 8일 육군참모총장이 우리를 방문했을 때 우리는 지금부터는 남부집단군이 예비대로 보유할 사단의 규모나 쿠반 교두보를 소개할 것인지에 대한 개별적인 문제들(Isolated problems)에 대해 고민하는 것이 의미가 없음을 담담하게 얘기했다. 진정 중요한 것은 독일군 남익을 붕괴시키기 위한 러시아군의 공세에 맞서 무엇이든지 해야 하는 것이라 언급했다. 독일군은 이를 위해 두 가지 방법을 선택해야 했다.

첫째, 적어도 남쪽에서 드네프르강 전선을 구축하기 위해 도네츠강 유역에 배치되어 있는 부대들을 즉시 퇴각시켜야 한다.
둘째, 육군총사령부는 다른 전선으로부터 적어도 10개 사단을 차출하여 4기갑군과 중부집단군 소속의 2군 사이에 있는 공백을 메꾸고 10개 사단 이상을 드네프르강으로 이동시켜야 한다.

그러나 집단군의 지속적인 요구에도 육군총사령부는 기존대로 어떠한 가시적인 결정을 하지 않았다. 이 와중에 전선의 상황은 점점 악화되었다. 러시아군이 4기갑군을 서쪽으로 점점 몰아붙이고 있었고, 동시에 러시아군은 -켐프분견군의 측면을 공격하여 고립시킨 후에- 하르코프에서 분견군을 포위하고자 하였음이 명백했다. 8월 12일 러시아군은 하르코프의 동쪽과 남동쪽을 공격했다. 이곳에 배치되어 있던 사단들은 광범위하게 배치되어 있었기에 퇴각했고 켐프분견군이 도시에서 고립될 위기가 임박했다. 이번에도 정치적 이유가 가장 먼저이자 큰 이유가 되었지만 늘 그랬듯이 히틀러는 하르코프의 함락이 터키와 불가리아(Bulgaria)에 미칠 악영향을 언급하며 어떠한 손실을 감수하고라도 하르코프가 사수되기를 주문했다. 그러나 집단군은 그러한 명령을 받았더라도 하르코프를 위해 독일군을 희생할 생각은 전혀 없었다. 8월 22일 켐프분견군의 양 측면에 가해진 압박을 피하고, 도시에서 포위되는 것을 막기 위해 하르코프를 포기할 수밖에 없었다. 와중에 켐프분견군은 8군으로 재지정 되었으며, 사령관으로는 나의 예전 참모장이었던 뵐러 장군이 임명되었다. 나는 켐프 장군과의 유대감을 느끼고 있었지만 뵐러 장군의 임명은 히틀러의 지시였고, 이 임명에 대해 반대하지는 않았다. 왜냐하면 뵐러 장군의 신중함과 침착성(Sang froid)은 크리미아 전투에서도 이미 증명되었고 특히나 현재 상황에서는 더욱더 빛을 발할 수 있기 때문이었다.

[옮긴이의 주]
· 켐프 장군은 8월 16일 해임되었으나 1944년경에도 발틱 지역의 국방군 소속으로 활동한 것으로 보인다.

어쨌든 8월 22일은 대단히 위험한 순간이었다. 러시아군은 도네츠강 전선에서 공격을 재개했고 6군은 러시아군의 돌파를 막아내기는 했지만, 전선의 상황을 안정시키기에는 역부족이었다. 1기갑군 또한 러시아군의 공세를 강하게 받아쳐 전황을 정체 수준으로 이끌어냈지만 곧 전력의 한계를 드러냈다. 8군이 하르코프에서 큰 손실 없이 퇴각하는 동안에 4기갑군은 남익에서 벌어진 전투에서 승리했지만 격렬한 전투를 벌여야만 했다. 그럼에도 8월 23일까지는 ―중부집단군과 도네츠강 전선에서 차출한 기갑부대들을 투입하여― 잠깐 동안이지만 폴타바를 향한 러시아군의 진격을 저지할 수 있었다. 하르코프 남쪽과 아크티르카의 남서쪽을 연결하는 얇고도 불완전한 전선이 재구축되었다. 4기갑군은 중부집단군 우익과의 연결고리를 유지하고 있었지만 아크티르카의 남서쪽에는 여전히 넓은 간극이 있었다. 이 간극은 8월말이 되어서야 전선을 강화하고자 하는 공격을 하던 중에 메워질 수 있었다. 8월 23일 정보과의 보고를 보면 우리 2개 군이 맞서야 될 러시아군과의 병력비를 알 수 있다. 4기갑군이 홀로 맞서야 했던 보로네슈전선군은 3개 군(1개 기갑군과 2개 군)으로 공격을 하고 있었고 예비대로 1개 군이 뒤따르고 있었다. 8군의 반대편에는 스텝전선군(Steppes Front)이 1개 기갑사단과 6개 사단으로 구성되어 있었다. 우리가 8월 20~21일에 육군총사령부에 보고한 상대적인 병력비에 대한 자료 및 명세(Breakdown)는 집단군 전체가 처한 상황을 보다 쉽게 보여준다.

〈저자〉

Own Formations	Breadth of Front	Numbers of Divisions	Approx. Fighting Power	Number of Enemy Formations (Excluding those withdrawn to date)
Sixth Army	155 miles	10 infantry 1 armoured	Equiv. to 3 1/2 Divs. Equiv. to 1/2 Div.	31 Rifle divisions 2 mechanized corps 7 armoured brigades 7 armoured regiments (total complement of tanks about 400)
First Panzer Army	155 miles	8 infantry 3 armoured (or panzer grenadier)	Equiv. to 5 1/2 Divs. Equiv. to 1 1/4 Divs.	32 Rifle divisions 1 tank corps 1 mechanized corps 1 armoured brigade 6 armoured regiments 1 cavalry corps (total complement of tanks about 220)
Eight Army	130 miles	12 infantry 5 armoured	Equiv. to 5 3/4 Divs. Equiv. to 2 1/3 Divs.	44–45 Rifle divisions 3 mechanized corps 3 tank corps 11 armoured brigade 16 armoured regiments (total complement of tanks about 360)
Fourth Panzer Army	170 miles	8 infantry 5 armoured	Equiv. to 3 Divs. Equiv. to 2 Divs.	20–22 Rifle divisions 1 mechanized corps 5 tank corps 1 armoured brigade 1 armoured regiments (total complement of tanks about 490)
Southern Army Group	610 miles	38 infantry 14 armoured	Equiv. to 18 Infantry Equiv. to 6 armoured	

러시아군의 전력을 평가할 때 각 사단과 기갑사단들은 완편된 전력의 약 30~50% 수준의 전력을 보유했으리라 감안했다. 새로이 투입되어 여전히 전력을 유지하고 있는 소수의 사단들, 기갑 또는 차량화군단의 경우에는 아마도 70~80%의 전력을 보유했을 것이라 추정했다. 의심할 여지가 없이 러시아군은 독일군과 동일한 수준의 전력 감소를 겪어온 이래 이제까지 많은 손실을 입었지만, 우리가 상쇄할 수 없는 것은 며칠 뒤에 오렐로부터 차출되는 병력을 포함한 러시아군의 수적 우위였다. 병력비에 대한 자료를 보면, 우선적으로 기갑부대만을 보더라도 러시아군은 그들의 전력을 남부집단군의 북익에 집중하고 있음을 보여준다. 러시아군은 그들의 주력을 8군과 4기갑군의 우익에 투입하였고 이는 그들의 의도가 드네프르강으로의 돌격임을 의미했다. 연이어 증원부대를 투입하여 러시아군은 4기갑군의 취약 구간을 북쪽에서 압박하여 포위하고 궁극적으로 키예프까지 밀어붙여 도시를 탈환하고자 했다.

이 병력비에 대한 자료로 또한 성채작전 이후에 그들이 재편성한 부대들(55개 사단, 2개 기갑군단 또는 차량화군단과 수많은 기갑여단들 등)에 비교하여, 독일군의 경우에는 9개 사단과 1개 기갑사단만이 8월말까지 증원되었음을 알 수 있다. 이 중에는 중부집단군 우익을 지키다가 4기갑군에 속하게 된 7군단의 4개 사단이 포함되어 있는데, 4기갑군의 전선이 75마일 더 늘어났기 때문에 이 4개 사단은 실질적인 증원이라 볼 수 없었다. 어쨌든 우리는 추가적으로 5개 사단과 1개 기갑사단을 예비대로 확보할 수 있었다. 만일 우리가 새로운 부대들을 성채작전 이전에 인수했다면 적어도 집단군의 첫 번째 공세의 승리를 더욱 앞당겼을 것이고 우리가 원하는 방향으로 전황을 바꾸어 놓았을 것이다. 모든 전선의 상황이 긴박해지고 있는 지금보다는 성채작전 이전에 그들을 적재적소에 배치하였어야 했다.

위기의 확대
(THE CONFLAGRATION SPREADS)

그나마 하르코프와 수미(Sumy)를 연결하는 방어선을 연결하고자 끊임없이 노력하여 8월 27일까지 집단군 북익의 전선은 잠시나마 소강상태를 보였다. 하지만 도네츠강 전선은 이전보다 확실히 위험이 더 커졌다. 집단군은 임무의 변경 없이 추가적으로 더 많은 부대의 지원을 끊임없이 요청하거나, 러시아군을 더 축소된 전선에서 맞서기 위해 퇴각 및 무조건적인(Categorical) 행동의 자유를 요청했다. 그 결과 히틀러는 남부 러시아에서 짧은 회견을 갖기로 결정했다. 회견은 그의 사령부가 이전에 위치했던 빈니차에서 개최되었다. 회담 도중 나와 휘하 지휘관들(군, 군단, 모든 사단장들)은 과로로 탈진한 부대들의 현 상태를 곁들여서 현재 전황을 상세하게 설명했다. 특히 나는 133,000명의 사상자가 발생했음에도 33,000명만이 보충되었음을 언급하였다. 또한 비록 러시아군의 전투력이 많이 약해졌다고 하지만, 그들이 보유한 대규모 예비대들은 새로운 공세를 취할 때 적시에 투입될 수 있을 것이고 이를 제외하고도 러시아는 다른 전선에서 병력을 차출하여 동부전선에 지속적으로 병력을 투입할 것이라 말했다. 나는 현재의 전황을 요약하면서 도네츠강 전선은 현재의 가용한 병력으로는 지켜낼 수 없으며 —독일군 남익 전체를 위기에 빠지게 할— 더 큰 위험은 현재 집단군 북익에 대한 러시아군의 공격이라 주장했고, 4기갑군과 8군의 전력으로는 드네프르로 향하는 러시아군을 방어하지 못할 것이라 주장했다. 나는 히틀러에게 간결한 해결책을 제시했다.

'최소한 12개 사단을 차출하여 남부집단군에게 배정하고, 전투력이 소진된 사단들을 소강상태에 있는 전선의 부대들과 교체해 줄 것과 집단군 내에 충분한 예비대를 확보하기 위해 도네츠강 전선을 포기할 것.'

회견 중에 전체적으로 객관적인 자세를 보였던 히틀러는 여전히 모든 기술적인 부분에 대해서 장황하고도 요점 없이 자기 의견을 주장하고자 했음에도 집단군에게 적극적인 도움이 필요한 것에 동의했고 북부, 중부집단군에서 가용할 수 있는 병력들을 남부집단군에 예비대로 배치하는 것을 약속했다. 탈진한 사단들을 안정된 전선의 사단과 교체하는 것은 1~2일 뒤에 처리될 것이라 말했다. 그러나 바로 다음날, 이 같은 약속들은 하나도 지켜지지 않았다. 러시아군은 중부집단군의 우익인 2군을 공격하였고 국지적인 돌파에 성공하여 혼란에 빠진 2군은 서쪽으로 퇴각하였다. 중부집단군은 또 다른 국지적인 위기를 겪었는데 이로 인해 4군이 방어하던 지역에도 러시아군이 공격을 성공리에 이끌었다. 8월 28일 클루게 원수는 히틀러의 최고사령부를 방문하였으나 그의 중부집단군에서 병력을 뺄 것이라는 말을 듣지 못했다. 북부집단군 또한 1개의 사단도 차출시킬 수 없다고 전해왔다. 다른 전선의 상황을 관망하며, 히틀러는 우선은 정세의 변화를 기다린 후 영국군의 상륙 지점이 아풀리아

(Apulia)인지 발칸인지 또는 샤르디니아(Sardinia)에서 영국군을 묶어놔야 할 것인지에 대해 결정하고자 했다. 이러한 위기 상황은 가능하지 않았고, 또한 심각하지 않은 것이었다. 불운하게도 러시아군은 결정을 미루고자 하는 히틀러의 바람을 무시하고 공격을 지속했으며 점차 정황이 위험해졌다.

6군은 돌파 당했으며, 해안에서 방어전을 펼치던 6군 소속의 군단은 포위될 위기에 처했다. 집단군은 북익을 강화하기 위해 쓰려했으나 ―우리 의지에 반하여 육군총사령부에 의해― 도네츠강 전선에 투입된 사단들은 전선을 안정시키기에 충분하지 않았으므로, 8월 31일 우리는 6군에게 후방에 사전 준비된 진지(Testudo)로 퇴각하도록 명령했다. 이는 도네츠강 유역에 대한 소개작전이 처음 시작되었음을 의미했다. 같은 날 저녁, 히틀러는 결국 집단군에게 6군의 퇴각을 명령할 재량권을 주었고 만일 더 이상 선택 여지가 없거나 상황이 여의치 않았을 때에 한하여 1기갑군 또한 우리에게 재량권을 위임하였다. 동시에 도네츠강 유역에 있는 군사 시설 등에 대한 파괴 명령을 내렸다. 만일 몇 주 전에 이러한 행동의 자유가 주어졌더라면 집단군은 남익에서 보다 효율적인 전투에 임할 위치를 찾을 수 있었을 것이다. 집단군은 북익에서의 중요한 전투를 위해 부대 운영을 독자적으로 지휘할 수 있었고 여전히 적을 축소된 전선에서 최대한 드네프르강에서 멀리 떨어진 지역에서 막아낼 수 있었을 것이다. 그러나 때가 늦은 재량권의 부여가 의미하는 것은 단지 독일군의 남익이 패배로부터 벗어날 수 있게 하는 것 말고는 아무 것도 없었다. 이젠 드네프르강 앞에서 적을 막기에 충분한 전선을 구축할 수 있을지도 불분명했다.

1기갑군이 그들의 우익인 6군이 새로운 전선으로 퇴각하는 것에 발맞춰 퇴각하는 것을 제외하고는 여전히 도네츠강 중류 지역을 잘 방어하고 있는 동안 집단군의 북익은 다시 위험에 빠졌다. 하르코프 남쪽 지역에서 동쪽과 북쪽에서 시작되는 공격으로 압박을 받고 있던 8군은 퇴각을 통해 전선을 축소함으로써만 러시아군의 돌파를 방지(Forestall)할 수 있었다. 멀리 퇴각하지 않았던 점이 그나마 다행이었다. 4기갑군은 인접해 있던 중부집단군의 2군이 퇴각함에 따라 어쩔 수 없이 그들의 좌익을 퇴각시켜야만 했다. 이로써 가뜩이나 얇았던 방어선이 더 길어지는 결과를 낳았다. 더 나아가 2군 사령부의 잘못된(Ineptitude) 지시에 따라 최남단에 배치되었던 13군단이 4기갑군 방어 지역으로 후퇴함에 따라 4기갑군은 전력이 심하게 소진된 4개 사단을 떠안아야 했고 아울러 56마일에 이르는 북쪽 전선을 떠맡게 되었다. 잠시 러시아군의 공격이 잠잠해지긴 했지만, 누구라도 러시아군이 공세를 준비 중이라는 것을 알 수 있었고 4기갑군이 이 공세를 막을 수 없다고 보여졌다. 위기는 4기갑군의 북익에 대해 새로운 공격이 시작되자 더욱 커졌다.

　병력 증강에 대한 히틀러의 결정이 없고, 상황 전개가 갈수록 불리해지자 나는 동프로이센에 있는 최고사령부를 9월 3일 방문했다. 나는 ―러시아군이 명백하게 보여주고 있는 의도를 고려한 병력의 재배치를 얻기 위해― 클루게 원수에게 동행해 줄 것을 요청하였고 동시에 동부전선에서 육군총사령부와 국방군 최고사령부의 중복 간섭을 배제하기 위한 '통합적인 지휘 체계'의 합리성이 필요함을 역설하고자(Broach) 하였다. 전날 나는 자이츨러에게 서신을 보내 동부전선에서의 결정적인 사항들에 대해 실질적인 조치가 최종적으로 필요함을 요구하였다. 중부집단군과 남부집단군이 인접한 지역에서의 전황을 감안하면 키예프 앞에 강력한 군을 집결시키는 대비책을 꼭 채택해야만 했다. 다른 전선으로부터의 병력 증원이 ―만일 연합군이 유럽에 상륙하는 시점까지― 지연된다면 우리는 동부전선에서의 마지막 기회를 잃을 것이라 적었다. 아울러 어떠한 경우라도 연합군의 해군 배치와 선적 장소에 대해 그들의 대략적인 전략을 예측하는 것은 어렵지 않을 것이라 덧붙였다. 자이츨러는 이 서신을 히틀러에게 보여주었는데 히틀러는 이를 보자마자 격분하여 발끈한 채

'만슈타인이 오로지 관심을 두는 것은 천재적인 작전을 수행하여 전쟁사에 길이 남는 것뿐이다(I was interested in doing was conducting ingenious operations and justifying myself in the war diary).'

　라고 확언했다고 했다. 나는 히틀러가 너무 고지식하다고 느꼈다. 유감스럽게도 히틀러, 클루게와 나와의 회견은 결국 아무 소득도 없이 끝났다. 히틀러는 북부집단군 및 다른 어떤 전역에서도 증원 가능한 병력을 차출할 수 없다고 말했다. 또한 모든 전역의 책임 권한을 **총참모총장**(Chief-of Staff)에게 위임하여 통일된 지휘 체계를 확립하자는 우리의 의견에도 그는 총참모총장이 현재와 차이가 있는 결정을 내리지 못할 것이며 전체적인 전쟁 수행을 개선하지 못할 것이라며 부정적인 반응을 보였다. 물론 히틀러는 모든 전역에서의 작전 권한을 갖는 총참모장직을 제안하는 목적이 궁극적으로는 작전 수행에 대한 권한이 더 이상 그에게 있지 않게 하려는 것이라는 것을 충분히 알고 있었다. 또한 동부전선에서의 지휘권을 놓지 않기 위해 마찬가지로 동부전선을 위한 **총사령관**(Command-in-Chief) 임명에 대해서도 거부했다.

[옮긴이의 주]

· Chief-of staff은 통상 육군참모총장으로 옮겼으나, 여기에서도 이전과 마찬가지로 문맥에 맞게 총참모총장으로 옮겼다. Command-in-Chief도 육군총사령관이 아닌 총사령관으로 옮겼다. 독일어로 출판된 책에서는 어떤 표현으로 기술되었는지 확인할 수 없었다.

이후 며칠간 육군총사령부가 남부집단군을 고려한 어떠한 해결 방안도 내놓지 않았기에 나는 9월 7일 남부집단군의 상황을 다시 작성하여 전문을 보냈다. 나는 러시아군이 이미 그들의 예비대와 동부전선의 다른 지역으로부터 차출한 55개 사단, 2개 기갑사단 등을 전개하였음을 강조하였고, 추가적으로 부대들이 계속 증원(On the way) 중이라 적었다. 다시 한번 나는 집단군이 전황을 안정시키기 위해서는 결정적인 선택이 시급함을 주장했다. 그 결과 히틀러는 다음날 집단군 사령부가 위치한 자포로지예를 방문했으며 A집단군 사령관인 클라이스트 원수가 소환되었고, 아직 쿠반 반도에 잔류 중이던 17군 사령관인 루오프(Ruoff) 장군 또한 히틀러를 보기 위해 도착했다. 이 회견에서 내가 할 수 있는 것은 집단군이 처한 전황과 부대들의 상태 그리고 집단군의 북익이 무너진다면 이는 남부집단군만의 문제가 아니라 결과적으로 A집단군에게도 영향을 미칠 수 있다고 강조하는 것뿐이었다.

나는 집단군의 우익이 드네프르강 앞에서 전선을 안정화시킬 수 없을 것이라 지적했다. 6군의 북익에서는 러시아군이 28마일에 이르는 돌파구를 여는 것에 성공했으며, 이 지역에는 2개 사단의 잔존부대들만이 싸우고 있었다. 소수의 기갑부대를 투입한 반격작전으로도 이 간극을 닫는 것에 실패했다. 우리가 원하든 원하지 않든 간에 집단군 북익에 대한 위기를 해결하기 위한 반격을 드네프르강 뒤로 퇴각한 후에 찾을 수밖에 없었다. 나는 남부집단군의 북익을 유지하기 위해서는 중부집단군이 드네프르강까지 즉시 퇴각해야 한다고 제안했다. 이를 통해 전선의 길이를 3분의 1 정도 축소할 수 있었고, 전선의 축소로 인한 결과로써 가용 가능한 병력을 확보하여 동부전선의 주요 요충지를 지킬 수 있는 충분한 병력을 확보할 수 있었다. 히틀러는 여전히 새로운 돌격포(S.P Assault-Gun, Self Propelled)대대들을 투입하여 퇴각을 멈추길 원했지만, 원칙적으로 집단군의 우익이 멜리토폴-드네프르강까지 퇴각하는 것을 수락했다.

늘 그랬듯이 히틀러는 실제로는 서너 개에 달하는 사단들을 투입하여야만 바뀔 수 있는 전황에 대해서도 성능이 우수한 무기들(Technical resources)의 투입만으로도 전황을 뒤바꿀 수 있다고 생각했다. 그리고 히틀러는 중부집단군을 드네프르강 상류로 후퇴시켜 가용 가능한 병력을 확보한다는 것에 대해서는 짧은 기간 내에 그만한 거리를 퇴각하는 것이 불가능하다는 입장을 고수했다. 히틀러는 이 같은 병력 전개를 완료하기 전에 진흙탕 길이 우리를 어렵게 만들 것이고 이미 진행되었던 오렐에서의 철수 때처럼 많은 장비들을 퇴각 중에 손실할 것이라 말했다. 그가 희망한 가장 좋은 방법은 중간지대까지만 퇴각하는 것이었는데, 훗날 이 때문에 우리는 가용 가능한 병력 확보에 실패하게 되었다.

크리미아 전선과 1942~1943년 겨울 전역을 경험한 우리의 관점에서 보자면, 육군총사령부와 다른 집단군의 생각과 달리 모든 문제의 해결책은 유연성을 반영한 전략뿐이었다. 전투가 있는 모든 전역에서 우리는 늘 신속함과 기동력을 살려 작전을 수행해야 했으며 절대로 작전 구상과 돌격 시에는 시간을 낭비하지 말아야 했다. 히틀러와 다른 집단군들은 그와 반대로 광범위하게 배치된 부대들의 이동이 어려워서 퇴각작전이 재빨리 수행되기는 불가능하다고 생각했다. 신속한 퇴각이 계속 보류되고 있는 동안, 히틀러가 각 군들(Armies)에게 보급이 일시적으로 끊기더라도 3개월 정도 버틸 수 있는 식량과 탄약을 보유하라는 명령을 내림으로써 더 복잡하게 돼버렸다.

비록 히틀러가 중부집단군의 전선을 축소하자는 급진적인 나의 제의를 수용하지는 않았지만 그는 남부집단군을 강화시킬 필요성에 대해서는 인지했다. 육군참모총장의 제안에 따라 히틀러는 중부집단군에게 2개 기갑사단과 2개의 사단으로 구성된 군단을 즉각 4기갑군과 연결된 지역에 투입하라고 명령했다. 이 같은 조치의 목적은 남부집단군이 포위되는 것을 미연에 방지하기 위한 것이었다. 덧붙여 그는 추가적으로 몇 개의 사단을 차출하여 드네프르강의 도하점을 수비하도록 하겠다고 약속했다. 마지막으로 가용 가능한 병력을 확보하기 위해 그는 전략적인 목표 없이 점령하고 있던 쿠반 교두보에서 병력을 소개하는 것을 결정했다. 클라이스트 원수에 따르면 이 작전은 10월 12월까지 완료될 것이라 하였다. 그러나 이러한 조치들을 취하기 위한 적절한 명령들은 우리 사령부에 직접적으로 내려지지는 않았다. 내가 히틀러를 공항에서 배웅할 때 그는 전용기에 타기 전 다시 병력의 증강을 약속했다.

이날 오후에 우리는 6군과 1기갑군에게 기동 방어를 수행하고, 동일한 방식으로 퇴각을 위해 많은 시간적 준비를 하여 부대들의 전력이 유지되어야 함을 명령했다. 우리가 히틀러의 약속이 지켜지기를 고대했던 4기갑군과 8군이 방어하던 전선은 중부집단군으로부터 인수될 군단의 반격만을 통하여 전선을 안정시킬 수 있었다. 우리는 이제 드네프르강으로 퇴각하는 병력들로 전선을 유지할 수 있어야 했고, 아직은 드네프르강 앞에 위치한 폴타바 근처에서 러시아군을 막을 수 있는 가능성이 있었다. 유감스럽게도 이튿날이 되자 우리는 낙담에 빠지고 말았다. 히틀러가 떠나갈 때 나에게 확약했던 것과 달리 4개 사단을 드네프르강으로 이동시키라는 명령은 내려오지 않았다. 더욱이 중부집단군의 우익에 배치될 군단 또한 집결이 지연되었다. 여전히 언제, 어디서, 어떤 가용 가능할 병력을 찾을 수 있는지는 불확실했다. 나는 육군참모총장에게 현 상황에서 우리는 러시아군이 키예프 등을 통해 드네프르강 도하에 성공할 가능성을 염두에 두어야만 한다고 히틀러에게 전해줄 것을 요청했다. 사실 국방군 최고사령부는 지속적으로 결정에 대해 주저했고 그마저 그 결정들에 대한 약속도 지키지 않았다. 집단군 사령부는 이미 국방군 최고사령부의 이러한 방법을 알고 있었기에 나는 무례함(Bluntness)을 무릅쓰고라도 히틀러에게 보내는 서신을 덧붙여야 한다고 생각했다. 내가 보낸 서신은 국방군 최고사령부와 남부집단군과의 관점 차이를 명백하게 알려주므로 여기에 똑같이 (Verbatim) 적고자 한다.

'집단군은 지난 겨울 전역이 끝나던 시점부터 지금까지 현재의 병력 수준으로는 전선을 유지할 수 없다고 보고해 왔으며, 우리가 원하는 것을 아무것도 얻지 못했지만, 지속적으로 동부전선 내 혁신적인 병력 배치 및 다른 전역과 동부전선에서의 병력 재배치를 요청해왔다. 남부집단군이 방어하는 전선의 중요성과 남부집단군에 주공을 돌릴 것이라는 러시아군의 의도를 감안한다면 병력의 재배치는 매우 긴급을 요하는 일이다. 반대로 집단군은 성채작전 이후에는 보유한 병력들을 차출 당했으며 이후 위기가 발생할 때에도 시기적으로 적절한 규모의 증원부대를 보충 받지 못했다. 이 서신을 작성하는 이유는 동부전선의 현 전황에 대해 소급하여 (Ex post facto) 책임을 전가하고자 하는 것이 아니라 이제 앞으로는 적절한 때에 꼭 필요한 작전이 수행되기를 원하고자 하는 동기에서 작성되었다.'

그러나 우리는 -히틀러가 요청된 필수적인 사항들과 중부집단군의 퇴각에 대해 자발적으로(His own will) 동의하지 않았기에- 남익의 전선을 안정시키기 위한 충분한 병력을 확보할 수 없었다. 그의 지휘참모부장(His Chief of Staffs, 작전부장) 및 남부집단군의 요청(Memorandum)도 그를 움직이지 못했다. 집단군의 요청에서 우리는 히틀러가 두려워하는 러시아군의 중부집단군에 대한 공격이 임박했으며, 러시아군의 목표는 우리의 북익에 병력이 집중하는 것을 막기 위한 것이라 강조했다. 중부집단군의 퇴각은 작전으로 보나, 전선의 축소라는 효율성으로 보나 양쪽에 이익이 있었다. 북익을 강화하기 위해 우리에게 약속된 병력의 배치 문제에 대해 중부집단군이 아무런 행동을 취하지 않은 것과 달리, 러시아군은 새로운 병력을 투입하였고 4기갑군은 북익에서 포위되고 남쪽으로 키예프까지 밀려날 위험에 처했다. 이 같은 전황이 의미하는 것은 드네프르강 앞이 아닌 뒤에서 방어선을 구축할 수밖에 없는 것과 동시에 집단군이 완전 포위될 위험이 임박했음을 의미했다.

9월 14일 이러한 전황의 개요를 육군총사령부에 보고하면서 집단군은 다음날이면 북익에 있는 부대들에게 키예프를 옆으로 경유하여 드네프르강 뒤로 퇴각하라는 명령을 내릴 수밖에 없을 것이라 말했다. 이미 8군에게는 기동 방어를 시행토록 명령이 내려졌었다. 가능한 전선을 축소하여 폴타바 인근에서 러시아군을 저지한다는 구상은 ―히틀러가 미적거림으로써― 헛되이 끝나고 말았다. 우리는 육군총사령부로부터 9월 15일 히틀러가 다시 우리와 회견을 할 때까지는 이러한 명령이 내려져서는 안 된다는 회신을 받았다. 나는 이에 내가 육군참모총장만이 배석한 채로 히틀러에게 직접적으로 얘기하지 않는다면, 회견은 무의미할 것이라 응수했다.

회견 시에 나는 또한 히틀러가 방문한 이래로 우리의 전황이 점점 악화되고 있는 사실과 남부집단군 북익에 대한 위기는 궁극적으로 남부집단군 뿐만 아니라 동부전선 전체에 심각한 영향을 끼칠 것이라 강조했다. 추가적으로 나는 중부집단군으로부터 병력을 인수하지 못하여 위기가 초래되었다고 덧붙였다. 남부집단군의 입장에서 보자면 ―만일 4기갑군이 붕괴된다면 어떠한 병력들로도 위기에 처한 중부집단군을 구원할 수 없음에도 불구하고― 이제까지 육군총사령부가 내린 병력의 차출에 대해서는 성실히 그 명령에 따랐었다. 하지만 다른 집단군의 경우에 병력 차출 명령에 따르지 않는 이유를 알지 못하겠다고 언급했다.

나에게 있어, 매우 긴박하게 필요하다고 생각했던 병력의 배치에 대해 국방군 최고사령부가 명령을 내리지 않은 것에 대해서 참을 수가 없었다. 만일 집단군이 명령받은 바를 수행하지 않는다면 어떤 결과가 벌어질 것인가? 어쨌든 나만의 독자적인 명령을 수행할 수밖에 없다고 확신하게 되었다(히틀러는 중부집단군의 전선 축소가 시급히 필요하다고 생각하지 않았기 때문에 이번에는 중부집단군에는 방문하지 않았다. 그리고 그는 모든 의견들을 무시하고 아무 명령도 내리지 않으려 했기 때문이었다). 나는 현재 4기갑군이 드네프르강을 넘어 퇴각할 수 있을지 불확실하다고 말하며 언급을 끝냈다. 우리는 집단군이 작전 수행을 원활하게 하기 위해 전력을 다하는 동안, 우리 집단군의 북익을 안정화시키기에 충분하다고 판단될 때까지 가용한 4개의 철로가 중부집단군에서 각 사단들을 이동시키는데 쓰여야 한다고 주장했다(병력의 차출로 인해 중부집단군이 드네프르강 방어선까지 퇴각해야 하는 것은 필연적이었다).

러시아 전역, 멜리토폴-드네프르강-키예프-데스나강 방어선

내가 주장한 바와 같이 동부전선 전체의 운명은 이제 강력한 병력들을 키예프로 즉시 투입하는 것에 달려 있었다. 내가 은연중에 비판을 제기하자 히틀러는 조용히 그 비판을 받아들였지만 회견을 통해서는 작은 타결이라도 이끌어내지 못했다. 그럼에도 회의의 결과로 인해 중부집단군은 즉시 17

일부터 4개의 철로를 이용하여 4개 사단을 남부집단군으로 전출시키라는 명령이 내려졌다. 또한 우리의 부대들을 보충하기 위해 32개 대대를 서부전선에서 차출하겠다는 약속을 받았다. 9월 15일 저녁 우리는 집단군 사령부에 도착하자마자 멜리토폴-드네프르강-키예프-데스나(Desna)강 선으로 퇴각하도록 명령을 내렸다. 독자들은 드네프르강 앞에서의 몇 주일 간 집단군 사령부 참모진들이 히틀러와의 논쟁에 많은 심혈을 기울였음을 알고 있을 것이다. 사실 우리가 끊임없이 국방군 최고사령부로 하여금 적시에 필요한 선택을 받아들이게끔 설득을 하는(피할 수 없다면 늦기 전이라도) 것에는 너무나도 많은 정신적인 노력이 필요했다. 나는 개인적으로 신속한 결정을 선호하였고 명백한 사실에 대해 끊임없이 반복되는 업무에는 큰 흥미가 없었다. 결국 작전상으로 필요했던 것들에 대해 인지시키는 노력들이야말로 1943~1944년 독일 측에서 볼 수 있는 특징이었다.

드네프르강으로의 퇴각
(THE WITHDRAWAL BEHIND THE DNIEPER)

내가 9월 15일 집단군 사령부로 복귀한 후 내려진 퇴각 명령은 퇴각 시에 부대들이 그들의 전투력을 유지할 수 있는 속도로 이루어져야 함을 요구했다. 요약하자면 '모든 명령과 결정들은 모든 부대들이 곤란한 상황을 극복할 수 있는, 전투에 투입이 가능한 상태를 유지한 상태에서만 내려져야 하고, 부대들이 혼란에 빠지지 않고 또한 전투력을 유지한 채 퇴각'을 해야 했다. 부대들은 퇴각을 위해 가능하다면 러시아군이 공격하게끔 만들어 그들의 전투력을 소진하게끔 내버려두어야 했다.

6군은 남익에 있던 그들의 2개 군단을 자포로지예 남쪽에 있는 멜리토폴과 드네프르강 유역까지 퇴각시켜야 했다. 북익에 있던 1개 군단은 자포로지예에 배치시켜 이 교두보를 지켜야 했다. 이 군단은 곧 1기갑군의 휘하에 배속되며, 6군의 나머지 부대는 —휘하의 17군을 쿠반에서 크리미아로 이동시킨— A집단군 휘하에 배속되었다.

1기갑군은 자포로지예, 드네프로페트로프스크에서 드네프르강을 도하한 후 자포로지예부터 크레멘추크(Kremenchug) 동쪽까지 20마일에 이르는 거리를 방어해야 했다. 드네프로페트로프스크에서 동쪽에서 서쪽으로의 이동이 완료되면 이 교두보는 파괴되어야 했지만, 자포로지예의 교두보는 히틀러의 명령이 있을 때까지 유지해야 했다. 드네프로페트로프스크까지 퇴각해야 하는 8군의 우익은 이 시점에 1기갑군 휘하에 배속되었다. 1기갑군은 또한 2개 기갑사단, 1개 기갑척탄병사단, 1개 SS 기병사단으로 구성된 40기갑군단을 집단군의 좌익을 강화하기 위해 드네프르강 남쪽으로 이동시켜야 했는데 자포로지예의 교두보를 지키라는 히틀러의 명령으로 취소되었다. 그 결과에 대해서는 나중에 설명하겠다.

8군은 크레멘추크와 체르카시(Cherkassy) 사이에서 도하하여 체르카시 좌익에 기갑부대를 집결시켜 지형을 이용한 교두보 방어를 해야 했다. 8군은 키예프 남쪽까지 20마일에 이르는 전선을 방어해야 했으므로, 4기갑군에 속한 24기갑군단이 도하에 성공하면 즉시 8군에 배속될 예정이었다.

4기갑군의 임무는 24기갑군단을 카네프(Kanev)에서 드네프르강을 도하시킨 후에 4기갑군의 주력으로써 키예프를 지킴과 동시에 강 뒤에서 북쪽으로 중부집단군 남익과의 연결고리를 재구축해야 했다.

[옮긴이의 주]
- 부대들의 소속이 지속적으로 바뀌기 때문에 독자들은 혼동을 겪을 수도 있을 것이다. 어려운 상황이었음만을 감안하길 바란다.

멜리토폴-드네프르강까지의 퇴각작전은 이러한 명령들에 따라 수행되었는데 —우리를 놓아주지 않으려는 우세한 러시아군 때문에— 1943~1944년 전역 중에 가장 어려운 작전이 되었다. 6군이 방어하는 지역의 우익에서는 멜리토폴 북쪽과 자포로지예의 도하점까지 부대들을 국지적으로 이동시킬 수 있어서 작전이 비교적 용이하게 진행되었다. 이 지역에서의 위험 요소는 추격하는 러시아군의 우세한 화력(특히 기갑부대)뿐이었는데, 러시아군은 기동 중에 독일군의 중앙부를 충분히 돌파할 수 있었다. 반대로 다른 3개 군의 경우에는 강 뒤로 퇴각하면서 큰 어려움을 겪었다. 440마일에 이르는 전선에서 최대 5개 밖에 없는 드네프르강의 도하점으로 집결해야만 했는데, 일단 강을 도하하더라도 이전의 전선처럼 넓은 방어선을 구축한 후, 러시아군이 교두보를 강 남쪽에 구축하지 못하도록 적절히 배치되어야만 했다. 각 군들이 1~2개의 교두보에 밀집되어 도하하는 과정은 러시아군에게 큰 기회를 주는 것이었다. 무엇보다 독일군이 드네프로페트로프스크, 크레멘추크, 체르카시, 카네프, 키예프에서 차례를 지켜 도강해야 하는 시점을 러시아군이 이용할 수 있었다. 퇴각을 더욱 복잡하게 만든 것은 집단군의 가운데에 위치한 부대들, 즉 8군과 1기갑군의 좌익이 드네프르강으로 곧장 퇴각할 수 없었다는 점이었다. 대신에 이 부대들은 강을 도하하기 위해서는 북쪽으로 이동하여, 강과 평행선을 달리며 내려오는 방법을 택할 수밖에 없었다. 8군의 경우 그들의 도하점인 체르카시까지 오는 도중에도 전투를 벌여야 했고, 집단군의 좌익인 4기갑군은 중부집단군 남익의 전황이 변함에 따라 키예프에서 밀려날 위험에 처했다.

국지적인 이러한 위기 속에서도 퇴각작전이 성공리에 끝날 수 있던 것은 각 군(Army) 지휘관의 탁월한 능력과 부대들이 보여준 훌륭한 태도에 기인하였다. 러시아군 지휘관보다 뛰어난 독일군 지휘관과 참모진들, 러시아군으로부터 압박을 받던 때에도 승리할 것이라 믿었던 부대들이 결국 패배를 모면하게 만들었다. 러시아군은 가용한 소수의 도하점에 독일군이 집결하는 것을 방해하는데 실패했고 그들의 강력한 힘의 우위에도 불구하고 이를 막지 못했으며, 소수의 도하점에 그들의 강력한 부대를 집결시켜 도강한 후에 독일군의 방어선을 깨뜨리는 이점도 작전 초기부터 살리지 못했다. 그들이 유일하게 얻은 것은 독일군이 지키지 않던 강 서쪽 제방에 확보한 1~2개의 작은 교두보뿐이었다. 이 점은 전황을 설명할 때에 추가적으로 기술하고자 한다.

초토화작전
(SCORCHED EARTH)

지극히 어려운 상황 속에서 퇴각을 해야만 하는 우리로서는 가능한 모든 방법을 동원하여 러시아군의 공세를 지체시키는 것이 급선무였다. 러시아군이 드네프르강에 도착하면, 추격의 이점을 살려 즉시 공세로 전환하는 것을 막는 작전이 필요했다. 독일군은 또한 지난 몇 년간 러시아군이 이용해 먹었던 '초토화작전(Scorched Earth)'을 펼쳐야 했다. 러시아군이 곧장 진격해서 도강할 수 있는 드네프르강 앞 15마일에 이르는 공간들은 모두 파괴되거나 소개되었다. 초토화 대상은 드네프르강 건너 독일군의 방어선을 마주 볼 수 있는, 러시아군이 비를 피할 수 있거나 숙소로 이용할 수 있는 모든 것들과 특별히 그들이 보급 문제를 겪도록 식량의 경우에도 그러했다. 동시에 괴링 휘하의 전시경제 담당자들이 선포한 지시에 따라 러시아군의 전시 생산에 도움을 줄 수 있는 모든 비축품(Provisions)들, 경제적 가치를 지닌 재화들과 기계류 등이 이 일대에서 소개되었다. 우리 집단군의 경우에는 중요한 공작 기계류와 소와 말 등의 가축에 한정하여 소개하였다. 당연히 이 지역에서 약탈은 일어나지 않았는데 다른 나라의 군대와 달리 약탈이라 함은 독일군에게 있어서는 용인할 수 없는 것이었다. 약탈한 물건이 소개되지 않도록 엄격한 규정이 적용되었다. 공장, 물품 집적소, 집단 농장에서 우리가 징발한 물품들은 개인의 소유가 아닌 러시아라는 국가가 소유한 것에 한정되었다.

매번 독일군이 점령했던 지역이 러시아군에 의해 탈환되면, 60세 이하의 동원할 수 있는 남성들을 군대에 징집하고, 나머지 사람들은 전투 지역 내의 군사적 목적을 띄는 노동에 징발하는 것이 그들의 정책이었으므로 국방군 최고사령부는 도시민들 또한 같이 소개되어야 한다고 지시했다. 실제로 징집 대상 연령에 해당되는 남자들은 명부에 올려졌고, 즉시 이러한 강압적인 방법이 적용되었다. 반대로 상당한 수의 러시아 민간인들은 공포스러운 러시아를 벗어나고자 —우리가 머지않아 독일 동부에서 보게 될— 우리와 긴 행렬을 이루어 자발적으로 후퇴했다. 강제로 호송되는 일부를 제외하고, **러시아 민간인들은 독일군으로부터 많은 도움을 받았으며** 드네프르강 서쪽에 이르러서는 독일 당국에 의해서 음식과 숙소를 제공받았다. 그들은 원한다면 말과 소를 포함하여 무엇이든 가지고 갈 수 있었고 우리는 그들을 위해 차량의 자리를 양보해 주었다.

비록 전쟁이 이들에게 고난과 역경을 주었겠지만, 그 역경은 독일 도시민들이 느껴야만 했던 무차별 폭격(Terror-Bombing) 또는 독일 동부에서 발생했던 역경과는 비교할 수 없다. 어떠한 경우라도 독일 측에 의해서 수행된 조치들은 군사적 필요성에 기반을 둔 것이었다. 1개 내지 2개의 수치만으로도 퇴각작전에 거대한 기술적인 요소가 가미되어 있음을 보여줄 수 있는데, 무엇보다도 200,000명에 달하는 부상자들이 소개되었고 독일군의 장비와 보급품, 그리고 징발된 러시아의 물품들을 소개하는데 열차 약 2,500량이 동원되었다. 우리와 행동을 같이 하는 러시아 민간인들의 수는 약 수십만 명에 이르렀다. 우리에게 할당된 소수의 도하 지점을 통과하는데 겪어야했던 어려움에도 불구하고 퇴각작전은 비교적 짧은 시일 안에 완벽하게 이루어졌다. 혹자는 이러한 작전이 빨리 완결되지 못할 것이라 예상했지만, 우리는 퇴각작전 또한 신속히 수행할 수 있음을 보여주었다. 9월 30일까지 집단군의 모든 군은 멜리토폴-드네프르강 전선의 뒤편으로 퇴각을 마무리하였다.

[옮긴이의 주]

- 여기에서 만슈타인은 독일군이 러시아 민간인에 대해 우호적인 태도를 보였음을 기술하고 있지만, 금고형에서 풀려난 이후 독일 국방군을 변호하기 위한 자기기만이 아닐까 생각된다. 독일 국민이 겪은 고통을 여기에서 적은 것 또한 분명한 자기기만이다. 아울러 그를 주제로 한 다큐멘터리에서는 그가 점령 지역 내의 유대인 학살에 대해 교묘하게 보고받기를 거부했다는 증언이 있었음을 보여준다. 또한 독일군이 우크라이나인들을 수탈, 학살하고 독일 내 노동자로 강제 이주시킨 정책이 있었음은 명백한 증거가 있다. 자세한 내용은 『스탈린과 히틀러의 전쟁』(리처드 오버리)을 참조하기 바란다.

- 독일 점령자 손에 죽은 우크라이나 사람의 정확한 수는 십중팔구 결코 알려지지 않을 것이다. 살인은 멋대로 자행되었다… 수많은 농민들이 파르티잔 활동 혐의로 교수형이나 총살형에 처해졌다. 우크라이나 전역에서 250개 마을과 그 마을 사람들이 나머지 지역에서 고분고분 행동하도록 만들기 위해 의도적으로 제거되었다… 동방의 주민 대다수가 스탈린에게서 만큼이나 독일군에게서 철저히 멀어졌다. - 『스탈린과 히틀러의 전쟁』(리처드 오버리)

드네프르강 방어전
(THE FIGHT FOR THE DNIEPER LINE)

남부집단군이 드네프르강 뒤로 물러서며 최소한 여름까지는 드네프르강이 우리와 러시아군 사이에서 천연 장애물이 되어줄 것이나, 이 안정된 상태가 오랫동안 유지되리라 기대하기는 힘들었다. 우리는 러시아군이 다른 전선이 아닌 동부전선 남익에서 최종적인 결전(Showdown)을 치르고자 하는 것에 대해 확신하고 있었는데 왜냐하면 이 지역은 전략적, 경제적, 정치적으로 매력적인 가치를 지닌 곳이기 때문이었다. 우리는 러시아군이 남부집단군을 공격하기 위해 그들의 예비대와 다른 전선에서 차출되는 신규 부대들을 동원할 것이며 이를 위해 보급 능력을 최대한 발휘하여 전투 준비에 임할 것이라 추측하였다. 물론 러시아군이 공세를 지속하는 것을 멈출 리 만무했고 또는 다른 지역에서 제한된 공세를 펼칠 것은 확실했으나 비록 그들이 국지적인 성공을 거두더라도 이는 남익에서 벌어지는 전투 결과가 가진 중요성과는 비교할 수 없는 승리였을 것이다.

남부집단군이 현재의 방어선을 유지할 가능성은 얼마나 되는가?
러시아군이 드네프르강 방어선에 대한 공격으로 지쳐 스스로 괴멸될(Bleed himself white) 가능성은 얼마나 되는가?

만일 1943년 가을 드네프르강 방어선에 강력한 요새들이 구축되었더라면 우리는 이러한 질문들에 대해 확신에 찬 답을 내놓을 수 있었다. 그러나 유감스럽게도 드네프르강 방어선은 요새화가 구축되지 않았었다. 1942~1943년 겨울이 시작되던 시기에 집단군은 육군총사령부에 드네프르강 방어선을 조속히(At least delay) 강화해 달라고 요청했으나, 당시에는 드네프르강이 작전 권역에 해당되지 않았기에 이 요청은 받아들여지지 않았다. 또한 히틀러도 이 방안에 대해 거부했는데 ―히틀러는 후방의 방어선이 퇴각을 유발할 동기가 될 것이라고 했으며― 부분적으로 모든 병력과 물자들이 대서양 방벽(Atlantic Wall)에 투입되기를 원했기 때문이었다. 1943년 초 드네프르강 쪽으로 전선이 이동하자 집단군은 스스로 자포로지예, 드네프로페트로프스크, 크레멘추크, 키예프에 교두보를 구축(Convert)했는데 이는 이 교두보에서 혹시라도 러시아군이 독일군의 병참선을 차단할 위험을 막기 위해서였다. 성채작전이 종료되어 전쟁의 수행 전략이 궁극적인 방어전으로 전환되었을 때 집단군은 징발된 노동력으로 드네프르강의 요새화 지역을 거대하게 확장하기 시작했다.

그러나 건설장비, 콘크리트, 철강, 철조망(Barbed wire), 석탄 등은 육군총사령부의 보급에 의존했고, 목재 등은 우크라이나 판무관(Reich Commissariat in the Ukraine)에게 의존하였기 때문에, 그리고 히틀러는 대서양 방벽의 구축을 우선시했기 때문에 소규모의 방어 거점(Light fieldworks)만이 구축될 수 있었다. 비록 드네프르강은 강이 얼지 않은 상태에서는 강력한 장애물이라 여겨졌지만 이는 충분한 방어 병력이 약한 요새지대를 보완할 수 있는 경우에만 타당했다. 여기에 우리의 약점이 있었다. 지난 두 달 반 동안 끊임없는 전투를 벌여온 독일군 부대들의 전투력은 이미 놀랄만한 수준까지 저하되었고 인원과 장비(특히 전차)의 손실을 채울 수 있는 대체재는 어디에서도 찾을 수 없었다. 내가 이전에도 언급했다시피 이러한 결과들은 새로운 부대들이 독일 내에 배치되어야 한다는 입장을 가진 히틀러에게 그 책임이 있다.

드네프르강으로의 퇴각을 완료하기 직전 집단군은 육군총사령부에 병력의 배치를 고려한다면, 드네프르강에서 장기간의 방어가 불가능할 것이라 솔직하게 설명한 바 있었다. 우리는 방어선이 보병사단들에 의해 이루어져야만 하며, 기갑부대들은 기동성을 가진 예비대로서 조직한 후 강을 도하하려는 러시아군의 시도가 있을 때마다 투입되어야 한다고 언급했었다. 추가적으로 440마일에 이르는 드네프르강 방어선을 지키기 위해서 37개 사단을 보유한 **3개 군**만이 남부집단군 휘하에 배속 중이라 보고했다(이 중 3개 사단은 현재 시점에서는 남부집단군 소속이 아니었으며, 전투력이 모두 소진된 5개 사단은 인근 부대에 흡수되었다). 다시 말해 모든 사단들은 각기 12마일에 이르는 전선을 방어해야만 했다.

[옮긴이의 주]
· 4기갑군, 8군, 1기갑군이며, 위에서 설명한대로 6군은 타집단군으로 전출되었다.

이와 대조적으로 각 사단마다 최전선에서의 전투 임무에 적합한 병력 수는 1,000명 수준이었으며, 이 숫자는 보충되기로 약속된 증원 병력이 도착한 후에도 2,000명을 넘지 않았다. 이러한 상태라면 드네프르강 뒤편의 방어라도 강력한 수준에 이를 수 없었다. 우리에게 소속된 17개 기갑 또는 기갑척탄병사단들은 완편된 전력을 보유한 사단이 한 개도 없었고 각 사단들이 보유한 전차의 수는 기갑척탄병연대 수준까지 떨어졌다. 이에 따라 집단군은 추가적인 사단들이 3개 군의 뒤를 이어 우리와 합류해야 한다고 요청했다. 우리가 느끼기에 중부집단군이 드네프르강으로 퇴각하여 전선이 3분의 1 가량 줄어들었고, 더욱이 중부집단군(또는 중부집단군의 남익)은 러시아군이 노리는 결정적인 공세의 목표가 아니었으며 단지 러시아군이 핀스크(Pinsk) 늪지대에 고착화시키려는 대상이었으므로 이 같은 주장은 정당했다. 또한 이제까지 치러왔던 동부전선에서의 전투처럼 남부집단군이 소모전을 벌여야하므로, 병력의 재배치와 보급품의 보충 시에 남부집단군에게 우선권을 부여해 달라고 요청했다. 이미 퇴각작전에서 경험한 탄약의 부족은 절대로 다시 발생하면 안 되었다. 우리는 드네프르강에서 러시아군의 공세에 맞선 전투가 실패하느냐 성공하느냐는, 이러한 요구 사항들이 얼마나 충족되는 가에 달려있다고 말했다.

결국 이 문제에 대한 해답은 1943년 초 동부전선에서 결정적인 승부를 얻고자 하는 러시아군에 대해 국방군 최고사령부가 여전히 충분한 병력과 전쟁 유지를 위한 부수적인 수단들을 보유하고 있 는가에 관한 문제였다. 이때만 해도 —압도적인 러시아군의 힘을 감안할지라도— 아직 우리가 패할 것 이라고 확실히 말할 수 있는 사람은 없었다. 비록 러시아군이 남익에서의 결정적인 승리를 얻기 위한 모든 수단을 동원했을지라도 보급 문제는 여전히 러시아군이 동원한 부대들이 있는 전 전선에 걸쳐 서 여러 가지 제약을 주었다. 이에 따라 국방군 최고사령부는 러시아군의 맹공격이 쏟아질 곳을 예 측한 후, 이 지역에 적시에 압도적인 화력을 쏟아 넣는 것이 가장 중요했다. 물론 이는 국방군 최고사 령부가 —남부집단군 전선 외의 다른 지역 즉, 다른 집단군들이 맡고 있는 동쪽 전선의— 위험을 감수 해야만 가능한 일이었지만, 이러한 전략이 성공하여 남부집단군에 대한 러시아군의 공세가 실패한다 면 러시아군의 공격력은 상당한 수준으로 소진될 것이므로 향후 전황에 결정적인 영향을 끼칠 수 있 었다. 남부집단군에 대한 적절하고 충분한 지원을 위한 논쟁이 남부집단군과 국방군 최고사령부 사 이에서 계속 되었다.

이러한 대립이 불러일으킬 수많은 논쟁에 대해 상세히 관여하고 싶지 않았던 나는 단지 육군참모 총장과 작전과(Operations Branch)는 전적으로 나의 의견에 동의한다고 언급했다. 그 일례로 10월 3일 호이징어 장군은 그가 —크리미아에서 병력을 소개하고, 북부집단군의 퇴각을 통해 전선을 축소 하여— 동부전선 내에서 남부집단군의 관할 지역 내로 충원할 병력을 확보하는 것을 제안했었다고 나에게 말했었다. 또한 그는 후방에 확고한 동부방벽(Ostwall)의 건설을 제안했다고 했다(히틀러는 그의 원래 의도에 반하여 드네프르강의 방어선을 동부방벽이라 부르기 시작했다). 그러나 영도자는 두 가지 제안을 거절했다고 한다. 다른 전선에서 병력을 차출한다는 생각은 전혀 고려의 대상이 되지 못했고, 병력이 차출된다 할지라도 소수의 사단들만이 증원될 것이라고 호이징어 장군은 말했다.

다시 드네프르강 전선으로 돌아가 보자. 9월말이 되자 강을 도하하여 강의 하류로 공세를 시작하 려는 러시아군의 의도가 뚜렷해졌다.

러시아군이 멜리토폴과 드네프르강까지 퇴각한 독일 6군(9월 중순에 A집단군 휘하에 배속되었던)의 뒤를 강력한 부대들로 추격하고 있었다.

러시아군이 20개 사단과 2개의 기갑 또는 차량화군단으로 구성된 3개 군(2개 군은 전투에 투입되었고, 1개 군은 예비대인)을 투입하여 자포로지예를 향해 독일 1기갑군을 추격하고 있었다.

러시아군이 15개 사단으로 구성된 2개 군과 후위의 3개 기갑군단으로 구성된 1개 기갑군을 투입하여 드네프로페트로프스크와 크레멘추크 방향으로 진격하고 있었다.

러시아군이 12개 사단으로 구성된 2개 군, 2개 기갑군단, 1개 차량화군단과 후위의 3개 이상의 기갑군단으로 구성된 1개 기갑군을 투입하여 체르카시와 르지쉬체프(Rzhishchev) 방향으로 진격하고 있었다.

이와 달리 키예프 쪽이나 키예프 북쪽의 드네프르강을 향해 배치된 러시아군의 부대는 3개 군단과 1개 차량화군단이 전부였다. 이로써 러시아군이 공세 초기에 주력을 드네프르강의 굴곡부에 투입하고자 하는 작전 의도가 명확해졌다. 사실 키예프에 인접한 드네프르강의 북쪽과 남쪽에서 러시아군은 중앙에 있던 부대들을 신속하게 도강시킬 수 있었다. 이미 기술한 바와 같이, 악조건 속에서 집단군이 주력을 드네프르강 뒤로 배치하는 작전이 9월 30일까지 성공했음에도 러시아군이 두 곳에서 도하하는 것은 막지 못했다. 도강 지점이 너무 멀리 있었기 때문에 이를 막지 못했는데 러시아군은 드네프로페트로프스크와 크레멘추크 사이에서 중간에 있는 섬을 이용하여 도강에 성공했고, 1기갑군과 8군 사이의 강 남쪽 두 곳에 교두보를 확보했던 것이다. 우리가 드네프르강 후방에 예비대로 두고자 했던 40기갑군단은 유감스럽게도 자포로지예 교두보에 있었으므로 즉시 병력을 투입하여 러시아군을 강 너머로 쫓아내는데 실패했다.

이미 언급한 바와 같이 히틀러는 퇴각작전 중 자포로지예, 드네프로페트로프스크, 크레멘추크와 키예프의 교두보를 사수하라고 명령했었다. 만일 집단군이 충분한 병력을 가지고 있었더라면 히틀러의 이러한 사수 의견이 꼭 불가능한 것은 아니었다. 그러나 집단군은 이번 경우에는 충분한 병력이 없었으므로 동쪽에서 서쪽으로 소개되었으며, 히틀러는 마지막 3개의 교두보를 포기하는 것에 말없이(Tacitly) 동의하였다. 그러나 어떠한 반대 의견에도 불구하고 히틀러는 거대하게 확장된 자포로지예를 고수하는 것을 명령했고, 그는 드네프르댐과 발전소를 확보해야 할 필요성 외에 우리가 자포로지예 교두보를 확보하고 있는 한 러시아군은 감히 멜리토폴에서 6군을 공격할 수 없다는 것을 언급하였다. 작전 논리에 입각하여 말하자면 히틀러의 이러한 견해는 타당한(Sound) 것이었으나 그는 이번에도 더 많은 목표를 추구하는 경향을 보였다.

자포로지예를 사수하라는 히틀러의 명령 때문에 1기갑군의 40기갑군단을 적시에 예비대로 차출할 수 없었다. 이로써 드네프로페트로프스크와 크레멘추크 사이에서 —러시아군이 충분히 강력한 부대를 투입하여 교두보를 확장하기 전에— 반격을 할 수 있는 가능성이 사라져 버린 것이다. 또한 러시아군은 9월말 페레야슬라블(Pereyaslavl) 남쪽에서 카네프 교량 서쪽 부근의 폭이 좁은 드네프르강을 넘어 도강에 성공했다. 러시아군이 드네프르강 양쪽에 4개 기갑군단과 1개 차량화군단 이상의 병력을 집결시켰음을 감안하면 이 교두보를 공세의 주된 목적으로 삼았음이 분명했다. 드네프르강 남쪽에 몇 개의 공수여단를 강하시키는 동시에, 러시아군은 폭이 좁은 굴곡부(Loop)에 8개 사단과 1개 기갑군단을 밀어 넣었다. 집단군의 북익에서는 4기갑군과 중부집단군이 연결되어 있던 지역에 위기가 발생했다. 러시아군은 첫 번째 공격에서는 실패했지만 결국 데스나강을 도강하는데 성공했다. 이전에 육군총사령부가 내린 명령에 따르면 2군은 지금과 같은 위기를 막기 위해 집결해야만 했었는데 2군의 집결이 이루어지지 않았었다.

9월 중순 집단군은 사령부를 자포로지예로부터 드네프르강 유역의 산업지대 중심을 이루고 있는 키로보그라드(Kirovograd)로 옮겼다. 이곳에서 나는 1기갑군과 8군이 방어하던 지역에서 발생한 위기의 진행 상황을 보고자 해당 지역을 방문했으며, 키예프의 위기 지역 또한 마찬가지로 시찰했다. 이를 통해 내가 느꼈던 바는 키예프 쪽의 4기갑군은 아마도 전선을 유지할 수 있겠지만, 나머지 2개 군의 경우에는 위기를 완전히 제거할 수 없을 것 같았다. 10월이 시작되자 집단군은 전체적인 작전을 잘 조율할 수 있는 장소인 —이전에 히틀러의 사령부(General Headquarters)가 있던— 빈니차로 사령부를 옮겼다. 이곳은 히틀러와 국방군 최고사령부 참모진들의 편의를 위해 자체적인 급수, 발전 시설을 갖추고자 많은 노력(Immense trouble)이 소요된 곳이었다. 물론 히틀러는 경호되기를 원했지만, 경비병들이 눈에 띄지 않게 경호하는 것을 원했으므로 전체 숲을 따라 감시 초소(Sentry-posts)들이 땅에 숨겨져 있던 점이 두드러지게 눈에 띄었고 사무실 및 거주 구역(Quarters)들은 간단하게 지어졌지만 유려하게 장식된 통나무집 안에 자리 잡고 있었다. 우리는 운 좋게도 그러한 경호를 받을 일이 없었다. 빈니차는 원래 부그(Bug)강에 위치한 아름다운 휴양지였으나, 모든 호텔들과 건물들은 이제 야전병원으로 쓰이게 되었다. 나는 내 일과가 허락되는 틈틈이 야전병원을 방문했다.

빈니차의 히틀러 사령부

1943년 10월 이미 집단군은 드네프르강 방어선을 지키기 위한 결정적인 사투에 돌입했다. 늦가을에는 동부전선 북익의 경우 우기에 접어들거나 진창길로 인해 러시아군이 결정적인 공세를 펼치기가 상당히 어려웠지만 남익에는 그렇지 않아 전투가 지속적으로 벌어졌다. 우리가 9월말에 입수한 러시아군의 전투 명령에 따르면 남부집단군이 방어하는 지역의 4개 목표에 적의 주력이 공세를 개시할 예정이었다.

1. 러시아군은 자포로지예 교두보를 확보하면 남쪽에 인접한 6군에 대한 공세가 가능하다고 보았다.
2&3. 이미 강을 건너 러시아군이 교두보를 확보한 드네프르강의 두 곳
4. 키예프 북쪽의 4기갑군이 방어하던 북익

10월초 자포로지예 교두보에 대한 러시아군의 공세를 격퇴했으나, 드네프로페트로프스크와 크레멘추크 사이에 교두보를 구축한 러시아군을 쫓아내기 위해 이동할 예정이었던 40기갑군단의 발이 자포로지예에 묶이게 되었다. 러시아군은 추가적인 공세를 위해 병력을 보충하느라 잠시 공세의 고삐를 늦추었다. 이제까지 우리가 보아온 것보다 더 강력한 포병의 지원을 받고(이때 최초로 포병사단이 등장했다), 전차의 지원을 받는 강력한 10개 사단을 투입하여 교두보를 돌파하는데 성공했다. 치열한 전투 끝에 교두보에서 퇴각해야만 했다. 비록 우리가 드네프르강 뒤에 방어부대를 전개하고 있었고 불과 몇 달 전에 이미 댐 위로 연결된 도로와 철교 등의 파괴를 완료했지만 ―교두보에서 계속 싸워온 사단들은 전력을 심각하게 소진한 상태였으므로― 이 병력들로 방어선을 지킬 수 있을지는 불확실했다. 어쨌든 교두보를 사수하라는 히틀러의 명령으로 인해 우리는 값비싼 대가를 치러야만 했다. 1기갑군과 8군의 기동성을 보유한 예비대들을 투입하여 드네프로페트로프스크와 크레멘추크 사이에서 잠시나마 러시아군의 돌파를 막을 수 있던 반면에, 러시아군은 강 남쪽에 있는 교두보를 지켜냈으며 이제 서서히 교두보의 폭과 깊이를 확장하기 위해 병력을 투입하고 있었다. 드네프르강 굴곡부에서 벌어진 작전에 영향을 끼친 이 지역의 전황 전개에 대해서는 추후에 다시 기술하고자 한다.

동시에 러시아군은 8군의 좌익인 페레야슬라블 인근의 드네프르강 협로에 있던 교두보를 확대하기 위해 모든 노력을 기울이고 있었는데, 4기갑군과 8군의 기동성을 보유한 부대들은 강을 넘어 교두보를 확대하려는 러시아군의 시도를 무마시켰으며, 이미 강을 건너와 있던 러시아군을 섬멸하는데 성공했다. 체르카시 남서쪽과 이곳에 강하하였던 러시아군 공수여단들의 운명 또한 이와 같았다. 페레야슬라블 남쪽의 교두보는 매우 협소했으므로 러시아군이 돌파구를 열기가 어려웠기 때문에 이 지역의 러시아군은 거의 행동의 제약을 받는 상태에 놓이게 되었다. 4기갑군이 방어하던 전선에서 러시아군은 10월 중에 키예프 북쪽에서 강 서안으로 발을 들여놓는 것에 성공했다. 러시아군은 또한 2군의 우익에 대한 성공적인 승리를 얻은 후에 인접해있던 4기갑군의 최북익 군단이 지키던 지역에서 광범위하게 도강에 성공했다. 이곳에서의 위기는 서로 다른 지휘를 받는 방어선이 내포할 수밖에 없는, 잠재적인 원인에 의한 것이었다.

남부집단군과 인접해 있는 북익의 부대들과 전선을 안정화시키려던 우리의 의도는, 2군이 ―병력을 집결시켜 전선을 안정화시키기 위해 부대를 이관하라는― 육군총사령부의 명령을 수행하지 않아 실패할 수밖에 없었다. 내가 육군총사령부에 강력하게 항의를 한 이후에도 육군총사령부는 2군이 그 명령에 따르도록 하는 데 실패했다. 그럼에도 4기갑군은 2개 군단을 키예프 북쪽에 투입하여 드네프르강 서쪽으로 몇 마일 떨어진 능선지대를 사수하는 데 성공했다. 그러나 우리는 러시아군이 새로운 병력을 증원받은 후에 키예프 북쪽으로부터 도시를 에워쌀 것이라 예상했기 때문에 상황은 심각하게 돌아가고 있었다. 가장 큰 위기의 징후는 이 초기의 전투에서 집단군의 가용 가능한 기갑부대들을 모두 투입한 것이었고, 기갑 전력의 소모는 전투에 투입된 일반 보병사단의 전투력이 감소하는 것과 동일한 수준으로 발생되었다. 이에 따라 새로운 기동력을 갖춘 예비대를 구성하는 것은 계속 어려워졌으며 새로운 증원 병력의 필요성은 더 커져만 갔다.

드네프르강 굴곡부 방어전
(BATTLE OF THE DNIEPER BEND)

남부집단군은 집단군의 남익과 북익 중 보다 결정적인 전선은 북익이라고 지속적으로 간주해왔다. 왜냐하면 러시아군이 북익의 독일군을 섬멸한다면 남부집단군과 A집단군의 배후를 수월하게 차단할 수 있었기 때문이었다. 실제로 러시아군은 10월 중에 그들의 주력을 드네프르강 굴곡부에서의 승리를 얻기 위해 투입했으나 경제적, 정치적 이유로 히틀러가 크리미아의 고수를 명령했기 때문에 남부집단군은 양쪽에서 결정적인 전투를 받아들일 수밖에 없었다. 10월 내내 러시아군 중 가장 활발한 움직임을 보여주던 스텝전선군은 1기갑군과 8군이 연결된 지역에 있는 드네프르강의 교두보에 점점 더 많은 병력을 투입하였다. 10월말, 스텝전선군은 5개 군(이 중 1개 군은 모두 기갑부대로 이루어졌다) 이상의 병력을 보유 중이었고 모두 61개 사단, 900여대의 전투 차량을 가진 7개 기갑 또는 차량화군단으로 이루어져 있었다. 이 같은 병력비 때문에 독일군의 양 군은 전투가 벌어지자 전선을 고수하지 못했고 동쪽으로 또는 서쪽으로 후퇴할 수밖에 없었다. 양 군 사이에 넓은 간극이 생겨났고 러시아군은 이제 드네프르강 굴곡부를 깊게 돌파하여 히틀러가 독일의 전시 생산을 위해 꼭 필요한 곳이라 간주했던 니코폴과 크리보이로크(Krivoi-Rog)까지 거침없이 진격할 수 있게 되었다.

집단군의 관점에서 보자면 러시아군의 진격으로 인해 드네프르강 동쪽에 있는 1기갑군이 고립된다는 것은 최악의 상황일 것이므로, 집단군은 결코 1기갑군이 포위되게 내버려 두어서는 안 되었다. 전투 중에 우리의 강력한 요청으로 인해 육군총사령부는 우리에게 재편성된 2개 기갑사단(14, 24기갑사단)과 1개 사단을 증원해 주었다. 육군총사령부는 우리에게 아직 확실한 시기 및 실제 배치 여부는 불확실하지만 3개 기갑사단(휴식과 재편성을 마치고 복귀할 2개 기갑사단은 1기갑사단과 SS아돌프히틀러기갑사단이었고, 추가적으로 이제 막 신규 편성된 25기갑사단)이 추가적으로 증원될 것이라 약속했다. 만일 4주 전에 이 부대들이 드네프르강에 도착하여 집단군 휘하에 배속되었더라면 전황은 크게 달라져 있었을 것이다. 혹은 이러한 증원이 사단들의 재편성을 위해 지연되었다 할지라도, 남부집단군이 이러한 병력 증원이 이루어질 것을 알고 있었더라면 집단군은 남익에서 기동성을 보유한 채 전략적으로 새로운 기회를 찾을 수 있었을 것이다.

이미 1기갑군이 포위될 위기에 처했으므로 집단군은 약속받은 5개 기갑사단이 도착하기를 마냥 기다릴 수는 없었다. 그래서 우리는 가용할 수 있는 2개 기갑사단과 1개 사단을 투입하여 반격을 시도하기로 하였다. 40기갑군단이 8군이 퇴각한 지역으로 이동하여 크리보이로크를 향해 진격 중인 러시아군의 배후로 들어가는 것이 작전의 개요였다. 1기갑군은 배속된 모든 가용 가능한 기갑 전력과 보병들을 투입하여 개활지로 열려 있는 크리보이로크의 병참선을 차단해야 했다. 1기갑군의 투입을 위해 집단군은 1기갑군에게 드네프르강 유역을 따라 30군단이 방어하던 드네프로페트로프스크 양쪽 지역으로 이동하도록 명령했다. 병력의 원활한 투입을 위해 30군단의 주력은 자포로지예 북쪽과 크리보이로크 사이에 생성된 짧은 전선에 투입해야 했다. 히틀러는 그가 원하든 그렇지 않든 간에 드네프르강 유역의 일부를 포기하는 것을 감내해야만 했다.

2개 군(이중 40기갑군단은 작전 중에 1기갑군에게 배속되었다)은 협동작전의 모범적인 사례가 될 정도로 헌신적인 노력을 기울였으며, 10월말 이미 크리보이로크를 눈앞에 두고 있던 러시아군에 대해 도시 북쪽에서 시작된 반격은 꽤 성공리에 마칠 수 있었다. 드네프르강 굴곡부에서 1기갑군을 포위하고자 했던 러시아군은 반대로 심각한 타격을 입었다. 군의 보고에 따르면 약 10,000명을 사살했으며 350대의 전차, 350문 이상의 야포, 5,000명의 포로를 얻었다고 했다. 인적 손실과 물적 손실의 비율을 감안하자면, 이는 곧 전쟁 초기보다 러시아군이 물적 장비를 인적인 증원 수준보다 점점 더 많이 확보하고 있음을 보여준다. 어쨌든 2~3개의 기갑 또는 차량화군단과 8개 사단이 심각한 수준으로 괴멸되었고 그 외의 부대들도 피해를 입었음이 분명했다. 더욱이 집단군은 1기갑군과 8군의 방어선을 다시 연결하는데 성공했다. 그러나 병력비에 대한 우위는 독일군이 늘상 열세였으므로, 여전히 러시아군을 드네프르강 너머로 밀어붙이기에는 병력이 충분하지 않았다.

결국 우리는 전선 어디에서도 새로운 위기가 발생하지 않는다는 전제 하에 우리에게 약속된 3개 기갑사단이 도착하기를 기다릴 수밖에 없었다. 그러나 이때 곧바로 새로운 위기가 발생했다. 1기갑군에 가해지던 압박이 사라진 반면에, 아마도 더 위험할 수 있는 위기가 1기갑군의 배후에서 발생했다. 10월 28일 매우 강력한 러시아군의 공세가 A집단군의 방어 지역인 아조프해와 드네프르강 사이에서 이 지역을 방어하던 6군을 향해 시작되었고, 러시아군은 깊은 돌파작전에 성공했으며 6군은 우리가 놀랄 정도로 민첩성을 발휘하여 서쪽으로 퇴각했다. 6군의 북익인 4, 29군단은 넓게 확장된 드네프르강의 교두보로 퇴각했으며, 이는 1기갑군의 후위와 니코폴이 최소한 잠시나마 방어될 수 있음을 의미했다. 6군의 나머지는 더 서쪽으로 퇴각하여 드네프르강의 도하점인 베리슬라프(Berislav) 방향을 향했고 노가이스크 초원지대에서는 방어선을 구축하기가 쉽지 않았으므로 강 하류까지 퇴각했다.

비록 크리보이로크에 대한 러시아군의 압박을 40기갑군단이 제압한 덕에 전선이 안정화되었지만 러시아군이 결정적인 패배를 당하지는 않았기에 6군의 전황은 드네프르강 동쪽에 잔류하던 1기갑군 소속의 부대들에게 심각한 위기를 초래하는 것이었다. 집단군에게 약속된 3개 기갑사단이 도착하는 시기는 일러야 11월 중순이었기 때문에 이때까지 집단군이 생각한 결정적인 공세는 수행될 수 없었다. 11월 중순이면 6군은 아마도 드네프르강 하류 뒤편으로 퇴각했을 것이고, 이에 따라 17군은 크리미아에서 고립되어 러시아군이 1기갑군의 배후로 이동할 수 있을 것이었다. 동쪽으로 자포로지예까지 늘어서서 동쪽과 북쪽에 전선을 보유한 1기갑군은, 긴 양말(Hose-Shaped)처럼 매우 가느다란 모양으로 배치되어 있었기에 이는 우려할만한 수준 이상이었다. 이러한 전황이 개선되지 않는다면 드네프르강 동쪽에 있는 1기갑군을 퇴각시킬 수밖에 없었다. 이는 곧 니코폴에 매장되어 있는 망간(Manganese Ore)을 잃고 크리미아의 독일군이 운명을 맞는 것을 의미했다. 전황을 뒤바뀌게 하기 위해 —특히나 1기갑군의 배후에 대한 러시아군의 압박을 제거하기 위해— 나는 육군총사령부에 아래와 같은 전술적 조치를 제안했다.

'40기갑군단은 크리보이로크 북쪽의 전장에서 즉시 이탈하여, 여전히 6군의 점령 하에 있는 니코폴 교두보의 남쪽에서부터 올라오는 2개 또는 3개 기갑사단과 함께 기습적인 공격을 개시한 후, 노가이스크 초원지대를 가로질러 6군을 추격하며 드네프르강 하류를 향해 진격 중인 러시아군의 배후를 차단한다. 이 공세의 목적은 6군으로 하여금 드네프르강 앞에서 방어선을 구축할 수 있게끔 하는 것이고 크리미아에 있는 17군과의 연결고리를 유지하기 위한 것이다. 동시에 1기갑군의 배후에 대한 압박 또한 제거될 수 있을 것이다. 늦어도 11월 12일까지 40기갑군단은 1기갑군 지역에서의 계획된 작전에 투입하기 위해 새로이 도착할 3개 기갑사단과 더불어 드네프르강 북쪽에서 전투에 투입할 수 있게 준비되어야 한다. 만일 이 공세가 우리가 원하는 방향으로 성공한다면 6군의 방어 지역에 추가적으로 개입하여 멜리토폴-드네프르강을 연결하는 방어선을 다시 회복할 수 있을 것이다.'

이 제안은 니코폴과 크리미아의 사수를 의미하는 것이었으므로, 당연히 히틀러는 열렬히 이 제안을 받아들였다. 그럼에도 불구하고 6군이 드네프르강 하류로 너무 빨리 퇴각했기 때문에 40기갑군단이 니코폴 교두보에서 단독으로 반격하는 것은 승리할 가능성이 없었으므로 이 제안은 끝내 실행되지 못했다. 또한 집단군 북익에서의 전황이 3개 기갑사단을 드네프르강 굴곡부에 투입하는 전략을 어렵게 만들었다. 여기에서 가장 중요한 교훈을 잊어서는 안 되는데, 이는 바로 전술적 방법을 적용할 때 그 어느 누구라도 작전에 관한 기본적인 개념을 간과하지 말아야 한다는 점이다. 집단군은 이제까지 끊임없이, 러시아군이 가까운 미래에 주력을 투입할 것으로 예상되는 집단군의 북익이 전략적으로 가장 중요함을 주장해 왔으며 우리들은 전략을 입안할 때 이 지역에서 러시아군의 공세를 저지하는 것에 주안점을 두었다. 40기갑군단을 크리보이로크에 대한 공격에 투입한 후 남부집단군은 40기갑군단을 드네프르강 굴곡부에서 이탈시켜 약속된 3개 기갑사단이 집결 중이었던 남부집단군 북익 후방에 배치했어야 했다. 그러나 작금의 6군이 처한 상황을 고려한다면 1기갑군은 어쩔 수 없이 드네프르강 동쪽에서 퇴각해야만 했고, 이 결과로 인해 니코폴과 크리미아는 차례대로 포기될 수밖에 없었다. 드네프르강 굴곡부 전선의 안정을 위해 5개 기갑사단을 집단군에게 배속시킨 히틀러가 이 퇴각작전에 동의하지 않을 것은 확실했다.

<u>히틀러는 드네프르강 굴곡부와 크리미아가 반드시 사수되어야</u> 한다고 주장했으며, 남부집단군은

위에 언급한 대로 방어선을 사수하는 작전을 진행시키는 수밖에 없었다. 1기갑군에 대한 압박을 고려한 **나의 제안은 정당했으나 전체적인 전황과 남부집단군의 작전을 위해서는 잘못된 것**이었다. 결과적으로 40기갑군단은 드네프르강 굴곡부에서 움직이지 못한 채 고정된 상태로 머물러야 했다. 전략이 어떻게 수행되어야 하는지에 대한 나의 기본적인 개념에 반하여 행동한 이유는 두 가지이다.

첫째, 만일 니코폴에서 드네프르강 방어선을 확보하면 우리가 러시아군에게 강 양안에서 기습을 가할 수 있고, 만약 기습이 성공한다면 남익의 전선을 안정화시킬 수 있다는 기대를 갖고 있었다.

둘째, 만일 우리가 위험 때문에 작전을 수행하지 않는다면 우리는 결국 크리미아를 포기할 수밖에 없고 특히나 크리미아는 예전에 11군이 점령을 위해 처절한 사투를 벌인 곳이었으므로 우리에게 이 지역을 잃는다는 것은 고통스러운 일이었다.

그러나 역시 전략적으로 남부집단군의 북익이 가장 중요한 전선이었다는 기본적인 개념을 간과하지 말아야 했다.

[옮긴이의 주]
- 17군은 크리미아를 사수하라는 히틀러의 명령으로 인해 결국 괴멸적인 손실을 입고 1944년 5월에서야 크리미아에서 퇴각했다. 만슈타인은 여기에서 그의 실수에 대해 처음으로 언급하는데, 그 원인을 히틀러의 오판에 의한 것으로 돌리는 듯하다. 과거 영광스러웠던 시기에 점령한 지역을 잃기 고통스러웠다는 것은 전혀 이유가 될 수 없다.

키예프 전투
(THE BATTLE FOR KIEV)

11월이 시작되자 러시아군은 강력한 부대들을 동원하여 다시금 집단군의 북익인 4기갑군 방어선에 대해 공세를 시작했다. 그러나 러시아군의 목적이 돌파구를 열어 진격하고자 함인지, 아니면 강 서쪽에 병력들을 추가 투입하기 위한 필요성에 의해 교두보를 확보하려는 공세인지 확실하지 않았다. 4기갑군이 드네프르강에서 강력한 러시아군의 공격을 저지할 수 없음이 곧 명백해졌고 11월 5일이 되면 키예프는 함락될 위기에 처했다. 이에 집단군은 현재 이 지역으로 이동 중인 3개 기갑사단을 포함하여 이 지역에서 가용 가능한 모든 부대들을 북익에 투입하기로 결정했다. 히틀러는 3개 기갑사단이 드네프르강 하류 전선에 투입되도록 명령했으므로, 집단군의 명령은 육군총사령부의 허락이 필요했다. 행여 육군총사령부가 4기갑군에 대한 증원을 허용하지 않는다면 드네프르강 유역을 포기하는 것 외에는 대안이 없었다. 집단군의 요청에 대한 답변이 없자 나는 11월 7일 비행기를 타고 히틀러의 사령부를 방문했다. 회견 중 히틀러는 크리미아를 사수하기 위해 6군의 지역에 병력을 투입하자는 남부집단군의 제안을 잊지 않고 실행할 것이라 말했다. 만일 북익에서 우리가 승리를 거두더라도 기갑부대들은 적시에 남익에 도착해 전선에 투입될 수 없을 것이고, 남익에 도착할 즈음이면 이미 드네프르강 하류와 크리미아는 이미 러시아군의 손에 넘어간 뒤일 거라고 말했다.

이에 대해 나는 드네프르강 굴곡부와 6군의 방어 지역에 대한 작전만을 고수한다면 우리는 북익에 커다란 위험을 갖게 될 것이며, 이 위험은 남부집단군과 A집단군 전체에 영향을 끼칠 것이라 답했다. 물론 내가 앞서 말한 드네프르강 하류에 대한 공격을 꺼리기는 하지만, 키예프에 대한 개입을 위해서는 도착 예정인 3개 기갑사단이 반드시 필요하다고 언급했다. 히틀러는 정치적, 경제적인 이유에서라도 드네프르강 하류에서 반드시 승리를 얻어야 한다고 주장했다. 그래야만 독일 장병들은 승리를 통해 아직 성공적인 공세를 할 수 있는 능력을 가지고 있다는 확신을 얻을 수 있을 것이며, 독일군의 전시 경제를 위해서라도 니코폴의 망간을 확보하는 것이 반드시 필요하다고 했다. 게다가 루마니아의 유전지대를 폭격할 수 있는 기지가 될 크리미아가 러시아군의 손에 넘어가면 안 된다고 말했다. 전체적인 관점에서 히틀러의 의도에 동감했지만, 나는 우리 북익에 닥친 위기가 점점 커지고 있으며 만일 4기갑군의 상황이 더욱 불리해진다면 남부집단군과 A집단군의 운명은 조만간 결정될 것이라 주장했다. 히틀러는 위험이 내포하는 거대한 위기는 현재의 우리 상황에서 받아들일 수밖에 없으며 그는 그 책임을 질 각오가 되어 있다고 언급했다.

다행히 나는 2공수사단, SS노르트란트연대(The Nordland SS) 그리고 —자주 지원된다고 약속을 받았고, 이번에도 결국 도착하지 않은— 2군 소속의 4기갑사단을 집단군 북익에 지원하겠다는 히틀러의 약속을 받아내는데 성공했다. 이후 이어지는 회견 중에 그는 드네프르강 굴곡부가 아닌 4기갑군의 방어 지역에 신규 편성된 25기갑사단이 투입되는 것을 체념하듯 받아들였으며, 추가적으로 1기갑사단과 SS아돌프히틀러사단 또한 투입에 동의하였다. 반면에 6군의 방어 지역에서 반격을 위한 돌파구를 열어두기 위해 14, 24기갑사단을 거느리고 있는 40기갑군단은 1기갑군에 남아 있어야 했으며 이 2개 기갑사단은 ―히틀러가 니코폴과 크리미아의 포기를 선언하며, 위험한 드네프르강 굴곡부에서 서쪽으로 퇴각할 용의가 없는 이상은― 북익으로 차출할 수 없었다. 며칠 뒤에 4기갑군의 전황은 급속하게 나빠졌다. 기갑군의 11개 사단은 이미 연대 규모로 축소되어 있었으므로 완편된 17~20개 사단과 3~4개의 기갑군단, 1개의 기병군단을 투입한 러시아군의 첫 번째 공세에 맞설 수 없었다. 4기갑군의 예비대로 있던 2개 기갑사단조차 이미 약해져 있어서 러시아군의 돌파를 막는 데 실패했다. 격렬한 전투 끝에 7군단은 도시 안에서 포위되는 것을 막기 위해 키예프를 포기해야만 했다. 7군단은 남쪽으로 30마일 밀리고 나서야 러시아군의 진격을 멈추게 할 수 있었다. 키예프의 남서쪽으로 40마일 떨어진 파스토프(Fastov)는 7군단의 좌익이 지키고 있었는데 8군의 보급과 보충을 위한 필수적인 철로 교차점인 이곳은 러시아군의 손에 떨어졌다. 키예프 북쪽의 드네프르강에 있던 2개 군단 중 13군단은 지토미르(Zhitomir)로 59군단은 코로스텐(Korosten)으로 모두 서쪽으로 퇴각했다. 이 두 도시는 중부집단군과의 연결고리였고, 4기갑군의 보급에 중요한 역할을 했는데 이제 러시아군의 손에 떨어질 위기에 처했다.

  4기갑군은 이제 3개 그룹으로 넓게 쪼개지게 되었다. 암울한 상황에서 우리가 기댈 수 있는 유일한 희망은 러시아군의 공격이 남쪽과 서쪽으로 나누어지기 시작했다는 것이었다. 서쪽으로 진격하는 러시아군은 만일 그들이 남쪽으로 크게 우회하여 거대한 포위망을 만들어내지 못한다면 전략적으로 얻을 수 있는 결과가 없었다. 서쪽으로 퇴각한 우리 2개 군단은 남부집단군이 병력을 증원받아 이 전선에 개입하기 전까지 러시아군이 포위망을 구축하는 것을 막아야 했다. 그러나 남부집단군이 11월 중순에 반격을 하기 전까지는 위험한 시기를 며칠 더 견뎌야 했다. 남부집단군의 명령을 받아 반격을 시행할 48기갑군단 소속의 1, 25기갑사단과 SS아돌프히틀러사단은 완편된 전력으로써 키예프 남서쪽으로부터 남서쪽을 향해 공격해 오는 러시아군과 맞서야 했다. 이 러시아군은 작전에 투입된 모든 부대들 중 가장 강력하였다. 이후에 48기갑군단은 서쪽으로 이동하여 지토미르에서 13군단을 압박하고 있는 러시아군을 격퇴해야 했다. 이 전선에서 승리를 거둔다면, 48기갑군단은 드네프르강을 따라 남쪽으로 공격하는 러시아군의 배후로 진격할 수 있었다. 4기갑군을 보다 강화하기 위해 남부집단군은 8군으로부터 2개 기갑사단(3, 10기갑사단), 2개 기갑척탄병사단(20기갑척탄병사단, SS라이히사단)과 198사단을 차출하여 증원하였다. 이는 8군의 전력을 매우 약화시켰지만 결정적인 중요성을 갖는 전선을 강화시키기 위해 비교적 덜 중요한 전선을 포기하는 수밖에 없었다. 유감스럽게도 11월 중순까지도 48기갑군단은 병력을 집결시키지 못하였기에 키예프 남쪽의 전황은 보다 심각해졌으므로 남부집단군은 의도치 않게 가용할 수 있는 25기갑사단을 투입하여 48기갑군단이 집결할 지역인 파스토프 일대에 대해 제한적인 공격을 실시할 수밖에 없었다. 남부집단군은 또 한번 '새로이 창설된 사단이 동부전선에 투입되었을 때에 어떠한 대가를 치러야' 하는지 알게 되었다. 게다가 정찰대대와 함께 서둘러 전선을 살피던 사단장은 러시아군과 조우하자마자 공격을 개시했기 때문에 파스토프 철로 교차점을 되찾는 노력을 하는 대신 동부전선에서의 첫 번째 전투에서 심리적으로 위축된 채 퇴각할 수밖에 없었다.

[옮긴이의 주]
- 25기갑사단이 편성 이후 14기갑사단에게 그들의 장비를 이관한 것, 그리고 1943년 10월 동부전선으로 이동하라는 명령을 받은 후에 발생한 수송 과정의 문제, 첫 번째 전투 상황들을 고려해보면 그 당시의 혼란스러운 상황을 알 수 있다. 25기갑사단은 부당하게 해체의 위기까지 처했다. 자세한 내용은 『구데리안(한 군인의 회상)』(하인츠 구데리안)을 참조하기 바란다.

그럼에도 불구하고 8군에서 차출한 병력들이 적극적인 전투를 수행하고, 병력을 전개한 덕에 키예프 남쪽에서 러시아군을 멈추게 하고 드네프르강이 러시아군에게 둘러싸이는 것을 막을 수 있었다. 48기갑군단은 11월 15일 예정된 반격을 개시했다. 첫 번째 목표는 키예프로부터 남서쪽으로 진격하는 러시아군 기갑군단이었는데 이를 격퇴하였고 예정대로 서쪽으로 이동하여 13군단에 대한 압박을 해소하는 것에 성공했으며 지토미르를 수복했다. 그러나 궁극적으로 48기갑군단이 지토미르에서 키예프 대로를 따라 진격하여 키예프 남쪽에 있는 러시아군의 배후로 찔러 들어가는 공격은 진창에 막혀 곤란을 겪었다. 비록 드네프르강 서안에서 러시아군을 완전히 몰아내는 것에는 실패했지만, 적어도 12월초까지는 4기갑군에 직면한 위기를 모면할 수 있게 되었다. 이제 4기갑군은 키예프 북쪽에서부터 북쪽을 향해 지토미르 북쪽 지역까지 걸쳐 있게 되었다. 아직 코로스텐에 고립되어 있던 59군단은 코로스텐을 탈환하여 중부집단군과의 연결고리인 철로를 확보하는데 성공했다.

4기갑군은 러시아군 20,000명이 전사했고 5,000명이 포로로 잡혔으며 600대의 전차, 300문의 야포와 1,200문의 대전차포를 노획하거나 파괴했다고 보고했다. 다시 한번 러시아군이 동원하고 있는 장비의 수준이 점진적으로 증강되고 있음을 ―물론 이러한 노획 장비의 숫자는 중복되어 보고될 수 있으나 이를 감안하더라도 그들은 지속적으로 화력의 우세를 보여주고 있음을― 알 수 있었다. 키예프 앞에서 격퇴당한 러시아군은 보병사단의 3분의 2가, 4개 기갑군단, 1개 차량화군단, 1개 기병군단이 심각한 손실을 입었다. 유감스럽게도 전투 초기에 4기갑군의 군단들이 보여준 남쪽, 서쪽으로의 재빠른 퇴각은 히틀러에게 4기갑군 사령관이 다른 사람으로 바뀌어야 할 필요가 있다는 인상을 주었다. 내가 드네프르강 전선의 상실은 군(Army) 사령관의 잘못된 지휘 때문이 아니라 강력한 러시아군의 병력 우위와 우리 부대들이 기진맥진한 상태에서 그 원인을 찾아야 한다고 주장했음에도 히틀러는 호트 상급대장이 지난 몇 년간의 과도한 긴장감을 뒤로 한 채 휴식이 필요하다고 보았고, 이에 히틀러는 호트 장군을 예비역으로 예편시켰다. 나는 그의 해임에 상심했으나, 최소한 그가 얼마 후에 서부전선에서 1개 군(Army)의 지휘관으로 복귀할 것이라는 약속을 받았다. 4기갑군 사령관으로는 예전에 오스트리아군 장교였던 라우스(Rauss) 장군이 임명되었으며 그는 남부집단군 소속의 6기갑사단과 11군단 사령관으로서 명망을 얻고 있었다.

1943년 만슈타인, 호트

드네프르강 굴곡부 두 번째 방어전
(THE SECOND BATTLE OF THE DNIEPRE BEND)

4기갑군이 방어하던 전선에서 전투가 지속되던 중에 러시아군은 11월 중반이 되면 크리보이로크에서의 패배로 인한 손실로부터 회복되고 있었다. 새로운 병력의 증원 덕에 러시아군은 8군과 맞닿아 있는, 1기갑군 북익의 드네프르강 굴곡부에 주력 공세를 퍼부었다. 1기갑군의 동쪽 전선에서 러시아군은 자포로지예 남쪽에서 강을 통해 도하를 시도함과 동시에 체르카시 양쪽에서 8군이 방어하고 있는 드네프르강 전선에 대한 공격을 시작했다. 후에 러시아군은 니코폴 남쪽의 교두보를 통해 공격함으로써 전체적인 전선의 확대를 꾀하였다(이곳을 지키고 있던 6군의 군단들은 1기갑군 휘하에 배속되었었다). 러시아군은 1기갑군을 드네프르강 동쪽에서 포위한 후 섬멸하고자 함이 분명했다. 이런 상황 변화로 인해 11월 중순 남부집단군은 추가적인 작전의 수행에 대해 보고하였다. 우리가 11월 20일 제출한 계획안은 러시아군이 현재 수많은 병력을 집단군이 방어하는 전선에 투입하면서도, 여전히 강력한 예비대를 휘하에 두고 있다는 전제 하에 작성되었다.

정보과에 따르면 1943년에 러시아가 창설한 44개 사단과 대규모 기갑여단들은 아직 전투에 투입되지 않았고 또한 33개 사단과 11개의 기갑 또는 차량화군단이 현재 러시아군의 후방에서 휴식과 재편성을 하고 있었으며 우리는 이를 육군총사령부에 보고했다. 이를 감안하면 러시아군은 동부전선의 남익에 대한 공세를 겨울에 시작할 것이고, 그 주력을 남부집단군의 북익에 투입할 것으로 추정되었다. 비록 현재 4기갑군에 의한 반격이 성공적이었지만, 러시아군은 여전히 드네프르강 서안에 그들이 향후에 시도할 공세를 위한 병력 집결지를 충분히 확보하고 있었다. 이에 따라 드네프르강 굴곡부에서 벌어지는 전투를 위해, 집단군의 북익에서 병력을 차출하는 것은 불가능하다고 보고했다. 설령 드네프르강 굴곡부에 대한 러시아군의 공격을 방어하고 동시에 4기갑군 지역의 전황을 안정시킨다 할지라도 전황은 아래에 설명하는 방향대로 흘러갈 것이었다.

집단군은 겨울 동안 전선을 유지해야 하겠지만, 이는 완전히 탈진한 사단들의 능력 이상일 것이었다. 집단군은 한번에 여러 곳에서 진행되는 러시아군의 공격에 대해 반격을 하기 위한 예비 병력을 충분히 가지지 못할 것이었다. 전술적으로 집단군은 가용할 수 있는 병력이 소진됨에 따라 러시아군의 처분에 따라야하는 처지로 전락하고 말 것이며 이 같은 상태로는 러시아군의 공세 능력을 감소하게 만들 수 있는 전투다운 전투를 치를 수 없었다. 우리가 공세를 취하거나 러시아군의 공세를 막아낼 수 있는 부대들을 때에 맞추어 찾을 수 없는 반면에 러시아군은 우리가 취할 행동을 좌지우지할 수 있었고 이는 곧 영토, 병력, 장비의 손실을 유발할 것이었다. 우리는 이번 전투의 선제 조건으로 강력한 화력을 갖춘 예비대의 투입을 요구했다. 만일 다른 전선에서 이 병력들을 찾을 수 없다면 남익의 전선을 축소하고 크리미아에서 17군이 퇴각해야만 찾을 수 있었다. 예비대 없이 싸운다면 남부집단군은 겨울을 넘기지 못할 것이었다. 11월말까지 동부전선 남익의 전황 변화는 다음과 같았다.

A집단군이 배치되어 있는 드네프르강 하류에서 6군의 우익은 강 하류의 지류로 후퇴하여 케르손(Kherson, 헤르손) 교두보만을 지키고 있었다. 17군은 크리미아에서 고립되었으며 러시아군은 17군이 독일군 쪽으로 이동하는 것을 차단하였다. 반면에 러시아군의 남익에 배치되어 있는 4우크라이나 전선군이 18개 사단과 기갑부대를 투입하여 공세를 지속하였음에도, 니코폴을 향해 진격할 수 있는 교두보는 전 전선이 완전하게 방어되고 있었다. 러시아군은 드네프르강 하류와 크리미아로 가는 통로 앞에서 잠깐 동안 멈춰 서 있었다. 드네프르강 굴곡부에서는 러시아군이 자포로지예 남쪽의 협소한 구역에서 강을 건너 조그마한 교두보를 구축하는 것에 성공했다. 그런 반면에 1기갑군의 방어 전략은 완벽하게 성공적이었다. 러시아군의 끊임없는 공세로 인해 부분적으로 후퇴가 이루어졌지만 러시아군은 완벽한 돌파를 어느 곳에서도 성공하지 못했다. 그렇지만 1기갑군은 마지막 남은 예비대까지 전장에 투입해야만 했다. 11월말 1기갑군은 자포로지예 북쪽에서 크리보이로크의 남서쪽까지 이어진 전선을 ―이 전선은 원형을 그리며 북쪽으로 8군과 연결되었고― 유지하고 있었다.

8군의 상황은 불안정했다(Ticklish). 물론 부분적으로 11월초 키예프 전선을 안정시키기 위해 차출된 1개 사단과 4개 기갑사단의 손실로 인한 것이기도 했다. 러시아군은 크레멘추크 인근의 드네프르강에서 그들의 교두보를 확장시킬 수 있었고 이제는 크레멘추크 도하점까지 점령했다. 더욱이 크레멘추크의 남서쪽에 아직까지 크지는 않았지만 돌파로를 여는데 성공했다. 8군의 북익에서는 러시아군이 체르카시의 양쪽에서 성공적인 도하를 완료했다. 어떠한 예비대도 존재하지 않았기에 8군은 60마일에 이르는 드네프르강 유역을 포기해야 했으며 약 30마일 퇴각한 후에, 드네프르강과 평행선을 이루며 흐르는 습지대의 지류 주변에 지극히 엷은 방어선을 구축했다. 1기갑군과 4기갑군의 전선 상황이 안정화되자 집단군은 2개의 기동력을 가진 부대를 8군 휘하에 두었지만 8군이 동쪽 전선에서 벌어진 간극을 메꾸고 체르카시 일대를 다시 수복할지는 불분명했다. 이는 집단군이 기갑부대들을 이쪽저쪽(To and fro)으로 이동시키며 투입해야했던 현실을 잘 보여주는 사례였다. 기동력을 가진 부대들을 위기가 닥친 전선에 임시방편으로 투입하는 전략은, 부대들이 차출되는 전선에는 필연적으로 위기를 불러왔다.

어쨌든 11월말이 되자 자포로지예 북쪽에서부터 체르카시 서쪽 지역, 키예프 남쪽으로부터 중부집단군까지 연결되는 지역은 러시아군의 수중에 떨어졌다. 4기갑군의 방어 지역이었던 집단군 북익의 상황은 48기갑군단의 성공적인 반격으로 인해 잠시나마 소강상태를 유지했다. 그러나 러시아군이 새로이 충원한 병력들을 집결시켜 집단군의 측면에 대한 결정적인 공세를 시작하리라는 점은 의심의 여지가 없었다. 그럼에도 불구하고 드네프르강 굴곡부에서 벌어지는 전투를 지속해야 할 필요가 있었으므로 2개의 기동력을 가진 부대를 8군 휘하에 배속할 수밖에 없었다. 12월이 시작되자 4기갑군의 우익인 24기갑군단(이 시기에 독일군의 기갑군단은 기갑사단만으로 구성되지 않았고, 전황에 따라 기갑사단과 보병사단을 휘하에 두고 있었다)은 카네프 교두보에서 8군의 좌익과 연결되어 있었다. 키예프 남쪽 30마일 지점에서 4기갑군(7, 48기갑군단과 13군단)의 방어선은 강으로부터 서쪽으로 크게 떨어진 곳까지 밀려난 후 지토미르 북쪽까지 연결되어 있었고 좀 더 멀리 떨어진 곳에는 코로스텐에 59군단이 전선을 유지하고 있었다.

드네프르강 방어전
(A BATTLE ALL ALONG THE LINE)

러시아군은 12월 내내 드네프르강 굴곡부에 대한 공세를 계속했다. 러시아군은 전투에 지친 부대들을 새로운 부대로 대체하거나 추가적인 공세를 준비하는 때엔 공세를 잠시 중단했지만, 필연적으로 발생하는 극도의 손실을 입으면서도 우리의 동쪽 방어선(Bastion, 요새 지역)에 대한 공격을 끊임없이 지속하였다. 드네프르강 굴곡부에서는 3우크라이나전선군이 독일 1기갑군(30군단, 57기갑군단)의 북익에 지속적으로 공세를 가했으나 엄청난 수적 우위에도 불구하고 러시아군은 언급할만한 성과를 얻지 못했다. 동시에 2우크라이나전선군(이제까지는 스텝전선군이었다)은 6개 군과 1개 기갑군을 독일 1기갑군의 좌익과 8군 사이를 공격하는데 투입했다. 러시아군은 기갑부대의 집중 운용을 통해 독일 2개 군의 접경 지역인 크리보이로크 남서쪽으로 돌파구를 열고자 하였던 것이다. 만일 이에 성공한다면 러시아군은 드네프르강의 하류로 진격하여 드네프르강 굴곡부 동쪽에 있는 1기갑군을 포위망에 가둘 수 있었다.

이를 위한 공세가 시작된 두 번째 지역은 드네프르강 남쪽에 있는 8군 북익이었다. 러시아군은 이미 확보한 체르카시 교두보로부터 뻗어 나오는 부대들과 조우하여 8군에 대한 포위망을 구축하려 하였다. 동시에 4우크라이나전선군 소속의 3개 군은 남쪽에서 니코폴 교두보를 공격했으며 이는 곧 1기갑군 배후에 대한 공격이기도 했다. 이 공격들은 격퇴되었던 반면에 압도적인 병력의 우위를 보이던 2우크라이나전선군의 1기갑군 좌익에 대한 공격은 성공했고, 궁극적으로 8군에 대해서도 승리를 얻었다. 러시아군은 위에서 언급했던 두 곳에서 돌파에 성공했고 그 결과 우리는 아직 사수하고 있던 크리보이로크와 드네프르강 사이로 천천히 후퇴할 수밖에 없었다. 집단군은 덜 위험한 지역에서 병력을 빼냄으로써 해당 지역이 위험해지는 것을 감수하고자 했다. 이에 몇 개의 사단들로 구성된 기갑군단을 위기에 처한 전선에 투입함으로써 러시아군의 돌파에 대한 반격을 하였으며, 전선 전체가 위험에 빠지는 것을 막아냈다.

그러나 이러한 격렬한 전투가 거듭될수록 독일군 부대들이 탈진하는 것을 막을 수는 없었다. 보병사단들은 잠깐 동안의 휴식마저 더 이상 얻지 못했으며, 기갑사단들은 이쪽 전선에서 저쪽 전선으로 이동하며 소방수의 역할을 수행해야 했다. 러시아군의 사상자는 우리가 입은 손실보다 몇 배나 컸음에도 그들은 사상자를 대체할 수 있었다. 반면에 집단군의 병력이 실질적인 성과없이 드네프르강에서 잘못 운용되고 있다고 국방군 최고사령부에 제기한 우리의 의견은 아무런 답을 얻지 못했다. 육군총사령부는 전투에서 소진된 인적, 물적 자원을 대체할 수 있는 방법을 찾을 수 없었고, 히틀러는 상대적으로 중요한 북익에 투입할 병력을 얻기 위한 일시적인 전선의 포기, 축소조차 동의하지 않았다. 러시아군이 병력을 계속 투입하고 있는 이상 현재의 방어전이 성공적으로 진행되고 있다 할지라도 1기갑군이 궁극적으로 포위망에 갇힐 위험을 제거할 수 없다는 우리의 경고는 아무 소용이 없었다(Fell on deaf ears). 남익 전선을 축소하여 예비대를 구축할 긴요한 필요가 있다는 우리의 주장도 마찬가지였다. 이에 우리는 북익에서 더 유용하게 쓰였을 2개 사단을 차출하여 —내가 이전에 언급한 바와 같이— 드네프르강 굴곡부에 투입할 수밖에 없었다. 북익의 전황이 거의 절망적인 수준에 이르러야만 이러한 전략적인 필요성에 대해 우유부단한 히틀러를 움직이게 할 수 있었을 것이다.

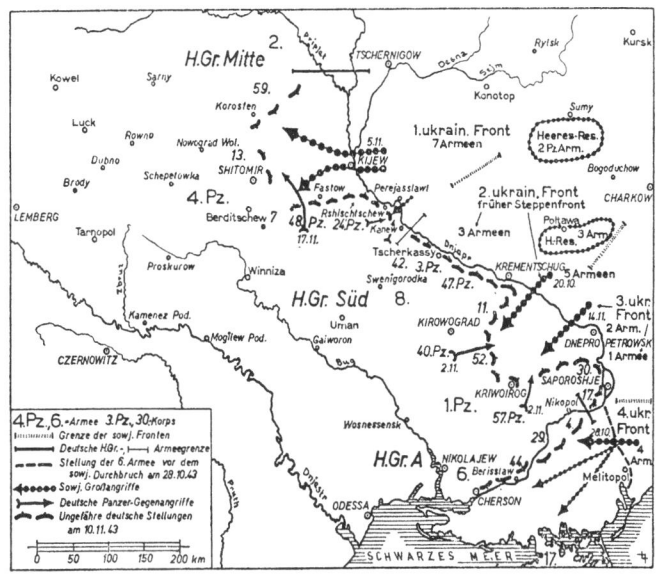

러시아 전역, 1943년말 드네프르강 방어선

히틀러가 드네프르강 굴곡부의 사수를 줄곧 주장한 이유는 니코폴과 크리미아가 독일의 전쟁 수행 능력에 끼치는 영향 때문이었다. 이때 히틀러는 만일 러시아군의 드네프르강 굴곡부에 대한 공격을 막아낸다면 남쪽에서 반격을 통해 크리미아를 다시 찾을 수 있다는 희망을 버리지 않았다. 또한 이 지역을 고집하게 된 것으로는 1941년 모스크바 외곽에서 그러했던 것처럼, 한치의 땅도 포기하지 않고 지키면 러시아군은 끝내 피를 흘리며 죽게 될 것이라는 믿음도 있었다. 매번 전선의 축소를 거론할 때마다 히틀러는 이를 통해 러시아군도 병력을 확보할 수 있다는 반박할 수 없는 논리로서 발을 빼곤 했다. 러시아군이 우리의 방어선을 쉽게 넘어서지는 못했지만 히틀러가 간과한 것은 다음과 같다. 물론 러시아군은 잘 짜여진 방어선 앞에서 피를 흘려 기진맥진한 상태에 다다를 수 있겠지만 인력에 의해 지켜지는 전선은 방어선을 지키기에도 불충분한 병력의 손실을 높은 비율로 확대시킬 것이다. 비록 집단군의 북익에서 4기갑군의 48기갑군단이 반격에 성공하여 숨돌릴 틈을 얻었지만 러시아군은 그들의 손실을 메꾸자마자 공세를 재개할 것이 분명했다. 4기갑군의 목표는 가능한 러시아군을 약화시켜 러시아군의 공세를 지연시키는 것이었다. 하지만 48기갑군단의 주력은 현재 드네프르강과 지토미르 북쪽을 연결한 방어선에서 북쪽의 러시아군과 맞서고 있었기에 러시아군은 마음만 먹으면 기갑군의 서익을 돌파할 수 있는 위험을 감수해야했다. 코로스텐에 고립되어 있는 59군단은 이곳에서 어떠한 전략도 펼칠 수 없었다. 4기갑군의 병력들은 어쨌든 러시아군을 드네프르강 서안에서 키예프까지 몰아내기에 충분하지 않아서 집단군은 4기갑군의 서익 주변을 강화시키기 위해 노력했다.

48기갑군단에 의해 탈환된 이 지역의 주도권을 쥐고 있을수록 48기갑군이 담당하고 있는 전선에 유리했다. 이에 따라 4기갑군은 지토미르와 코로스텐 서쪽에 개활지로 열려있는 지역에 대한 제한적인 공세를 펼친다는 계획을 갖고 이 상황을 이용하고자 하였다. 집단군의 지시에 따라 48기갑군단은 북쪽을 향해 있는 전선에서 이탈한 후 야간을 이용해 위장과 기만전술을 활용하여 지토미르 북쪽으로 이동하여 러시아 60군이 있는, 서쪽으로 열려있는 개활지로 이동했다. 이어진 아군의 기습으로 러시아 60군은 서쪽으로부터 쫓겨났다. 48기갑군단은 이후에도 코로스텐 남동쪽에 집결해있는 러시아군을 향해 즉각적으로 후속 공격을 개시했으며 전투를 거듭하여 적어도 3개 차량화군단을 궤멸시켰다. 결과적으로 48기갑군단은 드네프르강 서쪽에서 러시아군을 —독일군을 공격하기 위한 재편성을 완료하기 전에— 격퇴하였으며, 또한 4기갑군의 서익에서 상당한 수준의 주도권을 확보할 수 있었다. 그러나 남부집단군은 이러한 전과에도 불구하고, 북익에 닥친 위기 상황을 안정화시킬 수는 없었다.

위기는 12월 24일 다시 찾아왔다. 나는 불안정한 전선의 후방에서 예비대로 남겨져 있는 20기갑척탄병사단을 시찰하던 중에 러시아군이 키예프와 지토미르를 잇는 도로에 대한 공격을 시작했다는 첫 번째 보고를 받았다. 이곳에서 나는 사단의 연대에서 크리스마스 축하 행사에 참석 중이었는데 첫 번째 보고는 상황이 그리 심각하지 않다고 했으며, 25기갑사단이 배치되어 있던 도로 남쪽 지역만이 위태하게 생각될 뿐이었다. 그러나 내가 빈니차에 있는 집단군 사령부에서 저녁에 받은 보고는 러시아군이 거대한 규모의 병력을 동원하여 지토미르로 향하고 있다고 했다. 이후 며칠간에 걸쳐 정보과가 보고한 전황은 다음과 같았다.

지토미르 남쪽으로 거대한 돌파구를 열기 위해 1우크라이나전선군은 대규모 병력을 지토미르 서쪽에 집결시켰으며 38군, 1근위군, 1기갑군은 총 18개 사단과 6개 기갑 또는 차량화군단으로 전투에 투입되고 있었다. 며칠 뒤에 러시아 18군 또한 전투에 투입되고 있음이 확인되었다. 이 주력 공세는 파스토프 인근의 러시아 40군이 합류함으로써 규모가 더 커졌다. 이 공세의 북쪽에서는 최근에 새로이 병력을 충원한 러시아 60군이, 그리고 더 북쪽에서는 적어도 14개 사단과 1개 기병군단을 동원한 러시아 13군이 코로스텐을 향해 진격하고 있었다. 60군의 경우 위에서 언급한 독일군 48기갑군단의 공격으로 심각한 수준으로 전력이 약화된 상태였지만, 6개 기갑 또는 차량화군단을 보유한 러시아 3근위기갑군이 후방에서 신속하게 집결 중이었다. 물론 러시아 3근위기갑군의 3개 내지 4개 군단은 최근의 전투로 높은 손실을 입고 있지만 새로운 예비대를 투입하여 병력을 증원할 수 있었다(히드라는 금방 새로운 머리를 내놓았다, The hydra lost no time sprouting new heads). 기동력을 보유한 부대들의 집결을 통해 러시아군은 코로스텐을 경유하는 광범위한 포위망을 구성함으로써 지토미르에 대한 돌파를 완성하고자 했다. 전선이 심각하게 위협받고 있었던 42군단의 방어선 뒤에 —아직 전력을 보유한 2개 기갑사단과 168사단, 집단군 지역에서 새로이 편성된 18포병사단을 보유한— 48기갑군단이 재빨리 지토미르 부근에 배치되었다. 그러나 이 병력으로 수적으로 몇 배나 우위를 보이는 러시아군을 막아낼 수 있는지는 불확실했다. 또한 설령 러시아군을 막아낸다 할지라도 코로스텐을 경유하여 남부집단군 북익을 포위하려 압박해오는 러시아군을 막을 수 있는 충분한 병력이 없었다.

12월 25일 집단군은 육군총사령부에 전문을 보내 러시아군과 접전을 벌이는 전황에 대해 설명한 후 육군총사령부가 개입할 것을 요구했다. 집단군은 4기갑군이 현재 보유한 병력으로는 러시아군의 공세를 막지 못할 것이며 이는 남부집단군과 A집단군의 측면이 러시아군에게 돌파당하는 것을 의미한다고 보고했다. 아울러 4기갑군에게 신속하게 증원 병력을 보내줄 것을 요구했다. 만일 육군총사령부가 증원 병력을 확보하지 못한다면 집단군은 적어도 5개 내지 6개 사단을 집단군의 우익에서 빼낼 수밖에 없으며 병력의 차출로 인하여 집단군의 우익은 당연히 드네프르강 굴곡부에 있는 현재 위치를 고수할 수 없으므로 이에 따라 우리에게 재량권을 달라고 요청했다. 이때 집단군은 우선 4기갑군에게 42군단이 방어하고 있는 지역에서 지토미르를 향해 돌파구를 열고자 하는 러시아군의 주력을 모든 가용한 병력을 투입하여 막으라는 명령을 내렸다. 아울러 4기갑군의 북익에 있는 13, 59군단에게 공격해오는 러시아군과 교전을 벌여 러시아군이 지토미르로 남하하지 못하게 하라고 지시했다.

드네프르강 하류에서 6군 휘하에 있다가 잠시 집단군의 예비대로 있던 17기갑사단은 4기갑군에 배속시켰다. 의심할 여지없이 히틀러의 관점에 영향을 받은 —드네프르강 굴곡부를 확보하라는— 육군총사령부의 요구에 대해 집단군은 남부집단군의 북익을 안정화하기 위해 1개 사단을 이동시키는 등의 단발적인 방법(Isolated measures)을 쓸 시기는 이미 지났다고 보고했다. 또 북익에 투입된 러시아군의 규모를 고려하면 —특히나 지난 겨울에 러시아군이 확보한 예비대들을 계속 전장에 투입시킬 것이기 때문에— 일시적으로 러시아군의 공세를 저지시킬지라도 전황에 큰 변화는 없을 것이었다. 몇 주 동안에 코로스텐-지토미르-베르디체프(Berdichev)-빈니차-키예프 남쪽 지역에서의 전황은 남부집단군이 동쪽에서 고립되거나 남서쪽으로 퇴각하는 것을 결정지을 것이었다. 이 같은 위험에 대응할 적극적인 방안이 시급했다.

전황은 1942~1943년 겨울에 집단군이 겪은 상황과 비슷했는데 그 당시 전선을 안정화시킬 수 있는 유일한 방안은 <u>1기갑군과 4기갑군을 우익에서 좌익으로 보내 활용하는 기동 방어</u> 뿐이었다. 이제 남부집단군은 드네프르강 굴곡부에서 1기갑군을 빼내어 최소한 5개 내지 6개 사단과 함께 베르디체프 인근으로 이동시켜야만 했다. 이러한 병력의 이동은 드네프르강 굴곡부의 동쪽 지역을 포기하고 강 굴곡부에서 니코폴과 크리보이로크에 구축된 방어선까지 퇴각해야만 가능한 구상이었다. 이런 방식으로 전선을 축소하여 우리는 12개의 사단을 확보해야만 했다. 이들 중 6개 사단은 이미 언급한 바와 같이 집단군 북익에 투입될 1갑군에게 보내져야 하고 나머지 6개 사단은 이제까지 1기갑군에 의해 방어되는 지역을 인수받아 드네프르강 하류에 방어선을 구축해야 하는 6군에게 보내져야만 했다. 집단군의 북익으로 보내지는 사단들에게는 지토미르에 돌파구를 열려 하는 러시아군에 맞설 수 있게 가능한 빨리 동쪽에서 서쪽으로 이동 명령을 내려야 했다.

[옮긴이의 주]
- 남부집단군의 배치는 위에서부터 아래로 4기갑군-8군-1기갑군-6군(A집단군)이었으나 만슈타인은 북익의 강화를 위해 4기갑군-1기갑군-8군-6군(A집단군)순으로 재편성하고자 한 것이다.

추가적으로 우리는 육군총사령부에 집단군의 북익에 압박을 가해 포위망을 구축하려는 러시아군의 공격을 막기 위해 추가적인 병력을 보내야만 한다고 했다. 나중에 가능하다면 이 부대들은 러시아군의 주공에 대해 서쪽에서 공격하는 1기갑군을 보완할 수도 있었다. 또한 우리는 드네프르강 굴곡부의 현재 전황에 대해서도 보고했는데 러시아군이 공격이 일시적으로 격퇴되었기 때문에 큰 위험을 감수하지 않고도 이 같은 병력의 이동이 가능하며, 만일 우리가 러시아군이 다시 공격할 준비를 끝낼 때까지 기다린다면 전선에서 계획적인 퇴각이 불가능할 것이라 지적했다. 위와 같은 관점 및 4기갑군의 전략적 운용 지역을 포함하여, 우리는 국방군 최고사령부의 신속한 결정이 필요하다고 했다. 집단군의 재촉에도 불구하고 12월 28일까지 1~2개 사단을 4기갑군에게 배속시키겠다는 결정 외에는 아무런 답변이 없었기에 12월 29일 집단군은 전황에 걸맞은 명령을 내렸다.

'1기갑군은 1월 1일까지 현재의 방어 지역을 6군에게 인계한다. 1기갑군은 늦어도 1월 3일에는 드네프르강에서부터 베르디체프 남서쪽으로 27마일 떨어진 곳까지 구축된 4기갑군(7군단, 24기갑군단)의 방어 지역을 인수한다. 3기갑군단은 드네프르강 굴곡부와 6군에서 차출한 4개 사단(6, 17기갑사단, 16기갑척탄병사단, 101경사단)과 더불어 이 전선의 좌익 후방으로 이동한다. 다른 사단들도 뒤를 따른다.'

1기갑군이 대규모의 이동을 초기에 하지 못한 것은 제한된 수송 능력 때문이었다. 드네프르강 굴곡부에서의 병력 소개는 A집단군의 전황에 직접적인 영향을 끼치는 문제였다. 이에 히틀러가 동의하지 않아 집단군이 병력 소개를 지시하지 못한 것도 또 하나의 이유가 되었다. 불운하게도 각 집단군과 국방군 최고사령부가 협조하여 작전을 펼칠 수 있다는 가능성은 남부집단군이 협조를 요청하자마자 끝이 났다. 육군총사령부는 4기갑군이 머무르고 있는 지역에 46군단(17기갑사단, 1사단, 4산악사단)을 배속시켰다. 그러나 이 병력만으로 남서쪽으로 향하는 러시아군에 대해 계획된 2개의 반격(1기갑군, 4기갑군)이 가능할 지는 불확실했다. 우선 무엇보다 러시아군을 정체된 상태로 저지하는 것이 시급했다. 12월 30일 집단군은 현재까지의 진척 상황에 대해 육군총사령부에 보고했다.

다음날 히틀러는 뒤늦게 병력의 이동에 동의했다. 반면 그는 드네프르강 굴곡부와 그에 딸린 니코폴 교두보의 포기에 대한 결정이 시급함에도 불구하고 이에 대한 결정을 회피하였다. 집단군의 명령에 따라 부대의 이동이 진행되고 있던 반면에 4기갑군 지역의 상황은 점점 위험해지고 있었다. 러시아군의 주력은 빈니차를 향해 남서쪽으로 돌파구를 성공적으로 확대하고 있었다. 비록 키예프 남쪽에서 4기갑군의 7군단과 24기갑군단이 여전히 위치를 고수하고 있었지만 4기갑군의 서익은 상당한 수준으로 퇴각해야 했다. 이로 인해 3기갑군단이 집결되기로 한 지역과는 약 50마일에 이르는 간극이 발생했다. 베르디체프 남서쪽으로 30마일이 약간 안 되는 지점에서야 4기갑군은 얇은 전선을 구축할 수 있었는데 이마저도 베르디체프에서 지토미르를 잇는 도로 동쪽에서 힘겹게 버티고 있었다. 지토미르 인근은 전선을 북쪽과 동쪽에 두고 13군단이 방어하고 있었다. 13군단과 59군단 사이는 코로스텐 서쪽까지 방어선이 밀려났기 때문에 50마일에 이르는 간극이 생겼고, 좀 더 후방에는 26기갑군단이 배치될 예정이었다. 다행히 러시아군은 위에서 언급한 바와 같이 연결된 방어선이 없는 4기갑군에 대한 공격을 위해 잠시 이 지역에 머물렀는데 기갑군 소속의 군단들끼리의 간극이 너무나 넓어서, 또는 러시아군이 아예 이 같은 상황을 전혀 몰라서였는지 러시아군은 아직까지는 그들의 기동력을 가진 부대들을 투입하여 집단군의 배후까지 곧장 돌파하거나 4기갑군을 포위할 수 있는 기회를 이용하지 않고 있었다.

1월초 집단군의 모든 전선이 위험에 처했다. 드네프르강 굴곡부(니코폴 교두보까지 포함해서)에서는 러시아군의 6군과 8군에 대한 공격이 준비되고 있었다. 만일 드네프르강 굴곡부의 동쪽 지역을 포기하라는 집단군의 명령이 수행되기 전에 공격을 받는다면 남익의 운명은 위태로웠다. 최악의 경우에는 이미 집단군사령부가 이 지역에서 기갑사단을 빼내어 1기갑군에 증원한 후 공세의 제2파(As a second wave)로 활용한다는 전략 자체가 불가능해질 수 있었다. 실제 러시아군의 주력 공세가 1월 3일 키로보그라드(Kirovograd) 동쪽에서 실제로 있었다. 이 지역에 배치되어 있던 2개 사단은 일시적으로 타격을 입었다. 집단군의 북익에서는 추가적인 병력의 증원이 줄곧 시급했다. 러시아군은 4기갑군 전선이 갈가리 찢겨져 생긴 간극들이 주는 커다란 기회를 점점 알아채고 있었다. 1월 3일 1기갑군은 키예프 남쪽과 남서쪽에서 지휘권을 인수하고 방어를 시작했는데 러시아군은 남쪽으로 공격을 개시해 우만(Uman) 북쪽으로 30마일 떨어진 곳까지 밀고 내려왔다. 3기갑군단의 전초부대가 이곳에 도착하고 나서야 러시아군의 진격을 잠시 지체시킬 수 있었다. 4기갑군의 방어 지역에서는 큰 위기가 발생했는데 측면이 돌파될 위험이 있자, 4기갑군은 1월 4일까지 빈니차 동쪽으로 40마일 정도 떨어진 곳에서부터 아직 전투가 진행 중이던 베르디체프 북쪽까지 이어지는 방어선으로 퇴각했고 최종적으로는 예전의 폴란드-러시아의 경계선이던 베르디체프 서쪽 40마일까지 밀려났다. 북쪽에서 남부집단군과 북부집단군 사이에 넓게 벌어진 간극에서는 59군단이 지토미르에서 로프노까지 연결되는 고속도로 북쪽을 따라 예전 폴란드-러시아 경계선까지 퇴각했다.

  1월의 처음 며칠간의 전황 변화로 인해 나는 1월 4일 비행기를 타고 히틀러의 사령부를 방문하여 집단군의 우익에서 좌익으로의 병력 이동은 반드시 필요한 것이라고 히틀러를 설득하고자 했다. 우선 드네프르강 굴곡부에서 우리를 압박하고 있는 위험에 대해 설명한 후, 지극히 커지고 있는 4기갑군 전선의 전황에 대해 설명했다. 다음으로 나는 4기갑군을 압박하고 있는 러시아군을 측면 공격하기 위해 1기갑군의 3기갑군단을 이용하여 동쪽에서부터 공격하고 ―이제 4기갑군 북익 후방에 도착 중인― 26기갑군단을 이용하여 북서쪽에서 공격하는 방안을 상세히 설명했다(히틀러는 4기갑군의 양익에서 반격을 개시할 수 있는 능력에 의구심을 품었지만, 이번에는 정확한 판단을 내렸다. 이는 이후에 벌어지는 일련의 사건들로 증명되었다). 동시에 나는 히틀러에게 계획된 작전들이 성공함으로써 거둘 수 있는 최고의 이점이라고 해봤자 현재 러시아군의 압박에 대한 위험에서 벗어나는, 순수하게 일시적인 전선의 안정뿐이라고 말했다.

  장기적인 관점에서 보자면 4기갑군의 공격은 남부집단군 북익의 위험에 대한 해결책을 내놓을 수 없었다. 만일 북익의 전황이 일시적으로 안정화되지 못하면 결국 동부전선 남익 전체가 죽음을 피할 수 없는 위기를 받아들여야 하고 남부집단군과 A집단군은 결국 루마니아와 흑해에서 그들의 죽음을 맞을 것이었다. 만일 국방군 최고사령부가 상당한 규모의 병력 충원을 하지 않는다면 ―더 결정적인 북익의 전투를 위한 병력을 차출하기 위해서 더 이상 집단군 남익의 퇴각을 미룰 수 없으며― 이는 니코폴과 크리미아의 포기를 의미하는 것이었다. 나는 또한 현 단계에서 남부집단군이 드네프르강 굴곡부 동쪽에서 퇴각하는 것을 전체적인 관점에서 주 전장을 북익으로 전환하는 첫걸음으로 간주하고 있다고 말했다. 병력의 재편성을 최대한 수행하기 위해 남익에서의 전선 축소가 반드시 필요하다고 말했다.

  이런 사유로 인해 남부집단군은 이미 사전 조치로 좀 더 서쪽에서 방어선을 찾아 구축하고 있었다(이 사실을 당연히 히틀러도 알게 되었다). 부그(Bug)강 하류로부터 현재 집단군의 북익이 전투를 벌이고 있는 지역의 남쪽 끝까지 이어지는 이 방어선은 북쪽, 북서쪽으로 뻗어나가는 강의 흐름을 최대한 이용하는 장점을 가지고 있었다. 이 방어선을 쥐고 있다면 드네프르강 굴곡부까지 늘어져 6, 8군이 지키고 있는 560마일에 이르는 방어선의 길이를 거의 절반으로 줄일 수 있었다. 이런 식으로 과감히 전선을 축소하여 실질적으로 상당한 병력을 확보한다면(또한 크리미아에 있는 17군 또한 주요 전장에 합류한다면) 우리는 최종적으로 우리의 주력을 북익에 투입할 수 있었다. 동시에 남익은 압도적인 러시아군에 맞서, 위에 언급한 방어선을 지키기에 충분한 병력을 가지고 전투에 임할 수 있었다. 반면에 우리가 이제까지 파괴한 철도망을 고려한다면 러시아군은 그들의 병력을 남익에서 키예프 서쪽으로 우리와 동일한 속도에 맞춰, 우리가 수행하는 동일한 규모에 맞춰 이동시키는 것에 많은 애로점을 겪어야 했다. 독일군 남익을 일시에 소개시킨다는 이 전략은 우선적으로 드네프르강 굴곡부의 소개부터 시작되어야 했다.

히틀러의 의중을 알고 있는 우리가 보기에는 이러한 명령이 시행되리라고 기대할 수 없었다. 그는 전술과 전략을 장기적으로 조망할 필요성에 대해 인식하는 사람이 아니었다. 반대로 그는 —크리미아 상실의 결과로 터키가 마음을 바꿔 먹을 것이고 불가리아와 루마니아도 그러할 것이라 주장하며— 완고하게 니코폴과 드네프르강 굴곡부에 대한 소개를 거부하였다. 아울러 남부집단군의 북익을 강화하기 위한 병력은 북부집단군이 페이푸스(Peipus)호수까지 퇴각해야만 확보할 수 있으나, 만일 북부집단군이 퇴각한다면 핀란드의 변심으로 인해 발틱해에서 제해권을 잃을 것이며 —발틱해의 제해권을 잃으면 스웨덴으로부터 광석을 더 이상 가져올 수도 없으며— 유보트(U-Boats)들의 훈련 지역마저 상실할 것이기 때문에 남부집단군에게 병력을 증원할 수 없다고 단호하게 말했다. 그리고 서부전선에서 병력을 차출하는 것에 대해서도 연합군의 상륙작전이 초반에 격퇴되거나, 영국이 히틀러가 기대하는 바와 같이 포르투갈(Portugal)에서 고립되는 것을 확인한 이후에나 가능하다고 말했다. 그는 우리가 할 수 있는 것은 서부전선의 상황이 명확해지거나 새로이 편성되는 부대들이 작전에 투입될 수 있을 때까지 시간을 버는 것이라고 말했다. 5월 이후에는 좀 더 많은 잠수함들이 전투에 나서 결실을 얻을 수 있을 것이라고도 했다.

히틀러는 추가적으로 러시아군은 조화를 이루지 못했기 때문에 그 결속력이 언젠가는 망가질 것이라 덧붙였고, 시간을 버는 것이 매우 중요하다고 말했다. 히틀러는 집단군에게 닥친 위험을 내가 보는 것과 같이 중대한 것으로 보고 있었음에도 그가 충분한 병력을 확보할 수 있을 때까지는 남익의 위험을 감수할 수밖에 없다고 말했다. 그는 내가 전체적으로 전황을 조망하는 능력이 부족하다고 되받아치곤 하여서 ―이런 문제들에 대해 히틀러는 늘 그러하였고― 히틀러의 이런 논리에 반박하는 것은 아무 소용도 없었다. 내가 할 수 있는 것은 집단군의 북익이 처한 상황이 심각한 것을 다시 언급하고 집단군이 수행할 대책은 이 위기에 대한 최종적인 해결 방안이 될 수 없다고 강조하는 것뿐이었다. 로프노 인근에서 러시아군의 대규모 포위작전에 맞선 집단군의 북익 후방에 신속히 1개 군을 이동시키는 것은 단연코 시급한 사안이었다. 많은 사람들이 참석하는 일일회의에서 히틀러와의 논쟁을 질질 끄는 것은 아무런 소용이 없었으므로 나는 육군참모총장의 배석 하에 히틀러와 단독으로 면담할 기회를 요청했다.

히틀러는 ―확실히 면담 시에 내가 제시할 요청 사항에 대해 우려하였으므로― 주저하였지만 결국 이에 동의했다. 국방군 최고사령부의 관계자(Emissaries)들, 괴링, 다양한 보좌관들(Aides), 사료편찬관(Historiographer)과 두 명의 속기사(Stenographers)들이 정식으로 자리를 비웠다(통상 속기사들은 이러한 회의에서 모든 말들을 기록했는데, 이때 그들 앞에는 전선의 지도가 없었기 때문에 오고가는 말 중 일부에 대해서는 그 의미를 잘 알지 못했다). 나는 히틀러의 사령부에 올 때 최고 지휘권자가 결정해야 할 사항들을 제시하고, 추가적으로 나의 집단군이 처한 상황을 논의하고자 이곳에 왔었다. 자이츨러 장군을 제외한 모두가 방에서 나가자 나는 솔직하게 나의 의견을 말할 수 있기를 요청했다. 히틀러는 차가운 태도는 아니었으나 확실히 거리감을 두는 투로 그렇게 하라고 말했다. 나는 아래와 같이 말을 꺼냈다.

'우리가 확실히 알아야 할 것은 우리가 지극히 위험한 상황에 처한 이유가 확실히 러시아군의 우세함으로 인한 영향이 가장 크겠지만, 그것만이 전부는 아닙니다. 이 위기는 우리가 수행해 온 전략의 방향에서 비롯된 문제이기도 합니다.'

내가 이 말을 하자, 히틀러는 경직된 반응을 보였다. 그는 말을 더 하고자 하는 나의 의지를 없애버리겠다는 마음을 먹은 듯 나를 노려보았다. 나는 아직까지도 그렇게 강한 의지를 표현하는 사람의 눈빛을 본 적이 없다. 그의 거친 얼굴에도 불구하고 그의 눈은 아마도 히틀러에게서 찾아볼 수 있는 가장 매력적이며 표현력이 풍부한 기질을 보여주는 유일한 것이었다. 그리고 지금은 그 눈으로 나에게 무릎을 꿇으라는 듯이 뚫어질 것처럼(Boring into) 보고 있었다. 순간적으로 인도의 뱀 부리는 사람이 언뜻 내 뇌리를 스쳐갔고, 나는 내 앞에 있는 히틀러의 눈빛이 그간 많은 사람들을 겁박했었음을 알게 되었다. 그러나 나는 말을 멈추지 않고 히틀러에게 현재와 같은 지휘 체계 하에서는 전쟁을 지속할 수 없다고 말했다. 그가 원하는 거시적인 전략을 다루기 위해서는 전체적인 작전에 책임을 지는 총참모총장이 필요하며, 히틀러는 군사 정책에 관한 모든 것을 그의 조언에만 귀 기울여야 한다고 말했다. 또한 동부전선에서 거대한 전략적 틀 안에서 충분하게 재량권을 확보한 총사령관의 임명이 반드시 필요하며, 이탈리아와 서부전선에서도 이 방식이 준용되어야 한다고 말했다. 이전에 내가 두 차례에 걸쳐 히틀러와 회견을 했을 당시 제안했던 바와 같이(이는 형식적이 아니라, 실질적으로 히틀러가 지휘권을 포기하는 것을 의미했다) 군사적 결정 사항에 대한 적극적인 변화가 필요하다고 말했으며, 그는 이때에도 과거에 그러했듯이 완전히 부정적인 입장을 취했으며 그 자신만이 병력이 필요한 전선을 결정할 수 있으며, 그 전선에 필요한 전략도 자신만이 결정할 수 있다고 주장했다. 그는 또한 어떠한 경우라도 괴링은 다른 사람의 명령에 복종하지 않을 것이라고 덧붙였다.

내가 제안한 동부전선의 총사령관 임명 문제에 대해서도 내가 예전에 언급했던 히틀러의 반박이 뒤따랐다. 그는 이제까지 그가 가진 권위를 누구에게도 부여하지 않을 것이며, 심지어 원수들조차도 그에게 복종하지 않고 있는데

'만슈타인 당신이 총사령관이 된다면 원수들이 더 복종할 것이라고 생각하느냐?'

며 고함을 쳤다. 그는 만일 상황이 최악에 이른다면 원수들을 해임할 수 있으며 그 누구도 자기의 이런 권위를 가지지 못할 것이라 말했다. 내가 내리는 명령은 항상 잘 수행될 것이라고 응대하자마자 그는 더 이상 말하지 않은 채 회견을 끝냈다. 또 한번, 표면상으로 그의 권위를 무너뜨리지 않고, 전쟁 수행을 위한 급선무였던 최고 지휘 체계를 위와 같은 방법으로 히틀러로 하여금 받아들이게 하고자 했던 나의 시도는 실패로 끝이 났다. 그가 지휘권을 이양하지 않은 이유는 부분적으로 그의 권능에 대한 과대망상 때문이기도 했는데, 그는 비공식적으로도 그가 실수를 할 수 있다거나 군사 문제에 대해 조언자가 필요하다는 사실을 전혀 인정하지 않았다. 또 다른 이유로는 남을 믿지 않는 그의 성격이 어떠한 위기 상황에서라도 군대에 대한 지휘권을 그의 손에서 놓지 말아야한다고 생각하게 만들었다. 반면에 나는 전쟁 수행에 필요한 조치들을 억지로(By force) 조정한다면 이는 전장에서 우리

집단군의 붕괴를 가져올 것이라는 사실을 정확히 알고 있었다. 나의 관점에서 본다면, **러시아군이 독일의 완벽한 파괴를 원하기보다는 서부 연합군처럼 무조건적인 항복을 요구**할 가능성이 있었다. 결국 나는 집단군이 처한 상황을 개선하지도 못하고, 지휘권에 대한 합리적인 결정도 얻지 못한 채 사령부로 돌아올 수밖에 없었다. 우리는 드네프르강 굴곡부 우익의 병력을 이동시켜 북쪽 전선의 좌익을 강화하고자 하는 결정을 포기할 수밖에 없었다.

[옮긴이의 주]
- 만슈타인은 러시아군의 의도를 여기에서는 절멸전이 아니라고 보았던 것 같다. 여러 문헌을 보면 서부 연합군의 의도조차 잘못 판단한 독일인들이 많았는데, 서부전선에서 싸운 독일의 군인들도 서부 연합군에게 항복한 후, 서부 연합군과 힘을 합쳐 러시아와 맞서는 방안을 고려한 군인이 많았다는 증언이 있다. 옮긴이는 그 시절에 대해 빈약한 정보만을 가지고 있으므로 이 시기의 유대인에 대한 유럽 전체의 반감과 더불어, 서구권이 공산주의 혁명의 발원지였던 러시아에게 맞선다는 정서를 쉽게 이해할 수 없다(하지만 1차세계대전 이후 루덴도르프가 반유대주의, 반카톨릭주의를 역설한 이래 히틀러 및 독일 장교단 내에는 반유대주의 정서가 만연해 있었으며, 서부 연합군이 유럽 본토에 상륙하기 전에도 독일군이 유대인을 학살하고 있다는 것을 서부 연합군이 알고 있었다는 증언이 있다. 독일 인구의 3%를 차지하는 유대인이 국부의 25%를 차지하고 있었다는 점도 반유대주의 정서가 자라나는데 영향을 끼쳤다. 그 시절 유대인에게 우호적인 민족은 없었다. 2차세계대전의 기원은 독일의 오스트리아, 체코 합병과 폴란드 침공이 아니라 1차세계대전이므로, 관심이 있는 독자분들은 1차세계대전의 서적을 참조하시기 바란다).

히틀러의 사령부에서 있었던 회견에서 우리는 부정적인 결과를 얻었기에, 집단군은 드네프르강 굴곡부에서의 사투를 계속할 수밖에 없었다. 집단군의 북익에서는 러시아군이 4기갑군을 포위하는 것을 막고, 러시아군이 남쪽으로 진격하여 남익 전체의 모든 병참선이 위험에 빠지는 것을 방지하는 것에 초점이 맞추어졌다. 1월 내내 드네프르강 굴곡부에서 우리가 고수하고 있던 방어선에 대해 러시아군은 그들의 전 병력을 투입하였다. 추가적으로 러시아군은 6군의 방어선에 계속 공격을 하면서도, 8군 동쪽 전선에 대해서도 집요하고도 맹렬한(Fury) 공격을 가하고 있었다. 6군은 북익에서 드네프르강 굴곡부 내로 진입한 러시아군을 격퇴함과 동시에 니코폴 교두보에 대한 남쪽에서의 공격도 막아야 했다. 러시아군은 병력과 장비 면에서 항상 몇 배의 우위를 보였음에도 독일군의 헌신적인 임무 수행과 2개 군의 임기응변(Stop-Gaps) 덕택에 러시아군은 이 지역에서 제한적인 승리만을 얻을 수 있었다. 비록 8군이 서쪽으로 약간 후퇴하여 키로보그라드가 러시아군의 손에 떨어졌지만 러시아군은 여전히 드네프르강 굴곡부에서 독일군을 포위하는 것에 필요한 결정적인 돌파구를 여는 것에는 성공하지 못하고 있었다. 그러나 집단군 좌익에서의 위기는 점점 커져만 갔다. 러시아군의 압박을 버티지 못했던 4기갑군이 베르디체프를 러시아군의 손에 넘겨주고 전선을 얇게나마 연결시키기 위해 서쪽과 남서쪽으로 퇴각할 수밖에 없었다. 그러나 아직 최악의 상황은 아니었다.

측정할 수 없을 정도의 거대한 위험은 1월 6일 즈음에 발생했는데, 러시아군은 4기갑군과 1기갑군의 우익 사이에 난 간극이 그들에게 주는 기회를 알아차렸고 4기갑군과 중부집단군 사이의 간극 또한 그들에게 똑같은 기회를 주고 있음을 알아차렸다. 4기갑군과 중부집단군 사이의 간극에서는 고립된 59군단만이 로프노를 향해 퇴각전을 펼치고 있었다. 4기갑군에 맞서고 있던 러시아군은 4기갑군의 양 측면의 간극이 주는 기회를 이용하고자, 일시적으로 4기갑군 전선에서 숨을 고르고 있었다. 러시아군은 4기갑군의 북익을 괴멸시키기 위해, 3개 군(18군, 1근위군, 1근위기갑군)을 투입했다. 동시에 우리 1기갑군과 4기갑군 사이에 있는 간극에서부터 남쪽으로 더 진격하기 위해 러시아 1기갑군과 40군을 투입하여 ―작전 범위가 독일 1기갑군의 물자 집적소인 우만의 북쪽 20마일 떨어진 곳까지 이르렀으며― 집단군 사령부가 이전에 머물렀던 빈니차 인근까지 접근하였다. 집단군 사령부는 집단군 우익과의 통신망이 러시아군의 기습으로 위험해지기 며칠 전에 프로스쿠로프(Proskurov)로 옮겼다.

러시아군은 결국 집단군의 보급을 위해 가장 중요했던 철로 교차점이었던 슈메링카(Zhmerynka)를 일시적으로 차단하는 것에 성공했다(좀 더 남쪽에 있는 철로들은 루마니아 영토를 거치는 관계로 효율성이 매우 낮았다). 이러한 상황을 타개하기 위해 집단군은 두 가지 전략 중 한 개를 선택해야 했다. 우선 개활지로 넓게 펼쳐진 북익에서 훨씬 강력한 러시아군에 대해 반격을 할 것인가였는데 이 공격은 향후에 전선이 길게 늘어진다면 집단군의 북익 측면이 노출될 가능성이 내재되어 있었다. 또는 4기갑군과 1기갑군 사이의 간극에서 있을 러시아군의 최종적인 돌파를 막느냐의 문제였다. 이 두 개의 임무를 수행할 수 있는 병력은 충분하지 않았다. 우리는 압박이 더 커지고 있는 두 번째의 위험을 우선적으로 처리하고자 했다. 만일 러시아군이 4기갑군과 1기갑군 사이의 간극을 공세를 통해 돌파한 후, 부그강 상류를 향해 진격한다면 6군과 8군은 고립될 수밖에 없었다. 반대로 집단군의 북익 측면에서 벌어지고 있는 러시아군의 진격이 계속된다 할지라도 당분간은 집단군의 존립 여부에는 직접적인 위협이 되지 않았다. 더욱이 이곳에는 히틀러가 조만간 병력의 투입을 마지못해 승인할 것이었다. 반면 만일의 경우 남익의 2개 군이 고립된다면 양 군을 구출할 수 있는 가능성은 전혀 없었다. 그러나 우리가 북익의 위기를 제거하기 위한 필요한 병력을 얻기 위해 집단군이 대규모로 퇴각한다는 최선의 선택 방안(The only correct solution)은 여전히 히틀러가 완고하게 거절했다.

이러한 상황 속에서도 집단군은 4기갑군과 1기갑군 사이의 간극을 돌파하여 남쪽으로 진격하고자 하는 러시아군에게 반격을 하기 위해 모든 가용한 병력을 이 지역에 투입하기로 결정했다. 만일 러시아군이 우만을 향해 진격한다면 이는 키예프 남서쪽에 있는 1기갑군의 좌익이 더 남쪽으로 밀려남을 의미했으므로 이 간극이 내포한 위험이 더 심각했기 때문이었다. 1기갑군은 아직 드네프르강 굴곡부에서 동쪽 전선을 맡고 있는 8군과 함께 퇴각해야 했다. 1기갑군과 8군의 부대들이 드네프르강에서 카네프 교두보의 양 측면을 방어하고 있었으므로 독일군은 자루(Sack) 모양의 전선을 ―이 전선은 드네프르강 북쪽에 걸쳐 있었고 카네프 주변에 양 군에 속하는 병력들이 동쪽과 서쪽을 바라보며 전선을 형성 중이었다― 유지하게 되었다. 만일 러시아군이 우만 북쪽을 돌파하는 것에 성공한다면 남쪽의 '자루'를 고립시키는 것은 아주 용이했다. 이 지역에 대한 방어에 병력을 투입하는 것은 적절하지 않았으므로 물론 가장 현명한 방법은 이 지역을 소개하는 것이었다. 그러나 여기에서도 히틀러는 드네프르강 유역을 자발적으로 포기하는 것을 지켜보지 않았다. 그는 여전히 언젠가 드네프르강 굴곡부의 동쪽 지역을 탈환할 때 이 돌출부 지역이 도약대(Springboard)로 이용되기를 희망하고 있었다. 그러기 위해서는 이 '자루'가 고수되어야 했다. 머지않아 이 '자루'는 체르카시 포위망이 되었다. 집단군은 4기갑군과 1기갑군 사이의 간극을 돌파하고 있는 러시아군에 대한 공격이 3개 방면에서 진행되어야 한다고 결정했다.

동쪽에서는 1기갑군의 방어 지역을 벗어나 7군단이 공세를 개시한다. 7군단은 집단군의 명령을 받아 위에서 언급한 돌출부에서 이탈하여 드네프르강에 약한 수비선만을 유지한 채 러시아군의 측면을 공격한다.

서쪽에서는 아직 프랑스에서의 이동이 완료되지 않은 46기갑군단이 러시아군의 또 다른 측면을 공격한다.

남쪽에서는 3기갑군단이 집단군의 명령을 받아 드네프르강 굴곡부에서 이탈하여 러시아군과의 조우를 위해 투입된다. 3기갑군단은 기동전을 펼쳐 두 개의 다른 군단이 공격할 준비가 될 때까지 러시아군을 붙잡아 놓는 임무를 맡는다.

1월 중순까지 작전 개시를 위한 모든 준비가 완료되었다. 4기갑군과 1기갑군 사이의 간극이 이 와중에 거의 45마일에 이를 정도로 확장되었고, 작전에 투입할 수 있는 병력은 소수였으므로 작전은 2단계로 나누어 수행되어야 했다.

첫 번째 단계로 7군단과 3기갑군단이 간극의 동쪽에서 러시아 40군을 격퇴했다.
두 번째 단계로 3, 26기갑군단의 집중적인 공격이 진행되었고 —이때 1사단, 4산악사단, 18포병사단이 상당한 역할을 수행했고— 러시아 1기갑군의 대부분이 포위되었으며 간극의 서쪽에서 궤멸되었다.

나는 현재 첫 번째 단계의 성과를 갖고 있지는 않지만 두 번째 단계의 결실로 러시아군의 전사자는 거의 5,000명이었고, 비록 5,500명의 포로만을 얻었지만 러시아군은 700대의 전차와 200문의 야포, 500문의 대전차포를 상실했다. 러시아군 일부분이 포위망을 빠져나가는 것에 성공했으나 러시아 14개 사단, 5개 기갑 또는 차량화군단이 두 차례에 걸친 반격으로 손실을 입었다. 작전이 진행되는 도중에도 당연히 집단군과 육군총사령부 간에는 향후의 작전 수행에 대한 논쟁이 계속되었다. 매번(Time after time) 집단군은 우익의 행동에 대한 재량권을 부여해 줄 것과 작전상으로 볼 때 더 이상 의미가 없는 드네프르강 굴곡부를 포기할 것(Ceasing to clamp)을 요청하였다. 육군참모총장을 통해 전달될 서신에 나는 히틀러가 나에게 드네프르강 유역을 사수하라고 1월 4일 제시한 논거들을 적었다. 나는 터키, 불가리아, 루마니아의 태도는 크리미아의 상황보다는 —불가리아와 루마니아의 동쪽 전선에 실제 존재할— 독일군 남익의 영향을 더 받을 것이라 기술했다. 집단군은 또한 집단군의 좌익 후방에 있는 로프노 지역에 얼마나 빨리 강력한 병력을 —이 병력들은 집단군의 우익의 전선을 축소하거나 북부집단군으로부터 차출하거나 또는 크리미아를 소개함으로써 17군의 병력을 확보하여야 했다— 집결시키느냐에 독일군 남익 전체의 운명이 달려있다고 주장하는 것에 힘을 쏟았다.

만일 우리가 이러한 병력을 적시에 로프노 근처에 집결시킨다면 러시아군은 우리의 북익을 광범위하게 포위하는 것에 실패할 것이고, 이에 따라 남익 전체를 루마니아 영토까지 밀어붙이는 것에도 실패할 것이라 주장했다. 육군참모총장은 우리의 관점에 동의하여 히틀러가 우리의 말에 귀를 기울이도록 노력했음에도 불구하고 히틀러는 여전히 모든 희생을 감수하더라도 완고하게 전선을 유지하라는 그의 원칙만을 고수했다. 전선을 24시간 지키고 난 뒤의 상황을 고려한, 장기간의 작전을 염두에 두고 히틀러가 명령을 내리리라고는 기대할 수 없었다. 이러한 지휘 체계의 비효율성은 육군총사령부가 러시아군이 여전히 강력한 전략적 예비대를 보유하고 있으며, 조만간에 러시아군이 공세를 개시할 것이라 호언장담하는 것보다 더 비합리적이었다. 히틀러가 향후의 작전 수행에 대해 전체적으로 말하지 않는 상황에서 전장의 어느 지휘관들이 적절한 명령을 내릴 수 있겠는가? 만일 적의 예비대가 실제 존재할지라도 그들의 개입이 어느 수준까지 이를지를 어떻게 예측할 수 있겠는가? 전투 시의 예측 불가능한 상황들에 대한 내용들을 담아 나는 아래와 같이 서신에 적었다.

'성공적인 지휘를 위해서는 개별적인 부대부터 최고 지휘부까지 통합된 정책 하에서 공조해야 하며, 이는 적의 상황에 대한 일관된 판단과 최고 지휘부로부터의 명확한 명령에 의해 수행되어야 합니다. 집단군은 이제 오늘과 내일만을 생각할 수는 없습니다. 집단군의 수중에 반격할 아무런 수단이 없는 상태이며 러시아군이 측면 공격을 통한 공세를 준비하는 것을 알고 있는 상황 하에서는 더 이상 현재의 위치를 고수하라는 명령은 수행될 수 없습니다. 그래서 저는 이미 제출한 바 있는 보고서에 기반하여 집단군의 의견을 육군총사령부가 받아들이거나, 아니면 육군총사령부가 향후 전황에 근거한 논거를 가지고 집단군의 의견을 반박하기를 요청했었습니다. 만일 국방군 최고사령부가 집단군의 결론 및 우리가 가진 제한된 전력에 눈과 귀를 닫는다면 잘 조율된 전략이 절대로 이루어질 수 없을 것입니다.'

이에 대한 답변이 없자, 나는 히틀러에게 개인적으로 장문의 편지를 보냈다. 다시 한번 나는 집단군의 상황, 적에게 부여된 작전상의 기회들, 그리고 우리 부대들의 현실에 대해 언급했다. 만일 집단군의 제안에 따르지 않고 아무것도 하지 않는다면 전황의 전개가 어떻게 될지는 명확할 것이라 적었다. 특히 남부집단군을 포위하고자 하는 명백한 의도를 갖고 있는 러시아군에 대한 반격을 위해 —그리고 이러한 공격이 내포하고 있는 미래의 결과를 막기 위해— 아무리 늦을지라도 집단군의 북익 후방에 병력을 배치하는 것이 우리의 생존에 필요하다고 강조했다. 이 조치의 시급성과 드네프르강 굴곡부에서 집단군의 남익이 고립될 위기를 고려한다면 다음과 같은 조치가 필요하다고 끝을 맺었다.

'이 문제에 대한 결론을 말하는 것을 저에게 허락해 주십시오. 우리의 입장에서 위험을 회피하는 것이 중요한 것이 아니라 우리가 조만간 당면하게 될 위험을 제거할 조치를 취하는 것이 중요합니다.'

이 편지는 며칠 후에 나와 히틀러와의 —반목하는 결과로 끝난— 만남에서 다시 언급되었다. 1월 27일 히틀러는 동부전선의 모든 집단군, 군의 사령관들과 추가적으로 전선에 있지 않은 수많은 고위 장교들을 그의 사령부로 소환했다. 그는 개인적으로 군 내부에서 국가사회주의 교육의 필요성에 대해 언급하고자 하였다. 그는 전황이 점점 어려워질수록 승리를 담보하는 수단으로써 그 '신념'의 중요성에 점점 더 의존했다. 이 같은 경향은 그가 사령부 내의 부서 담당자부터 일선 사단장들까지 임명할 때도 점점 더 두드러졌다. 본격적인 회견에 앞선 간단한 점심 식사에서 그가 환영사를 전했으며 이때 그가 1월 4일 내가 제기한 언급들에 대해 은연중에 비꿈으로써 나를 용서하지 않고 있음을 느꼈다. 지금 그는 연설을 하면서 이제까지 많은 업적을 이뤄온 군인들의 면전에 다음과 같은 말을 내뱉었다.

'만일 전쟁의 끝이 온다면 부대의 깃발 옆에 가장 마지막까지 남아야 할 사람은 원수들과 장성들이다(If the end should come one day, it should really be the Field-Marshals and generals who stand by the flag to the last).'

나는 이러한 모욕(Insults)을 견딜 수 없었다. 더욱이 히틀러의 언급은 —용기와 의지를 가진 군인으로서의— 의무를 이제 곧 다가올 쓰라린 최후의 순간까지 수행하려는 군 지휘관들에게는 고의적인 냉대로까지 느껴졌다. 묵묵히 지휘권자의 말에 경청하는데 익숙한 군인들이라 참석한 모든 이들은 침묵을 유지했다. 그러나 나 개인적으로는 의도된 냉대가 너무 심하다고 느꼈기 때문에 피가 머리끝

까지 솟는 듯 했고 히틀러가 그의 언급을 되풀이해서 강조할 때 나는

'영도자여, 그들은 그렇게 할 것입니다(They will).'

라고 외쳤다. 물론 나의 외침은 국가사회주의와는 하등 연관이 없었다. 나의 외침은 단지 히틀러를 포함한 그 누구라도 이러한 형태로 책임을 전가하는 것을 받아들이지 않겠다는 것을 보여주고자 한 것뿐이었다. 후에 나처럼 히틀러의 연설이 도발적이라고 느꼈던 동료들이 내가 외쳤을 때 안도의 한숨을 내쉬었다는 말을 들었다.

히틀러는 아마도 국가수반으로서 또는 독일군 최고사령관으로서 연설을 할 때, 연설이 중단되는 경우를 경험하지 못했을 터였는데 공식적인 석상에서 당돌한 발언으로 애를 먹는 경우는 이미 과거의 일이었다. 그는 명백히 그가 말하고자 하는 연설의 맥락(Thread)을 잃어버린 듯했고 나에게 곧장 걸어와 차가운 눈빛을 한 채

'고맙습니다. 만슈타인 원수(Thank you, Field-Marshal v. Manstein).'

라고 말했다. 이후 그는 그의 연설을 돌연(Abrupt) 끝내버렸다.

[옮긴이의 주]
- 『Erich Von Manstein: Hitler's Master Strategist』(Benoît Lemay)에 따르면 만슈타인이 히틀러의 연설에 개입한 것으로 인해 만슈타인의 시대가 저물게 되었다고 한다. 히틀러의 전속부관인 슈문트는 일기에 이 사건으로 인해 만슈타인을 교체해야겠다는 논의가 다시 불거졌다고 한다. 간혹 문헌 중에 1월 27일의 만슈타인의 발언이 히틀러에 대한 충성 맹세로 인식되고 있으나 이는 잘못된 것이다.

내가 자이츨러와 차를 마시고 있던 중에 히틀러가 카이텔을 배석한 채 나와 면담을 하고 싶다는 전화를 받았다. 내가 그를 보러가자 그는

'만슈타인 원수, 나는 내가 장성들에게 연설을 하고 있을 때 당신이 끼어드는 것을 용납할 수 없소. 당신조차도 당신의 부하가 그러한 행동을 하는 것을 참을 수 없을 것이오.'

라고 말했다. 이에 딱히 대답할 수가 없어 나는 잠자코 있었다. 이어 분명히 흥분 상태에 있었던 히틀러는 한 가지 실수를 했다. 그는 며칠 전 내가 보낸 편지에 적힌 전황에 대해 얘기했으며, 전쟁일지에 적은 내 제안들은 후대에 나 자신을 정당화하기 위한 것일 것이라고 말했다. 나로서는 이 같은 언급을 감당할 수 없었다. 나는 편지들은 개인적으로 히틀러에게 보낸 것이며 전쟁일지에 적지 않았다(Don't get field in the war diary)고 항변했으며 문맥상 영어를 쓴 것에 대해서는 양해를 구했다.

그러나 나의 취지에 대해 히틀러가 곡해한 것에 대해 내가 말할 수 있는 것은 내가 그렇게 치졸한 사람은 아니라는 것이었다(I am a gentleman). 잠시 침묵이 흐른 뒤 히틀러는 '고맙소.'라고 말을 맺었다. 특별히 나에게 참석 요청이 있던 저녁의 회견에서 히틀러는 나를 전반적으로 친밀하게 대했다. 심지어 야네케(Janneke) 장군이 크리미아의 전황 보고를 시작하자, 히틀러는 나에게 크리미아를 방어할 수 있는 가능성에 대해 상의까지 하였다. 물론 나는 그가 이전에 내가 항변한 사실을 용서하지 않고 있음을 알고 있었다. 그러나 나는 국방군 최고사령관과의 개인적인 관계보다 더한 걱정거리를 더 많이 가지고 있었다. 2월 중 특별히 세 군데에서의 전황이 신경 쓰였는데 바로 니코폴, 체르카시, 로프노였다.

니코폴의 상실
(THE LOSS OF NIKOPOL)

2월 6일부터 6군은 히틀러의 명령으로 A집단군으로 재배속 되었다. 그가 자이츨러 장군에게 이러한 명령을 내린 이유가 특이했는데 히틀러는 원래 6군으로부터 2개 사단을 차출하여 이미 희망을 잃은(Forlorn hope) 크리미아로 전출시키고자 했다. 그러나 이제 와서는 그는 이 두 개의 사단을 남부집단군으로부터 차출할 수 없으므로 아예 6군을 A집단군의 휘하에 두겠다고 설명을 했던 것이다. 어떤 면에서는 6군이 A집단군에게 배속되든 아니든 우리는 6군의 이동 문제로 근심했었기 때문에 환영할만한 병력의 이동일 수도 있었다. 그러나 이는 우리가 적시에 니코폴 교두보와 드네프르강 굴곡부에서 행동의 재량권을 얻어 병력을 뺐더라면 얻을 수 있었던 예비대의 상실을 의미하기도 했다. 그러나 이 전략은 이제까지 히틀러가 반대했던 전략이기도 했다.

이제 러시아군이 이 지역에서 독일군에게 항복을 강요할 수 있을 것인가가 관건이 되었다. 1월 31일 크리보이로크 동쪽에서 6군의 북익에 대해, 그리고 니코폴 교두보의 남쪽으로부터 새로이 강력한 러시아군의 공세가 시작되었고, 러시아군은 교두보를 돌파하였다. 병력비는 러시아군이 독일군보다 2배나 더 우세하였으나 3일에 걸친 전투 후에야 러시아군은 6군의 북익에 결정적인 돌파구를 여는 것에 성공했다. 이 지역을 방어하던 30군단은 러시아 12개의 사단과 2개의 기갑군단의 강력한 공격을 받았다. 비록 30군단은 방어선에 6개 사단을, 방어선 후방에 2개 기갑사단을 투입하고 있었지만 –보병사단들은 병력과 탄약 부족으로 인해 실제로는 소규모 전투단처럼 싸워야 했고– 후방의 기갑사단들은 가용한 전차의 수가 5대 뿐이었다. 이렇게 용감한 전투부대들조차 이제까지 부여된 과도한 임무로 인하여 조만간 그들의 운명이 다할 것이었다.

6군은 이미 남부집단군의 관할 하에서 벗어났으므로, 나는 이 지역의 전투에 추가적으로 개입할 수는 없었다. 결국 러시아군이 6군의 북익을 돌파하자 이 지역을 방어하고 있던 2개 군단은 니코폴 교두보에서의 2개 군단처럼 거의 고립되고 말았다. 이와 같은 전황의 전개는 남부집단군이 수없이 예측했던 그대로였다. 이제서야 히틀러는 드네프르강 굴곡부와 니코폴 교두보의 포기에 동의하였다. 6군은 격렬한 전투를 치르고 나서야 그들의 군단들을 올가미(Noose)에서 구출할 수 있었지만 상당수의 장비를 포기해야만 했다. 이 전선이 적시에 소개되었더라면 6군 내부적으로 적절한 명령에 따라 모든 부대들이 철수할 수 있었을 것이고, 또한 더 중요했던 집단군의 북익을 위해 필요한 예비대 또한 확보할 수 있었을 것이다. 반면에 6군은 전략적으로 적합지 않은 지역에서 길게 확장된 전선을 가지고 있었으며, 누구나 추격하는 러시아군의 압박을 6군이 결국 견디지 못할 것이라 예상했었다.

체르카시 포위전
(THE CHERKASSY POCKET)

집단군의 중앙부에서 1기갑군은 러시아 40군에 대한 반격을 간극의 동쪽에서 성공리에 치렀다. 이윽고 1기갑군의 기동부대들은 서쪽에서 그들의 두 번째 공세를 위해 이동해야 했다. 즉시 우리의 기갑사단들은 첫 번째 전장을 이탈하였으나, 러시아군은 히드라처럼 새로운 머리를 계속 내밀었다. 1월말 몇 개의 기갑 또는 차량화군단으로 구성된 강력한 러시아군이 체르카시(Cherkassy)로부터 드네프르강 상류까지 1기갑군과 8군에 의해 아직 장악되고 있던 연결고리의 튀어나온 돌출부(Projecting arc)를 목표로 북서쪽을 향해 돌격을 개시했다. 러시아군은 7군단과 42군단 사이로 돌파하고자 했으며 남쪽으로 즈베니고로드카(Zvenigorodka)까지 전장이 확대되었다. 동시에 러시아군은 8군 동쪽 전선에서 체르카시의 남서쪽을 공격했으며 새로운 부대인 4근위군, 5근위기갑군을 동원하여 이 지역을 돌파하였다. 이 같은 돌파는 서쪽으로 조금 더 진행되었고 이 러시아군 부대들은 즈베니고로드카를 향해 1기갑군을 격파하고 남서쪽으로 진격하던 러시아군 부대와 손을 잡아 포위망을 구축하는데 성공했다. 이전에 이미 돌출부라 표현했던 이곳에는 1기갑군의 42군단과 8군의 11군단이 고립되었다.

내가 1월 28일 집단군 사령부에 도착하자마자 이런 상황이 나를 맞았다. 고립된 군단을 위해 탈출로를 열기 위한 결정적인 조치들이 즉시 시행되었다. 1기갑군은 좌익에서 벌어지고 있던 러시아 1기갑군과의 전투를 중단하고, 3기갑군단을 가능한 최고 속도로 이동시키라는 명령을 받았다. 3기갑군단은 16, 17기갑사단과 SS아돌프히틀러사단, 그리고 이전에 언급된 전투 중 진가를 발휘했던 베케중전차연대(Heavy panzer regiment Bake)를 이끌고 새로운 전장에 투입되어야 했다. 1기갑사단은 출발 준비를 마치면 뒤를 따르도록 했다. 8군은 전선에서 3기갑사단을 휘하에 두고 있는 47기갑군단을 차출하여 탈출로를 확보하기 위한 출발점에 집결하도록 하였다. 6군의 24기갑사단 또한 구출 부대를 증원하기 위해 차출하였는데, 24기갑사단이 도착하자마자 히틀러는 6군의 방어 지역인 니코폴 교두보가 위험하다는 이유로 기갑사단에게 A집군으로의 복귀를 명령했다. 그러나 실제로는 24기갑군단이 니코폴 교두보에 너무 늦게 도착하여 별 성과를 거두지는 못하였다. 1기갑군은 서쪽에서, 그리고 8군은 남쪽에서 공격한다는 집단군의 명령은 11, 42군단을 포위하고 있는 러시아군의 측면과 배후를 공격하는 것이었다. 집단군이 2개 군단의 구출을 위해 동원한 병력의 규모는 비교적 매우 컸다. 그러나 러시아군이 포위망의 동쪽과 북서쪽에 26개 사단과 7~9개의 기갑 또는 차량화군단을 밀어 넣은 것을 감안한다면 이러한 대규모 병력의 동원은 꼭 필요한 것이었다. 왜냐하면 일부 지역에서 새로이 또는 재편성된 부대들을 제외하면 러시아군의 대다수 사단들은 현재 전력이 강화되어(Well down) 있었기 때문이었다.

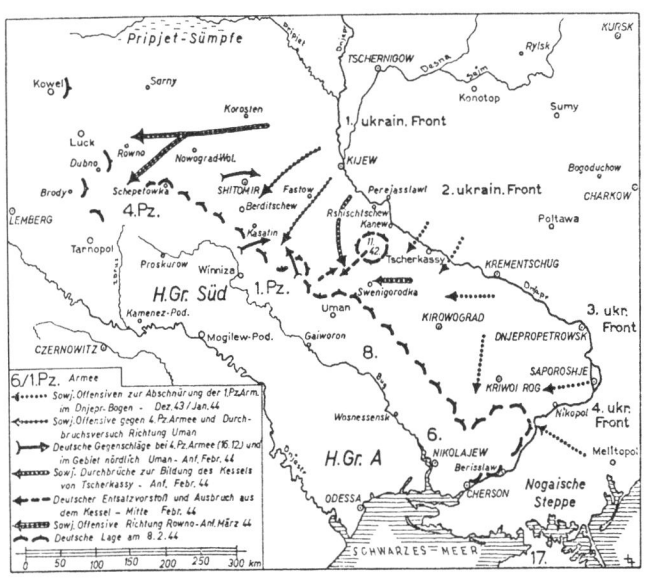

러시아 전역, 체르카시 위기

우리의 두 돌격 그룹의 목표는 우선 수많은 러시아군 부대들의 배후 병참선을 차단한 후, 집중적인 공격을 가해 러시아군을 섬멸하는 것이었다. 유감스럽게도 눈과 진창으로 인해 이들 병력의 집결이 지체되었으나, 일단 기동이 가능하자 이들 부대들은 전장에서 주도권을 잡고 체르카시 포위망을 구성하고 있던 러시아군에게 대대적인 공격을 가해 상당 수준의 피해를 입혔다. 작전에 투입된 2개 군단은 700대의 전차, 600문의 대전차포, 150문의 야포를 노획했다고 보고했으며, 포로는 단지 2,000명이었다. 포로의 수가 적은 것은 러시아군 부대들이 대부분 차량화부대로 구성되었음을 의미했다. 결국 통과할 수 없는 진창과 눈 때문에 진격을 계속할 수 없게 되었는데 3기갑군단의 최전선은 포위망 남서쪽으로 8마일 떨어진 곳까지 접근했으며, 47기갑군단도 러시아군 부대들의 상당 부분을 철수하게끔(Drawn off) 만들었다.

    1기갑군의 사령부가 우만에 있었고, 8군의 사령부 또한 우만에서 가까운 거리에 있었으므로 집단군의 작전참모들은 2개 군단의 협동작전을 감독하고자 사령부 전용 열차를 타고 우만으로 향했다. 우만에서 나는 두 돌격 그룹의 전선을 시찰하고자 하였으나, 날마다 눈보라가 치고 해빙이 되는 변덕스러운 날씨 덕에 두 번에 걸친 시찰은 내 자동차가 진창에 빠지거나 눈 때문에 움직일 수가 없어 수행되지 못했다. 다시 한번 우리는 러시아군 전차의 경우 넓은 궤도 덕분에 눈으로 덮이거나, 진흙이 차올라오는 지형에서 독일군 전차보다 용이하게 움직일 수 있는 점을 목격했다. 더 이상 기갑부대를 포위망에 접근시킬 수 있는 가능성이 없었으므로 나는 포위된 2개 군단에게 남서쪽으로 활로를 뚫으라고 명령했다. 와중에 지속된 러시아군의 공격으로 인하여 포위망은 점점 쪼그라들어 남북으로 30마일, 동서로 10~12마일 가량으로 포위망이 좁혀졌다. 러시아군은 이미 2월 4일 저항을 멈출 것을 권유했다.

    포위망에 갇힌 2개 군단의 지휘관인 슈템머만(Stemmermann)과 리브(Lieb) 장군은 2월 16~17일 야간을 이용하여 탈출을 시도하기로 결정했다. 이들이 탈출을 시도하면 3기갑군단은 마지막 남은 전력인 몇 대의 전차를 투입하여 바닥이 보이지 않는 진창 속에서도 탈출 병력을 맞이하고자 했다. 집단군 사령부는 포위망에 갇힌 2개 군단의 탈출에 용이하도록 모든 포병들을 동원하여 탄약을 전부 소진할 것을 지시했으며, 길이 없는 야지에서는 진창 때문에 기동할 수 없었으므로 탄약을 다 소비한 후 야포들은 버릴 수밖에 없었다. 남쪽과 북동쪽에서 독일군을 쫓는 러시아군에 대해 퇴각하는 독일군을 엄호하는 후위 부대만이 소수의 야포를 가지고 있었다. 희망과 걱정이 뒤얽힌 심정을 가지고 사령부 전용 열차에 앉아 탈출작전이 성공했다는 소식을 기다리는 우리의 모습은 충분히 상상할 수 있을 것이다.

    2월 17일 새벽 1시 25분에 우리는 3기갑군단의 선봉 부대와 탈출 병력이 최초로 연결에 성공했다는 기쁜 소식을 받았다. 3기갑군단과 퇴각하는 병력 사이에 있던 러시아군은 말 그대로 소멸되었다. 2월 18일까지 30,000~32,000명의 병력이 포위망을 빠져나왔다고 보고되었다. 탈출로를 열려는 전력의 부족과 포위망에 6개 사단과 1개 여단이 포위되었던 것을 감안한다면, 이 수치는 전투부대의 대부분이 탈출했음을 의미했다(포위망에 갇혔던 2개 군단의 병력 수는 54,000명이었으며 후위를 지키던 부대 일부는 탈출에 성공했다). **부상병들 대부분을 구출하지 못한 것이 우리의 가슴을 아프게 했으며, 슈템머만 장군은 전투 중에 전사했다.** 그러나 2개 군단은 스탈린그라드에서 6군이 겪었던 고난을 되풀이하지 않는 것에 성공했고 여전히 히틀러가 포위망의 사수를 명령했지만 이번 경우에는 히틀러가 집단군이 내렸던 탈출 명령에 대해 사후에 소급하여 승인하였다. 집단군은 실질적인 탈출 명령을 히틀러에게 미리 알리지 않았는데, 이는 히틀러가 탈출 명령을 뒤집을 가능성을 피하기 위해서였다.

당연히 대다수의 중화기들은 탈출 초기에 진창길에 버려져야만 했고, 단지 일부만이 초인적인 기질을 발휘한 부대들의 노력에 의해 회수되었다. 6개 사단과 1개 여단은 일정 기간은 전선에 투입할 수 없었으나, 복잡한 집단군의 전황에도 불구하고 이 전투부대의 상실마저 최소한 2개 군단의 전투 병력을 구출했다는 기쁨으로 상쇄(Counter-balanced) 되었다. 1기갑군과 8군은 서둘러 확고한 전선을 구축하고, 기동력을 가진 부대를 가능한 예비대로 확충하라는 명령을 받았다. 탈출작전에 동원되었던 사단들을 방문한 후, 나의 작전참모들은 프로스쿠로프로 돌아갔다. 그러는 중에 남부집단군의 좌익에서는 새로운 위기가 발생했다.

[옮긴이의 주]

- 유명한 체르카시 포위전에 대한 만슈타인의 서술과 달리 다른 수치를 보여주는 자료도 있음을 참조하기 바란다.

- 독일군은 중화기 없이 개활지에서 걸려들었다. 소련군 대포가 그들에게 불을 뿜고 탱크들이 그들을 궤도로 짓이기는 동안 코작 기병 부대가 독일군 병사들을 쫓아다니며 자기 조상들이 러시아 황제를 위해 복무하면서 여러 세대에 걸쳐 그랬던 것처럼 기병도로 그들을 살육했다. 한 목격자는 '그것은 끝나기 전까지는 어떤 것으로도 막을 수 없는 일종의 도살이었다.'고 회상했다. 눈을 헤치고 나아간 30,000명 중에서 앞서 소련군이 내놓은 항복 제안을 거부했던 슈템머만을 포함해 20,000명이 죽고 8,000명이 포로로 잡혔다. 스탈린이 살육에 기뻐했다고 한다.
    - 『스탈린과 히틀러의 전쟁』(리처드 오버리)

로프노의 상실
(ROVNO)

이미 언급한 이유들로 말미암아 집단군은 2월 내내 전선 중앙부를 돌파하려는 러시아군의 최종 목표를 막는 것에 모든 전력을 투입했다. 이를 통해 아직 드네프르강 굴곡부를 지키고 있는 우익을 고립시키려는 러시아군의 압박을 막을 수 있었다. 이후 집단군은 체르카시에서 포위된 2개 군단을 포위망에서 구출하는 임무를 수행했으며, 구출이 완료된 후에는 집단군의 북익에서 벌어지는 전황에 대해 필연적으로 모든 고민을 쏟아 부었다. 이 시기에 북동쪽을 바라보며 잘 연결되어 있는 4기갑군의 전선은 빈니차의 북동쪽에서 소도시인 쉐페토프카(Shepetovka)의 서쪽까지 연결되어 있었다. 쉐페토프카는 집단군 사령부가 위치한 프로스쿠로프 북쪽 50마일 지점에 있었다. 쉐페토프카에서 4기갑군의 전선은 끝이 났다. 150마일에 이르는 전선은 현재로서는 전투력이 약화된, 그렇지만 아직은 싸울 수 있는 3개 군단 휘하 9개(5개 사단, 2개 기갑사단, 2개 기갑척탄병사단) 사단들이 지키고 있었다.

아마 러시아군이 진격을 잠시 멈출 수밖에 없었던 이유로 인해 전선은 잠시 소강상태를 보였지만 엄청난 우위를 보이고 있는 러시아군의 공세를 4기갑군이 막을 수 있으리라고는 생각할 수 없었다. 더욱이 이 지역에는 집단군 전체에 영향을 끼칠 수 있는 위험이 또 있었다. 북쪽으로 중부집단군의 우익까지 확장된 4기갑군의 서쪽 지역은 실질적으로는 독일군이 배치되지 않은 채 개활지로 남아있었다. 조만간 이 지역에서 러시아군은 4기갑군을 포위하기 위한 대규모 기동작전을 펼칠 것이 분명했고 동시에 남부집단군 전체를 고립시키고자 할 것이었다. 이 공백지대의 북쪽에 핀스크(Pinsk) 습지대는 당연히 작전 지역에서 제외되었지만 4기갑군 바로 위에는 동쪽과 서쪽의 경계선을 이루는 40마일 길이에 달하는 공간이 있었다. 이 지역을 관통하는 대로(고속도로, Highway)는 키예프에서 지토미르를 경유하여 로프노까지, 그리고 더 서쪽으로 폴란드 총독부(Government General)에 속한 르보프와 루블린까지 이어졌다.

이 육상 연결로를 막기 위해, 집단군은 13군단을 가장 북쪽에 배치하였다. 예전 38군단에서 나의 과거 참모장이었던 **하우페**(Hauffe) 장군이 이끄는 13군단은 활기찬 모습을 보였는데 하우페는 유감스럽게도 1944년 3월 부대들의 선봉에 서서 전투를 벌이다 전사했다. 그는 휘하에 있는 적은 수의 병력으로 2월과 3월에 걸쳐 수적으로 압도적인 우위를 보이고 있던 러시아군의 예리한 협공을 피해가면서 대로의 양 쪽에서 러시아군의 진격을 막아냈다. 더 북쪽으로 핀스크 습지대 지역에는 1개 경찰부대가 키예프와 폴란드를 잇는 철로를 지키고 있었다. 이 같은 활약에도 불구하고, 홀로 고립된 13군단은 이제 더 이상 적의 진격을 막을 수 없게 되었다. 2월초 로프노가 함락되었고 13군단도 서쪽에 있는 두브노(Dubno) 쪽으로 퇴각했다. 로프노에 있었던 우크라이나 판무관(The Reich Commissioner, Gauleiter) 코흐(Koch)는 −도시의 관리들과 그의 관할 지역 내에서 마지막 순간까지 러시아군과 싸우던 경찰들에게− 퇴각 명령을 내리기 전에 이미 자취를 감췄다. 훗날 그는 동프로이센에서도 똑같은 방법으로 도망을 쳤다.

반면에 히틀러는 도시의 함락에 대한 책임을 장성들에게 물었다. 자이츨러에 따르면 심지어 카이텔조차 이 지역 독일군 사령관을 총살해야 한다고 주장했다 한다. 자이츨러가 적극적으로 이에 반대를 표하면서 히틀러에게 어떠한 경우라도 장성들의 말에 귀를 기울이라고 조언하자, 괴링이 말을 잘랐다. 괴링은 자이츨러에게 '만일 매번 장성들의 말을 따라야 한다면 우리들의 자리는 어디에 있는 것이냐? 그리고 이 일들은 국가수반이 신경 써야 할 일이 아니다.'라며 응수했다. 이 문제에 대한 괴링의 언급은 차치하더라도, 그는 증거 없이 주장된 직무 유기에 대해 비난할 권리가 전혀 없는 사람이었다. 그의 발언은 장성들에게, 그리고 더 나아가 육군 전체에 대해 그가 가지고 있던 혐오감을 보여준 사례 중 하나였다. 히틀러는 카이텔과 괴링의 조언을 받아들이지 않았으나 군사예심법원(Court of inquiry)에 이 건을 넘기도록 지시했고 그 결과 군사법원은 기소된 장성이 아닌 로프노 지역을 방어하던 사단장에게 사형을 선고했다. 히틀러는 로프노를 상실할 수밖에 없었던 사유들에 대한 나와 군사령관의 의견을 받아들여 이 선고를 후에 취소했다. 나의 재임 중에는 지역 사령관들 위에 군림하여 약식재판(Summary judgment)을 할 권력을 가졌던 즉결군사법원(Mobile courts martial)은 아직 없었다.

[옮긴이의 주]
· 하우페는 1944년 3월이 아닌 7월에 포로로 잡힌 후 지뢰를 밟아 전사하였다는 증언이 있다. 만슈타인이 이를 혼동할리 없으므로 영역자가 잘못 옮긴 것으로 보인다. 코흐는 나중에 체포된 후 종신형을 선고받고 1990년 옥사

했다. 북부집단군의 작전 영역인 러시아 북부에서는 1944년 2월 26일에 레닌그라드가 해방되었다고 공식 선언됐다.

4기갑군 전선에 긴급한 위기 상황은 아직 없었으나 한줌의 병력만으로 북쪽으로 매우 확장된 전선을 지키고 있었으므로 당연히 러시아군 공세의 출발점이 될 것은 자명했다. 러시아군의 공세는 서쪽으로 르보프를 향하거나 남쪽에 있는 4기갑군의 서익을 둥그렇게 포위하는 것을 목적으로 두고 있었을 것이다. 집단군은 이러한 위험을 예상하고 수시로 로프노 지역에 1개 군이 배치되어야 한다고 재요청하였다. 병력의 증원은 나중에도 이루어지지 않았다. 국방군 최고사령부는 북부집단군으로부터 병력을 차출하거나 크리미아에서 퇴각하는 방법으로 병력을 증원하지 않았고 남부집단군에게 남익에 대한 재량권을 주지도 않았다. 말할 필요도 없이, 집단군은 체르카시 포위전이 끝나자마자 강력한 기갑부대를 전선의 중앙부에서 좌익으로 3월 15일까지 이동시켜야 했다.

그러나 우리가 육군총사령부에 강조한 바와 같이, 이 병력들은 러시아군의 추가적인 강력한 공세가 시작된다면 기껏해야 4기갑군 전선을 어느 수준까지만 안정화할 수 있을 뿐이었다. 또한 4기갑군의 좌익을 포위하기 위한 러시아군의 대규모 기동을 막기에도 결코 적합하지 않았다. 성패는 집단군 북익에서 결정될 것이므로 북익에 추가적인 병력을 증원하는 것은 반드시 필요했다. 그러나 국방군 최고사령부는 이 문제에 대해 아무런 답을 내놓지 않고 있었다. 히틀러는 러시아군의 전력이 이미 상당히 고갈되었다고 확신하였다. 추가적으로 그는 도로가 진창이 되는 시기가 조만간 도래하게 된다면, 러시아군이 대규모 공세를 할 수 없으리라 예상했다. 물론 2월 중순에 체르카시에서 포위된 2개 군단을 구출하기 위한 작전이 눈보라가 휘날리는 와중에 말 그대로 진흙 수렁에 갇혀 난항을 겪었던 것은 사실이었으나, 실질적인 진창이 되는 시기는 아직 본격적으로 오지 않았었다. 러시아군의 공세 전력이 고갈되기를 기다린다는 점에서는 역시 독일군 부대들의 전력도 약화될 것이라 고려하는 것이 타당했다.

육군총사령부가 전황에 대해 정확하게 파악해야 했으므로, 집단군은 전선에서 발생한 예상 손실과 또한 증원된 병력의 수치에 대해 도표를 작성한 후 육군총사령부에 보고했다. 우리는 포로를 심문한 결과, 1943년 7월부터 1944년 1월까지 우리와 맞선 러시아군이 1,080,000명의 병력을 새로이 증원한 것으로 추정하였다. 이 수치는 같은 기간 중에 러시아군이 손실한 병력 수와 동일한 규모였다.

반면에 동일 전선에서 남부집단군의 사상자(전사자, 부상자, 행방불명자를 포함한)는 405,409명에 이르렀다. 이 기간에 증원된 병력은 221,893명이었다. 비록 러시아군이 입은 손실이 독일군의 손실에 비해 컸다 할지라도, 특히 그들 보병사단의 전투력이 계속 높은 수준으로 올라가는 경향을 보였으므로 러시아군의 증원된 병력에 대한 수치는 큰 의미를 가졌고 이러한 병력비는 우리에게 불리하게 작용할 것이 확실했다.

당시의 기갑 전력을 살펴보면 전선에 있었던 러시아 기갑군단(옮긴이: 영역본에서는 기갑군단으로 표기되었으나 기갑사단으로 표기되는 것이 맞다고 생각된다)은 완편된 전력상으로는 200~250대의 전차를 보유해야 했지만, 통상 50~100대의 전차를 보유했다(어떤 경우 기갑군단이 20대의 전차를 보유한 경우도 있었지만 이는 아주 특별한 경우였다). 이와 달리 우리의 기갑사단이 작전에 투입할 수 있었던 전차의 수는 평균적으로 고작해야 30여대 수준이었다. 최근에 배속된 기갑사단의 경우 사정이 좀 나았지만, 다른 사단들은 더 상황이 안 좋았다. 집단군에 맞선 러시아군은 위에 언급했던 기간 중 총 2,700대의 전차를 새로이 수령했으며 반면에 우리는 돌격포를 포함하여도 고작 872대를 수령했다. 이 수치는 러시아군 휘하에 있는 예비대들이 보유한 전차의 수는 제외된 수치이다. 아래 상세한 수치들은 집단군 휘하에 있는 군들(Armies)이 보고한 것인데, 물론 격파된 전차 수의 경우에는 중복되는 건들이 발생할 수도 있지만 이제까지 러시아군이 입은 손실을 보여준다.

〈저자〉

	Prisoners	Tanks	Field-Guns	Anti-tank Guns
January	17,653	2,873	588	2,481
February	7,700	1,055	200	855

이러한 수치로써 우리는 현재 작전을 펼치는 러시아군이 특별히 높은 수준으로 기계화되었음을 알 수 있었다. 러시아군이 전투에 수많은 보병만을 밀어 넣을 수밖에 없었던 시기는 이미 과거가 되었다. 포로의 수치와 노획된 장비의 수치가 월별로 매우 차이가 나는 부분은 다음과 같이 설명할 수 있는데, 우선 러시아군은 그들의 중화기를 포기하면서 포로로 잡히는 것을 피할 수 있었다(그러나, 이는 심각한 전투 사기 저하를 초래했다). 그렇지 않았다면 매우 큰 인력 손실을 감수해야 했을 것이다. 2

월 18일 나는 자이츨러와 전화 통화를 했는데, 위에 언급된 수치들을 비롯한 대화를 통해 나는 히틀러가 향후 작전 수행과 남부집단군의 전황이 위험해질 수 있는 가능성에 대해 가지고 있는 생각들을 알게 되었다. 남부집단군 북익에 대해 닥칠 위험을 지적하면서 나는 병력비에 대해 주목할 것을 요구했고 이러한 병력비는 우리 입장에서 보자면 다른 집단군보다 더 불리한 수준이라고 언급했다. 다음은 나의 참모진 중 한 명이 기록한 나와 자이츨러와의 대화이다.

> 자이츨러: 나는 이 문제에 대해 영도자와 추가적인 대화를 나누었고, 초래될 결과에 대해서도 마찬가지였다. 그러나 영도자의 태도는 바뀌지 않았다.
> 만슈타인: 향후 작전 수행에 대한 그의 생각은 어떠한가?
> 자이츨러: 그는 조만간 러시아군의 공격이 멈출 것이라 생각한다. 또한 그들은 지난 7월부터 휴식 없이 공세를 지속했기 때문에 향후 전투를 지속할 수는 없을 것이라 생각한다. 그래서 내가 영도자에게 만약에 러시아측이었다면 어떤 행동을 취하겠느냐 물어보니 영도자는 아무것도 하지 않을 것이라 말했다. 그래서 나는 영도자에게 '만일 내가 러시아측이었다면 나는 공격을 할 것이며, 또한 르보프를 향해 공격을 계속할 것입니다(I should attack, and I should go for Lwow).'라고 말했다.

그러나 히틀러는 러시아군의 전력 소진에 대한 기대와 조만간 날씨가 바뀌어 러시아군의 공세작전도 끝이 날 것이라는 기대를 버리지 않았다. 예전에 그가 말한 바에 따르면, 그는 5월까지 휘하에 새로운 사단들을 창설할 수 있을 것이다. 만일 그가 개인 장비와 중화기들을 진정 필요로 했던 일선의 우리 부대들에게 주었더라면, 전황은 다른 방향으로 전개될 수 있었을 것이다.

예견된 패배
(THE DAY OF RECKONING)

1944년 3월 결정적인 전장에서 러시아군에 대해 우세를 얻기 위한 아무런 행동도 하지 않았던(동부전선과 그 외의 전선 중 아무것도 포기하지 않았던) 국방군 최고사령부의 치명적인 실수에 대해 우리가 그 대가를 치를 날이 왔다. 우선적으로 우리가 지불해야 하는 대가는 독일이 1943년에 서부전선이 열리기 전 러시아군의 공세 전력을 소진시키거나 최소한의 교착 상태를 끌어내기 위한 승부를 위해 모든 것을 투입하지 않았던 것에 기인했다. 그리고 독일군은 마지막 순간까지 동부전선 남익에서 동쪽으로 돌출된 지역(첫 번째로 도네츠강이었고 쿠반과 드네프르강과 크리미아에서)에 대해 사수하고자 하는 전략을 줄곧 고수했으며, 이는 결국 러시아군에게 독일군을 포위할 수 있는 기회를 주었다. 이 와중에 국방군 최고사령부는 이들 지역의 방어선에서 벌어지는 전투가 결정적으로 승패에 영향을 끼치지 않을 것이라 간과해 버렸다. 그러나 러시아군은 이 지역에서 독일군 남익 전체를 흑해와 루마니아 방향으로 밀어붙일 수 있었다. 결국 성채작전 이후에 **결정적인 전장은 남부집단군의 북익**이었던 것이다.

[옮긴이의 주]
- 만슈타인의 주장과 달리, 남부집단군의 북익은 결국 중부집단군의 남익이기도 하며 러시아군은 중부집단군에 몰려있던 대군을 목표로 하였다. 이를 위해 1944년 5월 부쉬 원수의 중부집단군에 대한 대규모 공세를 가한다는 결정이 있었다는 증언이 있다.

이제 독일군은 반격의 기회를 잃게 되었다(Now it was too late). 결정적인 해였던 1943년은 교착 상태를 이루지도 못한 채 지나가 버렸다. 1944년에 있을 것으로 보였던 서부전선의 개전 여부에 따라 동부전선의 교착 상태 유지 여부가 결정될 것으로 보였다. 그러나 우선 동부전선 남익의 안정화가 진행되어야 했다. 2월말 러시아군 전력의 소멸과 우기가 시작되어 러시아군의 진격이 멈춰질 것이라 피력했던 히틀러의 의견은 말할 필요도 없이 시기상조였다. 독일군 부대들이 보여준 전투 의지 덕에 러시아군은 목표물을 얻는 과정에서 많은 희생을 감수했던 것은 사실이다. 물론 러시아군은 재점령된 지역에서 병력으로 동원할 수 있는 모든 남성들을 가차 없이 보병사단으로 징병하였기에 그 사단들의 질은 점진적으로 낮아지게 되었지만, 러시아군이 새로이 전선에 투입할 수 있는 신규 병력 및 재편성된 부대들을 보유하게 된 것은 사실이었다. 비록 러시아군의 기갑 또는 차량화군단이 이전에 언급한 일련의 전투들 속에서 높은 손실을 보였지만 여전히 독일군이 보유한 기갑사단들보다 몇 배나 많은 전력을 보유했다. 반면에 독일측의 경우에는 엄격한 징병체계가 확립되어 있었지만 병력 부족분을 상쇄하는 것에는 실패했다. 이미 우리는 **이 지역 고유 출신의 자원병들을 동원하여 B급 부대 및 수송 병력을 충원하고 있었다.** 이 병력들은 주로 우크라이나인과 코카서스인이었고 최고의 충성심을 갖고 그들의 의무를 다하고 있었으며, 점령지 내에서 볼셰비키 조직의 지령이 있었지만 볼셰비키의 지배로 돌아가기보다는 독일군의 편에 서서 싸우기를 원했다.

[옮긴이의 주]

- 1941년 여름이 끝나갈 무렵에는 모집된 소련인들이 볼셰비즘에 맞서는 십자군에 동원된 전투부대의 서열에 끼어 있게 된다… 그들은 전쟁이 지속됨에 따라 더 대규모 부대로 편성되었다. 우크라이나인 2개 사단, 투르케스탄 출신들로 이루어진 1개 사단, 갈리치야에서 양성된 1개 나치 친위대 사단, 라트비아인, 리투아니아인, 에스토니아인 150,000명 이상이 존재했다. - 『스탈린과 히틀러의 전쟁』(리처드 오버리)

결빙에도 불구하고 3월에 우기가 시작되었다. 그러나 무엇보다 우기는 러시아군보다는 우리에게 불리하게 작용했다. 이미 언급한 대로 러시아군의 전차는 눈길과 진창길에서 폭이 넓은 궤도 덕택에 우리 전차보다 기동성이 탁월했다. 동시에 미국이 공여하는 수많은 트럭들이 전선에 모습을 드러냈다. 우리의 차량들은 사전에 지반이 견고하게 다져진 도로에서만 운용이 가능했던 반면에 그 트럭들은 야지에서도 여전히 달릴 수 있어서 러시아군은 기갑 또는 차량화군단들이 보병들과 함께 신속하게 이동할 수 있었다. 더욱이 우기가 더 진행될수록 독일군은 견인용 차량들이 더 부족하게 되었다. 그 결과로 우리의 기동부대들은 상당한 거리의 이동에 엄청난 시간을 낭비해야만 했고, 더 나은 기동력을 보유했던 러시아군에 비해 고난을 겪었다. 잠깐 동안의 우기가 러시아군의 공세를 잠시 멈추게 했지만 이후에 러시아군의 공세가 예상되었다. 집단군은 강력한 북익을 구축할 필요가 있었다. 또한 러시아군은 물론 A집단군의 6군과 남부집단군의 8군도 공격할 것이었다. 러시아군은 남익을 공격한 후에 더 동쪽으로 이동하여 이 부대들을 흑해로 밀어붙이거나 또는 가능하다면 부그강 도강에 성공한 후 드네스트르강까지 도강하고자 하는 의도를 가지고 있었다. 그렇다면 베사라비아(Bessarabia)를 재탈환할 기회를 얻게 될 것이며 루마니아, 발칸까지 개활지로 열린 공격로를 확보할 수 있었다. 이 지역은 덧붙이자면 바로 루즈벨트가 **조 아저씨**(Uncle Joe)에게 양도하고자 하는 곳이었다.

[옮긴이의 주]

· 조 아저씨는 아마도 스탈린을 칭하는 것으로 보인다. 스탈린을 '조 아저씨'로 불렀다는 자료는 찾지 못했다.

그럼에도 불구하고 독일군은 아직 이 지역에서 유연한 퇴각작전을 수행할 수 있는 능력이 있었고, 전선의 축소가 상당한 수준까지 진행되고 있는 6군의 방어 지역에서는 많은 수의 예비대를 확보할 수 있었다. 아직까지는 부그강 또는 드네스트르강 하류(이 지역은 예전 루마니아와 러시아와의 경계선 앞이었다)에 병력을 배치하여 결정적인 방어선을 구축한 후, 러시아군을 최종적으로 멈출 수 있게 만들 가능성이 있었다. 2월 22일 일찍 집단군 남익인 8군에 대한 러시아군의 공격 징후가 포착되자, 집단군은 8군이 스스로의 결정에 따라 퇴각할 수 있는 재량권을 요청하였다. 우리는 병력의 지원이 더 시급한 집단군 좌익에서 병력을 빼내어 8군을 도울 수도 없었고, 도울 의사도 없었다. 8군이 유연하게 후퇴할 수 있느냐는 더 동쪽에 배치되어 있던 6군이 우리가 제안한 바와 같이 함께 움직이느냐에 달려 있었다. 이것이 우리가 육군총사령부에 사전 승인을 요청한 이유였다. 히틀러가 아무런 답변도 주지 않은 것은 이제 놀랍지도 않았다. 오히려 집단군은 이후 길게 확장된 전선에서 6군의 반격을 지원하고자 3, 24기갑사단을 넘겨주어야 했다.

그러나 전술적으로 만일 러시아군이 집단군의 북익에서 결정적인 승리를 하게 된다면 현재 A집단군에 맞서 흑해 쪽으로 진격하는 러시아군은 더 큰 기회를 얻게 될 것이었다. 우기가 도래하기 전에 가용한 최대한의 병력을 집결시켜 공세에 투입한다면, 러시아군은 전선의 주도권을 잡아 4기갑군의 방어선을 격파할 수 있었다. 그렇다면 러시아군은 르보프에서 시작되어 슈메링카를 거쳐 우크라이나 남부를 잇는 철로의 끝을 점유할 수 있었다(이 철로는 독일군 남익 전체의 보급선이었다). 이어서 서쪽으로 진격을 계속하게 되면 러시아군은 독일군 남익의 배후와 측면을 단절시킬 수 있었다. 게다가 러시아군은 새로운 공격을 개시하기 위한 병력 집결 장소로 남부집단군의 북익과 중부집단군의 남익 사이에 있는 간극을 이용하려 했었다. 이들의 임무는 집단군의 좌익을 포위하거나 자이츨러가 히틀러에게 말했듯이 르보프로 진격하는 것이었다. 최근 2월말에 모습을 드러낸 1벨로루시전선군(Velorussian)은 이 같은 의도가 확실함을 증명해 주었다. 만일 집단군의 좌익이 섬멸된다면 집단군은 어쩔 수 없이 남쪽으로, 더 멀리로는 카르파티안까지 퇴각해야만 했다. 일단 르보프까지 진출하게 되면 러시아군은 상황을 고려하여 갈리시아나 폴란드로 공격 방향을 선택할 수 있었다.

모든 위험을 감수하더라도 이러한 상황을 막아야 했다. 체르카시에서 포위된 2개 군단을 구출하는 전투가 끝나고 1기갑군과 8군과의 방어선이 연결되자마자 집단군은 병력을 집단군의 좌익으로 즉각적으로 이동시켰다. 1기갑군과 8군의 방어 지역에서 3기갑군단(1, 11, 16기갑사단)이 차출되었다. 이들을 뒤따라 최대한 서둘러 17기갑사단과 포병사단이 4기갑군의 후방에 있는 프로스쿠로프 인근으로 이동해야 했다. 아울러 4기갑군에는 7기갑사단, SS아돌프히틀러사단, 305중전차대대가 배속되었다. 4기갑군은 새로이 배속된 부대들을 48기갑군단에 배속시켜 타르노폴 인근에 주둔시켰다. 3기갑군단의 임무는 프로스쿠로프 북부를 돌파하려는 러시아군을 막는 것이었으며 48기갑군단은 4기갑군의 좌익인 타르노폴 인근의 전황을 안정화시키는 임무를 맡았다. 육군총사령부가 증원해 준 3개 사단(68, 357, 359사단) 또한 4기갑군 휘하에 배속되었다.

기존에 소속된 군(Army)으로부터 방어에 투입되고 있었던 위 부대들을 이동시키는 것에는 도로의 사정과 수송 능력의 부족으로 인해 당연히 시간이 소요되었다. 그 결과 위 부대들은 3월 중순까지도 그들이 집결해야 될 지점에 아직 도착하지 않았다. 3월초에 집단군은 휘하 4기갑군에게 좌익으로 전선을 확장하라는 명령을 내렸다. 이 명령의 목적은 타르노폴과 두브노 사이에 있는 중요한 전선을 4기갑군이 지키게 할 요량이었다. 4기갑군은 쉐페토프카에서 끝나는 전선을 1기갑군에게 이관하고 사령부를 타르노폴 동쪽에서 두브노로 옮겼다. 그러나 당시에 4기갑군이 가용할 수 있는 병력은 타르노폴로 바삐 집결 중이던 48기갑군단과 두브노에서 작전 중이던 13군단, 코벨(Kovel)에 있는 경찰부대 밖에 없었다. 상대적으로 1기갑군은 우만 북쪽의 전선을 8군에게 이관했다. 육군총사령부는 8군의 우익에 있는 군단들을 6군에게 이관하도록 명령했다. 3월초 집단군의 전선 중심부를 관망할 수 있는 지역인 루마니아 영토로의 퇴각은 히틀러가 거부하였기 때문에 집단군은 사령부를 결정적인 전선이었던 좌익 뒤에 두고자 처음에는 카메네크-포돌스크(Kamenec-Podolsk)로 옮긴 후 나중에 르보프로 이동시켰다.

위에 언급된 우리의 조치들로 우기 전에 시작될 러시아군의 공세를 충분하게 막을 수 있을지는 불확실했다. 이후 15~20개의 사단으로 구성된 2개 군(Army)의 전력에 상응하는 병력이 어떤 경우라도 르보프에 배치하는 것이 필수적이었다. 그래야만 내가 언급한 바와 같이, 집단군의 좌익에 대한 대규모 포위 공격을 막을 수 있었다(히틀러가 말한 대로 새로이 창설된 부대가 이동할 것이겠지만, 집단군은 그 수에 대해 듣지 못했으며 러시아의 공격을 막을 수 있는 전투력을 보유하지도 못했을 것이다. 북부집단군, 크리미아, 6군의 방어선을 더 축소하여 병력을 확보하는 것이 필요했다).

말할 필요 없이, 집단군이 맡고 있는 방어선의 규모를 감안할 때 집단군 내에서 병력을 확보하는 것은 당연히 8군과 1기갑군에게는 위험을 증가시키는 것이었다. 왜냐하면 날씨와 도로의 사정이 허락된다면 러시아군은 이 2개 군에 대해 지속적으로 공격을 할 것이기 때문이었다. 이 지역을 공격하는 러시아군의 목표는 부그강 중류로 진격하여 빈니차 또는 보즈네센스크(Voznesensk)의 교두보를 확보하는 것이었다. 현재의 상황 하에서 집단군은 두 개의 선택 중 하나를 택해야만 했다. 전체적인 전선의 영향을 고려한다면 집단군으로서는 러시아군이 1기갑군 우익과 8군의 연결고리 쪽으로 공격을 하는 것이 그나마 나았다. 이 진격에 대한 대응책으로는 인접한 6군과 함께 부그강 뒤로 퇴각하거나 또는 최악의 경우에도 드네스트르강으로 퇴각하면 되었다. 반면에 집단군의 좌익에 대해 러시아군이 성공리에 작전을 끝낸다면 이 결과는 돌이킬 수 없는 것이었다. 어떠한 희생을 감수하더라도 남부집단군과 A집단군 전체가 포위망에 갇히거나 러시아군이 르보프로 향하는 것을 막기 위해, 남부집단군은 우기가 시작하기 전까지 러시아군의 공격을 막아내야 했다. 집단군의 우익과 결과적으로 A집단군 전체가 서쪽으로 퇴각하는 위험은 감수해야만 했다.

우기 때의 지속된 사투
(THE STRUGGLE CONTINUES – DESPITE THE MUD)

기상이 악화되어 정찰 비행이 불가능한 관계로 우리는 러시아군이 어느 지역에 집결하고 있는지 알 수 있는 방법이 없었으나, 집단군 사령부는 다음과 같이 러시아군의 의도를 예상하였다.

1벨로루시전선군(최근에 전선에서 식별된)은 집단군의 좌익을 포위하기 위해 로프노에 집결할 것이다.
1우크라이나전선군은 현재 1기갑군이 점령 중인 프로스쿠로프를 북쪽에서부터 양쪽으로 공격할 것이다.

2우라크이나전선군은 8군과 1기갑군의 우익을 공격하고, 만일 부그강 도하에 성공한다면 체르노비츠(Czernowitz)로 진격할 것이다.

3, 4우크라이나전선군은 6군과 8군의 우익에 대한 공격을 해 전과 확대를 계속할 것이다.

3월 3일 집단군의 좌익인 4기갑군, 1기갑군 지역에 대한 러시아군의 공세가 시작됐다. 기갑군단의 지원을 받은 강력한 러시아군은 두브노에서 13군단의 발목을 잡았고, 군단을 포위하고자 시도했다. 2개 기갑군과 60군을 동원한 러시아군의 공세 목적은 남쪽으로 공격하여 프로스쿠로프와 타르노폴을 잇는 방어선을 돌파하여, 남부집단군의 생존에 필수적인 병참선을 단절시키고 기상이 허락된다면 드네스트르강으로 곧장 진격하고자 함이 명백했다. 동시에 러시아 18군은 1기갑군의 우익을 남동쪽으로 쫓아내려 공격을 시도했다. 다음 표는 이 기간 동안의 상대적인 병력비에 대해 말해준다.

〈저자〉

	Own Forces on 29 Feb.44	Enemy Forces on 9 Mar.44	Sectors Held By Own Forces
Six Army (Army Group A)	18 inf. divs. (approx) 3 arm. divs.	62 rifle divs. 3 tank/mech. corps 1 cav. corps 1 tank corps (resting)	
Eight Army	5 inf. divs. 4 arm./pz. gren. divs.	57 rifle divs. 11 tank/mech. corps	95miles
First Panzer Army	8 inf. divs. 1 art. div. 1 arm. div.	37–40 rifle divs. 11 tank/mech. corps	112miles
Fourth Panzer Army	8 inf. divs. 1 defence. div. 1 police form. 9 1/2 arm./pz. gren. divs.	18 rifle divs. 5 tank/mech. corps 1 cav. corps	320miles

[옮긴이의 주]

· inf는 보병, arm 또는 tank는 기갑, pz. gren는 기갑척탄병, art는 포병, police form은 경찰부대, mech는 차량화 또는 기계화, cav는 기병이며 defence. div의 명칭은 확인하지 못했다. 아마 패잔병력으로 급조된 부대의 성격을 가진 것으로 보이며 또는 뒤의 서술에서 보여지는 '요새부대'로 생각된다. 정황상 예비대로 볼 수는 없을 것 같다.

집단군은 3월말에 서쪽으로 방어선을 확장했었는데, 이로 인한 병력의 이동과 방어선의 확장 현황은 다음과 같았다.

〈저자〉

From	To	Forces Transferred	Lengths of Front Involved
First Panzer Army	Eight Army	3 inf. divs.	37miles
Fourth Panzer Army	First Panzer Army	5 inf. divs. 3 1/2 arm./pz. gren. divs.	125miles

내가 3월 4일 쉐페토프카 지역의 전선을 시찰했을 때, 59군단의 상황은 이미 극도로 심각해져 있었다. 러시아군은 독일군의 방어선을 양쪽에서 돌파하여 동쪽과 서쪽에서 59군단을 포위하고자 했다. 포위될 위험을 타개하고자 군단은 퇴각할 수밖에 없었다. 퇴각작전은 예전 나의 참모장이었던 슐츠(Schulz) 장군의 확고하고도 동요하지 않는 지휘력과 도착하자마자 전선에 투입된 1기갑사단의 개입 덕분으로 적절하게 마무리되었다. 그러나 러시아군은 프로스쿠로프 방향으로 추격을 계속하며 군단을 포위하고자 온 힘을 쏟고 있었다. 집단군은 후방에 있던 2개 기갑군단을 작전에 투입했다. 3기갑군단은 프로스쿠로프에서 4기갑군과 1기갑군 사이의 간극으로 진격하는 러시아군을 물리치고자 북서쪽으로 공격했고, 48기갑군단은 타르노폴로 향하는 러시아군 기갑부대를 공격했다. 3월 7일까지 러시아군은 총 22개~25개 사단과 7개 기갑 또는 차량화군단을 이 지역에 투입했다.

3월초에 러시아군은 체르카시에서 우리의 기갑군단들이 그들에게 끼친 손실을 2주 동안 회복한 후, 역시 8군 좌익에 대한 공세를 시작했다. 러시아군이 우만을 향해 공세를 개시했을 때, 집단군은 좌익에 3, 48기갑군단을 투입하여야 했으므로 이 지역에 기갑군단을 끌어올 수가 없었다. 20개 이상의 사단을 동원한 러시아군은 독일 7군단을 패퇴시키는데 성공했고 3월 9일에는 우만 앞까지 이르렀다.

A집단군 소속의 6군이 방어하던 지역에서도 러시아군은 공세를 개시했고 부그강 어귀(Mouth)인 니콜라예프(Nikolayeb)를 향한 공격에 성공을 거두었다. 집단군은 3월 7일 육군총사령부에 러시아군이 우기로 인해 공세를 멈추기 전까지는 현재와 같이 계속 전투를 하는 것 외에는 다른 차선책이

없다고 보고했다. 동시에 우리는 우기가 끝나는 시점까지는 타르노폴-루츠크(Lutzk)-르보프 지역에 충분한 병력을 집결시키는 것이 전략적으로 결정적인 중요성을 갖고 있음을 강조했다. 우리 지역에 배치된 병력들은 르보프를 향한 러시아군의 돌격을 막아야 했고 또는 만일 러시아군이 타르노폴로부터 남쪽으로 공격 방향을 바꾸면 그 측면을 타격해야 하는 역할을 해야만 했다. 이제 집단군이 고려해야할 당면 사항은 더 많은 영토를 포기할지라도 —우기로 인해 러시아군이 공세를 중단할 때까지 부대들의 전투력을 유지한 채— 최대한 많은 시간을 벌기 위해 싸우는 것뿐이었다. 유감스럽게도 병력의 배치가 이루어지기 전에 시간이 많이 소요되었다.

히틀러는 이때 러시아군의 진격을 막을 수 있는 새로운 조치를 발견했다고 생각했으며, 도로와 철로의 교차점과 같이 전술적인 중요성을 가진 지역들이 '요새(Stronghold)'화 되어야 한다고 선언해 버렸다. 또한 '요새'를 지키는 임시사령관(Ad hoc commander) 또는 전투사령관(Kampfkommandant)은 위기의 순간에 충성심과 그의 목숨을 걸고(With his head) 요새를 방어해야 한다고 선언했다. 히틀러 개인적으로 '요새'라고 칭한 이 지역에 있는 병력들은 해당 지역에 위기가 발생하면 공세 초기에는 러시아군의 진격을 차단하고 러시아군을 붙잡아두는 역할을 하여야 했다. 히틀러는 주요 도로를 차단함으로써 또는 러시아군을 멀리 우회시킴으로써 진격의 속도를 늦출 수 있을 것으로 보았다. 실제로는 처음부터 이러한 '요새' 지역들은 아무런 역할도 수행하지 못했다. 사실 그들이 수행할 방어 임무의 가치는 투입하는 병력에 비하면 높지 않았다. '요새'들은 실제로는 —적절한 요새화가 이루어지지 않았거나 임무에 맞는 부대가 없어서— 러시아군이 마음만 먹으면 순식간에 함락될 수 있었으므로, 집단군은 지속적으로 그들이 포위망을 빠져나올 희망이 없어지기 전에 해당 지역을 포기할 수 있는 재량권을 요청하였다. 마지막 순간에 잔존병력의 일부만이 탈출한 타르노폴을 제외하고는 '요새' 지역에서의 소개가 이루어졌다. 이후에 히틀러의 이러한 지시는 1944년에 걸쳐 심각한 손실을 야기하였다.

이 전선에서 시간을 벌기 위한 싸움을 지속하며 군들(Armies)의 포위를 막기 위해 집단군은 3월 11일 8군에게 러시아군이 8군의 좌익을 돌파하면 퇴각하라고 지시했다. 이틀이 지난 후, 같은 이유로 1기갑군의 우익 또한 부그강 뒤로 퇴각하였다. 프로스쿠로프 인근의 1기갑군 좌익에서는 —4기갑군의 우익에 대한 압박을 해소하고— 4기갑군과 방어선을 연결하기 위한 전투가 지속되고 있었다. 4기갑군은 러시아군이 타르노폴 동쪽을 지나 남쪽으로 드네스트르강으로 진격하는 것을 막고, 러시아군이 1기갑군을 남동쪽으로 밀어붙이는 것을 막는 임무를 갖고 있었다. 아울러 육군총사령부는 이전에 언급한 바와 같이 병력들을 투입하여 르보프에서 타르노폴을 경유하여 프로스쿠로프까지 이어지는 병참선을 확보해야만 했다. 그러나 전황의 전개가 급속도로 변하고 있었다.

3월 15일 러시아군은 8군 좌익을 모든 전선에서 붕괴시키는 데 성공했고, 이로 인해 우만과 1기갑군이 점령 중인 빈니차까지 넓은 간극이 생겨나게 되었다. 러시아군은 5개 군과 1개 기갑군을 동원하여 남서쪽으로 진격을 계속하였고 8군의 방어 지역에서 부그강 도강에 성공했다. 8군은 가용한 우익의 병력을 좌익으로 투입하여 러시아군의 도강을 막고자 했으나, 고작 러시아군의 진격을 국지적으로 지체시키는 데 그쳤고 벌어진 간극을 막기 위한 방어선으로 활용하기 위해 부그강을 재탈환하거나 1기갑군과의 연결에 성공할 가능성은 없었다. 반면에 강을 도강 중인 강력한 러시아군은 8군을 남쪽으로 압박하거나 드네스트르강을 도강할 수 있었다. 또한 1기갑군의 우익에서도 러시아군은 빈니차 남쪽에서 부그강까지 도달하는데 성공했다. 히틀러가 곧 빈니차를 '요새'로 선언하여 이를 위해서는 최소한 3개 사단이 필요했지만, 이 3개 사단을 차출할 수 있는 지역은 어느 곳에서도 찾을 수 없었으므로 러시아군을 잡아둘 수 있는 방어를 할 가능성은 거의 없었다.

1기갑군의 좌익, 프로스쿠로프의 서쪽에서는 3개 기갑군단을 휘하에 둔 러시아 3근위기갑군에 의해 포위망이 완성될 징후가 보였다. 4기갑군 방어 지역에서는 육군총사령부가 증원해 준 사단들의 분투로 인해 타르노폴 인근의 전선을 잠시나마 안정시키는 데 성공했다. 반면에 브로디(Brody) 방면으로 퇴각 중이던 13군단은 포위될 위험에 처했다. 전체적인 상황을 고려하면 집단군의 우익이 부그강을 유지하거나, 재탈환할 가능성은 더 이상 없음이 명백했다. 3월 16일 이른 시간에 이미 부그강을 도강한 러시아 1개 기갑군이 가장 가까운 드네스트르강의 도하점을 향해 서쪽으로 진격을 시작했다. 1개 기갑군을 포함한 러시아 3개 군은 남쪽으로 방향을 바꾸어 8군의 북익을 노렸다. 동시에 1기갑군은 양 측면에서 포위될 위험에 처했다. 타르노폴에서의 성공적인 방어에도 불구하고 4기갑군이 러시아군이 르보프를 향해 진격하는 것 또는 러시아군이 남쪽으로 공세 방향을 바꾸는 것을 오랫동안 막아낼 수 있을지는 불확실했다.

이러한 위기감이 팽배해졌을 때, 나는 오버잘츠베르크로 소환되었다. 며칠 전에 히틀러의 군사부관이었던 슈문트 장군은 기괴한(Curious) 문서에 서명을 받고자 나를 방문했었다. 이 문서는 스탈린그라드에서 포로가 된 자이들리츠(Seydlitz) 장군이 행한 정치적 선동 선전에 영향을 받아, 모든 원수들이 히틀러에게 충성을 선언하는 문서였다. 아마도 슈문트는 이 방법이 군에 대한 히틀러의 신뢰를 더 단단해지게 할 것이라 생각한 듯하였다. 특이하게 상급대장인 모델 장군도 포함되어 있었는데, 나를 제외한 모든 원수들이 이에 서명하였기 때문에 나도 서명할 수밖에 없었다. 서명을 거부한다면 내가 자이들리츠의 선동에 내심 동의한다는 것처럼 보였을 것이다. 그렇지만 나는 슈문트에게 이러한 선언문이 군인의 입장에서 왜 필요한지를 물었다. 왜냐하면 독일 군인들은 **독일장교연맹**(Free Germany Committee, BDO: Bund Deutscher Offiziere)의 선동에 관심을 갖지 않을 것이기 때문이었다.

[옮긴이의 주]
· 독일장교연맹은 스탈린그라드에서 포로가 되었던 자이들리츠 장군을 중심으로 1943년 8월 결성된 단체로서 독일에 대한 선전전이 주요 임무였다.

나 또한 이전에 체르카시에서 러시아군이 뿌렸던 선전지에 대해서도 그러했으며 지금 현장에서 지휘를 하고 있는 리브 장군에게 보내는 자이들리츠의 편지조차 그 목적을 달성하는데 실패했었다. 또한 이때에도 러시아군의 선전이 진실이라고 말하고 있는 또 다른 선전지도 내 책상 위에 있었다. 이 선전지는 우크라이나 파르티잔으로부터 입수되었다. 독일군의 점령 하에 있었고 독일군이 직접 관리했던 우크라이나 동부 지역에서는 파르티잔들의 활동이 거의 없었으나 우크라이나 서부지역은 파르티잔의 활동이 왕성했었다. 첫 번째 이유는 서부의 대규모 삼림지대가 파르티잔들에게 은신처를 쉽게 제공해 주었으며 도로와 철로에 대한 공격에 용이했기 때문이었다. 또 다른 이유로는 우크라이나 판무관이었던 코흐가 점령지의 민간인들을 가혹하게 무기로 다스렸기 때문이었다. 파르티잔의 유형은 세 가지였다.

첫째, 독일과 맞서거나, 평화를 유지하는 민간인들에게 보복을 하던 러시아군 출신이었고,
둘째, 러시아군과 싸우던 우크라이나인들이었는데 이들은 독일군의 경우에는 무장을 해제한

후 돌려보내 주었다.

마지막으로, 러시아군, 독일군과 맞선 폴란드 출신이었다.

이러한 파르티잔의 유형은 일찍이 갈리시아와 르보프 지역의 통치 방법에 영향을 미치게 되었다. 이 지역의 도심에는 폴란드인의 대다수가 거주했고, 교외에는 주로 우크라이나인들이 거주했다. 폴란드 총독부에 동일하게 속해 있었던 다른 지역들과 달리, 르포브에는 좀 더 획기적인 방식이 적용되었다. 지역판무관(District Commissioner)으로서 이 지역을 책임지고 있었던 바흐터(Wachter)는 우크라이나인에게는 우호적으로, 소수의 폴란드인에게는 지속적으로 비우호적으로 대우했다. 결국 바우터는 <u>우크라이나인 자원병으로만 구성된 완벽한 1개 사단</u>을 얻을 수 있었다.

[옮긴이의 주]
· SS우크라이나사단은 이 지역에서의 유대인 학살, 유고슬라비아에서 파르티잔 소탕작전에 동원되었다.

원수들의 서명서는 3월 19일 형식을 지나치게 갖춘 분위기에서 3군(육·해·공군)의 상당수 고위 장교들이 참석한 가운데 룬트슈테트 원수가 히틀러에게 전달했다. 히틀러는 이 행사로 인해(By the occasion) 깊은 감명을 받은 것으로 보였으나, 실제 이러한 행위 자체는 군인으로서의 가치 규범과 전혀 무관한 것이었다(How little it really accord with a soldier's code of values). 과거에 내가 제안했던 모든 사항들에 대해 히틀러가 부정적인 반응을 보였던 점, 그리고 우리가 지속적으로(Irrevocable) 요구할 수밖에 없었던 필수적인 조치들에 대해 끊임없이 거부했음에도 이러한 충성 요구를 받은 나는 집단군 사령관의 지위를 내려놓을 것인지에 대해 고민을 했다. 나는 지난 몇 년간 전선에서 고된 의무를 수행해왔던 군인으로서 지휘관의 자리에서 물러나는 문제에 대해 계속 고려했었다.

하지만 히틀러의 본성을 알아차리거나 우리가 현재까지 진행했음이 분명한 정권의 도덕적인 몰락을 알아차려야 될 의무가 나에게는 없었다. 독일에서 떠도는 풍문은 전선에는 거의 아무것도 전해지지 않았으며, 전투가 우리에게 주는 위기에 대한 걱정으로 전체적인 시각을 갖고 고민을 할 시간이 없었다. 전투가 벌어지지 않고 있는 독일과 전투 지역에 있는 군인들이 처한 상황이 달랐고, 정치가들의 상황과 전선에 있는 우리가 처한 상황은 완전히 달랐다.

[옮긴이의 주]
- 만슈타인이 정권의 도덕적 몰락에 대해 판단할 의무가 없었고, 일선의 전투로 인해 후방에서 벌어지는 일들을 몰랐다는 증언들은 이후 다른 지휘관들의 변명에서 계속 되풀이 되었다. 만슈타인은 도덕적 몰락을 방관한 것이 아니라, 1941년 11월 20일의 명령을 통해서 유대인의 절멸을 지시한 전쟁범죄자이다. 그의 변명은 자기기만이다.

그러나 군사적인 분야에서만큼은 나는 히틀러의 지휘력이 유발한 실수를 간과할 수 없었다. 전쟁 중에 **쿠데타**를 통해 히틀러를 제거하는 것이 불가능할 것이라 믿었던 이유는 이미 기술했었다. 나는 때때로 사령관직을 내려놓고 싶다고 말했었지만 그러한 이유로 이제까지 **사령관직을 사퇴하지 않은** 것이었다. 히틀러가 나의 제안을 받아들이는 것을 거절하거나, 그가 집단군 사령부의 문제에 개입하고자 할 때마다 나는 참모장에게 히틀러가 남부집단군을 지휘할 누군가를 찾는 것이 나을 것이라고 종종 얘기하곤 했다. 줄곧 사령관직 사퇴를 주저했던 이유는 측근 참모진들의 호소, 그리고 현재의 상황이 더 나빠지지 않게 하겠다는 소망 때문이었다. 그러나 가장 큰 이유는 우리를 제외한 어떠한 사령부도 현재 우리 전선에 닥친 위기를 극복하는 임무 수행을 할 수 없다는 확신 때문이었다. 나의 사퇴는 집단군 사령관이 단순하게 교체된다는 것 이상을 의미했을 것이다. 내 마음속에서 내가 나의 부대들을 곤경에 빠지게 할 권리가 없다고 말하는 듯했다. 만일 그렇지 않았더라면 ―임박한 재앙들에 대한 조치를 위해― 히틀러의 마음을 바꾸기 위한 마지막 수단으로써 나는 나의 사임을 요구했을 것이다.

[옮긴이의 주]
- 『Erich Von Manstein: Hitler's Master Strategist』(Benoît Lemay)에 의하면 히틀러 정권의 전복 음모를 꾸미고 있던 트레슈코프는 사촌이었던 스탈베르크를 통해 만슈타인의 의중을 물었던 것으로 보인다. 비텝스크에서 돈집단군의 사령관직을 인수하려 기차를 타고 이동하던 중에 스탈베르크는 만슈타인에게 의중을 물었으며 만슈타인은 단호하게 '절대로 그럴 수 없다(Certainly not me).'고 말했다.

1943년 1월 26일 자이츨러는 슈타우펜베르크(Stauffenberg)를 만슈타인에게 보내 코작 자원병의 조직에 대해 논의하도록 했다. 만슈타인은 슈타우펜베르크를 개인적으로 알지 못했으나 슈타우펜베르크는 돈집단군 사령관을 만난 지금을 기회라 여겼다. 슈타우펜베르크는 브리핑이 끝나자 개인 면담을 요구하여 6군이 희생양이 되는 것을 받아들일 수 없으며 러시아 전역이 실패의 연속이었다고 말했다. 만슈타인은 이에 동의했으나, 히틀러 정권의 전복 음모에 가담하라는 슈타우펜베르크의 요청에는 '직접적이든 간접적이든, 합법적이든 비합법적이든 참여하지 않겠다.'고 말했다.

슈타우펜베르크의 만남이 있은 후 1월 29일 중부집단군 작전참모장 트레슈코프 대령이 중부집단군과 돈집단군과의 작전에 대해 설명하고자 할 때에 만슈타인은 쉬지 않고 회의를 진행했다. 스탈베르크가 회의장에서 본 모습은 만슈타인은 지도만을 보고 있고, 트레슈코프는 체념으로 눈물이 글썽거렸다고 한다. 만슈타인은 이들의 목적이 슈타우펜베르크와 같음을 알고 있었다.

프리츠 디틀로프 슐렌부르크(Fritz-Dietlof von der Schulenburg), 베크도 히틀러 정권 전복 음모에 만슈타인을 가담시키려 접촉했다.

만슈타인을 음모 진영으로 끌어들이려던 희망을 갖고 있던 베른하르트 클람로스(Bernhard Klamroth) 중장은 스탈린그라드의 패배가 있은 직후, 스탈린그라드로부터 탈출한 빈리흐 베흐 대위에게 '만슈타인은 히틀러에게 적대적이지만, 테이블 위에서는 조용하다. 히틀러가 그에게 왼쪽, 오른쪽으로 돌라고 명령을 내린다면 만슈타인은 그렇게 할 것이다.'라고 말했다.

게르스도르프(Rudolf-Christoph Freiherr von Gersdorff)가 1943년 8월 8일 만슈타인을 만났을 때 만슈타인은 '프로이센 원수는 배반하지 않는다(Prussian field marshal do not revolt). 이것은 군부의 붕괴를 불러올 것이다.'라고 말했다.

1943년 7월 13일 히틀러의 라슈텐부르크 사령부에 소환된 클루게, 롬멜은 영도자와의 만남이 끝나자 만슈타인과 저녁 식사를 했으며 그에게 결정을 내리기를 기다리겠다고 말했다. 만슈타인은 롬멜에게 작별 인사를 하고 떠났다.

- 만슈타인이 사임을 요구하지 않았던 이유 중 하나를 다른 증언에서 찾을 수 있다. 어느 참모장교의 회고에 따르면, 지속적으로 작전의 재량권을 요구했던 만슈타인이 '영도자여, 저에게 재량권을 부여해 준다면 제 아들이 묻혀있는 러시아를 지키기 위해 모든 수단과 방법을 강구하겠습니다.'라고 말했다는 증언이 있다. 아들의 죽음을 헛되이 하지 않기 위해서라도 만슈타인은 러시아를 잃지 않으려 했을 것이다.

1기갑군은 금세 목전에 위기를 눈앞에 둔 운명에 처하게 되었다. 전황이 계속 악화되었기 때문에 나는 오버잘츠베르크에서 히틀러에게 다음과 같은 제안을 할 수 있는 기회를 얻었다.

첫째, 부그강 하류 동쪽으로 확장된 돌출부에 위치하여 상당수의 병력이 투입되고 있는 6군은 즉시 드네스트르강 뒤로 퇴각한다. A집단군 사령관인 클라이스트 원수 또한 동일한 제안을 하였다.

둘째, 6군에서 차출한 강력한 병력들은 북쪽으로 신속히 이동하여 드네스트르강과 예전 루마니아의 경계선이었던 프루트(Pruth)강 사이에 투입한다. 이 지역에서 독일군은 8군이 드네스트르강 남동쪽으로 쫓겨나는 것을 막는다.

셋째, 루마니아군과 A집단군이 루마니아를 지키기 위해 협동하여야 하며, 드네스트르강과 프루트강 중에서 어느 강을 주요 방어선으로 삼을지에 대해 명확한 결정이 필요하다.

넷째, 카르파티안 또는 르보프로 진격할 러시아군을 막기 위해 남부집단군 북익에 대해 신속한 병력 지원을 요구한다.

위 해결책에 덧붙여 나는 만일 카르파티안 북쪽에 강력한 방어선을 구축하고자 한다면, 우리는 우선 남부집단군과 A집단군의 간극이 주는 위험을 감수해야 한다고 언급했다. 나중에 러시아군이 이 간극을 통해 헝가리를 거쳐 발칸으로 진격한다면 히틀러가 5월에 증원하기로 했던 병력을 받은 즉시 우리는 북쪽에서 그들의 배후를 공격할 수 있었다. 그러나 히틀러는 장기적 관점인 이 작전을 전혀 고려하지 않았다. 그는 A집단군에게 부그강을 사수하라고 명령했고 남부집단군의 북익을 증원할 병력은 소수에 그칠 것이라 언급했다. 3월 22일 전선의 상황을 자세히 기술한 보고서를 자이츨러 장군에게 보내, 나는 재차 위 제안들을 요청했고 전투에 임하고 있는 부대들의 상태와 현재의 전선 상황으로는 더 이상 8군과 1기갑군의 전선을 연결할 수 없다고 덧붙였다. 그리고 가장 중요한 것은 남부집단군이 러시아군이 카르파티안 북쪽 지역으로 서진하는 것을 막는 동안에 A집단군은 8군을 휘하에 두고 반드시 루마니아를 방어하는 것이라 말했다. 4기갑군은 전선의 상황이 끝날 때까지 현재의 위치를 반드시 고수해야만 하며, 이를 위해 4기갑군에게는 어떠한 위험을 감수하더라도 병력 증원이 필요했다. 1기갑군이 수행할 주요 역할은 4기갑군과의 연결을 회복하여 1기갑군 자체가 남쪽으로 밀려나지 않도록 버티는 것이었다.

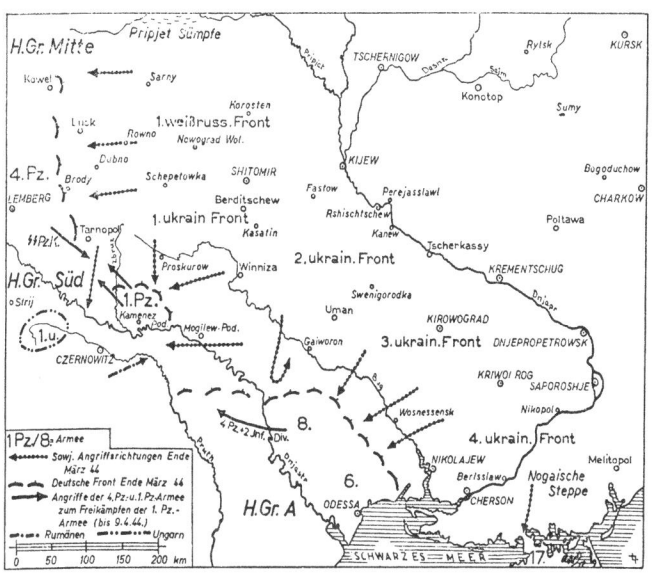

러시아 전역, 1944년 3~4월 방어선

1, 4기갑군 사이로 카르파티안으로 가는 경로는 헝가리군이 방어해야 했다. 다소 강요에 의해 참가한 전쟁에서 헝가리는 그들이 1918년에 루마니아에 빼앗긴 지벤부르겐(Siebenburgen)에 눈독을 들이고 있었다. 우리의 동맹국인 루마니아와 헝가리는 서로를 신뢰하지 않은 채 각각을 바라보고 있는 것으로 여겨졌고 그들의 이익을 추구할 때가 오면 언제라도 동맹을 파기할 준비가 되어 있었다. 1942~1943년 겨울에 돈강에서 패배했을 때 루마니아 2개 군이 먼저 전선을 이탈했고, 헝가리군이 그 뒤를 이어 퇴각했었다. 그러나 안토네스크 원수는 아조프해를 방어할 수 있는 가용한 병력을 만들어냈고 루마니아군 일부를 17군의 휘하에 배속시킨 채 쿠반 교두보에 잔류시켰으며 후에 크리미

아에서도 그러했다. 이제 그는 A집단군 소속으로서 루마니아를 지키기 위한 새로운 군들(Armies)을 제공했다. 헝가리군은 전선에서 이탈한 후에 단지 소수의 사단만을 우크라이나 후방에 배치했다. 이 부대들이 러시아군과의 싸움에 투입될 수 없는 것은 명확했으므로, 전선이 점점 가까워질 때마다 우리는 헝가리군을 적시에 퇴각시켜야 했다. 그들의 임무는 파르티잔으로부터 도로와 철로로 연결되어 있는 병참선을 지키는 것에만 한정되었다.

이제 전선의 상황은 헝가리에게도 위기를 불러일으키게 되었으며, 우리는 카르파티안과 드네스트르강 상류를 방어하기 위해 헝가리가 그들의 영토 내에 보유한 전력을 이용해야 했다. 하지만 이때 헝가리 정부는 모호한 태도를 보였다. 3월 15일 육군총사령부로부터 린데만(Lindeman) 장군이 전선에 도착하여 만일 **헝가리가 변절할 기미가 보이면 신속하게 헝가리군을 무장 해제**하라는 명령을 전달했다. 다행스럽게도 우리가 그런 작전을 헝가리군에게 펼칠 필요는 없었다(Fortunately we were spared the necessity of carrying out such a task). 오버잘츠베르크를 호르티(Horthy)가 방문한 이후, 헝가리 1군이 3월 23일 우리 휘하에 배속되었다. 헝가리 1군의 2개 군단은 1개 차량화사단과 4개 사단으로 구성되어 있었으나, 그들 대부분이 동원되지 않은 상태였다. 동원 문제는 차치하고라도 그들이 보유한 무기의 규모와 수준은 러시아 기갑부대와 맞서 싸우기 위한 필요 수준을 따라가지 못했다.

[옮긴이의 주]
- 헝가리에 대해 의혹의 눈초리를 보내던 독일이 1944년 3월 헝가리를 점령했다.

그럼에도 불구하고 우리는 러시아군이 산악 지형(Terrain)에서는 -그들이 보유한 기갑부대를 축차적으로 투입할 수밖에 없을 것이므로- 헝가리군이 카르파티안 지역에서 그들의 지역을 사수할 수 있을 것으로 기대하였다. 우리는 1차세계대전 시에 헝가리군(Honved)이 카르파티안에서 러시아군에 맞서 이 지역을 방어했던 것을 회상하며, 헝가리군이 지금 이 지역을 사수할 수 있을 것이라 고무되었다. 물론 가장 중요한 것은 헝가리 진영에서 강력한 지휘력을 발휘하느냐에 달려 있었다. 이와 관련해서 3월 28일 내가 기억하는 바로는 육군참모총장이거나 국방부장관(Minister for war)이었던 라카토스(Géza Lakatos) 장군과 헝가리 1군 사령관이 우리를 방문했을 때 우리는 낙담하고 말았다. 이 두 사람은 우리의 요청에 대해 1944년 3월 현재까지도 모든 군이 준비되어 있지 않고 대전차포가 거의 없다고 호소했던 것이다. 우리는 헝가리 고위 그룹(Circles)들이 그들의 영토를 강력한 의지로 방어할 의사가 없다는 인상을 떨쳐낼 수 없었다. 러시아군에게서 그들이 무엇을 기대하고 있는 것인지 불확실했다.

3월 19일 저녁 오버잘츠베르크에서 집단군의 전황에 대한 보고를 받았을 때 집단군이 점점 더 위기에 처하고 있음이 명백해졌다. 8군은 모든 가용한 기갑 전력을 좌익에 투입하고 있었음에도 서쪽으로 돌파를 시도하는 러시아군을 막지 못해 남쪽으로 밀려날 수밖에 없어서 러시아군에 맞서 더 이상 전선을 유지할 수 없었다. 6군을 퇴각시켜 가용한 병력을 이 지역에 증원하자는 우리의 제안을 히틀러가 거절했기 때문에, 우리가 할 수 있는 조치는 공세 초기에 안토네스크 원수에게 8군의 전선을 북서쪽으로 더 확장하기 위한 병력을 요청하고, 루마니아군을 우리 휘하에 두도록 하는 것뿐이었다. 안토네스크 원수는 이 병력들이 프루트강 방어선에만 투입되는 조건 하에 이를 승인하였다. 8군 방어선의 상황이 악화된 것 외에도 집단군 북익에서 심상치 않은 전황이 전개되었다. 1기갑군은 이곳에서 부그강을 지키던 우익을 더 이상 유지할 수 없었으므로 모길레프-포돌스크(Mogilev-Podolsk)로부터 북서쪽으로 드네프르강부터 북동쪽을 바라보며 즈브루치(Zbrucz)강까지 듬성듬성 이어진 전선을 유지하고 있었다. 더 서쪽에서는 이미 언급한 바와 같이 새로이 도착한 사단들을 동원한 4기갑군이 반격을 통하여 타르노폴 동쪽의 전선을 일시적으로 안정화시키는 데 성공했다.

3월 20일 러시아군은 독일 2개 군 경계선의 양쪽에서 방어선을 돌파한 후 드네스트르강 상류로 진격하고자 러시아 1, 4기갑군을 동원하였다. 3월 23일 러시아 1, 4기갑군의 선봉은 이미 카메네크-포돌스크 남쪽과 체르노비츠 북쪽의 도하점까지 진출했다. 이로써 러시아군은 독일 1기갑군의 병참선을 확실하게 가로지를 수 있었다. 위험이 심각해지자 집단군은 1기갑군에게 그들의 방어선을 뒤로 물려 전선을 축소한 후 확보한 병력을 투입하여 그들의 배후를 안정화하라고 명령했다. 1기갑군에는 마우스(Mauss) 장군이 지휘하는 병력을 4기갑군으로부터 차출하여 배속시켰다. 이 부대는 러시아군이 2개 기갑군 사이를 돌파한 이 지역에 유일하게 남아있던 부대였고 마지막 보루였다. 마우스 장군의 임무는 적 기갑부대 선봉의 뒤에 있는 주력부대들의 진격을 중지시킨 후에, 적 기갑부대 선봉을 고립시켜 병참선을 끊는 것이었다. 물론 이런 조치들로 집단군 북익의 전선을 안정화시킬 수는 없었다. 비록 잠시 동안이였지만 러시아군은 순전히 기갑부대만으로 공격을 하여 1기갑군 배후의 병참선에 걸쳐 있었으므로 이로 인해 1기갑군의 사령부는 이미 공중 보급을 요청했다. 말 그대로 1기갑군이 조만간 완전히 포위될 것으로 보였다. 만일 카르파티안 북쪽의 전선을 유지하고자 한다면 1기갑군이 포위되지 않아야만 했다. 3월 23일 집단군은 육군총사령부에 1기갑군의 배후 병참선을 확보할 수 있도록 새로운 병력의 투입을 요청했다(우리는 아직 독일군이 점령 중인 헝가리에서 이러한 병력들을 차출할 수 있을 것으로 보았다).

3월 24일 우리는 이 요청에 대한 답변은 1기갑군은 그들의 전선을 확장시켜 사수하고 아울러 전선을 타르노폴까지 확장하여 그곳에 있는 러시아군의 병참선 지역을 일소하라는 것이었다. 이에 따라 집단군은 이날 정오에 우리가 예전에 요구했던 사항들에 대한 적절한 답변이 15시까지 없다면 1기갑군에게 서쪽으로 퇴각하라는 명령을 내릴 것이라 보고했다. 16시에 우리는 솔로몬의 판결처럼 (Solomon-Like) 아리송한 답변을 받았다. 히틀러는 1기갑군이 병참선을 확보하며 서쪽으로 퇴각하는 기본적인 생각에는 동의했으나, 여전히 1기갑군은 주력 방어선을 드네스트르강과 타르노폴에 두어야 함을 주장했다. 서쪽으로 돌파를 시도할 –그리고 러시아군으로부터 병참선을 방어할– 부대를 어디서 찾을지에 대해서는 답변을 받지 못했다.

현재의 상황은 히틀러가 6군에게 4기갑군 방향으로 퇴각로를 열도록 지시했던 1942년 12월 스탈린그라드에서 벌어졌던 상황과 똑같았다. 그때에도 역시 히틀러는 도시의 사수를 요구했으며, 이로 인해 6군은 탈출에 동원할 병력을 확보하지 못했었다. 내가 자이츨러 장군에게 전화를 걸어 히틀러의 요구가 불가능함을 지적하자, 그는 히틀러가 현 상황의 심각성에 대해 전체적으로 보지 못하고 있다고 말했다. 그럼에도 이튿날 히틀러의 사령부로 전황을 보고하라는 소환 요청을 저녁 늦게 받았다. 논쟁이 오간 회견에는 나뿐만 아니라 1기갑군 사령관인 후베 상급대장(1차세계대전에서 팔 하나를 잃은 그는 1943년 10월 이탈리아에서 막켄젠 상급대장으로부터 1기갑군을 인수받았다. 후베 장군은 이전에 스탈린그라드에서 기갑군단을 지휘했으며, 1944년 비행기 사고로 사망했다)도 참석하였다. 후베는 1기갑군의 상황이 더 이상 회복 불가능하다는 점에 동의하였고 1기갑군이 현재 계속되고 있는 포위 압박을 반드시 피해야 한다는 점에서는 우리와 의견이 같았으나, 그는 서쪽으로 퇴각로를 뚫는 것보다는 드네스트르강을 넘어 남쪽으로 퇴각하기를 원했다. 이 제안은 물론 이 시점에 고려할 수 있는 가장 쉬운 방법이었다. 만일 1기갑군이 서쪽으로 퇴각한다면 퇴각 도중에 러시아 2개 기갑군과 전투를 벌여야만 했으나, 반대로 현 시점에 드네스트르강을 도강한다면 러시아군과 심각한 전투를 치루지 않을 수 있었다.

그러나 나는 여전히 후베 상급대장의 의견에 동의하지 않았는데, 무엇보다도 1기갑군은 4기갑군과 연결되는 것이 꼭 필요했기 때문이었다. 4기갑군과 1기갑군의 방어 지역이 개활지로 남는다면 러시아군이 카르파티안에서 갈리시아 북부를 돌파하는 것을 막을 수 있는 방법이 없었다. 1기갑군이 남쪽으로 퇴각한다면 최선의 경우에도 산악 지역 안에서 발이 묶일 것이었다. 그러나 이제 이마저 불확실했다. 표면적으로 두 개의 퇴각로 중 남쪽으로 퇴각하는 것이 덜 위험해 보였지만, 진지하게 고려한다면 이 방안은 1기갑군에게 재앙을 불러일으킬 수 있었다. 1기갑군은 넓은 전선에서 일시에 도강할 수 있는 장비를 보유하지 못했는데 망가지지 않은 채 남아있는 소수의 교량들을 이용한 퇴각 시도는 러시아 공군의 공격과 집중 포격으로 인해 심각한 손실을 입을 수 있었다. 또한 러시아군은 이미 드네스트르강 남동쪽에서 도강할 준비를 하고 있었는데, 최악의 경우 기존에 1기갑군의 배후 병참선 지역에 위치한 러시아 2개 기갑군과 이 러시아 부대들 사이에서 1기갑군이 샌드위치 상태가 될 수도 있었다. 이에 따라 후베 장군에게 집단군은 1기갑군이 드네스트르강 남쪽 유역으로 퇴각하는 것을 불허할 것이고 서쪽으로의 퇴각을 명령할 것이라 확실하게 말했다.

오버잘츠베르크로 가는 비행기에 오르기 전 나는 그에게 서쪽으로 퇴각하여 우선적으로 즈브루치강에 있는 독일군 부대와의 연결을 유지하라는 엄중한 명령을 내렸다. 3월 25일 아침 일찍 르보프에서 비행기가 다시 이륙했으며, 나는 정오에 베르크호프에서 열린 회견에 정확히 도착할 수 있었다. 나는 히틀러에게 1기갑군의 상황을 설명하며, 1기갑군의 동쪽과 북쪽의 전선은 이미 강력한 러시아군의 지배하에 있으며 공중 보급의 양이 충분하지 않음을 감안하면 ―오랫동안 과중한 임무를 부여받은 사단이― 오래지 않아 전투력을 잃을 것이라 강조했다. 1기갑군의 서쪽 취약 구간에서는 러시아군이 배후를 끊었고, 1개 기갑군의 선봉이 이미 드네스트르강 남쪽 유역으로 진격 중이며, 나머지 1개 기갑군 또한 남동쪽을 향해 1기갑군의 배후인 카메네크-포돌스크 후방으로 진격중이며, 강 남쪽에서도 역시 러시아군이 동쪽에서 드네스트르강을 장애물로 삼고자 진격중이라고 덧붙였다. 나는 이런 상황에서라면 ―그들의 병참선을 확보하며 4기갑군과의 연결을 유지하기 위해서는― 1기갑군의 기갑부대를 동원하여 서쪽으로 병력을 투입하는 것 외에 선택의 여지가 없다고 말했다. 이 전략을 채택한다면 1기갑군의 배후에서 작전을 하고 있는 러시아 2개 기갑군의 병참선을 쓸모없게 만들 수도 있었다. 1기갑군은 서쪽으로의 탈출을 위해 잔여병력으로써 동쪽과 북동쪽을 지켜야 했다. 1기갑군이 대규모로 확장된 전선에서 신속하게 서쪽으로 퇴각하는 것이 불가능할지라도 1기갑군의 남익은 반드시 드네스트르강의 나머지 지역과 반드시 연결되어야만 했다. 나는 드네스트르강 남쪽 유역으로 퇴각한다는 후베 장군의 제안에 동의하지 않았다.

첫째, 카르파티안 북쪽에서 연합하여 작전을 펼치려면 1기갑군과 4기갑군이 함께 있어야 했다.
둘째, 강 남쪽으로의 퇴각은 궁극적으로 1기갑군이 완전히 포위되어 섬멸되는 결과를 불러일으킬 것이기 때문이었다.

나는 1기갑군이 서쪽으로 퇴각한다면 4기갑군 또한 동시에 서쪽에서 이를 지원할 것이라 말했다. 이를 위해 4기갑군에게 즉시 증원이 필요했다. 하지만 히틀러는 이 작전을 위해 병력을 증원할 수는 없다고 말했다. 그는 서부전선에 연합국이 침공할 것을 우려했기 때문에 어떠한 병력도 서부전선에서 차출할 수 없다고 말했다. 동일한 이유로 그는 헝가리에 있는 독일군 사단들도 정치적인 이유로 인해 반드시 그곳에 남아야 한다고 말했다. 더욱이 그는 1기갑군이 서쪽으로 후퇴한다는 것이 필연적으로 동부전선에서의 퇴각을 의미한다고 간주하여 보고받기를 거부했다. 히틀러가 독일군 남익에 닥친 불리한 전황에 대한 책임이 나에게 있다고 뒤집어씌우려 할 때 미묘한 기류가 그와 나 사이에 흘렀다. 며칠 전에 나는 자이츨러 장군으로부터 히틀러가 몇 개월에 걸쳐 병력을 증원해 주었지만 집단군이 병력을 조금씩 조금씩 낭비해 버렸다고 비난했다는 것을 전해 들었었다.

이때 나는 자이츨러 장군에게 우리에게 증원된 병력들이 드문드문(Sporadically), 그리고 너무 늦게 왔기 때문에 우리는 이 사단들을 축차적으로(In driblets) 투입할 수밖에 없었음을 히틀러에게 전해달라고 요청했었다. 집단군의 북익 지원을 위한 병력 증원이 가까운 미래 시점에 이루어진다는 가능성에 대해 히틀러가 확답을 주지 않았고, 집단군 남익의 작전 수행에 대한 재량권도 주지 않았으므로 히틀러는 오늘 불만을 토로할 자격이 없었다. 자이츨러도 전적으로 이에 동의했다. 사실 이것이 성채작전 이후 가장 영향이 큰 이슈였다. 이제 히틀러는 나를 포함한 집단군이 이제까지 거대한 작전들을 수행하는 것에만 관심을 두고 있었다고 주장했다. 그는 지난 가을에 드네프르강이 사수될 것이라 보고를 받았다고 말했다. 키예프를 잃었기 때문에 좀 더 퇴각할 필요가 있었을 때 히틀러는 마지 못해 우리들이 강 뒤로 퇴각하는 것을 허락했다. 나는 이러한 방식 때문에 문제가 불거졌다고 항변했다. 집단군의 북익을 강화하고자 하는 우리에게 남익인 도네츠강과 드네프르강을 사수하라고 명령했던 사람은 바로 히틀러였다.

또한 히틀러는 공군의 보고로는 해당 지역에 적 전차가 소수 관측되었지만 독일군 부대들이 전부 도망갔기 때문에 전선이 지속적으로 밀려났다고 말했다. 히틀러의 사령부에만 보고되는 공군의 보고 내용 속에는 또 한번 괴링이 육군에 가지고 있는 적개심이 녹아 있었을 것이라고 나는 생각했다. 나는 히틀러의 말에 퉁명스럽게, 만일 부대들이 더 이상 전선을 사수할 수 없다면 이는 지속적으로 부과되었던 임무들로 인한 부대원들의 탈진 그리고 부대들의 전력이 바닥을 드러냈기 때문일 것이라고 말했다. 우리가 관대함(Over-leniency)에 이끌려 실패했다는 논거도 맞지 않는 것이 우리가 이때까지 수없이 교체한 고위 지휘관들의 수로도 알 수 있을 것이다. 그러나 이들 지휘관들조차도 진정으로 용감한 역전의 용사들이었으며 휘하 부대들의 전투 지속 능력의 감소를 막을 수 있는 사람은 없었다고 강조했다.

4기갑군에 새로이 편성되어 배속된 2개 사단이 러시아군 전차에 의해 섬멸되었던 것은 전투에 투입되기에 적절하지 않았던 훈련 상태와 부족한 전투 경험 때문이었다. 이는 우리가 전에도 수차례 보고했던 사항이었다. 이 같은 논쟁에서는 내가 아무것도 얻을 것이 없었으므로, 나는 우리 모두가 1기갑군이 4기갑군과의 연결 및 1기갑군의 배후 병참선의 확보를 위해 그들의 기갑부대를 동원하여 서쪽으로 퇴각하는 것에 동의하는 것으로 간주하겠다고 말했다. 또한 나는 1기갑군의 동쪽과 북쪽의 방어작전을 위해 잔여부대들이 동원될 것이라고 말했다. 이들의 전투는 다음에 설명하겠다. 나는 1기갑군에 대한 나의 명령은 반드시 오늘 내려져야 한다고 말했고 되풀이해서 4기갑군이 서쪽으로부터 1기갑군을 지원하지 않는다면 어떠한 성공도 기대할 수 없다고 말했다. 역시나 히틀러는 거듭해서 이 요구들을 거절했고 회견을 저녁에 재개하자고 했다. 우리가 회견 내용에 동의하지 않음에도 불구하고, 히틀러는 내내 평정심을 유지하는 것으로 보였다.

잘츠부르크를 바라볼 수 있는 경관이 뛰어난 회견실을 떠나며, 나는 슈문트 장군에게 밖에서 그와 대화를 나누고 싶다고 말했다. 그리고 '히틀러가 나의 제안에 동의하지 않는다면, 내가 집단군 사령관의 자리에서 물러날 것을 고려하고 있다.'라는 사실을 히틀러에게 전해 줄 것을 부탁했다. 만일 히틀러가 나의 사임을 받아들인다면, 나는 남부집단군 사령관직이 다른 사람에게 양도되기를 희망한다고 말했다. 정오에 베르히테스가덴에 있는 내 숙소로 나의 참모장인 부세 장군으로부터 전화가 왔다. 그는 후베 장군이 다시 서쪽으로의 탈출 대신에 남쪽으로 드네스트르강을 넘어 퇴각하는 것을 요청했다고 알려왔다. 저녁에는 1기갑군으로부터 서쪽으로의 퇴각이 실현 불가능하며 남쪽으로의 퇴각이 옳다고 말하는 보고를 추가적으로 받았다. 이미 첫 번째 요청에 부정적인 답변을 한 부세 장군은 나에게 최종적인 결정을 원했다. 나는 기존의 명령에 따라 퇴각을 수행하라고 지시했다. 내가 저녁에 회견장에 모습을 드러내자, 히틀러의 태도는 바뀌어 있었다. 그는 다음과 같이 말문을 열었다.

'나는 이 문제에 관해 다시 생각해 보았고, 1기갑군이 서쪽으로 퇴각한다는 당신의 의견에 동의한다. 나는 또한 서부에서 새로이 창설된 **SS기갑군단(SS9기갑사단, SS10기갑사단)**과 100경사단, 367사단을 4기갑군의 공격부대에 증원하는 것을 어렵게 결정했다.'

[옮긴이의 주]
- 쌍둥이 사단인 SS9기갑사단, SS10기갑사단은 SS2기갑군단 소속으로 1기갑군의 퇴각작전에 투입되었다. 훗날 만신창이가 된 상태에서 연합군의 마켓가든(Market Garden) 방어작전에서 공을 세웠다. 서부연합군이 2개의 기갑사단 때문에 마켓가든 작전이 실패했다고 주장하나, 이때 쌍둥이 기갑사단이 운용할 수 있는 전차가 거의 없었다는 것이 정설이다.

나는 방금 전 남쪽으로 퇴각하기를 희망한 후베의 제안을 내가 거절한 것과 그들의 퇴각 방향이 서쪽이어야만 한다고 주장한 것을 보고했다. 그리고 러시아군의 2개 기갑군은 드네스트르강 도하점에서 병력을 분산시킬 것이므로 이 작전은 성공하리라 생각한다고 말했다. 이윽고 나의 작전참모진이었던 슐츠-뷔티게르(Schulze-Buttger) 중령이 1기갑군에 대한 나의 명령을 전달했다. 히틀러의 태도가 예상했던 것과 다른 점을 감안하고, 나는 추가적으로 1개 내지 2개 정도의 향후 작전 구상에 대해 언급하였다. 남부집단군의 임무는 이제 카르파티안과 프리페트 습지대 사이에서 전선을 안정화시키는 것이다. 또한 헝가리 1군이 스트리(Stryj) 인근에 배치되어 산악지대와 드네스트르강 사이의 고지대를 방어해야 한다. 8군은 루마니아를 방어하는 A집단군 휘하에 배속되어야 할 것이다. 남부집단군과 A집단군 사이에 발생한 간극은 우리가 잠정적으로 감수해야 될 것이다. 카프파티안 협로들은 헝가리군이 지켜내야만 한다.

나는 또한 남익 전체에 대해 동맹국 부대들까지 지휘할 수 있는 단일한 지휘 체계가 성립되어야 한다고 말했다. 루마니아의 방어를 고려하여 나는 안토네스크 원수에게 독일군 참모장을 보내는 것도 고려할 수 있다고 말했다. 그러나 히틀러는 안토네스크 원수가 정치적인 이유로 이를 거부할 것이라며 거절했다. 정오에 있었던 회견의 분위기와 달리 이후에 있었던 대화들은 매우 협조적인 분위기에서 진행되었다. 히틀러는 우리와 함께 회견실에서 나와 우리를 위해 준비된 음식이 있는 옆방으로 이동했다. 매우 만족스러운 모습으로 그는 독일이 당분간은 헝가리에 신경을 쓰지 않을 것이라는 터키의 언론 보도를 나에게 읽어 주었다. **헝가리에서의 진행 상황**은 대다수가 생각했던 것 이상으로 일이 잘 진행되고 있었다.

[옮긴이의 주]
- 위에서 언급했다시피 헝가리의 반란을 염려했던 독일군은 1944년 3월 헝가리를 무력으로 점령했다.

3월 26일 일찍, 나는 집단군으로 돌아왔고 8군은 A집단군 휘하에 배속되었다. 이튿날 나는 4기갑군을 방문하여 히틀러가 약속한 부대들을 투입하여 1기갑군 방향으로 진격하는 것을 상의하고자 하였다. 라우스 장군은 그가 맡은 전선의 상황이 그리 우호적이지 않았음에도 1기갑군과 연결할 수 있다는 확신에 차 있었다. 히틀러가 '요새' 지역으로 선포한 타르노폴은 포위되어 있었다. 4기갑군의 좌익인 13군 또한 브로디에서 타르노폴과 동일한 운명에 처해 있었으나 포위를 벗어날 수 있었다. 히틀러가 우리의 요구를 들어주기만 한다면 1기갑군을 구출하고 카르파티안 북쪽에 1기갑군과 4기갑군을 집중하여 투입할 수 있을 것이라 기대했다. 3월 25일 오버잘츠베르크에서의 회견 결과로 1기갑군은 죽을 운명에서 벗어났지만 추가적으로 히틀러를 움직이게 할 필요가 있었다. 하지만 내가 이때 히틀러를 압박한다고 하면 히틀러는 나와 일하는 것을 피곤하게 여겨 더 이상 나를 보고 있지 않을 것이었다. 이 같은 분위기는 클라이스트 원수에게도 동일하게 영향을 끼쳤는데 클라이스트는 나의 방문 이틀 후에 그의 집단군을 드네스트르강 후방으로 퇴각시키고자 오버잘츠베르크를 방문했었다.

나는 3월 30일 아침에 이미 클라이스트를 A집단군 사령부에서 태운 히틀러의 콘도르가 나를 오버잘츠베르크로 데려가기 위해 르보프에 착륙할 것이라는 소식을 듣고 깼다. 슐츠-뷔티게르와 전속부관인 스탈베르크와 르보프 공항에서 비행기를 기다리는 중에 나는 자이츨러 장군의 전화를 받았다. 자이츨러 장군은 우리가 예상한 바와 같이 히틀러가 클라이스트와 나를 사령관직에서 해임하고자 한다고 말했다. 히틀러는 저녁 회견 때 우리를 만나고자 했으므로, 베르히테스가덴에 도착하자마자 우리는 자이츨러 장군을 먼저 만났다. 자이츨러는 오버잘츠베르크에서 가장 최근에 있었던 회의에 대해 말해 주었다. 괴링과 히믈러 그리고 아마도 카이텔이 참석했던 회의는 특별히 나의 견해에 반대하는 입장에서 호도된 분위기로 진행되었다. 자이츨러는 그가 생각하기에 이 회의를 통해 히틀러는 클라이스트와 나와의 관계를 끊으려 결심한 것 같다고 말했다. 히틀러가 그의 의견을 자이츨러에게 말했을 때 —자이츨러는 즉시 본인은 만슈타인 장군의 의견에 완전히 동의하며— 만슈타인 장군이 사령관직을 잃는다면 육군참모총장직을 그만두겠다며 사의를 밝혔다고 했다. 그의 사의는 서면으로 제출했음에도 거부되었다. 그는 올바른 행동을 함으로써, 신뢰를 받을만한 사람이었다. 히틀러와의 마지막 만남을 아직 생생히 기억하고 있던 며칠 후 나는 일기에 이를 적었다.

'저녁에 영도자를 만났다. 백엽검기사철십자훈장(Swords to the Knight's Cross)을 나에게 수여한 후에 그는 이제 동부전선에서 내가 강점을 보인 대규모 작전이 필요 없는 때가 왔으므로 집단군 사령관으로 모델을 임명하기로 결정했다고 말했다. 그는 무엇보다 중요한 것은 우리가 위치한 지점을 완고하게 사수하는 것이라 말했다. 이러한 새로운 지휘 스타일은 새로운 이름과 새로운 명칭으로 시작되어야만 하므로 바뀔 집단군의 이름도 그가 결정하고자 한다고 말했다.

그는 이전의 다른 원수들의 이름을 호명하며, 그들과 마찬가지로 그와 우리들 간의 신뢰 관계는 어떠한 문제도 없으며 나의 집단군 지휘를 비평하는 것과는 별개로 집단군의 운용에 대해 완전한 동의를 했었고, 나에게 무한한 신뢰를 갖고 있다고 말했다. 동시에 그는 집단군이 1년 반 기간 동안 과중한 부담에 대한 책임을 지고 있었으며, 이제 휴식을 취할 필요가 있고 나를 그의 뛰어난 장군들 중의 한 명임을 알고 있기에 오래지 않아 다른 임무를 맡길 것이라 말했다. 동시에 동부전선에서는 작전을 펼칠 광대한 지역이 없으므로 현재에 필요한 역할을 고려하여 북부집단군의 어려운 퇴각전을 멈춘 모델 장군을 가장 적임자라고 생각했다고 말했다.

다시 한번 우리와의 신뢰 관계에 문제가 없음을 강조하며, 히틀러는 추가적으로 —서부 전역이 발생하기 이전에 스당에서의 돌파를 통해— 서부전선을 결정적으로 운명 지을 가능성에 대해 조언한 유일한 사람으로서 나를 기억할 것이라 말했다. 나는 만일 그가 현재 시점에서 다른 집단군 사령관과 함께 일하는 것이 더 좋은 결과를 낳을 것이라고 생각한다면 당연히 나는 나의 해임을 받아들이겠다고 말했다. 또한 1기갑군의 탈출작전이 이미 결정되었고 집단군이 해야 하는 일들은 전체적으로 모든 것이 결정되었으므로 —부분적으로 영도자가 서부전선으로부터 SS기갑군단을 보내주겠다는 약속과 드네스트르강 북부로 탈출이 이미 진행되고 있었기 때문에— 모델에게 사령관직을 인계하는 것에 큰 문제가 없을 것이라 말했다. 이제 남아있는 일은 전투부대들을 지원하고, 그들의 전투 의지를 높이는 것뿐이며 모델이 이 일을 잘 수행할 것이라 말했다. 영도자는 모델이 개별 사단들을 시찰하며 그들 부대의 전력을 최고조로 올릴 수 있을 것이기 때문에, 이런 관점에서 단호하게 모델을 최고 적임자라고 생각한 듯했다. 나는 집단군의 사단들이 나의 휘하에 있기 시작한 오래 전부터 최선을 다해왔기 때문에 그들에게서 더 이상을 바라는 것은 무리라고 항변했다.'

그가 마지막 회견에서 나에게 했던 말들을 고려한다면 히틀러는 결코 우리에게 어떤 예의도 지키지 않은 것이었다. 이는 부분적으로 자이츨러 장군에게 그 원인이 있었는데, 그는 클라이스트와 나의 해임을 알려주는 장소를 개인적인 장소에서 진행하도록 히틀러에게 요구했던 것이다. 나는 괴링과 히믈러가 오래 전부터 나를 제거하고자 했음을 나는 잘 알고 있었다. 그러나 3월 25일 많은 사람들 앞에서 히틀러가 이제껏 거부했던 사항들에 대해 나에게 굴복한 것이 이 결정의 주된 이유였을 것이었다. 떠나기 전 그와 악수를 할 때, 나는 히틀러에게

'영도자여, 오늘 당신께서 행한 조치가 나중에 불리한 결과를 초래하지 않기를 기원합니다 (I trust, mein Führer, that the step you have taken today will not have any untoward effects).'

라고 말했다. 이후 비슷한 모습으로 클라이스트 원수도 해임되었다. 우리가 베르크호프를 떠날 때, 우리 후임자들도 이미 문 앞에 와 있었다(곧 북우크라이나집단군으로 이름이 바뀔 남부집단군을 인

수하는 모델 상급대장과 클라이스트로부터 A집단군을 인수하는 쇠르너 장군이었다). 다음날 아침 나는 나의 융커스52를 타고 르보프로 돌아왔다. 나의 후임자는 눈보라 때문에 크라크푸에서 발이 묶여 나는 이제 시작된 돌파작전에 2개 기갑군의 합동작전을 다시 지시할 수 있었다. 이것이 집단군에게 내린 마지막 명령이었다. 이날 정오에 나는 SS기갑군단의 활용에 대한 논의 및 작별 인사를 고하고자 4기갑군을 방문하였다. 4기갑군을 제외한 나머지 군(Army)에 있는 사령관들에게는 서면으로 작별을 고해야만 했다. 4월 2일 정오에 나는 집단군 사령관직을 르보프에 도착한 후임자에게 넘겨 주었다. 익히 알 수 있듯이, 1기갑군을 탈출시키고 2개 기갑군을 집중시켜 전체적으로 카르파티안과 프리페트 습지대에서 결정적인 전선을 구축하는 것은 ―쓰디쓴 전투가 예정되어 있었지만― 차질 없이 진행될 예정이었다. 4월 5일 4기갑군은 예정된 대로 동쪽으로 진격을 개시했고 4월 9일 1기갑군이 구출되었다.

나는 이제 나의 참모진들과 작별을 해야 했고 헤어짐은 나뿐만 아니라 모두에게도 힘든 일이었다. 이 동료들은 크리미아 때부터 나와 함께 했었고 1942~1943년 겨울에 있었던 고된 전투에서 최종적으로 승리를 이끌어 냈었다. 그리고 1943년, 1944년의 심각한 위기 속에서도 나의 곁을 지켰었다. 우리들 상호 간의 신뢰가 이 기간 동안에 더욱 두터워진 것과 우리가 더 이상 함께 일하지 못하는 점에서 그들이 진정으로 슬퍼했던 것에 감사를 표하고 싶다. 나는 휘하에 있던 각 군의 사령관들에게도 동일한 마음이었다고 말하고 싶다. 나의 참모진들에게 있어 나의 해임은 큰 충격이었다. 나의 측근들과 참모장, 작전참모, 병참참모, 부관이 모두 타 부대로의 전출(All put in for posting)을 원했으며 지휘 체계의 영속성을 위해 부세 장군만이 잠시 남게 되었지만 그들의 요구는 반영되었다. 개인적으로는 해임으로 인해 내가 이제까지 묘사했던, 감당하기가 점점 어려워지는 전황에 대한 책임이 없어지는 것이기도 했다. 나와 참모진들, 그리고 말할 필요도 없이 휘하 군들의 사령관과 참모진들에게 있어 가장 무거웠던 짐은 전략상으로 필요하다고 판단된 요구 사항을 관철시키기 위해 국방군 최고사령부와 벌여야만 했던 끊임없는 논쟁이었다. 이 전역에서 집단군의 북익 등 결정적인 전장에 초점을 두어 전선을 안정화시키고자 ―작전을 위해 병력 이동에 대한 포괄적인 재량권을 얻고자― 집단군이 지속적으로 요청했던 것은 단지 논쟁이 표면적으로 드러난 것뿐이었으며 실질적인 문제는 전략과 대규모 전술에 대한 양립할 수 없는 두 개의 관점의 차이 때문이었다.

(i) 챕터 「11. 국방군 최고사령관 히틀러」에서 기술한 바와 같이 히틀러의 개인적 성향과 의견
(ii) 전통적인 군사 교리와 참모진들의 견해에 기반한 집단군의 관점

한편 우리는 이 독재자가 의지의 힘을 통해 독일군이 방어선을 확고히 할 수 있으며, 러시아군을 궁지에 빠지게 할 수 있다는 믿음을 가지고 있다고 생각했다. 그러나 이 독재자는 그의 명예에 필연적으로 영향을 미칠 위험에 대해서는 감수하기를 싫어했으며(Fight shy of risks) 그의 다른 능력들에도 불구하고 지상의 전투와 본질적인 군사 능력은 부족했었다. 또 다른 한편으로는 이제껏 확실한 교육과 훈련을 받아온 군 지휘관들은 전쟁이 —본질적인 요소들로 구성된 결정에 대한 완벽한 이해와 단호한 수행이 필요한— 전쟁술(Warfare was an art)의 영역이라고 믿었다. 이 전쟁술은 기동작전을 통해서만 성공할 수 있었는데, 독일군 부대들과 독일군 지휘부의 우월성은 기동작전에서 최대의 효과를 거둘 수 있었기 때문이었다. 물론 집단군이 마음에 품고 있던 기동작전의 수행은 다른 전역에서의 위험, 동부전선의 다른 지역에서의 위험, 또한 정치적, 경제적 손실을 히틀러가 감수하게끔 만들었을 것은 언급할 필요가 있다. 그렇지만 아마도 1943년에 러시아군의 공세 전력을 약화시켜 결국 동부전선에서 정치적 방법을 통해 교착 상태를 만들어내는 것이 유일한 방안이었을 것이다.

비록 집단군이 상이한 전략 정책에 대한 논쟁에서 쉽사리 이기지는 못했으나 우리는 러시아군을 지배했으며 여전히 우리의 전략이 맞아 성공을 거두었다는 믿음을 버리지 않았다. 전략적인 상황과 그들의 거대한 수적 우위에도 불구하고 러시아군은 남익 전체에 대한 포위에 성공하지 못했다. 치유할 수 없는 수많은 상처를 입고도(A thousand wounds) 남부집단군은 그들이 맡은 전선에 서 있었다(Southern Army Group had maintained itself in the field).

무슨 일이 벌어질 것인가에 대해 예측할 수 없는 국방군 최고사령부와, 그리고 병력의 우위를 가진 러시아군과의 불공정한 대결 속에서 우리가 휘하에 있는 부대들을 아직까지 스탈린그라드의 운명에서 지키고 있었던 점은 우리에게 가장 큰 찬사였다. 체르카시에서 우리는 1기갑군을 완벽하게 손에 넣었다고 믿었던 러시아군으로부터 벗어나 먹이가 될 위험에서 벗어났었다. 집단군 사령관직을 인계하는 나를 힘들게 한 것은 앞으로는 두 번 다시 —집단군 지휘부를 신뢰했던— 부대들에게 더 이상 조언을 할 수 없다는 것이었다.

1944년 4월 3일, 나는 르보프에 있는 사령부를 떠났다. 친애하는 동료들이 기차역까지 배웅해 주었다. 기차는 이미 움직이기 시작했는데 누군가가 내 이름을 불렀다. 그는 어떤 기상 조건에서도 나를 안전하게 목적지까지 데려다 주었던 나의 전속 조종사인 랑거(Langer) 중위였다. 최근 그는 전투비행단에 자원했는데 그의 계급(Ranks)이라면 전투에서 곧 죽을 운명이었다. 나에게 그가 한 말은 나의 동료들로부터 받은 마지막 찬사(Salute)였다. 그는 외쳤다.

'친애하는 원수님! 오늘 우리는 성공의 표식이었던, '크리미아 방패 휘장'을 비행기에서 떼어냈습니다!'

APPENDIX 1

    만슈타인의 회고록은 그의 해임 이후를 다루지 않아, 여기에 만슈타인의 평전을 참조하여 해임 이후의 정황을 기술하고자 한다.

    히틀러는 만슈타인을 해임할 때, 만슈타인이 서부전선 사령관직에 임명될 수 있음을 암시했다. 하지만 만슈타인은 1944년 7월 11일 클루게가 룬트슈테트를 대체하여 서부전선 사령관에 임명된 것을 알고 매우 낙담했다. 만슈타인은 오랫동안 육군참모총장, 그리고 가능하다면 3군(육·해·공군) 총사령관이 되기를 갈망했다. 그러나 1944년 7월 20일 히틀러 정권 전복 음모 이후 육군참모총장은 —영도자에게 만슈타인이 한결같이 헌신했었음을 알고 있던— 구데리안이 맡게 되었다. 구데리안의 임명으로 인해 만슈타인이 육군참모총장이 될 가능성은 더 이상 없었다. 실제로 히틀러는 독일이 대규모의 공세를 펼칠 수 없다면 만슈타인에게 사령관직을 부여할 생각이 전혀 없었다. 1945년 3월 히틀러는 만슈타인에 대해 다음과 같이 말했다.

    '내가 적과의 결정적인 전투에 40개 사단을 투입할 수 있다면 사령관으로는 만슈타인을 제일 먼저 떠올릴 것이다. 그러나 현 정세로는 만슈타인을 재기용할 수 없다. 만슈타인은 국가사회주의 이념에 대한 신념이 부족하고 현재 전선에 닥친 전황이 주는 압박을 견딜 수 없기 때문이다.'

    만슈타인은 1944년 8월말 구데리안에게 서부전선 사령관으로 임명되지 않은 것에 대한 실망을 담아 편지를 보냈다.

    '히틀러가 3월말 나를 장차 재기용하겠다고 말했었다. 그러나 서부전선 사령관으로 다른 이가 임명되었다. 이제야 영도자가 나를 재기용하겠다는 의도가 없음을 알게 되었다. 당신은 아무것도 하지 않은 채 기다려야만 하는 내 비참한 심정을 이해할 수 있을 것이다.'

구데리안은 그의 회고록에서 카이텔을 대체하여 만슈타인을 국방군 최고사령부 참모총장직에 임명할 것을 영도자에게 말했다고 회고했다.

'내가 카이텔을 대신하여 만슈타인을 참모총장직에 임명할 것을 제안했으나 헛되이 끝났다. 사실 카이텔은 히틀러를 편하게 해 주었다. 카이텔은 히틀러의 모든 소망을 달성하려고 노력했다. 만슈타인은 그의 의견을 확고히 전달하고 말할 사람이지, 히틀러를 편하게 해줄 사람은 아니었다. 히틀러는 나의 거듭된 요청을 거절했다.'

히틀러는 만슈타인에 대해 다음과 같이 말했다.

'만슈타인은 아마도 참모제도가 낳은 가장 유능한 인물(Brain)일 것이다. 그러나 우리에게 남은 부대 중 그는 완편된 부대들만으로만 작전을 계획할 뿐이지 완편되지 않은 부대들로는 그러지 못한다. 나에게는 작전에 투입할 완편된 부대들이 이젠 없으므로 만슈타인에게 참모총장직을 맡길 수가 없다.'

만슈타인 본인 스스로가 다른 장성들보다 뛰어난 군사적 재능을 발휘해 독일이 최악의 상황에 빠지는 것을 모면하게 만들 수 있다고 생각했던 것은 의심할 여지가 없다. 만슈타인은 이탈리아 전선의 케셀링 및 서부 연합군의 지휘관조차 높이 평가하지 않았다. 만슈타인은 전속부관 스탈베르크에게 그가 만일 이탈리아 전선의 사령관이었다면 부대들을 퇴각시켜 알프스에서 소수의 병력만으로 방어선을 꾸릴 것이며, 케셀링의 기동부대들은 독일 내에서 재편성되어 예비대로 남겨둘 것이라 말했다. 스탈베르크가 만슈타인에게 프랑스와 동부 중 어느 전선이 독일의 전략적 전선인지를 물었을 때 만슈타인은 다음과 같이 말했다.

'그 문제는 정치적 결정이며, 군인은 정치가가 마음대로 이용할 수 있는 것이다. 우리는 군사적인 문제에 대해서만 논의해야만 하며 이를 넘어 정치적 문제까지 뛰어넘으려 하면 안 될 것이다.'

1945년 1월 슐레지엔이 전장이 되자 만슈타인은 리그니츠를 떠나 서쪽으로 이동했으며, 이때 베를린에서 이틀을 머물렀다. 만슈타인은 수상 관저를 방문하여 SS장교 두 명에게 영도자와의 면담을 요청했다. 스탈베르크와 함께 30분 정도 기다리던 만슈타인에게 주어진 대답은 영도자는 아무도 만날 수 없다는 것이었다. 히틀러는 서부 연합군에게 가장 위험한 장군을 이용할 기회를 잃었고, 만슈타인은 '러시아로부터 독일을 지킨 사람'으로 역사에 기록되는 기회를 잃은 것이다.

만슈타인

1945년 5월 1일 라디오 방송으로 히틀러의 죽음을 들은 스탈베르크는 이를 만슈타인에게 알렸다. 영도자의 추종자이며 나치 당원들과 교분이 있던 만슈타인의 부인이 울음을 터뜨렸고 만슈타인은 '히틀러의 죽음이 사실이 아닐 것이다.'라고 말했다.

히틀러의 죽음 이후 만슈타인은 되니츠로부터 국방군 최고사령관직을 맡아달라는 요청을 받고 되니츠가 있는 곳으로 가고 있었다. 유감스럽게도 히틀러가 만슈타인이 국방군 최고사령관이 되면 안

된다고 주장한 바로 뒤였고, 만슈타인은 되니츠를 만나지 못했다. 전쟁이 막바지에 접어들 때 국방군의 고위 장성들뿐만 아니라, 1944년 7월 20일의 음모자들조차도 만슈타인이 국방군 최고사령관이 되기를 원했다. 전쟁 마지막 며칠 동안에도 상당수 독일 장교들은 만슈타인을 마지막 희망으로 보았다. 되니츠는 전후 만슈타인과 제대로 연락이 닿지 않았다고 회고했다.

'4월말 만슈타인과 보크 원수가 나를 방문했다. 전황에 대한 얘기를 나눈 후 만슈타인은 독일군이 점진적으로 영국과 미국과의 전선으로 퇴각해야만 한다고 말했다. 5월 1일 나는 카이텔을 대신하여 국방군 최고사령부를 이끌어 줄 것을 요청하고자 만슈타인과 연락하려 했다. 그러나 이에 실패했고 국방군 최고사령부는 카이텔과 요들의 손에 남게 되었다.'

1945년 5월 3일 만슈타인을 방문하려고 차를 타고 이동 중이던 보크 원수는 영국 전투기의 공격을 받아 병원으로 이송되었다. 이를 알게 된 만슈타인과 스탈베르크는 병원을 찾았으며 보크는 단지 몇 마디 말을 할 수 있었다.

'만슈타인, 독일을 지키게(Manstein, save Germany).'

<u>만슈타인</u>은 1945년 8월 26일 그의 예상과 달리 —러시아, 미국도 아닌— 영국군에 의해 금고 상태에 놓였으며 1953년 5월 7일 자유의 몸이 되었다.

[옮긴이의 주]
- 『Erich Von Manstein: Hitler's Master Strategist』 (Benoît Lemay)에 따르면 만슈타인은 영도자로부터 —영도자의 예산으로— 지속적으로 비과세된 급여를 '비밀리'에 받고 있었다. 1942년 2월부터 1942년 6월까지 상급대장으로서 월 2,000마르크를 그리고 1942년 7월부터 1945년 4월까지 원수로서 월 4,000마르크를 받았던 것이다. 심지어 만슈타인의 경우 1944년 4월부터는 현역에 있지 않았음에도 그랬던 것이다. 이런 비합법적인 급여의 지급에 대해 만슈타인은 한 번도 언급하지 않았다. Benoît Lemay는 『Erich Von Manstein: Hitler's Master Strategist』에서 포위망이 좁혀와 수백 명의 독일군이 탈영했다는 이유로 처형되고 있을 때 매월 비과세된 급여를 받고 있던 고위 장성들은 적의 점령이 예상되는 지역으로부터 그들의 재산을 안전한 곳으로 빼돌렸다고 하며,

그들은 돈은 빼돌렸지만 그들의 부대는 그렇게 하지 못했다고 적었다. 그리고 그 장성들의 이름도 적었는데 그 이름은 만슈타인, 퀴힐러, 리스트, 바익스이다. 히틀러는 또한 1942년 10월 클라이스트, 1943년 10월 구데리안, 1944년 8월 레프, 1944년 10월 카이텔에게 토지도 선물로 주었는데 1944년 10월 17일 식량축산부장관(Ministry of food and agriculture) 베케(Backe)가 만슈타인에게 어떤 선물을 원하는지를 물어본 것으로 보아 만슈타인도 토지를 받았을 수 있으나 그것이 확인되지는 않았다고 서술했다.

APPENDIX 2

발신: 6군 사령관

수신: 돈집단군 사령관 만슈타인 원수

굼락역(Gumrak Station)에서 1942년 11월 26일 참모 대필(Written by hand of officer)

친애하는 원수님. 11월 24일 당신의 전문을 확인하였으며, 제안하신 도움에 대해 감사를 표합니다. 현재의 상황을 이해하시는 것을 돕기 위해 아래와 같이 보고를 드립니다.

***

(1) 11월 19일 6군의 양 측면에 러시아군이 대규모 공세를 시작했다. 이틀간 양 측면은 러시아군에 노출되었고, 결국 러시아군의 기동부대는 전선을 돌파했다. 기동력을 가진 우리의 부대(14기갑군단)가 돈강을 넘어 서쪽 방면으로 퇴각하자, 선봉부대는 강 서쪽에서 수적으로 우위를 보이는 러시아군과 맞서게 되었다. 14기갑군단은 연료의 부족으로 인해 기동력이 제한되었으므로 난관에 봉착했다. 동시에 러시아군은 북쪽의 전선을 유지하라는 명령을 받았던 11군단의 배후 쪽으로도 이동했다. 더 이상 이 위험을 방어할 수 있는 병력이 없었으므로 나는 11군단의 좌익을 남쪽으로 이동시켰고, 이어 돈강의 교두보에 있는 병력들이 주력부대와 고립되지 않도록 하기 위해 11군단을 우선 돈강의 서쪽 교두보 쪽으로 퇴각하도록 지시할 수밖에 없었다. 이 명령들이 시행되던 중에 영도자는 전화를 걸어 14기갑군단의 좌익을 이용하여 도브린스카야(Dobrinskaya)를 공격하라는 명령을 내렸다. 이 명령은 현재의 상황에서는 수행할 수 없었다.

(2) 11월 22일 일찍 4기갑군 소속이었던 4군단이 나의 휘하에 배속되었다. 4군단의 우익은 부치노프카(Buzinovka)를 경유하여 남쪽에서 북쪽으로 퇴각 중이었다. 이로써 남쪽과 남서쪽이 개활지로 남게 되었다. 러시아군이 6군의 뒤를 따라 스탈린그라드로 거리낌 없이 진격하는 것을 막기 위해 도시 및 북쪽 전선에서 병력을 차출할 수밖에 없었다. 돈강 서쪽에서 병력을 이동시키는 것보다

는 이 병력들이 적시에 도착할 수 있을 가능성이 높았다. 스탈린그라드에서 차출한 병력들과 함께 4군단은 그들의 좌익을 이용하여, 마리노프카(Marinovka) 서쪽 지역에서 약하긴 했지만 남쪽 방어선을 재구축하였다. 그러나 이 방어선은 11월 23일에 여러 차례 돌파되었으며, 전선이 유지될 수 있는지는 불확실했다. 23일 정오 강력한 러시아군 기갑부대가 100여대의 전차를 마리노프카 서쪽에 집결시키는 것이 관측되었다. 마리노프카와 돈강까지 이르는 전체 전선에는 아주 약한 방어선만이 있었다. 스탈린그라드로 가는 길은 러시아군 전차와 차량화부대들에게 열려 있었고 페스트코파트카(Pestkovatka) 방향으로 갈 수 있는 돈강의 교량도 마찬가지였다. 지난 36시간 동안 나는 상위 사령부로부터 아무런 명령과 정보(No orders or informations)를 받지 못했다. 몇 시간 내로 나는 다음과 같은 상황에 직면할 것이다.

(a) 북쪽 및 서쪽의 전선을 사수하는 경우 뒤에 있는 6군의 전선이 남쪽으로부터 밀려 올라갈 수 있다. 이 경우에도 나에게 내려진 명령을 충실히 수행할 것이다.
(b) 그렇지 않다면 휘하의 모든 병력을 동원하여 남쪽 즉, 등 뒤로부터 우리를 공격하는 러시아군을 공격하는 방법을 택할 수도 있다. 이 경우에 북쪽과 동쪽 전선은 더 이상 유지할 수 없을 것이고 부대들은 남서쪽으로 탈출해야만 한다.

나는 상황에 맞는 (b)안을 선택하는 것이 맞다고 판단하지만, 이 경우에 나에게 주어진 명령에 대해 불복종하는 것이며 그 책임을 지게 될 것이다.

(3) 현재의 어려운 상황 속에서 이제 우리가 취할 마지막 결정에 대해 재량권을 달라고 영도자에게 요청했다. 나는 현 상황 하에서 너무 늦게 명령이 내려지는 것을 막기 위해 재량권을 갖기를 원했다. 나는 지극히 위험한 상황 속에서 이 같은 재량권을 가져야만 하는 것에 대해 충분히 설명할 수는 없으며, 당신이 나의 의견을 이해해 주기를 희망한다. 아직 이 요청에 대한 답변을 나는 받지 못했다. 반면에 육군총사령부로부터 나의 행동을 더 제약하는 두 개의 지시를 오늘 받았다(저자: 이 두 개의 명령은 더 이상 수행할 수 없는 것이었다). 물론 나와 각 부대의 사령관들은 마지막까지 전선을 확고하게 유지할 수 있다고 말 할 수 있다. 그러나 영도자에게도 책임을 져야하는 나는 30만 명에 이르는 병사들까지 책임져야 하므로 이 상황에서 마지막 순간에는 적절한 행동을 취할 수 있도록 허락을 요청

한 것이다.

 상황은 매일, 매 시각마다 변하고 있다. 오늘의 상황은 전황도를 통해 보고하였다. 비록 남서쪽의 전선으로 더 많은 부대가 이동할 수 있을지라도 전선의 상황은 여전히 위태로울 것이다. 4군단이 지난 며칠간에 걸쳐 강력한 러시아 보병과 기갑부대를 격퇴한 남쪽 전선은 어느 정도 안정화되었으나 아군 병력의 손실도 매우 컸으며 탄약의 소비 또한 컸다. 스탈린그라드 전선은 매일 러시아군의 압박을 받고 있다. 스탈린그라드 북쪽 전선의 북동쪽 지역에 주둔 중인 94사단과 94사단의 서쪽에 위치한 76사단은 심각한 위기에 빠졌다. 내가 파악하기에 적의 공세를 위한 주력부대가 속속 스탈린그라드 북쪽 전선에 집결 중이었고, 더군다나 러시아군은 도로와 철로를 이용하여 이 전선에 있던 부대들의 화력을 강화시킬 수 있었다. 지난 3일간 공중 보급은 하루에 필요한 최소한의 보급 수준인 600톤(300대의 융커스 수송기가 1일 동안 보급하는)에도 못 미쳤으며, 이러한 보급품의 부족은 다가오는 며칠내에 크나큰 위기를 불러올 것이다. 6군이 단절되어 고립된다 할지라도 나는 여전히 6군이 이 지역을 일시적으로 사수할 수 있을 것이라 믿지만, 수용 시설의 부족과 참호를 짓거나 난방용으로 쓰일 목재의 부족으로 인하여 약화된 6군이 장기간 사수할 수 있다고는 장담할 수 없다. 내 주위에서 나에게 미래의 불안을 담은 질문을 던지는 것은 충분히 이해할 수 있을 것이다. 나의 병사들의 신념을 북돋을 수 있도록 미래에 대한 어떤 계획이라도 알 수 있기를 희망한다.

* * *

 친애하는 원수님. 당신께서 명령을 통해 가능한 모든 수단을 동원하여 6군을 구원해 주리라 기대합니다. 휘하 지휘관들과 용맹스러운 병사들은 저와 함께 여기서 당신의 신뢰에 보답하겠습니다.

파울루스 드림(Yours etc.)

 추신: 현재 처한 상황으로 인해, 손으로 필기한 이 보고서가 불충분하더라도 헤아려 주시기 바랍니다.

한국어판 참고문헌

· 리델 하트, 『롬멜전사록』, 황규만 옮김, 일조각, 2003
· 리처드 오버리, 『스탈린과 히틀러의 전쟁』, 류한수 옮김, 지식의풍경, 2003
· 안토니 비버, 『여기 들어오는 자, 모든 희망을 버려라』, 안종설 옮김, 서해문집, 2004
· 요하임 페스트, 『히틀러 최후의 14일』, 안인희 옮김, 교양인, 2005
· 제프리 메가기, 『히틀러 최고사령부』, 김홍래 옮김, 플래닛미디어, 2009
· 존 키건, 『1차세계대전사』, 조행복 옮김, 청어람미디어, 2009
· 존 키건, 『2차세계대전사』, 류한수 옮김, 청어람미디어, 2007
· 하인츠 구데리안, 『구데리안(한 군인의 회상)』, 이수영 옮김, 길찾기, 2014

영어판 참고문헌

· Benoît Lemay, 『Erich Von Manstein: Hitler's Master Strategist』, Pierce Heyward (TRN), CASEMATE, 2010